KEYGUIDE

GUIA

FRANÇA

PUBLIFOLHA

141

SUMÁRIO

LEGENDA

- Localização no mapa
- Endereço
- Telefone
- Horários de funcionamento
- Entrada paga
- Estação de metrô
- Número do ônibus
- Estação de trem
- Ferryboat/barco
- Orientações
- Informação turística
- Visitas guiadas
- Guia turístico
- Restaurante
- Café
- Bar
- Loja
- Número de quartos
- Ar-condicionado
- Piscina
- Sala de ginástica
- Mais informações
- ▷ Outras referências
- ★ Início do percurso

189

305

356

230

METRO

INTRODUÇÃO À FRANÇA

"Introdução à França" traz um amplo panorama do país, com informações sobre a geografia, a economia, a história e o povo. O cotidiano atual da nação é apresentado em "França viva", enquanto "A história da França" reconstitui o rico passado do país.

INTRODUÇÃO À FRANÇA

Com uma culinária memorável, coleções de arte mundialmente famosas e magníficos castelos, a França é um país que vale a pena visitar mesmo onde o cenário não é maravilhoso. Não surpreende que seja um dos mais procurados destinos de férias do mundo, com mais de 75 milhões de visitantes por ano. É o maior país da Europa Ocidental e tem uma população em torno de 63 milhões. Cada região do país conseguiu preservar suas características, e sua diversidade regional pode ser notada especialmente na culinária e nos vinhos, orgulho do povo. A diversidade é evidente na própria paisagem, com infindáveis vinhedos em uma região, seguidos de rebanhos de ovelhas, cabras ou gado na região vizinha, olivais no sudeste e pomares de maçã no noroeste.

ECONOMIA

A França é a quarta maior força econômica mundial em termos de PIB, o terceiro maior produtor agrícola, o quarto produtor de serviços e o quinto maior exportador. Tem uma economia forte e diversificada, com uma infraestrutura sofisticada de transporte e comunicações e uma rede energética em que a energia nuclear desempenha um papel proeminente.

Até recentemente havia uma forte divisão entre as cidades mais ricas e as regiões industriais e mineiras mais pobres. Mas o uso inteligente de redes ferroviárias de alta velocidade e serviços aéreos econômicos diluiu a divisão. Cidades mineiras abandonadas no norte são hoje sede de importantes instituições financeiras internacionais, e ficam a apenas uma hora de Paris e até duas horas de várias capitais europeias. Por outro lado, quem trabalha em Paris tem hoje a oportunidade de morar perto do Mediterrâneo e viajar para a capital, injetando sangue e dinheiro novo em cidades provincianas até então empobrecidas. Também tem havido investimento em shopping centers e conjuntos empresariais de baixo aluguel longe das principais cidades.

Os produtos mais famosos do país são alimentos e vinhos. O ex-presidente Charles de Gaulle chegou a lamentar a impossibilidade de governar uma nação que produzia mais de 350 queijos diferentes. Bordeaux e a Borgonha produzem alguns dos melhores vinhos do mundo, e muitos de seus castelos são administrados por instituições financeiras internacionais. A região da Champagne é a maior produtora mundial de champanhe, e os vastos vinhedos de Languedoc-Roussillon são os principais fornecedores europeus de vinhos de mesa baratos e de boa qualidade. A cozinha também é uma grande atração para os visitantes, e restaurantes e hotéis embolsam a sua cota dos €34 bilhões gastos anualmente por turistas vindos de além-mar.

POLÍTICA

O presidente francês, chefe de estado e líder político, é eleito a cada cinco anos. Ele –até hoje nenhuma mulher ocupou o cargo– é uma figura poderosa, que quase sempre consegue imprimir sua personalidade na condução do país. Em 6 de maio de 2007, Nicolas Sarkozy tornou-se o sexto presidente da Quinta República Francesa. Os deputados, membros da Assembleia Nacional, são escolhidos numa eleição separada, e a esse colegiado cabe eleger o primeiro-ministro. A oposição a um presidente pode se traduzir na eleição de um primeiro-ministro de um partido rival, o que leva a um período de "coabitação", de concessões e colaboração entre dois programas políticos diferentes.

Outro importante político eleito na França é o prefeito municipal, que tem amplos poderes, entre eles, reduzir a jornada de trabalho da polícia municipal e intervir pessoalmente para interromper a compra de casas. O prefeito de Paris é uma figura política importante no cenário nacional.

LÍNGUA E SOCIEDADE

Como a França se formou a partir de muitos reinos, suas regiões preservam a língua e a cultura de outros tempos. Mas os franceses em geral têm muito orgulho de sua língua –basta lembrar as campanhas para eliminar palavras inglesas, como *weekend* e *sandwich*, do vocabulário nacional. Esse orgulho é sustentado pela Académie Française, que insiste em chamar e-mail de *mél*, com um acento para esconder sua origem americana. Outras línguas também são ferozmente defendidas em vários cantos do país. A Bretanha celebra sua herança todos os anos, em agosto, na Quinzena Intercéltica, que reúne os celtas provenientes da Irlanda, do País de Gales, da Escócia e de outros lugares. Conta-se que um pescador bretão e seu colega da Cornualha, na Inglaterra, podem conversar em sua língua nativa. No sudoeste, os bascos franceses são menos imprevisíveis que os ativistas do ETA, mas sua língua e seus rituais são celebrados com orgulho. Ao sul dos Pireneus, outra cultura transnacional, a catalã, se vê quase com uma identidade nacional. No sudoeste, placas de sinalização bilíngues nas rodovias incluem nomes em occitano, a Langue d'Oc que dá nome à região. A população da França inclui consideráveis minorias étnicas, em particular muitos descendentes de árabes. Sempre houve um consenso nacional em favor da integração dessas minorias na cultura francesa, em lugar do multiculturalismo, e da rígida secularização em lugar do encorajamento da expressão religiosa. Ocasionalmente, tensões sociais –em que a raça é um ingrediente– explodem nas cidades e há um contínuo debate sobre até que ponto a França deve se abrir à imigração. Particularmente sintomática é a maneira de lidar com os *sans papiers*, imigrantes ilegais que trabalham na França.

Pág. ao lado *Ladeira calçada de pedra numa vila da Córsega*
À dir. *Uvas pretas de Pinot*

PAISAGEM

As fronteiras peculiares da França lhe valeram o apelido de Hexágono. São seis cadeias de montanhas (entre elas Alpes, Jura, Vosges e Pireneus) e 5.500km de costa no Canal da Mancha, no Atlântico e no Mediterrâneo. Alguns desfiladeiros incríveis cortam o país, e há 15 milhões de hectares de florestas. A paisagem é típica tanto do norte quanto do sul do Europa –luxuriantes cercas-vivas na Normandia, imensas extensões de cerrados no Languedoc, verdejantes colinas onduladas em Auvergne e campos de lavanda na Provença.

COMO APROVEITAR MELHOR A VISITA

A França é um país muito grande. Portanto, não seja ambicioso ao decidir o que ver durante sua visita. O melhor é escolher uma região como base –e elas são bastante diferentes– e conhecê-la bem, em vez de percorrer as autoestradas, cobrindo o maior número possível de lugares. Além disso, além das atrações obrigatórias, cada região oferece sua própria combinação de atividades de lazer –você deseja um fim de semana de cultura e moda em Paris, ou passar uma semana caminhando nos Pireneus, esquiando nos Alpes ou relaxando numa praia da Côte d'Azur?

Se você estiver de carro (▷ 51-5), vale a pena planejar um pernoite nas viagens mais longas. Se estiver viajando de trem, pode comprar um passe antes de viajar, porque será mais econômico (▷ 58). O clima pode ser bastante diferente dependendo da estação. Tenha isso em mente quando planejar sua viagem. Paris, por exemplo, é tranquila mas sufocante em agosto, enquanto o sul da França fica lotado de gente e de tráfego; certas trilhas dos Pireneus são intransitáveis durante o inverno, que é, evidentemente, ideal para a prática de esqui.

REGIÕES DA FRANÇA

PARIS E A ÎLE DE FRANCE

Paris é uma capital sedutora, onde a arte, a arquitetura, o romance e a elegância são lendários. É o centro da vida política, econômica, social e cultural da França e tem uma população de mais de 2,1 milhões.
Île de France é a região da qual Paris é o centro. Tem uma população de 11 milhões –e muitos castelos, entre eles Versailles e Fontainebleau.

NOROESTE

Normandia, a oeste de Paris, tem mansões senhoriais de madeira, abadias em ruínas e resorts à beira-mar. É famosa por seu camembert, seu calvados e suas ligações com os impressionistas.
Bretanha, península a oeste da Normandia, tem uma longa costa de praias douradas, pontilhadas por pequenos portos pesqueiros. As igrejas ricamente decoradas são quase sempre cercadas por cemitérios fechados com imponentes portões.

NORTE E NORDESTE

Nord-Pas-de-Calais, na ponta norte da França, abriga os movimentados portos de Boulogne, Calais e Dunquerque, além de Lille, capital do norte.
Picardia, ao sul de Nord-Pas-de-Calais, tem em Amiens sua antiga capital, situada às margens do rio Somme.
Champagne-Ardenne, no leste, contém montanhas calcárias e escarpas nos campos da Champagne.
Lorena, mais ao leste, inclui Nancy, antiga capital do condado independente da Lorena, e Metz, atual capital da região.
Alsácia faz fronteira com a Alemanha, cuja influência se faz sentir na culinária, no vinho e na arquitetura. Estrasburgo situa-se na sua extremidade leste.

O LOIRE

Centro, ao sul de Paris, é famoso por seus castelos renascentistas, suas cidades históricas e belas paisagens de rios e vales.
Vale do Loire, mais a oeste, contém a movimentada cidade de Nantes, uma faixa litorânea no Atlântico e as cidades de Angers, Saumur e Le Mans –famosa pela corrida de carros, As 24 Horas de Le Mans.

CENTRO E OS ALPES

Franche-Comté, no leste da França e fazendo fronteira com a Suíça, tem os bosques e as montanhas do Jura, famosa pela prática de esqui cross-country.
Borgonha é um centro gastronômico famoso por sua mostarda, seu boeuf bourguignon e seus escargots. Tem as cidade vinícolas de Dijon e Beaune.
Auvergne abriga a cadeia de montanhas do Maciço Central, com seus peculiares picos vulcânicos.
Ródano-Alpes inclui Lyon, com seu antigo bairro renascentista. Ficam na região o pico mais alto da Europa –o Mont Blanc– e ótimas pistas de esqui.

SUDESTE

Provença e Côte d'Azur faz fronteira com a Itália e tem quilômetros de praias no Mediterrâneo. Além das grandes cidades de Marselha e Nice, seu passado romano é evidente nos anfiteatros e arcos em Orange e Arles.
Languedoc-Roussillon também tem uma longa costa mediterrânea, e seu legado é a maravilha da engenharia romana, a Pont du Gard. A principal cidade, Montpellier, é vibrante e cosmopolita.
Mônaco é o pequeno principado que pensa grande.

SUDOESTE

Poitou-Charentes, ao norte da Aquitânia, inclui a histórica Poitiers, a sofisticada cidade litorânea de

À esq. *Campo de girassóis*
Abaixo *O jogo de boules é um passatempo popular na França*
Pág. ao lado *Vinhedos franceses*

La Rochelle e as ilhas de Ré e Oléron. Há ainda La Venise Verte –uma imensa área verde cheia de canais.

Limousin, a leste de Poitou-Charentes, é onde se situa Limoges, famosa por sua porcelana.

Midi-Pyrénées, ao sul de Limousin, divide a fronteira sul com a Espanha e Andorra e inclui parte dos Pireneus, a cidade cultural de Toulouse e o centro de peregrinação de Lourdes.

Aquitânia, às margens do Atlântico, é famosa por Bordeaux e seu vinho, por suas praias arenosas e resorts, como Biarritz, na costa do Atlântico, pelas cavernas e pela gastronomia –que inclui foie gras e trufas– da região da Dordogne, e os Pireneus ao sul.

CÓRSEGA

Esta ilha mediterrânea situa-se na costa da Provença. Pode-se caminhar pelas montanhas, relaxar na praia, observar os pássaros e admirar a arquitetura dos governadores pisanos e genoveses.

O MELHOR DA FRANÇA

PARIS E ÎLE DE FRANCE

Torre Eiffel (▷ 100-1): Teste seus nervos nas plataformas de observação deste marco de Paris.

Museu do Louvre (▷ 90-1): Um dos mais famosos museus de arte do mundo.

Musée d'Orsay (▷ 93): Uma magnífica coleção de pinturas impressionistas e outras artes, em uma antiga estação de trem Belle Époque.

Notre-Dame (▷ 95): Admire a magnífica arquitetura da catedral e depois suba à torre para uma vista estonteante.

Fontainebleau (▷ 79): Este castelo é tão luxuoso quanto Versailles, mas menos lotado.

Fontes de Versailles (▷ 103): Escolha um dia em que as famosas fontes estejam funcionando para apreciar ao máximo a visita a Versailles.

Vista do Sacré-Coeur (▷ 99): O pôr do sol é uma hora excelente para desfrutar a vista do terraço frontal desta basílica.

NOROESTE

Côte d'Albâtre (▷ 166): Parta de Étretat para um passeio a pé pelo rochedo, com vistas deslumbrantes da Costa de Alabastro, assim chamada pelos rochedos calcários e ondas leitosas.

Bayeux (▷ 126): Veja a famosa tapeçaria do século 11.

Praias do Dia D (▷ 133): Visite as praias onde as forças aliadas desembarcaram em 6 de junho de 1944.

Honfleur (▷ 138): Pitoresco porto de pesca e colônia de artistas.

Mont- St.-Michel (▷ 140-3): Nesta mística abadia sobre o monte rochoso, desfrute a vista da baía.

Océanopolis (▷ 127): Veja 10 mil criaturas marinhas num dos melhores aquários da Europa.

Rouen (▷ 148-51): A capital da Normandia tem um atraente centro histórico, boas compras e uma catedral pintada por Monet.

Sables-d'Or-les-Pins (▷ 153): Relaxe nas areias douradas desta praia cercada de pinheiros.

St.-Thégonnec (▷ 155): O mais pitoresco centro paroquial da Bretanha.

NORTE E NORDESTE

Campos de batalha da Picardia (▷ 187): Veja os campos onde tantos soldados perderam a vida na Primeira Guerra Mundial e preste uma homenagem a eles nos imaculados cemitérios de guerra.

Degustação de champanhe (▷ 200-1): Visite uma Maison du Champagne em Reims e veja por que o espumante é valorizado há séculos.

Lille (▷ 194-7): A quarta maior cidade da França tem museus de prestígio, um grande shopping center e a Citadelle do século 17.

Nancy (▷ 192): Aprecie a arquitetura Art Nouveau e os fabulosos cristais.

Nausicaà (▷ 188): Um criativo aquário em Boulogne.

Estrasburgo(▷ 202-5): Perto da fronteira alemã, esta cidade é sede do Parlamento Europeu.

Esportes de areia na Côte d'Opale (▷ 191, 218): Faça uma aula de esqui na areia destas praias da Costa de Oala, ao norte de Boulogne.

Troyes (▷ 199): Uma cidade de casas de madeira, ruas de pedra e belos vitrais.

Acima *Bote na vila de Erbalunga, no litoral leste de Cap Corse*
À dir. *Canoeiros se reúnem sob a Pont d'Arc, na Gorges de l'Ardèche*
Pág. ao lado *Vista do Mont-St.-Michel*

O LOIRE

Chartres (▷ 230-1): Visite a impresisonante catedral Notre-Dame de Chartres.
Castelos do Loire (▷ 226-34): Esta atraente região é pontilhada de castelos de contos de fada.
Le Mans (▷ 236): Além da pista de corridas e do museu do automóvel, que atrai os aficionados de carros, há um adorável centro histórico com ruas de pedra, casas medievais de madeira e uma catedral do século 12.
Tours (▷ 239): Uma cidade animada, entre os rios Loire e Cher, dona de uma rica herança histórica, cultural e arquitetônica.
Passeio pelo vale do Loire: Para uma caminhada por Langeais e o vale do rio Roumer (▷ 240-1).

CENTRO E OS ALPES

Os Alpes (▷ 283): A maneira mais excitante de conhecer estas montanhas é sobre esquis ou snowboard.
Dijon (▷ 264-5): É fácil caminhar por esta cidade histórica, centro do comércio de vinho da Borgonha.
Gorges de l'Ardèche (▷ 262): Passeie de canoa ao longo do rio e sob o arco natural, a Pont d'Arc.
Lac d'Annecy (▷ 259): Para passeios de barco, esportes aquáticos e outras atividades ao ar livre em um belo cenário de montanha, Annecy é quase imbatível.
Lyon (▷ 266-9): Uma cidade obrigatória, excelente para programas culturais e vida noturna.
Parc des Volcans: Este parque é ideal para caminhadas, com picos vulcânicos como Puy de Dôme (▷ 271), que oferecem vistas de Auvergne.

SUDESTE

Aix-en-Provence (▷ 297): Uma cidade elegante, com belas mansões renascentistas e ligações com o pintor Paul Cézanne.
Avignon (▷ 299): As principais atrações são o magnífico Palais des Papes, antiga sede pontifícia, e o festival de teatro e dança, realizado em julho.
O delta do Camargue (▷ 301, 326-7): Ótimo para longas caminhadas, tranquilidade e observação de pássaros.
Cannes (▷ 303): Vá às compras nesta que é a mais glamourosa cidade da Provença.
Gorges du Tarn (▷ 322-3): De carro, a pé ou de barco, siga o rio para espetaculares vistas do desfiladeiro.
Marselha (▷ 310-3): Absorva a história nos bairros de Vieux Port e Le Panier, na cidade velha.
Montpellier (▷ 309): Venha no verão para aproveitar um dos muitos festivais de arte da cidade.
Nice (▷ 316): Experimente a agitada vida noturna.
Nîmes e Pont du Gard (▷ 317, 319): Maravilhe-se com a competência da engenharia romana no anfiteatro de Nîmes e no aqueduto da Pont du Gard.

SUDOESTE

Biarritz (▷ 354): Um resort chique e praias fantásticas.
Bordeaux (▷ 356-9): Experimente os ótimos vinhos e admire a arquitetura da cidade.
Caves: Veja as pinturas rupestres pré-históricas nas cavernas de Lascaux (▷ 363) ou Les Eyzies (▷ 361).
Dirija pelos vinhedos de Bordeaux (▷ 376-7): Não perca a pitoresca cidade vinícola de St.-Émilion.
Futuroscope (▷ 361): Este parque de lazer com efeitos high-tech tem atrações para toda a família.
Périgueux (▷ 366): Compre trufas, foie gras, nozes, vinhos e queijos nos maiores mercados da região.
La Rochelle (▷ 367): Um resort litorâneo sofisticado, com animados cafés, uma arquitetura interessante e uma grande marina.
Toulouse (▷ 372-3): Ótima para arte e história.

CÓRSEGA

Réserve Naturelle de Scandola (▷ 407): Esta reserva natural tem muitos pássaros.
Praias: Escolha entre as muitas praias da ilha. Cap Corse (▷ 405): para quem quer vilas brancas, grutas de areia e muita calma, esta península montanhosa é uma opção.

EXPERIÊNCIAS IMPERDÍVEIS

Seja cosmopolita Escolha uma das grandes cidades francesas: Paris, Lille, Lyon, Bordeaux, Toulouse ou Marselha.

Descubra a história da França Visite o anfiteatro romano em Orange, as praias do Dia D na Normandia ou os menires megalíticos em Filitosa, na Córsega.

Beba vinho tinto de Bordeaux, champanhe de Reims, calvados da Normandia ou cerveja de St.-Omer.

Vá de carro de castelo em castelo do Loire, atravessando os Pireneus ou acompanhando a costa do Mediterrâneo (mas não depois de beber!).

Coma o que os moradores estiverem comendo, sejam escargots na Borgonha, chucrute na Alsácia ou bouillabaisse na Provença.

Pedale em Bordeaux, numa reserva natural no delta do Camargue ou nos vinhedos da Champagne.

Observe as pessoas, com uma xícara de café na mão, num café na calçada de uma praça.

Faça compras num mercado, numa butique parisiense ou na charcuterie de uma vila.

Esquie ou apenas desfrute um vin chaud nos Alpes.

Nade no mar, no Mediterrâneo que banha a Córsega e a Provença, ou no Atlântico, em Arcachon.

Absorva um pouco de cultura no Musée d'Orsay em Paris, em Les Abattoirs em Toulouse ou no Palais des Beaux-Arts em Lille.

Visite uma catedral e aprenda mais sobre a história da arquitetura francesa na Notre-Dame de Paris ou nas milenares catedrais de Bordeaux e Chartres.

Passeie por um castelo de conto de fadas no Loire, como o Château d'Ussé, ou pelo luxuoso Versailles.

Caminhe pela zona rural. Siga uma trilha nos Alpes, um caminho costeiro na Bretanha ou um passeio ao longo de um canal, como o canal da Borgonha.

Veja esportes O evento ciclístico do ano é o Tour de France. Partidas internacionais de rúgbi ou de futebol são realizadas no Stade de France, em Paris.

Acima *Um esquiador contorna uma das portas de bandeira vermelha na competição de slalom em La Tou*

No alto *Os balcões das Galeries Lafayette, em Paris*

FRANÇA VIVA

DIVERSIDADE E REGIÕES

Numa nação que se constituiu a partir de reinos e principados, ducados e condados, não existe nada "tipicamente francês". Os desfiles anuais de bonecos gigantes pelas ruas do norte estariam deslocados na Provença, assim como as touradas do sul se fossem transportadas para os Alpes. A identidade regional é o que importa para os franceses –quando alguém fala num tom patriótico de *mon pays* (meu país), provavelmente está se referindo à sua região, e não à França como um todo. Geralmente, a comida e a bebida definem um território, mas as festas e tradições também têm um papel importante. Basicamente, cada região, assim como sua cultura, é determinada pela paisagem e pela geografia. As histórias sobre como uma caverna ou uma rocha adquiriu sua forma embalam a hora de dormir de várias gerações. Cada região tem sua própria gíria, seu dialeto e até sua língua. O occitano (do Languedoc) e o bretão (da Bretanha) são línguas que estão sendo preservadas e cultivadas como espécies ameaçadas de extinção. Mesmo em cidades que usam o francês convencional, ouça os mais velhos conversando e talvez você tenha dificuldade de reconhecer a língua de seu livro de idiomas.

Sentido horário, a partir do alto *A abadia que coroa o Mont-St.-Michel; O azul do Mediterrâneo visto de Èze; Ciganos durante a Pèlerinage des Gitans em Les Saintes-Maries-de-la-Mer*

CIGANOS E VAQUEIROS À BEIRA-MAR

Ciganos dançam com os vaqueiros de Camargue durante um dos mais animados eventos do calendário provençal, a *Pèlerinage des Gitans* (Peregrinação dos Ciganos). Conta a lenda que Maria Jacobé e Maria Salomé, meias-irmãs da Virgem Maria, chegaram com sua criada Sara, santa padroeira dos ciganos, à vila de Les Saintes-Maries-de-la-Mer. Todos os anos, no fim de maio, ciganos de toda a Europa chegam em peregrinação à vila. Vestidos em suas roupas coloridas, ciganos e *gardians* (vaqueiros locais que cuidam dos touros selvagens) levam imagens cravadas de pedras de santa Sara e das Marias até o mar para serem abençoadas. Do entardecer até alta noite, ecoa na praia o som das celebrações.

ESQUI MALUCO

As estações de esqui dos Alpes são conhecidas como sedes olímpicas, onde o esporte é praticado a sério. Mas, uma vez por ano, no fim de abril, a estação de La Clusaz sedia o Défi-Foly, um desafio nas águas. Cerca de 150 pessoas de toda a região participam de um audacioso evento nas águas do lago Confins. A diversão começa ao nascer do sol, quando os esquiadores deslizam pela encosta e tentam cruzar o lago. O atual campeão, Freddy Quenet, quebrou o próprio recorde de sete anos em 2005, alcançando 145m. Depois dessa criativa combinação de downhill e esqui aquático, segue-se o concurso do Objeto Deslizante Não Identificado, para escolher o objeto mais bizarro usado na corrida. Já foram usadas partes de carros e banheiras para deslizar pela encosta em direção às águas geladas.

DESFILE DO SOPRO

Se sentir uma rajada repentina de vento nas regiões baixas em Périgord Vert, não se assuste: significa que você foi aceito como local. Os cidadãos respeitáveis de Nontron se enfeitam com tamancos, máscara e camisola, e saem às ruas armados de fole para o desfile anual de *Soufflaculs*, quando os moradores insuflam ar sob a camisola uns dos outros para expulsar os maus espíritos que possam estar escondidos sob a roupa de baixo. O costume remonta a uma tradição da Quarta-Feira de Cinzas na abadia próxima de St.-Sauveur, quando os monges usavam foles para purificar cada canto antes da Quaresma. Na Idade Média, os cidadãos adotaram o Festival dos Foles como uma oportunidade para muito deboche e licenciosidade. O atual desfile, porém, é visto como uma diversão inocente.

FESTA DO LIMÃO

Esqueça a elegância sutil: a Riviera vive uma festa barulhenta durante uma gloriosa quinzena, quando os visitantes internacionais estão olhando para o outro lado. Na Riviera, o Mardi Gras é uma maneira festiva de se despedir do inverno e saudar a primavera. A terça-feira de carnaval põe fim a duas semanas de alegria. Em Nice, enormes cabeças de *papier mâché* desfilam à frente das bandas, e a multidão sai dançando atrás dos carros que desfilam pela Promenade des Anglais até o mar. O rei Momo reina supremo até ser finalmente incendiado e jogado ao mar, fechando o carnaval. Ao longo da costa, o povo usualmente educado de Menton promove um ataque de fragrância cítrica aos sentidos, quando 130t de laranjas e limões são transformadas em imensos barcos para a Fête du Citron.

CONSTRUÇÃO À ANTIGA

Como se a França já não tivesse castelos medievais suficientes, um novo tipo está sendo construído na Borgonha. O Castelo de Guédelon, em Treigny (Yonne) está sendo laboriosamente erguido sobre uma pedreira abandonada por uma equipe de 50 artesãos, homens e mulheres, usando apenas métodos tradicionais de construção e materiais encontrados à mão: madeira, pedra, terra, areia e barro. O projeto nasceu de uma ideia de Michel Guyot, que restaurou um antigo castelo e quis entender melhor os desafios e as conquistas dos construtores do século 13. As obras começaram em 1997, e o castelo só estará terminado por volta de 2022.

SOCIEDADE E POLÍTICA

Fala-se muito na França sobre a apatia do eleitorado nas eleições, que entretanto não deve ser confundida com apatia política, uma vez que os franceses estão sempre dispostos a proclamar suas opiniões. Até a mais calma das feiras semanais provavelmente terá pelo menos um pequeno protesto. Nas comunidades rurais do sul, panfletos e estandartes feitos de lençóis lançam terríveis alertas sobre os poderes da União Europeia, enquanto nas cidades universitárias liberais, a política externa pode inspirar uma marcha de protesto ou um coro bem-educado, mas firme, a favor dos direitos humanos ou da imigração. O aspecto negativo é que as greves permitidas e não permitidas são um modo de vida. Os franceses se conformam de mudar seus planos de viagem por causa de uma greve dos ferroviários, mas ficam furiosos quando uma ação industrial afeta a educação de seus filhos. Os políticos nem sempre conseguem votos, mesmo que contem com apoio popular, mas aqueles que se comportarem direito poderão virar nome de rua nas gerações vindouras.

Sentido horário, a partir do alto *José Bové participa de uma manifestação com ativistas antinucleares; A colheita da uva; Uma apresentação durante a Fête de la Musique em Paris*

CIDADE DOS PROTESTOS

Os parisienses sentem que é uma questão de orgulho sair à rua para expressar seu descontentamento, reunindo-se, marchando e erguendo barricadas. Mas, enquanto a esquerda protesta nas ruas, quando as urnas se abrem é a direita que tem ganhado o controle da capital. A eleição de um prefeito socialista em 2001 significou que, pela primeira vez em quase um século, Paris seria governada pela esquerda. Depois de eleito, o prefeito, Bertrand Delanoë, declarou orgulhosamente: "Pela primeira vez desde 1909, as forças progressistas têm a maioria. Paris ainda é a capital do movimento... uma cidade que jamais se submeterá".

UM QUEIJEIRO CONTRA O MUNDO

A França adora um herói, especialmente se ele tiver um bigode e falar em nome dos trabalhadores. Portanto, quando o criador de ovelhas e fabricante de queijo roquefort, José Bové, liderou um protesto contra uma rede de fast-food em 1999, foi saudado como herói. Como o país valoriza muito sua cozinha tradicional, provavelmente não veria com bons olhos a disseminação das lanchonetes fast-food. Bové logo se tornou um ícone nacional, e seus pronunciamentos sobre vários assuntos, dos alimentos geneticamente modificados à globalização, são prontamente divulgados pela mídia. Em 2007, ele se candidatou à presidência, mas foi o décimo entre 12 candidatos, com apenas 1,32% dos votos.

UM HERÓI CHAMADO DÉSIR

Os membros do Parlamento Europeu geralmente não chegam a Estrasburgo com o apoio de uma juventude quase sempre descontente. Harlem Désir, porém, deve sua cadeira no Parlamento em parte graças à sua carismática presença na luta contra o racismo da Frente Nacional dos anos 1980, quando ocorreram ataques a cemitérios e grafites ofensivos. A organização SOS Racismo, que já foi liderada por Monsieur Désir, celebra o multiculturalismo da nação com um logotipo simples: uma palma da mão amarela com as palavras *"Touche pas à mon pote"* (Tire as mãos do meu companheiro). O que poderia ter provocado uma revolta transformou-se numa causa defendida e celebrada nas ruas.

GRAÇAS À MÚSICA

Pergunta: Como um político transcende as fileiras do partido para se tornar uma instituição nacional? Resposta: Ele faz o país cantar. Por mais estranho que possa parecer, foi exatamente o que fez Jack Lang, ministro da Cultura, em 1982. Hoje, a Fête de la Musique que ele criou é quase tão importante nas comemorações de verão quanto o Dia da Bastilha. Amadores e profissionais apresentam 10 mil concertos ao vivo por todo o país, com muitos músicos famosos voltando à sua cidade natal para a noite de 21 de junho. Em Paris, bandas de salsa e acordeonistas misturam-se à multidão, orquestras tocam diante do Palais Royal, astros do rock lotam a Place de la République e bandas independentes ocupam a Place Denfert-Rochereau. Nas outras cidades, cada pedra do calçamento e cada terraço de café se torna palco de uma noite musical.

ESPÁRTACO NEGRO

Duzentos anos depois de ele ser preso, a França prestou homenagens a seu primeiro general negro e líder da primeira bem-sucedida revolta negra contra a escravidão. Um memorial foi erguido na prisão Château de Joux, onde Toussaint Louverture, que nasceu escravo, morreu em 1803. Patriarca do Haiti, ele ganhou o nome Louverture depois de conquistar várias cidades para a França em Santo Domingo, ação pela qual foi proclamado governador vitalício em 1801. Ele declarou a escravidão ilegal, mas foi detido na França por suposta traição. Saudado pelo povo como o "Espártaco Negro", Toussaint é lembrado, com outros defensores da liberdade, em Franche-Comté, e a prisão onde ele morreu fica na Estrada Abolicionista, onde se situam as cidades de Pontarlier e Champagney, que condenaram a escravidão em 1789.

VIDA URBANA VS. VIDA RURAL

A chegada do TGV (trem de alta velocidade) reduziu o tempo de viagem em toda a França. Mas, saindo da cidade para o campo, a viagem ainda será medida em décadas, e não em horas. Enquanto cidades como Lille, Lyon, Toulouse e Montpellier competem para superar Paris como o local mais contemporâneo, a França rural evita o culto ao internacionalismo, preferindo celebrar os valores interioranos. Pessoas de todas as idades cumprimentam-se com um amável *bonjour* ou *bonsoir* quando se encontram na rua ou entram numa loja. Naturalmente, o tempo deixa suas marcas, e os mesmos trens rápidos que tornam a França menor estão eliminando essas diferenças. Paris fica hoje a apenas três horas do Mediterrâneo, e, com as ferrovias locais ligadas às linhas dos TGVs, as famílias urbanas estão achando cada vez mais fácil e interessante mudar-se para o interior. Essas famílias compram casas no campo não apenas para férias e fins de semana (uma tendência que ameaçou seriamente muitas comunidades rurais), mas como seu principal lar. Elas acreditam que seus filhos terão uma educação melhor longe da metrópole, e assim o chefe da família prefere viajar duas horas por dia para trabalhar na cidade, enquanto os que ficam em casa desfrutam a vida no campo.

O DIA EM QUE OS REBANHOS CHEGAM À CIDADE

A primavera é tempo da transumância, quando os pastores levam seus rebanhos para longe do frio até pastos banhados pelo sol de verão. Quando os rebanhos passam pelas ruas estreitas das cidades históricas, é tempo de ação de graças, de música e de vinho. Das pequenas vilas de Vaucluse, como Jonquières, a cidades turísticas como St.-Rémy-de-Provence e estações de esqui nos Alpes, milhares de ovelhas, cães, jumentos e pastores desfilam pelas ruas. Rezam-se missas, soam os tamborins e copiosas quantidades de vinho são consumidas até que os animais desapareçam ao longe. Então, no outono, os moradores se preparam para a viagem de volta.

FESTAS DO 14 DE JULHO

Nada revela tão claramente a diferença entre as pequenas cidades rurais e as grandes cidades que o modo de celebrar o feriado nacional, o Dia da Bastilha, em 14 de julho. Paris se descontrai e se diverte nos muitos *bals publics* (bailes gratuitos) oferecidos pelos bombeiros da cidade, e nas principais cidades da França, fogos de artifício iluminam o céu. Mas nas cidade pequenas a Revolução Francesa também é lembrada. Vilas do *département* de Gard, no sul, celebram a festa de Volo Biou, com desfiles dramatizados inspirados na lenda sobre uma vaca voadora. No Hippodrome de Pompadour, comemora-se o Dia Nacional do Asno, evento para promover a raça, enquanto na região de Limousin o povo de Corrèze comemora o Dia do Burro. O Dia da Bastilha também é celebrado em Nova York e outras cidades dos EUA.

UM PASSEIO COM O SEU SNORKEL

Dez por cento da França é área verde protegida. Mas, se pensar em fazer uma excursão ao parque de Port Cros, do outro lado de Toulon, num cantinho único da Provença, não esqueça o seu snorkel. Neste que é um dos mais incomuns parques da Europa, o caminho da natureza leva os visitantes debaixo d'água por mais de 500m. Esta ilha de 700 hectares está aninhada em meio a águas incrivelmente claras e foi declarada parque nacional em 1963, com a área protegida estendendo-se cerca de 600m mar adentro. Trilhas sinalizadas levam o visitante em direção às águas puras, e, para proteger a vida selvagem, os barcos não têm permissão para ancorar nas praias de areia. Os passeios guiados debaixo d'água que partem da praia de La Palud são gratuitos, mas você deve levar seu próprio snorkel.

Acima *A vida nas vilas da Provença segue num ritmo tranquilo*
No alto *Trens rápidos TGV ligam as cidades francesas*
Pág. ao lado *Trânsito movimentado na Champs-Élysées, em Paris*

CUIDADO COM OS MONSTROS

Quando, depois de 300 anos, os pais finalmente conseguiram fazer os filhos dormir sem medo, surgiu um filme sobre o lendário Monstro de Gévaudan. Para o povo da cidade, o sangrento filme *O Pacto dos Lobos* (2001) era apenas um conto gótico, mas o povo do interior ainda sussurra sobre a criatura que devorou uma centena de mulheres e crianças entre julho de 1764 e junho de 1767. Os ataques foram tão cruéis que o monstro fez o cão dos Baskervilles parecer um bichinho de estimação. Entretanto, mais de 200 anos depois desse reinado do terror, pouco se sabe sobre o monstro. Era um lobisomem ou um louco? Ou sua fama foi aumentada pela histeria do povo? O ceticismo e a lenda são explorados num espetáculo de *son et lumière* (som e luz) no Musée Fantastique de la Bête du Gévaudan, em Saugues.

UM MUSEU ORIGINAL

Não é preciso um espaço urbano para criar um museu de arte contemporânea. Basta um castelo, um parque e a ajuda de uma condessa. Em Drulon, no coração do Centre-Val-de-Loire, Piet e Nanou Hendriks transformaram seu castelo num espaço capaz de rivalizar com qualquer museu de arte. Em 1998, o castelo e seus arredores estavam abandonados. Então os Hendriks aliaram o talento de artistas de vanguarda ao de respeitáveis paisagistas, como a condessa Alix de Saint-Venant, que desenhou os clássicos jardins de rosas. Você não viu um show de águas até se deparar com as estranhas figuras que emergem da névoa sobre o pântano. E nenhum outro jardim florido preparou você para as esculturas criadas por Martine Salavize e Djanashvili Amiran, que brotam em meio aos arbustos e pântanos.

PROJETOS GRANDIOSOS

Na maioria dos países da Europa e nos EUA, os líderes políticos ficam de olho nas pesquisas de intenção de voto e de ouvidos abertos aos rumores da opinião pública. Mas, no século 20, alguns presidentes franceses desenvolveram projetos de grande escala, graças aos quais seu nome seria lembrado muito tempo depois que o resultado da eleição estivesse esquecido. Dessa forma, seguiam a tradição inaugurada pelos grandes reis e imperadores franceses. Luís 14 espalhou pelo país edifícios que refletiam a glória do Rei Sol, e Napoleão encomendou uma estátua imperial no alto de uma coluna para comemorar seu sucesso na invasão da Inglaterra muito antes de cancelar o planejado ataque. Portanto, depois de La Défense de Charles de Gaulle e do centro de arte que o presidente Georges Pompidou criou em Beaubourg, não admira que François Mitterrand tenha terminado seu governo com uma cornucópia de grandes projetos que redesenharam o mapa de Paris de uma maneira que não se via desde que o barão Haussmann traçou os bulevares. A empreitada mais impressionante do mandato de Jacques Chirac –embora não ligada particularmente a ele– é a ponte suspensa de Millau, no sul da França.

MAIS QUE UMA PITADA DE SAL

Os projetos de presidentes e prefeitos são hoje mais conhecidos, mas visões utópicas e grandiosas já existem há séculos. Listadas pela Unesco, mas ainda pouco conhecidas entre as maiores atrações do mundo, são as obras da salina de Arc-et-Senans. É difícil acreditar que esta bela obra da arquitetura clássica de Claude-Nicolas Ledoux fosse uma fábrica industrial, mas este monumento, construído entre 1775 e 1779, foi usado para extrair sal da água nas antigas minas de Salins les Bains. A Salina Real era mais que uma simples fábrica –foi modelo para uma nova cidade utópica, uma visão de planejamento urbano muito à frente de seu tempo.

EXCESSO DE DESIGN?

O século 21 é a era do hotel design. Quando antes bastava o designer francês Philippe Starck lançar uma nova cadeira, hoje os novos hotéis da França disputam quem tem o conceito mais extravagante. Na tradicional Nice, a elegância palaciana do Negresco tem um novo rival no multiconceitual Hi-hôtel de Matali Crasset na Avenue des Fleurs, onde o cliente pode escolher o espaço mais adequado à sua personalidade. Pode-se tomar banho atrás de uma cortina de plantas em um quarto com terraço interno temático, relaxar em móveis criados num computador ou cantar com o *sofablaster*, com equipamento de som embutido. Há ainda um banheiro com piscina de pedra de lava e, luxo total, uma máquina que vende champanhe.

IDEIAS EM CIMA DA ESTAÇÃO

À medida que a rede TGV estende suas vias velozes pelo país, ligando-se com redes semelhantes de alta velocidade na Alemanha, Bélgica e Espanha, a construção de uma estação de trem especial em cada cidade é causa de comemoração. Quando o arquiteto Rem Koolhaas projetou o bairro futurista Europe, em Lille, com o famoso arranha-céu em forma de bota de esqui do Credit Lyonnais em cima da estação, era a história se repetindo. A velha Estação Flandres de Lille é na verdade a original Gare du Nord de Paris, doada à cidade quando a ferrovia do século 19 chegou a Lille. O povo local não se comoveu com o presente de segunda mão e encomendou o segundo nível da fachada.

ANTÍGONA SEM ANTAGONISMO

Quando uma cidade tem mil anos de integração cultural, a construção de um novo bairro põe em risco o equilíbrio. A França, como muitos outros países, também tem a sua parte na sub-reptícia invasão de concreto que desfigura a periferia de muitas cidades decentes, criando divisões sociais e fazendo-as perder o brilho depois de alguns invernos chuvosos. Menos mal quando o arquiteto e o político que criam o sonho partilham a mesma visão. O arquiteto Ricardo Bofill foi perfeitamente capaz de refletir os objetivos do prefeito Georges Freche no distrito de Antigone, transformando o centro romano, medieval e Belle Époque de Montpellier numa homenagem high-tech à harmonia clássica. O bairro de linhas e curvas no estilo grego foi construído para o futuro, mas celebra o passado.

VENCENDO A NATUREZA

O fim do século 20 assistiu a uma infinidade de projetos de construção com ideais grandiosos. O mais ambicioso deles com certeza foi o sonho de superar os vulcões verdadeiros. A deslumbrante paisagem de Auvergne é uma legado vivo dos grandes vulcões que moldaram a região. O Parc des Volcans tem sido uma atração para os que querem fugir para a natureza luxuriante, mas hoje o homem supera a natureza com o Vulcania, um parque europeu de vulcanismo, numa área de 57ha em St.-Ours-les-Roches. Aqui, pode-se percorrer sulcos de lava simulados, que incendeiam rios e terras que parecem rachar sob os pés. A atração também permite conhecer os mais belos vulcões do mundo e até recriar eventos memoráveis, como a erupção do monte St. Helens, no estado de Washington, em maio de 1980.

COMIDA E VINHO

Comida e vinho não são apenas importantes para os franceses, mas definem a nação, suas regiões e seu povo. Num nível mais simples, a produção de uma cidade ou de uma região é a base da comunicação. Todo casamento, crisma, festa da colheita ou dia de boas-novas provavelmente será celebrado com uma garrafa da melhor bebida da área, seja um champanhe da Champagne, um vinho do sul ou um forte calvados da Normandia, servida com a colheita ou a caça do dia. No litoral, a festa pode ser comemorada com uma bruscade (grelhado de frutos do mar); no leste, talvez com ameixas e charcutaria. A melhor maneira de conhecer a fundo uma região é visitá-la durante uma das centenas de festas locais de culinária ou de vinho. Uma festa da azeitona, por exemplo, é uma oportunidade de os fabricantes de queijos, vinhos, patês e geleias dos arredores oferecerem degustações nas ruas, assim como de os produtores de oliva venderem seu azeite. A comida é o grande equalizador desta república, onde o orçamento, e não a classe, determina quem come o quê. Os ricos podem comer fora todas as noites do ano, se quiserem, mas mesmo franceses de baixa renda podem apreciar uma ótima refeição num bom restaurante. Um menu gastronômico de cinco, seis ou sete pratos num restaurante decente pode superar o orçamento de muita gente, mas, no mesmo estabelecimento, o *menu du terroir*, que usa bons ingredientes locais, será preparado com o mesmo cuidado.

UM HOMEM E SEUS MELÕES

Cavaillon, na região de Vaucluse, é o centro da produção de melões. Um homem que tem mais que um respeito passageiro pela suculenta fruta é o *restaurateur* Jean-Jacques Prévot. Além de estar presente em todos os cardápios de meados de maio até o fim de setembro (experimente a lagosta com melão), ainda é o principal ingrediente de um aperitivo local, a délice de melon. Prévot ainda fabrica tintas com as sementes e a casca, que contribuem para a exposição de obras de arte e de artesanato relacionadas com o melão promovida pelo restaurante. Em julho, a cidade abriga um desfile anual do melão, com música e degustação da fruta.

TERAPIA DO VINHO

Au revoir à dieta de folhas de alface, pílulas emagrecedoras e poções antirrugas, e *bienvenu* à uva e suas recompensas. O médicos admitem que uma taça de vinho tinto pode ser benéfica, mas em Bordeaux muita gente exalta as virtudes de uma banheira de produtos da vinha para o bem-estar. A *vinothérapie* é um tratamento contra o envelhecimento baseado na uva e seus extratos, em particular os polifenóis das sementes. A primeira clínica de *vinothérapie* foi inaugurada em 2000 em meio aos vinhedos de Graves e inspirou imitadores em spas de luxo. Oferece sessões de meio dia a uma semana, e, depois de um banho com óleo de semente de uva em um barril ou uma aplicação de vinho e mel, você estará pronto para experimentar o produto das adegas da região.

OS BASCOS NO PAÍS DO CHOCOLATE

Cidade que deu ao mundo a baioneta e alguns dos mais famosos presuntos defumados da França, Bayonne tornou-se um santuário para os judeus que fugiam da Inquisição espanhola. Em agradecimento, os refugiados ofereceram à França o presente do chocolate, desconhecido do lado francês dos Pireneus até a chegada daqueles à capital do País Basco francês. As pessoas ainda vão a Bayonne para experimentar a delícia trazida pelos chocolateiros judeus. Nas casas de chá da Rue Neuf, o chocolate é apreciado como um petisco no meio da manhã ou da tarde. Entretanto, a refinada guloseima dá lugar a vários dias de orgia chocólatra durante o Festival do Chocolate, realizado no meio do verão.

UM NATAL PROVENÇAL

Quem jantar fora na Provença no fim de dezembro descobrirá que o jantar de Natal é uma ocasião para salgados e doces. A mesa é preparada tendo em mente o simbolismo e a tradição. A *gros souper* (ceia) da noite de Natal é um dos mais apreciados rituais do sul. Com 13 sobremesas, a refeição é famosa pela abundância de doces e, paradoxalmente, por sua suposta austeridade. Entre os pratos estão modestos vegetais marinados, anchoïade (patê de anchovas), bacalhau e escargots à l'aioli (alho e óleo), seguidos de uma fartura de pratos que representam Cristo e os apóstolos, com nougats, nozes e passas, além de pratos de frutas que vão de deliciosos figos aos confits (frutas cristalizadas). A mesa é decorada com três toalhas brancas, bolas e velas que simbolizam a Santíssima Trindade.

BUQUÊS FLORAIS

Em janeiro, o florescer dos botões de rosa é um sinal de que provavelmente haverá vinho suficiente. A maior festa do vinho da Borgonha ocorre no meio do inverno, quando uma das lendárias vilas ao redor da cidade vinícola de Beaune abriga o anual St.-Vincent Tournante. É a festa que circula, e não o santo padroeiro dos vinicultores, quando cada uma das 50 vilas espera a sua vez de sediar o prestigioso evento. Uma *cuvée speciale* é criada para a ocasião e derramada prodigamente nas taças de milhares de visitantes. Turistas e locais passam dois dias degustando os melhores vinhos da região, tudo pelo preço de uma taça. Enquanto os produtores preparam os vinhos, as crianças passam semanas fazendo coloridas flores artificiais para os jardins da cidade, a fim de dar ao evento de inverno o charme de uma festa de verão.

Acima *Uma especialidade local, a Tarte Normande*
À esq. *Cogumelos à venda numa banca do mercado de La Rochelle*
Pág. ao lado *Uma tradicional padaria francesa*

ARTES E MÍDIA

Todos os anos, em agosto, astros da música contemporânea baixam numa improvável cidade-mercado na zona rural da Gasconha para divertir a multidão que se aglomera numa tenda improvisada. O Festival de Jazz de Marciac é apenas um dos muitos festivais de renome internacional realizados fora do circuito normal das casas de espetáculos, e um sinal de como a França valoriza as artes. Quase toda cidade se orgulha de promover eventos culturais para seus moradores e visitantes. Alguns eventos são realizados em belos monumentos históricos: um superastro internacional do rock pode tocar na arena romana em Nîmes, enquanto um talentoso coro local se apresenta na igreja românica de alguma pequena cidade da qual você jamais ouviria falar. O ponto alto do ano artístico é o Festival de Avignon, quando críticos de arte do mundo todo partem para a cidade murada para relatar o que estará nas manchetes de Paris no ano seguinte, e cada saguão de hotel é confiscado pela mídia e transformado num temporário estúdio de tevê.

Sentido horário, a partir do alto *O Europa Jazz Festival, em Le Mans; Detalhe de uma pintura de Rosso de Rossi na Galerie de François I, em Fontainebleau; O famoso* Pensador *de Rodin*

TEMPORADA EM REIMS

Entre junho e agosto, cerca de 120 concertos gratuitos fazem de Reims um lugar muito especial. As Flâneries Musicales d'Été, criadas em1990 por Yehudi Menuhin, oferecem muitos dos verdadeiros prazeres da temporada. Os concertos ocorrem em parques e espaços públicos da cidade, com artistas internacionais como Montserrat Caballé, Helen Merrill, Wilhelmenia Fernandez e outros lendários nomes que se apresentaram nos últimos anos. Tão efervescente quanto o espumante que tornou a cidade famosa, o evento oferece uma eclética seleção de concertos. Pode-se ouvir jazz num parque, música barroca numa esquina ou George Gershwin nos degraus de uma catedral.

QUANDO UM MOZART NÃO BASTA

Para algumas pessoas, sol nunca é demais –nem Mozart. Assim é no verão da Provença, quando a região reverbera o som de árias populares em cenários históricos. Para se somar a festivais de música como as esplendorosas produções épicas de Orange e os concertos apresentados no teatro ao ar livre no palácio episcopal de Aix-en-Provence, um novo espaço foi inaugurado em 2002, quando Pierre Cardin lançou seu festival de ópera nas ruínas do Château Lacoste. O espetáculo de estreia foi a condenação de Mozart à imoralidade e licenciosidade, *Don Giovanni*. Algo muito apropriado, já que, antes de Pierre Cardin, outro famoso morador do castelo foi o marquês de Sade.

PREPARANDO-SE PARA O ROCK

Enquanto muitas crianças têm de se contentar com um cartaz na parede do quarto ou um adesivo no caderno, seus colegas franceses são introduzidos no mundo da música popular ao vivo desde muito cedo. A França recebe o melhor festival de rock ao ar livre da Europa produzido para menores de 12 anos. Rock Ici Mômes é um evento de um dia de duração para crianças cujo gosto está mais para a música que para os jogos de computador. Milhares de jovens se reúnem no Sable-sur-Sarthe todo mês de julho para seis horas de rock e world music e pintura de rosto. Rock Ici Mômes já tem 25 anos de idade, e sua organização tem sido perfeita para que as crianças possam ouvir música em segurança.

ONDE ESTÁ O BIFE?

Mais vegetarianos estão se aventurando nos abatedouros da França do que antes. Isso talvez tenha a ver com o fato de os matadouros estarem emprestando sua carcaça para as artes. Assim como os armazéns de processamento e empacotamento de carne de Calais estão sendo transformados em locais de espetáculos, os antigos matadouros de Toulouse estão levando cultura à margem esquerda do Garonne. Les Abattoirs é uma moderna galeria de arte da segunda metade do século 20, instalada nos antigos abatedouros de Urbain Vitry. Dentro não há carne, mas 2 mil obras de 667 artistas de 44 países. Uma atração especial é o imenso pano de fundo criado por Pablo Picasso para a peça *14 de Julho*, de Romain Rolland.

TALENTO EM QUADRINHOS

Um fenômeno da indústria editorial na França é a *bande dessinée* (comumente chamada de BD), termo francês para as nossas histórias em quadrinhos, ou HQ. Trata-se de um ramo muito popular e lucrativo da atividade editorial franco-belga. As séries *Tintin* e *Asterix* talvez sejam as mais conhecidas no exterior, mas a maioria das BDs criadas hoje destinam-se ao público adulto e mostram cenas de sexo e violência, quando elas fazem parte da história. A arte dos quadrinhos é levada em grande consideração pela crítica, e um prestigioso festival internacional é realizado em sua honra todos os anos em Angoulême, perto de Limoges.

ATIVIDADES E ESPORTES

O esporte ocupa o terceiro lugar no coração dos franceses, logo atrás do vinho e do queijo. Apaixonados participantes e torcedores, os franceses recebem com igual entusiasmo tanto os esportes já consagrados quanto os de vanguarda. O país tem sediado muitos eventos esportivos importantes. O Stade de France, em St.-Denis, em Paris, construído para a Copa do Mundo de Futebol de 1998, foi palco da Copa do Mundo de Rúgbi de 2007. Quando a França promove (e vence) um importante campeonato esportivo, o mundo logo fica sabendo graças às buzinas de carros que retumbam na Champs-Élysées. Mas, além de eventos isolados, o país tem um calendário completo de esportes, no qual a corrida das 24 Horas de Le Mans e o torneio de tênis de Roland Garros são os mais conhecidos eventos de verão. O Tour de France é um espetáculo nas estradas da França, fazendo de cada etapa da rota um dia memorável para os turistas. Da mesma forma, quando é a vez de a Borgonha sediar o campeonato da Fórmula 1, cerca de 100 mil espectadores se reúnem no circuito de Magny-Cours. O golfe é um esporte de aceitação popular, e o rúgbi e as corridas de cavalos são o principal assunto de conversa no Bar des Sports de toda cidade. Outra atividade apreciada é a prática de esqui nos Alpes, no Maciço Central e nos Pireneus. Regionalmente, muitas cidades e vilas contam com instalações esportivas que podem ser usadas por residentes e visitantes.

TRILHA DE FERRO

Típica das regiões montanhosas, a *via ferrata* é uma trilha demarcada em que o praticante escala a montanha por degraus de metal presos na rocha e estreitas pontes de corda que cruzam os desfiladeiros. Os apoios para mãos e pés permitem que não alpinistas desfrutem a emoção da subida, embora as cordas ainda sejam usadas por razões de segurança. As trilhas são graduadas, e existem algumas criadas especialmente para crianças e pessoas sem experiência anterior. A *via ferrata* é praticada nos Alpes, nos Pireneus e no Maciço Central, mas talvez a mais famosa seja a dificílima Ferrata de la Peille, nas montanhas acima de Nice.

EXPANDINDO OS LIMITES DO ESPORTE

Quando os irmãos Montgolfier decolaram suavemente do solo francês em seu primeiro voo de balão, nem imaginavam que estavam inventando o negócio dos "esportes de aventura". Os franceses estão na linha de frente do desenvolvimento de atividades injetoras de adrenalina, entre elas o parapente (voo num para-quedas manobrável) e a escalada livre (sem cordas). Naturalmente, a diversidade geográfica oferece um ótimo playground, mas o esporte não respeita as fronteiras nacionais. O Rali Paris-Dakar (hoje Rali Dakar), inaugurado em 1978 depois que seu criador, Thierry Sabine, se perdeu no deserto e viu que seria um ótimo lugar para uma corrida, é hoje o mais duro evento automobilístico off-road.

CICLISTAS NA TRILHA CERTA

Durante três semanas do verão, a nação fica presa à emoção do Tour de France. Mas o amor dos franceses pela viagem sobre duas rodas dura o ano todo. Em 2003, a Aquitânia lançou um plano-piloto para criar uma estação de esportes especial para ciclistas ao longo das estradas que ligam as estações de esqui. Créon, que fica entre os vinhedos de Entre-Deux-Mers e a apenas 20 minutos de Bordeaux, tem trilhas verdes, azuis e vermelhas, segundo o nível de habilidade do ciclista, com o principal posto de turismo e ponto de encontro dos ciclistas na antiga estação de trem de Créon. Para chegar lá, uma ferrovia fora de uso de 56km foi transformada em ciclovia, com sete antigas estações funcionando como áreas de descanso e restaurantes.

COMBATE NA ÁGUA

Esqueça a encenação histórica: a justa medieval está viva nos canais de Languedoc-Roussillon. Cavalos não são necessários, já que os combatentes montam barcos dispostos em sentido contrário, com lanças e escudos a postos para a batalha, cujo objetivo é derrubar o adversário na água. Embora muitos desafios ocorram nas cidades ao longo da costa, a sede principal do esporte são os canais do porto de Sète, onde a justa aquática existe desde a época romana e o esporte atual remonta a 1666. O escudo de madeira pintado à mão é também o troféu, e os pescadores e trabalhadores das docas levam o jogo muito a sério. A temporada de combates começa em 29 de junho, em barcos pintados de cores vivas, e termina com o famoso torneio de St.-Louis, no fim de agosto.

A FAÇANHA DO SÉCULO

O Tour de France existe há mais de um século, o que não é nada mau como façanha de marketing. A primeira competição, ocorrida em 1903 como campanha de publicidade da l'Auto Magazine, contou com 60 competidores e cobriu 2.500km em mais de 19 dias. Como havia apenas seis estágios, os corredores tinham de pedalar sua bicicleta sacolejante durante a noite. Entretanto, nessa época, hotéis confortáveis eram padrão e vastos trechos do país eram atravessados por trens de luxo ou avião entre um estágio e outro. O evento foi criticado em manchetes dos tabloides praticamente desde a primeira edição. Os golpes sujos dos primeiros anos incluíam pregos espalhados na pista e alegações de envenenamento.

Pág. ao lado *A árdua corrida ciclística Tour de France*
À esq. *A França enfrenta a Inglaterra no rúgbi*
Abaixo *Alta velocidade no Grande Prêmio de Mônaco*

ESTILO E MODA

Acima *Você vai ser notada usando estes sapatos*
À esq. *Coloridos modelos na passarela*

Os desfiles de *prêt-à-porter* apresentados quatro vezes por ano no Carrousel du Louvre mostram ao mundo o que as pessoas normais vão usar na próxima estação, enquanto os desfiles de alta-costura da Paris Fashion Week revelam o que alguém que esteja longe dos flashes jamais pensaria em usar. Paris desfruta de justa fama como sede da elegância, e a França sabe como se manter um passo à frente do resto do mundo. Todos os anos, outro país é festejado como o novo carro-chefe da moda, mas o glamour e a elegância dos franceses nunca foram realmente ameaçados. Afinal, quando um novo *enfant terrible* além das fronteiras começa a atrair a atenção internacional, as casas de moda francesas dão um jeito de atrair o recém-descoberto talento.

A BOINA

O boné de beisebol americano pode ter tomado as ruas do mundo, mas o típico acessório de cabeça francês, a boina, não desistiu da luta para ser atual. Usada em tempos recentes por artistas, revolucionários e intelectuais, a boina entra e sai da moda e ainda faz suas aparições na passarela de uma maneira pós-moderna. O autêntico lar da boina é Béarn, no sudoeste da França, onde um pequeno museu em Nay, perto de Pau, pode responder a qualquer pergunta sobre a boina, até as que você jamais pensou em fazer.

MODA E CHOCOLATE

Entre os desfiles de *prêt-à-porter* e a Paris Fashion Week, há um só evento em que, segundo os críticos, todos os itens são digeríveis. A moda comestível é o ponto alto do Salon du Chocolat de Porte de Versailles, um desfile que combina o talento dos *chocolatiers* com os mais ousados designers da cidade.

NA PISTA EXPRESSA

O trânsito da Avenue des Champs-Élysées está sempre engarrafado, mesmo de madrugada, mas uma vez por semana a famosa avenida é fechada para os carros. Para aproveitar, coloque seus patins na mala. Pari-Roller é um acontecimento social em Paris, quando dezenas de milhares de pessoas se reúnem perto da estação de Montparnasse na sexta-feira à noite. Às 22h, a multidão parte para explorar a cidade. Estritamente para patinadores experimentados, o trajeto varia a cada semana. O itinerário é divulgado no site www.pari-roller.com antes do evento. Uma vez por mês, duas horas depois da partida, os patinadores viram na Place Charles-de-Gaulle para a descida de alta velocidade pela Champs-Élysées.

A HISTÓRIA DA FRANÇA

190 A.C.-987: GÁLIA, ROMA E FRANÇA

As tribos celtas dominaram a Gália desde cerca de 1500 a.C., mas lutavam tanto entre si que os romanos não tiveram muita dificuldade para anexá-las ao seu império. A vitória de Júlio César sobre o chefe celta Vercingetorix em 52 a.C. consolidou o domínio romano. Seguiram-se dois séculos de paz e prosperidade. Depois da queda do Império Romano, no século 5º, a tribo germânica dos francos invadiu o país e mudou seu nome para França. A dinastia merovíngia governou até o século 8º, com o rei Clóvis fazendo de Paris sua capital. Ele se converteu ao cristianismo em 497 e estendeu sua influência sobre as províncias cristãs. Depois de Clóvis, o poder merovíngio declinou, e foi a vez de os reis carolíngios assumirem o poder. Em 754, Pepino o Breve subiu ao trono, mas foi seu filho, Carlos Magno, que se tornou a figura mais notável da história da França. Seu reinado durou quase 40 anos, durante os quais a cultura e a força militar do país cresceram. No ano 800, ele foi coroado pelo papa imperador do Sacro Império Romano, governando um território equivalente ao ocupado hoje por Alemanha e França. As disputas entre os herdeiros de Carlos Magno dividiram o império, e os condes e bispos provinciais indicados pelo imperador se tornaram cada vez mais poderosos. Quando o último rei carolíngio morreu, em 987, os condes elegeram um rei entre si: Hugo Capeto, fundador da dinastia que governou a França até a Idade Média.

VERCINGETORIX OU ASTERIX?

Vercingetorix é um herói nacional da França, símbolo da resistência à tirania. Ele liderou uma rebelião contra os romanos em 52 a.C., mas mais tarde foi capturado e condenado à morte em Roma por Júlio César. A cena lendária em que Vercingetorix deposita as armas aos pés de César é um momento fundamental na história da França, mas, na popular história em quadrinhos *Asterix*, Vercingetorix pisa no pé de César, que sai pulando, aos gritos. Na verdade, René Goscinny e Albert Uderzo, criadores do Asterix, basearam seu herói anárquico em Vercingetorix. Diz a lenda que ele fugiu antes de ser morto e foi trabalhar na retaguarda para dificultar as coisas para os invasores, tornando-se símbolo da Resistência.

A TRAVESSIA DO RUBICÃO

Depois que subjugou a Gália em 52 a.C., Júlio César tornou-se governador de toda a província e um homem muito poderoso. Três anos depois, foi obrigado a tomar a maior decisão de sua vida: ficar na Gália ou partir para conquistar sua rival, Pompeia, o que lhe daria o controle da república romana. César reuniu forças para a invasão e, quando se aproximava do rio Rubicão, que separava a Gália do que é hoje a Itália, foi mais devagar e suas dúvidas cresceram. Ordenou uma parada, indeciso sobre o que fazer: ficar onde estava na Gália ou arriscar tudo e continuar para Roma. Então, com a famosa frase "a sorte está lançada", cruzou o rio. César deixou o jovem estado para trás e liderou seu exército em direção a Roma e a seu futuro como ditador.

URBICUS, BISPO DE CLERMONT-FERRAND C. 250

A conversão ao cristianismo trouxe lutas e tentações para Urbicus, de uma família de senadores romanos e primeiro bispo de Clermont-Ferrand. Depois que se converteu, ele e a mulher resolveram viver separados, em contemplação religiosa. Mas, cansada dessa vida de restrições, a esposa fugiu para a igreja do marido e começou a bater nas portas, exigindo seus direitos conjugais. Urbicus deixou-a entrar e passar a noite. Quando descobriu que a mulher estava grávida, ele ficou horrorizado e se retirou para um mosteiro para pedir perdão de seus pecados. Mas tudo acabou bem, porque a filha tornou-se freira como a mãe, o bispo retomou seu posto e todos se uniram depois da morte, enterrados na mesma cripta.

CARLOS MAGNO E O JEJUM DO BISPO

Um verdadeiro rei, Carlos Magno ensinava através do exemplo, e não da punição. Certa vez, um bispo que estava hospedado em seu palácio criticou-o por comer cedo durante a Quaresma, o que não era permitido pela Igreja. Mantendo a calma, Carlos Magno pacientemente disse ao bispo que ele tinha razão e que concordava com ele, mas então o informou de que, dali em diante, ele seria a última pessoa a ser servida durante sua estada no palácio. Em todas as refeições, o bispo tinha que esperar até que nobres, comandantes, cortesãos e oficiais se servissem. Depois de muitos dias de fome, Carlos Magno perguntou ao bispo: "Agora o senhor entende que não como cedo por gula, mas por consideração por aqueles que têm de esperar?".

MINÚSCULA CAROLÍNGIA

Carlos Magno tentou aprender a escrever, mas começou muito tarde. Por isso, é extraordinário que a forma de escrita que usamos ainda hoje se deva a ele. Até cerca do ano 800, escrevia-se em letras maiúsculas, sem pontuação e com as palavras ligadas, o que criava muita confusão. Sob a orientação de seu mestre, Alcuíno, Carlos Magno fundou escolas de escrita nos mosteiros. Ali, os monges desenvolveram a escrita minúscula carolíngia –com maiúsculas, minúsculas, pontuação e palavras separadas–, a escrita que você está lendo neste momento. Os monges precisavam praticar suas habilidades, e foi graças às escolas de escrita que 90% das palavras latinas que temos hoje sobreviveram.

À esq. *Capitéis coríntios na Maison Carée, em Nîmes*
Acima *Escultura em relevo de um edifício em Arles*
Pág. ao lado *Anfiteatro romano em Arles*

987-1453: IDADE MÉDIA

Os reis da nova dinastia dos Capetos tinham pouco poder verdadeiro e não se aventuraram muito além de sua fortaleza na Île de France. Guilherme da Normandia tornou-se rival dos Capetos quando conquistou a Inglaterra em 1066, e, em 1152, o casamento de Leonor da Aquitânia com Henrique 2º da Inglaterra provocou guerras territoriais que duraram 300 anos. Entretanto, os Capetos aos poucos dominaram a França através de uma rede de casamentos e tratados. As Cruzadas, instituídas em 1095 pelo papa Urbano 2º, beneficiaram a dinastia quando uma cruzada interna, a Heresia Albigense, permitiu-lhe esmagar seus oponentes no sul da França. No século 13, muitas das grandes catedrais francesas foram construídas, a Universidade de Paris foi inaugurada e o país prosperou. Entretanto, o século 14 presenciou dois grandes desastres: a Peste Negra (1348-9), que matou 30% da população da Europa, e a Guerra dos Cem Anos (1337-1453), provocada pela reivindicação dos ingleses ao trono francês, legado do casamento entre Leonor da Aquitânia e Henrique 2º. A guerra foi desfavorável aos franceses e, em 1422, Henrique 4º foi coroado rei da França em Paris. Joana d'Arc mudou a sorte da França, mas foi traída por Carlos 7º, que mais tarde, em 1453, expulsou os ingleses.

A MILAGROSA CURA DA CALVÍCIE

Bernard, um nobre de Auvergne, perdeu o cabelo depois de uma doença e ficou tão envergonhado que se escondeu do mundo. Por volta do ano 1000, santa Fé lhe apareceu em sonho e lhe disse para ir a seu santuário em Conques. Disse a Bernard para ficar de pé do lado esquerdo do santuário e esperar até que o abade terminasse suas orações e lavasse as mãos. O abade então lavaria sua cabeça. Pondo fé no sonho, Bernard correu a Conques, onde o abade se recusou a fazer algo tão tolo. Mas Bernard não ia embora, e o abade fez o que ele queria. Conta a lenda que, no dia seguinte, a cabeça de Bernard estava coberta de cachos.

OS PAPAS EM AVIGNON 1309-1418

Depois de anos de violência nas mãos dos cidadãos de Roma, em 1309 o papa fugiu para Avignon a convite do rei Filipe, que cobiçava o dinheiro do papa e sua influência sobre o solo francês. Os papas viviam num castelo-fortaleza que o poeta Petrarca chamou de "um esgoto onde se juntou toda a imundície do universo", e, em 1377, a corte estava tão ameaçada por ladrões e vigaristas que Gregório 11 voltou a Roma. Então, os soberanos da Europa patrocinaram seus candidatos, e em 1414 houve o espetáculo de três papas disputando a preeminência. Os prelados da Sorbonne, entre outros, puseram fim a essa situação, e em 1418 um único papa voltou a ocupar o trono pontifício em Roma.

AS REGRAS DO AMOR CORTÊS

Leonor da Aquitânia e sua filha, Maria da Champagne, tiveram uma grande influência sobre as noções medievais de amor. Em sua corte no sul da França, trovadores escreveram os primeiros poemas românticos. Como as cortes viviam cheias de jovens solteiros, foi preciso criar regras para contê-los. Um cavaleiro devia amar sua dama com a mesma obediência feudal prestada a seu senhor. Como os casamentos nobres eram dinásticos, os romances eram comuns, mas em geral castos.

CRISTINA DE PISAN 1365-C.1430

Cristina de Pisan foi uma dama italiana que enviuvou em Paris em 1390. Tinha uma família a sustentar e, numa atitude ousada para a época, decidiu ganhar a vida escrevendo. Produziu biografias, histórias e poesia, tudo numa escala heroica. De Pisan logo conseguiu ricos patronos e tornou-se uma das escritoras mais populares da França. Única voz feminina de seu tempo, ela protegia as mulheres dos ataques de escritores homens, particularmente no debate sobre "O Romance da Rosa", famoso poema misógino. "Por que odeiam as mulheres?", perguntava. "Os senhores têm mães e esposas. São elas más?"

JOANA D'ARC

Uma jovem camponesa chamada Joana escreveu ao rei da Inglaterra em 1429 com surpreendente confiança e as palavras de um líder nato: "Duque de Bedford, que vos dizeis regente da França em nome do rei da Inglaterra, a Virgem vos pede que não a obrigueis a destruir--vos". Joana d'Arc rompeu os limites de gênero e classe em uma época em que as mulheres eram subservientes aos homens. Mas seu ato mais criativo foi a ideia de patriotismo. Deu a seu país o sentimento de nação. "Não recebestes de Deus nenhum direito sobre a França", ensinou a Bedford, "... voltai a vosso país." Quando a Europa emergiu da Idade Média, outros seguiram seu exemplo.

Pág. ao lado *Cavaleiros franceses embarcam numa cruzada*
Acima *Uma cabeça medieval esculpida na Batelle Europe, em Troyes*
Abaixo, da esq. p/ dir. *A construção do Château de Luynes começou no século 11 no local de uma cidadela romana; A chegada de Joana d'Arc ao Château de Chinon*

1453-1598: RENASCENÇA

A longa guerra entre França e Itália durou de 1494 a 1559 e foi uma tentativa de conter o poder do Império Habsburgo. Mas teve um resultado feliz: o fluxo das ideias e da arte do Renascimento italiano. Os reis, em especial Francisco 1º, importaram artistas e arquitetos, joias e obras de arte para aumentar a glória da monarquia francesa. Alguns dos mais belos castelos, livros e pinturas da França foram criados durante esse período. Ao lado desse espetacular florescimento cultural, o protestantismo cresceu rapidamente depois da Reforma, nos anos 1530. Fortalecido pela influência do exilado João Calvino, tornou-se uma força poderosa no país. Guerras entre católicos e protestantes, oito ao todo entre 1562 e 1598, logo dividiram a nação, que foi levada ao colapso em consequência da crueldade e violência das lutas. Um dos piores incidentes foi o Massacre de São Bartolomeu, em 1572, quando foram mortos quase 3 mil protestantes em Paris e mais de 20 mil em todo o país. Depois dos assassinatos e da ameaça da guerra civil, os problemas só começaram a diminuir quando, em 1593, o protestante Henrique 4º se converteu ao catolicismo para entrar em Paris. O Edito de Nantes, de 1598, que concedia direitos e proteção aos protestantes, trouxe uma trégua incômoda.

FRANÇOIS RABELAIS

Em seu épico fantástico *Gargântua e Pantagruel*, que conta as aventuras de pai e filho, o gênio da comédia François Rabelais simboliza a energia da Renascença francesa. Médico, monge, escritor e estudante de botânica, astrologia, filosofia e história, inventor de novos instrumentos para curar fraturas e criador de dois personagens imortais da literatura mundial, Rabelais era um homem da Renascença. Seus textos são divertidos e grosseiros, mas nasceram da tradição humanista da época e são ousados na crítica à Igreja e aos poderosos da nação. Ninguém foi poupado de sua sátira, e, nesse processo, ele criou algumas das maiores obras da literatura francesa.

Sentido horário, a partir do alto *Ovelhas pastam nos jardins do Château de Miromesnil; A Mona Lisa de Leonardo da Vinci no Louvre; O Château d'O, protegido por um fosso*

DIANA DE POITIERS

Diana de Poitiers, amante e grande amor de Henrique 2º, tinha um físico e um intelecto notáveis. Aos 50 anos, uma idade em que os dentes escurecem e as rugas se formam, Diana mantinha sua beleza intacta. Foi uma forte influência sobre o reinado de Henrique e fundamental para o fim da guerra contra a Itália em 1559. Mas foi nas relações entre Henrique e a mulher, Catarina de Medici, que Diana revelou sua coragem e perspicácia. Em dias determinados, Henrique passava as primeiras horas da noite com a amante e depois procurava a mulher. Depois de um tempo com a esposa, Henrique voltava para os braços da amada. Não admira que Catarina odiasse a rival.

LEONARDO DA VINCI NA FRANÇA

Francisco 1º colecionava pinturas, joias e castelos, mas seu maior prêmio foi Leonardo da Vinci. Em 1516, o rei convidou o septuagenário Leonardo a Amboise, onde tratou o artista e inventor com verdadeiro respeito. Leonardo recebeu uma casa e uma generosa pensão, e, embora tivesse o braço esquerdo paralisado, criava diversões para a corte, desenhava, investigava a anatomia e a natureza da água e inventava máquinas. Nunca parou de trabalhar até morrer, talvez, segundo a lenda, nos braços do rei. Francisco 1º certamente tinha por ele uma verdadeira afeição, e em troca recebeu dele um magnífico presente. Leonardo tinha trazido a *Mona Lisa* com ele da Itália, e por isso ela até hoje está exposta no Louvre.

COZINHA FRANCESA

A excelente cozinha francesa deve muito a Catarina de Medici, que levou cozinheiros florentinos para a França quando se casou com o delfim Henrique em 1533. A culinária francesa ainda era medieval, pesada e limitada, mas os cozinheiros de Catarina usavam molhos delicados em lugar do excesso de especiarias, açúcar refinado em lugar de mel e uma grande variedade de massas, vegetais e aves até então desconhecidos na França. Catarina também levara com ela seu garfo, que os franceses se recusaram a usar durante um século. Ela convidava damas ricamente vestidas para os banquetes e arranjava a mesa com peças de cristal e ouro. Com ela, a refeição tornou-se um espetáculo. Maria de Medici, sua parenta, chegou da Itália em 1600, trazendo com ela a receita que seria a mais famosa delícia francesa, o croissant.

O ENSAÍSTA

Michel de Montaigne (1533-92) criou o ensaio como forma literária. Nascido em uma rica família nos arredores de Bordeaux, Montaigne foi educado em latim e francês, assim como nas artes. Estudou direito e, quando atuava no *parlement* (corte de justiça) de Bordeaux, foi influenciado por seu amigo Etienne La Boétie. O "Discours de la Servitude Volontaire", de Etienne, é um ataque à monarquia absolutista. A morte de Boétie, em 1563, com pouco mais de 30 anos, perturbou Montaigne, que em 1570 se mudou para o castelo que herdara do pai. Ali, viveu com a mulher e começou a escrever seus *Ensaios*. Publicada em 1580, a primeira coleção de ensaios cobria uma grande variedade de assuntos, demonstrando tolerância, bom senso e sabedoria. Montaigne foi eleito prefeito de Bordeaux em 1581. Morreu em casa em 1592.

1598-1715: LE GRAND SIÈCLE

Este período foi dominado por dois grandes homens, o cardeal Richelieu (1585-1642), ministro de Luís 13, e o Rei Sol, Luís 14 (governou de 1643 a 1715). Richelieu dedicou-se a centralizar o poder sob o monarca. Esmagou uma revolta chefiada pelo irmão de Luís 13, destruiu a fortaleza protestante de La Rochelle e tentou proteger as fronteiras da França. Suas guerras contra Holanda, Áustria e Inglaterra continuaram pelo século 17. Richelieu fortaleceu a marinha e a indústria têxtil, criando uma economia vibrante. Luís 14 teve a sorte de ser servido por um brilhante ministro das finanças, Jean-Baptiste Colbert (1619-83), que reformou o caótico sistema tributário da França e conseguiu dar à economia um superavit. Luís o gastou com liberalidade em suas duas obsessões, o Castelo de Versailles (glória da França e objeto da inveja de outros monarcas, que tentaram copiá-lo) e as guerras estrangeiras. Entretanto, a beligerância e intolerância de Luís não serviram ao país quando ele revogou o Edito de Nantes em 1685, levando a França a perder uma imensa população de trabalhadores protestantes. Suas guerras esgotaram o tesouro, e, embora Luís tenha ganhado o trono da Espanha para o neto, a guerra para conquistá-lo não ajudou a melhorar as finanças da França. Em 1715, apenas dois anos depois do fim da guerra, Luís morreu.

Sentido horário, a partir do alto *O Palácio de Versailles; Jean-Baptiste Colbert, ministro de Luís 14; O Château de Vaux-le-Vicomte é uma obra-prima da arquitetura do século 17*

RICHELIEU: AS RAÍZES DO PODER REAL

Homem extraordinário, o cardeal Richelieu lançou as bases da autoridade real, mais tarde brutalmente firmadas por Luís 14. Dominou o reinado de Luís 13, que ainda sofria muitos dos problemas da monarquia medieval: nobres ambiciosos, uma Igreja Católica faminta de poder e protestantes beligerantes, os huguenotes. Richelieu dedicou-se a fortalecer o poder do rei esmagando os huguenotes e reduzindo o poder da Igreja, que foi obrigada a pagar impostos. A visão popular, influenciada pelo romance de Alexandre Dumas *Os Três Mosqueteiros*, é de que Richelieu foi um político desonesto e cruel. Embora isso possa ser verdade, ele também reconstruiu a Sorbonne e fundou a Academia Francesa em 1634.

O AMIGO DE LUÍS, MOLIÈRE

Luís 14 apreciava e protegia o dramaturgo Molière (1622-73). Financiava suas peças, era padrinho de seu filho e jantava sozinho com ele, o que era impensável à época. É claro que Molière encarava isso com cuidado, já que Claude Le Petit, um escritor que satirizava o rei, tivera a mão cortada antes de ser queimado vivo em 1662. Quando *Tartufo* (1664), uma sátira sobre a hipocrisia, foi atacado pela Igreja e pela rainha-mãe, Molière rapidamente tirou a peça de cartaz; ela foi reencenada em 1669. Luís parecia despreocupado, mas, político experiente, deixou a outros o trabalho sujo: mais de 60 censores examinavam as peças de Molière. A nova versão do *Tartufo* terminava com elogios ao rei e Molière preservou suas mãos.

TRÊS DELFINS MORTOS EM UM ANO

No início de 1711, Luís 14 sentiu que a sucessão ao trono nunca estivera tão segura. Seu filho gozava de boa saúde, e seu neto já tinha dois filhos. Entretanto, 12 meses depois, três gerações estavam mortas. Primeiro morreu o Grande Delfim, de varíola, em abril de 1711. O filho do delfim, novo herdeiro do trono, era um jovem inteligente, bem-educado e a grande esperança dos cortesãos, que viam nele um político profissional capaz de fazer o país funcionar. Mas ele sucumbiu ao sarampo em fevereiro de 1712, junto com a mulher e o filho mais velho. Só sobreviveu o filho doente de dois anos, o futuro Luís 15, que reinou por muito tempo, mas sem grande proveito para o país.

VAUX-LE-VICOMTE

A 17 de agosto de 1661, o jovem Luís 14 foi à festa de inauguração do castelo de seu ministro das finanças, Nicolas Fouquet. Vaux-le-Vicomte era um palácio em miniatura, cheio de ouro, sedas e belos móveis, onde os hóspedes recebiam cavalos e tiaras de diamantes como presentes. Luís ficou furioso com a impertinência de Fouquet e não tolerou que um súdito construísse uma base de poder com dinheiro público. O castelo foi certamente o modelo de Versailles, e Luís se apropriou dos móveis e da prataria, além do arquiteto Le Vau, do paisagista Le Nôtre e do pintor Le Brun, um trio brilhante. Eles começaram a trabalhar em Versailles, e Luís deixou claro quem era o senhor da França.

VERSAILLES: O PALÁCIO CERTO PARA O REI SOL

Quando os franceses pensam num palácio, é Versailles que lhes vem à mente. É a materialização da vontade de ferro de Luís 14, reflexo de seu ego monstruoso. Sua construção e manutenção consumiram 5% da arrecadação de impostos da nação. Era servido por cerca de 20 mil funcionários, com os cozinheiros e jardineiros herdando o cargo, como os príncipes, seus patrões. Maria Antonieta foi criticada por fazer do palácio um lugar de diversão; afinal, ele fora a sede do poder do Rei Sol por quase 50 anos. Mas, depois de Luís 16, Versailles começou a perder poder, e os reis medíocres que sucederam o Rei Sol nunca foram capazes de se impor à França como ele.

1715-1821: A REVOLUÇÃO E NAPOLEÃO

Este período espetacular da história francesa começou com o longo e ridicularizado reinado de Luís 15 (1715-74). Ele não percebeu a força das ideias revolucionárias do Iluminismo defendidas pelo escritor Voltaire (1694-1778) e pelo filósofo Jean-Jacques Rousseau (1712-78), nem que o país se enfraquecia sob um governo lerdo e antiquado. Luís enfrentou guerras caras, e a ajuda francesa aos americanos na Guerra da Independência apenas ajudou a divulgar ideias revolucionárias por todo o país. Sob o desafortunado Luís 16 (reinado 1774-93) e Maria Antonieta, a economia se desintegrou, e, quando Luís convocou a Assembleia dos Estados Gerais em 1789, a França já era ingovernável. A autoridade real desmoronou, e grupos fanáticos assumiram o controle da Revolução, com milhares de pessoas executadas durante o Reinado do Terror, em 1794. Seguiu-se o Diretório, um regime mais racional, mas o país estava pronto para o golpe de estado do jovem soldado Napoleão Bonaparte. Ele aprovou o código civil, mas seu governo ficou dependente das vitórias militares. Os franceses começaram a se decepcionar com sua ditadura quando ele passou a perder batalhas depois da campanha de Moscou, em 1812. Sua queda veio três anos depois, e, em 1815, o irmão de Luís 16, Luís 18, foi coroado rei.

LES MENUS PLAISIRS

Para divertir Luís 15, sua amante, Madame de Pompadour, começou a produzir peças em Versailles em 1747. Um pequeno teatro foi construído, e todos na corte se divertiam. Os convites para as peças eram disputados, e todas as diversões eram financiadas por Les Menus Plaisirs, que fornecia figurinos, acessórios, fogos de artifício e orquestra. O teatro consumiu grandes somas de dinheiro público, e, como era de se esperar, o povo não gostou. Quando Madame de Pompadour partiu para Paris, uma multidão ameaçadora atirou lama em sua carruagem, e ela logo desistiu de prosseguir.

VOO SOBRE VERSAILLES

A 19 de setembro de 1783, dos jardins de Versailles, Luís 16 e Maria Antonieta assistiram a um dos primeiros voos de balão, organizado pelos irmãos Montgolfier. Eles eram fabricantes de papel e tinham descoberto os princípios do voo apenas um ano antes. Em 1785, já se cruzava o Canal da Mancha pelo céu e balões flutuavam sobre a França como visitantes do futuro. Nesse dia de 1783, 100 mil cidadãos se reuniram em Versailles, não para ver o rei (a etiqueta e a grandeza real pouco lhes importavam), mas para testemunhar o poder da liberdade e da invenção, raro na monarquia francesa. Esses populares eram sinistros antecessores da multidão que seis anos depois chegaria a Versailles para pôr fim à autoridade da monarquia.

MARIA ANTONIETA E SUAS LOUCURAS

A adolescente rainha Maria Antonieta se sentia presa pela etiqueta de Versailles. Uma vez, ficou tremendo de frio enquanto as duquesas discutiam quem tinha o direito de lhe estender a camisola. Revoltada, construiu uma cidade de fantasia, Le Hameau, enfeitada de seda e iluminada por candelabros de diamante, onde bancava a camponesa com vestidos de algodão e chapéu de palha, enquanto as vacas eram levadas ao pasto amarradas em fitas e ordenhadas em belos potes de porcelana. Seus excessos eram caros, mas nada comparados ao custo das guerras. Os cortesãos se chocavam com as travessuras da rainha e o povo a ridicularizava. Enquanto ela fingia ser pastora, o povo morria de fome nas ruas de Paris.

O PATRIOTA PALLOY E A BASTILHA

A Queda da Bastilha em 14 de julho de 1789 foi o início da Revolução Francesa. Mas, num país grande como a França, onde as notícias ainda se moviam lentamente, a Revolução precisava de uma rápida propaganda. Um homem de negócios, Pierre-François Palloy, teve a ideia de criar kits revolucionários, objetos retirados das ruínas da Bastilha, como chaves, medalhas e modelos da própria prisão, que podiam ser levados a todos os cantos do país. Os "Apóstolos da Liberdade", atores desempregados, percorriam a França gritando palavras de ordem e acenando diante da multidão as lembranças dos prisioneiros da Bastilha. A novidade perdeu a graça quando um novo espetáculo chegou para divertir o povo: a guilhotina.

O CÓDIGO CIVIL DE 1804

Realização de Napoleão, este conjunto de leis veio atender a uma das grandes aspirações da Revolução: a igualdade de todos os cidadãos perante a lei. Durante o Ancien Régime, as leis variavam de uma região para outra, ou eram simplesmente a expressão da vontade do monarca. Por ordem de Napoleão, o código foi elaborado em 1800 e entrou em vigor em 1804. Sob sua infuência, o código destruiu o feudalismo e, embora ignorasse os direitos da mulher, uniu a França, que estava à beira da anarquia, e foi exportado para todo o império napoleônico. Trata-se de um código civil, e não criminal, que foi a base das modernas noções de liberdade e direitos civis adotadas em grande parte do mundo ocidental.

Pág. ao lado *Versailles*
À dir. *O balão dos irmãos Montgolfier*
Abaixo *Le Hameau era uma vila construída em Versailles para Maria Antonieta*

MONTGOLFIER FIRE-BALLOON.

1800-1900: O SÉCULO 19

Este século oscilou entre a realeza e a revolução. Dois monarcas Bourbon, Luís 18 e Carlos 10º, foram apanhados nas lutas entre vingativos monarquistas e aqueles que estavam determinados a manter a Revolução. As tentativas repressoras de Carlos 10º resultaram na Revolução de 1830, e seu sobrinho, "o rei-cidadão" Luís Filipe, assumiu o trono. Mas foi deposto em 1848, ano em que revoluções varreram a Europa. As eleições presidenciais seguintes foram vencidas por Luís Napoleão Bonaparte, sobrinho de Napoleão. Em 1851, ele se proclamou imperador com o título de Napoleão 3º, mas a corrupção gerou instabilidade. A guerra com a Prússia, em 1870, destruiu a ele e à monarquia francesa. Depois da agonia da Comuna em 1871, um banho de sangue que matou mais de 20 mil pessoas, a França ingressou na Terceira República e nos anos gloriosos da Belle Époque. As conquistas dessa época são magníficas: a construção do Canal de Suez, os avanços científicos de Pasteur e o estabelecimento de Paris como capital europeia do prazer. Worth e Paquin criaram a *haute couture*, César Ritz inventou o hotel de luxo, Cartier e Boucheron cobriram a Europa de joias e Escoffier elaborou uma culinária que, embora modificada, ainda é reverenciada. Em 1900, embora não fosse mais o grande poder militar da Europa, a França era o país do luxo, do bom gosto e da arte.

OS MISERÁVEIS

Victor Hugo foi o cronista da França do século 19, assim como Charles Dickens o foi da Inglaterra vitoriana. Seu romance mais famoso, *Os Miseráveis* (1862), ainda capta a imaginação do público. A edição se esgotou no primeiro dia, seguiram-se peças e filmes, e o musical ainda é um dos mais populares do mundo. Como todas as grandes histórias, o romance mistura o pessoal (as lutas de Jean Valjean e Cosette) e o público (a Revolução de 1830). Victor Hugo não escreveu um livro sobre os pobres, mas para eles, e, fazendo isso, deu-lhes uma voz e uma dignidade que eles não tinham na vida real. E eles o amavam, e a seu funeral, em 1885, compareceram 3 milhões de pessoas, mais que a população de Paris.

A CÔTE D'AZUR

No século 19, jovens aristocratas ingleses faziam o Grand Tour pela Europa. Em 1834, lorde Brougham, membro da aristocracia inglesa, foi obrigado a passar a noite na cidade de Cannes e gostou tanto do lugar que construiu uma casa lá. Seus amigos ricos o seguiram, e ao longo dos anos, aristocratas ingleses descobriram o resto da costa, o que resultou numa linha que ligava Londres a Menton (via ferryboat) em 1868. A realeza também não era indiferente aos encantos da Riviera: nos anos 1890, a rainha Vitória passou invernos em Nice, longe do frio e da neblina da Inglaterra. Ainda hoje existe um pequeno pedaço de Nice que será sempre inglês: o passeio à beira-mar, chamado Promenade des Anglais.

O CANAL DE SUEZ

O primeiro Canal de Suez, aberto em 1500 a.C., era mantido pelos persas e suas águas foram cruzadas pelos barcos de Cleópatra. Em 1869, o engenheiro francês Ferdinand de Lesseps estava ao lado da imperatriz Eugênia na inauguração da sua versão moderna. Era ao mesmo tempo uma vitória da engenharia francesa e evidência do imperialismo europeu. Para a construção do canal, 2 milhões de metros cúbicos de terra foram escavados por 1,5 milhão de egípcios, dos quais 125 mil morreram de cólera. Os ingleses odiaram a ideia de a França ter um canal, e em 1879 compraram a parte do governo egípcio. Só em 1956, depois da Guerra de Suez, o governo egípcio assumiu total controle do canal.

Acima *O restaurante Maxim's, em estilo Belle Époque, em Paris*
Abaixo *Cartaz de propaganda do inverno em Nice*
Pág. ao lado *A Riviera começou a atrair visitantes no século 19*

VIDA E MORTE GRAÇAS A LOUIS PASTEUR

Joseph Meister deve a vida e a morte a Louis Pasteur. Além da famosa descoberta da pasteurização (ferver o leite para esterilizá-lo), Pasteur descobriu a cura da raiva em 1885. A vacina só tinha sido testada em cães quando, em 1886, o pequeno Joseph, então com 9 anos, entrou no laboratório de Pasteur gravemente mordido por um cão raivoso. A mãe de Joseph implorou ao relutante cientista que curasse seu filho. Pasteur acabou concordando, e Joseph se recuperou. À medida que a fama de Pasteur crescia, Joseph continuou ligado ao Instituto Pasteur, tornando-se seu zelador. Em 1940, durante a Segunda Guerra Mundial, os alemães ordenaram a Joseph que abrisse a cripta de Pasteur. Em vez de cometer esse sacrilégio, ele preferiu cometer suicídio.

DIAMANTES NO MAXIM'S

A frivolidade da Belle Époque pode ser resumida numa história contada por Hugo, *maître d'hôtel* do restaurante Maxim's. La Belle Otero e Liane de Pougy eram cortesãs e grandes rivais. Além de muitos amantes ricos, ambas possuíam esplêndidas joias. Uma noite, Belle, determinada a humilhar Liane, chegou ao Maxim's usando toda a sua deslumbrante coleção de joias, inclusive um bolero de diamantes. Mais tarde, Liane chegou vestida de preto e sem um anel sequer. Atrás dela vinha uma criada, coberta por uma capa, que Liane arrancou num gesto teatral, provocando aplausos. A moça estava usando toda a coleção de joias da patroa. Cuspindo e praguejando, La Belle Otero foi carregada para fora por seus admiradores.

1900-2000: O SÉCULO 20

Depois de uma década de prosperidade, a Primeira Guerra Mundial devastou a França. Com 1 milhão de mortos, 3 milhões de feridos e uma queda de 60% na produção industrial em 1918, a nação estava amarga, desejando vingança. Os anos entreguerras testemunharam ganhos socialistas, com a Frente Popular eleita em 1936 e empreendendo reformas em prol dos trabalhadores. Durante a Segunda Guerra Mundial, a França foi ocupada pelos alemães de 1940 a 1944, o que deixou cicatrizes na sociedade. Quando a guerra terminou, o general De Gaulle tornou-se líder da França Livre e atuou como uma força unificadora. A Quarta República que se seguiu viu um país exaurido crescer e prosperar durante toda a década de 1950. A república entrou em colapso em 1958, quando a brutal guerra colonial na Argélia quase provocou um golpe de direita. De Gaulle foi levado de volta ao poder como presidente da Quinta República. Ele governou a França na década de 1960, mas as manifestações revolucionárias de 1968, que paralisaram o país, mostraram que havia muita insatisfação. Nas últimas décadas do século 20, a França, assim como a Alemanha, foi a força motriz por trás da maior integração dos países da União Europeia.

Sentido horário, a partir do alto *O público do Festival de Cinema de Cannes; O Musée d'Art Modern et d'Art Contemporain em Nice; Capa da revista* Art Goût Beauté *de setembro de 1922*

UMA ETERNA FESTA

"J'ai deux amours, mon pays et Paris", cantava Josephine Baker nos anos 1920. Muitos de seus compatriotas americanos concordavam. Mulheres ricas, como Winaretta Singe, casavam-se com nobres franceses. Quando a atriz Gloria Swanson levou seu marido-troféu, o marquês de la Falaise, de volta aos EUA, telegrafou ao estúdio: "Providencie a ovação". Ernest Hemingway descobriu que os dólares compravam muito vinho francês e boa comida, mas, enquanto ele prosperava, F. Scott Fitzgerald quase era destruído. Gertrude Stein, que comprou quadros de Paul Cézanne e Picasso quando ainda eram baratos, chamou seus compatriotas de "geração perdida". O álcool (proibido na América da lei seca) e as festas acabaram destruindo muitas carreiras.

A MARCA DO SÉCULO 20: CHANEL

Coco Chanel, a grande estilista de moda francesa, criou roupas maravilhosas. Também inventou a marca, a identidade corporativa e os valores praticados nos negócios hoje. Chanel concebeu um modelo simples, instantaneamente identificável, que quase não mudou. Sua lista de sucessos é formidável: o pretinho básico, o terninho de *tweed*, o perfume, a bolsa. Todos eles levam seu nome, resumido em dois Cs entrelaçados, um dos dez logotipos mais conhecidos do mundo. Chanel previa o que as mulheres queriam e lhes oferecia com um magnífico acabamento. Ainda hoje seus modelos são reproduzidos.

OCUPAÇÃO E RESISTÊNCIA: O GOVERNO DE VICHY

De 1940 a 1944, sob ocupação alemã, o governo de Vichy do marechal Pétain controlava a parte sul do país. De 1942 a 1944, Klaus Barbie (o Açougueiro de Lyon) cometeu inúmeros crimes de guerra. Vichy é lembrado pela deportação de 75 mil judeus para os campos de concentração nazistas. É um episódio doloroso, que ainda divide a sociedade francesa. Mas Vichy não brotou apenas da ocupação nazista. Nos anos 1930, políticos de extrema direita tinham se manifestado contra os estrangeiros e forçado a aprovação do Código de Família em 1939, que criava normas rígidas sobre a moralidade sexual.

FESTIVAL DE CINEMA DE CANNES

Disputas, vaias e aplausos durante as sessões, *starlets* escassamente vestidas posando na praia e anarquia em 1968, quando Truffaut e Godard invadiram o palco –são fatos como esses que têm feito do Festival de Cinema de Cannes uma ocasião única. O primeiro festival, marcado para setembro de 1939 em resposta à versão fascista de Mussolini em Veneza, foi suspenso pela irrupção da Segunda Guerra Mundial. Mas, a partir de 1947, ele tem competido com o Oscar como um dos mais excitantes eventos do calendário cinematográfico. Como sempre acontece na indústria do cinema, por trás do brilho, muitos negócios são fechados. De comédias românticas a filmes de arte, metade dos filmes produzidos no mundo são negociados em Cannes.

FRANGLÊS, NEM PENSAR!

Em 1964, René Etiemble, autor de *Parlez-vous franglais?*, recomendou severas punições para os que tentassem degradar o francês com palavras inglesas, uma vez que expressões como "*le cheeseburger*" tinham invadido a língua francesa. "Durante a guerra, as pessoas eram fuziladas por traição", ele acrescentou. Ninguém foi executado, mas em 1992 o Legislativo alterou a Constituição, informando solenemente ao país que "a língua da república é o francês". Em 1994, foi aprovada uma lei que insistia que o francês fosse usado o tempo todo. Mas depois o Conselho Constitucional informou ao governo que não se podia dizer ao povo como falar. Como sempre, a interferência oficial resultou em confusão. Hoje, um e-mail tornou-se *"un mél"*, que não existe nem em francês nem em inglês.

2000 EM DIANTE: O SÉCULO 21

Em janeiro de 2002, a França e outros 11 parceiros da União Europeia adotaram o euro, deixando o franco francês relegado à história. Depois de 80 anos de inimizade, França e Alemanha têm hoje uma relação mais pragmática que de afeição, e em geral admite-se que eles alimentam grande parte da política da União Europeia.

SARKO ASSUME O CARGO

Em maior de 2007, o controverso ministro do Interior, Nicolas Sarkozy, foi eleito o sexto presidente da Quinta República na sucessão de Jacques Chirac. Uma de suas promessas eleitorais foi revitalizar a economia francesa com um maior liberalismo. Sua popularidade despencou, porém, quando ele começou um romance com a ex--modelo e cantora Carla Bruni, com quem se casou em fevereiro de 2008.

Acima *Um TGV cruza o país em alta velocidade*

LE TRAIN À GRANDE VITESSE

Orgulho das ferrrovias francesas, o TGV, trem de grande velocidade, quebrou o recorde mundial em 3 de abril de 2007, registrando uma velocidade de 574,8 km/h. Sua velocidade num dia comum é de 320 km/h. O TGV foi introduzido em 1981, mas só atingiu seu pleno potencial depois que as fronteiras internas da Europa foram abertas. Ele liga Paris a cidades dos países vizinhos ao norte e a leste; conecta-se com o Eurostar para chegar ao Reino Unido e no futuro vai se ligar ao TGV espanhol para seguir até Barcelona e Madri.

PARIS PLAGE

Paris Plage, à margem do Sena, tornou-se ponto obrigatório no verão de Paris. De meio de julho a meio de agosto, quando muitos parisienses deixam a cidade para as férias, parte da Margem Direita é transformada numa praia. Palmeiras (bem ao estilo chique parisiense) estendem-se por mais de 100m de areias importadas, pontilhadas de 300 cadeiras de praia e 150 guarda-sóis. A Paris Plage foi criada no verão de 2002 e revelou-se um grande sucesso, levando o prefeito Bertrand Delanoë a prometer sua presença pelos anos vindouros.

UM SONORO "NÃO"

Numa decisão que chocou os habitantes de toda a Europa, 55% do eleitorado francês rejeitou o projeto de Constituição da União Europeia em maio de 2005. Uma cópia do projeto, um grosso volume em que o ex-presidente Giscard d'Estaing tinha trabalhado com afinco para pôr no papel, fora enviada a todas as casas, mas não conseguiu influenciar a população, que, segundo alguns analistas, queria enviar ao presidente Jacques Chirac um claro sinal de desaprovação a seu governo. Em fevereiro de 2008, porém, a Assembleia Nacional ratificou o Tratado de Lisboa, que, para muita gente, acabaria aprovando a rejeitada Constituição da União Europeia sob outra forma, sem que ninguém na França convocasse outro referendo.

COMO CHEGAR E CIRCULAR

Esta seção oferece informações detalhadas sobre as várias opções de viagem para a França e explica as melhores maneiras de circular pelo país depois de sua chegada. Dicas práticas vão ajudar você com tudo de que precisar, da compra de bilhetes ao aluguel de um carro.

CHEGADA

COMO CHEGAR DE AVIÃO

Muitos visitantes chegam à França de avião, um número que está crescendo com a disponibilidade de voos baratos de outras cidades da Europa. Do Brasil, as companhias aéreas com voos regulares e diretos para a França são Air France e TAM. Paris tem dois aeroportos, Paris-Charles de Gaulle (às vezes chamado Roissy) e Orly, mas é servida também pelo Aeroporto Beauvais Tillé, 90km mais ao norte. Outras cidades francesas que contam com aeroportos importantes são Marselha, Toulouse, Lyon, Bordeaux e Estrasburgo.

» O aeroporto mais movimentado é o **Paris-Charles de Gaulle**, a 23km do centro da cidade. Tem três terminais: T1, T2 e T3 (antigo T9). O Terminal 2 é subdividido em 2A, 2B, 2C, 2D e 2F. Entre as empresas que operam no T1 estão KLM e TAM. O T2 serve, entre outras, a Air France. Entre as companhias que usam o T3 está a easyJet. Como os terminais podem mudar, verifique antes de sair.

» Você encontrará balcões de informações, lojas, restaurantes, agência de câmbio, locadoras de carros e um posto de primeiros socorros em T1 e T2. T3 tem lojas, cafés, agência de câmbio e locadoras. Por razões de segurança, não há guarda-volumes no aeroporto.

» O aeroporto de **Orly**, 14km ao sul do centro de Paris, tem voos domésticos e alguns internacionais. Seus dois terminais, Orly Sud e Orly

COMO CHEGAR À CIDADE SAINDO DO AEROPORTO

AEROPORTO	TÁXI	TREM
Paris-Charles de Gaulle (CDG) (Paris)	Preço: €50 mais 15% de tarifa noturna. Tempo de viagem: 30min-1h.	RER linha B deixa você no centro de Paris (Gare du Nord, Châtelet ou St.-Michel). Os trens partem mais ou menos a cada 10-15min, de 5h a 23h56. Preço: €8,20. Tempo de viagem: 30min (para Châtelet).
Paris-Orly (ORY) (Paris)	Preço: cerca de €35. Tempo de viagem: 20-30min.	O trem Orlyval (6h-23h) leva até Antony, onde você pode pegar a linha B da RER. Preço: €9,30. Tempo de viagem: 35min.
Beauvais Tillé (BVA) (Norte de Paris)	Preço: cerca de €130. Tempo de viagem: 1h20min.	Nenhum.
Marseille-Provence, também chamado Marseille-Marignane (MRS)	Preço: cerca de €40 de dia, €50 à noite. Tempo de viagem: 30min.	Nenhum.
Toulouse-Blagnac (TLS)	Preço: cerca de €22 de dia, €25 à noite. Tempo de viagem: 20min.	Nenhum.
Estrasburgo (SXB)	Preço: cerca de €30-€35 de dia, €40-€45 à noite. Tempo de viagem: 30min.	Os trens partem da Gare Entzheim, que fica a 5min a pé do aeroporto. Funcionam entre 5h30-20h44. Tempo de viagem: 15min.
Lyon St.-Exupéry (LYS)	Preço: cerca de €42 de dia, €52-€58 à noite. Tempo de viagem: 30min.	Nenhum.
Bordeaux (BOD)	Preço: cerca de €25 de dia, €35 à noite. Tempo de viagem: 40min.	Nenhum.

CONTATOS DOS AEROPORTOS	
Paris-Charles de Gaulle	01 48 62 22 80 www.adp.fr
Paris Orly	01 49 75 15 15 www.adp.fr
Beauvais Tillé	0892 682 066 www.aeroportbeauvais.com
Marseille-Provence	04 42 14 14 14 www.marseille.aeroport.fr
Toulouse-Blagnac	0825 380 000 www.toulouse.aeroport.fr
Estrasburgo	03 88 64 67 67 www.strasbourg.aeroport.fr
Lyon St.-Exupéry	0826 800 826 www.lyon.aeroport.fr
Bordeaux	05 56 34 50 50 www.bordeaux.aeroport.fr

OUTROS CONTATOS ÚTEIS	TELEFONE	SITE
Informações sobre todos os aeroportos franceses		www.aeroport.fr
Air France	01 44 08 22 22 (França) (11) 4003 9955 (Brasil)	www.airfrance.com.br
easyJet	0905 821 0905 (Inglaterra)	www.easyjet.com
KLM	08 92 70 2608 (França) 0800 888 1888 (Brasil)	www.klm.com
Ryanair	08 92 78 0210 (França)	www.ryanair.com
TAM	0800 570 5700 (Brasil) (11) 4002 5700 (SP)	www.tam.com.br
Orlybus	0892 687 714	
Metrô de Paris e Rede Ferroviária	3246	www.ratp.fr
Ônibus da Air France para Paris	0892 350 820	www.cars-airfrance.com

Ouest, são ligados por ônibus e pelo trem Orlyval. O aeroporto tem lojas, restaurantes, agências de câmbio e locadoras de automóveis.

» **Beauvais Tillé**, 90km ao norte de Paris, é o aeroporto usado por empresas de baixo custo. Conta com uma banca de jornais, restaurante e locadora de automóveis.

» **Marseille-Provence** fica 30km a noroeste de Marselha. Os terminais 1 e 4 têm restaurantes, cafés, lojas e balcões de informação. O Terminal 1 tem também uma farmácia, posto de primeiros socorros e agência de câmbio, e o Terminal 4 tem um banco e locadoras de automóveis.

» **Toulouse-Blagnac** fica 8km a noroeste de Toulouse. Os saguões 1 e 2 de embarque têm um restaurante, um bar, lojas e uma agência de câmbio. No saguão de desembarque há locadoras de carros, um café e uma agência de câmbio.

» **Estrasburgo** tem um aeroporto 12km a sudoeste da cidade. Há um restaurante e um café no saguão de embarque, e no saguão de desembarque, um posto de primeiros socorros, locadoras, um café, lojas e um balcão de informações.

» **Lyon St.-Exupéry** fica 28km a leste de Lyon. Conta com restaurantes, bares, lojas, uma agência do correio e uma agência de câmbio.

» **Bordeaux** fica 10km a oeste da cidade. No saguão de embarque há lojas, bares e restaurantes.

Veja na tabela abaixo informações sobre como chegar às cidades saindo do aeroporto.

ÔNIBUS	CARRO
O ônibus da Air France sai dos terminais 1 e 2 para Montparnasse e para a Gare de Lyon a cada 30min, 7h-21h. Preço: €14. Tempo de viagem: 45min-1h. Outro ônibus da Air France sai para o Arco do Triunfo a cada 15min, 5h45-23h. Preço: €13. Tempo de viagem: 45min-1h. O Roissybus parte a cada 15min dos terminais 1, 2 e 3 para Opéra, 6h-23h. Preço: €8,60. Tempo de viagem: 45-60min.	Pegue a A1 sul para Paris. Tempo de viagem: 30min-1h.
O ônibus da Air France parte de Orly Sud e Ouest para Les Invalides e a Gare Montparnasse a cada 15min, 5h-23h. Preço: €9. Tempo de viagem: 30min. O Orlybus sai de Orly Sud e Ouest para a estação de metrô Denfert-Rochereau a cada 15-20min, 6h-23h30. Preço: €6,10. Tempo de viagem: 30min.	Pegue a A106, depois A6A ou A6B para Paris. Tempo de viagem: 20-40min.
Ônibus para Porte Maillot. Preço: €13. Tempo de viagem: cerca de 1h15min.	Pegue a N1, D901, A16, N1 e depois A1 para Paris. Tempo de viagem: 1h20min.
Os ônibus para a estação ferroviária Gare St.Charles funcionam de 6h30-22h50 e partem a cada 20min. Depois de 22h50, eles coincidem com as chegadas dos voos. Preço: €8,50. Tempo de viagem: 30min.	Pegue a D20, D9 e depois A7 para Marselha. Tempo de viagem: 30min.
Os ônibus partem a cada 20min. Funcionam seg-sáb 7h35-0h15 e dom e feriados 9h15-12h15. Preço: €4. Tempo de viagem: 20min.	Pegue a D901 e depois o anel viário A620 e siga as placas para *"centre ville"*. Tempo de viagem: 20min.
Os ônibus para a estação ferroviária Baggersee partem a cada 20min; dali você pode pegar a linha A para o centro da cidade. Os ônibus funcionam seg-sáb 5h40-22h20, dom 6h30-23h40. Preço: €5,20. Tempo de viagem: 30min.	Pegue a D221 e depois a D392 para Estrasburgo. Tempo de viagem: 15min.
Os ônibus partem a cada 20min. Funcionam diariamente 6h-23h40, partindo do aeroporto para a Gare Perrache. Preço: €8,60. Tempo de viagem: 45min.	Pegue a A432, A43 e depois a N383 para Lyon. Tempo de viagem: 35min.
Os ônibus partem do Terminal B a cada 45min. Partem do aeroporto para o centro da cidade seg-sex 7h45-22h45, sáb-dom 8h30-22h. Preço: €7. Tempo de viagem: 45 min.	Pegue a N563 e depois a D106 para Bordeaux. Tempo de viagem: 40min.

COMO CHEGAR DE TREM

Bons trens ligam a França a outros países europeus. Na Inglaterra, o Eurostar sai de St. Pancras, em Londres, e atravessa o Eurotúnel para Paris, de onde há transporte para toda a França. O Eurostar também vai direto ao Disneyland® Resort Paris, Bourg St.-Maurice, Moutiers (só durante a temporada de esqui) e Avignon (semanalmente no verão). O sistema revolucionou a viagem para Paris, permitindo alcançar a capital francesa em cerca de 2 horas e 15 minutos, sem baldear para um barco. O Eurotúnel foi inaugurado em 1994, o maior túnel submarino do mundo, com 39km de seus 50km de comprimento sob o canal.

EMBARQUE NO EUROSTAR

» Até 16 trens diários partem de Londres para Paris; alguns fazem paradas em Ebbsfleet International e Ashford International (Inglaterra) e Calais (França).

» Os trens partem da estação St. Pancras, no norte de Londres, que é servida pelas linhas Northern, Victoria, Piccadilly, Circle, Hammersmith & City do metrô londrino. A estação King's Cross é adjacente, e Euston fica perto e pode ser alcançada a pé.

» Para fazer o check-in, insira seu bilhete na máquina e passe pelo portão com sua bagagem. O check-in deve ser feito 30 minutos antes do horário da partida do trem.

» Antes de chegar à área de embarque, você precisa passar pelo controle de segurança e de passaportes. Na área de embarque há bancas de jornais e lojas de presentes, cafés, banheiros, pontos de internet e correio.

» O embarque começa 20 minutos antes da partida. Telas de informação mostram onde e quando embarcar. Cada trem tem 18 vagões, de modo que você pode ter que encarar uma longa caminhada pela plataforma. Há carrinhos para a bagagem, mas você precisa ter uma moeda de €1. Há carregadores nos principais terminais da Eurostar. Dentro do trem, as malas grandes devem ser guardadas no fundo de cada vagão, mas as menores podem ser colocadas nas prateleiras acima do assento.

A VIAGEM

» O carro-restaurante serve drinques, petiscos e refeições leves. Há banheiros e fraldários a bordo. A travessia do túnel leva cerca de 20 minutos, e um anúncio avisa quando ela começa.

CHEGADA

» Na chegada à Gare du Nord, em Paris, não é preciso passar pelo controle de passaportes, porque isso já foi feito em St. Pancras. Cuidado com os batedores de carteira na estação.

» O ponto de táxi é bem sinalizado. Não desanime com a longa fila: ela anda rápido. Um táxi no centro de Paris custa entre €12 e €15, mas é cobrada uma taxa extra por volume de bagagem depois de 19h e aos domingos.

» A Gare du Nord é servida pelas linhas 4 (roxa) e 5 (laranja) do metrô. A linha 4 (direção Porte d'Orléans) atravessa o rio em direção à Margem Esquerda. Se seu hotel for na Margem Direita, você pode mudar de linha na Gare de l'Est, Strasbourg St.-Denis, Réaumur Sébastopol ou Châtelet. A linha 5 (direção Place d'Italie) é conveniente para quem vai para a região da Bastilha.

» A Gare du Nord também é servida por três linhas dos trens RER: D (verde), B (azul) e a menos útil linha E, leste-oeste. A linha B leva a Châtelet e depois à Margem Esquerda (St.-Michel-Notre-Dame e Luxembourg). A RER pode ser uma rede ferroviária confusa para os não iniciados (▷ 63). Se for sua primeira vez em Paris, talvez seja melhor pegar o metrô ou um táxi.

Informações sobre a Eurostar
08705 186 186 (RU);
www.eurostar.com

DICAS

» A passagem do Eurostar custa menos quando reservada com antecedência. É recomendável fazer isso, porque os lugares não reservados são poucos. O trem se divide em Business Premier, Leisure Select e Standard Class. A Premier e a Select oferecem uma refeição, lugar para estender as pernas, assento reclinável e jornais. Os bilhetes da Premier também dão acesso a uma sala especial em St. Pancras e na Gare du Nord.

» Lembre que você precisa levar seu passaporte para viajar entre Inglaterra e França (▷ 417).

» A bagagem permitida é de duas malas e uma maleta de mão. As malas devem ter identificação, com seu nome e número do assento bem legíveis.

» Carrinhos estão disponíveis nas plataformas de St. Pancras e da Gare du Nord por uma moeda de €1 (restituível). Se tiver uma mala pesada, vale a pena pegar um carrinho, porque a caminhada pela plataforma pode ser longa.

DE FERRYBOAT, CARRO OU ÔNIBUS

Se você quiser ir de carro da Inglaterra para a França, pode usar o Eurotúnel, que leva até Calais, ou o ferryboat, que leva a vários portos da costa noroeste da França. Ir de carro para a França partindo de países do continente não apresenta dificuldades.

DE FERRYBOAT

» Muitos ferryboats ligam a França à Inglaterra. O preço da travessia varia de acordo com a hora, o dia e o mês da viagem. A maioria das companhias exige que o check-in seja feito no mínimo 30 minutos antes da partida, mas, devido aos controles de seguraça, talvez seja melhor chegar mais cedo.
» P&O Ferries e Seafrance viajam de Dover para Calais (tempo de viagem: 90 minutos). Oferecem lojas, cafés, agência de câmbio e vários saguões. Chegando a Calais, você vai levar cerca de 3h15 de estrada até Paris (veja endereços ▷ Eurotúnel, à dir).
» A Norfolk Line opera de Dover para Dunquerque e não aceita passageiros a pé, só motoristas.
» A Speed Ferries viaja de Dover a Boulogne (tempo de viagem: aproximadamente 50 minutos).
» A Brittany Ferries parte de Portsmouth para Caen (tempo de viagem: 6 horas).
» A Brittany Ferries também viaja de Poole a Cherbourg (tempo de viagem: aproximadamente 4 horas; barcos de alta velocidade, 2h15, só no verão) e de Portsmouth a Cherbourg (tempo de viagem: 5 horas; barcos de alta velocidade, 3 horas, apenas no verão).
» A Brittany Ferries também liga Portsmouth a St.-Malo (tempo de viagem: cerca de 11 horas).

INFORMAÇÕES SOBRE FERRYBOATS

Brittany Ferries: 0870 907 6103 (RU); www.brittany-ferries.com
Norfolk Line: 0870 164 2114 (RU); www.norfolkline.com
P&O Ferries: 0871 664 5645 (RU); www.poferries.com

Seafrance: 0871 663 2546 (RU); www.seafrance.com
Speed Ferries: 0871 222 7456 (RU); www.speedferries.com

PELO EUROTÚNEL

» Embarque seu carro no trem em Folkestone para uma viagem de 35 minutos sob o Canal da Mancha até Calais/Coquelles.
» Para chegar ao terminal de Folkestone, saia da M20 na junção com 11A e siga as placas Eurotúnel.
» São três partidas por hora, 24 horas por dia, e o preço é cobrado por carro (reserve antes).
» O controle da fronteira francesa ocorre do lado inglês, economizando tempo na chegada a Calais.
» Você permanece em seu carro durante a viagem, mas é permitido ir ao toalete ou andar dentro do vagão com ar-condicionado. Durante a viagem, você pode ouvir a estação de rádio de bordo, e a equipe estará disponível para ajudar.
» Para chegar a Paris saindo de Calais, pegue a A16 (E40) na direção de Dunquerque, depois a A26 (E15). No cruzamento com a A1, entre na A1 (E15), que leva direto até Paris. Você terá de pagar as taxas de pedágio nas *autoroutes*.
» Se quiser sair de Calais para o sul da França, prepare-se para no mínimo 11 horas de viagem. O tempo vai variar dependendo do tráfego, da estação e das condições climáticas. Talvez seja melhor fazer uma parada para pernoite. Você terá que pagar as taxas de pedágio se usar as *autoroutes*.
» Para mais informações sobre estradas na França, ▷ 51-5.

Informações sobre o Eurotúnel
0870 535 3535 (RU); 08 10 63 63 04 (França); www.eurotunnel.com

DE ÔNIBUS

» Viajar para a França de ônibus é uma boa opção para quem está com o orçamento apertado, mas a viagem de Londres a Paris, por exemplo, leva no mínimo 8 horas.
» A Eurolines tem ônibus que partem da Victoria Coach Station para Paris cinco vezes por dia, com escalas em Canterbury e Dover. Também serve mais de 60 outras cidades francesas. A travessia do canal é feita pelo Eurotúnel ou por ferryboat.
» Reserve seu bilhete com no mínimo 30 dias de antecedência para pagar a tarifa mais barata.

Informações sobre a Eurolines
08717 818 181 (RU); www.eurolines.co.uk

DICAS

» Procure ofertas de passagens mais baratas de ferryboat nos jornais ingleses.
» Em geral sai mais barato reservar as passagens do Eurotúnel pela internet do que por telefone.
» Veículos abastecidos com gás liquefeito de petróleo (GLP) não podem usar o Eurotúnel.
» Os telefones fornecidos nesta página são para chamadas feitas da Inglaterra. Para ligar do Brasil, digite 00, código da operadora, 44 e depois omita o 0 inicial do número. Para ligar de países europeus, digite 00 44 e depois omita o 0 inicial.

COMO CIRCULAR

A França é um país relativamente grande, mas, graças às excelentes redes de trens e *autoroutes*, é possível viajar de uma região para outra fácil e rapidamente.

DE CARRO

Viajar de carro na França é fácil graças à extensa rede de *autoroutes* (rodovias expressas). Entretanto, você terá que pagar pedágio para usar a maioria delas. O tempo de viagem varia de acordo com as condições climáticas, com o tráfego e com a estação. As estradas, em especial no sul da França, podem ficar muito movimentadas no verão.

DE TREM

O trem é um dos melhores meios de circular pela França: é rápido, confortável e geralmente não atrasa. A ferrovia estatal, a Societé Nationale des Chemins de Fer (SNCF), administra os serviços. O trem de alta velocidade, o TGV *(Train à Grande Vitesse)*, liga as principais cidades francesas, enquanto os TER *(Trains Express Régionaux)* operam as linhas regionais.

DE ÔNIBUS

A viagem de ônibus não é a opção ideal para quem quer cruzar o país. Os ônibus na verdade só são úteis para viagens curtas em regiões não servidas pela rede ferroviária, como algumas cidades da Bretanha, da Normandia e da Côte d'Azur. As estações de ônibus *(gares routières)* costumam ficar perto das estações de trem, e os horários em geral coincidem. Cidades menores sem estação ferroviária em geral são servidas por ônibus até a estação mais próxima. Nas cidades, o serviço de ônibus é excelente e barato, mas as áreas rurais tendem a ser menos bem-servidas.

VOOS DOMÉSTICOS

O serviço ferroviário é tão eficiente que a viagem aérea não chega a economizar tempo, mas a Air France opera uma extensa rede de voos entre as maiores cidades e Paris, e conexões entre cidades regionais.

Air France tem voos de Paris para 16 cidades saindo do Charles de Gaulle e para 14 cidades saindo de Orly. A maioria das linhas tem vários voos diários, com tempo médio de 1 hora. Para informações e reservas na Air France, entre em contato com as agências na França (tel 0820 320 820; www.airfrance.fr) ou no Reino Unido (tel 0870 142 4343; www.airfrance.co.uk). Para informações sobre os aeroportos franceses: www.aeroport.fr.

MAPAS

Muitos bons mapas regionais estão disponíveis na seção "Planejando a viagem". A Automobile Association (Reino Unido) publica quatro atlas da França, além de uma série de mapas da França. O site da Automobile Association, www.theAA.com, contém um útil planejador de rotas.

Na França, você pode encontrar mapas das cidades *(plans)* nas *maisons de la presse*, bancas de jornais e livrarias. Em todas as cidades, e na maioria das vilas, um mapa local pode ser obtido no *office de tourisme*, no *syndicat d'initiative* ou na prefeitura.

VIAJANDO DE CARRO

A França tem um abrangente sistema de *autoroutes* (rodovias expressas) que se irradia de Paris, permitindo cruzar o país com relativa facilidade. Saindo da capital, a A1 leva para o norte, a A13 para a Normandia e o noroeste, a A4 para o nordeste, a A6 para os Alpes e a Riviera, e A10 para o oeste e o sudoeste.

O carro é a melhor maneira de viajar pelas pequenas cidades e vilas, mas não é tão conveniente em algumas grandes cidades, especialmente Paris, onde o trânsito é pesado, as vias de mão única são confusas e é difícil e caro estacionar.

COM SEU PRÓPRIO CARRO

Requisitos legais

» Os veículos particulares licenciados em outro país podem entrar na França por uma temporada de férias sem nenhuma formalidade na alfândega.

» Você precisa portar os seguintes documentos: passaporte ou carteira de identidade válidos, licença definitiva (não provisória) de motorista válida (mesmo que você tenha a licença internacional), apólice de seguro e documento de registro do veículo (além de autorização do proprietário se o carro não estiver em seu nome).

» Você deve informar a seguradora antes de levar seu carro ao exterior. O seguro contra terceiros é o mínimo exigido na França, mas é aconselhável ter um seguro total.

» Verifique se sua apólice cobre danos ocorridos em trânsito, por exemplo, quando seu carro estiver sendo transportado por ferryboat ou trem.

» Há averiguações periódicas, em que seus documentos poderão ser solicitados. Para evitar multa e/ou confisco do carro, mantenha os documentos em ordem.

» Use um adesivo internacional ou placa de sinalização o mais perto possível da placa nacional na traseira do veículo. Caso contrário, você se arrisca a receber uma multa.

Use a tabela abaixo para calcular a distância em km (verde) e a duração da viagem em horas e minutos (azul) numa viagem de carro:

	Amiens	Bordeaux	Brest	Calais	Clermont-Ferrand	Dijon	Grenoble	Lille	Limoges	Lyon	Marselha	Montpellier	Nantes	Nice	Paris	Poitiers	Reims	Rennes	Rouen	Estrasburgo
Bordeaux	723																			
Brest	634	630																		
Calais	161	879	722																	
Clermont-Ferrand	567	359	804	723																
Dijon	473	761	868	574	349															
Grenoble	746	776	1127	876	295	303														
Lille	119	809	767	111	653	504	806													
Limoges	539	228	609	695	177	436	545	625												
Lyon	639	542	1020	769	179	196	109	699	429											
Marselha	972	652	1278	1102	479	529	310	1032	714	318										
Montpellier	954	488	1114	1085	344	511	293	1015	550	300	169									
Nantes	518	330	300	599	483	656	764	611	309	648	978	814								
Nice	1127	810	1436	1258	635	684	466	1188	872	473	205	327	1136							
Paris	143	582	596	294	426	312	571	224	398	464	797	779	384	952						
Poitiers	478	249	524	634	318	516	599	564	121	482	783	733	224	938	337					
Reims	177	718	732	278	562	298	601	208	534	494	827	809	520	982	144	473				
Rennes	443	445	245	532	556	620	879	575	424	772	1021	929	106	1176	348	339	484			
Rouen	123	620	504	211	513	461	720	256	485	613	946	929	384	1102	141	375	284	313		
Estrasburgo	520	1061	1076	621	661	341	541	523	748	508	824	807	863	792	488	816	346	827	628	
Toulouse	840	245	871	996	384	753	535	926	307	542	411	247	571	569	699	490	835	686	785	1049

	Bordeaux	Brest	Calais	Clermont-Ferrand	Dijon	Grenoble	Lille	Limoges	Lyon	Marselha	Montpellier	Nantes	Nice	Paris	Poitiers	Reims	Rennes	Rouen	Estrasburgo	Toulouse
Amiens	724	705	140	554	439	717	133	542	616	928	920	533	1059	158	507	150	448	139	511	846
Bordeaux		640	843	438	750	730	802	301	648	622	444	327	755	557	231	702	449	653	1023	223
Brest			745	851	856	1115	822	706	1014	1247	1109	323	1419	631	533	736	247	545	1057	848
Calais				713	535	826	115	701	725	1037	1028	633	1207	316	626	246	528	219	607	1005
Clermont-Ferrand					350	303	632	256	212	450	358	604	620	427	357	532	613	528	654	434
Dijon						302	454	520	201	513	504	640	643	329	533	253	618	443	332	720
Grenoble							745	546	114	311	303	845	442	549	637	543	837	702	544	519
Lille								620	644	956	947	620	1126	235	545	205	558	257	517	924
Limoges									456	717	539	353	850	415	150	520	515	516	824	318
Lyon										317	308	754	447	448	547	442	736	601	505	524
Marselha											154	933	207	800	824	754	1041	913	811	410
Montpellier												756	327	751	700	746	918	905	802	233
Nantes													1106	414	220	519	126	426	840	535
Nice														930	955	925	1211	1044	816	543
Paris															340	143	353	148	504	719
Poitiers																445	342	436	806	439
Reims																	458	304	324	824
Rennes																		328	819	657
Rouen																			625	820
Estrasburgo																				1018

Desde que as "placas euro" (placas com o símbolo das 12 estrelas da União Europeia) foram criadas, em 2001, é tecnicamente desnecessário expor o adesivo convencional quando se está dirigindo na UE, mas é mais seguro ter um.

» Para evitar a luz ofuscante dos carros que vêm em sentido contrário, os motoristas provenientes do Reino Unido devem ajustar seus faróis para dirigir do lado direito da via. Nos carros mais velhos, use os conversores que aderem ao vidro dos faróis. Mas não os use em carros com lâmpadas de halogênio –verifique no manual de seu carro ou com o revendedor. Se o veículo tiver faróis de gás Xenon ou de descarga de alta intensidade (HID), veja se não é preciso um pequeno ajuste.

» Os motoristas do Reino Unido devem remover os conversores ou reinstalar os faróis assim que voltarem para casa.

Seguro contra panes

Se estiver viajando com seu carro, veja se sua apólice de seguro cobre despesas com quebras ou panes durante sua viagem à França. Para informações sobre a cobertura contra panes da Automobile Association, liguel 0800 085 2721 ou visite www.theAA.com.

ALUGUEL DE VEÍCULOS

» A maioria das locadoras tem agências nos principais aeroportos e estações ferroviárias das grandes cidades da França.

» Alugar um carro na França pode sair caro devido aos altos impostos. Conseguir um pacote que inclua avião e carro em uma agência de turismo no país de origem pode sair mais barato. A SNCF, empresa ferroviária nacional, pode incluir o aluguel de carro na tarifa do trem nas principais linhas.

» Para alugar um carro na França, você precisa ter 21 anos e carta de motorista há no mínimo um ano. Mas algumas locadoras não alugam para menores de 25 anos ou cobram uma taxa extra. A idade máxima varia, mas a média é 70 anos.

» Você terá que mostrar sua carteira de motorista e passaporte ou carteira de identidade.

» Em geral, as locadoras oferecem quilometragem ilimitada, cobertura total de seguro, proteção contra roubo e assistência 24 horas nas estradas.

» Algumas locadoras incluem a quilometragem no preço, mas outras cobram acima de uma certa distância. Verifique antes de alugar.

» A maioria das locadoras internacionais permite devolver o carro em outra cidade francesa, ou até em outro país, mas devem cobrar um extra por isso. Sempre combine o local de devolução antes de alugar.

» Verifique se a cobertura de seguro é adequada e se você estará sempre segurado em caso de acidente.

» Tenha em mente que operadoras de menor custo podem cobrar uma taxa extremamente alta em caso de dano ao veículo.

» Muitas locadoras oferecem cobertura contra quebras. Guarde sua documentação ou as informações sobre panes no carro, no porta-luvas ou no visor de proteção contra o sol.

» Se seu carro quebrar numa *autoroute*, procure um dos telefones de emergência dispostos a intervalos regulares na rodovia. Desses telefones, você pode chamar o serviço de emergência.

ORIENTAÇÕES GERAIS

Estradas

» As *autoroutes*, equivalentes às rodovias expressas de outros países, estão assinaladas com um "A" nos mapas e nas placas de sinalização. Uns poucos trechos próximos às cidades principais têm tráfego livre, mas é cobrado pedágio *(péage)* nas demais rodovias *(autoroutes à péage)*. As taxas são altas, mas em geral valem a pena para chegar ao destino mais rapidamente. Pode-se pagar em dinheiro ou com cartão de crédito. Para informações sobre as condições das *autoroutes* da França, ligue 01 47 05 90 01 ou visite o site www.autoroutes.fr.

» Há uma vasta rede de outras estradas, em geral em bom estado de conservação. Uma autoestrada ou rodovia principal é chamada *route nationale* (N). O nível seguinte é o da *route départementale* (D), que ainda pode ser larga e rápida. Existem ainda rodovias rurais, muito mais tranquilas.

ALUGUEL DE UM CARRO

Se quiser alugar um carro automático em vez de um carro com câmbio manual, convém reservar com antecedência. Há menos desses carros disponíveis na França que em outros países. Talvez você tenha que pagar um seguro pelo veículo.

LOCADORAS DE AUTOMÓVEL

Companhia	Telefone	Site
Avis	0820 050 505	www.avis.com
Budget	0825 003 564	www.budget.com
Europcar	0825 358 358	www.europcar.com
Hertz	0825 861 861	www.hertz.com
Sixt	0820 007 498	www.sixt.com

As leis

» Na França dirige-se à direita *(serrez à droite)*.

» A idade mínima para dirigir é 18 anos, mas para alugar um carro é preciso ter 21 anos.

» Nas áreas urbanas, os veículos devem dar passagem ao tráfego da direita *(priorité à droite)*, a menos que se indique o contrário. Nas rotatórias com placas de *Cédez le passage* ou *Vous n'avez pas la priorité*, quem já está na rotatória tem prioridade. Se não houver placa, quem entra tem prioridade. Na estrada, a prioridade pode ser indicada por uma placa branca em forma de losango, com um losango amarelo dentro. Uma faixa preta cortando o losango indica o fim da prioridade. Um triângulo de borda vermelha com uma cruz preta sobre fundo branco indica *passage protégé*.

» Motoristas com carta da UE que ultrapassarem o limite de velocidade em mais de 25km/h terão a licença confiscada pela polícia imediatamente.

» O uso do cinto de segurança é obrigatório. Crianças menores de 10 anos devem viajar no banco traseiro, numa cadeira especial. Os bebês até 9 meses devem usar um bebê-conforto voltado para trás.

» Não ultrapasse a linha contínua no centro da rodovia.

» A penalidade é alta se o nível de álcool no sangue for de 0,05% ou mais. Se beber, não dirija.

» Você deve parar totalmente nas placas de PARE (ARRÊT) ou será multado.

Placas nas rodovias

» As placas das rodovias se dividem em três categorias: as triangulares com borda vermelha são de advertência; as circulares são obrigatórias (indicam limite de velocidade ou "Não entre"); e as quadradas dão informações.

» Algumas placas: *déviation* (desvio), *attention travaux* (obras na pista), *sortie* (saída), *gravillons* (pedras soltas), *chaussée déformée* (pista irregular) e *nid de poule* (buraco).

» Antes de pegar a estrada, conheça o código rodoviário *(code de la route)* em www.legifrance.gouv.fr.

» Para obter mais informações sobre as placas das estradas francesas visite o site www.permisenligne.com.

Equipamento

» Use sempre o triângulo de advertência, mesmo se tiver pisca alerta, porque a pane pode afetar a parte elétrica de seu carro.

ALGUMAS PLACAS

Entrada proibida, exceto para ônibus e táxis

Pedágio

O losango amarelo (no alto) indica prioridade

Limites de velocidade nas rodovias, em km/h

Dê passagem

Estacionamento 150m à esquerda

Estacionamento apenas para deficientes

Não vire à esquerda

Placa da cidade, com o número da rodovia acima

PLACAS DE SINALIZAÇÃO

Allumez vos phares	Acenda os faróis
Cédez le passage	Dê passagem
Chantier	Obras na pista
Péage	Pedágio
Priorité à droite/gauche	Dê prioridade ao tráfego da direita/esquerda
Rappel	Lembrete (a instrução anterior ainda vale)
Route barrée	Estrada interditada
Sens interdit	Entrada proibida
Sens unique	Sentido único
Serrez à droite/gauche	Mantenha-se à direita/esquerda
Stationnement interdit	Proibido estacionar
Travaux	Obras na via

Para aqueles que optarem por viajar de trem, a tabela ao lado mostra a duração, em horas e minutos, de uma viagem de trem entre estes destinos na França.

	Amiens	Bayonne	Bordeaux (St-Jean)	Brest	Clermont-Ferrand	Dijon	Grenoble	Lille (Europe/Flandres)	Limoges (Benedictins)	Lyon (Part Dieu)	Marselha (St-Charles)	Montpellier	Nantes	Nice (Ville)	Paris	Poitiers	Reims	Rennes	Rouen (Rive Droite)	Estrasburgo
Bayonne	642																			
Bordeaux (St-Jean)	456	144																		
Brest	730	952	809																	
Clermont-Ferrand	556	1001	548	920																
Dijon	359	742	534	703	348															
Grenoble	509	1222	710	839	424	326														
Lille (Europe/Flandres)	120	648	501	642	513	245	448													
Limoges (Benedictins)	504	441	203	822	341	521	656	431												
Lyon (Part Dieu)	325	908	545	648	238	136	120	251	509											
Marselha (St-Charles)	505	744	529	841	436	320	220	431	643	134										
Montpellier	538	605	400	909	455	327	229	447	514	143	126									
Nantes	420	559	358	401	548	452	623	355	508	424	602	622								
Nice (Ville)	727	1039	804	1217	718	602	507	724	918	414	218	401	925							
Paris	107	450	303	422	324	141	257	100	250	157	302	320	215	537						
Poitiers	330	322	138	623	527	357	540	308	208	410	615	627	242	831	126					
Reims	225	819	531	711	630	340	540	250	607	455	617	612	448	807	136	424				
Rennes	423	745	548	206	622	444	600	347	626	414	609	630	116	908	203	350	439			
Rouen (Rive Droite)	121	736	513	648	558	335	453	254	550	346	514	537	418	807	106	341	349	413		
Estrasburgo	612	1049	839	641	840	356	652	541	754	437	705	723	711	950	356	651	328	736	643	
Toulouse (Matabiau)	711	315	158	1030	546	543	457	720	303	359	326	156	605	607	514	355	751	755	735	939

» Tenha um jogo de lâmpadas sobressalente (compre antes de viajar), porque é proibido dirigir com as luzes queimadas.

» Correntes de neve devem ser adaptadas a veículos que usam estradas sob nevasca. As placas sinalizam onde elas são obrigatórias, sob pena de multa. Pode-se alugar correntes de neve em lojas de pneus e hipermercados, em especial nas regiões de montanha.

COMBUSTÍVEL

» O combustível *(essence)* pode ser a gasolina sem chumbo (95 e 98 de octano), a substituição da gasolina sem chumbo (LRP ou *supercarburant*), diesel *(gasoil* ou *gazole)* e gás liquefeito de petróleo (GLP; GPL na França).

» Muitos postos fecham aos domingos e depois de 18h no resto da semana. A maioria das cidades tem uma bomba automática que funciona 24 horas com cartão de crédito.

» Nos postos das *autoroutes* os preços são mais altos.

» Pode-se encontrar poucos postos nas áreas rurais. Por isso, não deixe o tanque muito baixo.

ESTACIONAMENTO

» Os locais de estacionamento permitido são indicados nas estradas (linhas brancas interrompidas). Nos locais marcados *Payant*, você tem que pagar.

LIMITES DE VELOCIDADE

Ruas urbanas	50km/h; 30km/h ou 70km/h em algumas áreas
Fora das zonas urbanas	90km/h; 80km/h quando a pista estiver molhada
Rodovias de duas pistas e estradas não pedagiadas	110km/h; 100km/h quando a pista estiver molhada
Estradas pedagiadas *(autoroutes)*	130km/h; 110km/h com pista molhada

Motoristas de outros países que tiverem licença há menos de três anos não têm permissão para exceder os limites para pista molhada nem quando o tempo está bom.

» O estacionamento é pago de 9h a 19h, de segunda a sábado. Nos domingos e feriados, em geral são grátis, mas verifique antes de estacionar.
» Para estacionar, compre um bilhete numa máquina à margem da rodovia e coloque-o à vista no carro.
» Há estacionamentos de vários andares ou subterrâneos em algumas cidades.

QUEBRA DO CARRO

» Se seu carro quebrar numa *autoroute*, procure um telefone de emergência ao longo da estrada e chame o serviço de socorro.
» Se ele quebrar na *périphérique* (anel viário) de Paris ou numa *autoroute*, prefira chamar a polícia ou o serviço oficial que opera na área do que sua companhia de seguro.

CONDIÇÕES DAS ESTRADAS

» Para saber as condições do tráfego, visite www.bison-fute.equipement.gouv.fr (apenas em francês).
» Para acessar o Centro Nacional de Informações sobre as Estradas (serviço de voz em francês), ligue 0826 022 022.
» Para saber as condições das *autoroutes*, ligue 0892 681 077.
» Para informações sobre estradas regionais, ligue 0826 022 022.
» A Autoroute FM (107.7) transmite boletins atualizados sobre o trânsito.

DICAS PARA DIRIGIR E ESTACIONAR EM PARIS

» O limite de velocidade no centro de Paris é de 50km/h. No anel viário *(périphérique)*, o limite é de 80km/h.
» Dê preferência ao tráfego vindo da direita *(priorité à droite)*, a menos que uma placa indique o contrário.
» Não use as faixas de ônibus.
» Não pare nem estacione em nenhum dos *axes rouges* (principais vias da cidade).
» Evite a hora do rush (geralmente das 7h às 9h30 e das 16h30 às 19h30, nos dias de semana).
» As ruas da cidade ficam menos congestionadas em agosto, quando muitos parisienses fogem para o litoral. Mas agosto é quando ocorrem os consertos nas estradas.
» O labirinto de ruas estreitas de Paris pode ser confuso. Portanto, planeje seu trajeto com antecedência.
» Alguns mapas úteis são *Maxi Paris* e *Maxi Banlieue*, das Editions L'Indispensable.
» Na maioria das ruas de Paris, o estacionamento é pago das 9h às 19h, de segunda a sábado.
» Bilhetes de estacionamento são geralmente fornecidos por máquinas automáticas. Elas só aceitam cartão, que pode ser adquirido nas tabacarias. O período máximo de estacionamento é de duas horas, e o preço por hora varia de menos de €1 a €3.

SITES ÚTEIS

SITES	O QUE SE PODE ENCONTRAR
www.iti.fr	Planejador de rota
www.autoroutes.fr	Informações sobre as *autoroutes*
www.equipement.gouv.fr	Informações sobre estradas e sobre o trânsito
www.afp.com	Notícias da França e internacionais
www.sytadin.tm.fr	Boletins sobre o trânsito ao redor de Paris
www.bison-fute.equipement.gouv.fr	Informações sobre as condições das estradas

TRENS

Como a França tem uma boa rede de ferrovias, viajar dentro do país ou para outros países é relativamente simples. O sistema é administrado pela Societé Nationale des Chemins de Fer (SNCF), que divide seus serviços em diversos ramos, dos quais os mais importantes são: TGV (os trens mais rápidos da rede), Corail Intercités, Corail Teoz, Corail Lunéa (serviço noturno), Transilien (trens dentro de Île de France) e TER *(Trains Express Régionaux)*. Paris tem seis principais estações, cada uma servindo diferentes regiões da França e da Europa.

PASSAGENS

» A maioria dos trens tem primeira e segunda classe, e ambas são perfeitamente aceitáveis.

» Tarifas reduzidas estão disponíveis para viagens normais nas principais linhas, desde que seja feita uma reserva antecipada.

» Os preços variam de acordo com o nível de conforto (primeira ou segunda classe são Comfort 1, e Comfort 2 nos trens Thalys para e do norte da Europa) e do horário da partida. As tarifas da primeira classe são em geral 50% mais caras que as da segunda classe.

» Pode-se comprar passagens nas estações, nos escritórios da SNCF e em algumas agências de viagem. As passagens para os trens TGV precisam ser reservadas. Pode-se fazer isso minutos antes da partida, mas na alta estação convém reservar com antecedência. As *couchettes* (camas) devem ser reservadas no mínimo 75 minutos antes de o trem partir da primeira estação.

» Lembre-se de validar seu bilhete nas máquinas laranja na plataforma antes de iniciar viagem. Se esquecer isso, você pode ser multado. Se estiver partindo de uma estação de subúrbio na região de Paris para pegar uma conexão em uma das principais estações de Paris, você terá que validar seu bilhete duas vezes, uma na estação de subúrbio e outra quando partir de Paris.

» Jovens menores de 26 anos têm desconto de 25% *(Carte 12-25)* em algumas viagens de trem. Idosos também têm descontos *(Carte Senior)*.

» Existe uma grande variedade de passes que dão direito a viajar só dentro da França ou também a outros países ou em toda a Europa. Compre o passe antes de entrar na França, em agências de turismo ou na Rail Europe (▷ 57).

» As máquinas de bilhetes, com instruções em inglês, aceitam notas, moedas e cartões de crédito. Nelas você também pode pegar os bilhetes comprados pela internet, telefone ou Minitel (um serviço on-line de videotexto disponível apenas na França).

SERVIÇO DE BORDO

» Sanduíches, saladas e refeições quentes estão disponíveis na maioria dos trens TGV e Corail, mas podem ser muito caros.

» Uma vantagem da primeira classe é que a refeição é servida na sua poltrona nos trens TGV, mas você precisa reservar com antecedência.

» Você pode reservar a refeição quando comprar sua passagem. As máquinas de bilhetes fornecem *vouchers* de refeição.

» Petiscos e bebidas são servidos na maioria dos trens.

» Os trens noturnos (e alguns diurnos) têm máquinas que vendem bebidas quentes e geladas e doces.

TRENS NOTURNOS

» A maioria dos trens noturnos oferece poltronas reclináveis, *couchettes* (camas) ou um carro-dormitório.

» As poltronas reclináveis estão disponíveis apenas na segunda classe. Têm apoio para a cabeça e para os pés e um assento reforçado de espuma para dormir.

» Há compartimentos com quatro camas na primeira classe; na segunda classe, com seis camas.

» Há cabines para quatro ou duas pessoas na primeira classe e para três pessoas na segunda classe.

» Os trens noturnos operam entre Paris Austerlitz e a Côte d'Azur (Nice e Vintimille); nos Alpes (Bourg-St.-Maurice, Saint-Gervais e Briançon); Pireneus (Tarbes, Luchon e Latour-de-Carol); Port-Bou (na fronteira espanhola ao sul de Perpignan); Hendaye e Irun, no País Basco; e Toulouse, Albi e as Gorges du Tarn. Há também trens noturnos entre a Alsácia-Lorena e a Côte d'Azur; entre o norte da França e a Côte d'Azur; entre o País Basco, Bordeaux e a Riviera; entre o País Basco e Genebra; entre a Bretanha e os Alpes e entre Nantes e a Riviera.

» Os trens noturnos também viajam a outros países da Europa.

INFORMAÇÕES ÚTEIS

SNCF
www.sncf.com
www.voyages-sncf.com
www.ter-sncf.com
www.tgv.com
www.transilien.com
Tel 3635

Thalys
Trens de alta velocidade para cidades do norte da Europa.
www.thalys.com; Tel 3635

Rail Europe
Vende vários passes ferroviários europeus.
www.raileurope.com (para visitantes dos EUA)
www.raileurope.co.uk (para visitantes ingleses)

Corail
www.corailintercities.com
www.coraillunea.com
www.corailteoz.com

Atrasos de trens
www.infolignes.com

ASSISTÊNCIA NAS ESTAÇÕES

» As estações maiores têm um quiosque de informações, fácil de encontrar.

» Se precisar de ajuda, procure um dos funcionários da estação, identificados pelo colete vermelho.

» Carrinhos de bagagem custam €1.

» Carregadores, de paletó vermelho e quepe preto ou de marinheiro, podem ajudar com a bagagem.

DEPÓSITO DE BAGAGEM

» Algumas estações contam com depósitos de bagagem ou armários que funcionam com moedas. Os armários com fechadura eletrônica emitem um bilhete com um número de código. Guarde-o para recuperar suas coisas.

» Não guarde coisas de valor nos armários.

» Por razões de segurança, nem sempre o serviço de guarda de bagagem está disponível.

HORÁRIOS DOS TRENS

» Você pode pegar tabelas de horários *(horaires)* nas estações ou checar os horários on-line.

» Os horários da SNCF costumam ser publicados duas vezes por ano: a tabela de verão vale de fim de maio a fim de setembro, e a de inverno, de fim de setembro a fim de maio.

» Prepare-se para decifrar a terminologia das ferrovias francesas. As duas fileiras de números no alto da tabela referem-se ao *numéro de train* e às *notes à consulter* (notas de rodapé).

» As notas de rodapé explicam quando um determinado trem circula *(circule)*. *Tous les jours* significa diariamente; *sauf dimanche et fêtes,* que o trem não circula aos domingos e feriados. *Jusqu'au,* seguido de uma data, indica que o trem só circula até aquela data.

PASSES DE TREM

» Se você vai ficar na França por mais tempo, pense em comprar um passe de trem *(Carte)*, válido por um ano. Ele dá 50% de desconto, sob certas condições, a pessoas entre 12 e 25 anos (*Carte 12–25)*, a adultos com criança menor de 12 *(Carte Enfant+)* e a pessoas acima de 60 *(Carte Senior)*. Há ainda uma *Carte Escapades* para pessoas entre 26 e 59 anos, que dá 40% de desconto.

» Para visitantes estrangeiros, há muitos passes de trem com preços atraentes. Para comprar certos passes, a pessoa precisa residir na Europa por no mínimo seis meses e ter um passaporte válido.

» A Rail Europe vende uma grande variedade de passes de trem (www.raileurope.com para visitantes dos EUA; www.raileurope.co.uk para visitantes do Reino Unido).

» Uma vez na França, pode ser difícil mudar reservas feitas no estrangeiro.

MENORES TEMPOS DE VIAGEM DE PARIS (APROXIMADAMENTE)

Amsterdã	4 horas 10 min
Bordeaux	3 horas
Bruxelas	1 hora 20 min
Lille	1 hora
Marselha	3 horas

PASSE VÁLIDO EM TODO O PAÍS

Dá direito a um número ilimitado de viagens em primeira ou segunda classe na França por três a oito dias no período de um mês. Também está disponível o passe para jovens abaixo de 26.

TRANSPORTE DE CARRO EM TRENS

» Se você quiser economizar horas de estrada e relaxar num trem enquanto seu carro é transportado até o destino, você tem duas opções. O serviço Auto/Train da SNCF (www.voyages-sncf.com/guide/autotrain/homepage_autotrain.htm) opera entre Paris e várias estações importantes no sudeste e sudoeste da França. Já a Raileurope opera o serviço French Motorail (www.frenchmotorail.com) entre maio e setembro, em duas rotas:

de Calais a Nice via Avignon, e de Fréjus e Calais a Narbonne via Brive e Toulouse. Os dois serviços também transportam motos.

HORÁRIOS, TARIFAS E OUTRAS INFORMAÇÕES

» Horários, tarifas e um serviço de informações estão disponíveis nas estações da SNCF, nas agências de venda de passagens e de viagem, por telefone (tel 3635; 24 horas; €0,34 por minuto), pela internet ou Minitel.

» Você pode levar uma bicicleta nos trens da SNCF de graça se houver um compartimento de bagagem (cheque com antecedência). Evite viajar na alta temporada. Por razões de segurança, nas viagens longas, convém desmontar a bicicleta e empacotá-la adequadamente. Para mais informações, veja www.velo.sncf.com.

DICAS

» Se você pensa em viajar de trem na alta temporada (de meados de junho a início de setembro), nos feriados ou nos horários de pico, reserve sua passagem com antecedência.

» Você precisa validar *(composter)* o bilhete ou passe antes de embarcar.

» Nas viagens de trem de longa distância, o serviço de bordo é caro. Considere levar um lanche.

» A SNCF pode mandar buscar sua bagagem e entregá-la no destino se o serviço for contratado com 24 horas de antecedência pelo tel 3635. Funciona de segunda a sexta, das 8h às 17h.

» Se você quiser viajar num TGV que já tenha todos os lugares reservados, pode ficar na fila de espera. A passagem dá direito a embarcar no trem, mas não garante um assento, de modo que, enquanto todos os passageiros com lugares reservados não comparecerem, você terá que aguardar.

ÔNIBUS E TÁXIS

Devido ao excelente sistema ferroviário da França, os ônibus de longa distância não são a opção mais conveniente para viajar de uma cidade para outra. A Eurolines opera linhas que ligam Paris e outras cidades francesas a destinos na Europa, com escalas nas principais cidades francesas. A SNCF oferece um serviço de ônibus como extensão de suas linhas de trem.

Os ônibus são em geral limpos, confortáveis e pontuais. As maiores cidades geralmente têm uma *gare routière* (estação rodoviária), que quase sempre fica perto da *gare* (estação de trem) da SNCF.

ÔNIBUS INTERMUNICIPAIS

» Para viagens curtas, pode-se comprar a passagem a bordo, mas, para distâncias maiores, compre a passagem com antecedência na rodoviária. Na maioria dos ônibus de longa distância, você precisa reservar seu assento.
» Os ônibus são um pouco mais baratos que os trens, mas muito mais lentos.
» Nos ônibus da SNCF pode-se usar o passe de trem da SNCF. Verifique antes de viajar.
» Os horários dos ônibus costumam coincidir com os de trabalho e das escolas. Por isso, haverá sempre um ônibus pela manhã e outro à tarde.
» Para informações sobre os ônibus da SNCF, telefone para 3635 (24 horas; €0,34 por minuto).
» Poucas estações rodoviárias têm guarda-volumes, mas algumas têm balcão de informações que funciona como depósito de bagagem.

Informações sobre a Eurolines
Gare Routière Internationale de Paris Gallieni, 28 avenue du Général de Gaulle, Bagnolet, tel 0892 899 091; www.eurolines.fr

TÁXIS

» O táxi não é a maneira mais eficiente e barata de circular na França, mas pode ser uma opção por conveniência.
» Além da tarifa por quilômetro, os táxis cobram uma taxa extra por bagagem e por viagens à noite e nos domingos. Todos os táxis usam um taxímetro *(compteur)*.
» É mais fácil encontrar táxi nos pontos, sinalizados com uma placa azul. Você também pode pedir um táxi por telefone, mas fica mais caro, porque o taxímetro pode começar a rodar desde que o táxi sai do ponto.
» É permitido fumar em alguns táxis. Procure a placa.
» Verifique sempre o taxímetro ao entrar no táxi.
» Alguns táxis aceitam cartão de débito, mas convém ter dinheiro vivo. Costuma-se dar gorjeta de 10%.
» Se quiser um recibo, peça *un reçu*.

Táxis em Paris
» Você pode pegar um táxi nas ruas, se conseguir encontrar um livre. A luz no teto indica que o táxi está livre. Quando a luz está apagada, o táxi está ocupado.
» A tarifa depende da região e da hora –é mais alta nos subúrbios e à noite. A tarifa aparece no taxímetro.
» Uma corrida no centro de Paris custa em média €8–€14. O taxímetro começa com €2, com um piso mínimo de €5,50. Há uma sobretaxa de €0,90 por volume de bagagem e um extra de €0,70 se o táxi partir de uma das estações principais.
» A maioria dos taxistas não leva mais que três passageiros; uma quarta pessoa custará €2,60.
» Se tiver alguma queixa, contate a Préfecture de Police, Service des Taxis: 9 Boulevard du Palais, 75195; tel 01 53 73 53 73.

Empresas de táxi em Paris
» Alpha Taxis: tel 01 45 85 85 85
» Artaxi: tel 01 42 06 67 10
» Taxis Bleus: tel 08 9170 10 10; www.taxis-bleus.com
» Taxi G7: tel 01 47 39 47 39; www.taxisg7.fr

COMO CIRCULAR POR PARIS

Paris tem um sistema de transporte eficiente e relativamente barato, de modo que não é difícil circular pela cidade. O *métro* é a espinha dorsal da rede, mas há também ônibus, barcos e os trens de subúrbio da RER. Finalmente, não esqueça que você tem dois pés –o centro de Paris é compacto, e caminhando é fácil se orientar.

BILHETES

» O metrô e os ônibus usam os mesmos bilhetes ou cartões, e estes também podem ser usados nos trens RER dentro do centro de Paris.

» Para efeito de tarifas, a cidade é dividida em seis zonas. A maioria das principais atrações fica na Zona 1, mas o Arco de La Défense fica na Zona 3, o Aeroporto de Orly na Zona 4 e o Aeroporto Charles de Gaulle na Zona 5.

» Compre os bihetes nas estações de metrô, nos ônibus (só de ida) e em algumas bancas de jornal.

» Crianças menores de 4 anos viajam de graça, e entre 4 e 9 anos, pagam meia.

TIPOS DE BILHETE

TIPO	PREÇO	VALIDADE	INFORMAÇÕES EXTRAS
Bilhete individual	€1,50	Vale no metrô, na RER (dentro da região central) e na maioria dos ônibus. Você não precisa usá-lo no dia da compra, mas, uma vez validado (passando-o pela barreira automática nas estações do metrô ou na máquina dos ônibus), ele só vale para aquela viagem.	Você pode usar o mesmo bilhete nas linhas do metrô e da RER dentro da mesma viagem, mas note que, se comprar o bilhete num ônibus, ele não permite mudanças.
Carnet	€11,10 por 10 bilhetes individuais	A validade é a mesma dos bilhetes individuais acima.	O preço compensa se você planeja fazer oito viagens ou mais. Se estiver com um amigo, pode comprar dez bilhetes e dividi-los com ele.
Mobilis	Zonas 1-2: €5,60 Zonas 1-3: €7,50 Zones 1-5: €12,50	Vale por um dia no metrô, nos ônibus e na RER, dentro das zonas específicas.	Uma opção mais barata que o cartão *Paris Visite* de um dia (ver abaixo).
***Paris Visite* Zonas 1–3**	1 dia : €8,50 2 dias: €14 3 dias: €19 5 dias: €27,50 Crianças (4-11 anos) pagam cerca de metade do preço	Vale por um número ilimitado de viagens em metrô, ônibus, RER e serviços Transilien dentro das zonas 1-3. O bilhete é validado na primeira ocasião em que for usado.	Se você precisa viajar um dia apenas ou estiver na Zona 1, o passe Mobilis (ver acima) é uma opção mais barata. Mas com o cartão *Paris Visite* você também tem ofertas especiais para várias atrações. Compre o bilhete nos centros de informação turística ou nas estações.
***Paris Visite* Zonas 1–6**	1 dia: €18 2 dias: €27,50 3 dias: €38,50 5 dias: €47	Vale por um número ilimitado de viagens em metrô, ônibus, RER e serviços Transilien dentro das zonas 1-6 (que incluem Versailles, Disneyland® Resort Paris e os aeroportos de Orly e Charles de Gaulle).	É uma opção mais cara, mas dá desconto na entrada de algumas atrações.
***La Carte Orange Coupon Hebdomadaire* Zonas 1–2**	€16,30	Vale por uma semana em metrô, ônibus e RER dentro das zonas 1-2.	O cartão é oficialmente destinado aos que residem na Île de France e vale de segunda a domingo. Assim, quanto mais cedo na semana você o comprar, melhor. Você vai precisar de uma foto de passaporte.

METRÔ DE PARIS

» O metrô é a maneira mais rápida de viajar dentro da cidade. Funciona de 5h30 a cerca de 0h30; às sextas, sábados e nos dias anteriores a feriados, até 2h15.

» Cada linha tem uma cor e um número (1-14, 3b e 7b).

» As estações são identificadas por um grande M ou pelas famosas placas Art Nouveau.

» Escadarias e às vezes escadas rolantes levam a um saguão, onde você pode comprar seu bilhete numa cabine ou numa máquina. As estações maiores podem ter lojas e cafés.

» Para ter acesso à plataforma é preciso validar *(composter)* seu bilhete, passando-o pela catraca automática. Não se esqueça de recolhê-lo e guardá-lo –os inspetores fazem checagens aleatórias.

» Em geral, é uma longa caminhada até a plataforma. Por isso, siga as placas com cuidado. As placas mostram o número e a cor da linha. Você também precisa saber o destino final na direção em que quer viajar.

» Os trens são frequentes, mas ficam lotados nas horas de rush.

» Na plataforma, uma placa laranja de *correspondance* indica a direção para as conexões. Uma placa azul onde está escrito *Sortie* mostra as saídas.

Informações úteis

» Mapas do metrô são distribuídos gratuitamente em todas as estações.

» Há um telefone 24 horas (0892 684 114) com informações gravadas em inglês, italiano, espanhol e alemão.

» Para falar com um atendente (só em francês), ligue 3246.

» As principais estações têm um balcão de informações, mas a comunicação pode ser difícil se você não fala francês.

» O site da RATP, Régie Autonome des Transports Parisiens (www.ratp.fr), tem um planejador de rotas e oferece informações atualizadas sobre o trânsito e sobre a viagem.

Como sobreviver no metrô

» Quando planejar seu trajeto, não confunda as linhas do metrô com as dos trens suburbanos da RER –ambas costumam aparecer nos mapas do metrô. As linhas da RER têm letras em lugar de números.

» Para calcular o tempo de viagem, conte 2 minutos para cada estação. Lembre que pode levar 5 minutos caminhando da entrada da estação até a plataforma (em especial em bairros populosos como Châtelet).

» Para ganhar tempo, use as máquinas de bilhetes em vez das cabines.

» É melhor usar dinheiro que cartão de crédito para comprar bilhetes.

» Guarde sempre o bilhete em seu poder, para o caso de se deparar com um inspetor.

» Se precisar mudar de linha, não saia da estação, porque isso vai invalidar seu bilhete.

» Fique de olho nas malas e nos batedores de carteira.

» Se perceber que está na direção errada, desça na estação seguinte e volte. Siga as placas para a plataforma certa, mas mantenha-se dentro das barreiras automáticas ou seu bilhete será invalidado.

» Mapas das ruas da região costumam ser colocados na entrada da maioria das estações.

» Você pode se sentir inseguro usando o metrô sozinho tarde da noite.

ÔNIBUS

Paris tem uma ampla rede de ônibus, com mais de 1.300 veículos disputando espaço no trânsito. Pegar um ônibus é uma boa ideia para ver as ruas e as atrações, em vez de simplesmente passar sob elas no metrô, mas não espere chegar a algum lugar rapidamente –a velocidade média é de menos de 13km/h!

» Os ônibus são em geral pintados de branco e turquesa e funcionam das 5h30 às 20h30, mas alguns continuam rodando à noite até cerca de 0h30. Você provavelmente não vai esperar mais que 5 ou 10 minutos de segunda a sábado, mas aos domingos os ônibus são reduzidos e até retirados em algumas linhas.

» O número da linha aparece na frente do ônibus, junto com o destino final.

» Estenda a mão para parar o ônibus.

» Se precisar comprar o bilhete, tenha o dinheiro certo, porque os motoristas não levam muito troco.

» Entre pela porta da frente e mostre seu cartão ou *carnet* (▷ 60) ao motorista. Os bilhetes individuais ou do carnê devem ser validados na máquina próxima ao motorista.

» Em horas de rush, dificilmente você conseguirá um assento. Esteja preparado para uma desconfortável viagem de pé.

» Pouco antes de descer, aperte o botão vermelho que alerta o motorista. Você verá acender uma luz de *arrêt demandé* (parada solicitada).

» Desça pelas portas centrais.

Bilhetes

» Os ônibus aceitam os mesmos bilhetes que o metrô. Um bilhete individual vale na maioria dos trajetos pelo centro, mas você não pode mudar de ônibus com um bilhete só.

» Você pode comprar bilhetes individuais a bordo, mas não cartões ou carnês de 10 bilhetes.

» Sempre valide os bilhetes individuais (e os do carnê) na máquina próxima ao motorista, mas não os passes *Paris Visite, Mobilis* e *Carte Orange*. Guarde o bilhete até descer do ônibus.

Informações

» O *Grand Plan de Lignes et Rues,* disponível nas estações do metrô, tem um bom mapa de ônibus.

» O site www.ratp.fr contém informações em francês e inglês, além de um planejador de rotas.

» Ligue 0892 684 114 e ouça uma mensagem gravada em várias línguas ou 3246 para falar com um atendente (em francês).

Ônibus noturnos

» Os ônibus do serviço noturno Noctilien funcionam a partir de 0h30 até 5h30, quando os ônibus normais voltam a circular. As 42 linhas noturnas cobrem o centro e os subúrbios. As duas linhas mais úteis são as circulares N01 e N02, que ligam as quatro principais estações: Gare de l'Est, Gare St.-Lazare, Gare de Lyon e Gare Montparnasse.

» Os cartões e bilhetes da RATP podem ser usados nos ônibus noturnos. Para mais informações, visite www.noctilien.fr.

BONDES

Paris tem quatro linhas de modernos bondes, com uma quinta já planejada. T1 vai da Gare de Saint-Denis a Noisy-le-Sec; T2, de La Défense a Issy-Val de Seine; T3, de Pont du Garigliano a Porte d'Ivry; e T4, da estação Bondy da RER à estação Aulnay-sous-Bois da RER.

DICAS

» Evite as horas do rush (das 7h-9h30 às 16h30-19h30).

» É proibido fumar nos ônibus, no metrô e nos trens da RER.

» Comprar um *carnet* de 10 bilhetes é mais econômico do que comprar um bilhete em cada viagem e também economiza o tempo de espera na bilheteria.

RER

Os trens da RER (Réseau Express Régional) atravessam o centro da cidade a caminho dos subúrbios e podem economizar tempo para ir de um lado da cidade a outro. Mas chegar à plataforma correta pode ser um processo lento e confuso. Portanto, para uma viagem curta, em geral é melhor tomar o metrô.

Bilhetes

» O bilhete do metrô vale para viagens nos trens da RER no centro de Paris, e você pode mudar de linha (inclusive do metrô) com o mesmo bilhete. Compre um bilhete separado para destinos mais distantes.

» Os cartões (▷ 60) são válidos se cobrirem todas as zonas pelas quais você vai passar.

» Guarde seu bilhete, porque você vai precisar validá-lo na catraca eletrônica para sair da estação.

Como usar os trens da RER

» Os trens funcionam de 4h45 a 1h30 da madrugada seguinte.

» A RER tem cinco linhas, de A a E. Cada linha se divide em ramais, que levam um número depois da letra.

» As linhas da RER no centro de Paris estão no mapa do metrô ▷ 75.

» Telas de informações no saguão indicam a plataforma que você procura; ou pergunte na bilheteria.

» Valide seu bilhete na catraca automática e lembre-se de retirá-lo quando ele for devolvido.

» Cada vez mais plataformas têm telas com informações sobre o horário de chegada dos próximos cinco trens.

» Quando descer do trem, siga a placa azul de *sortie* se sua viagem acabou ou as placas laranja de *correspondance*, se vai fazer conexão para outra linha da RER ou do metrô.

» Você terá que validar seu bilhete na catraca automática para sair da estação.

DICAS

» Poucos visitantes usam os trens da RER fora da região central de Paris (a menos para ir a Versailles, Disneyland® Resort Paris ou ao aeroporto). Alguns dos trens suburbanos da RER atravessam regiões um tanto decadentes, e tanto os trens quanto as plataformas costumam ter mais grafites que no metrô. Fora dos períodos de pico, os trens também podem viajar bastante vazios.

» Os trens em geral andam no horário no centro, mas podem se atrasar nas regiões mais distantes.

COMO CIRCULAR POR OUTRAS CIDADES

O transporte público nas grandes cidades francesas é em geral excelente, com diversos meios disponíveis, do metrô aos ônibus, bondes e funiculares. Se estiver pensando em viajar de carro, você se sentirá desestimulado pelo alto preço dos estacionamentos.

COMO CIRCULAR EM LYON

www.tcl.fr

Lyon tem um tamanho razoável, com uma rede de ônibus, bondes, funiculares e metrô, dirigida pela TCL (Transports en Commun Lyonnais), que, além de fácil de usar, cobre a cidade e os distritos mais afastados. Pode-se obter um mapa *(plan du réseau)* no centro de informações turísticas ou em uma filial da TCL.

Metrô

As quatro linhas de metrô de Lyon –A (vermelha), B (azul), C (laranja) e a futurista linha D (verde), sem condutor– cruzam a cidade, parando em 40 estações. Servem as principais praças e ruas e se conectam com ônibus, bondes e funiculares. O metrô funciona a partir de 5h até pouco depois de 24h. As principais estações são Bellecour, Perrache e Part-Dieu. Você precisa validar o bilhete antes de iniciar a viagem.

Ônibus

As 120 linhas de ônibus cobrem toda a cidade, geralmente de 5h às 21h. Lyon também tem 30 linhas noturnas, de quinta a sábado, de 1h-4h (mas verifique cada uma). Valide seu bilhete antes da viagem.

Bondes

Há três linhas de bondes: T1 e T2 saem da estação Perrache do metrô e da SNCF; e T3 parte da Gare Part-Dieu. Como os bondes são muito silenciosos, tome cuidado ao atravessar a rua.

Funiculares

Dois *funiculaires* partem a cada 10 minutos da estação de metrô Vieux Lyon até 22h. Um vai para Fourvière, para a basílica no alto da montanha, e o outro para as ruínas romanas de Minimes ou para St.-Just.

Bilhetes

Você pode usar um bilhete só de ida no metrô, nos ônibus e bondes. Ele custa €1,50 por uma hora, €2,20 por duas horas e €12,50 um *carnet* de 10 bilhetes. Nos ônibus só são vendidos bilhetes de uma hora. Um passe válido para um dia, *Ticket Liberté,* custa €4,40 e permite acesso ilimitado. O funicular custa €2,20 ida e volta.

COMO CIRCULAR EM MARSELHA

A Régie des Transports de Marseille (RTM) é responsável pelo metrô da cidade. O escritório central fica em Espace Infos, 6-8 Rue des Fabres (seg-sex 8h30-18h, sáb 9h-17h30; tel 04 91 91 92 10; www.rtm.fr).

Metrô

A cidade tem duas linhas de metrô rápidas e bem conservadas. A linha 1 sai de La Timone, no subúrbio leste, e cruza o subúrbio norte até La Rose. A linha 2 corre na direção norte-sul, de Bougainville a Sainte-Marguerite Dromel. O metrô funciona de segunda a quinta das 5h às 21h, e de sexta a domingo até 0h30.

Bondes

Marselha tem duas linhas de bonde, T1 e T2, no sentido leste-oeste.

Bilhetes

Os bilhetes custam €1,70 e podem ser usados em combinação entre metrô, ônibus ou bonde. O bilhete vale por uma hora depois de validado. Não existem bilhetes de ida e volta. Há um cartão turístico válido para ônibus e metrô –1 dia €6, 3 dias €12.

COMO CIRCULAR EM TOULOUSE
Metrô
O metrô tem duas linhas. A linha A vai de Basso-Cambo a Balma-Gramont, e a linha B, de Borderouge a Ramonville. Elas se cruzam em Jean Jaurés (que dá acesso à Place Wilson e aos bulevares). Outras duas estações de metrô úteis –ambas na linha A– são Capitole (para a praça principal) e Marengo, que dá acesso à estação de trem da SNCF. O sistema funciona de 5h15 a cerca de 24h (0h42 às sextas e sábados). Os trens partem a cada 2 minutos na hora do rush, e a cada 6 minutos nos outros horários. Visite www.tisseo-connex.com para outras informações.

Bilhetes
Você pode comprar bilhetes nas máquinas nas estações de metrô, que oferecem instruções em inglês e dão troco. Como muitas estações não têm bilheteria, leve sempre dinheiro. Os bilhetes custam €1,40, valem por uma hora, e no máximo para três conexões, e podem ser usados no metrô e nos ônibus.

COMO CIRCULAR EM LILLE
Metrô
VAL é um sistema de duas linhas de metrô sem condutor. Os trens correm abaixo e acima da terra. Visite www.transpole.fr para informações.

Ônibus e bondes
A rede regional de ônibus serve todos os distritos de Lille e as cidades vizinhas e chega até a Bélgica. Muitos ônibus partem das ruas e praças ao redor das duas estações de trem (Lille-Flandres e Lille-Europe, estação da Eurostar). As linhas noturnas são limitadas.

Bilhetes
Você pode comprar um bilhete só de ida, um *carnet* de 10 ou um passe de um dia, válido em ônibus, bondes e metrô. O serviço funciona das 6h às 24h, e não funciona no dia 1º de maio. Obtenha bilhetes e informações na estação Lille-Flandres ou pelo tel 0820 424 040.

COMO CIRCULAR EM ESTRASBURGO
www.cts-strasbourg.fr
O transporte é de responsabilidade da CTS (Compagnie des Transports Strasbourgeois). Ligue 03 88 77 70 70 para informações.

Ônibus e bondes
A cidade conta com cinco linhas de bondes modernas e eficientes. Funcionam diariamente das 4h30 às 0h30. Há uma boa rede de ônibus.

Bilhetes
Os bilhetes valem para ônibus e bondes por uma hora. Para viagens ilimitadas, compre um bilhete de 24 horas (€3,50 por dia). É preciso validar o bilhete antes da viagem: nos bondes, na máquina na plataforma; e nos ônibus, na máquina a bordo.

COMO CIRCULAR EM BORDEAUX
Ônibus e bondes
A cidade tem três linhas modernas de bonde, que funcionam de 5h a 1h. O bilhete vale para ônibus e bondes e permite transferências por uma hora. Se você está de carro, mas quer evitar o trânsito, aproveite o sistema *parc relais,* pelo qual você deixa o carro num estacionamento seguro e usa o transporte público.

Bilhetes
Nos ônibus, o bilhete custa €1,30; 5 bilhetes, €5; e um carnê de 10, €10. O cartão *Découverte* custa €4,10 e vale por um dia, sem limite de viagens. O *Télécarte,* válido por sete dias, custa €9,45.

PORTADORES DE DEFICIÊNCIA

Circular pelo país está ficando mais fácil graças a adaptações em ônibus e trens. A maioria dos aeroportos tem instalações com acesso para portadores de deficiência, e os trens da Eurostar oferecem acesso a cadeiras de rodas. Mas você ainda encontra desafios quando viaja pela França, principalmente nas cidades históricas, de ruas estreitas de pedra. Antes de viajar, convém verificar as instalações de acesso disponíveis no aeroporto (procure em www.aeroport.fr) e em seu hotel, porque os edifícios mais antigos podem não ter elevador.

CHEGADA À FRANÇA

DE AVIÃO

Em Paris, tanto o aeroporto Charles de Gaulle quanto Orly são equipados para pessoas com mobilidade reduzida. Os ônibus que fazem o traslado entre os terminais têm rampas para cadeiras de rodas, assim como anúncios de voz para deficientes visuais. Os terminais têm banheiros adaptados, telefones à baixa altura e estacionamento reservado. Para mais informações sobre questões de mobilidade reduzida, procure o serviço SAPHIR da Air France (tel 0820 01 24 24, seg-sex 9h-19h, sáb 9h-18h). Há organizações que oferecem serviços especiais dos aeroportos para o centro, mas é preciso reservar.

Se você é cadeirante, informe a companhia aérea quando fizer sua reserva.

DE TREM

Os trens e terminais da Eurostar oferecem aos cadeirantes, além de acesso, descontos especiais.

COMO CIRCULAR NA FRANÇA

DE TREM

Os trens de longa distância são equipados para pessoas com mobilidade reduzida. As estações maiores em geral têm elevadores ou rampas de acesso à plataforma. Se precisar de ajuda, peça-a quando reservar sua passagem.

Os serviços nos trens regionais variam. Nos trens SNCF, portadores de deficiência podem levar um acompanhante não deficiente de graça ou com 50% de desconto na passagem, dependendo do trem. O serviço *Accès Plus* oferece ajuda para embarque e desembarque do trem. Para informações, 0890 640 650 ou www.accessibilite.sncf.com

EM PARIS

O metrô é praticamente inacessível para cadeiras de rodas devido às inúmeras escadas e corredores, assim como a catracas automáticas inflexíveis. A exceção é a linha 14. Algumas estações da RER nas linhas A e B têm elevadores que dão acesso às plataformas, mas alguns são operados apenas por um funcionário (aperte o botão *Appel* para ajuda). A maioria das estações tem uma bilheteria equipada com amplificador magnético para deficientes auditivos. O site da RATP lista as estações com instalações para deficientes. Alguns ônibus têm rampa para cadeiras de rodas e avisos de voz para passageiros com deficiência visual. Cada vez mais ônibus estão sendo equipados para permitir o acesso de cadeiras de rodas.

SITES E ORGANIZAÇÕES ÚTEIS

Access Project
39 Bradley Gardens, West Ealing, London W13 8HE, UK
www.accessproject-phsp.org/paris
Dicas para circular em Paris.

Les Compagnons du Voyage
Tel 01 53 11 11 12
www.compagnons.com
Serviço de acompanhamento no metrô, nos trens da RER e ônibus em Paris.

Holiday Care Service
Tel 08451 249 971 (RU)
www.holidaycare.org.uk
Informações sobre viagens e férias para portadores de deficiência.

RATP Mission Accessibilité
19 place Lachambaudie, 75570, Paris Cedex 12
Tel 3246
e-mail: missionaccessibilite@ratp.fr
Serviço da RATP, que opera o metrô de Paris, para melhorar o acesso de portadores de deficiência.

Infomobi
Tel 08 10 64 54 54
www.infomobi.com
Informações de viagem para portadores de deficiência na região da Île de France.

Maison de la France
http://br.franceguide.com
O site do centro de turismo francês (em português) tem informações úteis para portadores de deficiência.

Mobile en Ville
www.mobile-en-ville.asso.fr
Um site lotado de informações sobre acesso de portadores de deficiência e questões afins.

Mobility International USA
www.miusa.org
Promove as viagens internacionais e a troca de informações entre pessoas com deficiência.

Turismo de Paris
25-27 rue des Pyramides, 75001
Tel 0892 683 000
www.parisinfo.com
Informações sobre acesso de cadeiras de rodas a museus, ônibus, trens da RER e aeroportos da cidade.

Society for Accessible Travel and Hospitality (SATH)
Tel 212 447 7284 (dos EUA)
www.sath.org
Organização dos EUA que oferece conselhos a viajantes com deficiência e promove a consciência dos requisitos de sua viagem.

REGIÕES

Este capítulo está dividido entre as oito regiões da França (▷ 8-9).

Regiões da França 68-414

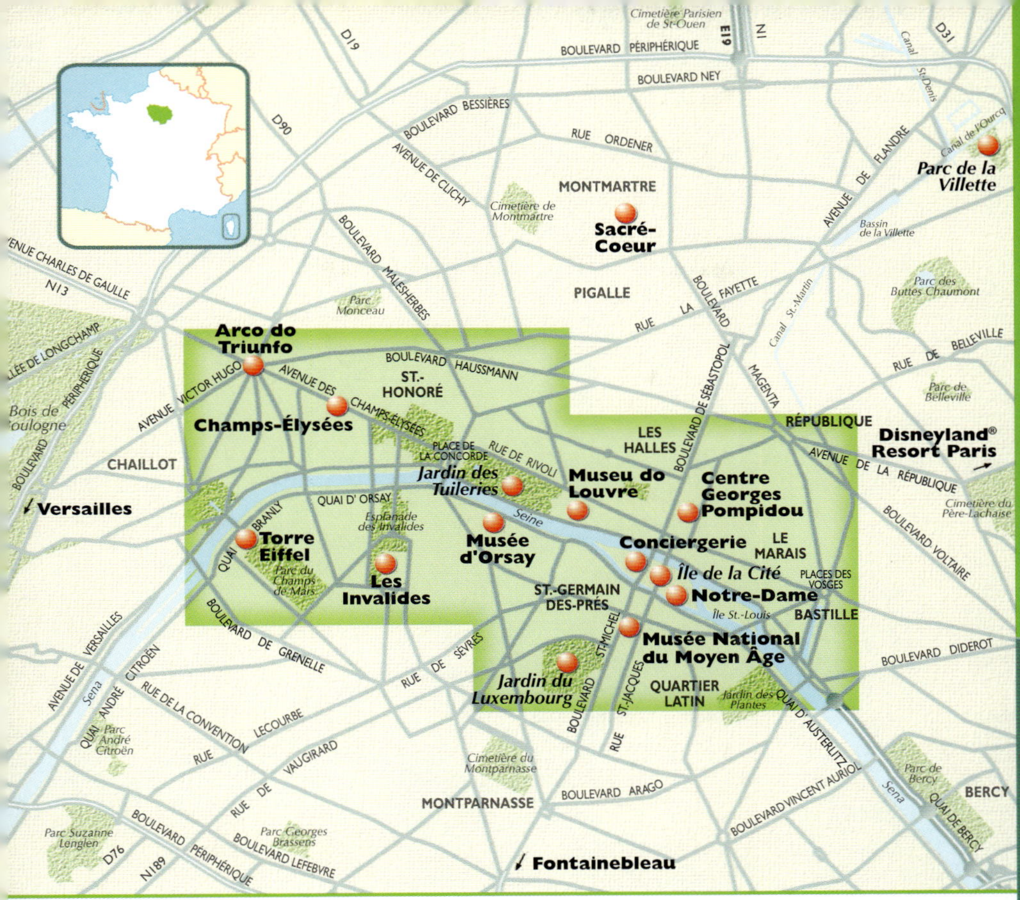

PARIS E ÎLE DE FRANCE

A França é uma nação muito centralizada, e por isso não admira que muitas das maiores atrações estejam concentradas em sua capital. Quem vai passar poucos dias em Paris deve priorizar o que ver: a Catedral de Notre-Dame, erguida numa ilha do Sena bem no centro da cidade, é o ponto de orientação; a Torre Eiffel, que paira acima dos telhados, oferece uma vista mais deslumbrante que a outra; um passeio ao longo da Avenue des Champs-Élysées para ver o Arco do Triunfo é imperdível; e convém reservar no mínimo meio dia para admirar os tesouros do Museu do Louvre. Para quem puder ficar mais tempo não faltarão opções, porque a cidade está cheia de museus interessantes, igrejas, ruas, praças e curiosos monumentos a explorar. E quem quiser apenas pular de um café a outro ao longo de ruas e praças pitorescas –e caminhar é a melhor maneira de circular pela maior parte de Paris– pode ir direto para o Quartier Latin ou para Montmartre, uma vila dentro da cidade.

Se você se cansar de andar, Paris tem um sistema de transporte público rápido, eficiente, barato e bem estruturado. Vale a pena reservar alguns minutos na chegada à cidade para se familiarizar com o mapa do metrô, o que lhe permitirá entrar e sair do subterrâneo sempre que for necessário.

Oficialmente, Paris faz parte da Île de France, uma pequena região administrativa constituída de oito minúsculos *départements* que, juntos, cobrem apenas 2,2% do território nacional, mas empregam 22% da população. A única razão para se aventurar nos subúrbios, porém, é conhecer os palácios de Fontainebleau e Versailles, ou, para quem está viajando com crianças, passar um dia na Disneyland® europeia.

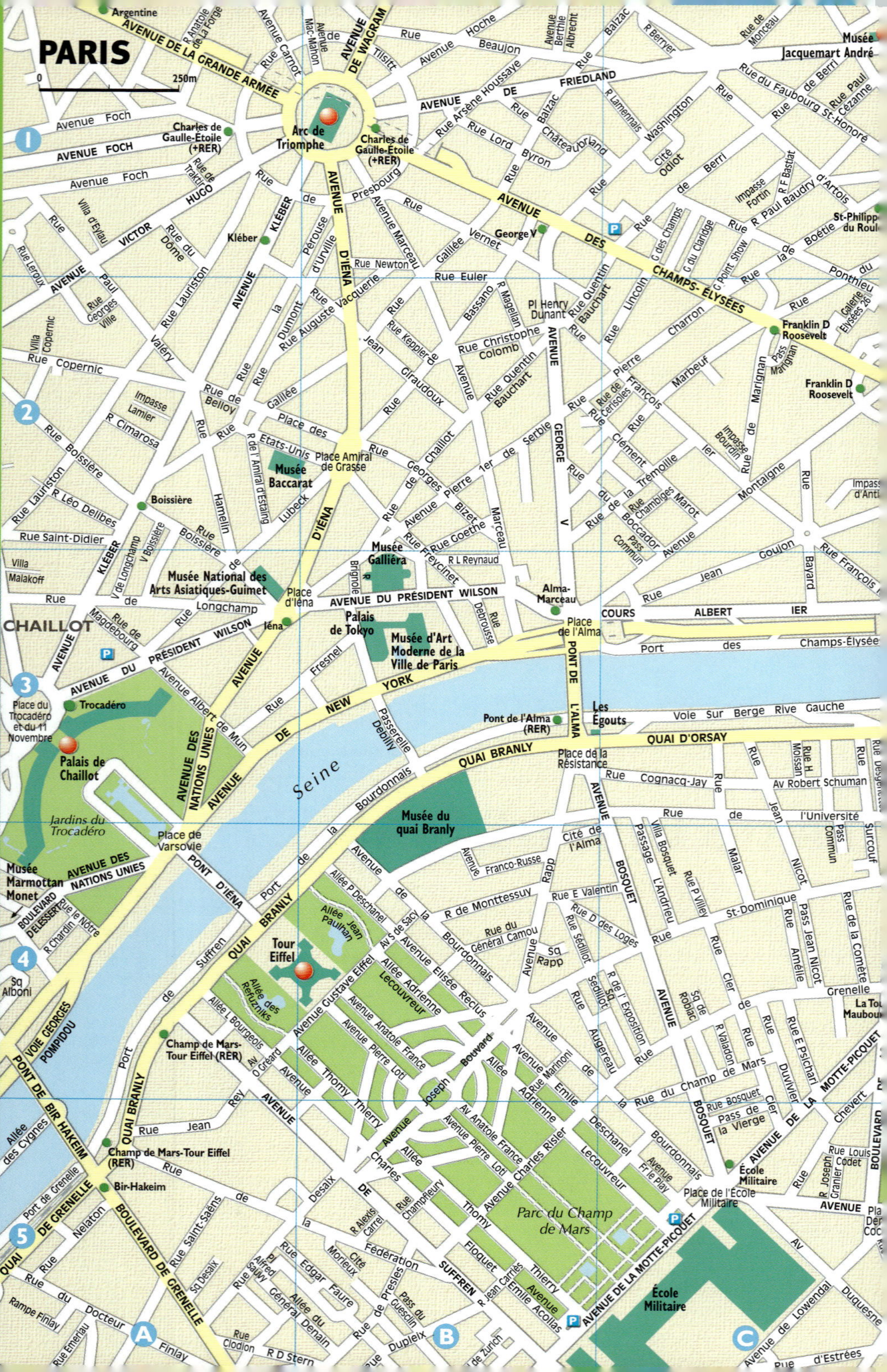
PARIS
0
250m
1
2
3
4
5
A
B
C
Arc de Triomphe
Charles de Gaulle-Étoile (+RER)
Argentine
Avenue de la Grande Armée
Avenue de Wagram
Avenue Foch
Avenue Victor Hugo
Avenue Kléber
Avenue d'Iéna
Avenue Marceau
Avenue des Champs-Élysées
Avenue George V
Avenue de Friedland
Rue du Faubourg St-Honoré
Musée Jacquemart André
Kléber
George V
Franklin D Roosevelt
St-Philippe du Roule
Boissière
Musée Baccarat
Place des Etats-Unis
Place Amiral de Grasse
Musée Galliéra
Musée National des Arts Asiatiques-Guimet
Place d'Iéna
Iéna
Avenue du Président Wilson
Palais de Tokyo
Musée d'Art Moderne de la Ville de Paris
Alma-Marceau
Place de l'Alma
Cours Albert Ier
Port des Champs-Élysées
Pont de l'Alma
Avenue de New York
CHAILLOT
Trocadéro
Place du Trocadéro et du 11 Novembre
Palais de Chaillot
Jardins du Trocadéro
Avenue des Nations Unies
Avenue Albert de Mun
Passerelle Debilly
Pont de l'Alma (RER)
Les Egouts
Voie Sur Berge Rive Gauche
Quai d'Orsay
Place de la Résistance
Seine
Quai Branly
Musée du quai Branly
Place de Varsovie
Pont d'Iéna
Musée Marmottan Monet
Boulevard Delessert
Tour Eiffel
Champ de Mars-Tour Eiffel (RER)
Voie Georges Pompidou
Pont de Bir Hakeim
Allée des Cygnes
Bir-Hakeim
Quai de Grenelle
Boulevard de Grenelle
Avenue de Suffren
Avenue de la Bourdonnais
Avenue Bosquet
Rue Saint-Dominique
Rue de l'Université
Rue Cler
Parc du Champ de Mars
Place de l'École Militaire
École Militaire
Avenue de la Motte-Picquet
Avenue de Lowendal
Rue du Docteur Finlay
Rue Dupleix

Place de la Concorde
Jardin des Tuileries
Musée d'Orsay
Musée des Arts Décoratifs
Opéra Palais Garnier
Musée Fragonard
Palais de l'Élysée
Champs-Élysées
Grand Palais
Petit Palais
Assemblée Nationale
Les Invalides
Musée Rodin
Maison de Verre
Café de Flore & Les Deux Magots
Esplanade des Invalides
Jeu de Paume
Orangerie
Seine
Place Vendôme
Place de la Madeleine
Place de l'Opéra
Place du Carrousel
Place du Marché St-Honoré
Place Vauban
Place des Invalides
Avenue des Champs-Élysées
Cours la Reine
Port des Champs-Élysées
Quai d'Orsay
Quai des Tuileries
Quai Anatole France
Quai Voltaire
Quai du Louvre
Voie Sur Berge Rive Gauche
Pont de la Concorde
Pont Alexandre III
Pont Royal
Pont du Carrousel
Passerelle Solferino
Port des Saints-Pères
Rue de Rivoli
Rue Royale
Rue St-Honoré
Boulevard de la Madeleine
Boulevard Haussmann
Boulevard Malesherbes
Boulevard St-Germain
Boulevard Raspail
Rue de Sèvres
Rue de Rennes
Rue des Capucines
Rue de la Pépinière
Rue de Grenelle
Rue de Varenne
Rue de Babylone
Rue de l'Université
Rue de Lille
Rue St-Dominique
Avenue de l'Opéra
Avenue Winston Churchill
Avenue du Maréchal Gallieni
Avenue Gabriel
Avenue de Marigny
Avenue Edward Tuck
Allée Marcel Proust
Boulevard des Invalides
Invalides
St-Augustin
Havre Caumartin
Auber (RER)
Chaussée d'Antin-La Fayette
Haussmann St-Lazare
Opéra
Madeleine
Concorde
Champs-Élysées-Clémenceau
Tuileries
Pyramides
Assemblée Nationale
Invalides (+RER)
Musée d'Orsay (RER)
Solférino
Varenne
Rue du Bac
St-Germain-des-Prés
Sèvres-Babylone
St-Sulpice
Miromesnil
72
D
E
F

0
250 m
Bibliothèque Nationale de France
Galerie Colbert
Galerie Vivienne
Place du Marché St-Honoré
Place des Victoires
Jardin du Palais Royal
Palais Royal
Jeu de Paume
Jardin des Tuileries
Tuileries
Pyramides
Musée des Arts Décoratifs
Palais Royale-Musée du Louvre
Galerie Véro-Dodat
Jardin du Forum des Halles
Forum des Halles
St-Eustache
Les Halles
Sentier
Place du Carrousel
Louvre-Rivoli
Musée du Louvre
St-Germain-l'Auxerrois
Châtelet
Musée d'Orsay (RER)
Musée d'Orsay
Seine
QUAI DES TUILERIES
QUAI DU LOUVRE
QUAI VOLTAIRE
QUAI MALAQUAIS
QUAI DE CONTI
QUAI DES GRANDS AUGUSTINS
QUAI DE LA MÉGISSERIE
Pont Neuf-La Monnaie
Square du Vert-Galant
Institut de France
Musée de la Monnaie
Palais de Justice
Conciergerie
Sainte-Chapelle
BOULEVARD DU PALAIS
71
ST-GERMAIN-DES-PRÈS
Musée National Eugène Delacroix
St-Germain-des-Près
Maison de Verre
Café de Flore & Les Deux Magots
Mabillon
BOULEVARD ST-GERMAIN
Mariage Frères
St-Michel-Notre-Dame (RER)
St-Michel
Odéon
St-Sulpice
Place St-Sulpice
Sèvres-Babylone
Rue du Bac
RUE DE RIVOLI
RUE DE RENNES
BOULEVARD RASPAIL
Cluny La Sorbonne
Musée de Cluny
Musée National du Moyen Age
La Sorbonne
Palais du Luxembourg
Jardin du Luxembourg
Luxembourg (RER)
BOULEVARD SAINT-MICHEL
RUE SAINT-JACQUES
St-Séverin
Panthéon
Rennes
St-Placide
Notre-Dame-des-Champs
Place Pierre Lafue
Montparnasse Bienvenüe
Jardin Marco Polo
2
3
4
5
6
7
E
F
G
H

Montmartre, Parc de la Villette, Sacré-Cœur
Cimetière du Père-Lachaise
République
Temple
Arts et Métiers
Réaumur Sébastopol
Musée des Arts et Métiers
LES HALLES
Étienne Marcel (RER)
Rambuteau
Musée d'Art et d'Histoire du Judaïsme
Musée de la Chasse et de la Nature
Musée de l'Histoire de France
Musée Picasso
Centre Georges Pompidou
Café Beaubourg
IRCAM
St-Merri
Fontaine des Innocents
LE MARAIS
Musée Cognacq-Jay
Musée Carnavalet
Filles du Calvaire
Oberkampf
St-Sébastien-Froissart
Chemin Vert
Bréguet Sabin
Hôtel de Ville
Hôtel de Ville (RER)
Châtelet
Synagogue
Place des Vosges
Hôtel de Sully
Maison de Victor Hugo
Maison Européenne de la Photographie
Mémorial de la Shoah
St-Paul-Le Marais
BASTILLE
Opéra Bastille
Île de la Cité
Notre-Dame
Pont Marie
Île St-Louis
Mémorial des Martyrs de la Déportation
Sully Morland
Pavillon de l'Arsenal
Canal Saint Martin
Maubert-Mutualité
Institut du Monde Arabe
QUARTIER LATIN
Cardinal Lemoine
Place Jussieu
Jussieu
Arènes de Lutèce
Place Monge
Seine
Quai de la Rapée
Jardin des Plantes
Place Valhubert
RUE DE RIVOLI
BOULEVARD DE SÉBASTOPOL
RUE BEAUBOURG
BOULEVARD DU TEMPLE
BOULEVARD BEAUMARCHAIS
RUE ST-ANTOINE
BOULEVARD HENRI IV
BOULEVARD SAINT-GERMAIN
QUAI DES CÉLESTINS
QUAI DE L'HÔTEL DE VILLE
QUAI ST BERNARD
PLACE DE LA BASTILLE
AVENUE DE LA RÉPUBLIQUE
BOULEVARD RICHARD LENOIR
BOULEVARD MORLAND
PONT SULLY
PONT D'AUSTERLITZ
J
K
L

ÍNDICE DE RUAS DE PARIS

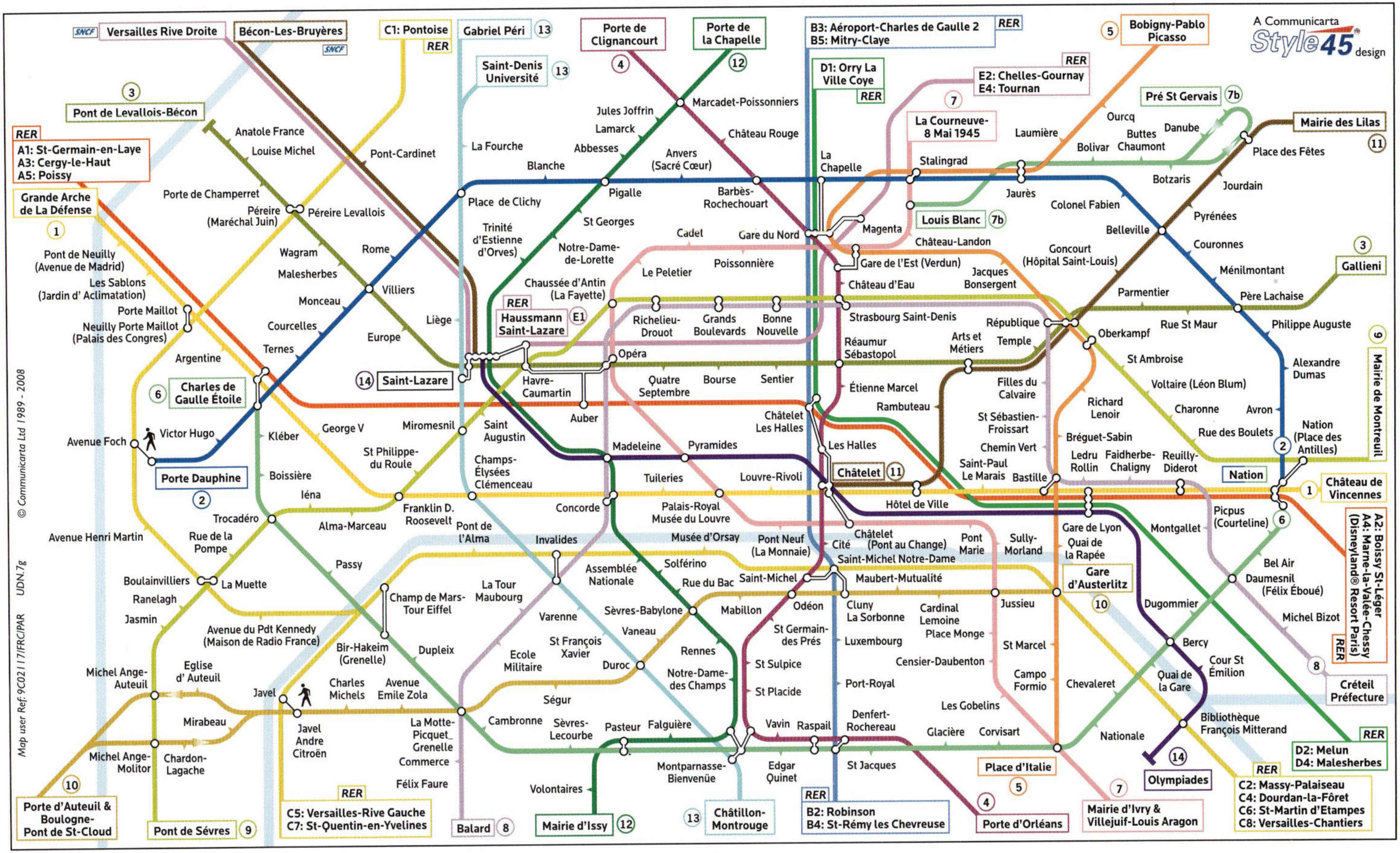

A Communicarta Style45 design
Versailles Rive Droite
Bécon-Les-Bruyères
C1: Pontoise
RER
Gabriel Péri 13
Saint-Denis Université 13
Porte de Clignancourt 4
Porte de la Chapelle 12
B3: Aéroport-Charles de Gaulle 2
B5: Mitry-Claye
D1: Orry La Ville Coye
E2: Chelles-Gournay
E4: Tournan
La Courneuve-8 Mai 1945 7
Bobigny-Pablo Picasso 5
Pré St Gervais 7b
Mairie des Lilas 11
Gallieni 3
Mairie de Montreuil 9
Château de Vincennes 1
A2: Boissy St-Léger
A4: Marne-la-Vallée-Chessy (Disneyland® Resort Paris)
Créteil Préfecture 8
D2: Melun
D4: Malesherbes
C2: Massy-Palaiseau
C4: Dourdan-la-Fôret
C6: St-Martin d'Etampes
C8: Versailles-Chantiers
Olympiades 14
Mairie d'Ivry & Villejuif-Louis Aragon 7
Porte d'Orléans 4
Place d'Italie 5
B2: Robinson
B4: St-Rémy les Chevreuse
Châtillon-Montrouge 13
Mairie d'Issy 12
Balard 8
C5: Versailles-Rive Gauche
C7: St-Quentin-en-Yvelines
Pont de Sèvres 9
Porte d'Auteuil & Boulogne-Pont de St-Cloud 10
Pont de Levallois-Bécon 3
A1: St-Germain-en-Laye
A3: Cergy-le-Haut
A5: Poissy
Grande Arche de La Défense 1
Pont de Neuilly (Avenue de Madrid)
Les Sablons (Jardin d' Aclimatation)
Porte Maillot
Neuilly Porte Maillot (Palais des Congres)
Argentine
Charles de Gaulle Étoile 6
Avenue Foch
Victor Hugo
Porte Dauphine 2
Avenue Henri Martin
Trocadéro
Rue de la Pompe
Boulainvilliers
La Muette
Ranelagh
Jasmin
Michel Ange-Auteuil
Eglise d' Auteuil
Mirabeau
Michel Ange-Molitor
Chardon-Lagache
Javel
Javel Andre Citroën
Charles Michels
Avenue Emile Zola
Avenue du Pdt Kennedy (Maison de Radio France)
Bir-Hakeim (Grenelle)
Dupleix
Passy
Champ de Mars-Tour Eiffel
La Motte-Picquet_Grenelle
Commerce
Félix Faure
Ecole Militaire
Ségur
Cambronne
Sèvres-Lecourbe
Pasteur
Falguière
Volontaires
Montparnasse-Bienvenüe
Edgar Quinet
Vavin
Raspail
Denfert-Rochereau
St Jacques
Glacière
Corvisart
Les Gobelins
Nationale
Chevaleret
Bibliothèque François Mitterand
Quai de la Gare
Cour St Émilion
Bercy
Dugommier
Michel Bizot
Bel Air
Daumesnil (Félix Éboué)
Picpus (Courteline)
Montgallet
Nation
Nation (Place des Antilles)
Avron
Rue des Boulets
Reuilly-Diderot
Faidherbe-Chaligny
Ledru Rollin
Charonne
Voltaire (Léon Blum)
Alexandre Dumas
Philippe Auguste
Père Lachaise
Ménilmontant
Couronnes
Belleville
Pyrénées
Jourdain
Place des Fêtes
Botzaris
Buttes Chaumont
Danube
Ourcq
Bolivar
Laumière
Colonel Fabien
Jaurès
Stalingrad
Louis Blanc 7b
Château-Landon
Goncourt (Hôpital Saint-Louis)
Parmentier
Rue St Maur
St Ambroise
Oberkampf
Richard Lenoir
Bréguet-Sabin
Bastille
Chemin Vert
Saint-Paul Le Marais
St Sébastien-Froissart
Filles du Calvaire
République
Temple
Arts et Métiers
Jacques Bonsergent
Gare de l'Est (Verdun)
Château d'Eau
Strasbourg Saint-Denis
Réaumur Sébastopol
Étienne Marcel
Rambuteau
Les Halles
Châtelet Les Halles
Châtelet 11
Hôtel de Ville
Gare de Lyon
Quai de la Rapée
Gare d'Austerlitz 10
Sully-Morland
Pont Marie
Jussieu
St Marcel
Campo Formio
Cardinal Lemoine
Place Monge
Censier-Daubenton
Maubert-Mutualité
Cluny La Sorbonne
Luxembourg
Port-Royal
Châtelet (Pont au Change)
Cité
Saint-Michel Notre-Dame
Saint-Michel
Odéon
Mabillon
St Germain-des Prés
St Sulpice
St Placide
Rennes
Notre-Dame-des Champs
Sèvres-Babylone
Vaneau
Duroc
Rue du Bac
Solférino
Musée d'Orsay
Pont Neuf (La Monnaie)
Louvre-Rivoli
Palais-Royal Musée du Louvre
Tuileries
Pyramides
Madeleine
Concorde
Assemblée Nationale
Invalides
Varenne
St François Xavier
La Tour Maubourg
Pont de l'Alma
Alma-Marceau
Iéna
Boissière
Kléber
George V
Franklin D. Roosevelt
Champs-Élysées Clémenceau
St Philippe-du Roule
Miromesnil
Saint Augustin
Auber
Havre-Caumartin
Opéra
Quatre Septembre
Bourse
Sentier
Richelieu-Drouot
Grands Boulevards
Bonne Nouvelle
Poissonnière
Le Peletier
Cadet
Chaussée d'Antin (La Fayette)
Haussmann Saint-Lazare E1
Saint-Lazare 14
Notre-Dame-de-Lorette
St Georges
Trinité d'Estienne d'Orves)
Liège
Europe
Villiers
Rome
Place de Clichy
Pigalle
Blanche
Abbesses
Lamarck
Jules Joffrin
Marcadet-Poissonniers
Château Rouge
Anvers (Sacré Cœur)
Barbès-Rochechouart
Gare du Nord
Magenta
La Chapelle
La Fourche
Pont-Cardinet
Monceau
Courcelles
Ternes
Malesherbes
Wagram
Pereire (Maréchal Juin)
Péreire Levallois
Porte de Champerret
Louise Michel
Anatole France
© Communicarta Ltd 1989 - 2008
UDN.7g
Map user Ref: 9C02117/FRC/PAR

GENES
LE VAR
MONTEBELLO
LE MINCIO
CALDIERO

ARCO DO TRIUNFO E CHAMPS-ÉLYSÉES

Ampla e arborizada, a Avenue des Champs-Élysées é o foco da nação francesa, testemunha de memoráveis acontecimentos, como o desfile triunfal da Libération em março de 1944 e as comemorações da conquista da Copa Mundial de Futebol em 1998. A movimentava avenida, de mais de 2km de comprimento e 71m de largura, está lotada de cinemas, lojas e cafés. Se estiver lá no dia 14 de julho (Dia da Queda da Bastilha), verá desfilar a maior parte das forças armadas francesas. Outra boa oportunidade para ver a avenida é durante o período de Natal, quando ela fica feericamente iluminada.

A HISTÓRIA DA AVENIDA

A Champs-Élysées remonta a 1616, quando Maria de Medici, segunda esposa do popular Henrique 4º, mandou abrir uma moderna avenida na região. Depois, o paisagista André Le Nôtre (famoso por Versailles) acrescentou alamedas ladeadas de árvores e jardins, inspirando o nome "Campos Elísios". Passeios e fontes foram instalados em 1824, e a avenida logo se encheu de cafés, restaurantes e uma elegante clientela.

ARCO DO TRIUNFO

O Arco do Triunfo ergue-se na extremidade oeste da Champs-Élysées, no centro de uma fervilhante rotatória conhecida como L'Étoile (a estrela). Dentro do monumento está o Túmulo do Soldado Desconhecido, inaugurado em 1920, depois da Primeira Guerra Mundial, onde arde uma chama.

Tem-se magníficas vistas do alto do monumento, 50m acima do nível da rua. Dali se pode admirar a geometria do traçado urbano do barão Haussmann e avistar, acompanhando Grand Axis (Grande Eixo), o obelisco na Place de la Concorde, de um lado, e o Grande Arche de La Défense do outro.

À noite, a cidade cintila de luzes. De volta ao chão, reserve um tempo para admirar a magnífica fachada esculpida, obra de três diferentes artistas. Observe a assustadora figura alada da Liberdade na escultura de François Rude, *La Marseillaise,* que convoca os franceses a defender sua nação (coluna norte, de frente para a Champs-Élysées).

Napoleão 1º encomendou o arco em 1806, para celebrar a vitória do exército francês na Batalha de Austerlitz. Em 1810, um modelo em tamanho natural foi instalado para comemorar o casamento do imperador com Maria Luísa da Áustria, mas o monumento verdadeiro só ficou pronto em 1836, 15 anos depois da morte de Napoleão.

INFORMAÇÕES

Arco do Triunfo

www.monum.fr

70 B1 Place Charles de Gaulle, 75008 01 55 37 73 77 Abr-fim set diariam 10h-23h; resto do ano 10h-22h30 Grátis para passear ao redor do monumento. Telhado: adultos €9, menores de 18 grátis Charles de Gaulle-Étoile

22, 30, 31, 52, 73, 92 RER linha A, Charles de Gaulle-Étoile Loja de presentes €12 Ligue Monum 01 44 54 19 30

Avenue des Champs-Élysées

71 D2 75008 Charles de Gaulle-Étoile, Georges V, Franklin D. Roosevelt, Champs-Élysées-Clemenceau 32, 42, 73 e outros Charles de Gaulle-Étoile

DICAS

» A caminhada de uma ponta à outra da Avenue des Champs-Élysées leva no mínimo 30 minutos, o que, com o tráfego pesado, não é um passeio tranquilo. Se preferir pegar o metrô, a linha 1 (amarela) percorre toda a extensão da avenida.

» A maioria dos cafés e restaurantes está na extremidade do Arco do Triunfo, mas pode-se encontrar boas opções e preços razoáveis nas ruas laterais.

Pág. ao lado *O Arco do Triunfo*
Acima *A Champs-Élysées e o Arco do Triunfo à noite*

CENTRE GEORGES POMPIDOU

Você vai adorar ou odiar a arrojada arquitetura do Centre Georges Pompidou, e talvez sinta o mesmo em relação à arte contemporânea que ele contém. O centro tem provocado controvérsias desde sua inauguração, em 1977, embelezando o centro histórico de Paris com um edifício incongruentemente moderno que lembra um gigantesco sistema de ar-condicionado. Mas, se a arquitetura talvez não agrade a todos, o complexo artístico atrai cerca de 6 milhões de visitantes por ano –quase o mesmo número que o Louvre– com sua mescla sempre mutável de artes visuais, performances e multimídia.

O CONCEITO

Georges Pompidou, presidente da França de 1969 até sua morte, em 1974, planejou construir um espaço onde o povo pudesse desfrutar a arte contemporânea, incluindo cinema, teatro, dança, música e artes visuais. O excêntrico edifício levou cinco anos para ser construído e foi uma aquisição controversa para Beaubourg, um distrito decadente cheio de mansões dos séculos 18 e 19. Os arquitetos Renzo Piano e Richard Rogers praticamente viraram o edifício do avesso, pondo suas "vísceras" (todo o encanamento) do lado de fora. Os canos têm um código: amarelos para a eletricidade, azuis para o ar condicionado, verdes para a água e vermelhos para os elevadores.

Pompidou não viveu para ver a inauguração do centro em 1977, mas sua visão se revelou perspicaz: logo o centro atraía 22 mil visitantes por dia, rivalizando com o Louvre em popularidade. No outono de 1997, o centro fechou por dois anos para uma ampla reforma, reabrindo às vésperas do novo milênio.

MUSÉE NATIONAL D'ART MODERNE

O Musée National d'Art Moderne começa do ponto onde parou o Musée d'Orsay, exibindo obras de 1905 até o presente. Mais de 2 mil peças de uma coleção de 50 mil estão expostas o ano todo. Vão do cubismo de Georges Braque e Pablo Picasso à pop art de Andy Warhol e à videoarte do artista coreano Nam June Paik.

As exposições temporárias do Centre Pompidou, no primeiro e no sexto andares, atraem tanta gente quanto o acervo permanente. Há ainda programas especiais para crianças, dois cinemas e uma biblioteca. O Atelier Brancusi abriga uma magnífica coleção de obras de Constantin Brancusi, escultor abstrato romano.

INFORMAÇÕES

www.centrepompidou.fr

73 J4 · Place Georges Pompidou, 75004 · 01 44 78 12 33 · Centre Georges Pompidou: qua-seg 11h-21h. Musée National d'Art Moderne e exposições: qua-seg 11h-21h (bilheteria fecha 20h; qui até 23h para algumas exposições) · Preço €12; Musée National d'Art Moderne, Atelier Brancusi e Galeria das Crianças: adultos €10, menores de 18 grátis; grátis todo primeiro domingo do mês. Exposições: os preços variam · Rambuteau, Hôtel de Ville · 29, 38, 47, 75 · Châtelet-Les Halles · Café no primeiro andar · Restaurante Georges no sexto andar · Livrarias, butique e correio. · €12

DICAS

» Se você é tradicionalista em matéria de arte, escolha o Museu de Arte Moderna e comece pelo quinto andar (1905-60) antes de encarar a arte mais desconcertante do quarto andar (1960 aos dias atuais).

» Se sua cabeça estiver girando depois de um dia de arte moderna, desfrute um relaxante concerto na Église Saint Merry, ali perto, sábados 21h e domingos 16h.

Abaixo *O movimentado saguão do Centre Georges Pompidou*

CHÂTEAU DE FONTAINEBLEAU

O Castelo de Fontainebleau rivaliza com Versailles em grandiosidade e valor histórico, mas é visitado por um público menor. O que hoje é um vasto palácio cresceu por etapas. No século 12, era apenas um pavilhão de caça perdido no meio de uma imensa floresta. O palácio deve muito de sua forma e seu estilo a Francisco 1º, que o transformou numa suntuosa residência da realeza durante a Renascença, na tentativa de criar uma "Nova Roma". Ele empregou a nata dos artistas e artesãos italianos para decorar seu interior. O palácio tornou-se a residência preferida de reis e imperadores. Luís 13 nasceu aqui. Napoleão 1º o remobiliou no apogeu de seu poder depois da Revolução e, ironicamente, foi aqui que ele assinou sua abdicação em 6 de abril de 1814.

VISITA AO PALÁCIO

Entra-se no castelo pela imponente Cour du Cheval Blanc (Pátio do Cavalo Branco), também chamada Cour des Adieux (Pátio dos Adeuses). Napoleão Bonaparte se despediu de sua Guarda Imperial na escadaria em forma de ferradura antes de ser exilado para a ilha de Elba. No interior, a visita começa no primeiro andar. A Salle de Bal (salão de baile) renascentista tem painéis de madeira e afrescos, enquanto a Galeria de Francisco 1º tem afrescos de Rosso, aluno de Michelangelo. Em Les Grands Appartements des Souverains (grandes aposentos dos soberanos), os destaques são o quarto de dormir da imperatriz, com uma cama feita (mas não usada) para Maria Antonieta, e a extravagante Sala do Trono. O interior dos aposentos imperiais dá uma ideia da vida pessoal de Napoleão, mas estes não são os aposentos particulares (Petits Appartements) do imperador, que só podem ser vistos numa visita guiada, assim como o Museu de Napoleão. A Sala da Abdicação contém a mesa na qual Napoleão assinou sua renúncia.

OS JARDINS

Francisco 1º ordenou a criação de jardins, lagos e canais na propriedade ao redor do palácio. Uma parte deles que sobreviveu é o Jardin de Diane, construído ao redor de uma fonte de Diana, uma das várias estátuas de bronze. Um século depois, os jardins foram recriados por André le Nôtre, que também projetou os jardins de Versailles. O Grand Parterre, que se estende a sudeste do castelo, é considerado o modelo de jardim francês da época. O Jardin Anglais foi criado depois da Revolução e, como seu nome sugere, obedece ao estilo do paisagismo inglês do século 18.

INFORMAÇÕES

www.musee-chateau-fontainebleau.fr
465 J5 Château de Fontainebleau 77300 01 60 71 50 70/60 Salas Renascentistas, Aposentos dos Soberanos e Aposentos Imperiais: jun-fim set qua-seg 9h30-18h; resto do ano qua-seg 9h30-17h. Entrada permitida 45 minutos antes da hora de fechar. Petits Appartements e Museu de Napoleão I: só visitas guiadas. Jardins: mai-fim de set diariam 9h-19h; mar, abr e out 9h-18h; nov-fim fev 9h-17h
Adultos €12,50, menores de 18 grátis, passeio pelo parque grátis; Petits Appartements e Museu de Napoleão I: adultos €8, menores de 14 grátis Da Gare de Lyon a Fontainebleau-Avon; daí, o ônibus A/B leva ao castelo
Entre na rodovia A6 em Porte d'Orléans e pegue a saída Fontainebleau
Não há café; piqueniques são permitidos no parque, mas não nos jardins. Há cafés e restaurantes na cidade. Veja os horários na bilheteria. Audioguias custam €3
4 Rue Royale (vizinho à parada de ônibus para o Château de Fontainebleau) 01 60 74 99 99

DICA

» Portadores do passe Museus de Paris têm entrada livre no castelo.

Acima *A Galeria de Francisco 1º dá para a Cour de la Fontaine*

INFORMAÇÕES

www.monum.fr

72 H4 2 Boulevard du Palais, Île de la Cité, 75001 01 53 40 60 93; 01 53 73 78 52 Diariam 9h30-18h Adultos €6,50, menores de 18 grátis Cité, Châtelet 21, 24, 27, 38, 58, 81, 85, 96 RER linha B, C St.-Michel-Notre-Dame Livraria Visitas guiadas diárias em francês, inglês e italiano €7

DICAS

» A sinalização nas salas não é muito clara. O folheto distribuído na entrada ajuda a circular pelas salas.

» Se você pretende visitar também a Sainte-Chapelle, compre um ingresso duplo na Conciergerie.

Acima *As Salles des Gens d'Armes*

CONCIERGERIE

Quem passa de barco pelas torres lindamente iluminadas por holofotes da Conciergerie dificilmente consegue imaginar o pavor que imperou dentro de seus muros durante mais de cinco séculos. O antigo palácio desempenhou um terrível papel na Revolução, quando encerrou mais de 4 mil presos, até 600 de uma só vez. Maria Antonieta, esposa de Luís 16, está entre os prisioneiros famosos, e você pode ver uma comovente recriação de sua cela.

PALÁCIO E PRISÃO

A Conciergerie era originalmente um palácio, parte de um complexo que incluía a Sainte-Chapelle e o Palais de Justice. As partes mais antigas do edifício datam do século 14, embora o palácio do governador e a fortaleza provavelmente já se erguiam na Île de la Cité desde o período romano. No fim do século 14, Carlos 5º decidiu mudar-se para outro lugar, e o palácio se transformou em tribunal de justiça e prisão, usado ocasionalmente para funções reais. Foi por volta dessa época que a Conciergerie ganhou seu nome, originado do *concierge* (porteiro) que vigiava o local.

ORIGENS MEDIEVAIS

Saindo do Boulevard du Palais, mergulha-se na semiescuridão de uma vasta câmara gótica, considerada o mais antigo saguão medieval da Europa. As Salles des Gens d'Armes, de 63m de comprimento e 8,5m de altura, datam do século 14, quando eram os porões da Grand'Salle. Aqui comiam os servidores do rei, até 2 mil de cada vez, enquanto os banquetes reais e casamentos se realizavam no andar superior. Uma escada em espiral leva às cozinhas, onde há quatro fogões a lenha, cada um grande o suficiente para assar dois carneiros.

DISNEYLAND® RESORT PARIS

O Disneyland® Resort Paris atrai milhões de visitantes a seus dois parques temáticos: Disneyland® Park e Walt Disney Studios® Park. O resort, na zona rural a leste de Paris, foi inaugurado em 1992 com muita publicidade.

DISNEYLAND® PARK

Você pode visitar cinco diferentes "terras", todas com atrações, restaurantes e lojas sobre um tema. Main Street U.S.A.® leva o visitante pelas ruas nostálgicas de uma cidade americana da virada do século 19. Desfiles sazonais (verifique no site datas e horários) dão vida aos desenhos animados de Disney e seus famosos personagens. Fantasyland, muito popular junto às crianças menores, inclui o Castelo da Bela Adormecida, "It's a Small World" e o passeio pelo canal de "Le Pays de Contes de Fées" (País dos Contos de Fadas). Adventureland proporciona uma aventura na ilha dos Piratas do Caribe ou junto com Indiana Jones e o Templo do Perigo. Frontierland, com seus rios, desfiladeiros e minas de ouro, oferece duas emocionantes atrações: a fuga de trem pela Montanha do Grande Trovão e a assustadora Mansão do Fantasma. Discoveryland é inspirada nas visões de futuro de Júlio Verne, e o Mistério do Nautilus baseia-se no filme *Vinte Mil Léguas Submarinas*. A Montanha Espacial: Missão 2 – da Terra para a Lua não é uma montanha-russa para corações fracos. E o espetacular simulador de voo Star Tours leva os visitantes a uma viagem interplanetária.

WALT DISNEY STUDIOS® PARK

O Walt Disney Studios® Park baseia-se nos estúdios Disney-MGM da Flórida. São quatro zonas de produção, cada uma destinada a criar o clima de um estúdio de cinema: Front Lot, Toon Studio, Production Courtyard e Backlot. O chafariz de 33m, coroado pelas orelhas pretas de Mickey Mouse, domina o Front Lot. Um acréscimo recente foi Twilight Zone Tower of Terror™, uma queda livre equivalente a 13 andares, enquanto Stitch Live! é uma experiência interativa para toda a família. Você pode andar na montanha-russa Crush's Coaster ou no Cars Race Rally, ou ver Moteurs...Action! Stunt Show Spectacular®, com cenas de risco eletrizantes.

DISNEY® VILLAGE

Entre os dois parques e os hotéis Disney® encontra-se a Disney® Village, um complexo de entretenimento que fica aberto até altas horas e está cheio de restaurantes temáticos, bares, lojas, cinemas e artistas de rua.

INFORMAÇÕES

www.disneylandparis.com
465 J5 · BP 100, Marne-la-Vallée, 77777 Cedex 4 · 08448 008 111 · Os horários variam · RER linha A4 ou Eurostar para a estação Marne-la-Vallée/Chessy · Rodovia A4 (Autoroute de l'Est), na direção Metz/Nancy, e pegue a saída 14 para Parc Disneyland · Bilhete de 1 dia válido para o Disneyland® Park ou os Walt Disney Studios®: adultos €49, crianças (3-11) €41, menores de 3 grátis. Bilhete de 2 dias para os dois parques temáticos Hopper: adultos €108, crianças (3-11) €92, menores de 3 grátis. Os preços variam conforme a estação · P €8 por dia; grátis para hóspedes do hotel Disneyland® Resort Paris · Lojas e butiques · Restrições de peso e idade para certas atrações

DICAS

» Postos de informações na City Hall do Disneyland® Park e nos Studio Services nos Walt Disney Studios® Park oferecem mapas e informações sobre eventos.

» O FASTPASS economiza tempo em algumas das atrações, evitando as filas.

Abaixo *Castelo da Bela Adormecida*

CEMITÉRIO PÈRE-LACHAISE

www.pere-lachaise.com

Visite os túmulos de celebridades como Frédéric Chopin, Marcel Proust e Oscar Wilde neste imenso cemitério na extremidade leste da cidade. Père-Lachaise cobre 44ha e contém 70 mil túmulos.

O cemitério leva o nome do confessor de Luís 14, Père La Chaise, que possuía terras no local. Foi projetado por Brongniart em 1803, no estilo de um jardim inglês. No início, não era muito popular, mas depois que os túmulos dos escritores Molière e Jean de La Fontaine, assim como dos trágicos amantes Abelardo e Heloísa, foram transferidos para cá, logo se tornou o cemitério da moda em Paris.

Hoje é um local de peregrinação para muitos que visitam a capital. Estão enterradas aqui pessoas famosas como os compositores Frédéric Chopin e Georges Bizet, o urbanista que planejou Paris, barão Haussmann, os pintores Amedeo Modigliani e Eugène Delacroix, as cantoras Edith Piaf e Maria Callas, os escritores Marcel Proust, Honoré de Balzac e Oscar Wilde, as atrizes Simone Signoret e Sarah Bernhardt, o ator Yves Montand e a dançarina Isadora Duncan. Um dos túmulos mais visitados é o de Jim Morrison, líder da banda The Doors, que morreu em Paris em 1971.

Na extremidade leste, o Mur des Fédérés marca o local de um trágico acontecimento ocorrido em 1871, quando 147 membros da Comuna de Paris foram alinhados contra a parede e executados por um pelotão de fuzilamento do governo.

Mapa 73 L2 Boulevard de Ménilmontant, 75020 01 55 25 82 10 Seg-sex 8h-18h, sáb 8h30-18h, dom 9h-18h (fecha 17h30 do início de nov a meados de mar) Grátis Père Lachaise, Gambetta 61, 69

AS GALERIAS

http://parisinconnu.com/passages

As elegantes galerias, com claraboias de vidro e pisos decorados, eram os modernos shopping centers da Paris do século 19. Das 140 galerias originais, apenas 30 sobreviveram, relíquias de um tempo anterior às lojas de departamentos. A elegante Galerie Vivienne, construída em 1823, tem portões de ferro ornamentados, teto de vidro, candelabros e esplêndido piso de mosaicos. Correndo paralela à Galerie Vivienne há a Galerie Colbert, que data de 1826. Outras galerias são a Passage des Panoramas, perto do Boulevard Montmartre, e a Galerie Véro-Dodat, perto do Louvre.

Galerie Vivienne 72 G2 4 Rue des Petits-Champs/6 Rue Vivienne/5 Rue de la Banque, 75002 Bourse

Galerie Colbert 72 G2 6 Rue des Petits-Champs, 75002 Bourse

GRAND PALAIS

www.palais-decouverte.fr

O Grand Palais, com suas imponentes cúpulas de vidro e ferro, foi construído para a Exposição Universal de 1900. Uma impressionante mistura dos estilos Art Nouveau e neoclássico, o palácio abriga importantes exposições de arte. No lado ocidental do Grand Palais, o Palais de la Découverte é um museu da ciência e conta com um planetário.

Grand Palais 71 D3 Avenue Winston-Churchill, 75008 01 44 13 17 30; reservas 01 42 31 32 28 Qua-seg 10h-20h (também qui 8h-21h45) Variam Champs-Élysées-Clemenceau 42, 73, 83, 93

Palais de la Découverte 71 D3 Avenue Franklin D. Roosevelt, 75008 01 56 43 20 21 Ter-sáb 9h30-18h, dom 10h-19h Adultos €7, crianças €4,5; €3,50 extras para o planetário

GRANDE ARCHE

www.grandearche.com

O mais notável monumento moderno de Paris, o Grande Arche oferece uma visão melhor de baixo, de onde se tem uma ideia da dimensão de sua parede vertical, mais alta que a Notre-Dame.

O monumento futurista, que é ocupado por escritórios do governo, foi concebido como uma simbólica porta oeste de Paris e foco do novo distrito empresarial, La Défense. Foi terminado em 1989 para o bicentenário da Revolução Francesa.

Colocar-se de pé sob o arco é uma experiência intimidante quando se olha para 300 mil toneladas de concreto, mármore e vidro que atingem uma altura de 110m. Mas espere até tomar o elevador de vidro que sobe pela cavidade do arco, provocando a sensação de se estar num andaime. No alto, vá até o mirante para apreciar a vista. O panorama é parcialmente obscurecido pela cerca de arame e pelos edifícios de escritórios de La Défense. O Grande Arche talvez não seja a melhor opção entre os edifícios altos de Paris. Entretanto, se você já teve a oportunidade de apreciar a vista da Torre Eiffel e do Arco do Triunfo, o Grande Arche oferece uma nova perspectiva.

O arco foi o ápice de muitas tentativas malogradas de encontrar um núcleo para La Défense nos anos 1970. O projeto do arquiteto dinamarquês Johan Otto von Spreckelsen foi finalmente escolhido em 1983.

70 off A1 1 Parvis de la Défense, 92044 Paris-La-Défense 01 49 07 27 27 Diariam 10h-19h (abr-fim set até 20h; entrada permitida até 30 minutos antes da hora de fechar) Adultos €9, crianças (6-17) €7,50 Grande Arche de la Défense 73 RER linha A, La Défense

ÎLE DE LA CITÉ

Foi na Île de la Cité que a história de Paris começou, quando a tribo celta dos *parisi* se mudou para a região, há mais de 2 mil anos. Os romanos chegaram 200 anos depois, e na Idade Média a ilha ganhou um palácio real (hoje Palácio da Justiça e Conciergerie). Oito pontes ligam a Île de la Cité às margens direita e esquerda do Sena. Uma nona ponte leva à Île St.-Louis (▷ 85), menor e relativamente mais calma.

A ILHA VISTA DO SENA

Hoje ainda é uma parte importante da cidade, sempre cheia de turistas e de tráfego, e dotada de uma fabulosa arquitetura. Uma das melhores maneiras de apreciar seus belos edifícios é fazer uma das excursões de barco que partem da Pont Neuf, a mais antiga ponte de Paris. Do meio do rio pode-se ver a elegante Notre-Dame assomando acima das margens e a austera fachada da Conciergerie, antigamente a mais famosa prisão parisiense.

EXPLORANDO A ILHA A PÉ

A pé, a princípio, pode ser mais difícil apreciar os encantos da Île de la Cité, devido ao tráfego pesado e à quantidade de turistas. Mas persevere. Depois de visitar as atrações imperdíveis: a Notre-Dame (▷ 95), a Conciergerie (▷ 80) e a Sainte-Chapelle (▷ 98), há lugares mais calmos onde você pode descansar e apreciar a vista. O gramado da Place Jean XXIII é um bom lugar onde se sentar e admirar a arquitetura da Notre-Dame, enquanto a Place de l'Île de France, na extremidade leste da ilha, oferece uma encantadora vista do Sena e da Île St.-Louis. Nela também está situado o Mémorial des Martyrs de la Déportation, homenagem aos cidadãos franceses deportados para campos de concentração durante a Segunda Guerra Mundial. A feira de flores na Place Louis Lépine (seg-sáb 8h-19h) vende de delicadas flores a árvores de 1,80m de altura.

Quando as pernas não quiserem levá-lo mais longe, saboreie um café ou um crêpe em um dos cafés –embora tenha que pagar um preço de turista por esse privilégio. A aglomeração é menor na extremidade leste da ilha. A Place Dauphine é uma bela praça do século 17 e, atrás dela, a Place du Vert-Galant constitui uma "proa" verde de onde se pode desfrutar uma linda vista. Os parisienses costumam ir à margem do rio nesta extremidade da ilha para tomar sol ou comer um sanduíche.

INFORMAÇÕES

70-71 H5 · Île de la Cité, 75001 e 75004 · Cité (também Pont Neuf, St.-Michel, Châtelet, Hôtel de Ville) · 21, 24, 27, 38, 47, 58, 70, 85, 96 · RER linha B, C, St.-Michel-Notre-Dame · Várias opções na Île de la Cité, assim como na Île St.-Louis e no Quartier Latin · Várias opções

Pág. ao lado *O túmulo do compositor Rossini no Cemitério Père-Lachaise*
Abaixo *A Île de la Cité*

INFORMAÇÕES

www.invalides.org

71 D5 Hôtel National des Invalides, 129 Rue de Grenelle, 75007
01 44 42 38 77 Abr-fim set diariam 10h-18h (de meados jun a meados de set 6h-19h, para a Église du Dôme); resto do ano diariam 10h-17h; fecha primeira seg do mês
Adultos €8, menores de 18 grátis
La-Tour-Maubourg, Invalides, Varenne
28, 63, 69, 82, 83, 93 RER linha C, Invalides Loja de presentes e livraria €12 Visitas guiadas disponíveis

DICAS

» A melhor maneira de apreciar a grandiosidade de Les Invalides é se aproximar pelo lado da Pont Alexandre III.

» O Musée de l'Armée fica muito cheio entre 11h e 13h.

» Como um antídoto ao ambiente de guerra de Les Invalides, relaxe nos jardins do Musée Rodin (▷ 94), ali perto.

LES INVALIDES

Apesar de sua arquitetura grandiosa, austera e autoritária, Les Invalides na verdade foram construídos para abrigar soldados idosos ou feridos. Luís 14 encarregou Libéral Bruant de projetar o imponente edifício de 195m de fachada. Em 1674 os primeiros soldados mudaram-se para cá e foram recebidos pessoalmente pelo rei. Passaram-se mais 32 anos para que a Église du Dôme, toda encrustada em ouro, fosse terminada. Hoje os visitantes vêm ver o túmulo de Napoleão 1º e o impressionante Musée de l'Armée, construídos em época posterior. Ao entrar neste local suntuoso, você estará seguindo os passos de muitos heróis militares, entre eles o general De Gaulle e Winston Churchill.

LEMBRANDO GUERRAS PASSADAS

O Musée de l'Armée é um dos maiores museus militares do mundo e abriga uma das maiores coleções de armas, armaduras, estandartes e uniformes. As pinturas são verdadeiras joias. O museu ocupa três alas que cercam a *cour d'honneur*, ao norte da igreja. Atualmente, algumas galerias estão fechadas para reforma.

Como não podia deixar de ser, o destaque é Napoleão I, de quem se pode ver a sobrecasaca, o chapéu, a sela da coroação e até seu verdadeiro cavalo, Vizir (não para os mais sensíveis). Não perca a exposição sobre a Segunda Guerra, que usa cenas de filmes, fotos e objetos de uso cotidiano para mostrar os horrores da guerra e a bravura dos que lutaram contra Hitler. No quarto andar, o Musée des Plans-Reliefs exibe imensas maquetes de fortalezas e cidades francesas usadas para planejar cercos ao inimigo nos séculos 17 e 18.

ÉGLISE DU DÔME

O domo dourado desta magnífica igreja ergue-se 107m acima do solo. A igreja é um monumento cintilante a dois dos mais influentes e carismáticos líderes franceses: Luís 14 e Napoleão 1º. Dedicada a são Luís, a igreja foi projetada pelo arquiteto de Versailles, Jules Hardouin-Mansart, e terminada em 1706. Sua inauguração foi um acontecimento, ao qual compareceu o próprio Luís 14.

O túmulo de Napoleão é uma cripta grandiosa situada bem embaixo da cúpula. Seus restos mortais foram trazidos de volta à França em 1840, mas 21 anos foram necessários para criar um mausoléu digno do imperador.

Acima *Vitrines da Île St.-Louis*
À dir. *Um passeio pelas arcadas do jardim do Palais Royal*
Pág. ao lado *A dourada Église du Dôme em Les Invalides*

ÎLE ST.-LOUIS

Esta pequena ilha calma e arborizada situa-se discretamente atrás da Île de la Cité e oferece magníficas vistas da Notre-Dame a partir de sua ponta oeste. A rua principal, a estreita Rue St.-Louis-en-l'Île, fica lotada de turistas que fazem compras nas lojas ou experimentam o famoso sorvete da Maison Berthillon (fecha seg, ter e em ago). No século 17, foi o arquiteto Le Vau quem projetou as mansões da ilha. Foram moradores da ilha o poeta e crítico Charles Baudelaire, a escultora Camille Claudel e o pintor e caricaturista Honoré Daumier.

73 J5 Île St.-Louis, 75004 Pont Marie, Sully Morland 67, 86, 87

INSTITUT DU MONDE ARABE

www.imarabe.org

Este instituto dedicado ao mundo árabe é um notável edifício de alumínio e vidro que combina materiais modernos com o espírito da tradicional arquitetura árabe. A fachada sul é formada por 240 painéis de metal, ajustados a cada hora para filtrar a luz do sol. Seu desenho inspirou-se nos tradicionais biombos esculpidos em madeira chamados mucharabiês. O instituto, projetado por Jean Nouvel, Pierre Soria, Gilbert Lezenes e o Architecture Studio, foi inaugurado em 1987. Seu museu abriga peças que abrangem da Espanha à Índia, e da pré-história ao século 19. A vista do nono andar é magnífica.

73 J6 1 Rue des Fossés-St.-Bernard, 75005 01 40 51 38 38 Ter-dom 10h-18h Adultos €5, crianças (12-18) €4, menores de 12 grátis Jussieu, Cardinal-Lemoine, Sully-Morland 24, 63, 67, 86, 87, 89 Le Ziryab, restaurante panorâmico Café Littéraire, cafeteria Le Moucharabieh

JARDIN DU PALAIS ROYAL

Este tranquilo jardim é o lugar ideal para recarregar as baterias depois de uma visita ao Louvre. Este enclave florido é separado do século 21 por uma fileira de belas arcadas do século 18, que abrigam lojas interessantes e *salons de thé* (salões de chá). Com tempo bom, o jardim fica cheio de parisienses descansando, lendo ou jogando boules. As crianças vêm patinar ao redor das incongruentes 280 colunas em branco e preto instaladas pelo artista Daniel Buren em 1986. Talvez você queira jogar uma moeda numa das colunas e fazer um pedido. As águas que correm suavemente no pátio se integram melhor ao resto dos jardins.

Vale a pena caminhar sob as arcadas, onde pequenas lojas vendem de tudo, de obras de arte a roupas, objetos de prata e soldados em miniatura. Há várias opções para quem quiser parar para um drinque.

A construção do Palais Royal foi encomendada pelo cardeal Richelieu, conselheiro de Luís 13, no século 17, e originalmente chamava-se Palais-Cardinal. Luís 14 passou parte da infância no palácio. Molière e sua trupe de atores se apresentavam no Théâtre du Petit Cardinal, que antigamente ocupava o canto sul do palácio. A vizinha Comédie Française ainda hoje encena peças de Molière.

As arcadas e os apartamentos que cercam o jardim do palácio foram construídos no século 18.

72 G3 Place du Palais-Royal, 75001 Jun-fim ago diariam 7h-23h; abr, mai 7h-22h15; set 7h-21h30; out-fim mar 7h30-18h30 Grátis Palais Royal-Musée du Louvre 21, 48, 67, 69, 72, 81 Restaurantes e casas de chá do lado de fora do palácio Pequenas lojas sob as arcadas

INFORMAÇÕES
www.senat.fr
72 G6 Rue de Vaugirard/Rue de Médicis/Boulevard St.-Michel, 75006
Parque: 01 42 34 23 89. Senado: 01 42 34 20 00. Musée du Luxembourg: 01 42 34 25 95 Os horários variam dependendo da estação; em geral do amanhecer ao pôr do sol Grátis
Odéon 21, 27, 38, 58, 82, 83, 84, 85, 89 RER linha B, Luxembourg
Cafés ao ar livre, restaurante num quiosque Quiosque Visitas guiadas ao Palais du Luxembourg no primeiro sábado do mês, reservas por telefone. Para assistir a um debate no Senado, ligue 01 42 34 20 00

JARDIN DU LUXEMBOURG

O Jardin du Luxembourg constitui uma atraente fronteira sul para os bairros de St.-Germain e Quartier Latin. Os estudantes vêm aqui para descansar depois das aulas, e os turistas, para ganhar fôlego entre uma atração e outra. É um jardim frequentado pelos moradores do elegante bairro de Montparnasse, que trazem seus filhos para aproveitar as muitas atrações para crianças.

ATRAÇÕES

O parque de 24ha tem algumas das mais belas exposições de flores de Paris e foi concebido numa interessante mistura dos estilos francês, inglês e italiano. O ponto principal é um grande lago octogonal, cercado de urnas de pedra e estátuas de rainhas e outras mulheres notáveis da França. Do lado norte, o Palais du Luxembourg, em estilo italiano, lembra a origem florentina do parque e é hoje sede do Senado francês. Com tempo bom, o parque fica lotado de parisienses tomando sol, jogando boules ou correndo ao longo das alamedas sombreadas. Há ainda quadras de tênis, um coreto e até uma escola de apicultura. O Musée du Luxembourg, na antiga estufa, abriga exposições temporárias de arte. A Fontaine Médicis é um reduto romântico situado do lado leste do Palais du Luxembourg.

As crianças podem se divertir com corridas de pôneis (durante as férias escolares), espetáculos de bonecos no Théâtre du Luxembourg (quartas, sábados e domingos a partir de 14h), escorregadores e balanços. Também podem alugar barquinhos movidos por controle remoto para brincar no lago.

SAUDADE DE CASA

Entediada do Louvre, Maria de Medici encomendou o jardim e o palácio em 1615, na esperança de ter um lugar que lhe lembrasse sua Florença natal. Ela comprou a terra do duque François de Luxembourg e pediu ao arquiteto Salomon de Brosse que se inspirasse no Palazzo Pitti. A obra terminou em meados dos anos 1620, mas Maria, viúva de Henrique 4º, não teve tempo de desfrutar seu palácio. Foi exilada da França pelo poderoso cardeal Richelieu e morreu pobre em Colônia.

Durante a Revolução, o Palais du Luxembourg foi requisitado para servir de prisão. Depois da Revolução, tornou-se sede do Senado francês em 1799.

Abaixo *O Jardin du Luxembourg é muito frequentado nos dias de sol*

JARDIN DES TUILERIES

O maior e mais antigo parque público de Paris é um lugar delicioso para quem quer caminhar ou relaxar. É muito frequentado graças à vista que oferece dos monumentos ao redor. Numa extremidade, é dominado pela Place de la Concorde e, na outra, pelo Louvre, mas daqui ainda se pode avistar a Torre Eiffel, o Arco do Triunfo e o Musée d'Orsay.

O parque estende-se ao longo do Sena, e quem quiser fazer uma entrada gloriosa deve escolher o portão dourado do lado da Place de la Concorde. Ele dá acesso ao primeiro de dois grandes lagos, que é cercado por terraços ocupados por galerias de arte. O Jeu de Paume, galeria anexa ao Hôtel de Sully, apresenta exposições de fotografia e arte contemporânea. A Orangerie, como seu nome sugere, é uma estufa do século 19 construída para a criação de mudas de laranjeiras, mas foi adaptada nos anos 1920 para exibir as *Ninfeias*, famosa série de pinturas de Claude Monet.

Seguindo a larga alameda central em direção ao Louvre, o cascalho dá lugar a um gramado e a bem cuidados canteiros de flores. Você vai passar por estátuas alegóricas, cafés ao ar livre e playgrounds. Na extremidade leste, o neoclássico Arc du Carrousel forma um portão simbólico para o Louvre e é também o primeiro arco no Grand Axis de Paris, a linha reta imaginária que liga o Louvre, o Arco do Triunfo e o Grande Arche de La Défense.

HISTÓRIA

O Jardin des Tuileries foi criado a pedido de Catarina de Medici, que desejava um jardim em estilo italiano como complemento do palácio construído em 1564. Bailes luxuosos, concertos e fogos de artifício fizeram com que seu jardim se transformasse num importante local de eventos sociais.

O jardim que conhecemos hoje data de 1649, quando Luís 14 pediu ao arquiteto paisagista André Le Nôtre, que projetara os jardins de Versailles e Fontainebleau, para redesenhá-lo no estilo formal francês.O palácio virou cinzas em 1871 nas mãos da Comuna, mas o jardim sobreviveu. Depois de anos de abandono no século 20, foi reformado para celebrar o novo milênio.

INFORMAÇÕES

72 F3 Place de la Concorde, 75001 01 40 20 90 43 Abr-fim set diariam 7h-21h (jul, ago 9h-23h); resto do ano diariam 7h30-19h Grátis Tuileries, Concorde 24, 68, 72, 73, 84, 94 Cafés ao ar livre Livraria na extremidade que dá para a Place de la Concorde

DICAS

» As crianças podem alugar miniaturas de barcos para brincar no lago na extremidade leste do parque.

» Visitas guiadas gratuitas ocorrem nas tardes de domingo durante o verão. Para mais informações, veja os quadros de avisos ou ligue 01 49 26 07 59.

Acima *O obelisco e o Arco do Triunfo são apenas dois dos marcos que podem ser vistos do Jardin des Tuileries*

MAISON EUROPÉENNE DE LA PHOTOGRAPHIE

www.mep-fr.org

A sofisticada Maison Européenne de la Photographie abriga exposições de fotografia contemporânea. As galerias se espalham por cinco andares do Hôtel Hénault de Cantobre, do século 18, assim como pela nova ala, inaugurada em 1996.

73 K5 5-7 Rue de Fourcy, 75004 01 44 78 75 00 Qua-dom 11h-20h; fecha entre uma exposição e outra Adultos €6, crianças €3, menores de 8 grátis; grátis toda qua 17h-20h St.-Paul 67, 69, 76, 96

LE MARAIS

O distrito do Marais, do lado leste da Margem Direita, tem uma arquitetura ornamentada e modernos restaurantes, butiques e galerias de arte. Abriga um movimentado bairro judeu e a praça mais antiga de Paris, a Place des Vosges (▷ 98). Era antigamente um pântano, que é o que significa seu nome, *marais*. Durante dois séculos, a região foi controlada pela poderosa ordem religiosa e militar dos Cavaleiros Templários. Durante o século 17, os aristocratas construíram no bairro elegantes mansões, mas depois o Marais caiu no esquecimento. Em 1962 começou a restauração. Muitos de seus edifícios (chamados *hôtels*) hoje abrigam museus, entre eles o Musée Picasso (▷ 94), o Musée Carnavalet (▷ 89) e o Musée d'Art et d'Histoire du Judaïsme (▷ 88).

73 J4-K4 Le Marais FSt.-Paul, Rambuteau, Hôtel de Ville 29, 69, 75, 76, 96

MONTMARTRE

www.montmartrenet.com

Esta vila dentro da cidade tem ruas de pedras, vistas deslumbrantes e a imponente basílica do Sacré-Coeur.

O montanhoso Montmartre, a norte do centro de Paris, tem dupla personalidade. Não muito longe das apinhadas áreas turísticas, entre elas a Place du Tertre e os degraus do Sacré-Coeur, encontram-se tranquilas ruas de pedra, bangalôs caiados de branco e todo o encanto de uma cidade pequena. É difícil acreditar que ainda estamos na capital da França. O bairro deve sua aura mítica à comunidade de artistas que se estabeleceu aqui no fim do século 19, quando a vida noturna era agitada. Toulouse-Lautrec imortalizou as dançarinas do mundialmente famoso Moulin Rouge, que ainda funciona.

Montmartre é coroado pela basílica do Sacré-Coeur (▷ 99), uma deslumbrante igreja branca que se destaca contra o céu azul. Ali perto, a Place du Tertre, o ponto mais alto da cidade, ferve de turistas e artistas de rua. As ruas vizinhas são mais calmas e pitorescas (▷ 104-5).

Na época romana, na colina de Montmartre erguia-se um templo a Mercúrio. O nome de Mont des Martyrs surgiu depois do assassinato do primeiro bispo de Paris, são Denis, no século 3º. No fim do século 17 havia 30 moinhos de vento no alto da colina, e Montmartre prosperou com a produção de vinho, farinha e gesso de Paris. Apenas dois desses moinhos de vento ainda sobrevivem de pé.

Mapa 73 K2 75018 Anvers, Abbesses, Blanche, Lamarck Caulaincourt Montmartrobus (os ônibus 30, 31, 54, 68, 74, 80, 85 param perto) Muitos restaurantes e cafés Várias opções Para um passeio por Montmartre, ▷ 104-5

MUSÉE DES ARTS DÉCORATIFS

www.ucad.fr

Este museu exibe peças de arte decorativa da Idade Média aos dias atuais. Os mais de 150 mil itens da coleção incluem peças de cerâmica, vidro, bordado, madeira e metal. O acervo cobre um amplo período, que inclui a Idade Média, Renascença, Art Nouveau e Art Déco, Era moderna e contemporânea. Há ainda mais cinco departamentos especializados em vidros, brinquedos, desenhos, papéis de parede e joias.

72 F3 107 Rue de Rivoli, 75001 01 44 55 57 50 Ter-sex 11h-18h (até 21h qua), sáb e dom 10h-18h Adultos €8, menores de 18 grátis Palais-Royal-Musée du Louvre, Tuileries 21, 27, 39, 48, 69, 72, 81, 95

MUSÉE D'ART ET D'HISTOIRE DU JUDAÏSME

www.mahj.org

Este museu mostra um vibrante panorama do desenvolvimento da cultura judaica da Idade Média até o presente, não só na França, mas no mundo todo. Destaca também a contribuição da comunidade judaica para a arte europeia.

O museu foi inaugurado em 1998 no Hôtel de St.-Aignan, uma mansão do século 17 restaurada que se tornou lar de imigrantes judeus provenientes do leste da Europa no século 19.

73 J3 Hôtel de St.-Aignan, 71 Rue du Temple, 75003 01 53 01 86 60 Seg-sex 11h-18h, dom 10h-18h Adultos €6,80, menores de 18 grátis Rambuteau, Hôtel de Ville 29, 38, 47, 75 Livraria Audioguia incluído no preço da entrada

Acima, à esq. *O Musée Carnavalet tem o clima da Paris de épocas passadas*
Pág. ao lado *Uma livraria do Marais*

MUSÉE DES ARTS ET MÉTIERS

www.arts-et-metiers.net

A arte encontra a ciência neste museu cujo acervo contém instrumentos científicos, carros antigos e brinquedos mecânicos. Os destaques são uma primitiva máquina de calcular inventada por Pascal e um dos fonógrafos de Edison. Mais recente, um carro de corrida da Fórmula 1 está inadequadamente colocado na antiga capela. O museu, criado pelo governo revolucionário em 1794, está instalado num convento medieval com uma capela do século 13.

73 J2 60 Rue Réaumur, 75003 01 53 01 82 00 Ter-dom 10h-18h (qui até 21h30) Adultos €6,50, menores de 18 grátis Arts et Métiers, Réaumur-Sébastopol 20, 38, 39, 47

MUSÉE CARNAVALET

www.carnavalet.paris.fr

Mergulhe na turbulenta história de Paris neste intrigante museu instalado em duas mansões dos séculos 16 e 17. Pinturas, *memorabilia* e suntuosas recriações de ambientes da época evocam o espírito da cidade durante a Revolução Francesa e o reinado de Napoleão I. O museu enfatiza mais o clima que os fatos históricos. Portanto, este é o lugar para quem quer ter uma ideia da vida no reinado de Luís 15 ou dos terrores da Revolução.

A entrada principal dá acesso ao Hôtel Carnavalet, onde dois andares são dedicados ao reinado de Luís 16. O anexo Hôtel Le Peletier dedica-se à Revolução (segundo andar), século 19 (térreo e primeiro andar) e século 20 (primeiro andar).

73 K4 23 Rue de Sévigné, 75003 (entrada também pela Rue des Francs-Bourgeois) 01 44 59 58 58 Ter-dom 10h-18h Grátis (exceto para as exposições temporárias) St.-Paul 29, 96 Livraria Em francês e ocasionalmente em inglês, ligue 01 44 59 58 31 para informações

MUSÉE JACQUEMART ANDRÉ

www.musee-jacquemart-andre.com

O milionário banqueiro Edouard Jacquemart e sua mulher, a pintora Nélie André, eram fervorosos colecionadores de arte europeia e acumularam uma impressionante coleção de obras-primas. Em 1875, construíram uma mansão no Boulevard Haussmann para expor sua coleção. A mansão e o acervo foram mais tarde doados ao Institut de France, inaugurado como museu em 1913. A coleção inclui pinturas e esculturas de artistas italianos (inclusive Canaletto, Botticelli e Della Robbia), mestres flamengos e holandeses (Van Dyck, Rembrandt e Frans Hals) e artistas franceses (Boucher, David e Fragonard).

70 C1 158 Boulevard Haussmann, 75008 01 45 62 11 59 Diariam 10h-18h Adultos €10, crianças €7,30, menores de 7 grátis, nas famílias de 4 pessoas, a quarta não paga Diariam 11h45-17h30 St.-Philippe-du-Roule, Miromesnil 22, 28, 43, 52, 80, 83, 84, 93 RER linha A, Charles de Gaulle-Étoile

MUSÉE MARMOTTAN MONET

www.marmottan.com

Este museu no arborizado 16º *arrondissement* fica um tanto fora de mão, mas você será recompensado com a maior coleção de pinturas de Monet e de seus contemporâneos. O ambiente íntimo desta elegante mansão do século 19 representa uma agradável mudança em relação aos museus maiores e impessoais de Paris. E se as obras impressionistas não forem suficientes para saciar seu apetite, há pinturas e móveis da era napoleônica, assim como mais de 300 páginas ilustradas de manuscritos medievais e renascentistas. É uma mistura curiosa, mas convincente.

A maior atração é a coleção Monet, formada nos últimos 50 anos por doações do filho do artista, Michel, e outros colecionadores. Muitas pinturas estão expostas na galeria do subsolo, muito bem iluminada e arejada se considerarmos sua localização. A famosa obra de Monet *Impression, soleil levant* (c.1873) deu nome ao movimento impressionista.

O museu leva o nome do historiador da arte Paul Marmottan, que doou sua casa e sua coleção de pinturas e móveis Império à nação em 1932. A coleção inclui primitivos flamengos, italianos e alemães.

Mapa 70 A4 2 Rue Louis-Boilly, 75016 01 44 96 50 33 Ter-dom 10h-17h30 Adultos €8, crianças €4,50, menores de 8 grátis La Muette (10 minutos a pé; siga as placas a partir da estação) 22, 32, 52 RER linha C, Boulainvilliers Loja de presentes/livraria Acesso de cadeiras de rodas só ao térreo e ao subsolo

MUSEU DO LOUVRE

INFORMAÇÕES

www.louvre.fr

72 G4 99 Rue de Rivoli, 75001 01 40 20 50 50. Informações gravadas em francês e inglês: 01 40 20 53 17. Auditório: 01 40 20 55 55 Qui, sáb-seg 9h-18h, qua, sex 9h-21h45; fechado ter; alguma salas fecham em rodízio Adultos €9 (€6 depois de 18h qua e sex), menores de 18 grátis. Os bihetes valem para o dia todo; portanto, é permitido sair e entrar de novo. Grátis no primeiro dom do mês e em 14 de julho. Exposições temporárias no Hall Napoléon €8,50 Palais Royal-Louvre 21, 27, 39, 48, 67, 68, 69, 72, 74, 75, 76, 81, 85, 95 Châtelet-Les Halles Vários guias à venda. Folheto (em nove línguas) disponível grátis no balcão de informações para guiar o visitante Cafés e restaurantes Grande livraria Várias visitas guiadas em inglês e francês, inclusive a *Visite Découverte*. Audioguias em francês, inglês, alemão, espanhol, italiano e japonês estão disponíveis na entrada das três alas do museu (€5)

INTRODUÇÃO

No século 14, Carlos 5º transformou a fortaleza do século 12 de Filipe Augusto num castelo medieval. Quase dois séculos mais tarde, o rei renascentista Francisco 1º ordenou sua reconstrução e iniciou uma coleção de arte. Durante a Revolução, um museu de arte foi aberto ao público na Grande Galerie. Napoleão celebrou seu casamento com Maria Luísa no Louvre em 1810 e dedicou-se a construir um pátio dominado pelo Arc du Carrousel e uma nova ala. Suas vitórias além-mar e os saques subsequentes aumentaram a coleção do Louvre. Amplas reformas foram feitas nas galerias nos anos 1980 e 1990.

O Louvre é um dos mais famosos museus de arte do mundo, dotado de um vasto acervo que abrange milhares de anos, das civilizações antigas a pinturas europeias de meados do século 19. A entrada principal se faz através da impressionante pirâmide de vidro de I. M. Pei (1989) na Cour Napoléon. Escadas rolantes levam a um saguão subterrâneo, onde se pode obter uma planta do museu. Não seja ambicioso –não é possível ver todas as 35 mil obras em exposição numa visita. Se você não sabe por onde começar, junte-se a uma das visitas guiadas *Visite Découverte* ou alugue um audioguia. Quando quiser fazer uma pausa, o museu tem vários cafés e restaurantes.

O QUE VER

AS COLEÇÕES

O acervo do Louvre se divide em quatro partes: pinturas, gravuras e desenhos do século 13 a 1848 (para a arte produzida a partir desta data, vá ao Musée d'Orsay ▷ 93); escultura medieval, renascentista e moderna; arte islâmica e artes decorativas (joias, tapeçarias, marfins, bronzes, cerâmicas e móveis); e antiguidades orientais, egípcias, gregas, etruscas e romanas.

MONA LISA

Quando Leonardo da Vinci montou seu cavalete em Florença no início do século 16 para pintar a *Mona Lisa,* mal sabia ele que estava criando uma das mais famosas obras de arte do mundo. O pequeno quadro de apenas 77cm de altura e 53cm de largura está no primeiro andar da ala Denon, protegido por vidro à prova de bala e cercado por uma constante legião de admiradores. Não se sabe ao certo a identidade da modelo, mas acredita-se que ela fosse a mulher de Francesco del Giocondo, daí o outro nome do retrato, *La Gioconda*. Da Vinci pintou a obra entre 1503 e 1506. Francisco 1º obteve a pintura assim que ela foi terminada. Em 1911, um italiano roubou o retrato, na esperança de que ele voltasse à sua Florença natal. Ele foi encontrado dois anos mais tarde, depois de uma perseguição policial que ficou mundialmente famosa.

VÊNUS DE MILO

A eternamente serena *Vênus de Milo*, descoberta na ilha de Milos em 1820, é a mais famosa das peças da antiguidade grega expostas no Louvre. Como Afrodite, deusa do amor, ela é a imagem grega da perfeita beleza. A estátua de mármore foi esculpida por volta de 100 a.C., durante o período helenístico, mas seu estilo simples lembra a escultura clássica.

A COLEÇÃO EGÍPCIA

A coleção egípcia é a maior desse tipo fora do Egito, contendo 55 mil peças, das quais estão expostas cerca de 5 mil. Não deixe de ver a *Grand Sphinx* de granito rosa, em parte faraó e em parte leão, que protegia um santuário. Detalhes estilísticos sugerem que ela tenha mais de 4.600 anos. As coleções são exibidas no térreo da ala Sully, separadas por temas como pesca, funerais, escritos e joias. No primeiro andar a exposição é cronológica, começando na pré-história, acompanhando o governo dos faraós e terminando pouco antes da chegada dos romanos, em 333 a.C. O desenvolvimento da cultura egípcia durante o domínio romano pode ser visto no andar inferior da ala Denon.

PINTURA FRANCESA HISTÓRICA E ALEGÓRICA

Os imensos quadros expostos no primeiro andar da ala Denon chamam a atenção não só pelo tamanho, mas pelos vívidos detalhes. Procure por *Liberdade Guiando o Povo* (1830), de Delacroix, no qual a presença da figura alegórica da Liberdade cria uma sensação de triunfo em meio à destruição e ao caos presentes nos retratos da Revolução de 1830. *A Coroação de Napoleão 1º*, um clássico de David, parece frio comparado à paixão da obra de Delacroix, apesar dos detalhes convincentes. Com quase 10m de largura, foi encomendado pelo próprio imperador e terminado em 1807.

DICAS

» O museu fica mais vazio de manhã e nos horários mais tardios às segundas e quartas. O domingo é o dia mais movimentado.

» Lembre que o museu fecha às terças.

» O valor da entrada é reduzido depois das 18h às quartas e sextas.

» Para evitar filas, use o passe *Paris Museum* ou reserve o ingresso por telefone ou internet através da FNAC (tel 01 41 57 32 28; mediante pequena comissão) ou em algumas lojas de departamentos. Isso lhe permite usar a entrada pela passagem Richelieu.

» Por falta de pessoal, certas salas não abrem todos os dias. Veja no site a programação de fechamentos.

» Nas noites de segunda-feira, peça no balcão de informações o folheto *Nocturnes du Lundi*, que leva você a 26 obras fundamentais.

» Visitas especiais estão disponíveis para pessoas com mobilidade reduzida. Pode-se alugar uma cadeira de rodas mediante solicitação. Há uma galeria de esculturas especial para deficientes visuais. Peça no balcão de informações um folheto sobre o acesso de portadores de deficiência.

Pág. ao lado *A pirâmide de I. M. Pei na entrada do Louvre*
Abaixo, da esq. p/ dir. *Um passeio em meio a dramáticas esculturas;* A Mona Lisa, *de Leonardo da Vinci, uma visita obrigatória*

MUSÉE NATIONAL DU MOYEN ÂGE-THERMES DE CLUNY

Emoldurado pelos bulevares Saint-Germain e Saint-Michel, este museu dedicado à Idade Média, instalado num *hôtel* gótico do século 15 e ao qual se tem acesso por um belo pátio, é um ótimo lugar para se perder durante uma ou duas horas contemplando uma época mais primitiva e mais simples.

O nome do museu é um tanto equivocado, porque o acervo começa na antiguidade e, anexas ao edifício principal, ficam as ruínas do *frigidarium* galo-romano construído entre os séculos 1º e 3º. Mas nessas antigas termas de Cluny o foco é a arte românica e gótica. As obras, vindas de toda a Europa, da Saxônia à Espanha e à Itália, estão dispostas de modo que o visitante pode se aproximar delas. O encanto muitas vezes está em detalhes que dão uma ideia da vida cotidiana de centenas de anos atrás.

Destacam-se os vitrais, peças de marfim, retábulos, coroas visigóticas, tapeçarias, bordados e uma coleção surreal de cabeças de pedra retiradas de estátuas do século 13 da fachada oeste da Notre-Dame por zelosos revolucionários, que julgaram que elas representassem reis franceses.

A DAMA E O UNICÓRNIO

Os visitantes do museu se aglomeram na sala circular do primeiro andar, onde uma série de tapeçarias conhecida como *La Dame à la Licorne (A Dama e o Unicórnio)* está protegida pela penumbra. As seis tapeçarias foram feitas no fim do século 15 e ficaram famosas quando foram descobertas, em 1841, por Prosper Mérimée no Château de Boussac, em Creuse. Cinco das peças representam os sentidos: tato, paladar, olfato, visão e audição. Mas a sexta aborda um tema inescrutável e foi dedicada a "Meu único desejo". Todas as tapeçarias são ricamente adornadas com flores e vários animais, reais e lendários, entre eles o unicórnio, que, assim como a dama, aparece em todos os painéis.

INFORMAÇÕES

www.musee-moyenage.fr

72 H6 6 Place Paul-Painlevé, Rue du Sommerard, 75005 01 53 73 78 16 Qua-seg 9h15-17h45; fechado nos feriados Adultos €7,50 (dom €4,50), menores de 18 grátis, entrada livre todo primeiro dom do mês Cluny-La-Sorbonne 21, 27, 38, 63, 85, 86, 87, 96 RER linha B, C St.-Michel Visitas guiadas em inglês

DICAS

» Pegue na recepção um mapa que destaca as principais obras em exposição.

» Não é preciso pagar para entrar no pátio gótico do lado da Place Paul-Painlevé. É um local calmo, onde se pode descansar alguns minutos, e vale a pena dar uma olhada nas torres e gárgulas.

» Depois da visita, faça uma pausa no jardim medieval na esquina dos bulevares St.-Michel e St.-Germain.

Pág. ao lado *O Musée d'Orsay ocupa uma antiga estação ferroviária, onde um relógio ornamentado ainda enfeita o saguão principall*
Abaixo *A fachada de Cluny*

MUSÉE D'ORSAY

Aqui, o acervo vai de 1848 a 1914, período em que a arte ocidental testemunha o aparecimento de gigantes como Monet, Renoir, Degas e Cézanne. Cronologicamente, a coleção do museu se encaixa entre as coleções do Louvre (▷ 90-1) e do Centre Georges Pompidou (▷ 78).

A VISITA

A maior parte do público vem para ver a deslumbrante coleção impressionista, que inclui *Ninfeias Azuis* (c. 1916-9), de Monet, *A Igreja de Auvers-sur-Oise* (1890), de Van Gogh, e *Baile no Moulin de la Galette* (1876), de Renoir. Mas os impressionistas representam menos de um terço da vasta exposição, que também contém esculturas, pinturas históricas e simbolistas, fotografias e móveis Art Nouveau. Para ver as obras por ordem cronológica, comece pelo térreo, depois suba as escadas rolantes para ver os impressionistas no andar superior e termine no mezanino.

Mesmo que sua única razão para visitar o museu seja a coleção impressionista, não deixe de visitar a luxuosa Salles des Fêtes (sala 51), toda espelhada, ou de passar pela ala central do térreo, dedicada às esculturas neoclássicas do século 19. Este é o melhor local para captar o clima do edifício –em parte museu e em parte uma estação de trem Belle Époque–, com seu relógio ornamentado e magnífico teto de vidro.

O EDIFÍCIO

A imponente estação d'Orsay e o hotel anexo foram construídos às margens do Sena na época da Exposição Universal de 1900. Victor Laloux projetou o teto de vidro e ferro, assim como o restaurante e o salão de baile Belle Époque, muito ornamentados e ainda intactos. Mas em 1939, menos de 40 anos depois de sua construção, o advento dos trens elétricos, mais longos, obrigou a estação a se fechar às viagens de longa distância (ela ainda é usada por trens de subúrbio). Os protestos da população a salvaram da demolição, e em 1977 ela foi transformada em museu. O arquiteto italiano Gae Aulenti planejou a reforma do interior do museu, que foi inaugurado pelo presidente François Mitterrand em dezembro de 1986.

INFORMAÇÕES

www.musee-orsay.fr

72 F4 · 62 Rue de Lille, 75007. Entrada pela Place de la Légion d'Honneur · 01 40 49 48 25 · Ter-qua, sex-dom 9h30-18h, qui 9h30-21h45 (o museu abre 10h fim set-fim jun). Venda de ingressos até 45 min antes do fechamento · Adultos €8, menores de 18 grátis, entrada livre todo primeiro dom do mês. Exposições temporárias cobram um extra · Solférino · 24, 63, 68, 73, 83, 84, 94 · RER linha C, Musée d'Orsay · No mezanino (11h45-14h45, 15h30-17h30; jantar 19h-21h15 qui) · Café des Hauteurs no andar superior, com linda vista do relógio da velha estação; café self-service logo acima · Loja e livraria · Visitas em inglês ter-sáb 11h30; em francês sáb 11h (€6,50). Audioguias (€5,50)

DICAS

» O passe *Paris Museum* permite evitar as filas, que podem ser muito longas.

» Quinta à noite é o período mais calmo para a visita.

» O museu fecha às segundas, enquanto o Louvre e o Centre Georges Pompidou fecham às terças.

» Para ver mais pinturas impressionistas, visite o Musée Marmottan Monet (▷ 89).

MUSÉE PICASSO

www.musee-picasso.fr

A inauguração deste museu, em 1995, pôs fim a uma disputa legal de 11 anos sobre os direitos de herança do pintor Pablo Picasso. Graças a uma lei que permitiu o pagamento desses direitos em obras de arte, o estado francês recebeu a quarta parte da coleção de Picasso. Esse número foi aumentado depois da morte de sua mulher, em 1990, e hoje o museu abriga cerca de 200 pinturas, 158 esculturas, 16 colagens e mais de 1.500 desenhos e gravuras. Também está em exposição a coleção pessoal de Picasso, composta de obras de seus mentores e contemporâneos, entre eles Miró, Cézanne, Renoir, Braque e Matisse.

A exposição obedece à ordem cronológica, levando o visitante numa viagem desde suas primeiras fases azul e rosa dos anos 1900, passando por seus anos de experimentação cubista com Braque e sua fase clássica, dos anos 1930 em diante.

A coleção está abrigada no Hôtel Salé, uma deslumbrante mansão do século 17 no coração do Marais, com uma grandiosa escadaria, candelabros ornamentados e belas portas de madeira. Uma pequena sala dedicada à história da mansão contém fotos em preto e branco e informações sobre a casa e seus ocupantes ao longo dos anos.

73 K4 Hôtel Salé, 5 Rue de Thorigny, 75003 01 42 71 25 21 Abr-fim set qua-seg 9h30-18h; resto do ano qua-seg 9h30-17h30. Permitida a entrada 45 minutos antes do fechamento Adultos €7,70, menores de 18 grátis St.-Paul, Chemin Vert, St.-Sébastien Froissart 29, 69, 75, 96 Visitas guiadas: em francês (1h30min), €6,50 por pessoa Café no jardim, de meados de abr a meados de out Livraria e loja de presentes

MUSÉE RODIN

www.musee-rodin.fr

Este museu tem jardins calmos, por onde se pode passear em meio às esculturas de Rodin ou simplesmente relaxar entre as rosas. A galeria ao ar livre do Musée Rodin estende-se por quase 3ha de belos jardins e constitui uma fuga agradável depois de um dia intenso de visitas turísticas. Depois de recarregar as baterias caminhando pelo jardim, veja mais obras de Rodin na arejada mansão onde ele viveu, o Hôtel Biron.

No jardim de esculturas, não deixe de ver o bronze *Le Penseur (O Pensador)*, que supostamente representa o poeta italiano Dante e antes estava colocado diante do Panthéon, ou a assustadora *La Porte de l'Enfer (A Porta do Inferno)*, inspirada na *Divina Comédia*, de Dante. *Les Bourgeois de Calais (Os Burgueses de Calais)* homenageia os seis burgueses que deram a vida para salvar a população de sua cidade durante o cerco dos ingleses no século 14, enquanto *Balzac* é, na opinião de alguns, um retrato pouco elogioso do escritor. Como não há muitas placas informativas, alugue um audioguia ou pegue um folheto grátis no Hôtel Biron.

No interior da elegante mansão rococó pode-se acompanhar a evolução artística de Rodin cronologicamente, de seus primeiros esboços e pinturas do período acadêmico a suas vigorosas aquarelas. O destaque é o apaixonado mármore branco *Le Baiser (O Beijo)*. Há também obras de contemporâneos de Rodin, como Camille Claudel, Renoir, Van Gogh e Monet.

71 D5 77 Rue de Varenne, 75007 01 44 18 61 10 Abr-fim set ter-dom 9h30-17h45 (o jardim fica aberto até 18h45); resto do ano ter-dom 9h30-16h45 Adultos €6, menores de 18 grátis. Só jardim: €1 Varenne 69, 82, 87, 92 RER linha C, Invalides Café no jardim Livraria/loja de presentes Audioguias €5. Visitas guiadas uma vez por semana

Acima, da esq. p/ dir. *Musée Picasso; Musée Rodin*

Pág. ao lado *Notre-Dame à noite, banhada pela luz dos refletores*

NOTRE-DAME

Notre-Dame é um símbolo tão famoso de Paris quanto a Torre Eiffel, e cerca de 10 milhões de pessoas entram por suas portas a cada ano. O número de visitantes é menor de manhã, quando a catedral exibe seu maior brilho. Reserve um tempo para passear pelo lado de fora e admirar a arquitetura. Uma das melhores vistas da catedral é a que se tem do meio do Sena, numa excursão de barco que circunda a Île de la Cité (▷ 83). Finalmente, se suas pernas lhe permitirem, você ainda pode apreciar a magnífica vista do alto de suas torres de 69m de altura.

DESTAQUES NO INTERIOR DA CATEDRAL

A rosácea sul, no transepto, fica especialmente gloriosa quando o sol brilha através dela, aumentando a vibração dos tons púrpura. Cristo ocupa o centro do vitral de 13m de diâmetro, cercado por anjos, apóstolos, mártires e cenas do Novo Testamento. O coro intrincadamente esculpido e pintado, criado no século 14 e restaurado nos anos 1960, tem encantadoras representações de cenas dos Evangelhos. Em contraste, o altar de bronze no centro da catedral é visivelmente moderno. Nele estão representados os quatro evangelistas, Mateus, Marcos, Lucas e João, além dos profetas do Velho Testamento.

A FACHADA E AS TORRES

A simétrica fachada oeste é adornada com muitas estátuas e esculturas, originalmente concebidas como uma Bíblia para os iletrados. A subida é dura, mas vale a pena enfrentar os 69m que levam ao topo das torres para admirar a vista de Paris e ver de perto as grotescas gárgulas.

MAIS DE 800 ANOS DE IDADE

A Notre-Dame deve sua existência ao bispo Maurice de Sully, que no século 12 decidiu que Paris devia ter sua catedral. O papa Alexandre 3º lançou a pedra fundamental em 1163, e o coro foi construído ao longo de quase 20 anos. Guildas de carpinteiros, canteiros, ferreiros e vidreiros trabalharam na construção, que só foi completada 200 anos depois, em 1345.

Em 1804, quando Napoleão 1º foi coroado, a catedral estava em estado desesperador. Victor Hugo, autor de *O Corcunda de Notre-Dame,* envolveu-se fervorosamente numa campanha por sua restauração.

INFORMAÇÕES

www.monum.fr

Catedral

73 H5 · Place du Parvis Notre-Dame, 75004 · 01 42 34 56 10 · Diariam 8h-18h45 · Grátis · Cité, St.-Michel, Châtelet · 21, 24, 38, 47, 85, 96 · RER linhas B, C, St.-Michel · Na catedral e no alto da torre · Visitas guiadas: em francês. seg, sáb 14h; em inglês, qua, qui 14h, sáb 14h30 · Concertos de órgão dom às 16h30

Torres

Jul, ago diariam 9h-19h30 (também 9h-23h sáb, dom); abr-fim jun, set diariam 9h30-19h30; out-fim mar diariam 10h-17h30. Entrada permitida 45 minutos antes da hora de fechar · Adultos €7,50, menores de 18 grátis

DICA

» Tente fazer a visita pouco antes de uma missa, quando se sente a expectativa à medida que as luzes vão se acendendo e as pessoas vão chegando.

OPÉRA PALAIS GARNIER

www.opera-de-paris.fr

O suntuoso Opéra Palais Garnier era o maior teatro do mundo quando foi inaugurado, em 1875. Charles Garnier venceu 171 candidatos no concurso para projetar o prestigioso teatro. O palco pode acomomodar 450 artistas, e o auditório, cerca de 2.200 espectadores sob um teto em forma de cúpula pintado por Marc Chagall em 1964. Se não puder assistir a um dos balés apresentado aqui, dê uma olhada na esplêndida escadaria de mármore e ouro. Fora, observe as esculturas de Carrier-Belleuse e uma cópia de *La Danse,* grupo esculpido por Carpeaux, à direita da arcada frontal. Um pequeno museu conta a história do Opéra.

71 F1 Place de l'Opéra, 75009 0825 054 405. Bilheteria: 0892 899 090. Museu: 01 40 01 22 63 Diariam 10h-17h (até 18h de meados jul a meados set). Fecha durante as matinês; auditório fecha durante os ensaios Adultos €8, crianças (10-19) €4, menores de 10 grátis Opéra 20, 21, 22, 27, 29, 42, 52, 53, 66, 68, 81, 95 Visitas guiadas: adultos €12, crianças €6

PALAIS DE CHAILLOT

Do terraço do Palais de Chaillot descortinam-se vistas espetaculares do Sena até a Torre Eiffel. O palácio, com pórtico em colunas, foi construído para a Exposição Universal de 1937. Suas alas curvas são adornadas de cintilantes estátuas de bronze, e seu amplos terraços estão voltados para as fontes dos Jardins du Trocadéro. O palácio abriga o Théâtre National de Chaillot, o Musée National de la Marine e o Musée de l'Homme.

70 A3 17 Place du Trocadéro et du 11 Novembre, 75016 Trocadéro 22, 30, 32, 63, 72, 82

PANTHÉON

www.monum.fr

Originalmente uma basílica, este monumento é hoje local do último repouso de eminentes cidadãos franceses. A grandiosidade neoclássica do Panthéon é uma visão cativante depois que se percorre o labirinto de ruas do Quartier Latin.

O colossal mausoléu guarda os túmulos de ilustres cidadãos, entre eles os escritores Victor Hugo, Émile Zola e Voltaire, os cientistas Marie e Pierre Curie, Louis Braille, inventor da escrita braile, e o mártir da Resistência na Segunda Guerra, Jean Moulin. De vez em quando, ainda surgem discussões sobre quem merece a honra de ser enterrado aqui. O monumento foi encomendado por Luís 15 como uma basílica dedicada a santa Genoveva, padroeira de Paris, em agradecimento por ter se curado da gota. O rei lançou a pedra fundamental em 1764 e a obra terminou em 1790, quando Soufflot, o arquiteto, já tinha morrido. Um ano depois, os revolucionários ocuparam o prédio, fecharam as janelas com tijolos e o transformaram num Templo da Fama.

Entra-se no edifício por um imponente pórtico cercado por colunas (peristilo), inspirado na grandiosa fachada do Panteão de Roma. No interior, a câmara em forma de cruz é austera.

Para subir até a colunata circular sob a cúpula, só numa visita guiada (e depois de vencer 206 degraus), mas você será recompensado com a vista panorâmica da cidade, 35m acima do nível da rua. Na imensa e sombria cripta, pode-se ver os túmulos de Jean-Jacques Rousseau, Voltaire, Victor Hugo, Émile Zola, Marie Curie e outros.

72 H6 Place du Panthéon, 75005 01 44 32 18 00 Abr-fim set diariam 10h-18h30; resto do ano 10h-18h; entrada permitida até 45 minutos antes de fechar Adultos €7,50, menores de 18 grátis Cardinal-Lemoine 21, 27, 84, 85, 89 RER B, Luxembourg Pequena livraria/loja de presentes Visitas guiadas em francês. Ligue antes para saber de visitas em outras línguas

PLACE DE LA BASTILLE

A frenética Place de la Bastille, hoje tomada pelo trânsito e cheia de cafés, testemunhou um dos fatos cruciais da história da França. Aqui onde hoje patinadores e pedestres disputam espaço, a multidão revolucionária atacou a prisão da Bastilha em 1789, numa violenta mobilização que marcou o início da Revolução Francesa.

A Bastilha foi construída em 1380 como uma fortaleza que guardava a entrada leste de Paris. Mais tarde, tornou-se uma cadeia para prisioneiros políticos, entre eles o marquês de Sade e Voltaire. Nada resta do edifício, mas as pedras do calçamento marcam seu contorno. Um lembrete visual do turbulento passado de Paris é a Colonne de Juillet, que se ergue a 50m de altura na rotatória da praça. A coluna ornamentada foi construída em 1840 para celebrar as vítimas de outra revolta, a Revolução de 1830, e é encimada pelo *Génie de la Liberté.*

O bairro da Bastille foi recuperado e hoje tem uma animada vida noturna, com muitos bares e restaurantes. Durante o dia, pode-se fazer compras nas ruas que se irradiam da Colonne de Juillet. Há também galerias de arte e a ultramoderna Opéra Bastille, projetada por Carlos Ott. Descendo a Rue de Lyon, chega-se ao Viaduc des Arts, um viaduto ferroviário convertido em lojas de artesanato (9-129 Avenue Daumesnil).

Para fugir do barulho e do tráfego da Bastille, desça a Rue St.-Antoine e vire à direita na tranquila Rue de Birague. Aqui, percorra as lojas e então volte por um arco para a Place des Vosges (▷ 98).

73 F5 Place de la Bastille, 75004/75012 Bastille 20, 29, 65, 69, 76, 86, 87, 91 Vários cafés e restaurantes

PARC DE LA VILLETTE

Nos anos 1980, o antigo abatedouro da cidade foi transformado neste parque ultramoderno de 55ha, constituído de lagos, jardins temáticos, playgrounds e espaços culturais. A área, a nordeste do centro de Paris, é pontilhada de *follies*, elementos arquitetônicos lúdicos de metal vermelho, e atravessada pelo canal de l'Ourcq. O antigo estábulo foi transformado em La Grande Halle, pavilhão usado para feiras, exposições e concertos. Zénith é uma sala de concertos dedicada ao rock e ao pop para mais de 6 mil espectadores. Uma passagem coberta liga os dois principais centros culturais, um em cada canto do parque, a Cité des Sciences et de l'Industrie, ao norte, e a Cité de la Musique, ao sul.

CITÉ DES SCIENCES ET DE L'INDUSTRIE

A futurista Cité des Sciences et de l'Industrie é um imenso museu de ciência e tecnologia com muitas exposições interativas. Um dos destaques é a exposição Explora, nos níveis 1 e 2, que aborda cinco temas: Universo, Água e Terra, Desafios do Mundo Vivo, Indústria e Comunicações. Há um planetário (nível 2) e a excelente Cité des Enfants, dedicada a crianças de 3 a 12 anos. O cinema esférico Géode fica ao sul da Cité des Sciences, do outro lado do fosso. É uma sala para 400 espectadores e tem uma tela hemisférica de 1.000m^2, onde são projetadas imagens dez vezes maiores do que as de um cinema comum.

CITÉ DE LA MUSIQUE

A Cité de la Musique, inaugurada em 1995, abriga uma sala de concerto, o Conservatoire National Supérieur de Musique de Paris e o Musée de la Musique. O museu abrange a música desde a Idade Média até os dias atuais, inclusive as manifestações musicais das muitas culturas espalhadas pelo mundo. A Cité de la Musique também apresenta regularmente exposições.

INFORMAÇÕES

www.cite-sciences.fr
www.lageode.fr
www.cite-musique.fr

Cité des Sciences et de l'Industrie

Mapa 73 K2 · 30 Avenue Corentin-Cariou, 75019 · 01 40 05 70 00 · Explora: ter-sáb 10h-18h, dom 10h-19h. Planetário: ter-dom, apresentações de hora em hora de 11h-17h (menos 13h) · Explora: adultos €8, crianças €6, menores de 7 grátis. Planetário: adultos €3 mais ingresso para a Explora, menores de 7 grátis · Porte de la Villette · 75, 152, PC2, PC3

Cité de la Musique

Mapa 73 K2 · 221 Avenue Jean-Jaurès, 75019 · 01 44 84 44 84 (informações e reservas) · Ter-sáb 12h-18h, dom 10h-18h (horários dos concertos variam) · Porte de Pantin · 75, PC2, PC3

Acima *Moderna escultura no Parc de la Villette*
Pág. ao lado *Fachada do Panthéon*

PLACE DE LA CONCORDE

A maior praça de Paris ostenta o mais antigo monumento da cidade e oferece magníficas vistas do Arco do Triunfo (▷ 77), dos portões do Jardin des Tuileries (▷ 87) e, do outro lado do rio, da Assembleia Nacional e da Torre Eiffel (▷ 100-1). Desempenhou um papel terrível durante a Revolução, quando foi cenário da execução de mais de 1.300 pessoas.

Originalmente chamada Place Louis XV, a praça foi projetada pelo arquiteto Jacques-Ange Gabriel e construída entre 1755 e 1775 ao redor da estátua equestre do rei. Durante a Revolução, passou a chamar-se Place de la Révolution, a estátua de Luís 15 foi removida e em seu lugar foi erguida a guilhotina. Esfriada a paixão revolucionária, a praça passou a se chamar Place de la Concorde, na esperança de um futuro menos turbulento. Os magníficos *Chevaux de Marly* de Coustou foram acrescentados à entrada da Champs-Élysées (trata-se de réplicas, porque os originais hoje estão no Louvre).

O obelisco de granito rosa de 230t tem cerca de 3.300 anos. Foi presente de Mohammed Ali, vice-rei do Egito, em 1883.

71 E3 Place de la Concorde, 75008 Grátis Concorde 24, 42, 72, 73, 84, 94

PLACE DES VOSGES

A pitoresca Place des Vosges fica a poucos minutos do movimentado distrito da Bastille, mas a um mundo de distância em personalidade. Suas belas arcadas abrigam galerias, butiques e cafés, onde se pode relaxar ao som de músicos de rua.

A praça, um jardim formal com árvores, um playground e a estátua de Luís 13, é cercada por 36 casas de pedra e tijolos vermelhos. Os lados norte e sul têm ao centro, respectivamente, o Pavillon de la Reine e o Pavillon du Roi.

A Place des Vosges é um dos primeiros exemplos de planejamento urbano de Paris. Encomendada por Henrique 4º, foi inaugurada em 1612, em meio a grandes festas, com o nome de Place Royale. Em 1800, foi chamada Place des Vosges em homenagem ao primeiro *département* francês a pagar os novos impostos.

Ao longo de sua história, aqui moraram princesas, duquesas e amantes oficiais, o cardeal Richelieu, o duque de Sully, o escritor Alphonse Daudet e, mais recentemente, o pintor Francis Bacon e o arquiteto Richard Rogers. A casa nº 6, onde Victor Hugo morou de 1832 a 1848, é hoje um museu.

73 K4 Place des Vosges, 75004 Bastille, St.-Paul, Chemin Vert 29, 96

QUARTIER LATIN

As pitorescas ruas do Quartier Latin evocam a Idade Média, mas hoje vibram com a presença revigorante dos estudantes. Nenhum outro distrito de Paris tem tantas livrarias e universidades, além de cinemas, restaurantes e igrejas históricas. Você vai encontrar um ambiente jovem e descontraído, onde o clichê de estudantes e artistas sentados horas num café é a pura verdade.

Para quem vem da Margem Direita ou da Île de la Cité, a primeira visão do Quartier Latin provavelmente será a caótica Place St.-Michel, com sua imponente fonte que mostra são Miguel matando um dragão. Aqui começa o Boulevard St.-Michel, que corre paralelo ao distrito. Para quem não está interessado nas lojas de roupas ou livrarias, é melhor se aventurar pelas históricas ruas laterais.

Vale a pena ver o imponente Panthéon (▷ 96) e o Musée National du Moyen Âge (▷ 92). O florido Jardin du Luxembourg (▷ 86) é o lugar perfeito para um descanso.

O Quartier Latin é o centro intelectual de Paris, um título que ostenta desde a Idade Média. Deve sua fama de bairro erudito, literário e artístico à fundação da Universidade da Sorbonne no século 13. Outras escolas logo surgiram ao seu redor, e o distrito acabou sendo chamado de "Bairro Latino" por causa da língua usada pelos estudantes.

73 H6 Na Margem Esquerda, entre o Carrefour de l'Odéon e o Jardin des Plantes, 75005 St.-Michel, Cluny-La Sorbonne, Odéon 21, 24, 27, 38, 63, 84, 85, 86, 87, 89 RER linha B, C, St.-Michel-Notre-Dame Grande variedade de restaurantes e cafés Muitas lojas de roupas e livrarias, entre elas a Shakespeare & Co

SAINTE-CHAPELLE

www.monum. fr

Fantásticos vitrais fazem desta capela real do século 13 uma joia cintilante. Os raios de luz azuis, vermelhos e dourados que se filtram pelas janelas da Sainte-Chapelle parecem de outro mundo. Encomendada por Luís 9º (são Luís), a capela foi construída para guardar relíquias sagradas e promover a autoridade do rei como soberano nomeado por Deus. Ela foi construída dentro do complexo do palácio real (hoje Palais de Justice) em menos de seis anos. Nas 15 janelas de 15m de altura e numa gloriosa rosácea estão representadas 1.100 cenas bíblicas, da Criação ao Apocalipse. Seu único defeito é a multidão de visitantes, que, como na Capela Sistina em Roma, podem estragar uma sublime experiência.

Antes de chegar ao brilho da capela superior, é preciso atravessar a sombria capela inferior, usada originalmente pelos funcionários do palácio e dedicada à Virgem Maria. Assim que o visitante põe os pés na capela superior, é inundado pelas cores que vêm de todas as direções, não só dos gloriosos vitrais, mas também do piso decorado, das colunas douradas e das paredes pintadas. Dois terços das janelas são originais do século 13, os vitrais mais antigos de Paris. As cenas começam pelo Gênese, na janela à esquerda da entrada, e se desenrolam no sentido horário.

72 H5 4 Boulevard du Palais, Île de la Cité, 75001 01 53 40 60 97 Diariam 9h-12h30,14h-16h30 Adultos €6,10, menores de 18 grátis Cité, Châtelet 21, 24, 27, 38, 85, 96 RER linha B, C, St.-Michel-Notre-Dame Diariam 11h, 15h

SACRÉ-COEUR

A imponente Basilique du Sacré-Coeur é um dos marcos mais famosos de Paris, brilhando no alto da colina de Montmartre. Sua cúpula, de inspiração oriental, é o segundo ponto mais alto da cidade, de onde a vista se estende por 50km. Esse abrangente panorama é o que atrai muitos visitantes. Mas quem entrar na tranquila nave, especialmente durante a missa, terá uma forte experiência espiritual.

EXPIAÇÃO

A Sacré-Coeur foi construída para expiar os 58 mil mortos da Guerra Franco--Prussiana de 1870-1 e os sangrentos acontecimentos da Comuna de Paris. Cidadãos de todos os cantos da França doaram os recursos para a construção, e a primeira pedra foi lançada em 1875. Devido a vários problemas que atrasaram a construção, a basílica só foi terminada em 1914. Com o início da Primeira Guerra Mundial, os parisienses tiveram que esperar até 1919 para a consagração. Mais de 130 anos depois dos votos pela construção da Sacré-Coeur, os padres ainda se revezam na prece constante pelo perdão aos horrores da guerra.

O INTERIOR

As estátuas equestres de bronze de Joana d'Arc e de são Luís guardam a entrada da basílica. Uma imagem de pedra de Cristo ergue-se acima delas, num recesso em arco. No interior, o mosaico dourado sobre o coro é um dos maiores desse tipo, cobrindo 475m². Cristo ocupa o centro, com os braços abertos e um coração de ouro, cercado pela Virgem Maria, Joana d'Arc, são Miguel, o papa e a figura que representa a França. Deus Pai e o Espírito Santo estão representados no teto.

INFORMAÇÕES

www.sacre-coeur-montmartre.com
Mapa 73 K2 · Place du Parvis du Sacré-Coeur · 01 53 41 89 00 · Basílica: diariam 6h-23h. Cúpula e cripta: diariam 9h15-17h30 (até 19h no verão) · Basílica: grátis. Cúpula e cripta: €5 · Anvers ou Abbesses, depois caminhe até a base do funicular · Montmartrobus · Pequena livraria/loja de presentes

DICAS

» Do terraço frontal, você terá lindas vistas de Paris.
» Se você tiver tempo (e energia), vale a pena subir até a cúpula para apreciar outro panorama.
» A melhor vista da basílica é a que se tem de baixo, da Place St.-Pierre.

Abaixo *A Basilique du Sacré-Coeur coroa a colina de Montmartre*

TORRE EIFFEL

A delgada silhueta de ferro de 324m de altura se destaca entre as maiores atrações da cidade. A extraordinária construção de Gustave Eiffel, que pesa mais de 10 mil toneladas e é constituída de 18 mil partes de ferro, foi uma façanha da engenharia do fim do século 19. Em 1889, a torre foi um controverso acréscimo à paisagem da cidade e só devia durar 20 anos. Mais de um século depois, já recebeu 200 milhões de visitantes.

VISITA À TORRE

A magnífica vista da cidade é a principal razão para subir ao alto da Torre Eiffel, mas a torre é também um teste para os nervos quando se olha da altura de 120m pelo piso envidraçado no chão do nível 2. Do mirante do nível 3 pode-se enxergar a uma distância de 75km num dia claro. Se você acha que vai sofrer vertigem no nível mais alto, saiba que o panorama é igualmente deslumbrante do nível 2, de onde se pode ver a cidade com mais detalhes. Há também um mirante no nível 1, com quadros informativos. A vista se mostra em toda a sua beleza pouco antes do pôr do sol, quando a luz favorece as fotos. À noite, um quadro totalmente diferente se descortina, com centenas de milhares de luzes delineando a cidade.

Depois de apreciar a vista, você pode aprender mais sobre a história da torre com o filme curto exibido no Cineiffel (nível 1). Outras atrações nesse nível são o Observatório, onde um sistema monitora os efeitos do calor e dos ventos, e o Feroscope, que mostra as técnicas usadas na construção da torre. Também se pode ver a bomba hidráulica original que movia o elevador e uma peça da escada em espiral original, usada por Monsieur Eiffel em pessoa. Se você quiser impressionar seus amigos na volta, pode solicitar que seus cartões-postais sejam franqueados com "Tour Eiffel" na agência do correio (diariamente 10h-17h30).

CONSTRUÇÃO

A construção do monumento levou apenas dois anos, sendo concluída a tempo para a Exposição Universal de 1889. Durante 40 anos, a torre desfrutou a glória de ser a estrutura mais alta do mundo, até que o edifício da Chrysler em Nova York lhe usurpou o título. Ela ganhou mais 20m em 1957, quando foram colocadas as antenas de televisão.

INFORMAÇÕES

www.tour-eiffel.fr

70 B4 Quai Branly, Champs de Mars, 75007 01 44 11 23 23 Meados jun-fim ago diariam 9h-24h; resto do ano diariam 9h30-23h (as escadas fecham às 18h30) De elevador: nível 1 €4,50, nível 2 €7,80, nível 3 €11,50. Pelas escadas €4. Crianças (3-11): nível 1 €2,30, nível 2 €4,30, nível 3 €6,30 Bir-Hakeim 42, 69, 82, 87 RER linha C, Champ-de-Mars/Tour Eiffel Altitude 95 no nível 1, Jules Verne no nível 2 Lanchonetes no térreo, no nível 1 e no nível 2 Lojas de presentes nos níveis 1 e 2. Correio no nível 1 Ocasionalmente, são organizadas visitas guiadas. Ligue 01 44 54 19 30

DICA

» Se quiser fazer a extravagância de jantar no restaurante Jules Verne, reserve com muita antecedência.

Pág. ao lado *A vista da Torre Eiffel através dos Jardins du Trocadéro*

Abaixo, da esq. p/ dir. *A estrutura de ferro vista de baixo da torre; Suvenires da mais famosa atração de Paris*

VERSAILLES

INFORMAÇÕES

www.chateauversailles.fr
465 J5 Versailles, 78000
01 30 83 78 00 Grands Appartements: abr-fim out ter-dom 9h-18h30; resto do ano ter-dom 9h-17h30. Grand Trianon: abr-fim out diariam 12h-18h30; resto do ano 12h-17h30. Jardins: diariam 9h-18h. Fontes (show): fim abr-fim set dom 11h-12h,15h30-17h (também ocasionamente em outros dias). Parque: diariam 8h ou 9h-anoitecer Adultos: Grands Appartements €13,50-€15; Jardins €3 abr-fim out, grátis nov-mar, €10 quando há show da fonte; Grand Trianon e Petit Trianon €5-€9; Passaporte (viagem de trem mais bilhete de ingresso) €25 abr-fim out, €16 resto do ano; menores de 18 grátis; out-fim mar grátis no primeiro dom do mês RER linha C para Versailles Rive-Gauche; trem da Gare Montparnasse para Versailles Chantiers; trem da Gare St.-Lazare para Versailles Rive Droite Autoroute A13 até a saída para o Château de Versailles, depois siga as placas

INTRODUÇÃO

Mais parecido com uma cidade que um mero palácio, o Palácio de Versailles foi sede do poder francês por mais de um século, um mundo autossuficiente onde os membros da família real se mantinham confortavelmente protegidos de seus súditos em Paris, a 20km de distância.

Versailles teve um início relativamente humilde como pavilhão de caça construído por Luís 13 em um pântano deserto. Em 1661, Luís 14 decidiu mudar sua corte para cá, numa manobra astuta para isolar a nobreza e seus ministros, mantendo um olho na capital, não muito distante. Foi um projeto ambicioso, simbólico do poder absoluto do rei – "Luís 14 tinha prazer em subjugar a natureza", disse o duque de Saint-Simon. A construção prosseguiu até a morte do Rei Sol, em 1715. O projeto criou um grave déficit nas finanças da França, mas o resultado foi o maior palácio da Europa, que assombrou a aristocracia e o povo com sua extensão e seu esplendor, tornando-se modelo para monarcas megalomaníacos de outras partes do mundo. No seu apogeu, a corte de Versailles consistia em cerca de 20 mil pessoas entre estadistas, delatores e conspiradores, amantes reais e um enorme séquito de bajuladores dos verdadeiros ou pretendentes a aristocratas que orbitavam ao redor do rei.

Versailles continuou sendo sede do poder da monarquia francesa até 1789, quando a Assembleia dos Estados Gerais se reuniu aqui e exigiu uma Constituição. A recusa de Luís 16 provocou a Revolução e, em outubro, a multidão dominou o rei em seu palácio e o obrigou a voltar a Paris, onde ele foi deposto e executado.

A visita a Versailles pode ser dividida em três partes: o palácio propriamente dito, os jardins e o parque, que inclui os Domínios de Maria Antonieta. Em vez de tentar ver tudo, é melhor limitar a visita aos Grands Appartements (aposentos reais) e a um passeio pelos jardins cheio de fontes. Ver todos os edifícios e salas de Versailles levaria dois dias.

O QUE VER

O PALÁCIO

Os Grands Appartements, no primeiro andar, estão dispostos ao redor do Pátio de Mármore, que tem esse nome devido ao piso de mármore. A obra-prima do castelo é a Galerie des Glaces (Galeria dos Espelhos), um salão de 73m de comprimento, 10,5m de largura e 12,3m de altura desenhado por Jules Hardouin-Mansar. Nas extremidades opostas ficam o Salão da Guerra e o Salão da Paz. Simbolicamente, o Tratado de Versailles foi ratificado aqui em 1919, pondo fim à Primeira Guerra Mundial. Ao longo da parede externa, 17 janelas oferecem vistas espetaculares dos jardins e enchem o salão da luz da tarde. Na parede oposta, diante das 17 janelas, estão colocados 17 grandes espelhos. No teto veem-se retratos de um triunfante Luís 14.

Vizinho à Galeria dos Espelhos fica o quarto de dormir do rei, localizado no centro exato do palácio e voltado para a direção do sol nascente. Ele se liga ao dormitório da rainha por uma antecâmara conhecida como l'Oeil-de-Boeuf (Olho de Boi), onde os cortesãos cumpriam o cerimonial atendendo ao rei na hora de se levantar e ir para a cama.

A decoração de muitas das salas é dedicada a divindades gregas, como o Salão de Vênus e o Salão de Apolo (usado como sala do trono). Na Europa, no século 17, Apolo foi identificado com Hélio, o deus-sol, guardião da ordem mundial, de quem Luís, o Rei Sol, se considerava representante na terra.

Vale a pena ver também a capela revestida de mármore e o teatro de ópera, acrescentado a Versailles em 1770.

O PARQUE

O parque, o maior parque palaciano da Europa, foi criado pelo arquiteto paisagista preferido do rei, André Le Nôtre. Mais próximo ao palácio fica o jardim formal francês, traçado em formas geométricas e onde estão as famosas fontes de Versailles. Elas não estão sempre em movimento, e um dos momentos garantidos para vê-las em ação é durante uma das *Grandes Eaux Musicales* (Grandes Águas Musicais, nos fins de semana de abril a setembro).

Além do jardim fica o parque onde Luís 14 navegava uma flotilha de navios e gôndolas em 1,6km do Grand Canal. Uma grande área do parque, o Domínio de Maria Antonieta, era reservada, como o nome deixa claro, aos prazeres privados da rainha. Aqui há dois palácios menores, o Grand Trianon e o Petit Trianon, construído por Luís 15 para Madame de Pompadour, que não viveu para vê-lo terminado. Um pouco atrás dos Trianons há um pequeno lago, às margens do qual ainda se pode ver os edifícios de uma pequena vila construída por Maria Antonieta para divertir seus amigos. A chácara da vila abastecia as cozinhas de Versailles.

DICAS

» Os dias mais movimentados em Versailles são as quintas, domingos e fins de semana de férias. O palácio fica fechado às segundas.

» O passe *Paris Museum* lhe permite evitar algumas das filas.

À esq. *Versailles em toda a sua glória*
Pág. ao lado *A Galeria dos Espelhos, criação de Jules Hardouin-Mansart*

PASSEIO A PÉ

MONTMARTRE

Há muito mais em Montmartre além da Basílica do Sacré-Coeur, por mais impressionante que ela seja. Este passeio mostra o lado menos conhecido da histórica colina de Paris, com seus pitorescos bangalôs, suas ruas calçadas de pedra e suas vistas panorâmicas.

O PASSEIO
Distância: 3km
Duração: 2 horas
Início: Place Blanche
Fim: Place des Abbesses

COMO CHEGAR
Blanche 30, 54, 68, 74

★ Partindo da Place Blanche, ande para oeste ao longo do Boulevard de Clichy, passando pelo Moulin Rouge.

❶ Quando o Moulin Rouge foi inaugurado, em 1889, as dançarinas de cancã foram um imediato sucesso.

No Boulevard de Clichy, vire à direita na Avenue Rachel e continue até o Cimetière de Montmartre.

❷ No cemitério você pode ver os túmulos do escritor Stendhal, do compositor Hector Berlioz e do inventor do saxofone, Adolphe Sax.

❸ Saia do cemitério por onde entrou, na Avenue Rachel, e suba a escada à direita para a Rue Caulaincourt. Vire à direita nessa rua e, no fim da passarela, vire à direita na Rue Joseph de Mastre. Pouco depois, vire bem à esquerda na íngreme e curva Rue Lepic. Van Gogh morou no nº 54 de 1886 a 1888. Siga a curva, passando pelo Moulin de la Galette à esquerda.

O Moulin de la Galette tornou-se um salão de baile no século 19 e inspirou o famoso quadro de Renoir, *O Baile no Moulin de la Galette*.

Vire à esquerda na Rue Girardon, cruze a Avenue Junot e desça em direção à Place Suzanne-Buisson, um jardim fechado à sua esquerda.

❹ O jardim leva o nome de uma heroína da Segunda Guerra. A estátua macabra é do bispo do século 3º, são Dênis, que foi decapitado pelos romanos. Conta a lenda que ele pegou sua cabeça e lavou o sangue em uma fonte que havia aqui.

Caminhe pelo jardim e vire à direita logo depois da estátua para descer a escada que leva à Place Casadesus. Suba a escada à sua direita para a Allée des Brouillards, rua de pedestres que leva o nome do Château des Brouillards, do século 18, que fica logo atrás. O pintor Renoir morou no castelo nos anos 1890 e em outra casa da alameda depois disso. No fim da Allée des Brouillards, atravesse a Place Dalida e suba a Rue de l'Abreuvoir.

Esta rua leva o nome do bebedouro *(l'abreuvoir)* que havia no nº 15. O nº 14 atraía os artistas do bairro quando era o Café de l'Abreuvoir, enquanto o nº 12 foi a casa de Camille Pissarro de 1888 a 1892. La Maison Rose é uma boa opção para almoço.

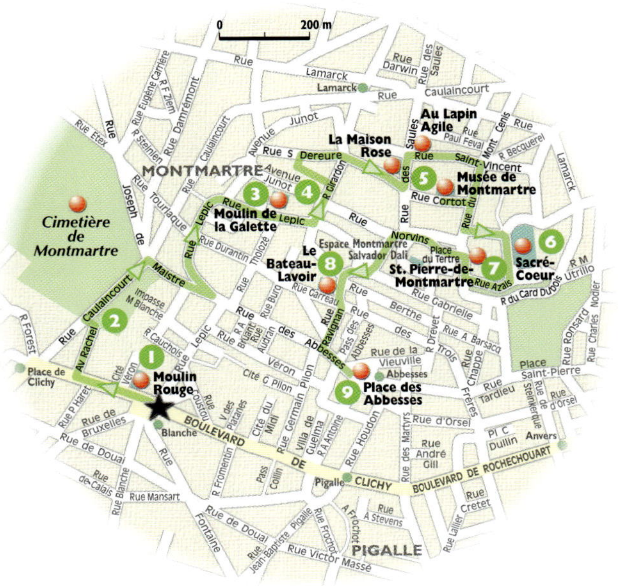

Vire à esquerda logo depois de La Maison Rose e desça a ladeira, passando pelo último vinhedo sobrevivente de Montmartre. Vire à direita no lendário cabaré Au Lapin Agile e caminhe pela Rue Saint-Vincent. Vizinha ao vinhedo há uma área verde preservada, o Jardin Sauvage Saint-Vincent (só fins de semana), um pequeno bosque dentro da cidade.

Vire à direita na Rue du Mont Cenis, onde já morou Hector Berlioz (nº 22). Quatro lances de escada levam ao topo de Montmartre, onde se ergue uma caixa d'água pintada de branco com um pequeno jardim.

❺ Um curto retorno descendo a rua em frente leva ao Musée de Montmartre, a casa mais antiga da colina. A exposição conta o crescimento de Montmartre.

Continue na Rue du Mont Cernis em direção à parte turística de Montmartre. Vire à esquerda e desça a Rue du Chevalier de la Barre, onde você terá que enfrentar o corredor polonês de lojas de presentes e pintores de retratos.

Vire à direita na Cardinal Guibert para chegar à Sacré-Coeur (▷ 91).

❻ A basílica neobizantina foi construída para expiar a morte das 58 mil vítimas da Guerra Franco--Prussiana (1870-1).

Vire à direita na Rue Azaïs, que oferece vistas da cidade. Vire à direita na Rue St.-Eleuthère para chegar à Église de St.-Pierre-de-Montmartre, na Place Jean Marais.

❼ Mais humilde que a Sacré-Coeur, St.-Pierre-de-Montmartre tem uma atmosfera calma. Originalmente, a igreja fazia parte da Abadia de Montmartre, do século 12.

Saia da Place Jean Marais pelo lado oposto da igreja e você estará na movimentada Place du Tertre. Continue na mesma direção, descendo a Rue Norvins. Quando avistar um edifício baixo de pedra (antiga cisterna com uma fonte renascentista), vire à esquerda na triangular Place Jean-Baptiste Clément para chegar à Rue Ravignan. Aí, vire à direita e siga até a arborizada Place Émile Goudeau.

❽ Na Place Émile Goudeau, veja à direita o Bateau-Lavoir, onde Picasso e Braque tinham seus ateliês e onde o cubismo nasceu. O edifício original foi destruído por um incêndio em 1970.

Saia da praça pela pequena escada do fundo e continue descendo a Rue Ravignan. No final dela, vire à esquerda na Rue des Abbesses e daí até a Place des Abbesses.

❾ Na Place des Abbesses, observe a magnífica entrada Art Nouveau do metrô e a fachada da Église St.-Jean-l'Évangéliste (1904), chamada de St.-Jean-des-Briques (tijolos) por causa de seus tijolos vermelhos

QUANDO IR

É melhor fazer o passeio durante o dia, porque à noite algumas partes de Montmartre estão decadentes.

ONDE COMER

Evite os restaurantes turísticos ao redor da Place du Tertre. Há restaurantes mais tranquilos na Rue Lepic e mais opções no Boulevard de Clichy e ao redor da Place des Abbesses. La Maison Rose, no trajeto, tem um cardápio modesto.

PARA VISITAR

JARDIN SAUVAGE SAINT-VINCENT

✉ Rue Saint-Vincent 🕐 Abr-fim out sáb-dom 13h30-17h30 ✋ Grátis

MUSÉE DE MONTMARTRE

✉ 12 Rue Cortot ☎ 01 49 25 89 39 🕐 Ter-dom 11h-18h ✋ Adultos €7, crianças €5,50

DICA

›› Para ver a Sacré-Coeur de baixo, desça a Rue Yvonne le Tac , que sai da Place des Abbesses, depois pegue a Rue Tardieu, passando pela estação do funicular, até o fim da Place Louis Michel.

Pág. ao lado *Casa coberta de hera, Montmartre*

PASSEIO A PÉ

A MARGEM ESQUERDA LITERÁRIA

Paris sempre inspirou escritores, que deixaram vestígios biográficos e ficcionais por toda a cidade. Este passeio percorre lugares ligados a escritores no Quartier Latin e em St.-Germain-des-Prés, terminando por três lendários cafés literários.

O PASSEIO
Distância: 4km
Duração: Meio dia, ou mais se você quiser entrar nas livrarias ou descansar num café.
Início: Notre-Dame
Fim: Place de St.-Germain-des-Prés

COMO CHEGAR
RER St.-Michel-Notre-Dame

★ Parta da praça em frente à Catedral de Notre-Dame.

❶ Notre-Dame foi cenário do romance de Victor Hugo *O Corcunda de Notre-Dame*, de 1831, cujo sucesso envergonhou a cidade de Paris, levando-a a cuidar de seus famosos monumentos.

De frente para a catedral, vire à direita e siga pela Pont au Double. Cruze o movimentado cais de Montebello, vire à direita e ande ao longo do jardim em frente à Église St.-Julien-le-Pauvre para chegar à Rue de la Bûcherie, uma rua curta demais para aparecer nos mapas.

❷ Se a Paris literária teve um lar espiritual –pelo menos para leitores e escritores da língua inglesa–, foi a livraria Shakespeare & Co. Inaugurada em 1951 pelo expatriado americano George Whitman, que a dirigiu segundo seus utópicos ideais, é um lugar excêntrico e acolhedor.

Vá até o fim da rua e vire à esquerda na Rue du Petit Pont. Do outro lado da rua, as gárgulas da Église St.-Séverin assomam sobre a rua estreita. Vire à esquerda no Boulevard St.-Germain e continue até a Place Maubert, onde há uma colorida feira às terças, quintas e aos sábados. Vire à direita na Rue des Carmes, que se torna Rue Valette e sobe firme até a Place Ste.-Geneviève, ao lado do Panthéon.

À sua esquerda está a Église St.-Etienne-du-Mont, que guarda os restos mortais de Racine e Pascal.

Vire à direita, acompanhando a lateral do Panthéon, e entre no monumento pela frente.

❸ Alguns dos 70 eminentes cidadãos enterrados na cripta do Panthéon são Zola, Victor Hugo, Voltaire e Rousseau.

Saindo do Panthéon, desça a Rue Soufflot, atravesse a Rue St.-Jacques e vire na próxima rua à direita, a Rue Victor Cousin.

❹ Uma placa na parede do Hôtel Cluny Sorbonne lembra a estadia do poeta simbolista Arthur Rimbaud no quarto 62 em 1872 com uma citação prosaica: *"En ce moment, j'ai une chambre jolie"* (Atualmente, tenho um quarto adorável).

A Rue Victor Cousin leva à arborizada Place Sorbonne, um bom lugar para parar num café antes de continuar descendo e ladeando a universidade. Vire à esquerda na Rue des Écoles para sair no Boulevard St.-Michel. Vire à direita e continue na direção do rio, cruzando o Boulevard St.-Germain. Na Place St.-Michel, atravesse a rua, caminhe ao redor da monumental fonte, onde dois dragões jorram água aos pés de são Miguel, e chegue à bela Place St.-André des Arts. Vire logo à direita, faça um retorno e suba à direita a Rue Git le Coeur.

❺ No nº 9, um hotel que nada tem de especial foi um reduto *beat* nos anos 1950. Aqui Allen Ginsberg escreveu o poema *Kaddish* e William Burroughs terminou seu controverso romance *Almoço Nu*. O estabelecimento original fechou em 1963, mas fotos no saguão do Relais-Hôtel du Vieux Paris, que o substituiu, lembram sua antiga fama.

Volte à Rue St.-André des Arts e vire à direita para continuar na direção em que estava indo. Vire à esquerda na Rue de l'Eperon e à direita na Rue du Jardinet. Depois do portão no fim da rua, você vai atravessar três pátios que desembocam na porta dos fundos do restaurante Le Procope.

❻ O mais antigo café de Paris, Le Procope foi fundado em 1686 e tinha Molière e Voltaire entre seus clientes. Hoje restaurado, tem interior decorado com espelhos, candelabros e estantes carregadas de livros.

Vire à direita ao lado do Le Procope e atravesse uma pequena arcada para voltar à Rue St.-André des Arts. Vire à esquerda. Acima do cruzamento, continue ao longo da Rue de Buci. Vire à direita na Rue de la Seine e depois à esquerda na Rue des Beaux-Arts.

❼ L'Hôtel, situado no nº 13, era conhecido como Hôtel d'Alsace, onde Oscar Wilde morreu em 1900, aos 46 anos, exilado e enfraquecido pela prisão, depois de se converter ao catolicismo. Por um certo preço, você pode ficar no quarto onde ele morreu.

No fim da Rue des Beaux-Arts fica a École Nationale Superieur des Beaux- Arts, que tem um pátio monumental. Vire à esquerda na Rue Bonaparte para chegar à Place St.-Germain-des-Prés, dominada pela mais antiga igreja de Paris. Três famosos *cafés littéraires* ficam nas vizinhanças.

Do outro lado da praça, saindo da igreja, fica Les Deux Magots, e, na esquina seguinte, o Café de Flore. Em frente ao Café de Flore fica a Brasserie Lipp. Os três cafés foram frequentados por grandes escritores de épocas recentes, entre eles surrealistas e existencialistas. Entre seus famosos clientes, os mais habituais foram Jean-Paul Sartre e Simone de Beauvoir. Se quiser sentar-se a uma mesa e anotar seus pensamentos ao lado de uma xícara de café, estará em boa companhia.

ONDE COMER

Há cafés e restaurantes ao longo de todo o trajeto.

Acima *O interior do Panthéon*
Pág. ao lado *A livraria Shakespeare & Co*

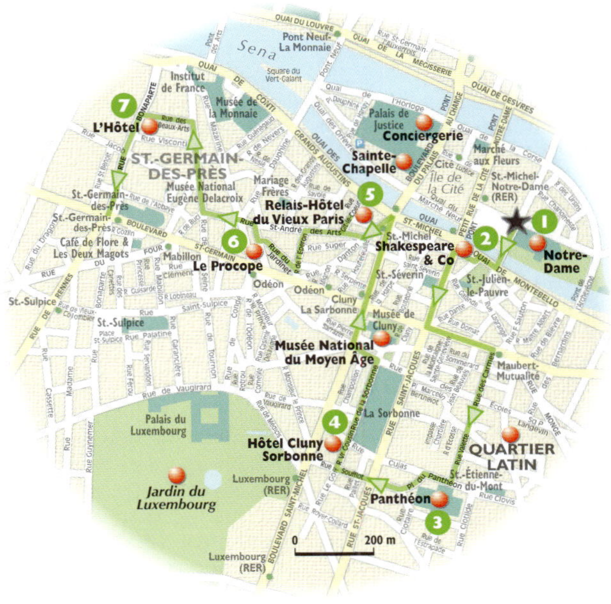

ARTE, COMPRAS, DIVERSÃO E NOITE

COMPRAS

AGNÈS B

www.agnesb.fr

Sóbria, mas moderna, Agnès B é sinônimo de moda jovem chique. Roupas bem cortadas, com detalhes originais, são sua marca registrada, e seu colete com botões de pressão é um clássico. Também elogiável é seu envolvimento artístico –ela patrocina muitos estilistas iniciantes.

6 Rue du Jour, 75001 01 45 08 56 56 Seg-sáb 10h-19h Les Halles

BARTHÉLÉMY (STÉ)

Fundado em 1904, este paraíso para os amantes do queijo vende brie, mont d'or (de Jura), roquefort e muito mais. A tradicional loja fornece para o Palácio do Eliseu, residência oficial do presidente da França.

51 Rue de Grenelle, 75007 01 42 22 82 24 Ter-sáb 8h-13h, 14h-19h15 Rue du Bac

BHV (BAZAR DE L'HÔTEL DE VILLE)

www.bhv.fr

O bazar da prefeitura funciona desde 1856 e tem um excelente estoque. Roupas, móveis, artigos para a casa –tudo o que você pode desejar ou precisar reunido sob o mesmo teto.

52 Rue du Temple, 75001 01 42 74 90 00 Seg-ter, qui-sáb 9h30-19h30, qua 9h30-19h Hôtel de Ville

BILL TORNADE

www.billtornade.com

Bill Tornade, uma loja moderna e chique, atende o homem urbano elegante com belos tecidos, jaquetas no estilo dos anos 1960, ternos e sapatos de couro italiano. Para um toque exclusivo, alguns artigos têm edição limitada.

44 Rue Étienne-Marcel, 75002 01 42 33 66 47 Seg-sáb 11h-19h30 Étienne Marcel

LE BON MARCHÉ

www.lebonmarche.fr

A marcas mais clássicas podem ser encontradas nesta loja de departamentos. O interior modernista contribui para a atmosfera. Não deixe de ver o belo salão no térreo e a praça de alimentação, que oferece iguarias de todo o mundo num prédio vizinho.

24 Rue de Sèvres, 75007 01 44 39 80 00 Seg-qua, sex 9h30-19h, qui 10h-21h, sáb 9h30-20h Sèvres-Babylone, Vaneau

BOULANGERIE POILÂNE

www.poilane.fr

O legado do *boulanger* Lionel Poilâne está vivo no que é considerado o melhor pão francês, fabricado aqui com receitas secretas de família. O pão de nozes e passas é um sucesso, mas a tradicional baguete, o croissant e o pão de centeio também são deliciosos.

8 Rue du Cherche-Midi, 75006 01 45 48 42 59 Seg-sáb 7h15-20h15 Sèvres-Babylone, St.-Sulpice

CHANEL

www.chanel.com

O terninho de *tweed* e o pretinho básico, dois ícones de Coco Chanel, são hoje reinventados por Karl Lagerfeld, diretor de seu ateliê desde 1984. Clássicos, sensuais, femininos e chiques, os modelos de Chanel são símbolo da elegância parisiense.

31 Rue Cambon, 75001 01 42 86 26 00 Seg-sáb 10h-19h Madeleine

COLETTE
www.colette.fr
Este paraíso da moda parisiense oferece a exclusividade por excelência. Aqui você encontra o moderno design de um dos nomes ascendentes da indústria e produtos importados que são difíceis de encontrar em outro lugar. Um passeio pela loja vai mantê-lo atualizado das tendências. O bar no subsolo oferece mais de cem marcas de água.
213 Rue St.-Honoré, 75001 01 55 35 33 90 Seg-sáb 11h-19h Tuileries, Pyramides

COMME DES GARÇONS
A estilista japonesa Rei Kawakubo tem uma visão quase arquitetônica da moda. Seu corte assimétrico produz linhas soltas. A coleção atende aos que procuram algo único e moderno. A loja também vende o perfume Comme des Garçons.
54 Rue du Faubourg St.-Honoré, 75008 01 53 30 27 27 Seg-sáb 11h-19h Madeleine, Concorde

FAUCHON
www.fauchon.fr
Esta é a mais deliciosa e provavelmente a mais cara delicatéssen de Paris. O melhor da cozinha francesa, incusive foie gras, ótimos temperos e excelentes vinhos, são encontrados aqui desde 1886. E não só produtos franceses: você encontra caviar beluga e os melhores destilados do mundo todo, além das iguarias mais exóticas. A casa tem um agradável salão de chá.
26 Place de la Madeleine, 75008 01 70 39 38 00 Seg-sáb 8h-21h Madeleine

GALERIES LAFAYETTE
www.galerieslafayette.com
Inaugurado em 1912, o principal edifício desta tradicional loja de departamentos tem um impressionante vitral, além de balcões e balaustradas dourados, um luxuoso ambiente para centenas de marcas, que incluem artigos de moda e beleza, acessórios, artigos para a casa e refinados alimentos.
40 Boulevard Haussmann, 75009 01 42 82 34 56 Seg-qua, sex-sáb 9h30-19h30, qui 9h30-21h Chaussée d'Antin

ISABEL MARANT
Criadora de modelos que estão sempre nas passarelas, Isabel Marant faz uma moda moderna e elegante, com um toque de boemia burguesa. Camisas de seda e amplos agasalhos de lã: o melhor em casual chique.
16 Rue de Charonne, 75011 01 49 29 71 55 Seg-sáb 10h30-19h30 Bastille

LOLLIPOPS
www.lollipops.fr
Bolsas, echarpes, chapéus e joias formam uma coleção elegante e criativa, com materiais como lã, camurça e veludo. Os produtos estão expostos por cor, o que facilita combinar as peças.
40 Rue du Dragon, 75006 01 42 22 09 29 Ter-sáb 10h30-19h St.-Sulpice

LOUIS VUITTON
www.vuitton.com
O padrão geométrico em bege e marrom com as iniciais LV entrelaçadas é a marca registrada da casa, que oferece maletas, chaveiros, carteiras, bolsas e sapatos, tudo de couro. Há também roupas de alta qualidade, com preços igualmente altos.
101 Avenue des Champs-Élysées, 75008 08 10 81 00 10 Seg-sáb 10h-20h George V

MARCHÉ BEAUVAU
Este é um dos mais movimentados mercados de Paris, onde muitos restaurantes compram frutas, verduras, peixes e carnes. Alguns comerciantes vendem por leilão, quando todos disputam espaço com todos, uma verdadera experiência parisiense.
Place d'Aligre, 75012 Ter-sex 9h-13h, 14h-19h, sáb 9h-13h, 15h30-19h30 Ledru-Rollin, Faidherbe Chaligny

Pág. ao lado *Butiques no Marais*

MARCHÉ AUX FLEURS
Esta feira numa ilha do Sena fica perto de Notre-Dame. Há uma grande variedade de plantas e flores, dispostas nas margens do rio ou em estufas, com algumas bancas especializadas (orquídeas e ervas).
Place Louis Lépine, Île de la Cité, 75004 Ter-dom 8h-19h Cité

MARCHÉ RASPAIL
As frutas e verduras vendidas nesta feira são rigorosamente orgânicas, cultivadas sem agrotóxicos. Talvez não pareçam tão boas quanto as vendidas no supermercado, mas com certeza têm melhor gosto. Aqui você também encontra mel, pão e vinho orgânicos. Outra feira orgânica é realizada no Boulevard des Batignolles aos sábados de manhã.
Boulevard Raspail, 75006 Ter, sex 7h-14h, dom 9h-15h Rennes

PIERRE HERMÉ
Doces de alta costura? O chef Pierre Hermé trabalha em associação com um estilista, e por isso suas criações têm um visual tão atraente quanto o gosto. Seu bolo de chocolate enfeitado com folha de ouro é quase lendário. Conte com uma espera nesta pequena loja, que mais parece uma joalheria que uma confeitaria. Mas lembre-se: a satisfação é garantida.
72 Rue Bonaparte, 75006 01 43 54 47 77 Ter-dom 9h-19h St.-Sulpice, Mabillon

PRINTEMPS
www.printemps.com
Desde 1865 esta loja tem a ambição de ser a mais moderna de seu tempo. Sua sede principal, com uma bela cúpula de vitral, tem seis andares dedicados à moda feminina e o maior departamento de perfumes da Europa. Há também uma loja masculina e um departamento dedicado à arte da decoração do lar.
64 Boulevard Haussmann, 75009 01 42 82 57 87 Seg-que, sex-sáb 9h35-19h, qui 9h35-22h Havre-Caumartin

XULY BËT

O designer malinês Lamine Kouyate dá um tom étnico à elegância. Os tecidos estampados de suas criações mostram a influência de sua África nativa, mas os cortes sexy lembram a ousadia de um designer como Versace. Há belos vestidos justos, quase sempre com pespontos vermelhos. Além de roupas, há uma coleção de objetos para a casa feitos à mão na África.
✉ 1 Rue Pierre-Lescot, 75001 ☎ 01 42 33 50 40 ⏲ Diariam 11h-14h, 15h-19h 🚇 Les Halles

DIVERSÃO E VIDA NOTURNA

AUDITORIUM DU LOUVRE

www.louvre.fr
É um impressionante auditório para 420 pessoas logo atrás da pirâmide do Louvre de I. M. Pei. Tem um programa excelente e variado, inclusive de música religiosa, cinema e recitais.
✉ Musée du Louvre, 75001 (entrada pela pirâmide) ☎ 01 40 20 55 00 ⏲ Concertos: qua 20h, qui 12h30 ✋ €30 (concerto de 20h), €10 (concerto de 12h30) 🚇 Louvre-Rivoli

BAZOOKA CAFÉ

Antes chamado Onix, este café elegante e moderno fica perto do Centre Georges Pompidou e do Marais, bairro gay de Paris. Aqui o ambiente é agradável no início da noite.
✉ 9 Rue Nicolas Flamel, 75004 ☎ 01 42 74 45 82 ⏲ Diariam 15h-2h 🚇 Châtelet

BUDDHA BAR

Um bar e restaurante descolado, que atrai o pessoal da moda e turistas curiosos. Um Buda de 3,6m preside o lugar, um DJ toca os sons que estão na moda e o serviço é excelente.
✉ 8 Rue Boissy d'Anglas, 75008 ☎ 01 53 05 90 00 ⏲ Bar: seg-sex 16h-2h, sáb, dom 17h-2h. Restaurante: diariam 12h-15h e 19h-21h30 🚇 Concorde

CAFÉ DE L'ATELIER

Este café fica aberto o dia todo para um drinque ou um petisco, no interior ou no terraço (aquecido quando necessário). É um lugar jovem no distrito, onde se encontram restaurantes tradicionais como a Brasserie La Coupole.
✉ 95 Boulevard du Montparnasse, 75014 ☎ 01 45 44 98 81 ⏲ Diariam 24 horas 🚇 Vavin

CAFÉ DE FLORE

Famoso em outros tempos por ser frequentado por escritores e filósofos (Jean-Paul Sartre era um cliente regular), este café funciona o dia todo para um lanche ou um drinque, em um ambiente elegante.
✉ 172 Boulevard St.-Germain, 75006 ☎ 01 45 48 55 26 ⏲ Diariam 7h30-1h30 🚇 St.-Germain-des-Prés

COMÉDIE FRANÇAISE/SALLE RICHELIEU

www.comedie-francaise.fr
Apesar do nome, não espere ver uma comédia na Comédie Française, que foi fundada em 1680 pelo dramaturgo Molière. É sede da mais prestigiosa companhia francesa. O repertório é de clássicos, inclusive Shakespeare e, é claro, Molière.
✉ 2 Rue de Richelieu, 75001 ☎ 0825 101 680 ⏲ Diariam 20h30, matinês em alguns sáb e dom. ✋ A partir de €17 🚇 Palais Royal-Louvre

CRAZY HORSE

www.crazy-horse.fr
Esta instituição parisiense foi fundada em 1951. Seu show "provocante" de alta classe apresenta dançarinas que, graças a efeitos de luz, parecem quase nuas. O jantar é servido durante o show.
✉ 12 Avenue George V, 75008 ☎ 01 47 23 32 32 ⏲ Shows: dom-sex 20h30, 23h, sáb 19h30, 21h45, 23h50 ✋ Show e jantar: a partir de €150 🚇 Alma-Marceau, George V

LA DANSE

Este auditório para até 500 pessoas tem um clima intimista, com seu pequeno palco e paredes de tijolos aparentes. Pop, rock e world music dominam o ambiente, com performances de teatro e dança. Há um pequeno bar no local. Não aceita cartões de crédito.
✉ 5 Passage Louis-Philippe, 75011 ☎ 01 47 00 57 59 ⏲ Performance: diariam cerca de 20h ✋ Cerca de €20, mas variam. 🚇 Bastille

DUC DES LOMBARDS

É nesta instituição que os mais admirados músicos de jazz aquecem o ambiente íntimo, com as apresentações culminando em memoráveis *jam sessions*.
✉ 42 Rue des Lombards, 75001 ☎ 01 42 33 22 88 ⏲ Performance: seg-sáb 21h ✋ €19-25 🚇 Châtelet

ÉLYSÉE MONTMARTRE

www.elysee-montmartre.com
Com mais de um século de idade, este estabelecimento conserva seu interior original retrô e hoje abriga alguns dos melhores shows de pop-rock. É também famoso por suas

À esq. *Montmartre, no norte de Paris, tem muitos bares e boates*

noites de baile e de música techno.
72 Boulevard Rochechouart, 75018
01 44 92 45 36 Variam Cerca de €23 (dependendo do espetáculo) Anvers

FOLIES-BERGÈRE

www.foliesbergere.com
Uma casa lendária, o Folies-Bergère está em funcionamento desde 1869. Antigamente famoso por seus espetáculos audaciosos, o Folies Bergère hoje mostra várias produções de diferentes companhias.
32 Rue Richer, 75009 01 44 79 98 60
Varia de acordo com o show
Variam de acordo com o show
Cadet, Grands Boulevards

LA GÉODE

www.cite-sciences.fr
Um cinema com uma gigantesca tela hemisférica e som digital estéreo. Você realmente é envolvido pelo filme. Não programa lançamentos, porque só filmes especialmente adaptados à tecnologia podem ser exibidos.
26 Avenue Corentin-Cariou, 75019
0892 684 540 Ter-dom 10h30-20h30
Adultos €10,50, crianças €9 Porte de la Villette

MAISON DE RADIO FRANCE

www.radiofrance.fr
Ótimas orquestras sinfônicas, concertos de jazz e óperas são apresentados aqui, em shows ao vivo ou gravados para transmissão subsequente.
116 Avenue du Président-Kennedy, 75016 01 56 40 15 16 Variam
Grátis (ou a preços baixos) Kennedy Radio France

MÉNAGERIE DE VERRE

Teto de vidro e paredes de concreto distinguem esta antiga gráfica. Espere encontrar espetáculos de dança moderna e festivais multidisciplinares: vídeo, dança e artes visuais. Não aceita cartões de crédito.
12 Rue Léchevin, 75011 01 43 38 33 44 Espetáculos: diarim 20h30
Variam Parmentier

MOULIN ROUGE

www.moulinrouge.fr
Fundado em 1889, ficou ainda mais famoso depois do filme americano de mesmo nome. Um magnífico interior, dentro de um quase autêntico moinho vermelho, onde o jantar é servido enquanto você desfruta um excitante show de *féerie*.
82 Boulevard de Clichy, 75018 01 53 09 82 82 Shows: diariam 21h, 23h
Show: a partir de €99. Show e jantar: a partir de €145 Blanche

LE NEW MORNING

www.newmorning.com/fr
Um paraíso para os fãs de jazz, esta famosa casa recebe os mais prestigiados músicos. Aqui você também ouve bossa nova e salsa.
7-9 Rue des Petites-Écuries, 75010
01 45 23 51 41 Concerto: 21h (os dias variam) Cerca de €25 Château d'Eau

LE NOUVEAU CASINO

www.nouveaucasino.net
Inaugurado em 2001, este clube não levou muito tempo para criar uma clientela. Excelentes DJs, um belo interior e uma ótima localização num bairro movimentado são as chaves do sucesso.
109 Rue Oberkampf, 75011 01 43 57 57 40 Ter-sáb 24h-6h; concertos quase todas as noites às 19h30 ou 20h Cerca de €15 Parmentier, Ménilmontant, St.-Maur

OPÉRA BASTILLE

www.opera-de-paris.fr
Este imenso auditório moderno de 2.700 lugares foi inaugurado em 1989 em meio a muita controvérsia. Mas até hoje óperas e orquestras sinfônicas continuam a se beneficiar de sua excepcional acústica. Há também espetáculos de balé.
120 Rue de Lyon, 75012 0892 899 090 Variam €10-130 Bastille

OPÉRA DU CHÂTEAU DE VERSAILLES-OPÉRA ROYAL

www.chateauversailles.fr
O auditório do Château de Versailles foi construído para o casamento de Luís 16 e inaugurado em 1770. Balé, ópera e teatro são apresentados neste belo ambiente, cercado de estátuas e de teto pintado.
Château de Versailles, RP 834, 78008
01 30 83 78 88 Abr-out: ter-dom 9h-18h30; nov-mar: ter-dom 9h-17h30
Versailles Rive Droite, Versailles Rive Gauche, Versailles Chantier

OPÉRA PALAIS GARNIER

www.opera-de-paris.fr
Obra-prima da arquitetura, construído durante o século 19 por Charles Garnier, este teatro oferece um luxuoso e prestigioso lugar para companhias de balé, de ópera e orquestras sinfônicas.
Place de l'Opéra, 75009 0892 899 090 Variam €10-130 Opéra

QUEEN

www.queen.fr
Um endereço de prestígio para o público gay, mas que também é frequentado por um público hétero descolado. House e garage music se misturam nas mãos de DJs internacionais, com temas e climas que mudam a cada noite da semana.
102 Avenue des Champs-Élysées, 75008
01 53 89 08 90 Diariam 24h-7h
Seg €20; ter-qui, dom €15; sex-sáb €20
George V

SATELLIT CAFÉ

www.satellit-cafe.com
Esta casa de world music tem espaço para 250 pessoas. A programação inclui blues, música latina, africana e mediterrânea.
44 Rue de la Folie-Méricourt, 75011
01 47 00 48 87 Concerto: ter-qui 21h Cerca de €10 Oberkampf, St.-Ambroise

THÉÂTRE DES CHAMPS-ÉLYSÉES

www.theatrechampselysees.fr
Este grande auditório, com balcões e poltronas de veludo vermelho, recebe espetáculos de ópera, balé, música clássica e de câmara, além de jazz e cantores de variedades.
15 Avenue Montaigne, 75008 01 49 52 50 50 Espetáculos: quase diariam por volta de 20h-20h30 Variam Franklin D. Roosevelt, Alma-Marceau

THÉÂTRE NATIONAL DE CHAILLOT

www.theatre-chaillot.fr

Este teatro está instalado no imponente e neoclássico Palais de Chaillot. O auditório maior pode acomodar produções de todos os tipos, inclusive obras contemporâneas de alta qualidade, além dos clássicos.

✉ 1 Place du Trocadéro, 75016 ☎ 01 53 65 30 00 🕐 Espetáculos: ter-sáb 20h, dom 15h 🎫 €12-33 Ⓜ Trocadéro

THÉÂTRE DU PALAIS ROYAL

www.theatrepalaisroyal.com

A prestigiosa localização –dentro dos jardins do Palais Royal– aumenta a atração deste elegante teatro (que tem poltronas de veludo vermelho e painéis dourados) construído em 1783. Dramas e comédias dominam a programação, mas há também concertos de música clássica.

✉ 38 Rue de Montpensier, 75001 ☎ 01 42 97 40 00 🕐 Espetáculos: ter-sex 20h30, sáb 17h e 21h 🎫 Variam Ⓜ Bourse, Palais Royal-Louvre

UGC CINÉ FORUM LES HALLES

www.ugc.fr

Este cinema de 19 salas oferece muitas opções de filmes, todos exibidos na língua original. O saguão de entrada é decorado com imensas fotos de astros e estrelas do cinema.

✉ 7 Place de la Rotonde, 75001 ☎ 0892 700 000, ex 11 🕐 Diariam 9h-22h30 🎫 Adultos €10, crianças €8 Ⓜ Châtelet-Les Halles

WAGG

www.wagg.fr

Uma pista de dança compacta (que acomoda até 350 pessoas) dá a esta casa uma atmosfera acolhedora. A música, principalmente house e dance music, atrai um público descolado entre 20 e 30 anos a esta casa no coração de St.-Germain-des-Prés.

✉ 62 Rue Mazarine, 75006 ☎ 01 55 42 22 01 🕐 Sex, sáb 23h30-amanhecer, dom 15h-24h 🎫 Sex-sáb €15; dom €12; qua grátis Ⓜ St.-Germain-des-Prés, Odéon

ESPORTES E ATIVIDADES

AQUAPARK AQUABOULEVARD

www.aquaboulevard.com

Além do parque aquático, que tem uma convidativa variedade de escorregadores e uma máquina de ondas, há quadras de squash e de tênis, restaurantes e lojas –atividades destinadas aos visitantes que preferem se manter fora da água.

✉ 4-6 Rue Louis Armand, 75015 ☎ 01 40 60 10 00 🕐 Seg-qui 9h-23h, sex 9h-24h, sáb 8h-24h, dom 8h-23h 🎫 Aquapark: adultos €20, crianças (3-11) €10 Ⓜ Balard, Porte de Versailles

BOWLING DE MONTPARNASSE

Dezesseis pistas de boliche, piscina, bilhar e videogames. Às sextas e aos sábados à noite pode-se jogar boliche no escuro, com as pistas iluminadas por lâmpadas fluorescentes.

✉ 25 Rue du Commandant-Mouchotte, 75014 ☎ 01 43 21 61 32 🕐 Dom-qui 10h-2h, sex 10h-4h, sáb 10h-5h 🎫 €4,30-6,30 por jogo por pessoa Ⓜ Montparnasse-Bienvenue

FRANCE MONTGOLFIÈRES

www.franceballoons.com

Estes passeios de balão levam você a descobrir os arredores de Paris, sobrevoando vilas, castelos, rios e florestas. Você também pode chegar à Borgonha e ao Loire.

✉ 63 Boulevard de Ménilmontant, 75011 ☎ 08 10 60 01 53 🕐 Passeios de meados mar-fim nov, mediante reserva 🎫 A partir de €185 por 3 1/2 horas Ⓜ Père Lachaise

GOLF DU BOIS DE BOULOGNE

www.golfduboisdeboulogne.com

O maior campo de golfe de Paris, em meio a um hipódromo, inclui um campo onde se pode praticar, além de uma área de *crazy golf*, abrigos e cursos d'água.

✉ Hippodome d'Auteuil, 75016 ☎ 01 44 30 70 00 🕐 Diariam 8h-20h (fechado nos dias de corrida) 🎫 €4 por conjunto de bolas, €5 por meia hora de *crazy golf* Ⓜ Porte d'Auteuil

PARC DES PRINCES

www.psg.fr

Inaugurado em 1972, o estádio é sede do time de futebol Paris-St.-Germain (PSG) desde 1990. Dentro de seus limites também se encontram o Musée National du Sport (Museu Nacional do Esporte), uma loja e um restaurante.

✉ 24 Rue du Commandant-Guilbaud, 75016 ☎ 3275 (ramal 2) 🕐 Fechado sex e feriados 🎫 A partir de €6 Ⓜ Porte d'Auteuil, Porte de St.-Cloud

PARIS HÉLICOPTÈRE

www.paris-helicoptere.com

Quer ver tudo em menos de 30 minutos? Contrate um passeio de helicóptero para visitar os monumentos de Paris. Viagens mais longas também estão disponíveis, para uma vista aérea do Château de Versailles e além.

✉ Zone Aviation Affaires, Aéroport, 93350 Le Bourget ☎ 01 48 35 90 44 🕐 Dom à tarde, reserva antecipada 🎫 €122 por um passeio de 25 minutos 🚆 Le Bourget 🚌 152 Musée de l'Air

RANDONNÉE EN ROLLERS
www.rollers-coquillages.org
Em parceria com a loja de esportes Nomades, a Rollers and Coquillages Society organiza passeios de patins por Paris todos os domingos. O trajeto do circuito de três horas muda regularmente.
Encontro diante da Nomades: 37 Boulevard Bourdon, 75004 01 44 54 07 44 Dom 14h30 Grátis Bastille

SAÚDE E BELEZA

SENSO PIU
Aqui você encontra uma variedade de tratamentos, como massagem indiana aiurvédica e massagem *tchong-mo* (estimulação terapêutica dos meridianos de energia).
71 Avenue Raymond-Poincaré, 75016 01 45 53 29 23 Seg-sex 10h30-19h, sáb 10h30-13h Variam de acordo com o tratamento Victor Hugo, Trocadéro

VILLA THALGO
www.thalgo.fr
Este instituto traz a talassoterapia ao coração de Paris. A sessão relaxante e energizante de sete horas inclui esfoliação, tratamento de algas, balneoterapia, aquagym, ducha e massagens. Há também tratamentos de meia e uma hora.
218-220 Rue du Faubourg St.-Honoré, 75008 01 45 62 00 20 Seg, ter, qui 8h30-20h30, qua, sex 8h30-19h, sáb 9h-19h Variam de acordo com o tratamento Ternes, Charles de Gaulle-Étoile

PARA CRIANÇAS

AQUABOULEVARD
▷ 112.

CITÉ DES SCIENCES ET DE L'INDUSTRIE
▷ 97.

DISNEYLAND® RESORT, PARIS
▷ 81.

JARDIN D'ACCLIMATATION
Com lagos e alamedas arborizadas, este "jardim dentro de um bosque" é um paraíso. Há atividades para ocupar as crianças, entre elas minigolfe, playgrounds, boliche, culinária, teatro e esportes. Um passeio de trenzinho é uma boa maneira de conhecer o parque.
Entrada principal: Boulevard des Sablons, Bois de Boulogne, 75016 01 40 67 90 82 Diariam 10h-19h (fecha 18h no inverno) Adultos €2,70, crianças menores de 3 grátis Les Sablons

FESTIVAIS E EVENTOS

ABRIL

MARATONA INTERNACIONAL DE PARIS
www.parismarathon.com
A maratona atrai mais de 30 mil corredores. Começa na Champs-Élysées e termina na Avenue Foch.
01 41 33 15 68 Primeiro domingo de abril Charles de Gaulle-Étoile

MAIO-JUNHO

ABERTO DE TÊNIS DA FRANÇA
www.rolandgarros.com
O famoso Torneio Roland Garros ocorre durante duas semanas.
Stade Roland Garros, 2 Avenue Gordon-Bennett, 75016 01 47 43 48 00 Porte d'Auteuil

JUNHO

FÊTE DE LA MUSIQUE
www.fetedelamusique.culture.fr
Concertos gratuitos por toda a cidade, com música que vai do jazz e do erudito ao techno e ao rap.
01 40 03 94 70 21 junho

JUNHO-JULHO

PARIS JAZZ
www.parcfloraldeparis.com
O som do jazz enche o Parc Floral, cortesia de músicos da Europa e da América.
Parc Floral, Route de la Pyramide, Bois de Vincennes, 75012 Château de Vincennes

JULHO

DIA DA BASTILHA
As celebrações incluem fogos de artifício e bailes gratuitos no dia 13 de julho, seguidos do desfile militar anual pela Avenue des Champs-Élysées no dia 14 de julho.
14 de julho

TOUR DE FRANCE
www.letour.fr
Os participantes desta famosa corrida ciclística cruzam a linha de chegada na Champs-Élysées.
01 41 33 15 00

JULHO-AGOSTO

FESTIVAL DE CINÉMA EN PLEIN AIR
www.villette.com
Festival de cinema ao ar livre.
Parc de la Villette, 75019 01 40 03 75 75 Porte de la Villette, Porte de Pantin

OUTUBRO

NUIT BLANCHE
Concertos e outros eventos ocorrem por toda a cidade durante esta Noite Branca.
Uma noite de outubro

Acima *O Jardin du Luxembourg é um óttimo lugar para o tênis*
Pág. ao lado *A Opéra Bastille tem uma acústica extraordinária*

ONDE COMER

PREÇOS E SÍMBOLOS
Os restaurantes estão listados por ordem alfabética (sem Le, La e Les). Os preços correspondem a um almoço (A) de dois pratos e um jantar (J) de três pratos para uma pessoa, sem bebidas. O preço do vinho refere--se a uma garrafa da marca menos cara.

Para a legenda de símbolos, ▷ 2.

ALCAZAR
www.alcazar.fr
Este bar-restaurante do designer Terence Conran serve pratos sofisticados de peixe e outros, como o carneiro grelhado. Há um lounge bar, onde se apresentam DJs internacionais e onde você pode curtir um drinque antes do jantar. Brunch aos domingos.
62 Rue Mazarine, 75006 St.-Germain-des-Prés 01 53 10 19 99 Diariam 12h-15h, 19h-2h A €25, J €60, vinho €20 Odéon

L'AMBASSADE D'AUVERGNE
www.ambassade-auvergne.com
Uma robusta cozinha de fazenda, com ingredientes do Auvergne em pratos como a sopa de repolho e o cassoulet com lentilhas de Puy.
22 Rue du Grenier St.-Lazare, 75003 Le Marais 01 42 72 31 22 Diariam 12h-14h, 19h30-22h A €39, J €65, vinho €20 Rambuteau

L'ANGLE DU FAUBOURG
www.taillevent.com
Um restaurante excelente, com uma decoração elegante, onde você pode esperar o melhor da cozinha francesa, com pratos como foie gras, lagosta e trufas. Tem uma excepcional adega de vinhos.
15 Rue Lamennais, 75008 Champs-Élysées 01 44 95 15 01 Seg-sex 12h15-14h, 19h30-22h; fechado 28 jul-28 ago A €70, J €150, vinho €28 Charles de Gaulle-Étoile, George V

L'APPART
Este restaurante acolhedor que ocupa dois andares de um apartamento parisiense oferece pratos como carneiro, atum, pombo e ravióli de abacaxi. Realiza uma oficina de culinária no segundo sábado do mês.
9-11 Rue du Colisée, 75008 Champs-Élysées 01 53 75 42 00 Diariam 12h30-14h30, 19h30-24h A €25, J €45, vinho €20 Franklin D. Roosevelt

AUBERGE CHEZ EUX
Decorado no estilo de um tradicional restaurante parisiense, esta casa perto dos Invalides tem boas opções de saladas e outros pratos vegetarianos, como a ratatouille fria. Se você come carne, vale a pena experimentar o magret de canard (peito de pato). Como sobremesa, tente o mousse aux chocolat ou o sorvete de baunilha.
2 Avenue Lowendal, 75007 Paris 01 47 05 52 55 Diariam 12h-14h, 19h-22h A €50, J €50, vinho €26,50 École Militaire

L'AUBERGE DAB
Localizado em Porte Maillot, este restaurante é mobiliado com sofás de couro e tecidos atraentes, criando um ambiente íntimo e elegante. Serve generosos pratos de frutos do mar, com diferentes variedades de ostras e outros moluscos. Os pratos de carne e peixe também são excelentes. O terraço costuma abrir por volta da Páscoa.
161 Avenue Malakoff, 75116 Paris 01 45 00 32 22 Diariam 12h-15h, 19h-2h A €45, J €60, vinho €17 Porte Maillot

Pág. ao lado *Pode-se jantar ao ar livre ou no interior do restaurante Au Pied de Cochon, na Rue Coquillère*

L'AUBERGE DU MOUTON BLANC

Esta antiga hospedaria no lado oeste da cidade, hoje preferida dos parisienses que procuram tranquilidade, foi ponto de encontro de Molière, Racine, Boileau, Chapelle e La Fontaine. Na parede há um quadro de Molière lendo *O Misantropo* aqui em 1666.

40 Rue d'Auteuil, 75016 Paris 01 42 88 02 21 Diariam 12h-15h,19h-22h A €35, J €40, vinho €18 Porte d'Auteuil

AU BOEUF COURONNE

Só não vegetarianos ficarão felizes neste restaurante que se denomina o "templo da carne". Com 16 diferentes cortes de carne de boi, ninguém pode se queixar da falta de opções. Você pode pedir le pavé des mandataires (300g), la pièce à la Charolaise (500g) ou a côte de boeuf (1,2kg). Todas têm o rótulo de qualidade de *Blonde d'Aquitaine*. Há também pratos tradicionais de outras carnes. Experimente um prato principal como a tête de veau (cabeça de vitela), o rognon de veau entier grillé (rim de vitela inteiro grelhado) e o carré d'agneau en persillade (carneiro com molho de alho e salsa).

188 Avenue Jean Jaurès, 75019 Paris 01 42 39 44 44 Diariam 12h-15h, 19h-24h A €40, J €40, vinho €18,50 Porte de Pantin

AU PIED DE CHAMEAU

www.aupieddechameau.fr

O ambiente de noites árabes evoca uma feira marroquina, com apresentação de dançarinas do ventre. A boate no subsolo se chama Casablanca. A comida reflete o ambiente do norte da África, com o tradicional tagine (cozido de carne e vegetais) e o cuscuz marroquino.

20 Rue Quincampoix, 75004 Les Halles 01 42 78 35 00 Diariam 12h-14h, 20h-1h A €30, J €45, vinho €17 Châtelet

AU PIED DE COCHON

www.pieddecochon.com

Aberto o dia todo desde que foi fundado, em 1946, este restaurante é uma festa para os olhos, com suas paredes cobertas de afrescos, e também para o paladar, com seus pratos regionais. O destaque da casa é o pé de porco. Os pratos de frutos do mar são fartos, e a sopa francesa de cebola, uma delícia.

6 Rue Coquillère, 75001 Les Halles 01 40 13 77 00 Diariam 24 horas A €25, J €50, vinho €17 Les Halles

AU TROU GASCON

Este bistrô decorado no estilo da virada do século 20 tem excelentes pratos do sudoeste da França. O cassoulet, preparado com linguiça caseira e feijão-branco de Tarbes, é um dos melhores de Paris.

40 Rue Taine, 75012 Bercy 01 43 44 34 26 Diariam 12h-14h30,19h30-22h; fechado ago A €44, J €58, vinho €17 Daumesnil

BISTRO ROMAIN

www.bistroromain.fr

Um de vários bistrôs espalhados por Paris, este Bistro Romain lembra um teatro de ópera italiano. O cardápio inclui pratos de massa. Os que têm mais apetite vão adorar o carpaccio e o musse de chocolate, servidos na quantidade que se desejar.

26 Avenue des Champs-Élysées, 75008 Champs-Élysées 01 53 75 17 84 Diariam 11h30-13h A €20, J €35, vinho €14 Franklin D. Roosevelt

BOFINGER

www.bofingerparis.com

Este elegante restaurante é decorado num luxuoso estilo Art Nouveau, com teto de vitral, espelhos e madeira esculpida por toda parte. Tanto os que gostam de carne quanto os fãs de peixe vão encontrar pratos franceses lindamente apresentados, entre eles lagosta, ostras, pato e chucrute.

3 Rue de la Bastille, 75004 Bastille 01 42 72 87 82 Diariam 12h-1h A €25, J €40, vinho €30 Bastille

BRASSERIE FLO

Uma maravilhosa decoração da virada do século 20, com belos vitrais, reservados de couro verde e painéis de madeira no teto, dá o tom a esta instituição parisiense, fundada em 1886 e hoje um edifício tombado. A atriz Sarah Bernhardt foi cliente habitual. O cardápio inclui foie gras, moluscos e pratos alsacianos, como chucrute, mas lembre-se de deixar espaço para os deliciosos profiteroles.

7 Cour des Petites Écuries, 75010 Grands Boulevards 01 47 70 13 59 Diariam 12h-15h, 19h-1h30 A €25, J €40, vinho €35 Château-d'Eau

BRASSERIE LIPP

www.brasserie-lipp.fr

Fundada em 1880, esta famosa brasserie parisiense, ponto de encontro de escritores, políticos e astros de teatro e cinema, que já é por si só um monumento histórico, preserva muito da sua autêntica decoração de 1900, inclusive as cerâmicas e os mosaicos de plantas exóticas. Serve a cozinha francesa típica das brasseries, e entre seus pratos mais famosos estão a blanquette de veau a l'ancienne (vitela e vegetais cozidos em molho cremoso), o escalope de saumon e o sole meunière (linguado ao molho de manteiga).

151 Boulevard de St.-Germain, 75006 Paris 01 45 48 53 91 Diariam 12h-2h A €50, J €50, vinho €18 St.-Germain-des-Prés

BRASSERIE LA LORRAINE

www.brasserielalorraine.com

Embora o cardápio tenha sido concebido para explorar a cozinha regional francesa, incluindo chucrute e escargots da Borgonha, os frutos do mar são a atração desta instituição parisiense, que há mais de 70 anos serve ouriços-do-mar e ostras. Também serve pratos para viagem no bar de frutos do mar.

2 Place des Ternes, 75008 Ternes 01 56 21 22 00 Diariam 11h30-0h30 A €35, J €60, vinho €25 Ternes

CAFÉ CASSETTE

www.cafecassette.com

Este moderno restaurante é uma boa opção em qualquer clima. Além do salão, um bar, um grande terraço e uma varanda oferecem todo o conforto. Tem três cardápios diferentes: um de pratos principais (tartare de salmão e filé grelhado), outro de lanches (saladas e sanduíches) e outro de bebidas e sobremesas (experimente as panquecas e os sorvetes).

73 Rue de Rennes, 75006 St.-Germain-des-Prés 01 45 48 53 78 Diariam 7h-1h A €25, J €45, vinho €17 St.-Sulpice, Rennes

CAFÉ MARLY

Desta elegante brasserie tem-se belas vistas da pirâmide do Louvre. A decoração mistura o minimalismo contemporâneo com o estilo Napoleão 3º. O cardápio é típico de uma brasserie, com alguns pratos modernos, como o atum com crosta de gergelim. Para sobremesa há o inevitável bolo de chocolate.

93 Rue de Rivoli, 75001 Louvre 01 49 26 06 60 Diariam 8h-2h A €35, J €50, vinho €25 Palais Royal-Louvre

LE CHALET DES ÎLES

www.lechaletdesiles.net

Em 1880, Napoleão 3º mandou desmanchar e reconstruir um chalé suíço às margens de um lago no Bois du Boulogne como presente para a imperatriz Eugênia. O chalé original pegou fogo em 1910 e foi reconstruído. Hoje é um restaurante isolado e romântico, ao qual se tem acesso num curto trajeto de barco a remo. O terraço é perfeito para um jantar numa noite de verão.

Lac Inferieur du Bois de Boulogne, Porte de la Muette, 75016 Paris 01 42 88 04 69 Diariam 12h-14h30, 20h-22h30 A €23, J €40, vinho €16 Rue de la Pompe

CHARTIERS

www.restaurant-chartier.com

Fundado no fim do século 19 para servir um prato quente de bouillon (sopa de carne e verduras) por preço acessível aos operários do distrito, o Chartiers preserva muito de seu caráter original, inclusive sua comida simples e prática. Por isso é uma instituição parisiense. A decoração é feita de latão, vidro, espelhos e madeira. Os garçons usam o tradicional rondin (colete preto) e longo avental branco. Nas gavetas numeradas nos armários de madeira, os clientes habituais guardam seus guardanapos.

7 Rue Faubourg Montmartre, 75009 Paris 01 47 70 86 29 Diariam 12h-15h, 19h-22h A €18, J €18, vinho €19 Grands Boulevards

CHEZ ANDRÉ

Este bistrô chique perto de l'Etoile é ponto de encontro de executivos, jornalistas e do pessoal da moda. Inaugurado em 1936, preserva seu ambiente original, com brilhantes balcões de bar de zinco. Serve a tradicional e refinada cozinha francesa. Entre suas especialidades,cuisses de grenouilles (pernas de rã), bouillabaisse du chef ou gigot d'agneau (perna de carneiro assada). Tem uma boa seleção de vinhos servidos em taça. A partir de abril, pode-se comer no terraço.

2 Rue Marbeuf, 75008 Paris 01 47 20 59 57 Diariam 12h-1h A €40, J €40, vinho €17 Alma-Marceau

CITRUS ÉTOILE

www.citrusetoile.fr

O premiado chef Gilles Epié cozinhou para presidentes da França, um prestígio que se reflete nos preços de seu restaurante, que fica perto do Arco do Triunfo. Ele gosta de adicionar um toque asiático a seus pratos. Outra atração são os pratos quase sem gordura.

6 Rue Arsene Houssaye, 75008 Paris 01 42 89 15 51 Seg-sex 12h-14h, 19h30-22h A €75, J €75, vinho €18 Charles de Gaulle-Étoile

CLEMENTINE

www.restaurantclementine.com

Este autêntico bistrô parisiense, fundado em 1906 perto da Bolsa de Paris e dos Grands Boulevards, serve a cozinha francesa gourmet. O cardápio inclui vieiras ao creme de citronela, filé de salmão e costeleta de porco ao molho de ameixa com manteiga de laranja. Os pratos variam de acordo com a sazonalidade dos ingredientes. Há uma boa seleção de vinhos.

5 Rue St.-Marc, 75002 Paris 01 40 41 05 65 Seg-sex 12h-14h, 19h30-22h A €28, J €35, vinho €17 Rue Montmartre/Bourse

LE CONGRÈS MAILLOT

No coração do distrito empresarial, perto do Palais des Congrès, este é o lugar ideal para um almoço de negócios. Tem boas opções de peixes, lagostas e frutos do mar frescos, além de pratos de carne e sobremesas.

80 Avenue de la Grande Armée, 75017 Paris 01 45 74 17 24 Diariam 7h-2h A €45, J €50, vinho €17 Porte Maillot

LA COUPOLE

Siga o exemplo de Pablo Picasso, Ernest Hemingway e Man Ray e experimente esta elegante brasserie Art Déco inaugurada em 1927. A sala de jantar, clara e arejada, tem colunas com afrescos e um piso de ladrilhos cubistas. O cardápio inclui todos os clássicos, inclusive frutos do mar, chucrute e bife tartare.

102 Boulevard du Montparnasse, 75014 Montparnasse 01 43 20 14 20 Dom-sex 8h30-1h, sáb 8h30-1h30 A €23, J €33, vinho €25 Vavin

DANS LE NOIR

www.danslenoir.fr

Para quem deseja uma experiência nova, neste restaurante come-se no escuro total, para saborear a comida sem distrações, mas também para apurar o paladar e o olfato. Você pode escolher o prato ou ser servido de surpresa. É essencial reservar uma mesa com três a cinco dias de antecedência. Há também um bar e lounge, com um terraço ensolarado para contrastar.

Pág. ao lado *Le Ferme St.-Simon oferece um cardápio rústico*

51 Rue Quincampoix, 75004 Paris 01 42 77 98 04 Seg-sáb 19h45 ou 20h15 e 22h ou 22h30; dom 19h45 e 21h15. Não se admite a entrada 45 minutos depois de iniciado o serviço. Também abre para almoço sáb 12h30 e dom 12h J €30-€39, vinho €18 Les Halles

DRAGONS ÉLYSÉES

O alto padrão do serviço e o endereço chique tornam este restaurante perfeito para um almoço de negócios. Há pratos chineses e tailandeses, como caranguejo recheado, rolinhos primavera e porco à moda de Pequim. Há um gigantesco aquário no chão, que contém mais de mil peixes.
11 Rue de Berri, 75008 Champs-Élysées 01 42 89 85 10 Diariam 12h-14h30, 19h-1h A €25, J €40, vinho €14 George V

LA DURÉE

www.laduree.fr

Primeira casa de chá de Paris, fundada em 1862, tem um luxuoso interior de 1871. Nesse ambiente elegante pode-se experimentar maravilhosos chás e tortas. O macaroon é obrigatório, e os sabores do chá (pétalas de rosas, chá de Yunnan, abricó e gengibre) mudam conforme a estação.
16 Rue Royale, 75008 Madeleine 01 42 60 21 79 Seg-sáb 8h30-19h, dom 10h-19h Chá €7, quatro mini macaroons €5 Concorde, Madeleine

L'EUROPEAN

Em frente à Gare de Lyon, esta brasserie, datada dos anos 1900, foi lindamente reformada. Tem diferentes níveis para criar espaços íntimos e é decorada com espelhos para iluminar o interior. Os móveis no estilo inglês criam uma atmosfera acolhedora, mas, se preferir comer ao ar livre, há um terraço de frente para o relógio da estação.
21 bis Boulevard Diderot, 75012 Paris 01 43 43 99 70 Diariam 7h30-1h A €35, J €40, vinho €17 Gare de Lyon

LA FERME ST.-SIMON

www.fermestsimon.com

Este restaurante é decorado como uma elegante casa de campo. A tradicional cozinha francesa do chef Xavier Caussade inclui lagostins, pitus e sua sobremesa especial: charlotte à la poire Belle Hèlene. Tem também excelentes vinhos.
6 Rue de St.-Simon, 75007 Invalides 01 45 48 35 74 Seg-sex 12h-16h, 19h30-22h, sáb 19h30-22h A €36, J €65, vinho €20 Rue du Bac

LE FLAUBERT

www.bistrotflaubert.com

Este restaurante, que pertence a uma pequena rede de bistrôs criados pelo chef Michel Rostang, serve cozinha regional de alta qualidade. Uma lousa mostra as especialidades do dia, que variam de acordo com os produtos disponíveis no mercado. Os pratos incluem pé de porco e frango com purê de batatas.
10 Rue Gustave Flaubert, 75017 Ternes 01 42 67 05 81 Diariam 12h-15h, 19h-24h A €30, J €45, vinho €15 Courcelles

GEORGES

www.centrepompidou.fr

Este restaurante no último andar do Centre Georges Pompidou bem podia ser uma obra de arte moderna. Oferece uma vista deslumbrante da cidade da sala de jantar, onde são servidos pratos da *nouvelle cuisine* como cappuccino de cogumelos (uma sopa leve e espumante) e folhado de caranguejo. O bolo de chocolate derrete na boca e é uma especialidade da casa.
Centre Georges Pompidou, Place Georges-Pompidou, 75004 Les Halles 01 44 78 47 99 Qua-seg 12h-2h A €40, J €50, vinho €20 Rambuteau

LE GRAND CAFÉ

www.legrandcafe.com

Frequentadores de teatro, amantes de frutos do mar e um público eclético de notívagos formam a clientela deste restaurante, que fica aberto dia e noite o ano todo. O interior é Art Nouveau, com um impressionante teto de vitral e móveis fantásticos. O peixe é o rei aqui, e é servido grelhado, cozido ou *à meunière* (ao molho de limão e manteiga). O cardápio inclui pratos de carne, como o filé de gado charolês com pimenta em grão.

✉ 4 Boulevard des Capucines, 75009 Grands Boulevards ☎ 01 43 12 19 00 🕐 Diariam 24 horas ✋ A €30, J €45, vinho €18 🚇 Opéra

LES GRANDES MARCHES

www.lesgrandesmarches.com

Os grandes degraus que dão nome ao restaurante são os da vizinha Opéra Bastille, embora o prédio também tenha sua elegante escadaria. Oferece um cardápio tradicional rústico que incluiu filet de boeuf, salmão rôti e carneiro. O restaurante é famoso por seus frutos do mar e pela vista da Bastilha que se tem do primeiro andar.

✉ 6 Place de la Bastille, 75012 Bastille ☎ 01 43 42 90 32 🕐 Diariam 21h-1h ✋ A €30, J €50, vinho €19 🚇 Bastille

GUY SAVOY

www.guysavoy.com

O lema do famoso chef Guy Savoy é que cozinhar é "a arte de transformar ingredientes em pura felicidade". A qualidade da cozinha é alta (e os preços também), com delícias como pombo escaldado e grelhado, miúdos num millefeuille de beterraba e cogumelos e lagostins com frutas cítricas e ervilhas.

✉ 18 Rue Troyon, 75017 Champs-Élysées ☎ 01 43 80 40 61 🕐 Seg-sex 12h-14h, 19h-22h30, sáb 19h-22h30 ✋ A €200, J €300, vinho €90 🚇 Charles de Gaulle-Étoile

LEMONI CAFÉ

Você pode escolher os ingredientes e criar seu próprio cardápio neste café que oferece pratos orgânicos da cozinha mediterrânea de Creta. O cardápio muda diariamente de acordo com os produtos disponíveis.

✉ 5 Rue Hérold, 75001 Louvre/Palais Royal ☎ 01 45 08 49 84 🕐 Seg-sex 12h-15h ✋ A partir de €11 🚇 Sentier, Louvre-Rivoli, Les Halles

MARKET

www.jean-georges.com

Christian Liaigre projetou o interior deste sofisticado restaurante. O cardápio oferece grande variedade de ostras e pratos fusion do chef Jean-Georges Vongerichten. Experimente a pizza de trufas negras ou o "prato preto", uma seleção de entradas que inclui camarões no espeto, rolinho de lagosta e gengibre, atum cru e codorna com especiarias. Há um brunch nos fins de semana.

✉ 15 Avenue Matignon, 75008 Champs-Élysées ☎ 01 56 43 40 90 🕐 Ter-sáb 12h-15h, 19h30-0h30, dom-seg 12h-15h, 19h30-23h30 ✋ A €32, J €60, vinho €24 🚇 Franklin D. Roosevelt

MAXIM'S

www.maxims-de-paris.com

Inaugurado em 1893 pelo garçom Maxime Gaillard e adquirido em 1981 pelo estilista Pierre Cardin, este restaurante Belle Époque é um templo da vida social parisiense. Um serviço atencioso, shows ao vivo e uma localização prestigiosa aumentam a atração do Maxim's.

3 Rue Royale, 75008 Concorde 01 42 65 27 94 Seg-sáb 12h-14h30, 19h30-22h30 A €130, J €175, vinho €40 Concorde

LE MONTPARNASSE 1900

Pode-se ter um sabor da Belle Époque neste autêntico restaurante Art Nouveau decorado com espelhos e balaustradas. Hoje é um prédio tombado como patrimônio histórico. Serve a tradicional comida francesa e tem um terraço no verão.

59 Boulevard du Montparnasse, 75006 Paris 01 45 49 19 00 Diariam 12h-15h, 19h-24h A €35. J €45, vinho €17 Montparnasse Bienvenüe

LE PETIT ZINC

www.petit-zinc.com

Este restaurante Art Nouveau na Margem Esquerda, perto da igreja de St.-Germain-des-Prés, combina tradição e modernidade e oferece um ambiente calmo onde descansar durante ou depois de um dia de turismo. Entre suas especialidades, espádua de carneiro com alho roxo de Lautrec, e o veau foie meunière (fígado de vitela). Com tempo bom pode-se comer no terraço.

11 Rue St.-Benoit, 75006 Paris 01 42 86 61 00 Diariam 12h-1h A €35, J €50, vinho €18 St.-Germain-des-Prés

LE PROCOPE

www.procope.com

Este antigo café parisiense, hoje uma elegante sala de jantar, tem história: os filósofos Voltaire e Rousseau foram seus clientes. Hoje, a cozinha oferece filé grelhado e frutos do mar.

13 Rue de l'Ancienne-Comédie, 75006 St.-Germain-des-Prés 01 40 46 79 00 Diariam 12h-1h A €30, J €50, vinho €19 Odéon

LA RÔTISSERIE D'EN FACE

www.jacquescagna.com

Este é um anexo de Jacques Cagna, o templo da gastronomia do outro lado da rua, onde o famoso chef comanda o fogão. Você pode esperar a mesma perfeição aqui, com especialidades como frango assado e leitãozinho.

2 Rue Christine, 75006 St.-Germain-des-Prés 01 43 26 40 98 Seg-sex 12h-14h,19h-23h, sáb 19h-23h30 A €25, J €42, vinho €20 St.-Michel

SPOON FOOD AND WINE

www.spoon.tm.fr

Este é um ambiente elegante e despretensioso, onde predominam as linhas simples, paredes púrpura e almofadas em tons pastel. O famoso chef Alain Ducasse deixa que você escolha o molho e o acompanhamento de sua refeição em uma lista de delícias francesas e asiáticas.

14 Rue de Marignan, 75008 Champs-Élysées 01 40 76 34 44 Seg-sex 12h30-14h30, 19h30-23h30; fechado 26 jul-25 ago A €50, J €70, vinho €35 Franklin D. Roosevelt

LA TAVERNE

www.taverne.com

O cardápio tem influências alsacianas, com pratos como chucrute, tamboril na cerveja e tarte tatin (torta de maçã) com creme. Para beber, escolha cerveja ou um vinho da Alsácia.

24 Boulevard des Italiens, 75009 Grands Boulevards 01 55 33 10 00 Diariam 11h-2h A €20, J €40, vinho €15 Richelieu-Drouot, Opéra

THOUMIEUX

www.thoumieux.com

A família Thoumieux inaugurou esta brasserie perto da Torre Eiffel em 1923. O chef Christian Beguet criou um cardápio de alta qualidade, com pratos do sudoeste da França, como a casserole de feijão e linguiças.

79 Rue St.-Dominique, 75007 Invalides 01 47 05 49 75 Diariam 12h-15h30, 19h-23h A €30,J €40, vinho €15 Invalides

TRÉSOR

Este restaurante italiano de qualidade tem um dos mais belos terraços de Paris. Outra razão para você vir aqui à noite é descer as escadas para uma massagem de shiatsu. Dê uma olhada nos banheiros, com seus aquários de peixinhos dourados.

7-9 Rue du Trésor, 75004 Le Marais 01 42 71 35 17 A comida é servida diariam 12h-15h, 19h30-22h, mas os drinques estão disponívesi o dia todo até 2h A €25, J €40, vinho €18 St.-Paul, Hôtel de Ville

LE VERRE BOUTEILLE

www.leverrebouteille.com

Este bistrô perto do Arco do Triunfo fica aberto até de madrugada. O objetivo do chef Patrick Ameline é agradar com uma comida simples preparada com perfeição, e ele consegue. Experimente o queijo de cabra quente, o croque à moda do campo e o bolo de chocolate. Há também uma boa seleção de vinhos.

85 Avenue des Ternes, 75017 Étoile 01 45 74 01 02 Diariam 12h-15h, 19h-5h A €20, J €30, vinho €18 Porte Maillot

YUGARAJ

www.yugaraj.com

O Yugaraj é um dos melhores restaurantes indianos de Paris. Os proprietários, um francês e um indiano, se orgulham de ter apresentado a cozinha indiana aos franceses com seu restaurante anterior, inaugurado em 1971. Além dos tradicionais curries, há bolinhos de caranguejo e a especialidade da casa, camarões gigantes marinados, obrigatórios.

14 Rue Dauphine, 75006 St.-Germain-des-Prés 01 43 26 44 91 Ter-qua e sex-dom 12h-14h, 19h-22h30; qui 19h-22h30 A €30, J €50, vinho €22 Odéon

Pág. ao lado *Experimente a cozinha do sudoeste da França no Thoumieux*

ONDE FICAR

PREÇOS E SÍMBOLOS

Os preços correspondem à diária mais baixa e mais alta em um quarto duplo, incluído o café da manhã, a menos que haja indicação em contrário. Todos os hotéis aceitam cartões de crédito, a menos que indicado. Note que os preços variam ao longo do ano.

Para a legenda de símbolos, ▷ 2.

ACADEMIES ET DES ARTS

www.hotel-des-academies.com

Não venha a este hotel-butique em Montparnasse a menos que queira se hospedar numa galeria de arte contemporânea. Os "corpos brancos" do pintor Jérôme Mesnager decoram a fachada e as paredes internas, e há uma sala dedicada à videoarte. Mais que um local de hospedagem e base para o turismo, é a afirmação de que estilo ultramoderno é tudo.

✉ 15 Rue de la Grande Chaumière, 75006 Paris ☎ 01 43 26 66 44 € €187-€285 ⓘ 20 Ⓜ Vavin

LE D'ARTAGNAN

www.fuaj.org

Este é o maior albergue da juventude da França. Tem um bar aberto até 2h, loja de suvenires, quatro pontos de internet, cofres eletrônicos, um cinema, sala de TV e lavanderia automática. Os quartos acomodam entre três e oito pessoas.

✉ 80 Rue Vitruve, 75020 Ménilmontant ☎ 01 40 32 34 56 € €22 por pessoa, café da manhã incluído ⓘ 435 camas Ⓜ Porte de Bagnolet

L'ATELIER MONTPARNASSE

www.ateliermontparnasse.com

Este hotel três-estrelas homenageia o Montparnasse dos anos 1930. Oferece serviço de lavanderia, serviço de quarto, TV a cabo, secador de cabelo e frigobar. Alguns quartos têm conexão de internet.

✉ 49 Rue Vavin, 75006 St.-Germain-des-Prés ☎ 01 46 33 60 00 € €165-€195, sem café da manhã (€9) ⓘ 17 Ⓜ Vavin

AUBERGE DE JEUNESSE JULES FERRY

www.fuaj.org

Os dormitórios neste albergue da juventude têm até seis camas, mas há alguns quartos para casais. Conta com lavanderia automática, cofres eletrônicos e terminais de internet. Não há cozinha, mas o café da manhã está incluído no preço e há um forno de micro-ondas que os hóspedes podem usar.

✉ 8 Boulevard Jules Ferry, 75011 Canal St.-Martin ☎ 01 43 57 55 60 € €20,50 por pessoa, café da manhã incluído ⓘ 99 camas Ⓜ République

GEORGES SAND

www.hotelgeorgesand.com

Entre Madelaine e Opéra, perto dos teatros e de lojas de departamento, o Georges Sand fica a curta distância a pé do Louvre. O hotel leva o nome da escritora George Sand.

✉ 6 Rue des Mathurins, 75009 Paris ☎ 01 47 42 63 47 € €180-€250 ⓘ 20 Ⓜ Madeleine, Havre Caumartin

L'HÔTEL

www.l-hotel.com

Um hotel discreto e medianamente luxuoso, numa calma rua lateral de St.-Germain-des-Prés, conveniente para visitar a Margem Esquerda, as ilhas e as atrações ao longo do rio, como o Pavillion d'Amour. O elegante interior é de Jacques Garcia. Se quiser um lugar especial, peça o quarto onde Oscar Wilde morreu (▷ 107). O restaurante fecha aos domingos, às segundas e durante o mês de agosto.

Acima *O bar de L'Hotel*

✉ 13 Rue des Beaux-Arts, 75006 St.-Germain-des-Prés ☎ 01 44 41 99 00 €255-€640, sem café da manhã (€17) 16 quartos, 4 suítes St.-Germain-des-Prés

HÔTEL ATLANTIS

www.hotelatlantis.com

Neste duas-estrelas, os quartos dão para a pitoresca Place St.-Sulpice. São todos claros, arejados e decorados com belos móveis e roupas de cama acolchoadas. Têm telefone, TV por satélite e internet.

✉ 4 Rue du Vieux-Colombier, 75006 St.-Germain-des-Prés ☎ 01 45 48 31 81 €125-€165, sem café da manhã (€10) 27 St.-Sulpice

HÔTEL DE LA BRETONNERIE

www.bretonnerie.com

Instalado numa mansão do século 17, este hotel elegante tem alguns quartos com cama de dossel. Os quartos contam com TV por satélite, cofre, frigobar e secador de cabelo.

✉ 22 Rue Sainte-Croix-de-la-Bretonnerie, 75004 Le Marais ☎ 01 48 87 77 63 €125-€210, sem café da manhã (€9,50) 22 quartos, 7 suítes Hôtel-de-Ville

HÔTEL CLUNY SORBONNE

www.hotel-cluny.fr

Um pequeno hotel numa rua calma em frente à Sorbonne, longe do barulho dos grandes bulevares. Tem uma certa fama desde que o poeta Rimbaud se hospedou aqui (▷ 106-107). Os quartos têm TV por satélite e secador de cabelo. Há um estacionamento pago não muito distante.

✉ 8 Rue Victor Cousin, 75005 Paris ☎ 01 43 54 66 66 €95 ou €160 23 Luxembourg

HÔTEL FRANKLIN ROOSEVELT

www.hroosevelt.com

Este hotel tem um clima acolhedor. Se quiser um pouco de luxo, reserve a suíte do sexto andar, que tem cama king size e hidromassagem. O hotel conta com bar, sala de leitura e jardim de inverno.

✉ 18 Rue Clément Marot, 75008 Champs-Élysées ☎ 01 53 57 49 50 €295-€325, sem café da manhã (€23) 48 Franklin D. Roosevelt, Alma Marceau RER Pont-de-l'Alma

HÔTEL DU JEU DE PAUME

www.jeudepaumehotel.com

Um hotel charmoso e romântico na Isle St.-Louis, instalado numa mansão do século 17 que incorpora um pátio para o *jeu de paume*. Bem localizado para o turismo.

✉ 54 Rue Saint Louis en l'île, Île St.-Louis, 75004 Paris ☎ 01 43 26 14 18 €275-€545 30 Pont Marie

HÔTEL DU PANTHÉON

www.hoteldupantheon.com

Este hotel três-estrelas fica no coração do Quartier Latin. Os quartos dão para o Panthéon e têm TV a cabo e frigobar. O hotel tem lavanderia e estacionamento.

✉ 19 Place du Panthéon, 75005 Quartier Latin ☎ 01 43 54 32 95 €235-€255, sem café da manhã (€13) 36 Cardinal Lemoine RER Luxembourg

HÔTEL DU PARC MONTSOURIS

www.hotel-parc-montsouris.com

A pouca distância das principais atrações, este hotel duas-estrelas tem quartos com escrivaninha, TV a cabo, internet e secador de cabelo.

✉ 4 Rue du Parc Montsouris, 75014 Denfert-Rochereau ☎ 01 45 89 09 72 €64-€85, sem café da manhã 35 Porte d'Orléans RER Cité Universitaire

HÔTEL ST.-MERRY

www.hotelmarais.com

Este hotel três-estrelas já foi o presbitério da Église de St.-Merry. Construído na Renascença, seu interior também tem características góticas. A suíte e o quarto nº 9 são particularmente interessantes.

✉ 78 Rue de la Verrerie, 75004 Le Marais ☎ 01 42 78 14 15 €160-€230, sem café da manhã (€11) 11 quartos, 1 suíte Hôtel-de-Ville, Châtelet RER Châtelet-Les-Halles

PAVILLON DE LA REINE

www.hotelpavillondelareine.com

Este edifício foi residência de Ana da Áustria, esposa de Luís 13, e seu requintado interior preserva muitas das características da época. Até a adega abobadada onde se pode tomar o café da manhã tem tapeçarias nas paredes. Os quartos têm TV a cabo, e alguns têm cama de dossel. Há mais quartos num outro prédio, mais moderno.

✉ 28 Place des Vosges, 75003 Le Marais ☎ 01 40 29 19 19 €370-€460 34 Bastille, St.-Paul

RELAIS-HÔTEL DU VIEUX PARIS

www.vieuxparis.com

Nos anos 1950 e 1960, a *beat generation* americana adotou um hotel que funcionava neste endereço como sua base parisiense (▷ 107). O atual hotel foi totalmente remodelado e hoje é um local confortável de onde se pode explorar a Margem Esquerda.

✉ 9 Rue Git-le-Coeur, 75006 Paris ☎ 01 44 32 15 90 €210-€450 13 quartos, 7 suítes Saint Michel

RITZ

www.ritzparis.com

Este hotel mundialmente famoso tem sido modelo de luxo e elegância desde sua inauguração, em 1898. O interior é um exemplo do estilo clássico francês, com antiguidades, candelabros e cortinas pesadas. Tem uma boate, vários restaurantes, bares, salões privados e a escola de culinária Ritz-Escoffier.

✉ 15 Place Vendôme, 75001 Opéra ☎ 01 43 16 30 30 €730-€830, sem café da manhã (€36-€67) 135 quartos, 40 suítes Coberta Tuileries, Madeleine, Concorde

TERRASS HOTEL

www.terrass-hotel.com

Os quartos são decorados no estilo clássico francês e têm TV por satélite. O hotel conta com seu próprio bar e restaurante.

✉ 12 Rue Joseph de Maistre, 75018 Montmartre ☎ 01 46 06 72 85 €270-€320 (café da manhã incluído €17) 88 quartos (2 para não fumantes) Place de Clichy, Blanche

ABALONE
ABALONE
BREST

NOROESTE DA FRANÇA

Duas penínsulas dão uma forma característica à costa ocidental da França: uma é a Bretanha, que se lança 200km para dentro do Atlântico; a outra, Cotentin, que pertence à vizinha Normandia. As duas regiões apresentam aspectos muito diferentes, mas têm em comum o constante pano de fundo do oceano. É o litoral que lhes proporciona as maiores atrações. Há magníficos rochedos em Étretat, na Costa do Alabastro, na Normandia (ao norte de Le Havre) e em Pointe du Raz, o ponto avançado da Bretanha –o Finisterre, literalmente, "o fim da terra". Ao longo de toda a costa há belas praias e cidades praianas muito procuradas por famílias em férias, tanto da França quando do exterior.

As praias da Normandia, porém, têm uma história séria a contar. No Dia D, 6 de junho de 1944, milhares de soldados desembarcaram na praia para iniciar a libertação da França ocupada, e muitos perderam a vida antes de alcançar a praça de armas.

Os acontecimentos desse dia parecem comparativamente recentes quando se visita antigos monumentos como a fileira de monólitos de Carnac, a famosa tapeçaria de Bayeux –que mostra a invasão da Inglaterra por Guilherme, o Conquistador– ou o Mont-St.-Michel, que se ergue sobre uma fascinante baía entre a Bretanha e a Normandia.

A região noroeste tem poucas cidades grandes, e, embora valha a pena conhecer Caen, Rennes e Rouen, não são cidades imperdíveis. O melhor é viajar pelas calmas estradas rurais que ligam cidades e vilas pitorescas, parando para comprar um queijo camembert fresco ou uma garrafa de calvados (duas especialidades da Normandia), ou para fazer uma refeição leve, saboreando um crepe, delícia original da Bretanha muito apreciada na França. Provavelmente você terá dificuldade de escolher que lugares deixar fora do seu roteiro, mas não perca o jardim de Giverny, onde o pintor impressionista Monet pintou suas grandes telas de ninfeias.

ALENÇON
www.paysdalencontourisme.com
http://ville-alencon.fr

A porta sul da Normandia é uma antiga cidade-mercado restaurada, centro da indústria de rendas da região. As oficinas reais de rendas foram criadas aqui por Colbert, ministro das finanças de Luís 14, que reuniu várias técnicas de manufatura já estabelecidas na cidade. Um museu presta homenagem ao artesanato. O Musée des Beaux-Arts et de la Dentelle (ter-dom 10h-12h, 14h-18h) está instalado num antigo colégio jesuíta no Cour Carrée de la Dentelle e conta a história das várias escolas europeias da manufatura de renda, do século 1º ao século 20. Uma pequena loja na entrada vende vários tipos de rendas de qualidade.

Além das rendas, há muito o que ver em Alençon, inclusive o Halle au Blé (mercado de cereais), em frente à prefeitura, com sua magnífica cúpula de vidro. A herança religiosa da cidade está presente na casa onde nasceu santa Teresa de Lisieux, no nº 50 da Rue St.-Blaise, e na basílica gótica de Notre-Dame d'Alençon, na Place de la Magdeleine. O centro de informações turísticas fica na Maison d'Ozé, numa esplêndida casa torreada do século 16. Acredita-se que o edifício mais antigo de Alençon seja o medieval Café des Sept Colonnes, na Grande Rue, uma casa de madeira onde vivia o carrasco da cidade.

A biblioteca do Musée des Beaux-Arts et de la Dentelle é uma antiga capela com telhado de madeira em forma de barco.

464 G5 Maison d'Ozé, Place de la Magdeleine, 61003 02 33 80 66 33 Jul, ago seg-sáb 9h30-19h, dom e feriados 10h-12h30, 14h30-17h; abr-fim jun, set seg-sáb 9h30-12h, 14h-18h; out-fim mar seg-sáb 9h30-12h, 14h-18h Alençon

BARFLEUR
www.ville-barfleur.fr

A pouca distância de carro do porto comercial de Cherbourg (▷ 131), Barfleur situa-se no lado leste da península Cotentin, num trecho conhecido como a costa *viking*. A cidade lança barcos ao mar desde a época dos *vikings*, e na Idade Média era o principal porto da península. Uma placa na entrada do porto lembra que o barco que levou Guilherme, o Conquistador, para a Inglaterra em 1066 foi construído nos estaleiros de Barfleur. A tradição da cidade de fornecer monarcas à Inglaterra continuou em 1194, quando Ricardo Coração de Leão partiu daqui para ser coroado rei. Enquanto isso, as traidoras correntes marítimas devoravam muitos navios.

Os prédios de granito e ardósia do porto são modestos e simples. O distrito mais bonito e mais antigo é Cour Sainte-Cathérine, com um arco de pedra marcando a entrada perto do porto. Uma caminhada suave por ali e ao longo da calçada à beira-mar leva a pequenos faróis, que parecem ainda menores perto do imenso farol Gatteville, em Pointe de Barfleur, 4km ao norte da cidade, de onde se descortina uma magnífica vista da costa. Com 17m, é o segundo farol mais alto da França, e sua luz pode ser vista a 56km de distância. Um pequeno museu aos pés do farol conta sua história e explica a moderna tecnologia dos faróis (fecha de meados nov a fim de jan). Barfleur é sede do primeiro posto de barcos salva-vidas, e há um museu sobre eles no porto.

463 E3 2 Rotatória Guillaume le Conquérant, 50760 02 33 54 02 48 Jun-fim ago diariam 9h30-12h,14h-18h30; fev-fim mai, set-fim nov seg-sáb 10h-12h30, 14h30-17h30; dez, jan seg-sex 10h-12h, 14h-16h; fecha 2 semanas no Natal Serviço regular de Cherbourg

LE BEC-HELLOUIN
www.abbayedubec.com

A história desta tranquila abadia murada esteve interligada com a da Inglaterra durante quase um milênio. A abadia foi fundada na Idade Média como colégio. Lanfranc, mais tarde arcebispo de Canterbury, lecionou aqui no século 11, e seu sucessor na Inglaterra, Anselmo, foi aluno na escola. A Torre de St.-Nicolas, do século 15, é a única parte do edifício medieval que sobreviveu. A abadia continuou mantendo fortes ligações com a Inglaterra mesmo depois que Henrique 8º rompeu com Roma no século 16.

Durante a Revolução Francesa, os monges foram expulsos, livros e tapeçarias foram saqueados, e a igreja e a casa capitular do século 13, demolidas. Até os sinos foram derretidos. Os monges voltaram em 1949, e a atual igreja ocupa a ala do antigo refeitório dos prédios dos séculos 17 e 18.

O claustro central continua um lugar de paz espiritual, e o Cour de France, à beira-mar, é outro bom lugar para meditação. Um passeio pelo seu tranquilo terreno é revitalizante. O ateliê dos monges é famoso pela produção de serviços de mesa, que incluem travessas, vasilhas e vasos, todos pintados com cores vivas e à venda na loja da abadia. O público pode acompanhar os serviços religiosos na abadia: a matina ocorre todos os dias às 7h.

Abbaye du Bec-Hellouin 464 G4 27800 02 32 43 72 60 Diariam 7h-21h (exceto durante os serviços) Grátis Jun-fim set seg-sáb 10h30, 15h, 16h (também 17h seg-sex), dom e feriados 12h,15h,16h; out-fim mai seg, qua-sáb 10h30, 15h, 16h, dom e feriados 12h, 15h, 16h Adultos €5, menores de 12 anos grátis

Pág. ao lado *A vila de Le Bec-Hellouin*
À dir. *Barcos de pesca no porto de Barfleur*

INFORMAÇÕES
www.bayeux-tourism.com
463 F4 Pont St.-Jean, 14400, 02 31 51 28 28 Jun-fim ago seg-sáb 9h-19h, dom 9h-13h, 14h-18h; jan-fim mar, nov-fim dez seg-sáb 9h30-12h30, 14h-17h30; abr, mai, set, out diariam 9h30-12h30,14h-18h Bayeux

Tapeçaria de Bayeux
www.tapisserie-bayeux.fr
Centre Guillaume Le Conquérant, Rue de Nesmond 02 31 51 25 50 Meados mar -fim abr, set, out diariam 9h-18h30; mai-fim ago 9h-19h; resto do ano 9h30-12h30, 14h-18h; fecha segunda semana de jan Adultos €7,70, crianças (10-18) €3,80, menores de 10 grátis

Acima *Uma cena da tapeçaria de Bayeux*

BAYEUX

Ruas limpas, prédios de madeira e o som suave dos moinhos de água no bairro medieval fazem de Bayeux um bem-vindo desvio na rota da Batalha da Normandia. A maior atração, naturalmente, é a tapeçaria, mas o local tem um significado histórico mais recente, sendo a primeira cidade libertada da ocupação alemã em 1944. O Musée Mémorial de la Bataille de Normandie (meados mai-fim set diariam 9h30-18h30) se concentra na batalha de 1944. A herança menos violenta de Bayeux está exposta no Hôtel du Doyen (ingresso grátis para a exposição da tapeçaria; jul, ago diariam 9h30-18h30; resto do ano 10h-12h30, 14h-18h), onde se pode ver exposições de arte, porcelana e renda. A catedral dos séculos 11 a 15 (jul, ago diariam 8h30-19h; abr-fim jun, set-fim dez 8h30-18h; jan-fim mar 8h30-17h) tem um afresco sobre a porta sul que representa o assassinato do arcebispo Thomas Becket em Canterbury por soldados do rei inglês Henrique 2º.

A TAPEÇARIA DE BAYEUX

A tapeçaria, de 70m de comprimento e apenas 50cm de altura, é uma obra-prima de propaganda política e uma história contada em quadros. Encomendada por Odo, bispo de Bayeux, meio-irmão de Guilherme, o Conquistador, ela foi tecida por freiras durante dez anos, de 1070 a 1080. O drama de como Guilherme, duque da Normandia, conquistou a coroa da Inglaterra em 1066 é pontuado por frases em latim, cenas do cometa Halley, naufrágios e banquetes. A maneira mais fácil de entender a tapeçaria é seguir a explicação no audioguia multilíngue, o que impõe um certo ritmo à visita. O melhor é chegar preparado com alguma informação histórica e deixar que os olhos explorem a tapeçaria de uma maneira mais relaxada.

A história é contada cronologicamente em 58 cenas, divididas em três episódios: a visita de Harold, mais tarde pretendente à coroa, à Normandia em 1064-66 (cenas 1-23); a morte de Eduardo, o Confessor, em 5 de janeiro de 1066, provocando uma crise sucessória e os preparativos para a invasão normanda na primavera de 1066 (cenas 24-38); e o clímax do desembarque na Inglaterra em 28 de setembro de 1066, o que levou à Batalha de Hastings em 14 de outubro (cenas 39-58), na qual Guilherme derrota Harold. É fácil se envolver na narrativa, mas não ignore as bordas ornamentadas da tapeçaria, um verdadeiro bestiário de animais comuns e exóticos, além de criaturas lendárias como dragões e centauros.

BREST

Brest é uma das maiores cidades da França e um povoado importante desde o período romano. Tornou-se um porto importante no fim do século 13 e durante metade do século 14 foi dominado pelos ingleses. Em 1631, o cardeal Richelieu reconheceu sua importância estratégica e instalou ali uma rudimentar base naval. Nos séculos seguintes, a cidade e suas fortificações foram melhoradas e expandidas. Seu porto natural de águas profundas faz de Brest uma base ideal para submarinos. Em 1941, a marinha alemã construiu um *bunker* aqui, de onde seus submarinos podiam operar no Atlântico norte. Antes de Brest ser libertada, em 1944, o *bunker* foi atacado 80 vezes pelos bombardeiros aliados, surpreendentemente com poucos danos. Hoje a marinha francesa usa o porto de Brest como base (assim como Toulon) de sua armada de submarinos nucleares. Apesar de sua longa história, a cidade não é particularmente atraente –grande parte de sua arquitetura mais antiga foi destruída durante a Segunda Guerra Mundial.

PRINCIPAIS ATRAÇÕES

Partindo da beira-mar para o interior, na Allée du Bot, o Conservatoire Botanique National de Brest é um belo jardim botânico (jardim: diariam 9h-18h, grátis; estufas: abr a meados set dom-qui 14h-17h30, pequena taxa). O Musée des Beaux-Arts, no nº 24 da Rue Traverse (qua-sáb e seg 10h-12h, 14h-18h, dom 14h-18h), é notável por sua coleção de obras da escola de Pont-Aven. O castelo, na extremidade da cidade velha, oferece vistas do porto de Brest e do interior, ao longo do rio Elorn. A Pont de Recouvrance é uma enorme ponte levadiça. Em Finisterre, a Segunda Guerra Mundial é lembrada num museu memorial em Fort Montbarey, na Allée Bir-Hakeim-Route du Conquet (seg-sex 9h-12h,14h-18h), que conta a história da fuga das forças navais francesas, a resistência, as deportações e a ocupação alemã da Bretanha.

OCÉANOPOLIS

A maior atração de Brest fica à beira-mar, a pouca distância do centro da cidade. Océanopolis é um parque temático baseado na vida marinha. Mais de 10 mil criaturas marinhas vivem em aquários que vão de 50 a 1 milhão de litros. O parque é dividido em três partes –polar, tropical e temperada–, onde você poderá ver de tudo, de polvos e tubarões a cavalos-marinhos e enguias-elétricas. Há exibições regulares de filmes e demonstrações de alimentação dos peixes, assim como uma recriação do habitat dos pinguins.

INFORMAÇÕES

462 B5 Place de la Liberté, 29210 02 98 44 24 96 Jul, ago seg-sáb 9h30-19h, dom e feriados 10h-12h; set-fim jun seg-sáb 9h30-12h30, 14h-18h O sistema de ônibus (BIBUS) é bem organizado. Há também serviço de ônibus pela região de Brest Ferryboats ou barcos de passeio fazem a ligação entre a península Crozon e o Port du Commerce

Océanopolis
www.oceanopolis.com
Port de Plaisance du Moulin Blanc, BP411 02 98 34 40 40 Abr-fim ago diariam 9h-18h; set-fim mar ter-sáb 10h-17h, dom 10h-18h (também seg 10h-18h durante as férias escolares) Adultos €15,80, crianças (4-17) €11, menores de 4 anos grátis

Abaixo *Um aquário de Océanopolis, em Brest*

BELLE-ÎLE

www.belle-ile.com

Belle-Île, a maior das ilhas da Bretanha, tem cenários maravilhosos, especialmente na Côte Sauvage, no oeste, onde as ondas golpeiam os rochedos. A capital e principal porto da ilha, Le Palais, fica do lado leste, mais abrigado, na foz de um rio. Sauzon, o segundo porto, é menor, com cabanas pintadas e um porto onde se alinham redes de pesca. Ciclovias tornam a ilha perfeita para ser explorada sobre duas rodas. A paisagem é pontilhada de menires pré-históricos, dois deles no noroeste, conhecidos como Jean e Jeanne, amantes transformados em pedra como castigo por uma noite de paixão antes do casamento. A vista de Les Aiguilles de Port-Coton, rochas pontiagudas na face oeste dos rochedos, foi pintada por Monet.

462 C7 Quai Bonnelle, BP30, 56360 ☎ 02 97 31 81 93 Seg-sáb 9h-12h30, 14h-18h De Quiberon ☎ 0820 056 000 Serviços sazonais partindo de Lorient, Port-Navalo e La Turballe ? Várias lojas em Le Palais alugam bicicletas

BRIONNE

Brionne passou a fazer parte da Normandia em 1050, quando, depois de três anos de cerco, Guilherme, duque da Normandia, expulsou o duque da Borgonha. As ruínas de um forte normando erguem-se acima da cidade, oferecendo vistas do rio e do vale. As muralhas sobreviventes são testemunho do impressionante poder militar de Guilherme. A Église St.-Martin, do século 15, e o museu das bonecas também merecem uma visita.

464 G4 1 Rue du Général de Gaulle, 27800 ☎ 02 32 45 70 51 Páscoa-fim out seg-sáb 9h30-12h30, 13h30-17h30, dom 10h30-12h; resto do ano seg-sáb 9h30-12h30, 13h30-16h30

CANCALE

www.ville-cancale.fr

Cancale é a capital bretã da ostra, que você pode experimentar numa das bancas à beira-mar ou num dos restaurantes na região do porto (La Houle). As praias lodosas do lado oeste da rasa e larga baía do Mont-St.-Michel não são ideais para atividades à beira-mar, mas oferecem ótimas condições para a criação de ostras. A vista panorâmica dos rochedos escarpados é tipicamente bretã.

463 E5 44 Rue du Port, 35260 ☎ 02 99 89 63 72 Jul, ago diariam 9h-19h; set-fim jun seg-sáb 9h-12h30, 14h-18h TIV, a linha de ônibus, parte de St.-Malo e Dol-de-Bretagne para Cancale

CAP FRÉHEL

Cap Fréhel é um dos mais fascinantes promontórios da Bretanha, oferecendo vistas espetaculares das ondas espumantes abaixo e do cenário escarpado da Costa Esmeralda. Num dia claro, pode-se ver ao longe as Ilhas do Canal. Onde a terra encontra o mar, rochas de arenito vermelho, alabastro e xisto formam torres irregulares, batidas pelas ondas. A ponta de terra, 70m acima do mar, coroa 400ha de pântanos cobertos de tojos e urzes. Esta região de Fauconnière é hoje uma reserva natural, área de proteção de várias espécies de aves marinhas. A região é boa para caminhadas. No verão, pode-se visitar o farol de Cap Fréhel (jul, ago diariam 14h-19h).

Do mar, a vista dos rochedos é melhor do que da terra. Pode-se fazer um passeio de barco ao redor do cabo partindo de St.-Malo ou de Dinard.

463 D5 O trajeto mais pitoresco até Cap Fréhel é pela rodovia costeira D34

À esq. *Port Palais, Belle-Île*
Abaixo *Ostras à venda em Cancale*

CAEN

Caen é uma cidade operária, com um movimentado porto fluvial e muitas atrações, inevitavelmente ligadas a tumultuados momentos da história. Depois dos fortes bombardeios de 1944, Caen foi reconstruída como uma cidade empresarial. Infelizmente, a arquitetura antiga está hoje cercada por prédios comerciais de concreto nada criativos.

LEMBRANÇAS DA SEGUNDA GUERRA

O Mémorial de Caen, na Esplanade Eisenhower, proporciona um mergulho em um século de conflito global (meados fev-12 nov diariam 9h-19h; meados nov-meados fev 9h30-18h; fecha duas semanas em jan). A exposição começa com as promessas de paz de 1919 e passa de documentários e cenas da vida cotidiana aos horrores do holocausto e à ocupação. Efeitos especiais contam a Batalha da Normandia, e um filme angustiante, *Espérance*, enfatiza a verdade vazia da paz do pós-guerra, com dolorosas imagens de conflitos na Europa, África e no Oriente Médio. A seção dedicada ao Muro de Berlim contém uma imensa peça sobre a guerra fria, e um observatório revela locais do globo hoje afligidos por desordem e sofrimento.

GUILHERME, O CONQUISTADOR

Entre as atrações de Caen, destacam-se as muralhas restauradas do castelo ducal, fundado por Guilherme, o Conquistador, no século 11. O Musée des Beaux-Arts, dentro das muralhas do castelo, contém uma esplêndida coleção de obras holandesas, italianas e francesas da Renascença ao século 20 (qua-seg 9h30-18h). O castelo é ladeado por dois mosteiros –St.-Étienne para homens e La Trinité para mulheres–, fundados por Guilherme e sua mulher Matilda, que queriam obter o perdão da Igreja depois da excomunhão por terem se casado apesar de laços de consanguinidade. As duas abadias são conhecidas como Abbaye-aux-Hommes e Abbaye-aux-Dames.

O túmulo de Guilherme está na igreja gótico-renascentista de St.-Étienne, embora ali apenas seu fêmur tenha restado após um ataque dos huguenotes no século 16. Hoje, o mosteiro é ocupado pela prefeitura, enquanto o convento feminino foi transformado em sede do conselho regional. Visitas guiadas levam ao túmulo de Matilda, à grande escadaria e ao claustro.

INFORMAÇÕES

www.ville-caen.fr

464 F4 Place St.-Pierre, 14000, 02 31 27 14 14 Jul, ago seg-sáb 9h-19h, dom e feriados 10h-13h, 14h-17h; set-fim jun seg-sáb 9h30-13h, 14h-18h, dom e feriados 10h-13h Os restaurantes de Vaugueux são famosos pelos frutos do mar Ônibus e uma linha de bonde Caen Aeroporto Caen-Carpiquett, 9km a oeste da cidade

DICAS

» O passe para ônibus e bondes custa €3,30 e é válido por 24 horas a partir da primeira viagem. É vendido nos ônibus e bondes.

» Se precisar de um ambiente calmo depois de visitar o museu da paz, pegue a Avenue Amiral Mountbatten, onde encontrará a Colline aux Oiseaux, antigo monte de lixo transformado num parque floral para comemorar os 50 anos do Dia D.

Acima *Gárgula num telhado da cidade*

INFORMAÇÕES
www.ot-carnac.fr
462 C7 Carnac: Place de l'Église; Carnac-Plage: 74 Avenue des Druides 02 97 52 13 52 Carnac: abr-fim set e feriados escolares seg-sáb 9h-13h, 14h-19h, dom 9h-13h. Carnac-Plage: jul, ago seg-sáb 9h-13h, 14h-19h, dom 14h-19h; set-fim jun seg-sáb 9h-12h, 14h-18h O nº 1 parte de Vannes. Um ônibus liga Carnac-Plage e a cidade de Carnac aos principais *alignements* (fileiras de menires) várias vezes ao dia, jun-fim set Um *petit train* liga Carnac-Plage aos menires e a La Trinité-sur-Mer no verão

CARNAC

A primeira visão dos campos de menires de Carnac é de tirar o fôlego. São mais de 3 mil menires e outras estruturas megalíticas num raio de 4,5km, e ninguém sabe ao certo quem os colocou ali. Os especialistas concordam que os monumentos –a maioria longas fileiras *(alignements)* de menires– foram erguidos entre 4500 e 1800 a.C. e usados em rituais religiosos. É possível que os *alignements* tivessem alguma função astronômica ou calendárica, e que Carnac tenha sido um dia um local de peregrinação comparável a Jerusalém ou Meca.

Há três principais grupos de *alignements* bem ao norte da cidade: Ménec (a cidade mais próxima), Kermario e Kerlescan, além de um grupo menor, Petit Ménec, a leste, e vários outros dólmens e sítios pré-históricos. Medidas conservacionistas proibem passear à vontade entre os menires. Uma Maison des Mégalithes (tel 02 97 52 29 81; jul, ago diariam 9h-20h; mai, jun diariam 9h-19h; set-fim abr diariam 10h-17h15 –os horários variam) foi construída na área de estacionamento em frente aos *alignements* de Ménec, onde se pode contratar uma visita guiada. Há também uma pequena loja e algumas explicações nos sítios.

MAIS ACHADOS PRÉ-HISTÓRICOS

O Musée de Préhistoire, na Place de l'Église (jul, ago diariam 10h-18h; abr-fim jun, set qua-dom 10h-12h30, 14h-18h; out-fim mar qua-dom 10h-12h30, 14h-17h; adultos €5, crianças (8-18) €2,50), utiliza mais de 6 mil itens pré-históricos para criar uma imagem do povo que pode ter erguido as pedras.

Cerca de 300m a leste da cidade, o túmulo de são Miguel (St.-Michel) é um monte mortuário que parece tanto uma colina natural que uma capela foi construída sobre ele no século 16. Acredita-se que o monte, de 12m de altura, 125m de comprimento e 60m de largura, date de cerca de 4500 a.C.

CARNAC-PLAGE

Além de capital megalítica da França, Carnac também é um refúgio de férias, com uma boa praia (Carnac-Plage). Uma linha de ônibus liga a praia ao centro da cidade e aos *alignements* no interior.

Pág. ao lado *A história marítima de Cherbourg continua até o presente*
Abaixo *Menires em Carnac*

CHÂTEAU DE KERJEAN

www.chateau-de-kerjean.com

Este castelo fortificado foi construído no século 16, quando Louis Barbier decidiu encomendar um palácio que superasse o de seu rival e suserano da vizinha Lanhouarneau. O prédio foi danificado por um incêndio em 1710 e sofreu de novo durante a Revolução, quando o último senhor feudal foi guilhotinado. Em 1911, o castelo passou para o Estado e foi restaurado e mobiliado com móveis antigos. Os 20ha de parques abrigam um museu sobre a vida bretã cotidiana. O encantador poço renascentista no segundo pátio é rodeado por colunas coríntias.

462 B5 29440 St.-Vougay 02 98 69 93 69 Jul, ago diariam 10h-19h; meados a fim de jun, início set 10h-18h; fim set-fim out qua-seg 14h-17h; nov-fim mar qua, dom 14h-17h; abr-meados jun qua-seg 14h-18h; férias escolares qua-seg 14h-17h Adultos €5, crianças (7-17) €1, menores de 7 grátis O caminho para o castelo está sinalizado na D30 entre Plouescat e Landivisiau Loja de presentes com livros e postais

CHERBOURG

www.ot-cherbourg-cotentin.fr

Cherbourg floresceu como base militar e porto de passageiros. A imponente Gare Maritime Transatlantique, o terminal de passageiros Art Déco, foi reinventada como Cité de la Mer (jun-meados set diariam 9h30-18h30; meados set- fim mai 10h-18h), homenagem à herança marítima de Cherbourg. A maior atração é *Le Redoutable*, primeiro submarino nuclear francês e o maior submarino do mundo aberto ao público. Há também um museu de história naval e um aquário, onde uma "trilha" submarina coloca você em meio à vida marinha. Reserve pelo menos três horas para ver tudo.

Entre as atrações não aquáticas está o Musée de la Libération, no Fort du Roule, com uma exposição sobre a Segunda Guerra (jun-fim ago diariam 11h-18h; mai, set seg 14h-18h, ter-sáb 10h-12h,14h-18h; no resto do ano qua-dom 14h-18h).

463 E3 2 Quai Alexandre III, 50100, 02 33 93 52 02 Jul, ago seg-sáb 9h-18h30, dom 10h-12h30; resto do ano seg-sex 9h-12h, 14h-18h, sáb 9h-12h30, 14h-18h Cherbourg

COMBOURG

www.combourg.net

Foi neste castelo à beira do lago de Combourg que o escritor romântico francês René de Chateaubriand (1768-1848) passou um breve e triste período durante sua juventude. O castelo ergue-se bem acima do labirinto de casinhas de pedra à sua volta. Construído no século 11 pelo arcebispo Dol (Dol-de-Bretagne), passou por várias expansões e reformas durante a Idade Média, até chegar às mãos do conde de Chateaubriand, pai do escritor. O período que ele passou aqui é lembrado em seu livro *Memórias de Além-Túmulo*, e num dos quartos pode se ver alguns de seus móveis e textos.

463 E5 Maison de la Lanterne, Place Albert Parent, 35270 02 99 73 13 93 Seg-sáb 10h-13h, 14h-18h (até 18h30 no verão)

Castelo 23 Rue des Princes 02 99 73 22 95 Jul, ago diariam 11h-17h; abr-fim jun, set, out dom-sex 14h-17h. Jardins: jul, ago diariam 14h-17h30; abr-fim out dom-sex 14h-17h30

CONCARNEAU

www.ville-concarneau.fr
www.tourismeconcarneau.fr

Concarneau combina tudo o que há de melhor na Bretanha. É um dos principais portos pesqueiros da França, onde se realizam grandes leilões de peixes *(criées)*. A cidade tem muitas lojas e restaurantes, e a vila histórica murada (Ville Close) fica numa ilha dentro do porto. Ainda se pode desfrutar as praias e os passeios de barco.

A cidade foi fortificada no século 11 e conheceu seu apogeu no século 14. A Ville Close, ligada ao resto da cidade por uma ponte e um portal, foi fortificada pelo estrategista militar Vauban durante o reinado de Luís 14. Tem-se lindas vistas do alto das muralhas. A Rue Vauban é ladeada por prédios dos séculos 16 a 18 e cheia de lojas de suvenires. O Musée de la Pêche fica no início dessa rua (jul, ago diariam 9h30-20h; set-fim jun 10h-18h).

A moderna marina de Concarneau fica do lado do mar da Ville Close, enquanto o principal porto pesqueiro e seus armazéns ficam do lado da terra. O leilão de peixes do Quai de la Criée (chegue por volta de 6h30) é o maior da Bretanha, e os peixes são despachados para toda a França.

Se você prefere ver peixes vivos, visite o Marinarium na Place de la Croix à beira-mar (jul, ago diariam 10h-19h; abr-fim jun, set 10h-12h, 14h-18h; out-fim dez, fev-fim mar 14h-18h). Mais que um aquário, é a vitrine do laboratório de biologia marinha de Concarneau.

462 B6 Quai d'Aiguillon, BP529, 29185 02 98 97 01 44 Jul, ago diariam 9h-19h; set, abr-fim jun seg-sáb 9h-12h30, 13h45-18h30, dom 10h-13h; out-fim mar seg-sáb 9h-12h, 14h-18h 20 para a principal linha de trem em Rosporden; 21 para Port Manech; 14A para Pont-Aven e Quimper; 15 para Forêt-Fouesnant e Beg-Meil Para as ilhas Glénan ou ao longo do rio Odet com Vedettes Glenn O Blue Nets Festival é realizado no fim de ago

LE CONQUET

www.leconquet.fr

Le Conquet talvez seja a mais bela cidade litorânea da Bretanha, com suas casinhas brancas penduradas na encosta da colina e seu movimentado porto pesqueiro. Há belas praias próximas: partindo do porto, uma caminhada de apenas 2km passa por uma ponte e leva à Plage des Blancs-Sablons, onde se pode pegar um ferryboat para as ilhas Ouessant e Molène. A praça acima do porto é cercada de casas de pescadores e cheia de redes e armadilhas para lagostas. Lançando um olhar protetor sobre o porto, La Maison des Seigneurs fazia parte de um forte do século 15 e hoje é uma casa particular. Pequena, mas interessante, é a Capela Dom Michel, no topo da Rue Dom Michel le Noblezt.

Além da praia ficam as águas do Parc Naturel Régional d'Armorique, classificado pela Unesco como reserva da biosfera. Pode-se passear num barco de fundo de vidro.

462 A5 Parc de Beauséjour, 29217 02 98 89 11 31 Meados jun-meados set seg-sáb 9h30-12h30, 14h30-19h, dom e feriados 9h30-12h30; abr-meados jun ter-sex 9h30-12h30, 14h30-17h30, sáb 9h30-12h30; meados set-fim mar ter-sáb 9h30-12h30 31 para Brest Para Molène e Ouessant

CÔTE D'ALBÂTRE

A Côte d'Albâtre (Costa de Alabastro), que vai de Le Havre a Le Tréport, na foz do rio Bresle, deve seu nome aos rochedos brancos que atingem o máximo de beleza em Étretat (▷ 166-7). Depois de Dieppe (▷ 135), a maior cidade da costa é Fécamp, onde o licor Benedictine é produzido numa destilaria que também é galeria de arte. O lugar mais bonito é Veules-les-Roses, ao norte de Saint-Valery-en-Caux, refúgio de férias cortado pelo menor rio da França. Este riacho borbulhante nasce numa fonte cercada por canteiros de agrião, que se tingem de um verde vivo no inverno, e corre por 1km até o mar, seguido por uma agradável trilha.

464 G3 Escritórios em Le Havre, Étretat, Fécamp e Dieppe

CÔTE DE GRANIT ROSE

A Costa de Granito Rosa é um dos trechos mais surpreeendentes do litoral bretão. Aqui, a terra encontra o mar em um espetáculo de altos rochedos, pequenas baías, vales que parecem fiordes e grutas protegidas. O nome deriva das rochas de granito, que se tingem de marrom à luz inclemente do sol e adquirem um profundo tom rosado ao pôr do sol. Vê-se melhor as rochas no trecho entre Trébeurden, a oeste, e Paimpol, a leste. Não é fácil seguir de carro pela costa. Uma estrada estreita passa por pequenos povoados a promontórios varridos pelo vento, como a Pointe du Château ou Le Gouffre. O trecho perto de Ploumanac'h é bom para caminhadas e há restaurantes em Ploumanac'h e Perros-Guirec.

462 C4 Postos em Trébeurden, Perros-Guirec (▷ 145), Tréguier e Paimpol

PENÍNSULA COTENTIN

www.ot-cherbourg-cotentin.fr

Esta intocada paisagem peninsular fica muito distante das cidades comerciais da Normandia e da magia do interior. A península Cotentin oferece uma visão da autêntica vida rural francesa, na qual predominam a agricultura e a pesca. No oeste da península, a costa perto do Cap de La Hague e Nez de Jobourg é quase bretã em sua majestade escarpada, perfeita para caminhadas ao vento, tendo ao longe a vista das Ilhas do Canal. Do lado leste, ao contrário, a paisagem é mais verdejante. Os campos e bosques ao redor do Val de Saire estendem-se até as dunas das praias do Dia D. Destacam-se na região a vista do farol de Gatteville em Barfleur (▷ 125) e a ilha de Tatihou, com seu forte Vauban, no porto pesqueiro de ostras de St.-Vaast-la-Hougue. Não são permitidos mais de 500 visitantes por dia. Chegue a pé na maré baixa ou pegue um bote anfíbio, incluído no preço da entrada, até o forte e o museu marítimo.

463 E4 Cité de la Mer, Gare Maritime Transatlantique, 50100 Cherbourg-Octeville 02 33 20 26 26 Jul, ago seg-sáb 9h-18h30, dom 10h-12h30; no resto do ano seg-sex 9h-12h, 14h-18h, sáb 9h-12h30, 14h-18h; fechado segunda semana jan-fim jan Cherbourg

COUTANCES

www.coutances.fr

Saudada como uma obra-prima da arquitetura gótica normanda, a catedral de Coutances foi erguida sobre as ruínas de uma igreja românica do século 13 e é dotada de contrafortes e elegantes espiras. Um vitral conta a história de são Thomas Becket. O vizinho Jardin des Plantes é um lugar agradável para um piquenique. Na semana da Ascensão, ocorre o festival Jazz sous les Pommiers.

463 E4 Place Georges Leclerc, 50200 02 33 19 08 10 Jul, ago seg-sex 9h30-18h30, sáb 10h-12h30, 14h-18h, dom 10h-13h; resto do ano seg-sex 9h30-12h30, 14h-18h, sáb 10h-12h30, 14h-17h Coutances

LE DÉBARQUEMENT (PRAIAS DO DIA D)

Oito rotas bem sinalizadas levam ao local do *débarquement* –a invasão, as batalhas e a libertação da Normandia– e ao início do fim da Segunda Guerra Mundial. Para os veteranos e suas famílias, o respeito com que são tratados os sacrifícios de uma geração é edificante. Para os mais jovens, as lições do passado são contadas de uma maneira simples, mas poderosa.

PLANO DE LIBERTAÇÃO

Um ano antes do Dia D, Winston Churchill e Franklin D. Roosevelt começaram a planejar a Operação Overlord, a invasão aliada da Normandia. Na noite de 5 de junho de 1944, 4 mil lanchas de desembarque partiram da Inglaterra para a costa de Cotentin e Calvados, preparando-se para atacar ao amanhecer.

Em silêncio, a força aérea assinalara as principais defesas de cada lado da frente de invasão, com planadores e paraquedistas da 6ª Divisão Aérea tomando a ponte Pegasus no canal Caen-Ouestreham em Benouville. Em seguida, centenas de *rangers* capturaram a Pointe du Hoc antes de desembarcar em cinco praias, onde cerca de135 mil homens e 20 mil veículos chegaram à praia entre 6h30 e 7h30.

Forças britânicas, francesas e da Comunidade das Nações, visando capturar Caen, desembarcaram nas praias com os codinomes de Sword (Bella Riva, Lion-sur-Mer e St.-Aubin), Juno (Bernières e Courseulles) e Gold (Ver-sur-Mer e Asnelles). Mais a oeste, tropas americanas desembarcaram em Omaha (St.-Laurent, Colleville e Vierville) e Utah (na costa de Cotentin em direção a Cherbourg). As perdas foram pesadas, mas as forças alemãs não tinham apoio aéreo e os Aliados tomaram um vital posto avançado.

VEJA O QUE ACONTECEU

Em Arromanches, ruínas do porto pré-fabricado de Mulberry, rebocado pelo canal, ainda podem ser vistas da praia. Saiba mais sobre os desembarques no Musée du Débarquement (fev-fim dez) e no cinema de 360° Arromanches. A Ponte Pegasus está no Mémorial Pegasus (fev-fim nov), em Ranville.

Fileiras de túmulos de guerra oferecem uma lembrança indelével, sejam as 40 sepulturas de soldados britânicos em Chouain, o memorial clássico da Comunidade das Nações em Bayeux ou o alinhamento preciso de 9.387 cruzes do cemitério americano em Colleville-sur-Mer.

O Musée de la Liberté em Quinéville (abr-meados nov) contém uma cena de rua na Normandia ocupada.

INFORMAÇÕES

www.calvados-tourisme.com
www.manchetourisme.com
www.ornetourisme.com
463 F4
Calvados 440 F4 8 Rue Renoir, 14000 Caen 02 31 27 90 30 Seg-sex 8h30-12h30, 13h30-17h30 **Manche** Maison du Département, Route de Villedieu, 50008, St.-Lô 02 33 05 98 70 Seg-sex 9h-12h, 14h-17h **Orne** 440 G5 88 Rue St.-Blaise, 61002, Alençon 02 33 28 88 71 Seg-sex 8h45-12h, 13h30-17h30

Para o Mémorial de Caen ▷ 129; para o Musée Mémorial de la Bataille de Normandie em Bayeux ▷ 126

DICAS

» Peça nos centros de turismo o folheto *The D-Day Landings and The Battle of Normandy*. A compra de um bilhete pelo preço integral em qualquer museu dá direito à entrada na maioria dos outros museus pelos 30 dias seguintes.

» Muitos museus fecham de novembro até a primavera. Em maio e junho, chegue cedo para evitar as excursões escolares.

» A maioria dos museus tem excelente acesso para portadores de deficiência.

Pág. ao lado *Um pintor diante da praia de Barneville-Carteret, na costa oeste da península Cotentin, na Normandia*
Abaixo *Quatro mil lanchas levaram os soldados aliados às praias do Dia D*

INFORMAÇÕES
www.dinan-tourisme.com
463 D5 9 Rue du Château, 22105
02 96 87 69 76 Jun-fim set seg-sáb 9h-19h, dom 10h-12h30, 14h30-18h; resto do ano seg-sáb 9h-12h30, 14h-18h
Dinan De St.-Malo

Acima *O rio Rance atravessa a cidade medieval de Dinan*

DINAN

Dinan é uma das mais bem preservadas cidades medievais da Bretanha. Muitos trechos das muralhas de 600 anos de idade podem ser visitados a pé, assim como o Passeio da Duquesa Anne, que leva ao Jardin Anglais, de onde se tem um vista panorâmica do vale. As vistas da cidade e do vale do rio Rance são excelentes da Tour de l'Horloge.

HISTÓRIA LOCAL

Você pode conhecer melhor a história local no Château Musée, um forte do século 14 em ruínas (jun-fim set diariam 10h-18h30; out-fim mai 13h30-17h30; fechado jan). No século 12, Dinan era um importante centro de comércio. O cavaleiro Rivallon le Roux jurou que, se sobrevivesse à cruzada, voltaria à sua cidade e financiaria uma igreja dedicada a Cristo. A basílica românica e gótica de St.-Sauveur (diariam 10h-17h) foi construída entre os séculos 12 e 18 e contém relíquias de muitos períodos da história da cidade, entre elas o coração de outro cavaleiro local, Bertrand du Guesclin, cuja estátua equestre ergue-se na Place du Guesclin. Nesta praça há uma feira nas manhãs de quinta-feira.

EXPLORANDO O CENTRO HISTÓRICO

O centro histórico é perfeito para ser explorado a pé. A Rue du Petit-Fort, uma estreita rua de pedra, sobe do porto até o centro. É ladeada por casas de mercadores, creperias, lojas de arte e artesanato e a Maison du Gouverneur (aberta jul, ago ter-dom 14h-18h30), uma espetacular mansão de três andares com madeiramento aparente, que contém uma exposição de móveis regionais. Vá até a Place des Merciers para ver as mais belas casas típicas de vigas aparentes. A gótica Église St.-Malo tem um magnífico órgão inglês do período romântico e belos vitrais que ilustram grandes momentos da história da cidade. Todos os anos, em julho, a cidade realiza as Fêtes des Remparts, assistidas por 500 mil pessoas, entre moradores e visitantes.

Num agradável passeio pelo centro de Dinan você encontrará Léhon, um belo vilarejo com um priorado do século 9º. De abril a setembro, pode-se fazer passeios de barco subindo o rio Rance de St.-Malo até Dinan.

DEAUVILLE

www.deauville.org

Deauville é um balneário com imensos hotéis que imitam o estilo românico e casas de praia de parisienses ricos. Ali, as pessoas passam o tempo exibindo elegância à beira-mar, apostando nas corridas, jogando no cassino ou assistindo a um show de cabaré. A temporada se encerra com um festival de cinema americano, em setembro. O calçadão da praia contém inscrições com nomes de celebridades que passearam por aqui. Se tudo parece muito artificial, essa é a intenção: uma festa na praia para os ricos.

464 G4 Place de la Mairie, 14804 02 31 14 40 00 Jul-meados set seg-sáb 9h-19h, dom 10h-13h, 14h-17h; meados set-fim jun seg-sáb 9h-12h30, 14h-18h30, dom 10h-13h, 14h-17h Deauville-Trouville

DIEPPE

www.dieppetourisme.com

Dieppe é uma movimentada cidade portuária. O Château-Musée (jun-fim set seg-sáb 10h-12h, 14h-17h, dom 10h-12h, 14h-18h; resto do ano qua-seg 10h-12h, 14h-17h), com suas torres redondas, contém pinturas de Renoir, Pissarro e Boudin, e uma coleção de marfins, testemunha das ligações comerciais históricas com a África. Há ainda a Maison Miffant, do século 17, a Cité de la Mer, com um museu marítimo e um aquário (diariam 10h-12h, 14h-18h), e, num rochedo acima do porto, a igreja de Notre-Dame-de-Bon-Secours, construída em 1876 em memória dos marinheiros mortos no mar. Para almoçar, vá ao Quai Henri IV.

468 H3 Pont d'Ango BP152, 76204 02 32 14 40 60 Jul, ago seg-sáb 9h-19h, dom 10h-13h, 15h-18h; mai-fim jun, set seg-sáb 9h-13h, 14h-19h, dom 10h-13h, 15h-18h; out-fim abr seg-sáb 9h-12h, 14h-18h Dieppe De Newhaven, Inglaterra (4 horas); 2 horas no ferryboat rápido no verão

DINARD

www.ville-dinard.fr

Dinard ocupa um afloramento rochoso perto de St.-Malo (▷ 154) e tem pequenas praias de areia. As ondas altas e os ventos regulares oferecem ótimas condições para velejar, e os efeitos temperados da corrente do golfo favorecem a vegetação subtropical.

Dinard foi um típico porto de pesca bretão até o século 19, quando foi descoberta por ingleses e americanos ricos. Durante a Belle Époque, eles vinham para velejar, jogar e outras atividades de lazer. Hoje é um balneário elegante muito procurado pelos franceses.

A Plage de l'Écluse, com seus guarda-sóis listrados de azul e branco, é a praia maior. Acima dela, fica o Casino Barrière de Dinard, no Boulevard Wilson (sex-dom 21h-4h, seg-qui 22h-3h; jantar diariam 12h-14h30, 19h30-22h30). Vizinha fica a piscina olímpica coberta e aquecida de água do mar (diariam 10h-12h30, 15h30-19h30 nas férias escolares; resto do ano seg-sex 10h-12h30, 15h-18h30, sáb 14h-18h30, dom 9h-12h30), e o Palais des Arts et Festivals.

O Chemin de Ronde é um calçadão à beira-mar. A parte que vai da Plage du Prieuré, no sul, à Pointe du Mulinet, é chamada Promenade du Clair de Lune, muito popular para uma caminhada à tarde ou à noite.

463 D5 2 Boulevard Féart, 35802 02 99 46 94 12 Jul, ago diariam 9h30-19h30; set-fim jun seg-sáb 9h-12h30, 14h-18h, dom 10h-12h15, 15h-18h De St.-Malo, La Richardais, St.-Lunaire, St.-Briac-sur-Mer e Lancieux O nº 11 vai para Dinan De St.-Malo O aeroporto Dinard-Pleurtuit fica 6km ao sul da cidade No verão a Promenade du Clair de Lune é iluminada e há concertos nos jardins

DOMFRONT

www.domfront.com

Vistas incomparáveis da Baixa Normandia fazem desta bela cidade uma parada imperdível num dia claro. Dominada pelas ruínas de um forte do século 11 erguido no topo de um monte que assoma sobre o rio Varenne, a cidade tem típicas casas de pedra e madeira alinhadas ao longo de ruas de pedra. Ao pé do monte fica a igreja de Notre-Dame-sur-l'Eau, onde Thomas Becket teria celebrado a missa em 1166. Na primavera e no verão, canteiros, vasos e cestos pendentes cheios de flores justificam a fama de Domfront como uma das *villes fleuries* da Normandia. A cidade fica no centro da área rural de Camembert e também produz o conhaque Calvados Domfrontais (feito de maçã e pera), o *pommeau*, um aperitivo de maçã, e o *poiré*. Na primavera, os pomares de pera florescem em Domfront, oferecendo uma imagem e um perfume inesquecíveis.

463 F5 12 Place de la Roirie, 61700 02 33 38 53 97 Ter-sáb 10h-12h30, 14h-18h Flers, a 23km, depois ônibus para Domfront No início de agosto, há uma feira medieval, com música e banquetes

Acima *Dinard é um popular balneário*
Abaixo *Rochedos calcários em Étretat*

DOUARNENEZ

www.douarnenez-tourisme.com

Douarnenez é a segunda cidade pesqueira da Bretanha, depois de Concarneau (▷ 131), mas lhe falta o ambiente refinado de sua irmã maior. Originalmente uma vila de pescadores, nunca foi tocada pela realeza. A cidade tem vários portos abrigados, razão de seu longo sucesso como porto pesqueiro.

Pode-se entender melhor a ligação entre a cidade e o mar no Port-Musée, na Place de l'Enfer (abr–meados set diariam 10h-12h, 14h-18h).

A história da cidade data do período romano. Na Idade das Trevas, Douarnenez foi associada ao rei Marcos e à lenda de Tristão, e é também um dos controversos locais da mítica Atlântida do século 6º, a Cidade Perdida de Ys. No século 16, a cidade foi saqueada pelo famoso pirata La Fontenelle, que roubou as casas e as pedras para construir seu castelo na Île d'Tristan.

Tem-se lindas vistas do porto de Douarnenez a partir de Les Plomarc'h, 500m a leste.

462 B6 2 Rue du Dr Mével, BP216, 29172 02 98 92 13 35 Jul, ago diariam 10h-19h; abr-fim jun, set seg-sáb 10h-12h, 14h-18h; out-fim mar seg-sáb 10h-12h, 14h-17h Para Quimper, Pont-Croix, Audierne e Pointe du Raz ? Algumas praias são perigosas para banho de mar.

ÉVREUX

www.ot-pays-evreux.fr

Évreux ressurgiu das cinzas muitas vezes ao longo dos séculos, a mais recente depois dos bombardeios da Segunda Guerra Mundial, que derreteram a agulha da sua catedral, Notre-Dame.

Outra agulha, encimada por um galo de ouro, foi instalada em 1973. Algumas partes da igreja datam do século 12, e a mistura de estilos góticos testemunha os estoicos planos de reconstrução da cidade após cada batalha. Vitrais dos século 13 a 17 justificam uma visita. A ornamentada Torre do Relógio, último vestígio das fortificações medievais, marca as horas.

464 H4 Place Général de Gaulle, 27000 02 32 24 04 43 Seg-sáb 9h30-18h15; jun-fim set também dom 10h-12h30 Evreux

GRANVILLE

www.ville-granville.fr

Na baía do Mont St.-Michel, este movimentado porto e balneário preserva suas muralhas do século 15, construídas pelo inglês Thomas Scales. A entrada principal para a cidade alta ainda se faz pela ponte levadiça original da Grande Porte. Suba até o Musée du Vieux Granville (abr-fim set qua-seg, 10h-12h, 14h-18h; resto do ano qua, sáb, dom 14h-18h) para ver o artesanato local e saber mais sobre a história do porto pesqueiro. O Musée Richard Anacréon (jul-fim set qua-dom 11h-18h; resto do ano ter-dom 14h-18h), de arte moderna, contém obras de Picasso. O Musée Christian Dior está instalado na casa onde o famoso estilista passou a infância (meados mai-fim set diariam 10h-18h30).

463 E5 4 Cours Jonville, 50400 02 33 91 30 03 Verão seg-sáb 9h-13h, 14h-19h, dom 10h-13h, 15h-18h; inverno seg-sáb 9h-12h, 14h-18h Granville

LE HAVRE

www.lehavretourisme.com

Le Havre é o principal porto industrial da Normandia, limitado pelo Canal da Mancha e pelo estuário do Sena. Claude Monet cresceu aqui, e um de seus quadros pintados na cidade, *Impression: Soleil Levant* (c. 1873), deu nome ao movimento impressionista. Pode-se ver obras de Monet e de seus contemporâneos no Musée des Beaux-Arts André Malraux, no Boulevard Clemenceau (seg, qua-sex 11h-18h, sáb, dom 11h-19h), além de outras obras dos séculos 17 a 20. O edifício de vidro, quase um espaço aberto, é banhado pela luz natural que originou o impressionismo. Dois artistas da região representados no museu são Raoul Dufy, de Le Havre, e Eugène Boudin, de Honfleur.

Na extremidade leste da cidade situa-se Harfleur, o maior porto da Normandia até ser sedimentado no século 16. No belo centro histórico, reservado a pedestres, a Rue des 104 celebra os 104 cidadãos que libertaram a cidade do ataque inglês em 1435. As calçadas ao longo do cais e as barcas decoradas também são um eco de seu passado marítimo.

464 G4 186 Boulevard Clemenceau, 76600 02 32 74 04 04 Páscoa-fim out seg-sáb 9h-18h45, dom 10h-12h30, 14h30-17h45; resto do ano seg-sáb 9h-12h30, 14h-18h, dom 10h-13h Le Havre

HUELGOAT

▷ 158-9.

Acima *A Grande Porte, principal entrada da cidade alta de Granville*

Pág. ao lado *Tulipas vermelhas e cor-de-rosa no jardim de Monet em Giverny*

GIVERNY

Milhares de turistas se desviam do roteiro habitual na Normandia para visitar esta modesta cidade no vale do Sena. Ironicamente, não há nenhuma obra original do pintor impressionista Claude Monet na casa rosa e verde onde ele viveu até sua morte, em 1926. Muitas gravuras e cópias adornam as paredes, mas é o jardim, o famoso lago de ninfeias e a ponte que atraem multidões. Os jardineiros se dedicam a manter o cenário o mais parecido possível ao que era na época de Monet.

INSPIRAÇÃO

O pintor comprou a casa em 1895, mas já a alugava desde 1883. Foi aqui que ele pintou as íris e as ninfeias que acabaram se tornando sua obsessão. É possível visitar o jardim murado –Le Clos Normand– e o lago de ninfeias. Uma estrada separa os jardins, mas uma passagem subterrânea leva os visitantes em segurança até o lago. Por mais maravilhosos que sejam os jardins, a aglomeração de pessoas não faz deles um lugar de calma contemplação.

NAS PEGADAS DE MONET

O caminho da arte se espalha pelas ruas próximas, e a Rue Claude Monet está lotada de ateliês de artistas e galerias. O Musée d'Art Américain Giverny (abr-fim out ter-dom 10h-18h) contém obras de contemporâneos americanos de Monet na França. Era no Hôtel Baudy, antiga casa de pensão e bar na Rue Claude Monet, que Monet se encontrava com Renoir, Sisley, Pissarro, Rodin e os artistas americanos que os seguiam.

INFORMAÇÕES

www.giverny.org
www.fondation-monet.com
464 H4 Office de Turisme de Vernon, 36 Rue Carnot, 27201 02 32 51 39 60 Mai-fim ago ter-sáb 9h-12h30, 14h-17h30; resto do ano ter-sáb 10h-12h, 14h-17h Estação de Vernon, depois 5km de táxi ou bicicleta até Giverny

Fondation Claude Monet

Rue Claude Monet, 27620 02 32 51 28 21 Abr-fim out ter-dom 9h30-17h30 Adultos €5,50 (casa e jardim), €4 (jardim), €1,50 (casa); crianças (8-11) €3; menores de 7 grátis

DICAS

» Chegue cedo para ver o lago de ninfeias longe das aglomerações.
» Visite Giverny no início do verão, para ver os jardins no auge de sua beleza.

INFORMAÇÕES
www.ot-honfleur.fr
464 G4 Quai Lepaulmier, 14602 02 31 89 23 30 Seg-sáb 10h-12h30, 14h-18h; dom 10h-13h nas férias escolares 20 e 50 de Pont-l'Évêque

HONFLEUR

Honfleur é um dos mais interessantes portos da França e uma presença constante nas galerias de arte de todo o mundo. Entre os pintores que capturaram a cidade na tela estão J. M. W. Turner e o artista local Eugène Boudin. Honfleur continua atraindo artistas interessados em vistas marítimas, assim como visitantes em busca de um prato de frutos do mar à beira do cais.

FILHOS DE HONFLEUR

Pode-se ver algumas obras inspiradas na cidade no Musée Eugène Boudin, na Place Erik Satie (meados mar-fim set qua-seg 10h-12h, 14h-18h; resto do ano seg, qua-sex 14h30-17h, sáb, dom 10h-12h, 14h30-17h; fechado jan-meados fev). Ao lado das obras de Boudin há pinturas de Corot, Dufy e do aluno de Boudin, Monet. Menos convencionais, mas muito estimulantes, são as Maisons Satie, no Boulevard Charles V (mai-fim set qua-seg 10h-19h; resto do ano qua-seg 11h-18h; fechadas jan-meados fev), que celebram a vida e a obra de outro filho de Honfleur, o excêntrico compositor e pintor Erik Satie (1866-1925). Arte e música unem forças na exposição de imagens surreais, que você aprecia ouvindo a música de Satie nos fones de ouvido.

TRADIÇÃO MARÍTIMA

A cidade tem uma forte tradição marítima, como lembra uma placa na Lieutenance, prédio do século 16 na Vieux Bassin: "Foi daqui que o pioneiro francês Samuel de Champlain partiu para Québec no início do século 17". O cais está lotado de barcos de pesca e de lazer. Altos prédios de fachada de ardósia, telhado de carvalho e vigas de madeira cercam o porto e hoje abrigam lojas de equipamentos marítimos, galerias de arte e restaurantes. A torre do sino da Église de Ste.-Cathérine, construída no século 15 por armadores, foi erguida do outro lado da praça, como precaução contra incêndios. Músicos de rua e bancas de artesanato ocupam as vias de pedestres próximas.

Pág. ao lado *As mal-assombradas ruínas da Abbaye de Jumièges*
Abaixo *O porto de Honfleur*

ÎLE DE BRÉHAT

Île de Bréhat é um refúgio idílico livre de trânsito, cheio de muralhas de pedra, casas de granito e uma infinidade de espécies de flores. É uma ótima opção para uma excursão de um dia e ideal para passeios a pé ou de bicicleta. A apenas 2km da costa norte da Bretanha, Bréhat é de fato constituída por duas pequenas ilhas ligadas por uma ponte do século 16. Cada uma das ilhotas tem menos de 1km de comprimento e é cercada por um anel de arrecifes traiçoeiros, que formam uma proteção natural para suas baías e grutas. A maioria dos 470 moradores de Bréhat vive no sul da ilha, onde o clima temperado pela corrente do golfo tem favorecido uma profusão de plantas mediterrâneas nos jardins dos lindos bangalôs. Os ferryboats atracam no pequeno Port Clos, na costa sul. A Plage de Gerzido, a melhor da ilha, fica do lado leste, de frente para o continente. Do Port Clos são 500m a pé até a principal vila, Le Bourg. A oeste dela fica a Chapelle St.-Michel, de onde se tem lindas vistas. Ao lado, o Moulin à Marée du Birlot (fechado a visitas) é um moinho d'água do século 17 restaurado.

Conta a lenda que os pescadores da Île de Bréhat transmitiram seu conhecimento das rotas marítimas para o Novo Mundo a Cristóvão Colombo antes da "descoberta" da América.

462 C5 · Le Bourg, 22870 · 02 96 20 04 15 · Ter-sáb 10h-12h30, 14h-16h30 · Vedettes de Bréhat opera o ano todo os barcos que partem da Pointe de l'Arcouest, ao norte de Paimpol. No verão, há viagens partindo de Binic, Erquy e St.-Quay-Portrieux

ÎLE DE GROIX

Esta ilha, a 50 minutos de ferryboat de Lorient, é um platô cercado por íngremes rochedos. As melhores praias estão na costa protegida, entre elas a bela Plage des Grands Sables. A força do Atlântico deixou suas marcas na praia ocidental, a Côte Sauvage. A ilha, de 8km por 2km, tem pouca estrutura turística, mas há 25km de trilhas. Além de minerais raros, aqui ainda há uma reserva geológica perto de Locmaria.

Durante os anos 1930, Groix tinha a maior frota pesqueira de atum da França. Você pode saber mais sobre a história desta frota no Écomusée (jul, ago diariam 9h30-12h, 15h-19h; mai, jun, set diariam 10h-12h30, 14h-17h; abr, out, nov ter-dom 10h-12h30, 14h-17h; dez-fim mar qua, sáb, dom 10h-12h30, 14h-17h), em Port-Tudy. O último barco de pesca, o *Kevano*, está aposentado no porto. A maioria dos 3 mil residentes da ilha vive na capital, Groix.

462 C6 · Quai de Port-Tudy, 56590 · 02 97 86 53 08 · Jul, ago diariam 9h30-13h, 14h-19h; resto do ano seg-sex 9h-12h, 14h-17h · De Lorient

JOSSELIN

www.paysdejosselin.com

Esta cidade do interior tem um castelo medieval cujas torres produzem uma imagem memorável ao se refletir no rio Oust. A melhor vista do castelo é a que se tem do outro lado do rio, no Quartier Sainte-Croix. O castelo (jul,ago diariam 10h-20h; abr-fim jun, set seg-sáb 10h-12h, 14h-18h, dom 10h-18h; mar, out seg-sex 10h-12h, 14h-18h, sáb 10h-12h; nov-fim jan seg-sex 10h-12h, 14h-17h30, sáb 10h-12h) data do século 14 e foi restaurado no século 19. A muralha de pedra tem três torres circulares encimadas por torretas cônicas. No pátio, a fachada interna oferece uma profusão de detalhes renascentistas em suas dez cumeeiras e uma elaborada escultura sobre cada porta e janela do andar inferior. Um magnífico friso esculpido liga os dois elementos na altura do telhado. A decoração é dos séculos 17 e 18. Vizinho, o Musée de Poupées tem uma coleção de 600 bonecas que data de 1880.

Um labirinto de alamedas de pedra liga o pátio à principal praça de Josselin, onde se encontra a Basilique Notre-Dame-du-Roncier.

462 D6 · Place de la Congrégation, 56120 · 02 97 22 36 43 · Meados jul-fim ago diariam 10h-18h; abr-meados jul, set seg-sáb 9h30-12h, 14h-18h, dom 14h-18h; out-fim mar seg-sex 9h30-12h, 14h-17h30, sáb 9h30-12h · Partem de Pontivy, Rennes e Ploermel

JUMIÈGES

www.jumieges.fr

Jumièges foi o maior dos mosteiros do vale do Sena, e suas ruínas merecem uma visita. As mais antigas, da Église St.-Pierre, datam do século 10º. A vizinha Église de Notre-Dame foi construída um século depois. No século 17, muitas das pedras do mosteiro foram usadas em outras construções. As ruínas ocupam um parque bem conservado, onde de abril a setembro se realizam espetáculos de luz e sombra.

464 G4 · 02 35 37 28 97 · Abr-fim set diariam 9h-19h; resto do ano 9h30-13h, 14h30-17h30 · Adultos €4,60, menores de 18 grátis

MONT-ST.-MICHEL

INTRODUÇÃO

Se a Torre Eiffel é a silhueta-símbolo da França, a outra é o Mont-St.-Michel, um antigo mosteiro perfeitamente integrado ao rochedo cônico de granito sobre o qual se ergue e cuja elegante agulha aponta para o céu. Erguendo-se sobre uma imensa baía à qual se tem acesso por uma passarela, o Mont-St.-Michel sempre desafiou a imaginação. Visto da praia, surgindo em meio à névoa, parece de outro mundo.

Mesmo no auge do verão, quando o lugar fica lotado, o mosteiro ecoa seus 1.300 anos de história. Em 708, santo Aubert, bispo de Avranches, inspirou-se em repetidas visões do arcanjo Miguel para construir uma modesta capela no alto dos 79m do granítico Mont Tombé (assim chamado porque acreditava-se ser um antigo cemitério). Monges beneditinos se estabeleceram aqui em 966 a convite do duque da Normandia, e uma vila logo se formou no lado sudeste do rochedo. Uma igreja românica foi construída no século 11, e nos séculos seguintes outras construções se seguiram. No século 13, o mais belo dos edifícios góticos, um complexo conhecido como Merveille (Maravilha) foi acrescentado ao mosteiro. Na Idade Média, o Mont-St.-Michel se tornou um famoso local de peregrinação, ao qual os peregrinos chegavam por estradas chamadas "caminhos para o paraíso".

O mosteiro foi fortificado contra os ataques dos ingleses durante a Guerra dos Cem Anos (1337-1453) e resistiu a 30 anos de cerco. Depois da Revolução Francesa, o santuário foi transformado em prisão. Em 1874, com seu valor cultural e artístico reconhecido, ele foi aberto à visitação como monumento nacional. Três anos depois, a estátua dourada de são Miguel de Emmanuel Frémlet foi colocada no alto de um novo campanário de 157m de altura.

Uma comunidade monástica voltou ao local em 1966, por ocasião do milésimo aniversário do mosteiro original, e hoje dez membros das Fraternités Monastiques de Jérusalem continuam oferecendo um contraponto espiritual ao que, sem sua presença, seria um mero centro de comércio e turismo. Embora visitado por 3,5 milhões de pessoas por ano, o Mont-St.-Michel tem apenas 35 residentes. Desde 1979, foi classificado pela Unesco como patrimônio da humanidade.

Se você está planejando visitar o Mont-St.-Michel nos meses de verão, vale a pena chegar lá bem cedo (por volta de 8h) ou no fim do dia (depois de 17h) para sentir a atmosfera de paz do lugar. Outra opção é passar a noite num dos quatro hotéis da vila.

INFORMAÇÕES

www.ot-montsaintmichel.com

✚ 463 E5 ℹ BP4, Mont-St.-Michel 50170 ☎ 02 33 60 14 30 🕓 Jul, ago diariam 9h-19h; abr-fim jun, set seg-sáb 9h-12h30, 14h-16h30, dom 9h-12h, 14h-18h; out-fim mar seg-sáb 9h-12h, 14h-18h, dom 10h-12h, 14h-17h

Mont-St.-Michel

🍴 Em La Mère Poulard, omeletes mundialmente famosas, batidas em velhas vasilhas de cobre, fortalecem peregrinos e turistas há anos 🚌 Partem de Rennes, St.-Malo 🚆 Você pode pegar o TGV para Rennes, que tem uma conexão matinal de ônibus para o monte. Há também uma estação em Pontorson, a 9km do monte, onde se pode pegar um ônibus 🅿 As vagas de estacionamento ao longo da passarela atual deverão ser ser substituídas por uma grande área de estacionamento 2km ao sul da estrada costeira, no continente. O estacionamento vai custar €4, mas um serviço de ônibus grátis (a ser substituído mais tarde por uma linha férrea) levará os visitantes de seus veículos até o monte

Pág. ao lado *Mont-St.-Michel ao anoitecer*
Abaixo *Um distante Mont-St.-Michel cintila acima das águas*

DICAS

» Quando a rua principal estiver lotada, suba a escada que leva às muralhas para ver a vila lá embaixo e, mais além, o mar.

» Em vez de pagar €8,50 para visitar o mosteiro, você pode planejar sua visita de modo a fazê-la coincidir com o horário da missa do meio-dia, quando o ingresso é livre. Depois da missa, você pode caminhar tranquilamente pelo monumento.

» Espetáculos de luz e som são realizados no verão.

Pág. ao lado *O mosteiro do Mont-St.-Michel ergue-se acima da vila*
Abaixo *Esta pequena capela lateral do mosteiro tem belos vitrais*

O QUE VER

O MOSTEIRO

www.monum.fr

Você pode fazer uma visita guiada ao mosteiro e descobrir a imensa roda que os prisioneiros moviam para pôr em funcionamento um sistema de polias para transportar materiais até o topo do monte. O mosteiro costuma ser chamado La Merveille (A Maravilha), um epíteto que na realidade se aplica a uma extensão gótica encomendada pelo rei Filipe Augusto da França no século 13 para celebrar sua conquista da Normandia. O nome reflete o feito extraordinário dos arquitetos e construtores, que realizaram a obra em apenas 20 anos. Pelos três andares de La Merveille estão distribuídas três salas de jantar: a dos peregrinos (l'Aumônerie), dos nobres (Salle des Hôtes) e dos monges (Refectoire). O refeitório é misteriosamente iluminado por janelas invisíveis. O edifício inteiro é encimado por um calmo claustro com jardim, com uma janela aberta para o mar. As delgadas colunas do claustro são decoradas com animais e figuras humanas.

☎ 02 33 89 80 00 ⌚ Mai-fim ago diariam 9h-19h; set-fim abr 9h30-18h ✋ €8,50
☞ Audioguias €4

A VILA

Você pode se sentir tentado a passar rápido pela Grande Rue, abaixo do mosteiro, que tem várias lojas e restaurantes. Mas ela tem também diversas atrações que justificam uma parada, inclusive quatro museus, muralhas, jardins e uma igreja. São muitos lances de escada a vencer, de modo que visitantes portadores de deficiência encontram dificuldade de acesso. A vila pode parecer muito comercial para um local sagrado, mas os comerciantes poderão lhe dizer que estão apenas dando continuidade a uma tradição medieval. Séculos atrás, o trecho final da rota de peregrinos era ladeado por bancas de suvenires não muito diferentes dos atuais, e os peregrinos precisavam abrir caminho por entre bandos de pregoeiros, mendigos e ladrões enquanto subiam o monte em direção ao mosteiro.

MARÉS

A baía está sujeita aos mais extremos movimentos da maré da Europa. Na maré baixa, o mar cede 15km, e a diferença entre a alta e a baixa chega a 15m. Mas o mar volta a subir a uma velocidade surpreendente, embora a comparação com um cavalo galopante seja um exagero poético. Vale a pena presenciar o fenômeno de um lugar tranquilo e seguro.

Os movimentos mais espetaculares da maré se dão na primavera, de 36 a 48 horas depois das luas cheia e nova, quando Sol, Terra e Lua estão alinhados. Você precisará estar no monte umas duas horas e meia antes que a marca mais alta seja alcançada. Peça no centro de turismo uma tabela das marés.

Está em andamento um projeto para reduzir o assoreamento da baía e, assim, diminuir as extremas diferenças entre as marés. Deve estar concluído em 2012, e a passarela será substituída por uma ponte de pedestres.

MAISONS DE LA BAIE

www.maison-baie.com

De volta ao continente, desfrute a vista do monte de pontos privilegiados como Le Vivier-sur-Mer, Courtils e St.-Léonard, na Maison de la Baie. Esses pequenos museus temáticos oferecem uma perspectiva de como era a vida no mosteiro no passado, além de exposições sobre a vida selvagem local. Também organizam passeios guiados pelas areias do monte, a pé ou a cavalo, ou excursões guiadas de até sete horas para explorar os abrigos de mexilhões e ostras.

☎ Courtils: 02 33 89 66 00; Le Vivier-sur-Mer: 02 99 48 84 38; Vaius: 02 33 89 06 06
⌚ Verão diariam 9h-12h30, 14h-18h30; inverno seg-sex 9h-12h30, 14h-17h30

LISIEUX

www.lisieux-tourisme.com

Os peregrinos afluem para cá no verão para homenagear santa Teresa de Lisieux, cuja comovente autobiografia foi muito popular durante os dias da Primeira Guerra Mundial. Nascida Thérèse Martin, ela se mudou com a família para Lisieux quando tinha quatro anos. Durante toda a infância, implorou ao pai que lhe permitisse ingressar no convento carmelita com a irmã. Aos 15 anos, Thérèse recebeu a permissão do papa para ingressar na ordem. Sendo uma jovem frágil, contraiu tuberculose naquele convento frio e úmido. Morreu em 1897, com apenas 24 anos, assim que terminou suas memórias, *História de uma Alma*. Foi canonizada em 1925, e suas relíquias estão expostas na capela carmelita. No verão, um trenzinho conduz os visitantes para conhecer a capela, a casa da família em Les Buissonnets e a Basilique Sainte-Thérèse.

A catedral gótica de St.-Pierre contém o túmulo do bispo Cauchon, executor de Joana d'Arc. Conta-se que aqui se casaram Leonor da Aquitânia e o rei inglês Henrique 2º. Nas manhãs de sábado (e quartas no verão), pode-se comprar deliciosos queijos e sidra na feira.

464 G4 · 11 Rue d'Alençon 14100 · 02 31 48 18 10 · Out-meados jun seg-sáb 8h30-12h, 13h30-18h; meados jun-fim set seg-sáb 8h30-18h30, dom 10h-12h30, 14h-17h · Lisieux

LOCRONAN

www.locronan.org

Locronan, com suas casas de pedra adornadas de flores, é uma das mais belas cidades da Bretanha. Foi um lugar sagrado para os druidas e local de peregrinação cristã depois da morte do missionário irlandês são Ronan no século 5º. A idade de ouro da cidade, no século 17, deveu-se à produção de velas de lona de cânhamo, mas, quando Luís 14 aboliu o monopólio de cânhamo, a economia de Locronan entrou em colapso. Nos séculos seguintes, nunca havia dinheiro para novas construções, e por isso a arquitetura ainda é muito semelhante ao que era na época de apogeu da cidade.

No centro da cidade velha fica a Place de l'Église, escolhida por Roman Polanski como locação do filme *Tess* (1979). A Église de St.-Ronan, do século 15 (verão diariam 9h-20h; resto do ano 9h-18h), foi construída no estilo gótico flamejante. É cercada por prédios dos séculos 17 e 18, antigas casas de ricos mercadores, assim como pelo prédio que abrigava os escritórios da Companhia das Índias Orientais. A Rue Moal, onde estão as casas humildes dos tecelões, leva à Notre-Dame-de-Bonne-Nouvelle, dos séculos 15 e 16 (diariam 9h-18h), com vitrais de Alfred Manessier (1911-93).

O Musée Municipal, na Place de la Mairie, é um bom lugar para continuar a exploração histórica (mesmo horário do centro de turismo).

O pintor surrealista Yves Tanguy (1900-55) morou na Rue Lann, e vários ceramistas, pintores e escultores têm ateliê na cidade.

462 B6 · Place de la Mairie, 29180 · 02 98 91 70 14 · Jul, ago seg-sáb 10h-12h, 14h-19h, dom 14h-18h; resto do ano seg-sex 10h-12h, 14h-18h; fecha nov-meados dez · A linha 10, que liga Quimper à península Crozon, passa por Locronan

MORLAIX

www.morlaixtourisme.fr

Morlaix situa-se numa ravina na boca de um grande estuário, à sombra de um alto viaduto. Já foi a terceira cidade da Bretanha, próspera graças à construção naval, à pesca, à produção de linho e papel, e a uma pequena pirataria, que a fez alvo de represálias. A pior delas ocorreu em 1522, quando foi atacada pelos ingleses depois que corsários franceses saquearam Bristol. Os cidadãos de Morlaix se vingaram ao encontrar os ingleses dormindo, depois de se embebedarem com o vinho roubado.

O grande viaduto ferroviário foi construído nos anos 1860. Abaixo dele, Morlaix se estende pelas encostas do vale. Na cidade velha encontram-se as *maisons à lanterne*, que têm um pátio central e uma grande chaminé que aquece toda a casa. Você pode visitar a Maison à Pondalez, no nº 9 da Grand Rue (jul, ago diariam 10h30-12h30, 15h-18h30; resto do ano, variam). A Maison de la Duchesse Anne, na Rue du Mur, é a casa onde Ana da Bretanha ficou em 1505 (seg-sex 11h-18h, sáb 11h-17h).

Veja pinturas bretãs no Musée Jacobin, na Église Jacobin. O prédio faz parte de um mosteiro dominicano do século 13, na Place des Jacobins (jul, ago diariam 10h30-12h30, 15h-18h30; resto do ano, variam).

462 B5 · Place des Otages, 29600 · 02 98 62 14 94 · Jul, ago seg-sáb 10h-12h30, 13h30-19h, dom 10h30-12h30; resto do ano seg-sáb 10h-12h, 14h-18h · 51 para Loccuirec; 52 e 61 para Huelgoat; 53 para Carantec-sur-Mer, St.-Pol-de-Léon e Roscoff; 55 para Plougasnou e Le Diben · Morlaix

PARC NATUREL RÉGIONAL NORMANDIE-MAINE

www.parc-naturel-normandie-maine.fr

Este é um dos 32 parques nacionais, que preservam 10% da natureza da França da destruição da vida moderna. Abrangendo duas regiões, a Normandia e o oeste do Loire, a área protegida de 134 mil hectares abriga 160 mil pessoas, além de uma profusão de habitantes dotados de asas ou quatro patas. As florestas de Écouves, Andaines, Perseigne e Sillé, que cobrem 60 mil hectares, protegem cervos e javalis.

Os afluentes do rio Orne correm para o norte em direção ao Canal da Mancha, enquanto as águas dos rios Sarthe, Mayenne, Egrenne e Varenne correm para o Atlântico. Em alguns lugares, não passam de riachos; em outros, como em Villiers, os desfiladeiros naturais são extraordinários. Quem gosta de altura deve ir aos Alpes Mancelles e ao pico mais alto da França ocidental, o Mont des Avaloirs. Na Baixa Normandia, a região de Passais tem uma vegetação luxuriante, com pomares de maçãs e peras, onde o silêncio da noite é quebrado pelo pio das corujas. Castelos, alguns em ruínas, guardam esta região fora do tempo.

Guardas-florestais guiam grupos de visitantes em excursões, na coleta de cogumelos e na caça a pé dos cervos. Alguns visitantes pescam trutas nos rios, enquanto outros se dedicam à canoagem, a caminhadas e ao alpinismo. A cidade-spa de Bagnoles-de-l'Orne é uma boa base, assim como Alençon (▷ 125), Sées, Carrouges, La Ferté-Macé e Domfront (▷ 135).

463 F5 · Maison du Parc, Le Capitre, 61320 Carrouges · 02 33 81 75 75 · Seg-sex 9h-12h, 14h-18h

PERROS-GUIREC

www.perros-guirec.com

Este é um bom lugar para férias em família na praia ou como base de exploração. As praias da cidade –Plage de Trestraou e Plage de Trestrignel– e as trilhas costeiras são magníficas. O balneário concentra o que existe de mais interessante na Costa de Alabastro (▷ 132): belas baías de areia entremeadas por rochedos de granito rosa. As casas são construídas com o granito rosa local, o que dá à cidade um belo tom rosado, em especial ao entardecer. Não muito longe da praia ficam as Sept-Îles, alguns dos melhores santuários de pássaros da França.

462 C5 · 21 Place de l'Hôtel de Ville 22700 · 02 96 23 21 15 · Jul, ago seg-sáb 9h-19h30, dom e feriados 10h-12h30, 16h-19h; set-fim jun seg-sáb 9h-12h30, 14h-18h30 · 15 para Trégastel e Lannion · Para as Sept-Îles (só na temporada), saindo da Gare Maritime, na Plage de Trestraou, ou Port de Ploumanac'h

POINTE DU RAZ

www.pointeduraz.com

Pointe du Raz é a mais notável das penínsulas selvagens da Bretanha. Aqui a terra encontra as águas indômitas do Atlântico num crescendo de sons de ondas se quebrando, fortes ventos e guinchos das gaivotas. Pointe du Raz é a ponta oeste do Cap Sizun, de onde a vista do mar e, mais além, da Île de Sein, é de tirar o fôlego. Você não pode chegar de carro, mas pode estacionar no centro de turismo com espaço para exposições, cafés e lojas. Em julho e agosto, um ônibus faz o traslado até a ponta. Do contrário, é uma caminhada de 1,5km por uma trilha pavimentada até o farol.

462 A6 · Maison de Site, Pointe du Raz · 02 98 70 67 18 · Jul, ago diariam 9h30-19h30; abr-fim jun, set diariam 10h30-18h; out-fim mar dom 14h30-17h30 (10h30-18h nas férias escolares) · 7, 8 para Quimper

Acima, da esq. p/ dir. *O farol ao largo da costa escarpada da Pointe du Raz; Casa de pedras com lindas floreiras em Morlaix*

Pág. ao lado *Esta praça em Lisieux evoca um mundo mais calmo e menos mecanizado*

RENNES

INFORMAÇÕES

www.tourisme-rennes.com

463 E6 11 Rue St.-Yves, 35064 02 99 67 11 11 Set-fim jun seg 13h-18h ter-sáb 10h-18h, dom 11h-13h, 14h-18h; no resto do ano seg-sáb 9h-19h, dom 11h-13h, 14h-18h; Há muitos bares ao redor da Place Ste.-Anne; a maioria fecha sáb para almoço Uma linha de metrô Boas conexões de ônibus Trens para St.-Malo, Fougères, Dinan, Vitré e Nantes

INTRODUÇÃO

Ultrapasse a barragem da moderna capital industrial da Bretanha e você encontrará uma cidade antiga que merece ser desvendada. Na Idade Média, Rennes cresceu para se tornar a mais importante cidade da Bretanha oriental, rivalizando em poder com Nantes e Vannes. Finalmente, tornou-se a capital bretã durante o período de Ana da Bretanha (1477-1514). Desde então, tem desempenhado um papel fundamental nas lutas políticas e sociais da Bretanha, entre elas as rebeliões contra os altos impostos cobrados no reinado de Luís 14, contra o período do Terror e a ocupação alemã na Segunda Guerra.

Embora um grande incêndio tenha consumido grande parte da velha Rennes durante mais de uma semana em 1720, a área entre a praça do mercado (Place des Lices) e as duas vias fluviais da cidade, os rios Ille e Vilaine, escapou da destruição. Depois de uma febril obra de preservação e restauração nos anos recentes, as ruas do centro exibem ricos detalhes arquitetônicos de diferentes séculos. Rennes orgulha-se particularmente de suas altas mansões remanescentes, muitas delas casas coloridas com vigas de madeira aparentes.

As duas principais praças da cidade são a Place du Parlement de Bretagne, dominada pela suntuosa casa do Parlamento bretão e pelo tribunal regional de justiça, construído antes que a Bretanha fosse anexada à França em 1532, e a Place de l'Hôtel de Ville, onde está o prédio da prefeitura.

Depois de explorar a cidade antiga, faça um passeio pelo Parc du Thabor para uma mudança de ritmo. Estes grandes jardins pertenciam a um mosteiro beneditino que existia no local.

O QUE VER

MUSÉE DES BEAUX-ARTS

www.mbar.org

Esta galeria de arte contém pinturas que vão do século 14 aos impressionistas e membros da Escola de Pont-Aven. Entre os artistas destacam-se luminares como Leonardo da Vinci, Rubens, Paul Gauguin e Pablo Picasso. Procure uma tela do século 19 do pintor Luminais que representa a lenda de Ys (▷ 136). As exposições se concentram na cultura e na história da Bretanha e vão de achados arqueológicos a *corsaires* (piratas).

✉ 20 Quai Émile Zola, 35000 ☎ 02 23 62 17 45 🕓 Ter 10h-18h, qua-dom 10h-12h, 14h-18h 🚇 République 🎫 Adultos €4,30, menores de 18 grátis

CATHÉDRALE ST.-PIERRE

A catedral de Rennes, com suas colunas de mármore preto, data do século 19. Não deixe de ver o retábulo flamengo do século 16 na quinta capela da direita. Seus dez painéis, de grande interesse humano, mostram cenas que incluem o nascimento de Maria e seu casamento com José. A encantadora Rue de la Psalette, que faz um curva atrás da catedral, é uma mistura de belas casas do século 15 com vigas de madeira aparentes. Conta-se que na Rue de la Psalette ressoa o canto do coro da catedral.

✉ Rue du Griffon 🕓 Diariam 9h30-12h, 15h-18h

PLACE DES LICES

Nesta praça antigamente eram realizadas justas, mas desde o século 17 passou a ser a praça do mercado. Hoje, há uma feira livre aos sábados (termina às 13h), e um mercado de carne no impressionante átrio coberto. Aqui perto, na extremidade da cidade velha, fica a Porte Mordelaise, um belo portal com uma ponte levadiça restaurada. Data de 1440, quando a cidade foi ampliada e ela passou a ser a entrada cerimonial da cidade.

PLACE DE LA MAIRIE

Na ampla Place de la Mairie, pode-se admirar o magnífico edifício do Hôtel de Ville (prefeitura), projetado por Jacques Gabriel no século 18. A imensa torre do relógio, conhecida como Le Gros, liga duas alas curvas. Daqui se avista lá embaixo o elegante Palais de Commerce, na Place de la République.

MAIS ATRAÇÕES

CHAPELLE ST.-YVES

Na reformada Chapelle St.-Yves hoje funciona o centro de informações turísticas, onde você encontra uma exposição permanente sobre a história de Rennes e suas ligações comerciais. Também merece uma visita por suas vigas espetaculares e pelas esculturas restauradas na capela.

PALAIS DU PARLEMENT DE BRETAGNE

A antiga sede do Parlamento bretão fica ao norte da Place de la Mairie. Por ironia, tendo sobrevivido ao incêndio de 1720, quase foi destruída pelo fogo em 1994. Hoje, concluída a restauração, seu elaborado telhado de madeira e o belo teto em caixotões parece tão esplêndido quanto antes. Observe as figuras douradas no topo do edifício.

DICAS

» A Place Railier du Baty, uma praça agradável perto da catedral, é um bom lugar para saborear um café.

» Cuidado com o trânsito, mesmo nas ruas ou praças exclusivas para pedestres.

Pág. ao lado, alto *A prefeitura do século 18 e sua imponente torre do relógio*
Pág. ao lado, embaixo *Escultura de madeira em uma casa*
Abaixo *Casa vermelha com adornos e estátuas de madeira*

ROUEN

INFORMAÇÕES

www.rouentourisme.com

464 H4 · 25 Place de la Cathédrale, BP 666, 76008 · 02 32 08 32 40

Mai-fim set seg-sáb 9h-19h, dom e feriados 9h30-12h30, 14h-18h; out-fim abr seg-sáb 9h-18h, dom e feriados 10h-13h

Rouen: conexões com Paris

Acima *A torre de St.-Ouen, vista da Rue Damiette*

INTRODUÇÃO

Rouen assoma no horizonte como uma mancha de torres no alto da grandiosa catedral gótica de Notre-Dame e da vizinha Abbatiale St.-Ouen. É uma primeira impressão memorável, especialmente se você tiver a sorte de chegar ao amanhecer ou ao anoitecer. Não se deixe enganar pelo perímetro ampliado da cidade: o centro histórico é compacto e pode ser facilmente explorado a pé.

No século 1º, os romanos fundaram um povoado no local onde hoje se ergue Rouen e o chamaram de Rotomagus. Na Idade Média, a cidade tornou-se domínio dos duques da Normandia, que assumiram o trono inglês em 1066. Mais tarde, Rouen esteve no centro da Guerra dos Cem Anos entre franceses e ingleses. Um dos fatos mais determinantes –para não dizer dramáticos– da história da França ocorreu aqui durante a guerra: em 30 de maio de 1431, Joana d'Arc foi morta na fogueira como herege no local onde é hoje a Place du Vieux Marché. Bem mais tarde, no século 19, Gustave Flaubert imortalizou sua cidade natal como cenário do polêmico romance *Madame Bovary*.

Hoje, Rouen tem um dos maiores portos da França, embora situado mais para o interior. A cidade situa-se à margem do Sena, a 86km do estuário em Le Havre. O contraste entre as docas ao longo do rio e as torres góticas e ruas da cidade velha é impressionante.

Qualquer passeio pelo centro deve começar em frente à catedral, com uma visita ao centro de informações turísticas, instalado no mais velho edifício renascentista de Rouen, a antiga coletoria de impostos, de1509. O comércio marítimo foi fundamental para o desenvolvimento de Rouen ao longo dos séculos, financiando muitas das belas casas de mercadores ainda existentes na cidade. Edifícios posteriores, entre eles armazéns do século 19, fachadas Art Déco e apartamentos posteriores à Segunda Guerra, descem em direção ao porto. A cidade foi pesadamente bombardeada na Segunda Guerra, o que tornou necessária a cuidadosa restauração de muitos edifícios históricos.

O QUE VER

CATHÉDRALE DE NOTRE-DAME

A catedral de Rouen é uma das grandiosas igrejas da França, conhecida em todo o mundo graças à evocativa série de pinturas do impressionista Claude Monet, *Cathédrales de Rouen* (1892-3), que retratam a catedral em diferentes horas do dia. Monet pintava no segundo andar do prédio hoje ocupado pelo centro de turismo. A arquitetura gótica da catedral abrange quase 400 anos, de meados do século 12 ao início do século 16. O interior sombrio é quebrado pelos raios azuis filtrados pelos vitrais do século 13. O coro contém os túmulos de muitos duques da Normandia, enquanto a cripta guarda o coração de Ricardo Coração de Leão, rei da Inglaterra. A agulha de 151m, a mais alta da França, foi construída no século 19.

151 B3 Place de la Cathédrale Abr-fim out seg 14h-19h, ter-sáb 7h30-19h, dom 8h-18h; nov-fim mar seg 12h-18h, ter-sáb 7h30-12h, 14h-18h, dom 8h-18h

AÎTRE ST.-MACLOU

A curta distância da gótica Église St.-Maclou, na Place Barthélemy (meados mar-fim out diariam 9h-19h; resto do ano 9h-18h), fica seu anexo, o Aître St.-Maclou. Este átrio cercado de edifícios com vigas de madeira é hoje sede da École des Beaux-Arts. Uma história mais macabra é sugerida pelos crânios que adornam o trabalho de carpintaria. Aqui existia um cemitério para abrigar os restos mortais das vítimas da Grande Peste de 1348, que dizimou 75% da população.

151 C2 Rue Martainville Átrio: diariam 8h-20h Grátis

À esq. *O interior da Cathédrale de Notre-Dame em Rouen*
Abaixo *Notre-Dame vista das ruínas do palácio episcopal*

GROS HORLOGE

Sua visita a Rouen não estará completa se você não passar sob o Gros Horloge, um imenso relógio ornamental do século 14 instalado num arco renascentista suntuosamente esculpido na rua de mesmo nome. Parte de um campanário, o extraordinário relógio foi transferido para cá no século 16, depois que os cidadãos se queixaram de que não conseguiam ver as horas naquelas ruas estreitas.

✚ 151 B3 ✉ Rue du Gros-Horloge

JOANA D'ARC

Esta é a cidade de Joana d'Arc (▷ 33), a maior heroína popular da França, que por si só já atrairia visitantes. Na Place du Vieux Marché, a pouca distância do Gros Horloge, uma grande cruz marca o local onde Joana d'Arc foi executada.

A vizinha Église Jeanne-d'Arc (1981) é uma extraordinária combinação entre a ardósia e o cobre na fachada e a luz proveniente dos vitrais renascentistas no interior. Os vitrais foram resgatados da antiga Église de St.-Vincent, destruída durante a Segunda Guerra. A magnífica escultura contemporânea inspirou-se na fogueira em que Joana d'Arc foi martirizada até a morte.

As ruínas das duas torres onde Joana ficou presa do Natal de 1430 até sua execução, em 1431, podem ser vistas na Rue du Donjon. Estes vestígios do castelo de Filipe Augusto, construído em 1204 e cenário do julgamento de Joana, incorporam a Tour Jeanne d'Arc e as ruínas da Tour de la Pucelle. Pode-se conhecer mais sobre a heroína medieval no Musée Jeanne d'Arc, na Place du Vieux Marché (meados abr–meados set diariam 9h30-19h; meados set-meados abr 10h-12h, 14h-18h30).

LIGAÇÕES LITERÁRIAS

Você vai ter uma oportunidade de prestar homenagem à herança literária de Rouen nos museus dedicados a *Madame Bovary* e ao escritor Gustave Flaubert (1821-80), assim como ao dramaturgo Pierre Corneille (1606-84). O Musée Flaubert et d'Histoire de la Médecine está instalado na casa onde Flaubert nasceu, no nº 51 da Rue de Lecat (qua-sáb 10h-12h, 14h-18h, ter 10h-18h). O pai de Flaubert era cirurgião, e o museu contém não apenas peças sobre a vida do romancista, mas também instrumentos médicos do século 19. O Musée Pierre Corneille é a casa onde o dramaturgo nasceu, no nº 4 da Rue de la Pie (qua, qui 14h-18h, também sáb, dom 14h-18h nas férias escolares).

Acima, da esq. p/ dir. *Panorama de Rouen da Vista Point; As casas de vigas de madeira aparentes de Rouen, com lindas flores nas janelas*

MUSÉE DES BEAUX-ARTS

Este museu tem uma impressionante coleção de pinturas, desenhos, esculturas e objetos de arte do século 16 até os dias atuais. Os destaques são *A Flagelação de Cristo,* de Caravaggio, e obras de Pierre-Auguste Renoir e Claude Monet.

151 B2 · Esplanade Marcel-Duchamp · 02 35 71 28 40 · Qua-dom 10h-18h · Adultos €3, menores de 18 grátis

MUSÉE DE LA CÉRAMIQUE

Saiba mais sobre a típica porcelana *(faïence)* de Rouen, que foi muito popular nos séculos 17 e 18. Se quiser comprar algumas peças, poderá encontrá-las na região dos antiquários na cidade velha.

151 B2 · 1 Rue Faucon · 02 35 07 31 74 · Qua-seg 10h-13h, 14h-18h · Adultos €2,30, menores de 18 grátis

OUTRAS ATRAÇÕES

L'ARMADA

A cada cinco anos, os maiores veleiros do mundo se reúnem ao longo do cais para L'Armada, oito dias de celebrações em junho ou julho. A próxima será em 2013.

MONUMENT JUIF

O Monumento Judaico, no pátio do Palais de Justice, do século 16, é o que restou da mais antiga construção judaica da França, datada talvez do século 12. O local é o último vestígio do gueto da cidade, destruído depois da expulsão dos judeus em 1306. Embora se pensasse que se tratava de uma sinagoga, os estudiosos hoje acreditam que aqui funcionava uma escola religiosa.

151 B2 · Rue aux Juifs · Não se pode entrar no pátio, mas pode-se ver o monumento de fora

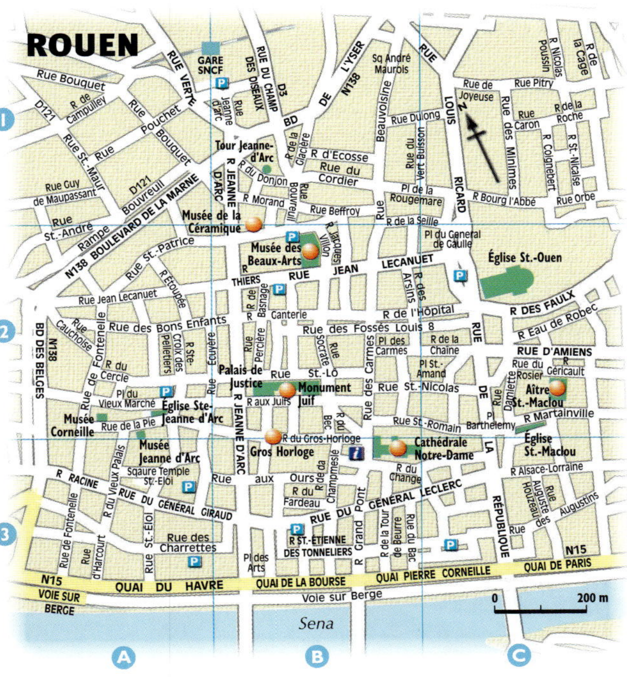

DICAS

» Se sua visita cair num fim de semana, aproveite a promoção "Bon Weekend en Ville", que oferece duas diárias de hotel pelo preço de uma. Há vantagens semelhantes nos museus.

» Visite Rouen na última semana de maio para participar do Festival Joana d'Arc, que em geral coincide com o principal festival cultural da cidade. No domingo mais próximo de 30 de maio, as crianças da cidade atiram flores no Sena da Ponte Boïeldieu, local onde as cinzas de Joana foram jogadas na água.

» Um bom momento para visitar a Abbatiale St.-Ouen é durante um dos muitos concertos realizados lá. O órgão é um dos mais famosos da França.

QUIBERON

www.quiberon.com

Quiberon é um dos mais populares balneários da Bretanha. Situada na ponta de uma península, tem boas praias de areia. É uma base perfeita para explorar a Belle-Île (▷ 128) e, no interior, Carnac (▷ 130) e Auray. Mas, num dia de verão, são as areias a maior atração, e a única estrada de acesso à praia fica engarrafada, pois os visitantes de um dia se juntam aos turistas da temporada. Quiberon sempre viveu do mar, em especial da pesca e do processamento da sardinha. Hoje, o porto comercial e o serviço de ferryboat estão na cidade, enquanto a marina Port Haliguen fica a nordeste.

462 C7 · 14 Rue de Verdun, 56174 · 02 97 50 07 84 · Jun-fim ago seg-sáb 9h-12h30, 14h-18h30, dom 10h-13h, 14h-17h; resto do ano seg-sáb 9h-12h30, 14h-18h · 1 para Vannes · Em jul e ago, a linha de Quiberon leva a Auray, onde há trens regulares para Vannes e Lorient · O banho de mar é proibido na Côte Sauvage (costa oeste da península) devido às perigosas correntes e rochas pontiagudas

QUIMPER

www.quimper-tourisme.com

Quimper é um centro da cultura bretã e tem um belo centro histórico. Foi uma cidade importante na independência da Bretanha, mas perdeu poder depois que se uniu à França em 1532. A cidade sofreu pouco na Segunda Guerra, apesar de suas ligações com a Resistência.

Hoje, o centro histórico abriga casas de vigas de madeira. Note a ornamentada Maison des Cariatides na Rue Guéodet. A magnífica Cathédrale St.-Corentin foi construída entre os séculos 13 e 19 (mai-fim out seg-sáb 9h30-12h, 13h30-18h30, dom 13h30-18h30; nov-fim abr seg-sáb 9h-12h, 13h30-18h30, dom 13h30-18h30), e seus vitrais representam a nobreza da Cornualha e seus santos padroeiros. No Musée Départemental Breton, na Rue du Roi Gradlon, o destaque é a coleção de roupas típicas bretãs (jun-fim set diariam 9h-18h; out-fim mai ter-sáb 9h-12h, 14h-17h, dom 14h-17h). O Musée des Beaux-Arts, na Place St.-Corentin, é um dos melhores da Bretanha (jul, ago diariam 10h-19h; resto do ano qua-seg 10h-12h, 14h-18h, dom 14h-18h).

Há três séculos os ceramistas de Quimper produzem a faiança. A louça original de Quimper, com desenhos de pássaros e flores azuis e amarelas, é feita à mão. Mais de 500 exemplos estão no Musée de la Faïence, 14 Rue J. B. Bousquet (fechado para reforma).

462 B6 · Place de la Résistance, 29000 · 02 98 53 04 05 · Jul, ago seg-sáb 9h-19h, dom 10h-12h45, 15h-17h45; abr-fim jun, set seg-sáb 9h30-12h30, 13h30-18h30, dom 10h-13h; out-fim mar seg-sáb 9h30-12h30, 13h0-18h · 1 para Brest via Plougastel-Daoulas, Le Faou, Pleyben e Châteaulin; 2A e 2B para Pont l'Abbé e Île-Tudy; 4 para Pont l'Abbé, Lechiagat e Guilvinec; 8 para Pointe du Raz; 9 para Douarnenez; 10 para Camaret-sur-Mer, Locronan, Pentrez-Plage, Argol, Crozon e Fret; 15 para Beg Meil; 16 para Bénodet · Quimper · O centro de turismo organiza visitas guiadas à catedral e ao centro velho · O Festival de Cornouaille (jul) atrai celtas de toda a Europa

REDON

www.tourisme-pays-redon.com

Rios, rodovias, ferrovias e um canal convergem em Redon, na fronteira entre a Bretanha e o Loire. A pequena cidade é procurada por velejadores, que podem navegar pelo rio Vilaine, pelo canal Nantes-Brest e pelo rio Oust, um curso tortuoso. O Musée de la Batellerie (Museu da Esquadra), no Quai Jean-Bart, documenta a vida nos canais (meados jun-meados set diariam 10h-12h, 15h-18h; meados set- meados jun sáb-seg, qua 14h-18h). Redon não tem o charme de outras cidades bretãs, mas os festivais de verão são populares. Foi fundada em 832, com a criação de um mosteiro beneditino. Mais tarde, tornou-se um porto fluvial para Rennes e um próspero centro de comércio. As ruínas românicas da Abbaye St.-Sauveur, que incluem a nave e a torre do século 12, são um marco na cidade.

463 D6 · Place de la République, 35600 · 02 99 71 06 04 · Jul, ago seg-sáb 9h30-12h30, 13h30-18h30, dom 10h-12h30, 15h-17h30; set-fim jun seg-sex 9h30-12h, 14h-18h, sáb 10h-12h30, 15h-17h (fecha ter 9h30-12h); dom e feriados 10h-13h, 16h-18 · 10G para Roche Bernard · Redon

À esq. *Barcos atracados em Redon*
Abaixo *Uma loja em Quimper*
Pág. ao lado, da esq. p/ dir. *Praia de St.-Cast-le-Guildo; Escultura, Rochefort-en-Terre*

ROCHEFORT-EN-TERRE

www.golfedumorbihan.com
www.rochefort-en-terre.com

Rochefort-en-Terre é uma pequena cidade de apenas 650 habitantes, premiada várias vezes como "a mais bela". É fácil entender por quê. A paisagem é uma das mais espetaculares da Bretanha, e a cidade situa-se num alto monte voltado para o vale do Arz e cercado por densas florestas.

Um labirinto de ruas de pedra leva ao castelo, e em cada canto você encontrará detalhes arquitetônicos interessantes. A rua principal (na verdade, várias ruas ligadas por pequenas praças) é ladeada de sólidas casas de granito, que hoje abrigam lojas de suvenires, livrarias, restaurantes e creperias.

O castelo foi construído sobre um promontório de ardósia *(roche forte)* na Idade Média, mas foi destruído na Revolução e reconstruído por dois irmãos americanos no início do século 20 (jul, ago diariam 10h-18h30; jun, set diariam 14h-18h30; abr, maio sáb, dom e feriados 14h-18h30).

A Église de Notre-Dame-de-la-Tronchaye, na Rue du Pélican, tem janelas góticas sob frontões ornamentados. No interior está uma das mais importantes relíquias da Bretanha: uma imagem de Nossa Senhora de Tronchaye, encontrada numa árvore no século 12.

463 D6 Place des Halles, 56220 02 97 43 33 57 Meados jun-meados set seg-sáb 10h-12h30, 14h-18h30, dom 14h-18h30; resto do ano seg-sex 10h-12h30, 14h-18h 9 para Vannes A vila fica iluminada à noite (abr-fim set todas as noites; out-fim mar apenas sáb)

SABLES-D'OR-LES-PINS

As areias douradas e os pinheiros verdejantes que dão nome a este balneário são a maior atração do lugar. Pode-se alugar um bugue ou jogar uma partida de golfe, mas a maioria das pessoas vem para aproveitar a praia. Sables-d'Or-les-Pins é basicamente um balneário artificial. As obras começaram no início dos anos 1920, mas o projeto foi abandonado incompleto depois da crise financeira de 1929. Quando se chega à cidade, um amplo bulevar, um tanto negligenciado, dá uma ideia do grandioso projeto original. Ele é ladeado por lojas e cafés ornamentados. Bem ao sul de Sables-d'Or-les-Pins, a vila de Plurien tem uma igreja dos Cavaleiros Templários e ruínas de uma villa galo-romana.

463 D5 Manoir Montangué, 2240 Plurien 02 96 76 21 85 Jul, ago seg-sáb 9h30-12h30, 14h-18h30, dom 10h-12h; resto do ano seg-sex 9h30-12h30, 14h-18h30, dom 10h-12h O mar é perigoso devido às fortes correntes

ST.-CAST-LE-GUILDO

www.ot-st-cast-le-guildo.fr

Este é um dos mais animados balneários da Costa Esmeralda, muito procurado por sua vasta praia de areia. É ideal para excursões a Dinard (▷ 135), Dinan (▷ 134) e St.-Malo, ou para passeios pelas trilhas naturais de Cap Fréhel (▷ 128).

A cidade tem vários distritos e sua geografia é um tanto complexa. Le-Guildo é um velho porto no rio Arguenon, e sua cidade-mercado chama-se Notre-Dame. Aqui você encontra simples cabanas de pedra perto do mar e as ruínas do castelo de Gilles da Bretanha voltado para a baía. St.-Cast consiste em L'Isle (o porto), Les Mielles (o balneário, com bela praia) e Le Bourg (centro administrativo). No verão, L'Isle é um porto de veleiros, embora as ilhotas de Rocher de la Feuillade, Rocher du Bec Rond e Rocher de Canavez sejam um desafio à navegação.

A Grande Plage, em Les Mielles, tem um parque de diversões no verão, e a pracinha na ponta norte tem lojas, bares e restaurantes. A extremidade sul da praia é marcada pela capela de Notre-Dame-de-la-Garde, num cabo de mesmo nome.

Entre St.-Cast e Le-Guildo fica o povoado de Pen-Guen, que também tem uma bela praia. É famoso entre os golfistas da França por seu campo, um dos mais antigos do país.

463 D5 Place Charles de Gaulle, BP 9, 22380 02 96 41 81 52 Jul, ago seg-sáb 9h-19h30, dom 10h-12h30, 15h-18h30; resto do ano seg-sáb 9h-12h, 14h-18h 1 para Lamballe; 14 para St.-Malo; 13 para Dinan Fête de l'Huître (festa da ostra) no fim de junho

INFORMAÇÕES

www.saint-malo-tourisme.com 463 D5 Esplanade St.-Vincent, 35400 02 99 56 64 48 Jul, ago seg-sáb 9h-19h30, dom 10h-18h; abr-fim jun, set seg-sáb 9h-12h30, 13h30-18h30, dom 10h-12h30, 14h30-18h; out-fim mar seg-sáb 9h-12h30, 13h30-18h St.-Malo O acesso às muralhas só se faz por escada

DICA

» Hotéis e cafés dentro das muralhas são em geral muito mais caros do que fora.

ST.-MALO

O porto bretão de St.-Malo teve um tempestuoso passado náutico, povoado por exploradores, mercadores, pescadores (os barcos de pesca de Terra Nova partiram daqui no século 16) e rudes *corsaires* (piratas). Hoje o porto é mais calmo. A pesca e o transporte de carga ainda são importantes, mas as docas também abrigam barcos de passeio.

CIDADELA

A maior atração da cidade é sua cidadela, conhecida como Intramuros, fielmente restaurada depois de destruída pelos bombardeios em 1944. Altas muralhas cercam elegantes e convidativas ruas comerciais e cafés ao ar livre. Muitas ruas são bastante íngremes e pavimentadas de pedra. Pode-se caminhar ao redor das muralhas construídas no século 14, de onde se avista o mar de um lado e o centro histórico de outro.

Passe por uma das aberturas para atravessar a passarela que leva à ilha de Grand Bé para ver o túmulo do escritor Chateaubriand (1768-1848) e lindas vistas das ilhas, do continente, das montanhas e de Dinard (▷ 135). As crianças também vão aproveitar esse passeio, já que podem escalar as rochas e mergulhar nas lagoas. Não se deixe surpreender pela alta da maré, porque senão terá de esperar seis horas até poder voltar!

No Intramuros, as atrações são a Cathédrale St.-Vincent (diariam 8h30-19h, exceto durante os serviços religiosos), que tem um moderno vitral e mosaicos que celebram as explorações de Jacques Cartier no Canadá em 1535. O aquário escondido nas muralhas contém uma extraordinária variedade de peixes tropicais (meados jul-meados ago diariam 9h30-22h; início jul-fim ago 9h30-20h; abr-fim jun, set 10h-19h; out-fim mar 10h-18h).

MUSEU DO CASTELO

O Musée d'Histoire Château de St.-Malo (abr-fim set ter-dom 10h-12h, 14h-18h), dentro do velho castelo de St.-Malo, contém algumas peças fascinantes. No segundo andar, veja a carranca, esculpida especialmente para a proa de um navio corsário, que representa um marinheiro do século 17. Uma sala conta a vida dos pescadores de St.-Malo na Terra Nova. Outro andar é dedicado aos homens de St.-Malo, entre eles o comandante naval Robert Surcouf (1773-1827) e o onipresente Chateaubriand (▷ 131).

Pág. ao lado *A praça principal no centro histórico de Vitré*
Abaixo *Barcos de passeio em St.-Malo*

ST.-THÉGONNEC

St.-Thégonnec é um conjunto de construções típicas da arquitetura bretã. Na Bretanha dos séculos 16 e 17, e em nenhum outro lugar da França, as construções ao redor do cemitério formavam um elaborado complexo arquitetônico chamado *enclos paroissial*. A princípio eram construções simples, mas à medida que a Baixa Bretanha enriqueceu, elas se tornaram estruturas muito elaboradas, e seus calvários (os crucifixos ornamentados que se erguem fora da igreja) tornaram-se um marco histórico.

St.-Thégonnec foi uma das mais ricas paróquias da Bretanha no século 17. Seu calvário de múltiplos braços, construído em 1610, mostra os perseguidores de Cristo realizando sua tarefa sádica com prazer (diz-se que um deles é o rei protestante francês Henrique 4º), enquanto anjos limpam o sangue do Redentor. O pouco conhecido são Thégonnec aparece em um nicho inferior. O interior da igreja é suntuoso, com imagens em cada nicho e retábulos detalhados. A peça de destaque é o púlpito de madeira, onde estão elaboradamente esculpidos santos, anjos, evangelistas, as virtudes cardeais e o próprio Deus entregando a Moisés a tábua dos Dez Mandamentos.

✚ 462 B5 ⌚ Diariam 9h-18h (menos na missa dominical às 10h30) 🚉 St.-Thégonnec

VANNES

www.mairie-vannes.fr
www.tourisme-vannes.com

Vannes, na costa oeste do golfo do Morbihan, tem um magnífico centro histórico, com muitos exemplos da arquitetura dos séculos 16 e 17. Com ruas estreitas perfeitas para um passeio, tem um clima mais vivo e mais cosmopolita que muitas cidades bretãs.

Durante a Idade Média, Vannes disputou com Nantes e Rennes a honra de ser a capital da Bretanha. Aqui a Bretanha foi formalmente anexada à coroa francesa em 1532.

Seu porto desempenhou um importante papel comercial no passado, mas hoje só recebe navios de cruzeiro. Você pode fazer uma excursão ao redor do golfo do Morbihan.

A Cathédrale St.-Pierre é uma mistura de estilos arquitetônicos dos séculos 13 a 19. A capela rotunda contém os restos do padroeiro da cidade, St.-Vincent-Ferrier. Quase em frente à catedral, La Cohue, construído no século 16, já foi mercado e tribunal de justiça. Hoje abriga o Musée des Beaux-Arts (jul-fim set diariam 10h-18h; out-fim jun 13h30-18h).

O Parc du Golfe, à beira-mar, tem áreas de exposição, jardim, aquário, parque de diversões e área para piqueniques.

Um famoso modilhão esculpido decora uma esquina da Rue du Rogues. As figuras de face rosada são conhecidas como *Vannes et sa femme* (Vannes e sua mulher).

✚ 462 D6 ℹ 1 Rue Thiers, 56009 ☎ 08 25 13 56 10 ⌚ Jul, ago diariam 9h-19h; set-fim jun seg-sáb 9h30-12h30, 14h-18h 🍴 Cafés na Place Gambetta 🚌 Para Quimper, Carnac, Auray e as cidades do golfo do Morbihan 🚉 Para Auray, Quimper, Brest, Rennes e Paris ☛ O Departement de Animation du Patrimoine, no Hôtel du Roscanvec, organiza passeios guiados durante o verão

VITRÉ

www.ot-vitre.fr

Na montanhosa Vitré, as ruas de pedra, cheias de casas com madeiramento aparente e telhados de ardósia, são dominadas por um castelo terreado. A melhor vista da cidade é a de Tertres Noirs, à margem do rio Vilaine: uma silhueta de torreões, torres redondas e muralhas.

O castelo desempenhou um papel vital na Idade Média, quando Vitré, situada na fronteira entre a Bretanha e a França, era um alvo constante (mai-fim set qua-seg 10h-12h45, 14h-18h; out-fim abr qua-sáb, seg 10h-12h45, 14h-17h30, dom 14h-17h).

A Église de Notre-Dame fica dentro das muralhas. Datada dos séculos 15 e 16, sua fachada sul, em gótico flamejante, contrasta com a fachada oeste, do fim do século 16. Entre o castelo e a igreja fica Poterne St.-Pierre, que leva às ruínas das muralhas, um passeio agradável com ampla vista do campo.

A escritora Madame de Sévigné morou no nº 9 da Rue Sévigné no século 17. A mansão gótica Les Rochers-Sévigné, a 7km da cidade, era a casa que ela mais amava (mesmos horários do castelo).

✚ 463 E6 ℹ Place Général de Gaulle, 35500 ☎ 02 99 75 04 46 ⌚ Jul, ago seg-sáb 10h-12h30, 14h-19h, dom 10h-12h30, 15h-18h; resto do ano seg 14h30-18h, ter-sex 9h30-12h30, 14h30-18h, sáb 10h-12h30, 15h-17h 🚌 Para Fougères e Rennes 🚉 Vitré ☛ O centro de turismo organiza passeios guiados em francês, mas há audioguias em inglês

PASSEIO DE CARRO

ST.-MALO E DINAN

Quem visita a Bretanha não pode perder, na costa norte, St.-Malo e Dinan. Embora muito diferentes –St.-Malo é um porto movimentado e Dinan uma esplêndida cidade medieval preservada–, as duas são belas. O rio Rance atravessa Dinan e vai desembocar no mar em St.-Malo, barrado no caminho por uma represa.

O PASSEIO
Distância: 90km
Duração: 1 dia
Início/fim: St.-Malo

★ St.-Malo (▷ 154) é um porto de ferryboats e veleiros e também porto comercial, com uma cidadela murada que vale a pena explorar.

Caminhe pelas muralhas para ter uma vista da cidade, do mar e das ilhas próximas.

Siga de carro as placas para Rennes, atravessando o subúrbio de St.-Servan-sur-Mer e, com o estuário do rio Rance à sua direita, siga em frente, passando pela torre Solidor.

❶ A medieval torre Solidor, no bairro de St.-Servan em St.-Malo, foi construída no fim do século 14 para proteger a navegação no Rance dos piratas ingleses e dos corsários do Malouin. Já foi a prisão da cidade e hoje é um museu com maquetes de navios e informações sobre a tradição marítima de St.-Malo.

Siga as placas para Dinard na estrada que cruza o alto de uma imensa represa, a Barrage de Rance, que gera energia elétrica. Vire à direita na D266 para Dinard.

❷ Dinard (▷ 135) é um balneário da moda para a alta sociedade desde a virada do século 19, quando o príncipe de Gales costumava passar as férias aqui. Há uma bela vista da floresta de mastros dos iates e, mais além, das muralhas de St.-Malo. Daqui pode-se sair de barco, subindo o Rance até Dinan.

Volte à D266 e siga as placas para Dinan e Pleurtuit. Passe pelo aeroporto à direita e mantenha--se na estrada, que se torna a D766 até Dinan. Embora a cidade esteja sempre lotada, em geral se consegue estacionar no Champ-Clos, perto de todas as atrações.

❸ Com suas casas de vigas de madeira aparentes e o Jardin Anglais, perto de St.-Saveur, Dinan (▷ 134) é uma cidade para explorar a pé. Desça até a margem do Rance pela Rue du Jerzual, uma ladeira ladeada de casas medievais, entre elas a espetacular Maison du Gouverneur, um casarão de três andares. Ao longo da beira-mar há muitos restaurantes, ótimos para almoço ou jantar.

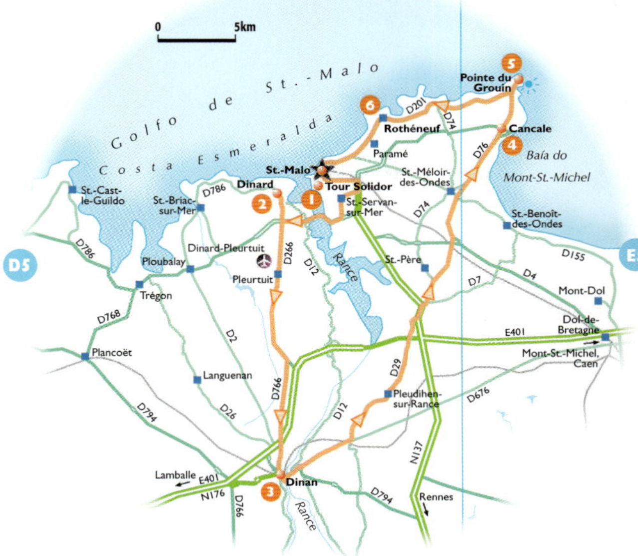

Saindo de Dinan, siga as placas para o subúrbio de Lanvallay, a leste de Dinan, e pegue a D676. Entre à esquerda na bifurcação para a D29 e siga para o norte, passando por Pleudihen-sur-Rance. Continue para o norte pela D74 e D76, seguindo as placas para Le Port quando entrar em Cancale.

❹ O porto de ostras e balneário marinho de Cancale (▷ 128) fica escondido num canto da baía do Mont-St.-Michel. Com bom tempo, pode-se ver o monte do outro lado. As ostras são criadas nas águas da baía e pescadas pelas chatas que se pode ver ancoradas no porto. Há vários pequenos restaurantes ao longo do cais, onde o primeiro prato do cardápio pode ser as ostras de Cancale.

Do porto de Cancale, siga as placas para Pointe du Grouin ou St.-Malo par la Côte e continue pela D201 em direção à fábrica de cerâmica de Pointe du Grouin, 7km à frente.

❺ Pointe du Grouin é uma reserva natural e santuário de pássaros, com maravilhosas vistas da baía até o Mont-St.-Michel (▷ 140-143) e, ao sul, até o Mont-Dol, perto de Dol-de-Bretagne. Saindo do estacionamento, uma trilha leva até a ponta e, dali, outra trilha acompanha a costa até St.-Malo.

Continue ao longo da pitoresca via costeira, passando pela baía do Guesclin e pelo subúrbio de Rothéneuf.

❻ Rothéneuf é um agradável subúrbio de St.-Malo, perto de uma ampla praia. As atrações aqui são as rochas costeiras esculpidas pelo abade Foure no século 19 e a casa onde viveu o explorador Jacques Cartier, que descobriu o Canadá no século 16.

Passe por Paramé e siga pela costa até chegar à porta principal de St.-Malo.

ONDE COMER

CHEZ LA MÈRE POUCEL

✉ 3 Place des Merciers, Dinan
🕒 Almoço e jantar seg-sáb, almoço dom; fechado seg na baixa estação

INFORMAÇÕES

MAISON DU GOUVERNEUR

✉ 24 Rue du Petit Fort, Dinan ☎ 02 96 87 58 72 🕒 Jun-fim set 10h-18h30 ✋ Grátis

À esq. *Castelo de Dinan*
Pág. ao lado, no alto *O porto de Cancale*
Pág. ao lado, embaixo *Uma trilha atravessa três gramados e leva a uma cruz e a um prédio com cúpula perto de Cancale*

PASSEIO A PÉ

ARREDORES DE HUELGOAT

Bem no interior da Bretanha, dentro do Parc Naturel Régional d'Armorique, Huelgoat é cercada de uma magnífica área rural que contém um lago, um rio indomável e uma floresta pontilhada de rochas empilhadas em curiosas formações. É um local excelente para uma caminhada, que propõe muitas mudanças de cenário.

O PASSEIO
Distância: 5km
Duração: 2 horas
Início: Place Aristide Briand
Fim: La Roche Cintrée

COMO CHEGAR

A cidade fica 25km ao sul de Morlaix e da rodovia N12, no canto noroeste da Bretanha.

★ Huelgoat (que significa "alta floresta") fica à beira de um lago, uma localização que, aliada às montanhas próximas, a tornam um lugar ideal para férias de verão e uma base para atividades ao ar livre.

Comece na Place Aristide Briand, no centro de Huelgoat. Vire à esquerda na ponta norte da praça, deixando o lago à sua esquerda. Do outro lado da rua, uma trilha bem sinalizada leva às rochas.

❶ As imensas pedras estão empilhadas em formações caóticas devido à consistência do granito. Partículas frágeis desmoronaram, isolando os minerais mais duros, que depois caíram uns sobre os outros. Segundo uma lenda bretã, os habitantes de duas cidades próximas, querendo explorar uma pedreira, arremessaram as pedras.

❷ Continue pela trilha. No caminho você verá o moinho Chaosdu e a Grotte du Diable, onde pode descer a escada e ver o rio se chocando contra as rochas.

❸ Na outra margem do rio, a Roche Tremblante é uma rocha isolada de cerca de 100t que oscila levemente quando empurrada. Um pouco adiante, a Ménage de la Vierge consiste em várias rochas que parecem utensílios de cozinha.

A agradável alameda Violette atravessa os bosques até Pont Rouge e a D769A para Carhaix.

Siga pela estrada por uns 100m e vire à direita numa trilha em forma de ferradura, chamada Promenade du Fer à Cheval.

❹ Esta trilha domina a Rivière d'Argent num cenário encantador antes de se juntar à estrada de novo. Vire à direita e siga pela estrada por mais 300m. Uma escada estreita à direita desce para Le Gouffre (o abismo), no qual o rio se lança e desaparece. Continue pela trilha, passando por Mare aux Fées, até encontrar uma estrada de cascalho. Nesse ponto você vai virar à direita. Siga essa estrada até uma velha mina, onde placas de informação indicam que você chegou ao lugar certo.

❺ Este é o local de uma antiga mina de prata, mas não há muito o que ver além de uma clareira atravessada por um riacho.

Atravesse o riacho e pegue a trilha que sobe a montanha, seguindo as placas *Huelgoat par le canal.* A meio caminho da subida, a rota se divide. Mantenha-se à esquerda e continue até o topo, onde você encontrará uma pequena estação hidrelétrica na ponta do canal.

❻ O canal é mais que uma simples canalização de 1m de largura. Foi criado para trazer água às minas de prata da região, que eram exploradas desde o período romano, mas foram abandonadas no fim do século 19.

A Promenade du Canal acompanha o canal de volta à cidade, a cerca de 3,5km dali.

❼ Pouco antes da chegada, uma estrada à esquerda leva a La Roche Cintrée, que oferece belas vistas.

ONDE COMER

AUBERGE MENEZ BRAS

✉ 29690 Huelgoat ☎ 02 98 9976 26

🕑 Ter-sáb almoço e jantar, dom almoço

INFORMAÇÕES TURÍSTICAS

www.tourismehuelgoat.fr

Pág. ao lado *Flores à beira da trilha*
Abaixo *Grandes pedras perto do lago*

PASSEIO DE CARRO

A SUISSE NORMANDE E O VALE DO ORNE

Este passeio passa por alguns dos pontos altos da Suisse Normande, uma bela região montanhosa ao sul de Caen e limitada pelo rio Orne. O rio corre paralelo à estrada por grande parte do passeio. As estradas são estreitas e vão serpenteando; às vezes ficam bem íngremes, de modo que altas velocidades não são aconselháveis. A rota passa por cidades e vilas encantadoras e alguns bons mirantes.

O PASSEIO
Distância: 110km
Duração: 1 dia
Início/fim: Caen

★ Caen (⊳ 129) é a antiga capital dos duques da Normandia e está cheia de pontos interessantes. Entre as atrações, há o castelo, o Musée de la Paix e dois mosteiros: a Abbaye-aux-Hommes, construída por Guilherme, o Conquistador, e a Abbaye-aux-Dames, construída por Matilda, sua mulher.

Parta do centro da cidade, logo abaixo do castelo, siga as placas *Toutes Directions*, e depois as placas para Rennes-Granville até a pista de corridas em La Prairie. Daqui, pegue a D8 onde a placa indica Évrecy e Aunay-sur-Odon e siga por ela até Évrecy, passando por memoriais da Segunda Guerra à esquerda.

❶ O campo ao redor de Caen está cheio de memoriais das amargas batalhas de 1944. O mais próximo de Évrecy é dedicado aos homens da 43ª Divisão (de Gales). Há um tanque e um monumento à Colina 112, que diz: "Quem tomar a Colina 112 conquista toda a Normandia".

Vire à esquerda na igreja de Évrecy e entre na D41. Em Amayé-sur-Orne, vire à direita na periferia da cidade e pegue a D212, com placas para Thury-Harcourt. Vire à esquerda no povoado de Le Hom, cruzando o rio e uma antiga linha férrea para a cidade de Thury-Harcourt.

❷ Thury-Harcourt é uma cidade-mercado e base turística para a Suisse Normande e o vale do Orne. É uma bela e próspera cidade, com um castelo em ruínas e um parque. Tudo o que restou do castelo foram duas guaritas com estranhos telhados em forma de colmeia, uma ala e a fachada. No parque, uma placa homenageia as forças britânicas.

Saia de Thury-Harcourt para o sul. Siga pela D562 ao longo do rio por 13km e então, numa rotatória, pegue a D133A, que desce até Clécy.

❸ Clécy está situada em uma das regiões mais atraentes do vale do Orne, no ponto onde altos rochedos dominam o rio e é base para caminhadas. É um bom lugar para uma parada para almoço e um passeio pela cidade, admirando sua arquitetura. Siga as placas para Pont du Vey, passando pelo museu de miniaturas ferroviárias de Clécy. Não atravesse a ponte, mas admire o moinho d'água do outro lado.

❹ De Pont du Vey, além da bela vista, pode-se caminhar pelo vale do Orne. O melhor lugar para ver o rio é da estrada que corre paralelamente a ele, de onde se avista os hotéis da beira, os canoeiros e os alpinistas que escalam os rochedos pelo velho viaduto.

Siga pela estrada principal, com placas para La Lande, passando por uma pequena galeria de arte à direita e vários cafés e restaurantes à esquerda. Passe por Le Bô e Cossesseville, com suas encantadoras igrejas (essas estradas podem estar inundadas no inverno). Com o rio à direita, continue pela D167, passando por Pont d'Ouilly. Em Le Bateau, pegue a D18E em direção à área de estacionamento e piqueniques perto do viaduto. No fim do viaduto, vire à direita sob os arcos e entre na D18A para St.-Philbert, seguindo para o topo da montanha e o mirante.

❺ O mirante de Roche d'Oëtre volta-se para o rio Rouvre. Como este precipício de 118m não tem grades de proteção, siga as placas de advertência, tenha muito cuidado nos dias de chuva ou vento e fique de olho nas crianças.

Volte pelo mesmo caminho sob o viaduto. Vire à direita de volta à D18, passando por Le Mesnil-Villement. No cruzamento em T, vire à esquerda na D511 e depois à direita na D43.

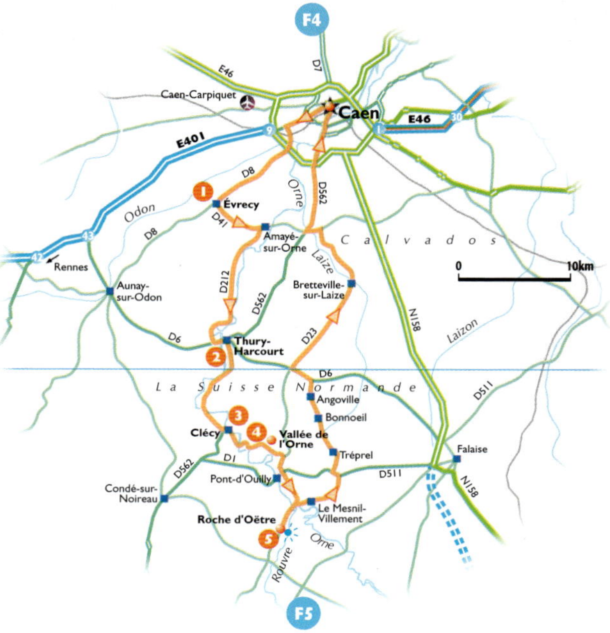

Depois, vire à esquerda na D241 para Tréprel. Siga pela D241 em direção a Bonnoeil e Angoville, e então vire à esquerda na D6 para Meslay. Vire à direita na D23 para Bretteville-sur-Laize. Cruze o rio Laize e vire à esquerda na D132, ao longo do vale do Laize, para a D562. Aqui, vire à direita para voltar a Caen, passando por pequenas cidades de subúrbio.

Pág. ao lado *Rua no centro histórico de Caen*
Abaixo *O memorial de guerra de Caen*

QUANDO IR

Algumas das estradas deste passeio podem ficar inundadas no inverno.

ONDE COMER

AU SITE NORMAND

1 Rue des Châtelets, 14570 Clécy 02 31 69 71 05 Fecha meados dez-meados fev

Outra opção é fazer um lanche em um dos cafés de Pont du Vey.

GIVERNY

A encantadora cidade de Giverny se espalha por uma encosta próxima a Vernon e é o lugar mais visitado da Normandia. Muitos amantes de arte e de jardins acorrem à cidade para ver a casa de Claude Monet e o mundialmente famoso lago de ninfeias imortalizado em algumas das mais conhecidas obras do pintor.

O PASSEIO
Distância: 9km
Duração: 2 horas e 30 minutos
Início/fim: Fondation Claude Monet

COMO CHEGAR

Giverny fica perto de Vernon pela D5, a oeste de Paris (acessível num dia de viagem saindo da capital).

★ Parta da frente da Fondation Claude Monet.

❶ Em 1883, Monet se mudou para uma casa rosa-pastel com venezianas verdes em Giverny (▷ 137), onde trabalhou com Renoir, Sisley e Manet por alguns anos. Ele mesmo projetou os jardins, os famosos lagos de plantas aquáticas e a ponte japonesa. O jardim principal, com 12 jardineiros residentes, ainda preserva o projeto de Monet e assume diferentes tonalidades da primavera ao outono. Perto da casa, o enorme ateliê de Monet está cheio de cópias de suas obras (os originais estão no Musée Marmottan Monet em Paris, ▷ 89).

Siga pela Rue Claude Monet em direção ao Musée d'Art Américain. Pegue a pista da direita, chamada Chemin Blanche-Hoschède, e então à direita novamente logo depois da estreita Rue Hélène-Pillon, que faz uma curva para a esquerda antes de se tornar uma trilha de terra. Siga por esta trilha, que passa pelo fundo das casas e corre paralela à Rue Claude Monet abaixo, até chegar ao fim da cidade. Vire à esquerda numa trilha íngreme (sinalizada GR2 e marcada com placas em vermelho e branco) e depois vire à direita no primeiro cruzamento. A trilha serpenteia por um pasto em direção ao bosque, oferecendo uma vista panorâmica do vale do Epte.

No cruzamento seguinte, pegue a esquerda e suba, passando por um bosque de carvalhos. Nesse ponto saia da GR2, a partir de onde a trilha

é marcada em amarelo. Nos cruzamentos seguintes, pegue a direita. No fim do bosque, pegue a trilha de grama à esquerda, passando por um pasto e, depois, por outro bosque. Quando chegar ao bosque, vire à direita numa estradinha. Vire à esquerda na estrada que desce a montanha. Depois de 50m, vire à direita, depois à direita de novo numa trilha que margeia o bosque de La Réserve à direita, ladeada por campos à esquerda. Quando chegar a um cruzamento com uma casinha amarela à esquerda, continue em frente e depois siga pela esquerda, acompanhando a borda do bosque de Garenne.

Vire à direita no bosque de Garenne (seguindo de novo as placas vermelhas e brancas da GR2). Logo você chegará a um promontório marcado por uma grande cruz e com uma magnífica vista do Sena.

Continue descendo a trilha estreita e íngreme que leva ao povoado de Manitaux. Ela desemboca numa pequena pista ladeada por cabanas. Vire à esquerda, seguindo uma antiga linha de trem até chegar à borda de Giverny. Siga pela trilha de grama atrás das primeiras casas da cidade, até que a trilha se junte à Sente des Grosses Eaux e, logo depois, à Rue Claude Monet.

❷ De volta à rua principal da cidade, você passará pela igreja onde Monet está enterrado.

❸ O Hôtel Baudy é uma antiga hospedaria e foi ponto de encontro de pintores amigos de Monet, entre eles Rodin, Sisley, Renoir, Cézanne, Pissarro e vários pintores americanos. Foi também o primeiro ateliê e sala de exposições da cidade.

❹ O Musée d'Art Américain tem um acervo com obras de americanos contemporâneos de Monet na França e muitas exposições temporárias.

Continue pela Rue Claude Monet, que está cheia de galerias e ateliês de arte, antes de voltar à casa de Monet na outra extremidade da cidade.

QUANDO IR

Os jardins de Monet ficam fechados às segundas-feiras, e de novembro ao fim de março.

PARA VISITAR

MUSÉE D'ART AMÉRICAIN

www.maag.org

✉ 99 Rue Claude Monet, 27620 ☎ 02 32 51 94 65 🕒 Abr-fim out ter-dom 10h-18h ✋ Adultos €5,50, crianças (12-18) €4, menores de 12 grátis

Acima, da esq. p/ dir. *Um arco de plantas e flores de cores vivas no jardim de Monet* **Abaixo** *Flores desabrochadas no verão* **Pág. ao lado** *O lago de Monet*

PASSEIO DE CARRO

A COSTA ESMERALDA

Este passeio leva você à fascinante Côte d'Émeraude, com seus impressionantes rochedos, soberbas praias de areia e o inesquecível Fort la Latte, situado num promontório árido. No interior, a Forêt de la Hunaudaye e a região circundante oferecem um belo contraste.

O PASSEIO
Distância: 92km
Duração: De meio dia a um dia inteiro
Início/fim: Lamballe

★ Lamballe, situada numa encosta ao lado de um pequeno rio, é famosa por seu *haras national,* que você pode conhecer numa visita guiada. A Église Notre-Dame, no alto da cidade, tem a cancela do coro e as portas esculpidas.

Saia de Lamballe pela D28 e vire à direita na D52A em direção a Plédéliac, a 11km. Vire à esquerda na D55 e ande mais 4km, seguindo as placas para o Château de la Hunaudaye.

❶ O castelo data do século 12 e foi quase destruído na Revolução. As partes mais interessantes são a Tour de la Glacière, a casa renascentista e o forte do século 15, com uma notável escada em espiral.

Vire à esquerda, e à esquerda de novo na D28, e atravesse a Forêt de la Hunaudaye em direção à vila de St.-Aubin, a 6km. Siga pela D52 e vire à direita. Siga pela D13 e D43 por 24km, passando por Hénanbihen e Pléboulle, até chegar à baía de la Frénaye e ao Fort la Latte.

❷ O Fort la Latte é um forte medieval situado num promontório rochoso e oferece magníficas vistas do Cap Fréhel e da Côte d'Émeraude. Duas pontes levadiças atravessam profundas fendas na rocha, penetradas pela água do mar na maré alta. Dentro do forte, um forno aquecia as balas de canhão que incendiavam os navios inimigos.

Contorne a Anse des Sévignés, 4km até o Cap Fréhel (▷ 128) e siga pela D34 para Sables-d'Or-les-Pins, a 9km. A pitoresca estrada costeira atravessa as Landes de Fréhel (pântano Fréhel) até Pléhérel-Plage, com suas belas praias.

❸ A maioria das pessoas vem a Sables-d'Or-les-Pins (▷ 153) para caminhar pela longa praia dourada, já que fortes correntes a tornam inadequada para banho.

Continue pela D34 e vire à direita na D786, seguindo para Erquy, a 8km.

❹ Este balneário e porto pesqueiro é protegido pelos rochedos do Cap d'Erquy, 3km ao norte, e merece uma parada. Aqui descortinam-se belas vistas da ampla baía de St.-Brieuc e da Île de Bréhat (▷ 139).

Continue pela D786 na direção de Le Val-André por mais 5km, passando pelo Château de Bienassis à esquerda.

❺ O castelo de Bienassis, do fim da Idade Média, foi reconstruído no

século 17 e decorado nos estilos Luís 14 e renascentista bretão.

Continue pela D786 por 6km para Le Val-André.

❻ A praia de Le Val-André é uma das mais belas da Bretanha. A estrada que contorna o promontório oferece vistas encantadoras da praia e da Île du Verdelet, um santuário de pássaros acessível na maré baixa.

Siga pela D34 para Planguenoual, e depois pegue a D59 de volta a Lamballe.

QUANDO IR

O Château de la Hunaudaye e o Château de Bienassis só ficam abertos no auge da alta temporada. (Veja os horários de funcionamento à direita.)

ONDE COMER

BEAUSÉJOUR

www.beausejour-erquy.com

✉ 21 Rue de la Corniche, Erquy

☎ 02 96 72 30 39

🕐 Fechado do Natal a meados de março

PARA VISITAR

CHÂTEAU DE LA HUNAUDAYE

www.la-hunaudaye.com

☎ 02 96 34 82 10

🕐 Fechado para restauração; ligue para informações atualizadas

CHÂTEAU DE BIENASSIS

☎ 02 96 72 22 03

🕐 Os horários variam

Abaixo, da esq. p/ dir. *Porto de Erquy; O farol de Cap Fréhel*

Pág. ao lado *O Fort la Latte, do século 14*

PASSEIO A PÉ

ARREDORES DE ÉTRETAT

Imediatamente ao norte e ao sul do pequeno balneário de Étretat, os rochedos da Côte d'Albâtre (Costa do Alabastro) são espetaculares: muros brancos que mergulham verticalmente nas ondas, um arco de pedra que se lança no mar e uma solitária agulha de rocha que se ergue a 70m da praia. Este passeio litorâneo começa tranquilo na beira-mar de Étretat, mas pode ficar difícil em alguns trechos. Por isso, convém usar calçados antiderrapantes. Apesar de exigir um certo esforço, os panoramas espetaculares valem a pena.

O PASSEIO
Distância: 6,5km
Duração: 2 horas e 30 minutos
Início/fim: Étretat

COMO CHEGAR
Étretat fica na Côte d'Albâtre, entre Le Havre e Fécamp. Simples vila de pescadores durante a maior parte de sua história, Étretat ficou esquecida até meados do século 19, quando os escritores Guy de Maupassant e Alexandre Dumas descobriram esta praia de cascalho cercada por rochedos e grandes pintores da época começaram a retratar o cenário. Outros visitantes começaram a chegar de Paris, atraídos pela paisagem pintada por Delacroix, Boudin e Monet. Na cidade, visite a Place du Maréchal Foch, que tem um mercado coberto de 1926 em meio a um aglomerado de encantadoras casas do século 16. Para os golfistas, o campo de 18 buracos é o mais alto da França, com belas vistas.

★ Comece no calçadão e caminhe até a ponta leste. Então, vire à direita, suba uma escada de 83 degraus. Ela vai desembocar numa trilha no alto do rochedo, que passa por um parque temático infantil e continua em direção ao topo da Porte ou Falaise (falésia) d'Amont e à Chapelle Notre-Dame-de-la-Garde.

❶ Na Falaise d'Amont, pare na capela dos marinheiros e admire a vista da Falaise d'Aval, a oeste, onde se ergue uma ponta de 70m de altura conhecida como Aiguille (agulha) d'Étretat. Da capela para o interior, um monumento lembra a perda dos aviadores Nungesser e Coli, cujo avião, *L'Oiseau Blanc*, foi visto pela última vez sobrevoando os rochedos em 1927 em sua malfadada tentativa de voar de Paris a Nova York. Os pilotos devem ter se afogado no Atlântico, mas os corpos nunca foram encontrados.

Continue pela borda do rochedo, passando pela capela, e então desça os degraus que levam ao arco de Amont. Uma trilha íngreme e escorregadia, cortada na rocha, oferece uma bela vista dos rochedos brancos a leste. Um corrimão de madeira e uma escada ajudam a parte final da descida até uma pequena praia. Volte pelo mesmo caminho, passando de novo pela capela. Siga pelo calçadão, uma via de concreto acima da praia de cascalho, onde há muitos cafés. No final, outra escada, seguida de uma trilha íngreme, vai dar no campo de golfe de Porte d'Aval. Vire à direita na borda do rochedo, passando por uma ponte estreita e chegando ao topo do arco –não é indicado para quem tem medo de altura.

❷ Do arco, tem-se uma vista espetacular dos telhados de ardósia de Étretat e da Porte d'Amont. Conta a lenda que, muitos séculos atrás, três belas irmãs foram aprisionadas por um patrão maldoso em uma caverna aos pés destes rochedos.

Continue pela borda do rochedo varrido pelo vento, admirando as flores silvestres, tojos amarelos e laminárias púrpura, até chegar a um segundo arco, La Manne-Porte, com vistas que se estendem até o porto de Le Havre-Antifer. Logo depois da Pointe de la Courtine, siga uma trilha que vai para o interior (a GR21, marcada com uma faixa vermelha e branca) e se bifurca para a esquerda, onde duas trilhas se encontram, e segue para Valaine. No cruzamento seguinte, saia da GR21 e pegue uma estreita estrada rural, passando por prédios de uma fazenda, a Ferme le Valaine.

❸ À esquerda, a encantadora sede da Ferme le Valaine vende deliciosos calvados, sidra e queijo de cabra feitos na fazenda. Siga pela estrada, que faz uma curva suave montanha abaixo até chegar à D940. Vire à esquerda, de volta ao centro de Étretat, e à esquerda de novo para a beira-mar.

QUANDO IR

Veja a previsão do tempo antes do passeio, porque o vento pode ser forte, e os degraus, escorregadios. Os mais ousados talvez queiram se juntar aos locais no tradicional banho de Ano-Novo!

ONDE COMER

Coma em Étretat ou na casa-dormitório no alto do rochedo.

DORMY-HOUSE
www.dormy-house.com
✉ Route du Havre ☎ 02 35 27 07 88

INFORMAÇÕES

CENTRO DE INFORMAÇÕES TURÍSTICAS
www.etretat.net
✉ Place Maurice Guillard, 76790 Étretat
☎ 02 35 27 05 21 🕒 Diariam 10h-12h, 14h-18h

Pág. ao lado, alto *A Falaise d'Aval*
Pág. ao lado, embaixo *A Chapelle Notre-Dame-de-la-Garde*
Abaixo *Uma brasserie de Étretat*

ARTE, COMPRAS, DIVERSÃO E NOITE

Acima *A sidra local é um bom suvenir*

ARRADON

BELLE PLAISANCE

www.belleplaisance.com

No golfo do Morbihan, pode-se alugar belos veleiros restaurados com marinheiro, que, além de velejar, pode dar aulas de navegação. Decida aonde quer ir ou deixe a escolha aos especialistas. Reserve com uma semana de antecedência e lembre que não são aceitos cartões de crédito.

Nicolas Bourdy, 24 Chemin de Gravellic, 56610 Arradon 02 97 44 80 91 Abr-fim out, mediante reserva €50 por pessoa (o dia todo), €27 por pessoa (meio dia), €27 18h30-20h30 com aperitivo, €27 20h30-22h para ver o pôr do sol, sempre partindo do porto de Arradon

LE BEC-HELLOUIN

ABBAYE NOTRE-DAME DU BEC

www.abbayedubec.com

Os monges beneditinos produzem pratos, vasos e castiçais de cerâmica, alguns com desenhos antigos.

27800 Le Bec-Hellouin 02 32 43 72 60 Visitas guiadas: jun-fim set seg, qua-sáb 10h30, 15h, 16h, 17h, dom 12h, 15h, 16h; out-fim mai seg, qua-sáb 10h30, 15h, 16h, dom 12h, 15h, 16h. Fecha ter e durante as missas

BLONVILLE-SUR-MER

LES PLANCHES

www.lesplanches.com

Esta boate tem decoração marinha e uma piscina externa. São duas pistas de dança, uma dedicada à música retrô dos anos 1960 a 1990.

Les Longs Champs, 14910 Blonville-sur-Mer 02 31 87 58 09 Jul, ago diariam 23h-5h; resto do ano sex, sáb 22h-4h €16

BREST

PATINOIRE DE BREST RÏNKLA STADIUM

www.rinkla-stadium.com

Esta pista de gelo é sede do time profissional de hóquei Albatross, mas você também pode patinar.

Place Napoléon III, 29210 Brest 02 98 03 01 30 Dom de patinação pública 10h-12h30, 14h30-17h30, qua, sáb 14h30-17h30, ter, qui, sex 20h30-23h30. Nas férias escolares diariam 14h30-17h30 Adultos com aluguel dos patins €7,60, crianças menores de 18 €6,60 5 ou 6 para Belle-vue ou Patinoire

LE QUARTZ

www.lequartz.com

Injete um pouco de cultura em sua visita a Brest. Há duas casas de espetáculos, uma de 2.500 e outra de 400 lugares. Esta casa (pegue um ônibus para a Place de la Liberté) apresenta teatro, balé, jazz, música clássica, ópera e filmes.

2/4 Avenue Georges Clémenceau, 29210 Brest 02 98 33 70 70 Espetáculos: set-fim jun seg-sáb 20h30 (dependendo do programa) €8,50-€45

LE BREUIL-EN-AUGE

CALVADOS CHÂTEAU DU BREUIL

www.chateau-breuil.fr

Poucas destilarias têm um ambiente tão elegante como esta, num castelo do século 17, onde maçãs produzidas na região se tornam um de seus mais famosos produtos de exportação, o calvados. Após uma visita guiada, escolha uma das safras *vintage* de calvados ou um derivado como o pommeau (calvados e suco de maçã) ou Cœur du Breuil (licor à base de calvados).

Les Jourdains, 14130 Le Breuil-en-Auge 02 31 65 60 00 Diariam 9h-12h, 14h-18h (às vezes fecha dom no inverno) €3, menores de 18 grátis

CAEN

ZÉNITH DE CAEN

www.zenith-caen.fr

O auditório comporta até 7 mil pessoas em seus espetáculos de comédia, balé e concertos de música clássica. Os ingressos

podem ser adquiridos na própria casa, só na noite do espetáculo, ou reservados através de uma agência.
✉ Rue Joseph Philippon, 14000 Caen
🕐 Em geral a partir de 20h30

CAP FRÉHEL

PÂTISSIER-CHOCOLATIER R. JOUAULT

Neste edifício com estilo de cabana, você pode comprar tortas e doces bretões. A padaria ganhou o troféu europeu Lauriers d'Or por seu soberbo kouignamann (bolo feito de açúcar, manteiga e amêndoas). Sua especialidade é o palet de Fréhel (nougatine, amêndoa e chocolate) com a imagem do Cap Fréhel.
✉ Place de Chamblis, 22240 Fréhel
☎ 02 96 41 41 31 🕐 Jun-fim set diariam 8h-20h; resto do ano sáb-dom 8h-13h, 15h-16h30; fechada em out

CARNAC

LES NINICHES

www.maison-armorine.com
Esta confeitaria vende 49 tipos de niniche, um pirulito longo e fino muito popular entre as crianças bretãs. Há também caramelos feitos de manteiga salgada.
✉ 7 Avenue du Parc, 56340 Carnac
☎ 02 97 52 73 51 🕐 Abr-fim set seg-dom 9h30-12h30, 14h30-19h

CHERBOURG

L'ANTIDOTE

Aqui você pode degustar uma taça de uma das centenas de vinhos vintage. O interior é de madeira e latão, e há um agradável terraço, aberto quando o tempo está bom.
✉ 41 Rue au Blé, 50100 Cherbourg
☎ 02 33 78 01 28 🕐 Bar: verão diariam 18h30-23h; inverno ter-sáb 18h30-23h. Restaurante: verão diariam 11h30-15h, 18h30-23h; inverno ter-sáb 11h30-15h, 18h30-23h

DEAUVILLE

CASINO DE DEAUVILLE

www.lucienbarriere.com
Este cassino funciona num belo prédio Belle Époque à beira-mar. Há mesas de jogo, dois bares, três restaurantes e uma boate; o modo de vestir é formal.
✉ 2 Rue Edmond Blanc, BP 32400, 14802 Deauville
☎ 02 31 14 31 14 🕐 Caça-níqueis: seg-qui 23h-2h, sex 23h-3h, sáb 10h-16h, dom 10h-3h ✋ Grátis (você deve apresentar passaporte ou identidade); taxa mínima para o salão de jogos

GOLF BARRIÈRE DE DEAUVILLE

www.lucienbarriere.com
Desfrute a bela vista do mar e da zona rural neste campo de golfe de 18 buracos no topo de Mont Canisy. Depois da partida, tome um drinque na sede do clube ou visite a loja.
✉ Mont Canisy St.-Arnoult, BP 63500, 14803 Deauville ☎ 02 31 14 24 24
🕐 Diariam 9h-18h ✋ A partir de €50

DIEPPE

DIEPPE SCÈNE NATIONALE

www.dsn.asso.fr
Este moderno auditório apresenta peças de teatro e concertos. Um cinema exibe filmes independentes e clássicos.
✉ Quai Bérigny, 76374 Dieppe
☎ 02 35 82 04 43 🕐 Diariam 14h-22h
✋ Filmes €5-€6,50, espetáculos €20

DINAN

LA BOURBANSAIS

www.labourbansais.com
Este zoológico, que tem muitas espécies protegidas, ocupa o parque do Château de Bourbansais (que também merece uma visita), a leste de Dinan. Há um playground, com um castelo animado, salão de chá e loja de presentes. Não aceita cartões de crédito.
✉ Domaine de la Bourbansais, 35720 Pleugueneuc ☎ 02 99 69 40 07 🕐 Abr-fim set diariam 10h-19h; out-fim mar 14h-18h
✋ Zoo: adultos €15; zoo e castelo: adultos €15

CLUB CANOË KAYAK DE LA RANCE

www.nautismebretagne.fr
Em Lanvallay, a leste de Dinan, este clube aluga canoas e caiaques para passeios de uma hora a um dia pelo rio Rance. Tome o ônibus para Le Port. Não aceita cartões de crédito.
✉ 18 Quai du Talard, 22100 Lanvallay
☎ 02 96 39 01 50 🕐 Jul, ago diariam 9h-19h; resto do ano só reservas ✋ Variam

DINARD

CASINO BARRIÈRE DE DINARD

www.lucienbarriere.com
Aqui você encontra roleta, vinte e um, *stud poker* e mais de cem máquinas caça-níqueis. O bar tem uma bela vista da praia, e há um restaurante. A comida é servida o dia todo e há música ao vivo.
✉ 4 Boulevard Wilson, 35802 Dinard
☎ 02 99 16 30 30 🕐 Dom-qui 10h-3h, sex, sáb 10h-4h ✋ Grátis (só para maiores de 18 anos, é preciso mostrar o passaporte)

PISCINE MUNICIPALE

Esta piscina olímpica é de água do mar aquecida. Há também uma praia com atividades para crianças. Fica no trajeto do ônibus 3; pergunte pela *piscine.*
✉ 2 Boulevard Wilson, 35800 Dinard
☎ 02 99 46 22 77 🕐 Seg 15h-18h30, ter 17h-20h, qua 14h-18h30, qui 17h-19h30, sex 17h-20h, sáb 14h-18h30, dom 9h-12h30
✋ €4,20, crianças (5-18) €3,30

DOUARNENEZ

CHAR À VOILE PENTREZ

Experimente surfe na areia e kitesurf nesta praia de Douarnenez, que, na maré baixa, tem espaço de sobra: 3km de comprimento e 5km de largura. A idade mínima para esses esportes é de 7 anos. Convém reservar lugar com antecedência. Não aceita cartões de crédito.
✉ Pentrez Plage, 29550 St.-Nic
☎ 02 98 26 55 27 🕐 Verão diariam 9h-12h, 13h30-18h; quase todo o resto do ano sex-dom 13h30-18h ✋ Variam

DOUVRES-LA-DÉLIVRANDE

PÂTISSERIE DE LA BASILIQUE

Esta cidadezinha fica bem perto das praias ao norte de Caen. A confeitaria está localizada numa casa com vigas de madeira aparentes. Há três gerações a família Jung produz especialidades normandas, como os brasillés (pão feito com a manteiga local) e biscoitos que lembram, em gosto e aparência, o biscoito de manteiga escocês.
✉ 3 Place de la Basilique, 14440 Douvres-la-Délivrande ☎ 02 31 37 29 74
🕐 Qua-dom 7h45-12h45, 13h45-19h45

ÉTRETAT

VILLAGE ÉQUESTRE D'ÉTRETAT

www.village-equestre.cjb.net

Este clube equestre, que aceita iniciantes, é também um balneário. Oferece passeios com guia pelos campos, florestas e rochedos de Étretat. São no máximo oito pessoas em cada grupo.

✉ 248-250 Rue de la Sauvagère, 76790 Le Tilleul ☎ 02 35 27 04 22 ⓘ Sex-qua ✋ €25 por hora

GRANVILLE

STATION DE VOILE DE GRANVILLE

www.station-nautique-granville.com

Aqui você pode praticar esportes como windsurfe, e passear de catamarã e caiaque; a baía de Granville tem fortes ondas.

✉ 260 Boulevard des Amiraux, 50400 Granville ☎ 02 33 91 22 60 ⓘ Reserve com antecedência ✋ A partir de €20 por sessão de catamarã, windsurfe ou caiaque

HONFLEUR

MARCHÉ TRADITIONNEL

Esta feira tradicional ocorre numa praça charmosa dominada por uma igreja do século 15 e cercada de cafés e casas típicas. Aproveite os peixes frescos e verduras da região.

✉ Place de l'Église Sainte-Catherine, 14600 Honfleur ⓘ Sáb 9h30-12h30

ÎLE D'OUESSANT

CENTRE EQUESTRE LES CALECHES DU PONANT

www.cheval-cdp-29.fr

Explore esta ilha a cavalo ou num pônei Shetland. Várias diferentes rotas passam por lugares bonitos, e a duração dos passeios variam de 1 hora a 3 dias. Reserve com antecedência e lembre que cartões de crédito não são aceitos.

✉ Le Goubans, 29242 Ouessant ☎ 02 98 48 89 29 ⓘ Diariam 9h-18h ✋ 1 hora €16,50, 2 horas €30, meio dia €46 (mínimo de 3 pessoas)

PERROS-GUIREC

GALERIE DE KER-ILIZ

Este shopping vende produtos industriais e artesanais da Bretanha, como a faiança de Quimper, joias celtas, cerâmica, artigos de madeira, biscoitos e roupas náuticas.

✉ 8 Rue du Général de Gaulle, 22700 Perros-Guirec ☎ 02 96 91 00 96 ⓘ Jul, ago diariam 10h-12h30, 14h30-19h30; resto do ano fechado dom e seg de manhã

QUIMPER

ARMOR LUX

www.armor-lux.com

Esta loja especializada em roupas náuticas vem produzindo as clássicas malhas listradas bretãs há mais de 60 anos. Agende uma visita à fábrica. Na loja, você encontrará os últimos lançamentos e peças de coleções antigas.

✉ 21 Rue Louison Bobet, Kerdroniou Ouest, 29556 Quimper ☎ 02 98 90 83 83 ⓘ Seg-sáb 9h30-19h

RENNES

PÉNICHE SPECTACLE

www.penichespectacle.com

Dois barcos *–L'Arbre d'Eau* e *La Dame Blanche–* são hoje teatros que apresentam world music, jazz, cabaré e exposições de arte. Também há espetáculos infantis.

✉ 30 Quai St.-Cyr, 35000 Rennes ☎ 02 99 59 35 38 ⓘ Os horários variam ✋ Adultos €13 concertos,€8 cabaré

THÉÂTRE NATIONAL DE BRETAGNE (TNB)

www.t-n-b.fr

Este teatro na Gare do metrô tem três salas de espetáculos para teatro, dança, jazz e música clássica. Há também um cinema que exibe filmes na língua original. Você pode almoçar ou jantar no restaurante-bar.

✉ 1 Rue St.-Hélier, 35040 Rennes ☎ 02 99 31 12 31 ⓘ Seg-sáb 20h; dom 16h ✋ Ingressos a partir de €23

ST.-CAST-LE-GUILDO

CENTRE NAUTIQUE DE ST.-CAST

www.cnautique-saintcast.com

Neste centro de esportes aquáticos pode-se alugar veleiros, pranchas de windsurfe e caiaques, mas para barcos maiores é preciso licença. Você também pode ter aulas individuais de vela. O aluguel cessa em novembro e recomeça em abril.

✉ Le Port, 22380 St.-Cast-le-Guildo ☎ 02 96 41 86 42 e 02 96 41 71 71 ⓘ Jul, ago diariam 10h-19h; resto do ano sáb, dom 10h-12h, 14h-18h; fechado 15 dez-7 jan ✋ Aluguel de botes a partir de €24 a hora

LA FERME DES LANDES

Aqui é o paraíso da sidra, produzida com diferentes variedades de maçã, além do vinagre e do suco de maçã. Experimente, compre e faça uma visita à fazenda (só com agendamento). No verão, toda sexta à tarde, há uma feira na qual os agricultores locais vendem seus produtos. De carro, pegue a D786, e a fazenda fica pouco antes de Notre-Dame-du-Guildo, vindo de St.-Cast-le-Guildo.

✉ Notre Dame du Guildo, 22380 St.-Cast-le-Guildo ☎ 02 96 41 12 48 ⓘ Jun, ago diariam 10h-20h; abr-fim mai, set seg-sáb 14h-19h; resto do ano sex-sáb 10h-12h, 14h-18h

GOLF CLUB DE PEN-GUEN

www.golf-st-cast.com

Este campo de golfe de 18 buracos fica numa localização soberba, 800m a leste da cidade, e tem acesso à praia. Há uma área de treinamento e *putting green*. Ligue para reservar.

✉ Route du Golfe, 22380 St.-Cast-le-Guildo ☎ 02 96 41 91 20 ⓘ Abr-fim set diariam 7h30-20h; resto do ano 9h-17h30 ✋ €55 no verão, €32-43 no resto do ano, carrinho €4, tacos €8

TRÉGASTEL

ÉCOLE D'ÉQUITATION FOSSEY

Passeie a cavalo pelos campos da Bretanha, pela floresta ou pelas praias da região de Côtes d'Armor. Você também pode fazer aulas de equitação. Reserve com antecedência.

✉ 13 Rue du Calvaire, 22730 Trégastel ☎ 02 96 23 86 14 ⓘ Seg-sáb 9h-12h, 14h-19h; fechada 2 semanas em set ✋ Adultos €19 por hora

MAIO

JAZZ SOUS LES POMMIERS

www.jazzsouslespommiers.com

O ano musical começa com as sessões de jazz na região da sidra. Na maioria dos concertos paga-se um ingresso barato, mas o passe do festival permite a entrada livre em muitos eventos.

✉ Coutances ☎ 02 33 76 78 50 (centro de informações turísticas)

JULHO

FÊTES HISTORIQUES

www.mairie-vannes.fr

Todos os anos os cidadãos de Vannes voltam no tempo por uma semana. O tema muda a cada ano e pode abordar, por exemplo, os *vikings* do início dos anos 1800, com espetácuos de rua, desfiles de trajes típicos e fogos de artifício.

✉ Service d'Animation Culturelle, 31 Rue Thiers, 56000 Vannes ☎ 02 97 01 62 40 🕓 Três dias em meados de julho

TOMBÉES DE LA NUIT

www.tdn.rennes.fr

Shows de luzes e concertos são apresentados ao anoitecer. Os espetáculos de teatro e música nas ruas são grátis; há uma pequena taxa para alguns shows.

✉ Rennes ☎ 02 99 32 56 56

FESTIVAL DES VIEILLES CHARRUES

www.vieillescharrues.asso.fr

Este que é um dos maiores festivais de música da França recebe 150 mil pessoas para ouvir de tudo, do techno ao folk. O festival de três dias tem camping grátis. Para garantir seu ingresso, compre-o com no mínimo um mês de antecedência.

✉ Association Les Vieilles Charrues, 29834 Carhaix ☎ 0820 890 066 ou 02 98 93 04 42 (centro de turismo de Carhaix) 🚌 Ônibus partem das estações de trem de Loudeac, Morlaix, Brest, Quimper, Crozon e Châteauneuf 🕓 Terceiro fim de semana de julho

FÊTE DES REMPARTS

Um dos maiores festivais medievais da Europa é realizado a cada dois anos. No último fim de semana de julho, a cidade é literalmente invadida por 800 atores e 3 mil figurantes em trajes da época.

✉ Office de Tourisme, Rue du Château, 22100 Dinan ☎ 02 96 87 69 76 🕓 Terceiro fim de semana de julho. De dois em dois anos (anos ímpares)

FESTIVAL DU JAZZ

www.mairie-vannes.fr/jazzavannes

As seis noites de jazz começam com um concerto grátis diante da prefeitura. São três bandas por noite, e algumas tocam no jardim de Limur. À tarde, músicos amadores tocam por toda a cidade.

✉ Service Animation Culturelle, 31 Rue Thiers, 56000 Vannes ☎ 02 97 01 62 44 🕓 Fim de julho

JULHO-AGOSTO

FESTIMUSICALES

Concertos e espetáculos grátis durante todo o verão. Concertos de jazz, música africana, reggae e música celta, dança folclórica e teatro de rua.

✉ Espace Kernévéleck, 29170 Fouesnant ☎ 02 98 51 18 88 (centro de turismo)

AGOSTO

FESTIVAL INTERCELTIQUE

www.festival-interceltique.com

Por dez dias, Lorient é palco de um grande festival celta, com concursos de gaitas de fole e outros instrumentos tradicionais, dança folclórica, festas bretãs *(festou-noz)*, cabaré e concertos por toda a cidade, além de bancas de rua que vendem artesanato celta.

✉ 8 Rue Nayel, 56100 Lorient ☎ 02 97 21 24 29 🕓 Primeiras duas semanas de agosto

LA ROUTE DU ROCK

www.laroutedurock.com

Este festival de música pop dura três dias e apresenta vários estilos, do rock ao techno. Há um camping grátis no fosso que cerca o castelo, estacionamento grátis, restaurante e bar, depósito de bagagem, supermercado e traslado grátis da estação de trem de St.-Malo.

✉ Fort St.-Père ou Office de tourisme de St.-Malo, Esplanade St.-Vincent, 35400 St.-Malo ☎ 02 99 54 01 11 (Fort St.-Père) ou 08 25 13 52 00 (centro de turismo) 🕓 Meados de agosto

FESTIVAL DE MUSIQUE CLASSIQUE DE DINARD–CÔTE D'ÉMERAUDE

www.festival-music-dinard.com

Nas três semanas do festival de Dinard, a música é requintada e vai de Beethoven a Gershwin, além de peças de compositores contemporâneos executadas por músicos famosos e jovens talentos. Há também um concerto para crianças, e o concerto de encerramento é grátis.

✉ Centro de turismo de Dinard, 2 Boulevard Féart, 35802 Dinard ☎ 02 99 46 94 12 🕓 Três semanas de agosto, do primeiro sábado ao terceiro domingo ✋ Variam

DEZEMBRO

TRANSMUSICALES ROCK FESTIVAL

www.transmusicales.com

Bandas locais apresentam-se ao lado de lendas da música no festival musical da Bretanha. Alguns concertos são grátis, enquanto outros cobram ingresso barato.

✉ Rennes ☎ 02 99 31 12 10

ONDE COMER

Acima *A grande variedade de frutos do mar num restaurante em Cancale*

PREÇOS E SÍMBOLOS
Os restaurantes estão listados por ordem alfabética (sem Le, La e Les). Os preços correspondem a um almoço (A) de dois pratos e um jantar (J) de três pratos para uma pessoa, sem bebidas. O preço do vinho refere-se a uma garrafa da marca menos cara.

Para a legenda de símbolos, ▷ 2.

ALENÇON

LA BRASSERIE DES DUCS

www.brasseriedesducs.com
Este charmoso restaurante no centro da cidade tem um cardápio inspirado nas tradicionais brasseries parisienses. O menu varia de acordo com a disponibilidade de ingredientes em cada estação. Há um menu infantil (para menores de 12 anos).
✉ 19 Place Poulet Malassis, 61000 Alençon ☎ 02 33 26 37 49 ⏱ Diariam 12h-13h30, 19h30-21h30 ✋ A €15, J €25, vinho €10

PETIT VATEL

Esta casa de pedra com balcões floridos fica perto do centro da cidade e do Musée des Beaux-Arts et de la Dentelle. A sala de jantar é decorada em tons pastel. O chef prepara refinados pratos da cozinha tradicional francesa, com ênfase nos produtos normandos.
✉ 72 Place du Commandant Desmeulles, 61000 Alençon ☎ 02 33 26 23 78 ⏱ Quiter 12h-13h45, 19h15-21h30; fechado dom e ter no jantar ✋ A €35, J €40, vinho €15

BARFLEUR

LE MODERNE

www.hotel-restaurant-moderne-barfleur.com
O restaurante do hotel Le Moderne especializou-se na cozinha tradicional, principalmente em peixes e frutos do mar. Uma boa opção é a lagosta (sujeita à disponibilidade no porto de pesca) assada com manteiga e servida à moda parisiense, com maionese, ou *sauté*. Há também uma boa seleção de pratos de carne.
✉ Place du General De Gaulle, 50760 Barfleur ☎ 02 33 23 12 44 ⏱ Qua-seg 12h-13h30, 19h30-21h30 ✋ A €35, J €50, vinho €17

BAYEUX

LE LION D'OR

www.liondor-bayeaux.fr
O chef Patrick Mouilleau prepara pratos regionais. Experimente o confit de coelho com sálvia e folhado de cenoura ou o salmão *sauté* em azeite e tomilho servido com grossas fatias de batata.
✉ 71 Rue St.-Jean, 14400 Bayeux ☎ 02 31 92 06 90 ⏱ Diariam 12h-14h30, 19h30-22h exceto sáb e seg para almoço; fechado jan ✋ A €25, J €55, vinho €16

BELLE-ÎLE-EN-MER

LE MARIE GALANT

www.hotelgrandlarge.com
Este restaurante com terraço e vista para o mar especializou-se em peixes e frutos do mar frescos, mas o menu inclui outros produtos locais, especialmente o agneau de l'ile (carneiro à moda tradicional). Convém fazer reserva.
✉ Hôtel Restaurant Le Grand Large Goulphar/Bangor, 56360 Belle-Île-en-Mer ☎ 02 97 31 80 92 ⏱ Diariam 12h-13h30, 19h30-21h30; fechado terça no almoço ✋ A €30, J €30, com vinho incluído

BREST

AMOUR DE POMME DE TERRE

Aqui a fórmula é simples: batatas preparadas de todas as maneiras possíveis, entre elas o amour de pomme de terre. Todos os pratos são enormes, e muitos são servidos

acompanhados de um drinque alcoólico. Há pratos especiais para vegetarianos e crianças e uma boa carta de vinhos.
✉ 23 Rue des Halles, 29200 Brest ☎ 02 98 43 48 51 🕐 Diariam 12h-14h, 19h30-23h30 A €15, J €20, vinho €13

LA CHAUMIÈRE
O menu contém linguado frito com cogumelos frescos, a marmite du pêcheur, com quatro diferentes peixes, e escalope de vitela à tailandesa. Serve pratos vegetarianos e infantis mediante solicitação.
✉ 2 Rue Émile Zola, 29200 Brest ☎ 02 98 44 18 60 🕐 Seg-sex 12h-13h45, 19h30-21h30, sáb 19h30-21h30; fechado ago e 1 semana no Natal A €15, J €23, vinho €11

RESTAURANT NAUTILUS
Este é o restaurante do hotel Oceania. Entre os pratos, tamboril no vapor com ragu de alcachofras e azeitonas pretas.
✉ 82 Rue de Siam, 29200 Brest ☎ 02 98 80 66 66 🕐 Diariam 12h-14h, 19h-23h30 A €20, J €40, vinho €15

BREVILLE SUR MER

VILLA LA BEAUMONDERIE
www.la-beaumonderie.com
Breville é uma pequena ramificação do balneário de Granville, na costa ocidental da Normandia. Este hotel-restaurante, ocupa uma encantadora villa e tem vistas para o mar e o arquipélago Chausey. Para o almoço num dia da semana, o *menu du marché* é uma boa opção, complementado pelo menu infantil. À la carte, há bons pratos de peixe, porco, vitela e pato.
✉ 20 Route de Coutances, 50290 Breville sur Mer ☎ 02 33 50 36 36 🕐 Ter-dom 12h-14h, 19h-21h; fechado sáb almoço, dom jantar A €40, J €40, vinho €19

CAEN

LE CARLOTTA
Quem gosta de ostras e escargots os encontrará bem servidos aqui, mas há outras especialidades francesas no cardápio, como pato e terrinas. Os menus a preço fixo oferecem muitas opções.
✉ 16 Quai Vendeuvre, 14000 Caen ☎ 02 31 86 68 99 🕐 Seg-sáb 12h15-13h45, 19h15-22h45 A €36, J €36, vinho €19

LE PRELUDE
O chef mistura a tradicional cozinha francesa com a culinária criativa de diferentes regiões do país. Os destaques são o foie gras, o feuilleté de Saint-Jacques (torta de vieiras) e a gondole de magret de canard (peito de pato grelhado com compota de damasco).
✉ 102 Rue Saint-Martin, 14000 Caen ☎ 02 31 85 35 99 🕐 Ter-dom 12h-14h, 19h-21h30; fechado sáb almoço, dom jantar A €10, J €15, vinho €10

CARNAC

AUBERGE LE RATELIER
www.le-raterlier.com
Este restaurante, instalado em uma casa de fazenda bretã do século 16, tem vigas no teto e uma decoração rústica. A cozinha baseia-se em frutos do mar e peixes pescados no lugar, aprimorados com um criterioso uso de molhos leves.
✉ 4 Chemin du Douet, 56340 Carnac ☎ 02 97 52 05 04 🕐 Jul, ago diariam 12h-14h, 19h-21h30; resto do ano fechado ter e qua para almoço A €30, J €30, vinho €18

CHAMPEAUX

AU MARQUIS DE TOMBELAINE
www.aumarquisdetombelaine.com
Neste restaurante sobre os rochedos de Champeux a vista é magnífica. O chef oferece uma seleção de pratos regionais, combinando sabores tradicionais com toques criativos, como nas ostras mornas com sidra, escalope de foie chaud sur tatin au miel (fígado sobre uma torta de mel) e magret de canard au camembert (peito de pato com camembert).
✉ 25 Route des Falaises, 50530 Champeaux ☎ 02 33 61 85 94 🕐 Qui-seg 12h-15h30, 18h-22h, ter 12h-15h30; fechado ter e qua no jantar A €24, J €24, vinho €14,50

LA GRANGE DE TOM
Em um velho celeiro reformado entre Avranches e Granville, este café e restaurante acolhedor, decorado com velhos implementos agrícolas, tem vista panorâmica para a baía. Aproveite o churrasco de carne, peixe e frutos do mar.
✉ 40 Route des Falaises, 50530 Champeaux ☎ 02 33 61 85 52 🕐 Diariam 10h-13h A €15, J €45, vinho €16

CHERBOURG

CAFÉ DE PARIS
Tradicional brasserie de frente para o porto pesqueiro de Cherbourg, o Café de Paris é popular entre moradores e turistas. Especializou-se em peixes e frutos do mar frescos (inclusive ostras escaldadas) e serve também alguns pratos criativos.
✉ 40 Quai Caligny 50100 Cherbourg ☎ 02 33 43 12 36 🕐 Seg-sáb 12h-14h, 19h-22h; fechado dom no inverno A€15,50, J €18, vinho €18

LA RÉGENCE
www.laregence.com
O cardápio inclui especialidades regionais, com ênfase nos frutos do mar. Há um menu infantil.
✉ 42 Quai de Caligny, 50100 Cherbourg ☎ 02 33 43 05 16 🕐 Diariam 12h-14h30, 19h30-22h; fechado de meados dez a meados jan A €20, J €40, vinho €16

CONCARNEAU

L'AMIRAL
Neste bar-restaurante o cardápio muda diariamente, e há sempre pão feito em casa. Reserve no verão.
✉ 1 Avenue Pierre Guéguen, 29900 Concarneau ☎ 02 98 60 55 23 🕐 Jul, ago diariam 12h-13h30, 19h-21h30; fechado set-fim mar seg e dom jantar; abr-fim jun seg e dom no jantar A €18, J €39, vinho €15

LE PETIT CHAPERON ROUGE
Aqui você pode saborear crepes salgados e doces como La Blandette (queijo de cabra, espinafre, presunto e creme) e Mère Grande (banana flambada com mel e rum).
✉ 7 Place Duguesclin, 29900 Concarneau ☎ 02 98 60 53 32 🕐 Verão diariam 12h-16h, 19h-23h; inverno ter-sáb 12h-14h, 19h-21h30, dom 12h-14h30; fechado 2 semanas em jun, 2 semanas em mar e 3 semanas em out A €12, J €12, vinho €9,70

CONCHES-EN-OUCHE

RESTAURANT ET HÔTEL DU CYGNE

www.lecygne.fr

Este hotel e restaurante ocupa uma antiga estrebaria. Produtos regionais frescos são usados no cardápio, que muda com as estações, mas sempre tem clássicos franceses como o foie gras.

2 Rue Paul Guilbaud, 27190 Conches-en-Ouche 02 32 30 20 60 Ter-sáb 12h-14h30, 19h30-21h30, dom 12h-14h30 A €18, J €35, vinho €16

COSQUEVILLE

AU BOUQUET DE COSQUEVILLE

www.bouquetdecosqueville.com

O nome vem dos pitus existentes na costa da Normandia e indica a ênfase do cardápio em peixes e frutos do mar. O chef Stéphane Dieu assa seu próprio pão e usa verduras de sua horta.

Hameau Remond, 50330 Cosqueville 02 33 54 32 81 Qua-dom 12h-14h, 19h15-21h A €20, J €70, vinho €20

DEAUVILLE

AUGUSTO

www.restaurant-augusto.com

Um bistrô chique, o Augusto se proclama o "rei da lagosta". A especialidade da casa é servida com molho de coral e massas frescas. Outras opções são os bons pratos de peixe e carnes, como o frango com cogumelos e arroz selvagem. Para quem quiser comer ao ar livre, há um terraço no nível da rua.

27 Rue Désiré Le Hoc, 14800 Deauville 02 31 88 34 49 Qui-seg 12h-14h30, 19h-22h30 A €25, J €50, vinho €23

DIEPPE

RESTAURANT DE L'HÔTEL WINDSOR

www.hotelwindsor.fr

O restaurante contemporâneo do Hôtel Windsor tem uma vista panorâmica do mar e serve especialidades locais, principalmente frutos do mar. Os moluscos frescos e o foie gras são recomendados.

18 Boulevard de Verdun, 76200 Dieppe 02 35 84 15 23 Diariam 12h-14h30, 19h30-21h30 A €28, J €49, vinho €24

DINAN

CHEZ LA MÈRE POURCEL

www.chezlamerepourcel.com

Este edifício do século 15 é um monumento tombado. O restaurante especializou-se no carneiro do Mont-St.-Michel, disponível de abril a fim de setembro. Outras tentações são a lagosta, peixes locais e vieiras no outono e inverno. Convém reservar.

3 Place des Merciers, 22100 Dinan 02 96 39 03 80 Diariam 12h-14h, 19h-23h A €20, J €65, vinho €20

FÉCAMP

LA PLAISANCE

www.restaurant-la-plaisance-fecamp.com

Este restaurante, com vista do porto e dos rochedos, é especializado em peixes e frutos do mar frescos. Nas noites de sexta-feira, há um bufê self-service a preço fixo, no qual se pode saborear frutos do mar enquanto o apetite durar.

33 Quai Vicomté, 76400 Fécamp 02 35 29 38 14 Diariam 12h-14h, 19h-21h30 A €15, J €25, vinho €15,50

FOURGES

MOULIN DE FOURGES

www.moulin-de-fourges.com

Este belo moinho românico fica à beira do rio, a poucos quilômetros de Giverny. A cozinha usa produtos locais de maneira criativa, mas não se limita a receitas regionais. Experimente o presunto com estragão ou o porco condimentado.

38 Rue du Moulin, 27630 Fourges 02 32 52 12 12 Abr-fim out diariam 12h-14h30, 19h30-22h A €45, J €50, vinho €21

GUIMILIAU

AR CHUPEN

Nesta casa de fazenda restaurada e decorada no estilo bretão, a especialidade são as alcachofras com diferentes acompanhamentos. O Fermier leva presunto, bacon, cogumelos e creme; Leonard e Royale, frutos do mar. Há também boas opções para vegetarianos. Termine a refeição com o chouchen, vinho druida servido em um chifre.

43 Rue du Calvaire, 29400 Guimiliau 02 98 68 73 63 Jun-fim ago diariam 12h-22h; resto do ano dom-sex 12h-14h, sáb 12h-22h A €16, J €22, vinho €12

SAVEURS DE GUIMILIAU

Bolos recheados com ameixas e framboesas, bolos de frutas e todos os tradicionais tarts e gateaux franceses tornam esta casa de chá obrigatória. A especialidade é o kouignamann (bolo com açúcar, manteiga e amêndoas), premiado em 2002 como o melhor da Bretanha. Para acompanhar o bolo, há uma boa variedade de chás.

41 Rue du Calvaire, 29400 Guimiliau 02 98 68 75 71 Mai-meados set diariam 6h30-19h; resto do ano ter-sáb 6h30-19h, dom 6h30-18h Chá a partir de €2

HONFLEUR

L'ABSINTHE

www.absinthe.fr

O restaurante do Hôtel Absinthe fica de frente para o porto pesqueiro e tem dois belos salões com paredes de pedra, lareira e vigas no teto.Uma delas é uma antiga guarita inglesa da época da Guerra dos Cem Anos. A criativa cozinha gourmet usa ingredientes frescos do mar. Há uma boa carta de vinhos.

1 Rue de la Ville, 14600 Honfleur 02 31 89 23 23 Diariam 12h-14h, 19h-21h30 A €50, J €70, vinho €28,30

LA FERME ST.-SIMÉON

www.fermesaintsimeon.fr

No século 19, esta mansão era ponto de encontro dos pintores da Escola de Honfleur, entre eles Claude Monet. Abriga um hotel, um restaurante e um spa com tratamentos à base de água. A cozinha prepara pratos como lagostins e caviar, risoto de lagosta, ostras e mexilhões.

Rue Adolphe Marais, 14600 Honfleur 02 31 81 78 00 Diariam 12h30-14h, 19h30-21h30, ter 19h30-21h30 A €55, J €129, vinho €62

Pág. ao lado *Os frutos do mar são o prato principal da Bretanha e da Normandia*

HOULGATE

HÔTEL RESTAURANT 1900

www.hotel-1900.fr

O restaurante deste pequeno hotel tem o teto pintado, móveis antigos e um jardim. As especialidades são peixes e frutos do mar. O prato local é o filé de rodovalho servido *à la houlgataise,* com brotos de vegetais temperados com alecrim.

✉ 17 Rue des Bains, 14510 Houlgate ☎ 02 31 28 77 77 🕒 Diariam 12h-14h30, 18h30-22h ✋ A €20, J €35, vinho €17

ÎLE DE BRÉHAT

L'OISEAU DES ÎLES

Esta crêperie ocupa um prédio de persianas azuis decorado com um grande papagaio-do-mar. No interior, paredes nuas de granito rosa, janelas e batentes das portas azuis e teto branco. Pode-se comer na sala de jantar com pequenas mesas quadradas ou no terraço. Oferece todos os crepes básicos (presunto, queijo, cogumelos), além de saladas e crepes especiais como o andouille (linguiça bretã). Convém reservar.

✉ Rue du Port, 22870 Bréhat ☎ 02 96 20 00 53 🕒 Fim abr-fim set dom-sex 12h-14h, 19h-22h; meados out- abr e férias escolares, mesmos horários ✋ A €11, J €11, vinho €7

JOSSELIN

LA MARINE

Os crepes variam de acordo com a estação; no outono, por exemplo, há os de purê de castanha e geleia de maçã ou pera. A especialidade local, o crepe La Josselinoise, é de chouriço e maçã frita. No almoço, há um cardápio especial sem crepes (a menos que você deseje um de sobremesa) e opções para vegetarianos e crianças. Reserve no verão.

✉ 8 Rue du Canal, 56120 Josselin ☎ 02 97 22 21 98 🕒 Jul, ago diariam 12h-22h; resto do ano qua-dom 12h-14h, 19h-22h; fechado qua para jantar e duas semanas em nov ✋ A €12, J €18, vinho €11

JUMIÈGES

AUBERGE DES RUINES

www.aubergedesruines.fr

Situado numa pracinha no fundo da abadia de Jumièges, esta antiga hospedaria foi reformada e decorada num estilo contemporâneo, mas as vigas originais e a grande lareira foram preservadas. O chef Loic Henry, um dos famosos *maîtres cuisiniers de France,* prepara pratos normandos com influência bretã.

✉ Place de la Mairie, 76480 Jumièges ☎ 02 35 37 24 05 🕒 Diariam 12h-14h, 19h-21h ✋ A €35, J €35, vinho €20

LAMPAUL-GUIMILIAU

L'ESCAPADE

O Escapade é o único restaurante verdadeiro na cidade. As especialidades são o goulash e o filé de avestruz Finistère. Também serve crepes com recheios diferentes, como ameixa seca e bacon defumado, ou Le Forêt Noir (cereja, amarena, chocolate e creme batido).

✉ 8 Place de Villiers, 29400 Lampaul-Guimiliau ☎ 02 98 68 61 27 🕒 Ter, qui, sex 12h-13h30, 19h-20h30, qua 12h-13h30, sáb, dom 12h-13h30, 19h-21h; fechado seg fev e 3 semanas em ago ✋ A €12, J €34, vinho €12

MALESTROIT

LE CANOTIER

Le Canotier oferece um variado cardápio especializado em peixes e frutos do mar como salmão, salmonete e vieiras. Os carnívoros também são bem servidos e devem provar o foie gras frito com mel.

✉ Place du Docteur Queinnec, 56140 Malestroit ☎ 02 97 75 08 69 🕒 Ter-sáb 12h-14h, 19h-22h, dom 12h-14h ✋ A €15, J €30, vinho €8,50

MONT SAINT-MICHEL

LE MOUTON BLANC

www.lemoutonblanc.fr

Este histórico hotel e restaurante abaixo da abadia recebe peregrinos e outros visitantes há mais de um século. O cardápio privilegia as especialidades normandas de terra e mar e inclui grelhados e assados.

✉ Grande Rue, 50170 Le Mont Saint-Michel ☎ 02 33 60 14 08 🕐 Diariam 12h-14h, 19h-22h 🖐 A €40, J €50, vinho €18

MORLAIX

BRASSERIE DE L'EUROPE

Esta elegante brasserie no hotel de mesmo nome é especializada em pratos de peixe e frutos do mar, entre eles o bacalhau na manteiga com ervas, o tagliatelle de cenoura com lentilhas verdes ou o salmonete frito e foie gras com abacaxi. Experimente o kouignamann (bolo amanteigado) com geleia de maçã como sobremesa. É recomendável fazer reserva.

✉ Place Emile Souvestre, 29600 Morlaix ☎ 02 98 88 81 15 🕐 Seg-sáb 12h-14h, 20h-21h.30 🖐 A €17, J €23, vinho €12

PERROS-GUIREC

LA CRÉMAILLÈRE

As duas salas de jantar ocupam uma construção do século 17. O cardápio muda de acordo com a estação e baseia-se em frutos do mar frescos e carnes grelhadas. Entre os pratos há o kebab de vieiras com peito de pato defumado, rosbife e torta de café com geleia de frutas cítricas. No verão convém reservar.

✉ 13 Place de l'Église, 22700 Perros-Guirec ☎ 02 96 23 22 08 🕐 Seg 19h-22h, ter, qui-dom 12h-14h, 19h-22h 🖐 A €32, J €35, vinho €15

PLEYBEN

LA BLANCHE HERMINE

Esta taverna bretã é também uma escola de culinária. Especializou-se em pratos preparados com sidra, como o chucrute bretão e o bife com sidra, mas também oferece pratos clássicos. Há uma extensa carta de vinhos e doces caseiros. No verão é essencial reservar.

✉ 1 Place Charles de Gaulle, 29190 Pleyben ☎ 02 98 26 61 29 🕐 14 jul-20 ago diariam 11h30-15h, 18h30-21h45; resto do ano qui-ter 12h-14h30, 19h-21h45; fecha 15 dez-fim jan 🖐 A €20, J €20, vinho €12

PONT-ST.-PIERRE

HOSTELLERIE LA BONNE MARMITE

www.la-bonne-marmite.com

Este é um charmoso hotel e restaurante cuja cozinha de alta classe usa principalmente produtos do mar. O chef Alexandre da Silva trabalha na tradição normanda e oferece pratos como lagosta, rodovalho e suprême de canard. São duas cartas de vinhos à sua escolha.

✉ 10 Rue René-Raban, 27360 Pont-St.-Pierre ☎ 02 32 49 70 24 🕐 Qua-sáb 12h-14h, 19h30-21h, dom 12h-14h, ter 19h30-21h 🖐 A €30, J €30, vinho €10

QUIMPER

LE CAFÉ DE L'EPÉE

Segundo os proprietários, esta brasserie, em frente à *préfecture* e à margem do rio, é uma das mais antigas da França. Experimente o pato com chucrute e, se houver espaço, encerre com uma torta. Nos sábados à noite há um bufê de frutos do mar pelo preço fixo de €23.

✉ 14 Rue du Parc, 29000 Quimper ☎ 02 98 95 28 97 🕐 Diariam 21h30-24h 🖐 A €18, J €35, vinho €14

QUIMPERLÉ

LE BISTRO DE LA TOUR

www.hotelvintage.com

Este restaurante e adega fica numa rua tombada como patrimônio. São duas salas de jantar. Os pratos incluem ostras ou o cassoulet bretão, com linguiça andouille. A carta de vinhos tem mais de 800 rótulos.

✉ 20 Rue Dom-Morice, 29300 Quimperlé ☎ 02 98 39 29 58 🕐 Ter-sex 12h15-13h45, 19h30-21h, sáb 19h30-21h, dom 12h-13h45 🖐 A €34, J €58, vinho €15

RENNES

LE BOCAL-P'TY RESTO

Jarras *(bocaux)* cheias de conchas e contas de vidro dão nome ao restaurante, que é especializado na criativa cozinha francesa com

À esq. *Chez la Mère Pourcel em Dinan*

especiarias. Um prato especial é o maigret grillé farci au chorizo (peixe grelhado recheado com chouriço) ou as berinjelas au chèvre frais (com queijo de cabra fresco). Há opções vegetarianas e pratos infantis. Convém fazer reserva.
✉ 6 Rue d'Argentré, 35000 Rennes ☎ 02 99 78 34 10 🕐 Seg-sex 12h-13h30, 19h-22h30 ✋ A €11, J €24, vinho €14 Ⓜ République

ROUEN

LE CATELIER

www.lecatelier-rouen.fr

Experimente as delícias locais nesta casa normanda. A chef Marie-France Atinault especializou-se em frutos do mar. Prove as vieiras de Dieppe, o rodovalho ao molho de vinho branco ou a salada de lagosta com maçãs fritas. Há vários menus a preço fixo.
✉ 134 bis Avenue des Martyrs de la Résistance, 76100 Rouen ☎ 02 35 72 59 90 🕐 Ter-sáb 12h-14h, 19h-21h; fechado primeiras 3 semanas de ago ✋ A €35, J €50, vinho €14

LA PÊCHERIE

www.lapecherie.fr

Esta brasserie serve generosos pratos de peixe e moluscos, além de combinações menos comuns como a lagosta em redução de sidra. Alguns pratos de carne e sobremesas criativas (carpaccio de abacaxi e crème brûlée com aroma de tangerina) completam o cardápio.
✉ 29 Place de la Basse Vieille Tour, 76000 Rouen ☎ 02 35 88 71 00 🕐 Seg-sex 12h-14h30, 19h30-21h30, sáb 19h30-22h ✋ A €25, J €40, vinho €16

ST.-MALO

LES EMBRUNS

Aqui, pratos de frutos do mar são servidos numa sala de jantar pintada num tom rosa-salmão. O cardápio acompanha a estação, mas os clássicos são os camarões graúdos com maionese, salmão levemente salgado com aspargos, e rins de carneiro com mostarda violeta de Brive. Você também pode escolher o que vai comer num tanque em exposição. As obras de arte nas paredes também estão à venda.
✉ 120 Chaussée du Sillon, 35400 St.-Malo ☎ 02 99 56 33 57 🕐 Ter-sáb 12h-14h, 19h-22h, dom 12h-14h ✋ A €20, J €35, vinho €16

LE GALLO

Os crepes são preparados diante do cliente, e o mais tradicional é feito de linguiça, ovo e roquefort. O Campagnarde leva batata, cebola, linguiça, ovo e queijo, e o Iceberg leva sorvete de chocolate e coco e é flambado com Malibu. Há opções para vegetarianos e crianças.
✉ 21 Rue de Dinan, 35400 St.-Malo ☎ 02 99 40 84 17 🕐 Ter-dom 12h-22h30; jul, ago diariam ✋ A €10, J €15, vinho €6

ST.-POL-DE-LÉON

AUBERGE DE LA POMME D'API

Este prédio do século 16 abriga um restaurante encantador. A comida é uma delícia, mas é melhor você aprimorar seu francês, porque os pratos têm nomes como: dos de bar, cuit sur peau (robalo), légumes oubliés (legumes esquecidos!) e cèpes et saucisse de Morteau (cogumelos marrons e linguiça defumada). Há opções para vegetarianos e crianças mediante solicitação.
✉ 49 Rue Verderel, 29250 St.-Pol-de-Léon ☎ 02 98 69 04 36 🕐 Ter-sáb 12h-14h, 19h30-21h, dom 12h-14h ✋ A €30, J €70, vinho €20

VAINS

A L'ABRI DU SAUNIER

www.alabridusaunier.com

Este restaurante situado numa linda cidade na baía do Mont-St.-Michel combina a cozinha tradicional com pratos mais refinados. O cardápio varia de acordo com a estação e a disponibilidade de produtos frescos no mercado. No verão pode-se comer no terraço que dá diretamente para o jardim. Experimente o boeuf sauce camembert (bife ao molho de camembert), émincé de magret au vinaigre de framboise (fatias de peito de pato ao vinagre de framboesa), tourtière de ris de veau farcie au foie gras (pudim de pâncreas de vitela recheado com foie gras) ou pavé de biche aux fruits rouges (filé de cervo com frutas vermelhas).
✉ La Chaussée, Saint-Léonard, 50300 Vains ☎ 02 33 70 88 60 🕐 Seg-sáb 12h-14h, 19h-21h; fechado ter e qua ✋ A €30, J €50, vinho €13,50

VERNEUIL

HOSTELLERIE LE CLOS

www.hostellerieduclos.fr

Este elegante hotel e restaurante ocupa uma mansão senhorial cercada por um parque. O chef prepara pratos sazonais com os produtos disponíveis no mercado, que são servidos numa sala de jantar decorada com pinturas em *trompe l'oeil*.
✉ 98 Rue de la Ferté-Vidame, 27130 Verneuil-sur-Avre ☎ 02 32 32 21 81 🕐 Qua-dom 12h30-14h, 19h30-21h, ter 19h30-21h ✋ A €25,50; J €60, vinho €28

VITRÉ

LA TAVERNE DE L'ÉCU

Este restaurante ocupa uma bela construção do século 16 com duas salas de jantar. O cardápio muda conforme a estação, e tudo é feito no local, inclusive o pão. Você vai se sentir tentado pela perna de coelho assada com feijão-branco e tomates italianos secos, pelo filé de porco-do-mato com salada e chutney de maçã, ou pelo peixe do dia com tomates em conserva. Há pratos vegetarianos e um cardápio infantil.
✉ 12 Rue de la Baudrairie, 35500 Vitré ☎ 02 99 75 11 09 🕐 Ter 12h15-13h45, qui-dom 12h15-13h45, 19h30-21h; fechado seg, qua ✋ A €25, J €40, vinho €15

YVETOT

AUBERGE DU VAL AU CESNE

www.valuucesne.fr

Esta hospedaria tem cinco pequenas salas de jantar. Pelas janelas, você pode ver as macieiras e o gado pastando no campo normando. O chef prepara pratos sazonais com os produtos disponíveis no mercado.
✉ Croix Mare, 76190 Yvetot ☎ 02 35 63 06 🕐 Qua-dom 12h-14h, 19h-21h ✋ A €55, J €55, vinho €15

ONDE FICAR

Acima *Um típico café da manhã francês, com café e croissant*

PREÇOS E SÍMBOLOS

Os preços correspondem à diária mais baixa e mais alta em um quarto duplo, incluído o café da manhã, a menos que haja indicação em contrário. Todos os hotéis aceitam cartões de crédito, a menos que indicado. Note que os preços variam ao longo do ano.

Para a legenda de símbolos, ▷ 2.

AVRANCHES

LA CROIX D'OR

www.hoteldelacroixdor.fr

Instalado numa antiga hospedaria reformada do século 17 no centro da cidade, este hotel é decorado com antiguidades e objetos antigos de cobre. Os quartos são claros e arejados e têm vista para o jardim.

✉ 83 Rue de la Constitution, 50300 Avranches ☎ 02 33 58 04 88 €68-€98, sem café da manhã (€9) 11

LA RAMADE

www.laramade.fr

Situada numa propriedade com uma linda estufa, La Ramade é uma casa de campo decorada com bom gosto e com quartos charmosos. No jardim há uma cabana que pode ser alugada por um fim de semana ou por uma semana. A localização é ideal para visitar o Mont-St.-Michel.

✉ 2-4 Rue de la Côte, 50300 Marcey les Grèves ☎ 02 33 58 27 40 €69-€116, sem café da manhã (€10) 11

BAGNOLES DE L'ORNE

HÔTEL LUTÉTIA-RESTAURANT REINE ASTRID

Esta villa no estilo Belle Époque é hoje um elegante hotel. Os quartos são decorados com móveis de época e têm TV. Oferece pacotes de pensão inteira (que inclui todas as refeições) e de meia pensão (com apenas duas refeições).

✉ Boulevard Paul Chalvet, 61140 Bagnoles de l'Orne ☎ 02 33 37 94 77 Hotel abr-meados out; restaurante mai-fim set €62-€120, sem café da manhã (€10) 30

MANOIR DU LYS

www.manoir-du-lys.fr

Esta casa senhorial fica na borda da floresta Andaine. Alguns quartos dão para o pomar, outros, para o parque. São decorados em diferentes estilos, do clássico ao moderno. Além da casa principal há sete cabanas sobre pilotis, cada uma com sala de estar, quarto e banheiro, perfeita para uma família. Há mountain bikes para alugar, quadra de tênis e um restaurante.

✉ La Croix Gauthier, 61140 Bagnoles de l'Orne ☎ 02 33 37 80 69 Fechado jan €70-€199, sem café da manhã (€15) 23 quartos, 7 cabanas Externa aquecida

BRÉVILLE-SUR-MER

LA BEAUMONDERIE

www.la-beaumonderie.com

Esta casa de campo chique na baía do Mont-St.-Michel tem vista para o porto. Os quartos, espaçosos, com camas grandes, são decorados

num estilo clássico, embora alguns tenham detalhes contemporâneos. Tem também um restaurante.
✉ 20 Rue de Coutances, 50290 Bréville-sur-Mer ☎ 02 33 50 36 36 € €82-€150, sem café da manhã (€10) 🛈 15

CABOURG

HÔTEL DU PARC

Este hotel fica perto do centro e não muito longe da praia. Os quartos, mobiliados com simplicidade, são decorados em cores claras e têm TV, telefone, despertador e secador de cabelo. Estacionamento grátis para hóspedes.
✉ 31-33 Avenue Général Leclerc, 14390 Cabourg ☎ 02 31 91 00 82 € €48-€63, sem café da manhã (€7.80) 🛈 17

CAP FRÉHEL

LE RELAIS DE FRÉHEL

www.relaiscapfrehel.fr
Instalado numa antiga *longère*, típica casa de fazenda bretã estreita e longa, com a sala de café da manhã num encantador estábulo reformado, o hotel é cercado por um grande jardim com quadra de tênis. Os quartos, amplos e confortáveis, acomodam até quatro pessoas. Há cabanas para três ou quatro pessoas.
✉ Route du Cap, Plévenon, 22240 Fréhel ☎ 02 96 41 43 02 🕒 O ano todo € €50 com café da manhã 🛈 5 quartos, 2 cabanas

CHAMPEAUX

LES HERMELLES

www.hotel-leshermelles.com
De frente para a baía de Mont-St.-Michel, este pequeno hotel situado nos rochedos de Champeaux, entre Granville e Avranches, é uma boa base para desfrutar a beira-mar, visitar as atrações da região ou sair caminhando pelo campo.
✉ 18 Route des Falaises, 50530 Champeaux ☎ 02 33 61 85 94 € €54-€61, sem café da manhã (€8) 🛈 6

CREPON

FERME DE LA RANCONNIERE

www.ranconniere.fr
Este hotel em uma cidade tranquila ocupa uma fazenda fortificada do século 18. Tem um pátio interno e um jardim. Os quartos são decorados com móveis normandos antigos. Há dois tipos de quartos a escolher, de duas ou três-estrelas, dependendo do nível de conforto desejado.
✉ Route Creully-Arromanches, 14480 Crepon ☎ 02 31 22 21 73 € €100-€200, sem café da manhã (€11) 🛈 35

DEAUVILLE

HOSTELLERIE DE TOURGÉVILLE

www.hostellerie-de-tourgeville.fr
Construído pelo diretor de cinema Claude Lelouch, este complexo de casas de campo em estilo normando situa-se numa área muito bonita. Dispõe de sauna, quadras de tênis, piscina, sala de bilhar, praia, campo de golfe e estábulos. O chef Jean-Louis Farjot prepara pratos maravilhosos, como escargots e risoto de frutos do mar.
✉ Chemin de l'Orgueil Tourgéville, 14800 Deauville ☎ 02 31 14 48 68 🕒 Fechado da 2ª semana de fev à 1ª semana de mar € €125-€240, sem café da manhã (€16) 🛈 25 quartos, 19 apartamentos 🏊 Externa 🏋

DIEPPE

LES ARCADES DE LA BOURSE

www.lesarcades.fr
Este edifício histórico no centro da cidade tem esse nome por causa de sua arcada coberta. Os quartos, todos com TV, são mobiliados de maneira simples, e alguns têm varanda. O hotel dispõe de sauna e acesso à internet, e o restaurante é famoso por seus excelentes frutos do mar.
✉ 1-3 Arcade de la Bourse, 76200 Dieppe ☎ 02 35 84 14 12 € €45-€65, sem café da manhã (€8) 🛈 21

ÉTRETAT

LE DONJON

www.ledonjon-etretat.fr
Le Donjon está instalado num castelo em estilo anglo-normando do século 19 com vista para a cidade e os rochedos de Étretat. Alguns quartos têm banheira de hidromassagem, e todos dispõem de TV por satélite. Há também um restaurante.
✉ Chemin St.-Clair, 76790 Étretat ☎ 02 35 27 08 23 € €90-€250 🛈 21 🏊

DORMY HOUSE

www.dormy-house.com
Situada no alto dos rochedos, esta casa tem alguns quartos com móveis de várias épocas, enquanto outros são no estilo campestre. O restaurante tem vista para o mar.
✉ B.P. 2 Route du Havre, 76790 Étretat ☎ 02 35 27 07 88 € €130-€230, sem café da manhã (€5) 🛈 61

ÉVREUX

HÔTEL DE FRANCE

www.hoteldefrance-evreux.com
Todos os quartos deste hotel têm TV por satélite. No restaurante, o chef e proprietário Jean-Luc Wantier oferece uma ótima comida tradicional. Tem estacionamento.
✉ 29 Rue St.-Thomas, 27000 Évreux ☎ 02 32 39 09 25 € €46-€52, sem café da manhã (€6,50) 🛈 16

FÉCAMP

HÔTEL NORMANDY

www.normandy-fecamp.com
Aqui, os quartos modernos, espaçosos e confortáveis têm TV por satélite. Há um restaurante, La Brasserie Maupassant, e estacionamento para os hóspedes.
✉ 4 Avenue Gambetta, 76400 Fécamp ☎ 02 35 29 55 11 € €50-€60, sem café da manhã (€6,50) 🛈 30 (5 para não fumantes)

GAILLON

CHÂTEAU CORNEILLE

www.chateau-corneille.fr
Este castelo do século 18 no vale do Sena situa-se num parque e é cercado por prados e florestas. Tem uma excelente localização para visitar as praias do Dia D, Giverny, Rouen e Paris. Os quartos são decorados em estilo moderno e dão para o jardim. O restaurante gourmet ocupa o antigo estábulo e conta com uma acolhedora lareira.
✉ 17 Rue de l'Église Vieux Villez, 27600 Gaillon ☎ 02 32 77 44 77 € €102-€124, sem café da manhã (€11) 🛈 20

LE HAVRE

VENT D'OUEST

www.ventdouest.fr
O saguão e alguns dos quartos têm uma decoração náutica, enquanto

outros têm temas campestres ou de montanha. Não há restaurante, mas um salão de chá serve lanches aos hóspedes. Tem estacionamento.
✉ 4 Rue Caligny, 76600 Le Havre
☎ 02 35 42 50 69 €98-€128, sem café da manhã (€12) 33

HONFLEUR

L'ABSINTHE

www.absinthe.fr

Neste antigo presbitério do século 16 todos os quartos têm TV por satélite e hidromassagem. A suíte tem a vantagem extra das paredes com vigas de madeira aparentes. O restaurante e a Frog Brasserie ficam na esquina.
✉ 1 Rue de la Ville, 14600 Honfleur
☎ 02 31 89 23 23 €115-€145, sem café da manhã (€12) 6 quartos, 1 suíte

JOSSELIN

LA BUTTE ST.-LAURENT

www.chambres-bretagne.com

No alto de uma *butte* (meseta), este bed and breakfast tem um jardim agradável. Os quartos são confortáveis, todos com banheiro privativo. Há também um quarto familiar para até quatro pessoas. Não aceita cartões de crédito.
✉ 56120 Josselin ☎ 02 97 22 22 09
Fechado meados set-fim jun €55 com café da manhã 4 quartos (todos para não fumantes)

LISIEUX

HÔTEL DE LA COUPE D'OR

www.la-coupe-d-or.com

Os quartos deste hotel, embora não sejam muito espaçosos, são agradavelmente decorados num estilo rústico e oferecem TV a cabo e por satélite. No amplo restaurante são servidos pratos locais.
✉ 49 Rue Pont Mortain, 14100 Lisieux
☎ 02 31 31 16 84 €53-€60, sem café da manhã (€7,50) 14 (3 não fumantes)

LOCRONAN

HOSTELLERIE DU BOIS DU NÉVET

www.hostellerie-bois-nevet.com

Este longo e moderno hotel se estende pelo jardim que o circunda. Os quartos são simples e confortáveis, com TV, telefone e banheiro. Há dois quartos para portadores de deficiência (inclusive chuveiro) e quartos para até cinco pessoas. Não há restaurante, mas o hotel oferece café da manhã.
✉ Route du Bois du Névet, 29180 Locronan
☎ 02 98 91 70 67 Fechado nov-Páscoa
€57-€65, sem café da manhã (€7,50)
35

LYONS-LA-FORÊT

LA LICORNE

www.licorne-hotel-restaurant.com

Esta bela hospedaria do século 17 tem uma decoração charmosa, e quartos decorados com bom gosto e antiguidades. Na sala de jantar são servidos pratos tradicionais da região.
✉ 27 Place Isaac Beauserade, 27480 Lyons-la-Forêt ☎ 02 32 48 24 24 €89-€190, sem café da manhã (€12) 19 (2 para não fumantes)

MONTIGNY

LE RELAIS DE MONTIGNY

www.relais-de-montigny.com

Neste hotel moderno, todos os quartos dispõem de TV por satélite, e alguns têm uma pequena varanda. Também há um restaurante.
✉ Rue du Lieutenant Aubert, 76380 Montigny
☎ 02 35 36 05 97 Fechado fim dez-início jan €75-€86, sem café da manhã (€10) 22

MORLAIX

HÔTEL DE L'EUROPE

www.hotel-europe-com.fr

Este elegante hotel de 200 anos está cheio de móveis antigos. Os quartos são grandes e à prova de som, e as suítes acomodam até quatro pessoas. O bufê de café da manhã é servido na sala de jantar, e o restaurante é ligado ao hotel, mas tem administração independente.
✉ 1 Rue d'Aiguillon, 29600 Morlaix
☎ 02 98 62 11 99 Fechado 22 dez-5 jan
€70-€250, sem café da manhã (€8)
60 quartos (10 para não fumantes)

NASSANDRES

LE SOLEIL D'OR

No vale do Risle, perto de um pomar de maçãs e de uma vila encantadora, esta casa senhorial normanda foi totalmente reformada num estilo moderno. No café, as noites musicais são temáticas.
✉ 1 Chaussée du Roy, 27550 La Rivière Thibouville ☎ 02 32 45 00 08 €70-€90, sem café da manhã (€10) 12

NOTRE-DAME-D'ESTRÉES

AU REPOS DES CHINEURS

www.au-repos-des-chineurs.com

Este salão de chá e hotel ocupa uma antiga hospedaria do século 17. *"Chineurs"* significa "caçadores de pechinchas", e quase tudo aqui está à venda. Alguns banheiros têm hidromassagem.
✉ Chemin de l'Église, 14340 Notre-Dame-d'Estrées ☎ 02 31 63 72 51 Fechado jan, fev €78-€150, sem café da manhã (€10) 10 (2 suítes)

PERROS-GUIREC

VILLA CYRNOS

Este é um dos mais caros B&B da cidade, mas vale a pena. Os quartos, espaçosos e confortáveis, acomodam até quatro pessoas e têm TV. O simpático proprietário serve um formidável café da manhã, e há estacionamento.
✉ 10 Rue de Sergent l'Héveder, 22700 Perros-Guirec ☎ 02 96 91 13 36 Fechado meados set-fim abr €60-€115, sem café da manhã 5 (para não fumantes)

PORT-EN-BESSIN

LA CHENEVIÈRE

www.lacheneviere.com

Os quartos deste castelo do século 18 são decorados em estilo clássico, mas oferecem todos os modernos confortos, como TV e frigobar. Há ainda serviço de lavanderia e de babá e acesso à internet na recepção. O restaurante gourmet, que serve pratos da estação, é dirigido pelo chef Claude Esprabens.
✉ Escures-Commes, 14520 Port-en-Bessin
☎ 02 31 51 25 25 Fechado dez-fim abr
€230-€270, sem café da manhã (€19)
22

QUIMPER

HÔTEL DUPLEIX

www.hotel-dupleix.com

Os quartos são modernos, amplos

e silenciosos. Há um saguão e um terraço. Três quartos têm varanda, e há quartos familiares para até seis pessoas. O estacionamento não é gratuito.
35 Boulevard Dupleix, 29000 Quimper 02 98 90 53 35 €70-€82, sem café da manhã (bufê €9,50) 29

RENNES

HÔTEL DES LICES

www.hotel-des-lices.com
Este é um hotel moderno, mas com alma, perto do centro da cidade velha. Quase todos os quartos têm varanda, TV por satélite e telefone e são à prova de som. O estacionamento público custa €2 por noite.
7 Place des Lices, 35000 Rennes 02 99 79 14 81 €59-€72, sem café da manhã (€9) 45 Sainte-Anne

ST.-CAST-LE-GUILDO

LES BLÉS D'OR

www.camping-les-bles-dor.com
Este camping aceita animais e fica perto da praia de St.-Cast. As vagas são grandes, e 30 delas têm chuveiro, vaso e pia privativos. Tem pontos de eletricidade, uma pequena lavanderia automática, playground e mesa de pingue-pongue, e fica perto de um grande supermercado. Também aluga trailers e cabanas para quem não gosta de dormir em barracas.
22380 St.-Cast-le-Guildo 02 96 41 99 93 Fechado nov-fim mar €15 (€25 com banheiro privativo) 135 vagas

ST.-MALO

HÔTEL DES ABERS

www.abershotel.com
Este hotel fica dentro das muralhas da cidade velha, atrás de uma fachada florida do século 16. Todos os quartos têm cama queen size, banheiro privativo, TV por satélite, secador de cabelo e cofre; alguns são à prova de som. O hotel disponibiliza camas para bebês. Chá e café são oferecidos no saguão por cortesia. Há um restaurante indonésio anexo.
10 Rue de la Corne-du-Cerf, 35400 St.-Malo 02 99 40 85 60 €95-€130, sem café da manhã (continental €14, inglês €18) 14 quartos

ST.-THÉGONNEC

AR PRESBITAL KOZ

Este antigo presbitério de 250 anos tem um imenso jardim e seis quartos grandes e confortáveis, com móveis rústicos. Todos têm banheiro privativo, mas não têm TV. Há um pequeno terraço externo para tomar um café. O café da manhã continental está incluído. Se a reserva for feita antes do meio-dia, você pode jantar com os proprietários e beber todo o vinho que quiser por €22. Não aceita cartões de crédito.
18 Rue du Lividic, 29410 St.-Thégonnec 02 98 79 45 62 €55 com café da manhã 5 quartos (para não fumantes)

ST.-VAAST-LA-HOUGUE

HÔTEL DE FRANCE

www.france-fuchsias.com
Uma encantadora casa de campo abriga este hotel e restaurante perto do porto de St.-Vaast. Os quartos são decorados com bom gosto, e a maioria dá para um belo jardim, com plantas exóticas como bananeiras, palmeiras e mimosas, onde em agosto são apresentados concertos de música de câmara. Há pacotes de meia pensão (que incluem o jantar no Restaurant des Fuchsias).
20 Rue du Maréchal-Foch, 50550 St.-Vaast-la-Hougue 02 33 54 40 41 Fechado jan, fev e seg fora da alta temporada €29-€98, sem café da manhã (€9) 34

VANNES

CAMPING MUNICIPAL DE CONLEAU

Um camping confortável, a 3km do centro da cidade, bem localizado perto do mar e com árvores para proteger os campistas do vento e do sol. Há vagas para barracas, trailers e vans. Há pontos de eletricidade disponíveis e trailers para alugar. Oferece mesa de pingue-pongue, playground e uma lavanderia automática.
188 Avenue du Maréchal-Juin, 56000 Vannes 02 97 63 13 88 Fechado out-fim mar €11-€17 por adulto

Acima *Camping Municipal de Conleau*

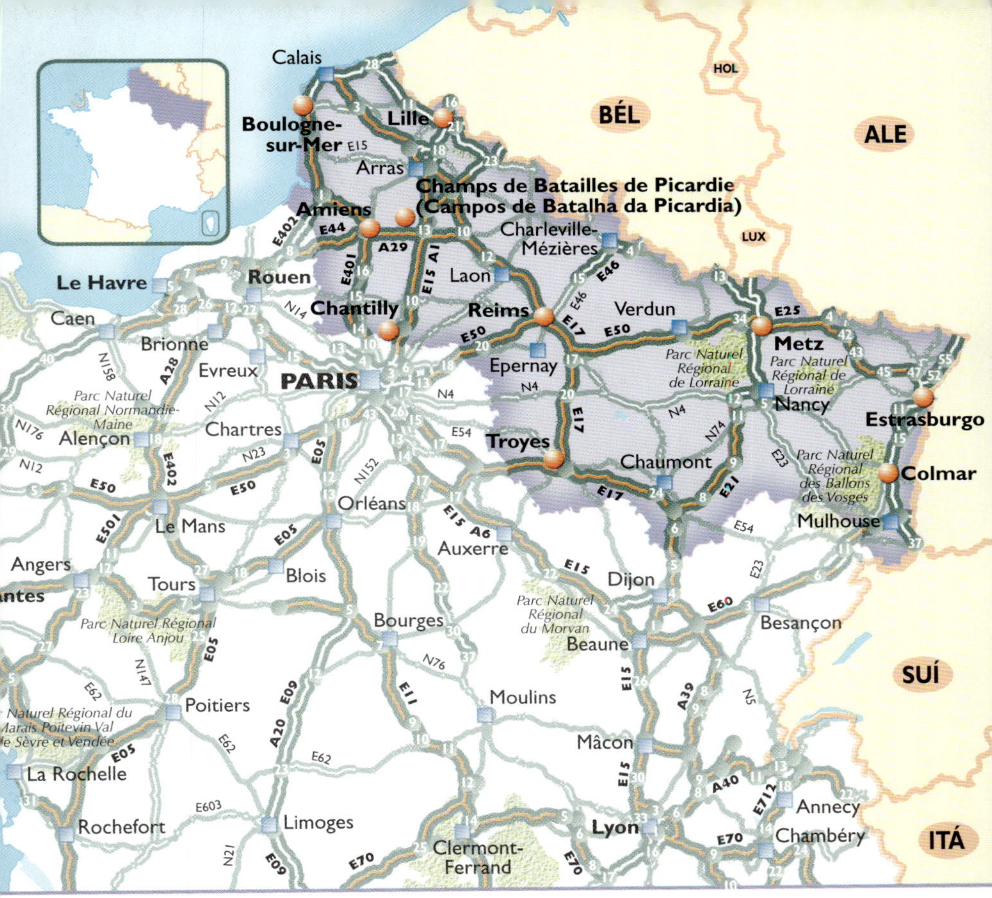

NORTE E NORDESTE DA FRANÇA

As cinco regiões que se estendem da costa do Canal da Mancha ao rio Reno podem ser descritas como a França fronteiriça. Enquanto Calais e Dunquerque são mais próximas de Londres que de Paris, a Flandres Francesa se mistura imperceptivelmente com o sul da Bélgica, e a Alsácia-Lorena, no leste, foi durante séculos alvo de disputas territoriais com a Alemanha.

Muitas das principais batalhas da Primeira Guerra Mundial foram travadas aqui, e na Segunda Guerra o norte recebeu o maior peso da invasão do país pelas forças nazistas. Por toda parte, os nomes de lugares –Somme, Verdun– são também nomes de batalhas, e uma visita a um dos muitos e bem preservados cemitérios ou às ruínas de um forte na linha Maginot é uma experiência comovente.

Muito mais que uma zona intermediária internacional, a região norte é famosa por suas conquistas. Na Idade Média, aqui nasceu a arquitetura gótica, como atesta a catedral de Amiens, entre muitos outros exemplos. Outro motivo de orgulho é o vinho branco espumante da Champagne, produzido nos arredores de Troyes e da cidade histórica de Reims, onde tradicionalmente são coroados os reis da França.

Décadas de paz e o virtual desaparecimento das fronteiras, facilitado pela União Europeia, permitiram ao norte se reinventar, a ponto de hoje ser visto quase como uma "França internacionalizada". O Eurotúnel efetivamente ligou a região de Nord-Pas-de-Calais a Kent, na Inglaterra; a cidade de Lille substituiu a indústria pesada por um setor de serviços desenvolvido ao redor da intersecção ferroviária dos modernos trens Eurostar/TGV; e Estrasburgo se proclama a cidade europeia do século 21 por excelência, uma encruzilhada cultural.

As regiões norte e nordeste são densamente urbanizadas se comparadas com a maior parte da França, mas quem quiser um sopro de ar fresco vai encontrar duas regiões de planalto cobertas de extensas florestas: as Ardennes (partilhadas entre França e Bélgica) e os Vosges, cadeia de montanhas no extremo nordeste.

AMIENS

Esta dinâmica cidade às margens do rio Somme, antiga capital da Picardia, sofreu muitos danos nas duas guerras mundiais, mas foi extensamente reconstruída. No centro fica a magnífica Cathédrale Notre-Dame, do século 13, hoje patrimônio da humanidade. A construção gótica de 145m de comprimento, 70m de largura e 42m de altura tem uma gloriosa fachada oeste, onde está a famosa imagem de Cristo conhecida como *Le Beau Dieu*. O interior, sereno e simples, é embelezado pelo rico coro do século 16. A sudeste da catedral, instalado numa mansão do século 19 na Rue de la République, fica o Musée de Picardie, que expõe achados arqueológicos e esculturas do século 19 (ter-dom 10h-12h30, 14h-18h). O Musée de l'Hôtel de Berny, na Rue Victor Hugo, dedica-se à arte e à história local, expondo móveis dos períodos Luís 15 e Luís 16 (fechado para restauração até 2012).

Ainda se pode ver espetáculos no Cirque Municipal, do século 18, na Place Longueville, uma curiosa construção em forma de tambor dedicada ao escritor de ficção científica Júlio Verne. A leste daqui, a Maison de Jules Verne, na Rue Charles-Dubois (ter-sex 10h-12h, 14h-18h, sáb, dom 14h-18h), foi residência do escritor durante 18 anos. Perto da estação de trem, observe La Tour Perret, um arranha-céu incomum de 104m de altura, construído entre 1948 e 1954.

AMIENS DE BARCO

As *hortillonnages* (jardim botânico) de Amiens, na planície alagada do Somme, são uma área de jardins ligados por pequenos canais. Pode-se alcançar algumas partes a pé, pelo Chemin de Halage, e outras de barco (que partem do nº 54 do Boulevard de Beauvillé, abr-fim out diariam 14h-17h; em maio fecha mais cedo se houver poucos visitantes). O pitoresco Quartier St.-Leu ("Pequena Veneza do Norte") era antigamente o bairro dos tecelões e tintureiros. Aqui há canais e ilhas estreitas, com casas inclinadas e pintadas.

INFORMAÇÕES

www.amiens.com/tourisme

468 J3 · 6 bis Rue Dusevel, BP 1018, 80010 · 03 22 71 60 50 · Abr-fim set seg-sáb 9h30-18h30, dom 10h-12h, 14h-17h; resto do ano seg-sáb 9h30-18h, dom 10h-12h, 14h-17h · Amiens

Pág. ao lado *A Catedral de Amiens*
Abaixo *Restaurantes à beira do canal*

LES ARDENNES

www.ardennes.com

O planalto densamente florestado das Ardennes é um alto platô, cortado pelo profundo vale do serpenteante rio Meuse. É o paraíso dos andarilhos e caçadores de cervos e javalis. Uma boa maneira de explorá-lo é de barco –você pode pegar um *bâteau-mouche* em Charleville-Mézières (▷ 186) ou Montherné. Há fortes em Rocroi, Sedan e Charleville-Mézières.

468 L3 Comité Départemental du Tourisme, 4 Place Ducale, 08107 Charleville-Mézières 03 24 55 69 90 Seg-sáb 9h30-12h, 13h30-17h; jun-fim ago também dom 9h30-12h, 13h30-17h

ARRAS

www.ot-arras.fr

Arras tem um ar flamengo, com suas casas de frontões decorados. No fim da Idade Média, ficou famosa por suas tapeçarias, e gastou toda a riqueza na prefeitura, construída no século 16 e reconstruída depois da Primeira Guerra, e em adornar as duas praças principais com majestosas mansões. A Grand Place e a Petite Place (ou Place des Héros) eram locais de feira há mais de 800 anos. Sob elas estão os grandes abrigos que protegeram os moradores dos bombardeios da Primeira Guerra. O cemitério de guerra britânico fica no extremo oeste da cidade.

468 J2 Hôtel de Ville, Place des Héros, 62000 03 21 51 26 95 Mai-fim set seg-sáb 9h-18h30, dom 10h-13h, 14h30-18h30; resto do ano seg-sáb 10h-12h, 14h-18h, dom 10h-12h30, 15h-18h30 Arras

BEAUVAIS

www.beauvaistourisme.fr

A catedral medieval de Beauvais ergue-se acima dos telhados na plana paisagem da Picardia. As obras começaram em 1227, mas assim que terminaram a área do coro desabou sob o peso de seu ambicioso projeto. A construção do século 14 permaneceu sem teto por dois séculos. Outro desastre ocorreu em 1573, quando a nova agulha caiu. Boa parte de Beauvais foi reconstruída depois da Segunda Guerra, mas ainda se veem vestígios das muralhas galo-romanas do século 3º.

465 J4 1 Rue Beauregard, BP 537, 60005 03 44 15 30 30 Seg-sáb 9h30-12h30, 13h30-18h; primeiro dom do mês 10h-17h Beauvais

CALAIS

www.ot-calais.fr

O campanário da prefeitura de Calais vai guiar você até o centro da cidade e à escultura de Rodin, *Os Burgueses de Calais*. Alguns bronzes de Rodin estão no Musée des Beaux-Arts et de la Dentelle, na Rue Richelieu (seg, qua-sex 10h-12h, 14h-17h30, sáb 10h-12h, 14h-18h30, dom 14h-18h). A Plage-Blériot leva o nome de Louis Blériot, o primeiro a cruzar o Canal da Mancha de Calais a Dover, em 1909. O shopping Cité Europe (▷ 219) é uma oportunidade para uma terapia de compras.

468 H1 12 Boulevard Clémenceau, 62100 03 21 96 62 40 Seg-sáb 10h-13h, 14h-18h30, dom 10h-13h Calais Ville para Paris; Calais Fréthun para o Eurostar para Londres Para Dover As lojas fecham dom, seg; hipermercados, dom

CHARLEVILLE-MÉZIÈRES

www.mairie-charlevillemezieres.org

Charleville-Mézières é uma boa base para explorar as Ardennes (▷ à esq.). Originalmente eram duas cidades, Charleville e Mézières, que se fundiram em 1966. Mézières era uma cidade comercial medieval, enquanto Charleville, com sua praça renascentista, é famosa por suas marionetes; o relógio Grand Marionnettiste, na Place Winston Churchill, oferece um show de bonecos de hora em hora. Você pode passear de barco pelo rio Meuse ou ir ao Quai Arthur Rimbaud visitar o museu dedicado ao poeta Rimbaud (1854-91), que nasceu aqui (ter-dom 10h-12h, 14h-18h).

468 L3 4 Place Ducale, Charleville-Mézières 03 24 55 69 90 Seg-sáb 9h30-12h, 13h30-18h; jun-ago também dom 9h30-12h, 13h30-17h (qui abre 10h) Charleville-Mézières

CHAUMONT

www.ville-chaumont.fr

Chaumont, capital do *département* de Haute-Marne, situa-se sobre uma cadeia de montanhas no sul de Champagne. Suas casas torreadas de pedra misturam-se a edifícios modernos, e a oeste o viaduto da via férrea do século 19 corta o vale do Suize. A cidade começou como uma cidadela dos condes de Champagne, mas do castelo só restou o forte do século 12, onde estão o Musée d'Art et d'Histoire e o Musée de la Crèche (verão qua-seg 14h30-18h30; resto do ano qua-seg 14h-18h).

466 M6 Place de la Gare, 52000 03 25 03 80 80 Seg-sáb 9h30-12h30, 14h30-18h; jun-fim set também 10h-12h, 14h-17h Chaumont

CAMPOS DE BATALHA DA PICARDIA

Os Champs de Batailles de Picardie foram a linha de frente durante a Primeira Guerra Mundial e hoje contêm comoventes cemitérios e memoriais de guerra. Muitas das batalhas mais dramáticas da história francesa ocorreram na Picardia, cuja geografia, formada de campos ondulantes, oferece poucas barreiras naturais a invasões vindas do nordeste. A cruel Batalha do Somme, na Primeira Guerra, provocou mais de 1 milhão de baixas, entre mortos e feridos. Depois da guerra, surgiram memoriais por todos os campos de batalha, então em silêncio, para lembrar a matança sem precedentes.

CIRCUITO DA LEMBRANÇA

Uma boa maneira de visitar os locais é seguir pelos 60km do *Circuit du Souvenir,* que parte da cidade reconstruída de Albert e percorre os tranquilos cemitérios, antigos campos de batalha e museus. Pegue um folheto no centro de turismo ou siga os símbolos de papoula à margem da rodovia.

A VIDA NAS TRINCHEIRAS

Antes de partir, visite o subterrâneo Musée des Abris Somme 1916, na Rue Anicet Godin, que recria as condições em que viviam os soldados nas trincheiras (verão diariam 9h-18h; resto do ano 9h-12h, 14h-18h). Um trecho de trincheiras foi preservado em Beaumont-Hamel, no Mémorial Terre-Neuvien, vigiado pela estátua de uma rena, insígnia do Royal Newfoundland Regiment (tel 03 22 76 70 86; aberto permanentemente; os horários variam). Um raro abrigo semicircular alemão sobrevive no campo perto de Martinpuich.

MEMORIAIS

Em Thiepval, o imponente Mémorial Franco-Britannique presta tributo aos 73.367 ingleses e franceses mortos entre julho de 1915 e março de 1918 que não tiveram sepultamento. O arco do triunfo de 45m de altura, projetado por Sir Edwin Lutyens, pode ser visto a quilômetros de distância. Ali perto, a Tour d'Ulster homenageia os soldados da 36ª Divisão de Ulster que perderam a vida na guerra. Ao norte do *Circuit du Souvenir,* perto de Arras, o Parc Mémorial Canadien de Vimy ocupa o alto de uma montanha da cadeia Vimy, cenário de uma das mais sangrentas batalhas da Primeira Guerra Mundial.

INFORMAÇÕES

www.ville-albert.fr
www.somme-tourisme.com

Albert
468 J3 · 9 Rue Léon Gambetta, BP 82, 80300 · 03 22 75 16 42 · Abr-fim set seg-sex 9h-12h30, 13h30-18h30, sáb 9h-12h, 14h-18h30, dom 10h-12h30; resto do ano seg-sáb 9h-12h30, 13h30-17h · Albert

Comité du Tourisme de La Somme
21 Rue ErneSt.-Cauvin, 80000 Amiens · 03 22 71 22 71

DICAS

» Os centros de informações turísticas distribuem folhetos, entre eles *The Visitor's Guide to the Battlefields of the Somme, Le Circuit du Souvenir* e *The Somme Remembrance Tour of the Great War.*
» Cerimônias em memória dos mortos são realizadas em 1º de julho, data do início da Batalha do Somme em 1916.
» Visitas guiadas estão disponíveis mediante agendamento.

Acima *Uma triste lembrança do custo da guerra*
Pág. ao lado, da esq. p/ dir. *Banda de metais toca na Place des Héros, em Arras; A catedral medieval de Beauvais*

INFORMAÇÕES

www.tourisme-boulognesurmer.com
468 H2 Forum Jean Noel 62200
03 21 10 88 10 Jul, ago 9h-19h; abr-fim jun diariam 9h-12h30, 13h30-18h30; set- meados nov 9h30-12h30, 13h30-18h30; meados nov-fim mar 9h15-12h30, 13h45-18h Boulogne-Ville Ferryboats rápidos operam entre Dover (Inglaterra) e Boulogne

DICAS

» Economize comprando um ingresso combinado para Nausicaà e o Château-Musée.

» Visitantes portadores de deficiência podem ligar para a Nausicaà e planejar um circuito sem escadas e aglomerações.

» O principal porto de pesca da França oferece os peixes mais frescos.

» A loja de Philippe Olivier, na Rue Thiers, é imperdível para quem gosta de queijos.

Acima *Barcos de pesca no porto de Boulogne-sur-Mer*

BOULOGNE-SUR-MER

Esta cidade portuária no Canal da Mancha é uma atração para quem quer comprar algo diferente do que se encontra nos hipermercados de Calais. O centro histórico de Boulogne saiu ileso da Segunda Guerra Mundial, embora o porto e grande parte da cidade baixa tenham sido devastados pelas bombas.

CIDADE VELHA

As ruas estreitas de pedra e os edifícios históricos da cidade velha são cercados por muralhas do século 13. As árvores que se alinham ao longo das muralhas proporcionam um ótimo passeio no verão, com vistas do canal. O Château-Musée é ligado às muralhas por uma ponte movediça e abriga um acervo eclético que vai de múmias egípcias a um bronze de Rodin; procure as paisagens marinhas de Eugène Delacroix (verão qua-seg 10h-12h30, 14h30-17h30; resto do ano qua-seg 10h-12h30, 14h-17h). Ao pé da montanha, a Place Dalton recebe uma movimentada feira às quartas e aos sábados de manhã.

O símbolo de Boulogne é a cúpula um tanto tosca da Basilique de Notre-Dame, do século 19, que substitui a catedral anterior, destruída na Revolução.

NAUSICAÀ AQUARIUM

O Centre National de la Mer, no cais de Boulogne (tel 03 21 30 99 89; jul, ago diariam 9h30-17h30; resto do ano 9h30-18h30), que leva o nome de uma personagem da mitologia grega, pretende ser mais que um aquário. Na tentativa de recriar os vários habitats do mundo marinho (mangues e recifes de coral, por exemplo), sua preocupação constante é entender a interação do homem com o mar e a necessidade de preservar a diversidade da vida aquática.

CHANTILLY

Famosa por suas florestas, suas pistas de corridas e seu creme batido, Chantilly também tem um castelo encantado, cheio de obras de arte e um museu equestre.

O CASTELO

O Château de Chantilly situa-se nas florestas ao norte de Paris e exibe uma interessante mistura de estilos arquitetônicos dos séculos 14 ao 19. A família Condé adquiriu o castelo em meados do século 17 e contratou o arquiteto paisagista André Le Nôtre para acrescentar à propriedade lagos e canais. Durante a Revolução, grande parte do castelo foi destruída, e o que restou foi transformado em prisão. Ele foi restaurado no século 19. A área de 115ha é ideal para um passeio, e na primavera e no verão pode-se navegar pelos canais num barco elétrico ou passear numa carruagem puxada por cavalos.

MUSÉE CONDÉ

O Musée Condé, inaugurado em abril de 1898, contém uma magnífica coleção de arte e móveis do Renascimento italiano e francês ao século 19, com obras de Rafael, Fouquet, Fra Angelico, Poussin, Delacroix, Corot e Clouet, além de uma cópia do manuscrito medieval *Les Très Riches Heures du Duc de Berry*.

OS ESTÁBULOS

Os estábulos (Grandes Écuries) foram construídos para Louis-Henri, duque de Bourbon, no século 18 e podiam abrigar 240 cavalos e mais de 400 cães de caça. Hoje é o Musée Vivant du Cheval (abr-fim out seg, qua-sex 10h-17h30, sáb, dom 10h30-16h; mai, jun também ter 10h-17h30; resto do ano seg, qua-sex 13h-17h, sáb, dom 10h30-16h30).

INFORMAÇÕES

www.chateaudechantilly.com

465 J4 Château de Chantilly/ Musée Condé, BP 70243, 60631 03 44 27 31 80 Musée Condé e parque: abr-fim ago qua-seg 10h-18h; resto do ano 10h30-17h. Parque: verão qua-seg 10h30-20h; inverno qua-seg 10h30-18h Musée Condé e parque: adultos €9, crianças (13-17) €6, (4-12) €2,80. Só parque: adultos €5, crianças (4-12) €2 Chantilly-Gouvieux, depois uma caminhada de 30min Autoroute du Nord (A1) e pegue a saída para Survilliers-St.-Witz. Ou pegue a N16 ou N17 Loja de presentes Vários a escolher, os preços variam Visitas guiadas devem ser reservadas com antecedência pelo tel 03 44 62 62 60

Abaixo *O Castelo de Chantilly hoje abriga o Musée Condée*

COLMAR

Colmar situa-se na ponta sul dos Vosges, cadeia de montanhas cobertas de florestas, e é a principal cidade do vale do Reno, área rica em vinhedos, na Alsácia. Atrai muitos turistas ao seu centro histórico cuidadosamente restaurado e ao Musée d'Unterlinden, onde está o *Retábulo de Isenheim.*

EXPLORE

É um prazer caminhar pelas ruas estreitas de pedra da cidade velha, com suas casas de vigas de madeira aparentes e suas igrejas góticas. Na Place de l'Ancienne Douane fica a impressionante Ancienne Douane ou Koïfhus (Alfândega), antigo centro econômico e político de Colmar. A casa mais antiga da cidade, a Maison Adolph (c.1350), fica na Place de la Cathédrale, ao norte. A Maison Pfister, na Rue des Marchands, é uma residência burguesa que data de 1537; seus painéis pintados mostram imperadores e personagens bíblicos. Na mesma rua, o Musée Bartholdi está instalado na casa onde nasceu o escultor do século 19 Frédéric Auguste Bartholdi, criador da Estátua da Liberdade, em Nova York (mar-fim dez qua-seg 10h-12h, 14h-18h).

O Quartier des Krutenau é um bairro pitoresco, onde as cores das velhas casas se refletem nas águas do rio Lauch. Era a esse bairro, apelidado de La Petite Venise, que os agricultores traziam seus produtos em chatas.

MUSEU DE BELAS-ARTES

O maior tesouro da cidade está guardado na tranquila capela do Musée d'Unterlinden, na Rue d'Unterlinden (mai-fim out diariam 9h-18h; resto do ano qua-seg 9h-12h, 14h-17h). Este museu, instalado num convento dominicano do século 13, abriga o *Retábulo de Isenheim,* obra-prima de Matthias Grünewald (c. 1475-1528). Os oito painéis do retábulo foram pintados entre 1512 e 1516 para a igreja do Convento de Santo Antônio, na vizinha Isenheim. Quando eles se abrem, revelam vívidas cenas religiosas, entre elas a Crucificação –o painel mais famoso, onde se vê um Cristo magro e agonizante–, a Ressurreição, o Concerto dos Anjos e a Tentação de Santo Antônio. Poucos deixam de sentir seu impacto emocional. Uma visão mais calma da história cristã pode ser vista no *Retábulo de Orlier,* atribuído a Martin Schongauer (c.1445-91). O museu também contém achados arqueológicos, arte popular alsaciana e arte decorativa.

INFORMAÇÕES

www.ot-colmar.fr
467 P6 · 4 Rue Unterlinden, 68000 · 03 89 20 68 92 · Jul, ago seg-sáb 9h-19h, dom 10h-13h; abr-fim jun, set, out seg-sáb 9h-18h, dom 10h-13h; nov-fim mar seg-sáb 9h-12h, 14h-18h, dom 10h-13h · Colmar

DICAS

» Pegue o folheto gratuito *Discovery Trail* no centro de informações turísticas para fazer o circuito de 90 minutos pela cidade velha.
» Visite Colmar entre fim de novembro e fim de dezembro, quando são realizados os cinco Marchés de Noël, na Place des Dominicains, Place de l'Ancienne Douane, dentro do Koïfhus (Place de l'Ancienne Douane), Place Jeanne d'Arc e na feira para crianças na Petite Venise.
» O centro histórico fica iluminado às sextas e aos sábados, e durante eventos especiais, como no Festival International de Colmar, no Advento e no Natal.

Acima *Os canais no bairro de Krutenau em Colmar*

COMPIÈGNE

www.mairie-compiegne.fr

A elegante cidade de Compiègne foi um refúgio dos reis da França desde o século 14. Cercada pela gloriosa Forêt de Compiègne, abriga um dos maiores castelos do país. O Château de Compiègne (qua-seg 10h-18h), onde Luís 14 deu festas espetaculares, tem mais de mil aposentos luxuosos. Seu sucessor, Luís 15, encomendou ao arquiteto Jacques Gabriel um trabalho de reconstrução no século 18, e Napoleão 1º e Napoleão 3º passaram algum tempo aqui. São três os museus dentro da propriedade: Museu do Segundo Império, Museu da Imperatriz e Museu Nacional do Carro e do Turismo.

Numa clareira da floresta, ao longo da rota de Soissons, em Rethondes, pode-se ver o local onde, em 11 de novembro de 1918, o armistício foi assinado, pondo fim à Primeira Guerra. Um vagão de trem semelhante àquele onde o histórico evento ocorreu, a Clarière de l'Armistice, abriga um pequeno museu (abr-meados nov qua-seg 9h-12h15, 14h-18h15; resto do ano qua-seg 9h-12h, 14h-17h15).

465 J4 Place de l'Hôtel de Ville, BP 9, 60200 03 44 40 01 00 Abr-fim set seg-sáb 9h15-12h15, 13h45-18h15; resto do ano seg 13h45-17h15, ter-sáb 9h15-12h15, 13h45-17h15 (também dom 10h-12h30, 14h-17h, Páscoa-fim out) Compiègne

CÔTE D'OPALE

Os rochedos, dunas e praias da Costa de Opala se estendem da fronteira belga até a baía do Somme. A parte mais visitada é a que fica entre Calais e Boulogne-sur-Mer (▷ 188). Num dia claro, pode-se ver a costa da Inglaterra do alto dos 45m do Cap Gris-Nez, a meio caminho entre os dois portos. O principal balneário é Le Touquet, chamado "Paris-Plage" por causa dos ricos parisienses que vinham desfrutar os seus hotéis no início do século 20. A vila de Wissant, 16km a sudoeste de Calais, é famosa pelos *flobarts,* barcos circulares de onde os pescadores vendiam seus peixes na praça do mercado. Muitos visitantes partem de Calais para o interior ou para o sul, e assim perdem o trecho flamengo final da Côte d'Opale –o que é uma pena, porque o porto de Dunquerque (▷ à dir.) merece uma visita.

468 H1 12 Boulevard Clémenceau, 62100 Calais 03 21 96 62 40 Seg-sáb 10h-13h, 14h-18h30 (também dom 10h-13h no verão) Calais Ville, Calais Fréthun Pegue a rodovia costeira D940

DOUAI

www.ville-douai.fr

Douai foi uma próspera cidade na Idade Média graças ao comércio de tecidos e cereais. No século 17, tornou-se refúgio de ingleses católicos. Apesar dos danos sofridos nas duas guerras mundiais, a cidade ainda preserva edifícios históricos, como a torre do sino gótica de 64m de altura. O Musée de la Chartreuse (qua-seg 10h-12h, 14h-18h), na Rue des Chartreux, contém pinturas flamengas, holandesas e italianas dos séculos 15 a 17, além de obras francesas dos séculos 18 e 19. Douai foi a sede administrativa da região carbonífera do norte da França. Pode-se saber mais sobre mineração no Centre Historique Minier, uma velha mina na vizinha Lewarde (mar-fim out diariam 9h-17h30; resto do ano seg-sáb 13h-17h, dom 10h-17h).

468 K2 Place d'Armes 59500 03 27 88 26 79 Abr-fim set seg-sáb 10h-13h, 14h-18h30, dom 15h-18h; resto do ano seg-sáb 10h-12h30, 14h-18h30 Douai

DUNQUERQUE

www.ot-dunkerque.fr

Antiga vila de pesca, Dunquerque ("igreja das dunas") tornou-se o terceiro maior porto da França. Holandeses, espanhóis e ingleses o disputaram durante séculos, até que a França o comprou da Inglaterra no século 17. Para muitos, o nome Dunquerque é sinônimo dos acontecimentos ocorridos de 26 de maio a 3 de junho de 1940, quando 350 mil soldados aliados, detidos pelo avanço alemão, foram evacuados para a Inglaterra pelo porto e pelas praias da vizinha Malo-les-Bains. Pode-se saber mais sobre esses fatos no Mémorial du Souvenir, na Rue des Chantiers de France (abr-fim set diariam 10h-12h, 14h-17h). Quase toda a cidade foi destruída no fim da Segunda Guerra. A história do porto, dos corsários ao comércio legal, é contada no modesto Musée Portuaire, um armazém de tabaco do século 19 no Quai de la Citadelle (qua-seg 10h-12h45, 13h30-18h). Pode-se passear de barco pelo porto e ir até o farol (verão, fins de semana apenas). Também é possível chegar às praias de Malo-les-Bains num passeio a pé.

468 J1 Rue de l'Amiral Ronarc'h, 59140 03 28 66 79 21 Seg-sáb 9h-12h30, 13h30-18h30, dom 10h-12h, 14h-16h Dunquerque Para Dover

Abaixo *Pequenos veleiros na vila de Ambleteuse, na Côte d'Opale*

ÉPERNAY

www.ot-epernay.fr

Épernay, cercada por montanhas cobertas de vinhedos, é imperdível para quem gosta de champanhe. Pode-se fazer uma visita guiada a algumas das adegas da vinícola Moët et Chandon e degustar seus produtos no nº 18 da Avenue de Champagne (mar-meados nov diariam 9h30-11h30, 14h-16h30; fechada o resto do ano). A produção do champanhe começou aqui em 1743, gerando uma riqueza que ainda pode ser vista nas mansões ao longo da Avenue de Champagne. Outras *maisons de champagne* aqui perto são a Mercier, na Avenue de Champagne 70 (mar-meados dez diariam 9h30-11h30, 14h-16h30; início jan-mar qui-seg 9h30-11h30, 14h-16h30) e De Castellane, no nº 57 da Rue de Verdun (abr-fim nov diariam 10h-12h, 14h-18h; resto do ano só mediante agendamento).

466 L4 7 Avenue de Champagne, 51201 03 26 53 33 00 Meados abr-meados out seg-sáb 9h30-12h30, 13h30-19h, dom 11h-16h; resto do ano seg-sáb 9h30-12h30, 13h30-17h30 Épernay

HAUT KOENIGSBOURG

www.haut-koenigsbourg.net

A formidável silhueta do Château du Haut-Koenigsbourg, uma construção de arenito rosa, ergue-se na encosta acima de Sélestat. A mais de 700m acima do nível do mar, é o castelo mais alto da Alsácia. Foi reconstruído no início do século 20 pelo kaiser Guilherme II quando a Alemanha governava a Alsácia.

467 P5 Château Haut-Koenigsbourg, 67600 Orschwiller 03 88 82 50 60 (em francês) Jun-fim ago diariam 9h30-18h30; abr, mai, set 9h30-17h30; mar, out 9h45-17h; nov-fim fev 9h45-12h, 13h-17h Adultos €7,50, menores de 18 grátis; grátis 1º dom do mês, out-fim mar

LAON

www.ville-laon.fr

Mais de 80 edifícios de Laon são *monuments historiques*, e há propostas de fazer desta cidade murada medieval de arquitetura de arenito um patrimônio mundial da Unesco. A cidade se agarra a uma cadeia montanhosa a mais de 100m acima das planícies da Picardia e da Champagne. Houve um tempo em que aqui havia dois mosteiros e tantas igrejas que o lugar foi chamado Montagne Couronnée (Montanha Coroada). Em outra época, foi capital do reino carolíngio.

A pitoresca Ville Haute (cidade alta) é cercada por 7km de muralhas com esplêndida vista. Acima dos telhados erguem-se as cinco torres de 75m de altura da Cathédrale Notre-Dame, dos séculos 12 e 13. A fachada oeste é um exemplo do estilo gótico, e o interior é de uma grandiosidade simples. Veja as figuras bovinas no alto das torres, homenagem aos animais que transportaram as pesadas pedras montanha acima.

O distrito Cité Médiévale, em volta da catedral, contém o Palais Épiscopal, hoje tribunal de justiça, e o Hôtel-Dieu, do século 12, atual sede do centro de turismo. Ali perto, o Musée d'Art et d'Archéologie, na Rue Georges Ermant (jun-fim set ter-dom 11h-18h; resto do ano ter-dom 14h-18h), tem antiguidades clássicas e cerâmicas do século 18.

A Ville Basse (cidade baixa) se liga à cidade alta por um trem elevado, o Poma.

465 K4 Hôtel-Dieu, Place du Parvis Gauthier de Mortagne, 02000 03 23 20 28 62 Jul, ago seg-sáb 9h30-18h, dom 10h-18h; abr-fim jun, set, out seg-sáb 9h30-12h30, 14h-18h, dom 13h-18h; nov-fim mar seg-sáb 10h-12h30, 14h-18h, dom 13h-17h Estação Laon, na Ville Basse

MULHOUSE

www.tourisme-mulhouse.com

Em Mulhouse, uma dinâmica cidade na fronteira com a Alemanha e a Suíça, ergue-se o arranha-céu Tour de l'Europe, com seu restaurante giratório. Entre seus extraordinários museus, destaca-se o Musée National de l'Automobile (abr-fim out diariam 10h-18h; resto do ano 10h-17h), na Avenue de Colmar. No Écomusée d'Alsace, ao ar livre, à margem da rodovia D430, as construções mostram como era a vida cotidiana na Alsácia no passado (jul, ago seg-sáb 9h30-18h; mai-fim jun, set 10h-17h; mar, abr, out, nov 10h-16h).

467 P6 Place de la Réunion 03 89 66 93 13 Jul, ago diariam 10h-19h; resto do ano seg-sáb 10h-18h, dom 10h-12h, 14h-18h Mulhouse

NANCY

www.ot-nancy.fr

Nancy orgulha-se de sua paisagem urbana, resultado do planejamento de seus esclarecidos governantes. Foi capital do ducado da Lorena antes de se juntar ao reino da França com a morte do último duque, Estanislau, em meados do século 18. Estanislau foi responsável pela elegante praça (hoje Place Stanislas), ligando o que era então a cidade nova à velha.

Pode-se saber mais sobre a história da Lorena no Musée Lorrain, no Palais Ducal (qua-seg 10h-12h30, 14h-18h). Nancy foi uma cidade importante para o Art Nouveau, estilo do qual há uma fascinante coleção de arte decorativa no Musée de l'École de Nancy, na Rue du Sergent Blandan (qua-dom 10h30-18h).

467 N5 Place Stanislas, BP 810, 54011 03 83 35 22 41 Abr-fim out seg-sáb 9h-19h, dom 10h-17h; resto do ano seg-sáb 9h-18h, dom 10h-13h Nancy

METZ

Metz é a capital da Lorena e a cidade mais antiga da região. É uma cidade pitoresca, às margens dos rios Moselle e Seille, com edifícios de pedra amarelo-escura conhecida como *pierre de jaumont* e muitos parques.

Já existia uma cidade no local no período romano, e, durante a Idade Média, Metz foi uma rica cidade-estado independente. Foi incorporada à França em meados do século 16, mas foi tomada pela Alemanha em 1871, depois da Guerra Franco-Prussiana, só retornando à França em 1918. Metz é hoje uma cidade moderna, onde estão instaladas empresas de software e de comunicações.

HERANÇA ARQUITETÔNICA

Há exemplos da arquitetura alemã na região ao redor da estação ferroviária neorromânica, mas a gótica Cathédrale St.-Étienne é caracteristicamente francesa, com um interior grandioso e uma grande quantidade de suntuosos vitrais. Os vitrais cobrem uma área impressionante de 6.500m² e datam dos séculos 13 a 20. Observe as cenas bíblicas de Marc Chagall no transepto norte e no deambulatório.

A catedral domina a Place d'Armes, do século 18, onde também se ergue o Hôtel de Ville (prefeitura). Na vizinha Rue du Haut-Poirier, um convento do século 17 abriga três museus conhecidos como Les Musées de la Cour d'Or: Musée Archéologique, Musée d'Architecture e Musée des Beaux-Arts (seg, qua-sex 9h-17h; sáb, dom 10h-17h). A Ancienne Église St.-Pierre-aux-Nonnains, na Rue de la Citadelle, é uma das mais antigas igrejas da França. A principal zona comercial fica ao sul da catedral, ao redor da Place St.-Louis.

BEIRA-RIO

A área à beira-rio merece uma visita, no mínimo pela formidável Porte des Allemands, no Boulevard Maginot. As quatro torres desta porta guardavam a entrada da cidade medieval. Da Moyen Pont a vista é deslumbrante.

INFORMAÇÕES

www.mairie-metz.fr
467 N4 · 2 Place d'Armes, BP 80367, 57007 · 03 87 55 53 76 · Jul, ago seg-sáb 9h-19h, dom 10h-17h; mar-fim jun, set, out seg-sáb 9h-19h, dom 10h-15h; nov-fim fev seg-sáb 9h-18h30, dom 10h-15h · Metz

Acima *Metz magicamente iluminada à noite*

Pág. ao lado *Uma rua de pedra leva ao Port d'Ardon em Laon*

STELLA ARTOIS
La houblonnière
COQ HARDI

LILLE

INTRODUÇÃO

Capital da região Nord-Pas-de-Calais e com uma população de 1,5 milhão de habitantes, Lille é a quarta maior cidade da França e uma atraente mistura entre o velho e o novo. Lille nasceu como uma vila cercada pelos afluentes do rio Deûle, o que deu origem a seu nome (*l'île*, a ilha). Aos poucos, canais e um porto foram sendo criados, atraindo mercadores e prosperidade à florescente cidade-mercado. A partir da Idade Média, Lille integrou vários reinos, pertencendo à França, Espanha, Borgonha, Flandres e Holanda. Em 1667, Luís 14 capturou a cidade, que foi oficialmente entregue à França como parte do Tratado de Utrecht, em 1713.

No século 19, seus empreendedores enriqueceram graças à produção de metais, produtos químicos e, acima de tudo, têxteis, mas na década de 1980 essas indústrias pesadas foram dando lugar ao setor de serviços, no qual o turismo desempenha um importante papel.

A chegada dos trens TGV de Paris, assim como da Eurostar entre a Bretanha e Bruxelas, transformou Lille numa "encruzilhada da Europa", a um dia de viagem de Londres. De fato, sua acessibilidade é um dos encantos da cidade.

É fácil circular pela cidade graças ao sistema integrado de metrô, ônibus e bondes. Algumas da atrações são o Palais des Beaux-Arts, a cidadela em forma de estrela, o Centre Euralille, um imenso shopping center (para uma cidade com um passado mercantil, a terapia de compras é uma segunda natureza) e o labirinto de ruas de pedra da cidade velha. Aqui, os edifícios do século 17 foram construídos com pedra branca e tijolos de Armentières, com espigas de trigo e querubins intrincadamente esculpidos coroando as portas. O centro da cidade é a Grand Place, oficialmente Place du Général de Gaulle, seu filho mais famoso. Há muitos bares e restaurantes entre esta praça e a vizinha Place du Théâtre. A parte nova da cidade é o bairro de Euralille, a leste.

Quando quiser parar para beber alguma coisa, esqueça o vinho e peça um copo de *blanche de Lille*, a cerveja clara da cidade.

INFORMAÇÕES

www.lilletourisme.com

468 K2 Palais Rihour, Place Rihour, BP 205, 59002 03 59 57 94 00 Seg-sáb 9h30-18h30, dom 10h-12h, 14h-15h Duas linhas do metrô servem a cidade e arredores A maioria dos ônibus parte da Place des Buisses, entre as duas estações de trem de Lille. Há também duas linhas de bonde À estação Lille-Europe chegam trens da Eurostar de Londres, Ebbsfleet e Ashford (Ingl), trens TGV de Paris e de toda a França, e trens Thalys de Bruxelas. Linhas regionais chegam à estação Lille-Flandres O aeroporto Lille Lesquin, a 12km do centro, tem voos domésticos e internacionais

Pág. ao lado *Cafés na Place du Général de Gaulle*

Abaixo *Roda-gigante no Natal*

O QUE VER

PALAIS DES BEAUX-ARTS

Este magnífico palácio do fim do século 19, ampliado nos anos 1990, é sede do segundo museu nacional da França depois do Louvre, que tem um acervo de obras-primas que cobrem mais de 400 anos. Os artistas aqui representados vão dos mestres flamengos e holandeses aos impressionistas, entre eles Monet, Renoir e Van Gogh. Uma sala no térreo contém esculturas francesas do século 19, enquanto o subsolo abriga a coleção medieval e renascentista, com 40 esboços de Rafael e o baixo-relevo *O Banquete de Herodes*, de Donatello. Outros destaques são os mapas do século 18 de cidades fortificadas do norte da França e maquetes da cidadela de Vauban. Note os vitrais perto da escada principal. Se quiser fazer uma pausa, tome um café no átrio.

197 B2 Place de la République 03 20 06 78 00 Seg 14h-18h, qua-dom 10h-18h; fechado feriados e primeiro fim de semana de set République 14 Adultos €3, crianças (12-18) €2, menores de 12 grátis

A CIDADELA

A arquitetura no centro histórico de Lille é uma interessante mistura dos estilos flamengo e francês, mas a Citadelle, ao lado da Vieux Lille, é inteiramente francesa e foi construída por Vauban, engenheiro militar de Luís 14. A imensa fortaleza, uma pequena cidade, tem a forma de uma estrela de cinco pontas e inspirou o projeto do Pentágono americano. Foi terminada em 1670, depois de apenas três anos de obras. A entrada principal, a Porte Royale, pretendia refletir a grandeza de Luís 14, mas a segurança foi outra preocupação, e a porta está situada em relação à ponte num ângulo capaz de evitar o fogo inimigo, e as muralhas têm 4m de espessura. A Citadelle ainda abriga mil soldados.

197 A1 Avenue du 43ème Régiment d'Infantrie Centro de turismo: 03 59 57 94 00 Apenas visitas guiadas, dom 15h-17h, mai-fim ago e várias outras datas. É preciso reservar com antecedência no centro de turismo 14 Adultos €7, crianças (menores de 16) €6

DICAS

» Se usar metrô, ônibus ou bondes, lembre-se de perfurar o bilhete no início da viagem.

» Um passe municipal permite uso ilimitado do mêtro, ônibus e bondes e ingresso livre em alguns museus (1 dia €18, 2 dias €30, 3 dias €45)

» Para descontos em hotéis no fim de semana, entre em contato com o centro de informações turísticas (com no mínimo 8 dias de antencedência) para conhecer o programa Bon Weekend dois por um.

» Funcionários municipais, de jaqueta amarela, dão informações aos visitantes.

EURALILLE

Este shopping, centro de negócios e de lazer futurista, foi inaugurado em 1994 para coincidir com o lançamento dos trens da Eurostar. Ocupa 70ha de terreno do lado leste da cidade, entre duas estações de trem, e foi projetado pelo arquiteto holandês Rem Koolhaas. Pode-se fazer compras em uma das 140 lojas do Centre Euralille ou assistir a um concerto no Grand Palais, auditório para 5 mil pessoas. Há ainda restaurantes, um hipermercado, um hotel e apartamentos de férias. Sobre a modernista Gare Lille-Europe ergue-se a torre do Crédit Lyonnais de Christian de Portzampac, conhecida como "bota do céu".

197 C1 Avenue Le Corbusier 03 20 14 52 20 Euralille: seg-sáb 10h-20h. Hipermercado: 9h-22h. Restaurantes: 9h-22h Gare Lille-Europe e Gare Lille-Flandres

MUSÉE DE L'HOSPICE COMTESSE

Este antigo hospital que remonta aos séculos 15 a 17 exibe pinturas francesas, flamengas e holandesas, móveis de época e instrumentos musicais raros. Não deixe de ver as tapeçarias do tecelão local Guillaume Werniers e a cozinha decorada em estilo holandês.

O museu situa-se discretamente atrás das fachadas das lojas da Rue de la Monnaie, um das ruas mais antigas de Lille. Um hospital foi fundado aqui em 1237 por Jeanne de Constantinople, condessa de Flandres.

197 B1 32 Rue de la Monnaie 03 28 36 84 00 Qua-dom 10h-12h30, 14h-18h, seg 14h-18h Rihour Adultos €3, crianças €2

Acima *O prédio em forma de bota*
Abaixo *Euralille, o paraíso das compras*

WAZEMMES

Aos domingos de manhã, o clima é de carnaval no mercado Wazemmes, que é mais um evento do que um local de compras. O som dos acordeões e o aroma de almoço domingueiro pairam no ar quando se passa pelas bancas que

vendem de tudo, de filhotes de cães e gatos a bricabraque. Você vai encontrar a feira de filhotes perto da estação de metrô Gambetta, e antiguidades e bricabraque nas ruas ao redor da Église St.-Pierre et St.-Paul. Brinquedos, roupas, frutas e verduras estão à venda na Place de la Nouvelle Aventure, e queijo, carne e peixes, no saguão do mercado.
197 A2 Place de la Nouvelle Aventure Dom, ter, qui 7h-14h Gambetta

OUTRAS ATRAÇÕES

BOIS DE BOULOGNE

Este parque estende-se ao redor da Citadelle e é cercado pelo canal do rio Deûle. É frequentado por ciclistas e corredores e tem um zoológico.
197 A1 Diariam 14

MAISON NATALE DU GÉNÉRAL DE GAULLE

Charles de Gaulle, herói de guerra e primeiro presidente da Quinta República Francesa, nasceu aqui, na casa de sua avó, em 22 de novembro de 1890. A casa hoje é um museu que relata a sua vida.
Mapa 197 B1 9 Rue Princesse 03 28 38 12 05 Qua-dom 10h-12h, 14h-17h 3, 6 €5

MUSÉE D'ART MODERNE

O museu de arte moderna, ao qual se tem acesso numa curta viagem de ônibus ou metrô, mostra obras de Picasso, Modigliani, Braque e outros em suas galerias iluminadas e arejadas. Esculturas adornam os jardins.
Mapa 197 C1 1 Allée du Musée, Villeneuve d'Ascq 03 20 19 68 68 Qua-seg 10h-18h. Ligue para checar se foi reaberto depois da reforma Pont de Bois, depois ônibus 41 para Parc Urbain-Musée Adultos €6,50, crianças (12-25) €1,50, menores de 12 grátis

VIEILLE BOURSE

A opulenta bolsa comercial do século 17 é o edifício mais belo de Lille, com suas intricadas esculturas e seu pátio em forma de claustro. Aqui onde os mercadores faziam seus negócios você pode visitar uma feira de livros de segunda mão ou observar os jogadores de xadrez.
197 B1 Place du Général de Gaulle Ter-dom 13h-19h Rihour Grátis

Acima *Place du Général de Gaulle*

PARC ASTÉRIX

www.parcasterix.com

O Parc Astérix é um genial parque temático essencialmente francês, onde as atrações se inspiram nos quadrinhos do herói Asterix (▷ 30). Apenas 30km ao norte de Paris, está cheio de atrações relacionadas aos romanos, brinquedos de parques de diversões e comidas. Todos os personagens dos quadrinhos estão aqui, assim como seus inimigos. Há ainda a roda-gigante Zeus Thunder, brinquedos aquáticos e shows. Na Vila Gaulesa, uma maquete representa Paris ao longo dos séculos. O parque é mais apreciado por crianças (e adultos) que conhecem o herói de quadrinhos, mas será um passeio divertido para qualquer um.

465 J4 · Parc Astérix, 60128 Plailly · 08 26 30 10 40 · Meados abr-fim out; dias e horários variam · Adultos €37, crianças (3-11) €27, menores de 3 grátis · RER Roissy-Pôle · A1 Paris-Lille

RIQUEWIHR

www.ribeauville-riquewihr.com

Riquewihr é uma pitoresca vila 300m acima do nível do mar na Route du Vin alsaciana. Com casas de madeira e ruas de pedra, é cercada de vinhedos. Pode-se degustar os deliciosos vinhos nos bares e restaurantes locais. A vila data da época medieval, da qual duas torres do século 13 e parte das velhas muralhas sobreviveram. Numa das torres da entrada, a Tour des Voleurs, há uma reconstrução de uma câmara de tortura (abr-fim out diariam 10h15-12h30, 14h-18h30). A vila tem mais quatro museus, inclusive sobre diligências e sobre a história local. No verão, Riquewihr pode ficar muito lotada.

467 P6 · 2 Rue de la 1ière Armée, 68340 · 03 89 73 23 23 · Abr-fim out, dez seg-sáb 9h30-12h, 14h-18h (ter abre 10h), dom 10h-13h; jan-fim mar, nov seg-sáb 10h-12h, 14h-17h, dom 10h-13h

RONCHAMP

www.tourisme-ronchamp.fr.st

O destaque em Ronchamp é a moderna capela sobre uma colina. Notre-Dame-du-Haut foi projetada por Le Corbusier em 1955 e é mais uma escultura que um edifício. Um telhado ondulado cobre a capela, e janelas de vitrais estão incrustradas em maciças paredes de concreto. No interior, há obras de Marc Chagall e Henri Matisse. A capela foi construída em memória dos soldados franceses mortos aqui em 1944, no lugar da igreja destruída na batalha. Da colina, pode-se avistar o Jura e os Vosges. Antiga cidade mineira, Ronchamp tem um museu da mineração na Place de la Mairie (jun-fim ago qua-seg 10h-12h, 14h-19h; resto do ano qua-seg 14h-18h).

467 N6 · Place du 14 Juillet, 70250 · 03 84 63 50 82 · Seg-sex 10h-12h, 13h30-17h30, sáb 10h-12h

ST.-OMER

www.tourisme.saintomer.com

Esta cidade-mercado tem belas casas dos séculos 17 e 18. Pode-se passear de barco por sua rede de canais. A catedral do século 13 tem uma torre do século 16 e uma coleção de arte que inclui *A Deposição de Cristo,* de Rubens. A cerveja é o principal produto da cidade. A base alemã de foguetes V2, na vizinha Helfaut-Wizernes, é hoje La Coupole, um museu sobre ciência aeroespacial e sobre a França ocupada (jul, ago diariam 10h-19h; resto do ano 9h-18h).

468 J2 · 4 Rue du Lion d'Or, 62500 · 03 21 98 08 51 · Páscoa-fim set seg-sáb 9h-18h, dom 10h-13h; resto do ano seg-sáb 9h-12h30, 14h-18h · St.-Omer

SÉLESTAT

www.selestat-tourisme.com

Sélestat é um labirinto de ruas medievais. A Église Sainte-Foy, do século 12, é uma das mais belas construções românicas da Alsácia (dom-sex 8h-18h, sáb 9h-18h). Pode-se ver livros e manuscritos do século 7º na Bibliothèque Humaniste, na Rue de la Bibliothèque (jul, ago seg, qua-sex 9h-12h, 14h-18h, sáb 9h-12h, 14h-17h, dom 14h-17h; resto do ano seg, qua-sex 9h-12h, 14h-18h, sáb 9h-12h). Você pode descobrir como é feito o pão local no Musée de la Maison du Pain, na Rue du Sel (jul, ago ter-sex 10h-18h, sáb, dom 10h-17h; início a meados jan, fev-fim jun, set-fim nov ter-sex 9h30-12h30, 14h-18h, sáb, dom 14h-18h; dez diariam 10h-19h).

467 P5 · Commanderie St.-Jean, Boulevard du Général Leclerc, BP 184, 67604 · 03 88 58 87 20 · Jul, ago seg-sex 9h30-12h30, 13h30-18h45, sáb 9h-12h30, 14h-17h, dom 10h30-15h; resto do ano seg-sex 9h-12h, 14h-17h45, sáb 9h-12h, 14h-17h · Sélestat

TROYES

Um passeio pelo centro histórico de Troyes evoca a atmosfera da época medieval, quando mercadores vinham de toda a Europa para as grandes feiras. Situada às margens do Sena, a cidade sofreu poucos danos durante as duas guerras, e suas ruas ainda exibem as tradicionais casas de vigas de madeira.

VITRAIS

Troyes tem vitrais excepcionais em suas nove igrejas, a ponto de ser conhecida como Ville Sainte du Vitrail (Cidade Santa do Vitral). Os vitrais datam dos séculos 13 a 19, e as restaurações feitas no local usam métodos que quase não mudaram ao longo dos anos. O último grande mestre de Troyes foi Linard Gontier, que no século 17 se especializou numa técnica de sombreamento conhecida como *grisaille*. Seu trabalho pode ser visto na Église St.-Martin-ès-Vignes, na Avenue Marie de Champagne. A gótica Cathédrale St.-Pierre-et-St.-Paul (jul-meados set diariam 10h-12h, 14h-19h; resto do ano ter-dom 9h-12h, 13h-17h), uma das maiores catedrais da França, situa-se no antigo distrito da Cité, ao norte do canal de la Haute Seine. O interior é banhado pela luz filtrada pelos magníficos vitrais.

MUSEUS

Troyes tem quase tantos museus quanto igrejas, todos instalados em admiráveis edifícios. O Musée d'Art Moderne (ter-dom 10h-13h, 14h-18h), instalado no antigo palácio episcopal, vizinho à catedral, é dedicado à arte francesa de 1850 a 1950, incluindo obras de Rodin, Soutine e Derain. Ao sul da Cité, no Quartier Vauluisant, a Église St.-Pantaléon guarda uma grande coleção de imagens resgatadas de várias igrejas durante a Revolução.

INFORMAÇÕES

www.tourisme-troyes.com

466 L6 16 Boulevard Carnot, BP 4082, 10000 (em frente à estação de trem) 03 25 82 62 70 Seg-sáb 9h-12h30, 14h-18h30 (também dom 10h-13h no verão) Troyes

Pág. ao lado, da esq. p/ dir. *Casas típicas e as torres de arenito rosa de Riquewihr; Barco no canal de Claimarais, St.-Omer*
Abaixo *Cathédrale St.-Pierre-et-St.-Paul*

REIMS

INFORMAÇÕES

www.reims-tourisme.com
466 L4 · 2 Rue Guillaume de Machault, 51100 · 03 26 77 45 00 · Meados abr-meados out seg-sáb 9h-19h, dom 10h-18h; resto do ano seg-sáb 10h-17h, dom 11h-16h · Reims

DICA

» O centro de turismo aluga audioguias que orientam o visitante pelas principais atrações.

Acima *Centenas de garrafas de champanhe numa adega de Reims champagne cellar*

INTRODUÇÃO

Hoje uma cidade moderna e dinâmica, Reims desempenhou um papel fundamental no início da história da França. Foi aqui que, em 496, são Remígio batizou Clóvis 1º, o primeiro rei a unir todas as tribos francas e a colocar toda a Gália romana sob um único governo, lançando assim as bases para a fundação da nação francesa. Mais tarde, Reims tornou-se local de todas as coroações reais; 25 reis vieram à cidade para ter sua legitimidade confirmada. A cerimônia mais significativa ocorreu em 1429, quando Joana d'Arc acompanhou Carlos 7º em sua difícil viagem a Reims para provar que era o homem certo para unir os franceses e expulsar os ingleses do país.

A cidade ficava perto da linha de frente durante a Primeira Guerra Mundial, quando grande parte de seu centro histórico foi reduzido a ruínas. Mais destruição ocorreu na Segunda Guerra, mas foi também em Reims que o exército alemão se rendeu formalmente aos aliados em 1945.

Hoje, a primeira impressão que se tem de Reims é mais de uma grande cidade industrial do que de um tesouro histórico. Mas não desanime: vá até o centro da cidade, onde se localiza a maioria das atrações. A catedral, o Palais du Tau e a Basilique St.-Rémi são patrimônios da humanidade. Muitos turistas também vêm à cidade para visitar suas famosas adegas de champanhe.

O QUE VER

CATHÉDRALE NOTRE-DAME

A catedral do século 13 é o monumento mais famoso da cidade. A Segunda Guerra destruiu grande parte do edifício gótico, que foi cuidadosamente restaurado e hoje tem três belos vitrais de Marc Chagall. A fachada oeste é particularmente inspiradora, com sua rosácea colorida, a Galeria dos Reis e a famosa imagem do "Anjo Sorridente". Vizinho à catedral, o Palais du Tau, do fim do século 17, era originalmente o palácio episcopal (jul, ago ter-dom 9h30-18h30; set-fim jun ter-dom 9h30-12h30, 14h-17h30). Hoje abriga o museu da catedral, onde se pode ver de esculturas a objetos usados nas cerimônias de coroação. Procure a Salle du Tau, onde os luxuosos banquetes reais eram realizados após as coroações.

Place du Cardinal-Luçon · Diariam 7h30-19h30; não admite visitas durante as missas

BASILIQUE ST.-RÉMI

A grande basílica românica de são Remígio data de 1007 e guarda o túmulo do santo e uma magnífica coleção de vitrais do século 12. Vizinho à basílica fica o Musée St.-Rémi (seg-sex 14h-18h30, sáb-dom 14h-19h), no mosteiro beneditino de St.-Rémi. A coleção abrange da pré-história ao Renascimento.

Place du Chanoine Ladame · Diariam 7h ou 8h até o anoitecer; não admite visitas durante os serviços

CHAMPANHE

A condição de Reims como centro produtor de champanhe deve muito à geologia do subsolo da cidade. As rochas calcárias foram transformadas em grutas pela erosão, tornando-se adegas naturais para o envelhecimento e armazenamento do precioso espumante que é sinônimo de celebração. Dom Pérignon, um monge do século 17, inventou o processo que dá ao champanhe sua característica espumante. A visita a Reims não estará completa sem uma visita a uma *maison du champagne*, onde se pode visitar as *caves* (adegas) e fazer uma *dégustation*. A maioria das *maisons du champagne* tem guias que falam inglês, mas em algumas é necessário agendar a visita. É o caso da Champagne Maxim's, Champagne G. H. Mumm & Cie, Champagne Piper-Heidsieck e Champagne Taittinger.

MUSÉE DES BEAUX-ARTS

Este é o principal museu de arte da cidade, perto da catedral, em uma parte do mosteiro de St.-Denis, do século 18. Sua coleção abrange do Renascimento ao presente. Os destaques são 27 pinturas de Corot, do século 19.

8 Rue Chanzy · 03 26 47 28 44 · Qua-seg 10h-12h, 14h-18h · €3, menores de 18 não pagam, grátis no primeiro dom do mês

OUTRAS ATRAÇÕES

MUSÉE-HÔTEL LE VERGEUR

Este museu tem uma fascinante coleção de arte decorativa.

36 Place du Forum · 03 26 47 20 75 · Ter-dom 14h-18h (também 10h-12h no verão) · Adultos €4, crianças (10-18) €1, menores de 10 grátis

MUSÉE DE LA REDDITION

Veja a sala no quartel-general de Eisenhower onde o exército alemão assinou sua rendição em 7 de maio de 1945. Há uma exposição sobre a Segunda Guerra.

12 Rue Franklin Roosevelt · 03 26 47 84 19 · Qua-seg 10h-12h, 14h-18h · Adultos €3, menores de 18 grátis

MAISONS DU CHAMPAGNE

Champagne Maxim's

17 Rue des Créneaux · 03 26 82 70 67 · Diariam 10h-19h

Champagne G. H. Mumm & Cie

34 Rue du Champ de Mars · 03 26 49 59 70 · Mar-fim out diariam 9h-11h, 14h-17h; resto do ano seg-sex 9h-11h, 14h-17h mediante agendamento, sáb, dom 14h-17h

Champagne Ruinart

4 Rue des Crayères · 03 26 77 51 51 · Visitas só agendadas

Champagne Taittinger

9 Place St.-Nicaise · 03 26 85 84 33 · Meados mar-meados nov diariam 9h30-13h, 14h-17h30; resto do ano seg-sex 9h30-13h, 14h-17h30

Abaixo *Estátuas da cidade*

ESTRASBURGO

INTRODUÇÃO

Apenas três cidades do mundo são sedes de órgãos internacionais sem serem capitais: Nova York, Genebra e Estrasburgo, sede do Parlamento Europeu, do Conselho Europeu e da Corte Europeia dos Direitos Humanos.

A localização da cidade, na fronteira entre França e Alemanha, é em parte responsável por esse papel mediador, mas também foi fonte de conflitos no passado. Estrasburgo não pôde manter sua fidelidade ao longo dos anos. Originalmente uma cidade livre, juntou-se à França no século 17, mas depois da Guerra Franco-Prussiana (1870-1) tornou-se parte do território de Elsass-Lothringen, anexado ao Império Germânico. Voltou ao domínio francês no fim da Primeira Guerra, para ser de novo ocupada pela Alemanha de 1940 até sua libertação em 1944. Um comovente memorial de guerra na Place de la République representa o sofrimento do povo nesse período: uma mãe chora pelos dois filhos mortos, um que lutou pela Alemanha e o outro que lutou pela França.

Agora indiscutivelmente francesa, Estrasburgo ainda preserva sinais de seu passado alemão. Seu porto fluvial, às margens do Reno, é um dos mais movimentados do país. O centro da cidade é uma ilha, cercada pelo rio Ill, uma região quase toda livre de trânsito, o que a torna adequada a ser explorada a pé. O centro é dominado pela agulha da catedral medieval. Na ponta oeste da ilha situa-se o pitoresco bairro Petite France, onde os pescadores, moleiros e curtidores que antigamente trabalhavam aqui foram substituídos pelos artesãos. Pode-se apreciar melhor as ruas sinuosas, as casas com vigas de madeira e as pontes torreadas do alto da Barrage Vauban, uma barragem do século 17 que fazia parte das defesas da cidade. Na Petite France também ficam as Ponts Couvertes, que no século 13 eram pontes cobertas de madeira e que foram substituídas no século 19 por versões descobertas em pedra.

INFORMAÇÕES

www.ot-strasbourg.fr

467 Q5 · 17 Place de la Cathédrale, 67082 · 03 88 52 28 28 (também na Place de la Gare e na Pont de l'Europe) · Diariam 9h-19h · Bondes e ônibus · Strasbourg

O QUE VER

CATHÉDRALE DE NOTRE-DAME

De qualquer ponto do centro, enxerga-se a agulha de 142m da catedral gótica de arenito rosa. A construção levou mais de 250 anos, e as obras só terminaram em 1439. Tem uma rica decoração escultórica, principalmente na fachada oeste. No interior, o Pilier des Anges, uma coluna em três níveis no transepto sul, representa o Juízo Final em um magnífico trabalho de escultura. Ali perto, não deixe de ver o Horloge Astronomique, um imenso e intricado relógio astronômico do século 19. Esteja lá às 12h30 para ver os 12 apóstolos desfilarem diante de Cristo. Se estiver disposto, suba os 332 degraus da torre até o mirante (abr-fim set diariam 9h-19h15; out-fim mar 10h-17h15; também jun-fim ago até 22h sex-sáb).

205 C2 · Place de la Cathédrale · 03 88 43 60 32 · Diariam 7h-11h20, 12h35-19h

CENTRO DA EUROPA

A localização de Estrasburgo, na fronteira entre a Europa oriental e central, faz da cidade uma ótima base para várias instituições europeias, que estão reunidas no Quartier Européen. O Parlamento Europeu está instalado num edifício curvo de vidro e aço construído para a chegada do novo milênio (visitas de uma hora, seg-sex, só com agendamento, tel 03 88 41 20 29). Em frente, o Palais de l'Europe é sede do Conselho Europeu (visitas de uma hora apenas para grupos, seg-sex, mediante agendamento). A Corte Europeia dos Direitos Humanos e a Comissão Europeia de Direitos Humanos ocupam o Palais des Droits de l'Homme, um edifício voltado para o canal que foi projetado por Sir Richard Rogers e inaugurado em 1995.

Acima *O Conselho Europeu*
Pág. ao lado *Uma rua estreita que leva à catedral*

DICAS

» Pegue o folheto *All Strasbourg in your pocket*! no centro de turismo.

» O Strasbourg-Pass, disponível no centro de turismo, dá livre ingresso e descontos em várias atrações por três dias (€11,40).

» As feiras de Natal são realizadas no fim de novembro e em dezembro na Place Broglie, na Place de la Cathédrale e na Place de la Gare.

» Para uma pausa na vida urbana, faça um passeio pelas margens do rio Ill ou uma excursão de barco.

Acima *O edifício do Parlamento Europeu*

MUSEUS

Ao sul da catedral, na Place du Château, o Musée de l'Oeuvre Notre-Dame (ter-sex 12h-18h, sáb-dom 10h-18h) exibe esculturas, vitrais, pinturas e móveis relacionados à catedral. Esses prédios foram usados pelos arquitetos da catedral nos séculos 14 e 15.

Vizinho, o Palais Rohan, um palácio do século 18 construído para o bispo de Estrasburgo, abriga três importantes museus (todos abertos seg, qua-sex 12h-18h, sáb-dom 10h-18h). No Musée Archéologique, no subsolo, você pode saber mais sobre a vida na Alsácia, da pré-história ao ano 800. No térreo, o Musée des Arts Décoratifs exibe os luxuosos aposentos dos cardeais, assim como artes decorativas dos séculos 17 a 19. No primeiro andar, o Musée des Beaux-Arts contém pinturas europeias da Idade Média ao século 19.

No sul, perto da Pont du Corbeau e voltada para o rio, fica a Ancienne Boucherie (antigo matadouro), onde funciona o Musée Historique, que conta a fascinante história política, econômica e militar de Estrasburgo. Ali perto, a antiga alfândega do século 14 hoje abriga a Galerie de l'Ancienne Douane, que apresenta exposições temporárias. Do outro lado da ponte, três casas alsacianas dos séculos 17 e 18 no Quai St.-Nicolas formam o Musée Alsacien (qua-seg 10h-18h), dedicado à cultura popular.

O Musée d'Art Moderne et Contemporain, na Place Hans-Jean Arp (ter, qua, sex 12h-19h, qui 12h-21h, sáb-dom 10h-18h) dá para a barragem Vauban e contém obras de Monet, Picasso e outros pintores, além de fotos e obras de artes gráficas.

Ao sul do Jardin Botanique, no campus da universidade, o Musée Zoologique (seg, qua-sex 12h-18h, sáb-dom 10h-18h) tem apresentações ao vivo sobre temas relacionados aos animais.

OUTRAS ATRAÇÕES

ÉGLISE PROTESTANTE ST.-THOMAS

A segunda maior igreja de Estrasburgo foi iniciada no século 12 e finalmente terminada no século 16, resultando numa refinada peça da arquitetura gótica alsaciana. O destaque é o mausoléu do marechal Maurice de Saxe, obra do escultor parisiense Jean-Baptiste Pigalle no século 18.

205 B2 Rue Martin Luther 03 88 32 14 46 Abr-fim out diariam 10h-18h; mai, nov, dez 10h-17h; fev 14h-17h. Não permite visitas durante os serviços religiosos

JARDIN BOTANIQUE

Mais de 6 mil espécies de plantas crescem nestes 3,5ha de jardim botânico. O antigo observatório é hoje um planetário.

Mapa 205 C1 Rue Goethe 03 90 24 18 65 Seg-sex 8h-12h, 14h-16h (fecha mais tarde no verão) também abre em alguns fins de semana 14h-16h Grátis

MAISON KAMMERZELL

Esta talvez seja a casa mais bonita de Estrasburgo. No século 15, produtos eram vendidos sob as arcadas de pedra do térreo. Os andares superiores foram acrescentados no século 16 e hoje são ocupados por um restaurante.

205 B2 Place de la Cathédrale

PARC DE L'ORANGERIE

Este parque tem arranjos florais, lago, cascata, um pequeno zoo, playground, pista de boliche e restaurantes. Seu pavilhão foi construído em 1804 para Josephine, mulher de Napoleão.

Mapa 205 C1 Avenue de l'Europe/Avenue du Président Edwards 03 88 61 62 88 Diariam

Acima *Uma banda local toca no jantar*
Abaixo *A feira de Natal em frente à catedral de Estrasburgo*

À esq. *Monument aux Enfants de Verdun, memorial de guerra na Place de la Nation* **Pág. ao lado** *Wissembourg*

VERDUN

www.verdun-tourisme.com

O nome Verdun parece fadado a ligar-se para sempre à Batalha de Verdun, na Primeira Guerra, na qual milhares de soldados morreram nas trincheiras sob bombardeios alemães. O campo de batalha estende-se ao longo do rio Meuse, dos dois lados desta pequena cidade que é um lembrete da futilidade da guerra. Ônibus de excursão com comentários partem diariamente do centro de turismo entre maio e setembro. Os monumentos mais evocativos estão na margem direita, na floresta que hoje cobre o cenário da devastação. Um deles é o Fort Douaumont, capturado quase por acaso em fevereiro de 1916 por um pelotão alemão. Ao lado, a Tour des Morts ergue-se acima de incontáveis túmulos.

A Citadelle Souterraine, na Avenue du 5ième R.A.P., foi usada pelo comando francês durante a guerra. Pode-se visitar os corredores subterrâneos e ver reconstruções da vida durante a batalha (jun-fim ago diariam 10h-18h30; abr, mai, set 10h-18h; out-fim dez 10h-17h; fev, mar 10h-13h, 14h-17h).

Em 1914, tropas francesas que iam para a linha de frente passaram sob o arco da Tour Chausée, do século 14, na margem direita. O Monument aux Enfants de Verdun, do outro lado da ponte, na Place de la Nation, representa um soldado de cada um dos cinco exércitos. Cerca de 10km a nordeste da cidade, o Musée du Mémorial de Verdun (abr-fim ago diariam 9h-18h; set-fim nov 9h-12h, 14h-18h; início dez, fev-fim mar 9h-12h, 14h-17h; fechado meados dez-fim jan) situa-se no local da vila Fleury, destruída na batalha.

Além das memórias da guerra, Verdun tem um atraente centro medieval, uma catedral românica e gótica e um agradável cais à beira--rio, ideal para um passeio.

466 M4 Maison du Tourisme, Place de la Nation, BP 232, 55106 03 29 86 14 18 Mai-fim set seg-sáb 8h30-18h30; mar, abr, out, nov seg-sáb 9h-12h, 14h-18h; dez-fim fev seg-sáb 9h-12h, 14h-17h; também abr-fim set dom 9h30-17h, resto do ano dom 10h-13h Verdun

VITTEL

www.vitteltourisme.com

A Lorena é mundialmente famosa por sua água, e Vittel é uma das muitas luxuosas cidades-spa no sul da província. Relaxar é a meta dos visitantes, que acalmam corpo e mente nas Thermes de Vittel e caminham ou pedalam pelo campo.

No centro de Vittel há elegantes edifícios do fim do século 19 e majestosos hotéis do início do século 20. Charles Garnier, arquiteto da Opéra de Paris, projetou alguns edifícios, entre eles as antigas termas. Aqui você verá *L'Eau et la Vie*, exposição sobre a indústria da água (seg-sex 9h-12h, 14h-17h).

467 N6 Maison du Tourisme, 136 Avenue Bouloumié, BP 11, 88801 03 29 08 08 88 Abr-out seg-sáb 9h-18h30, dom 10h-13h, 14h-18h; nov-fim mar seg-sáb 9h-12h, 13h30-18h Vittel

WISSEMBOURG

www.ot-wissembourg.fr

Esta cidadezinha de fronteira, cujo nome significa "castelo branco", é uma das mais charmosas da Alsácia. Pode-se passear pela Vieille Ville (cidade velha) calçada de pedras, passando por velhas casas com vigas de madeira e pela Abbatiale St.-Pierre-et-St.-Paul, do século 13. A igreja, que ocupa o lugar de um mosteiro beneditino do século 7º, tem encantadores vitrais. A Maison du Sel, do século 15, perto da Pont du Sel, teve várias funções ao longo dos anos, de hospital a armazém de sal e abatedouro. Seu imenso telhado é uma visão impressionante. O museu histórico local, o Musée Westercamp, fica no extremo norte da cidade, na Rue du Musée (fechado para reforma até 2010). Aqui você encontrará peças galo-romanas, roupas e móveis locais. Um trecho das muralhas medievais de arenito rosa sobreviveu ao longo do rio Lauter.

Depois de explorar a cidade, vale a pena conhecer algumas vilas pitorescas do norte da Alsácia, como Oberseebach, Hoffen e a idílica Hunspach. A região escarpada e florestada do norte dos Voges fica a oeste, com castelos medievais em ruínas como Fleckenstein.

Esta fortaleza imponente que domina o campo ao redor foi construída provavelmente no início do século 12. Foi destruída pelas tropas de Luís 14 em 1689, mas suas ruínas merecem uma parada.

467 Q4 9 Place de la République, BP 120, 67163 03 88 94 10 11 Mai-fim set seg-sáb 9h-12h30, 14h-18h, dom 14h-17h30; resto do ano seg-sáb 10h-12h, 14h-17h30 Wissembourg Um trenzinho percorre a cidade, saindo do centro de turismo (jun-fim out diariam 14h, 15h, 16h, 17h; resto do ano sex-dom às 14h, 15h, 16h, 17h)

ABBEVILLE E LE TOUQUET

Este passeio explora a região entre os rios Somme e Canche, que inclui os pântanos da baía do Somme, os vales do Authie e do Canche, uma região agrícola de prados ondulantes agradavelmente interrompidos por florestas, e a floresta de Crécy. O passeio segue uma rota rica em história, de Guilherme, o Conquistador, à Segunda Guerra, ao longo da qual há igrejas e abadias, fortificações, portos, resorts e vilas.

O PASSEIO
Distância: 150km
Duração: 1 dia
Início/fim: Abbeville

★ Em Abbeville, a Cathédrale St.-Vulfran, do século 15, tem uma fachada em estilo gótico flamejante. Casas datadas da Idade Média ao século 18 criam o clima, e logo ao sair da cidade você encontrará o Château de Bagatelle.

Saindo do centro, siga pela D925 em direção a Eu e Dieppe até chegar a Cambron. Aqui, vire à direita na D3, uma linda estrada arborizada que acompanha o curso canalizado do Somme. Numa grande rotatória, siga direto em direção a St.-Valéry-sur-Somme.

❶ O pitoresco porto de St.-Valéry fica na foz do rio Somme. Barcos de pesca e iates ocupam o cais, com casas *fin-de-siècle* de frente para o mar. A cidade velha, com suas ruas estreitas, é cercada por muralhas.

Volte pela D3 e, na rotatória, vire à esquerda na D940. Cruze o Somme e siga pela estrada, que faz uma curva ao redor da baía. À direita fica Noyelles-sur-Mer. Numa pequena rotatória, pegue a terceira saída na D144 para Le Crotoy.

❷ Le Crotoy é uma vila de pescadores à moda antiga, cercada por acres de pântanos salgados povoados por pássaros selvagens e carneiros de *pré-salé* (criados em pântanos salgados). É uma vila famosa por seus frutos do mar e por suas ligações literárias e artísticas.

Volte pelo mesmo caminho até a D940 e siga as placas para Rue e Berck. Vire à direita, saindo da estrada principal para entrar em Rue.

❸ Na Idade Média, Rue era um porto marítimo, mas hoje fica mais para o interior. Tem uma capela dos séculos 15 e 16, a Chapelle du St.-Esprit, obra-prima no estilo gótico flamejante. Ali perto há casas com vigas de madeira aparentes e uma grande torre do sino medieval.

À esquerda da estrada principal você verá uma saída para o Parc Ornithologique du Marquenterre, na D4.

❹ A baía do Somme é um dos melhores locais da Europa para aves marinhas e espécies migratórias, e um ótimo lugar para passar um dia observando pássaros no Parc Ornithologique du Marquenterre, uma reserva com restaurante e locais para piquenique. Continue pela D940 para Waben e então vire à esquerda para Berck e Le Touquet, ainda na D940. Siga por esta estrada, passando por Berck, pelo parque de diversões de Bagatelle e por outros resorts. Na rotatória, pegue a terceira saída para a D144 e entre em Le Touquet.

❺ Construída pelos ingleses no fim do século 19 e famoso ponto de encontro da alta sociedade durante as duas guerras, Le Touquet preserva muito do antigo charme, com casas Art Nouveau à beira-mar, igreja, mercado coberto e elegantes restaurantes.

Saia de Le Touquet pela N39, atravesse o rio Canche e entre em Étaples (vire à esquerda na D940 para o cemitério militar). Vire à direita na N39 e siga o Canche até Montreuil. No cruzamento com a N1, vire à direita para Montreuil.

❻ Montreuil, uma cidade murada no alto de uma colina, foi um porto movimentado na Idade Média. Tem ruas de pedra, com casas dos séculos 17 e 18, belas praças, uma antiga cidadela cercada por muralhas e uma igreja num mosteiro.

De Montreuil, pegue a rodovia Hesdin D349 e siga ao longo da encosta sul do vale do Canche e, depois de 10km, vire à direita numa estrada secundária para Campagne-lès-Hesdin. Siga por ela, passando por Campagne até Maintenay, na D130 e na D139. Na vila, vire à direita, passe pela prefeitura e vire à esquerda na rotatória. Cruze o rio Authie, perto de um lindo moinho, e vire à esquerda para Valloires.

❼ A Abbaye de Valloires ergue-se num belo bosque no vale do Authie. A construção do século 18, em pedras em tons pastel, é cercada por agradáveis jardins. Fundada no século 11, a abadia guarda os corpos de muitos cavaleiros franceses mortos na Batalha de Crécy, durante a Guerra dos Cem Anos.

Da abadia, siga o vale do rio pela D192 e pela D224 para Argoules, Dominois, Estruval, Ponches-Estruval e Dompierre-sur-Authie. Aí, vire à direita na D111 em direção a Crécy-en-Ponthieu. Pouco antes de Crécy, fica o local da batalha. Siga reto, passando por Crécy e continue, atravessando a floresta para Forest-l'Abbaye. Aí, vire à esquerda para Lamotte-Buleux e depois de novo à esquerda na D32 para St.-Riquier.

❽ Situada na encosta de uma montanha, St.-Riquier é uma encantadora cidadezinha com um mosteiro beneditino numa pracinha.

Siga pela D925 de volta a Abbeville.

ONDE COMER

Em Le Touquet há muitos cafés e restaurantes.

PARA VISITAR

PARC ORNITHOLOGIQUE DU MARQUENTERRE

✉ 80120 St.-Quentin-en-Tourmont
☎ 03 22 25 68 99 🕒 Abr-fim set diariam 10h-19h30; fev, mar, out, nov 10h-18h; jan, dez 10h-17h

BAGATELLE PARC D'ATTRACTIONS

www.bagatelle.fr
Um parque temático com brinquedos de arrepiar.
✉ 62155 Merlimont ☎ 08 26 30 20 30
🕒 Ligue ou visite o site para se informar sobre os horários

INFORMAÇÕES TURÍSTICAS

www.ville-abbeville.fr
✉ 1 Place de l'Amiral Courbet, 80100 Abbeville ☎ 03 22 24 27 92

Pág. ao lado *A Abbaye de Valloires, no vale do Authie*
Abaixo *O calçamento de pedra na Vieux Ville de St.-Valéry-sur-Somme*

PASSEIO DE CARRO

FORÊT DE GÉRARDMER

Gérardmer, a pérola dos Vosges, há muito atrai visitantes às margens de seus magníficos lagos –lac de Longemer, lac de Retournemer e lac de Blanchemer– emoldurados por cumes suaves e florestas de pinheiros cortadas por numerosas trilhas. Este passeio inclui uma lembrança de Carlos Magno, um jardim alpino, cascatas, florestas e uma vista espetacular da montanha mais alta dos Vosges.

O PASSEIO
Distância: 120km
Duração: 1 dia
Início/fim: Gérardmer

★ A cidade de Gérardmer fica à beira de um lago, à altitude de 660m, no centro do Parc Naturel Régional des Ballons des Vosges (*ballons* são os cumes arredondados da cadeia de montanhas).

De Gérardmer, siga pela D417 para Colmar. Depois de apenas 2km, você vai passar pelo Hôtel de la Pierre Charlemagne (Chez Dédé) à direita e por um estacionamento à esquerda, chamado La Cercenée, pouco antes da rotatória, onde a D8, que vem de St.-Dié, se junta à D417. Contorne toda a rotatória e volte na direção de Gérardmer por 25m antes de virar à direita no estacionamento La Cercenée (a entrada, no fim da rotatória, e a saída, no fim de Gérardmer, formam um sistema de mão única). Atravesse a D417 no cruzamento de pedestres para encontrar Saut des Cuves.

❶ De uma ponte de pedestres em Saut des Cuves avistam-se os abetos e as águas cascateando pelas rochas. Vigie as crianças, porque não há barreiras na beira da ravina.

Volte ao estacionamento pelo mesmo caminho e siga as placas com um retângulo verde pela trilha GR533. São 5 minutos até a Pedra de Carlos Magno (o imperador do século 9º caçou e pescou na região) e 10 minutos até a Pont des Fées, uma ponte do século 18 sobre o Vologne. A trilha segue para as Îles Marie-Louise (15 minutos) e para a Gorge des Poitelets (25 minutos). Painéis no estacionamento informam sobre todas as caminhadas possíveis a partir deste ponto, entre elas uma rota de 39 horas para Sarrebourg. De volta ao carro, assim que sair do estacionamento, vire à direita para Gérardmer e imediatamente à esquerda ao lado do Hôtel de la Pierre Charlemagne para entrar na C12, a Route du Saut des Cuves, para Xonrupt-Longemer. Atravesse a vila e pegue a D67A para Longemer.

❷ Mais adiante, ao longo da D67, o lago de Longemer e o lago menor de Retournemer são relíquias da Era do Gelo. São cercados por prados e florestas de coníferas e dominados pelos montes Schlucht e Hohneck. Há um grande camping na margem sul do lago Longemer. Pouco antes de o lago de Retournemer entrar em seu campo de visão, uma pequena subida à esquerda (quase em frente ao túnel Retournemer, que fica bem escondido) leva à Roche du Diable e a uma vista panorâmica do vale do Vologne.

No cruzamento com a D34D, vire à esquerda para pegar de novo a D417 em Col de la Schlucht, uma garganta que liga os Vosges à vizinha Alsácia. Vire à direita, saindo da D417 para a D430, na direção das altas altitudes do Jardin d'Altitude du Haut-Chitelet, que contém mais de 2.500 espécies de plantas de regiões montanhosas de todo o mundo (aberto só na alta estação). Siga pela Route des Crêtes (D430), uma estrada estratégica construída durante a Primeira Guerra para ligar Le Hohneck à montanha Le Grand Ballon.

❸ Le Hohneck, de 1.362m, é um dos pontos mais espetaculares desta cadeia de montanhas.

Continue pela D430, passando pelo lago de Blanchemer para Markstein, uma estação de inverno. Aqui a D430 vira à esquerda em direção ao lago de la Lauch, Lautenbach e ao ponto de partida do passeio a pé pelo lago du Ballon (▷ 212-3). Depois da caminhada de duas horas, volte a Markstein para seguir viagem pela Route des Crêtes, que agora continua pela D431 para Le Grand Ballon, a montanha mais alta dos Vosges.

❹ A magnífica vista dos lagos aninhados nos vales alcança o Jura e os Alpes num dia claro. Na estrada, logo abaixo do pico, o monumento Diables Bleus (Diabos Azuis) indica que esta região foi palco de feroz batalha durante a Primeira Guerra. Mais adiante, Le Vieil Armand foi outra frente da guerra, onde a luta custou 30 mil vidas.

Continue para Cernay e depois siga pela N66, ao longo do vale do Thur, para Bussang.

❺ Bussang, uma das vilas mais altas dos Vosges, é famosa por seu Théâtre du Peuple (Teatro do Povo), experiência iniciada em 1895 por Maurice Pottecher. Seus descendentes preservam a tradição, atraindo muita gente todo verão para o teatro cercado pela floresta.

Continue pela N66 na mesma direção e em Le Thillot, antiga região mineira, pegue a D486 para voltar a Gérardmer.

QUANDO IR

Este passeio pode ser feito quase o ano inteiro, mas é provável que no inverno haja neve e gelo na Route des Crêtes. Como a rota é muito procurada, conte com trânsito pesado entre abril e outubro.

ONDE COMER

Há muitos locais pitorescos para um piquenique, mas pode ser difícil encontrar solidão mesmo nesta imensidão. A Route des Crêtes, com lindas vistas em quase toda a sua extensão, tem restaurantes de todos os tamanhos e para todos os bolsos, e as áreas de estacionamento também são abundantes.

Pág. ao lado *Neblina sobre os Vosges*
Abaixo *Um narciso coberto de neve*

LAC DU BALLON

Esta trilha rochosa e selvagem, mas bem sinalizada, leva a um lago cheio de trutas abaixo de Le Grand Ballon, o pico mais alto dos Vosges, a 1.424m de altitude.

O PASSEIO
Distância: 7km
Duração: 2 horas
Início/fim: a aproximadamente 10km da estação de Markstein, na D430

COMO CHEGAR

Este passeio é feito pelos Vosges, perto da fronteira com a Alemanha. As orientações a seguir informam como chegar de carro ao ponto de partida saindo de Le Markstein, a sudeste de Gérardmer (▷ 210).

★ De Le Markstein, siga pela D430 para Lautenbach. A estrada desce precipitadamente, atravessando montes densamente florestados e passando pelo lago de la Lauch à direita. Depois de uns 8km, procure à direita uma placa circular que mostra uma bicicleta branca sobre fundo azul, onde está escrito "Lautenbach 6,5km". Quase escondida atrás desta placa há uma estrada de mão única que corre paralela à D430 por vários metros.

Ao virar à direita, duas outras placas se tornam visíveis. A primeira aponta para "La Rolle" e "Lac du Ballon"; a segunda, de letras brancas sobre fundo marrom, para "Route Forestière Privée de la Rolle". Siga a estrada secundária, subindo por 5-7 minutos, atento a uma curva à direita que revela uma placa laranja com símbolo de esqui cross-country e com espaço para estacionar à direita. A placa de esqui diz "Dauvillers 4,7km" (você vai voltar por esta trilha). Do outro lado da estrada, há uma placa com um círculo vermelho sobre fundo branco e, pregado a uma árvore, um pequeno retângulo branco com o número 64B em preto. Aqui começa o passeio.

❶ Nos Vosges, conte com muitas subidas. A trilha é sinalizada, mas é melhor trazer um mapa.

Logo no começo, cruze um riacho e siga a flecha e a marca vermelha e branca que indica o caminho para a cachoeira de Seebach e para o lago du Ballon. Daqui para a frente, é só subida até o lago. As marcas e setas ajudam a percorrer a trilha coberta de vegetação, que pode estar escorregadia depois da chuva. Continue subindo, e, ao se aproximar da cachoeira, fique atento para pegar a trilha correta, uma ladeira que sobe em ziguezague à direita. Se estiver perto da cachoeira, você perdeu a trilha e deve voltar para encontrá-la (caso contrário, você vai encontrar uma subida perigosa entre rochas molhadas do lado direito da canhoeira).

❷ A cachoeira de Seebach desliza por um labirinto de rochas, com pouco volume na estação seca, e um corrimão de metal para evitar que os mais afoitos arrisquem a vida.

Seguindo a trilha, mais à frente há uma passarela de madeira que está podre. Logo adiante, porém, a ponte de troncos que cruza o riacho está em perfeitas condições. Continue por uma trilha que sobe à direita e, depois de atravessar um bosque, vai encontrar algumas rochas dispostas para formar uma escada que leva a uma ampla estrada florestal. Vire à direita quando encontrar uma placa para "Lac du Ballon". Siga por essa estrada e, quando sair da floresta, encontrará a esplêndida vista de Le Grand Ballon e de seu hotel. Na próxima bifurcação, com uma placa vermelha e branca, pegue a via da esquerda, que leva ao paredão da represa e ao lago Le Ballon.

❸ O lago du Ballon é uma pequena escavação glacial cercada por uma floresta de pinheiros. De vez em quando, sua superfície calma e espelhada é perturbada pelo salto de uma truta. Ao fazer isso, ela quebra a imagem perfeita das encostas arborizadas de Le Grand Ballon refletida nas águas do lago. A caminhada ao redor das margens de cascalho leva cerca de 20 minutos.

Atravesse o paredão da represa, passando por um estacionamento, e vire bem à direita, numa estrada sinalizada "Mordfeld" e "Lac de la Lauch". O caminho é marcado com um retângulo vermelho e branco e também com uma cruz azul sobre fundo branco. No alto de uma elevação, siga pela rota para o lago de la Lauch. Na próxima clareira, abandone a placa com a cruz azul e volte por uma trilha de esqui sinalizada com uma placa laranja que diz "Lac de la Lauch, 6km". Um riacho murmura na floresta à sua esquerda. Descendo um pouco esta encosta, a trilha faz uma curva fechada e volta sobre si mesma. Logo depois, ela vira à direita e cruza o riacho. Siga pela estrada que desce a montanha. No cruzamento em T, vire à direita em outra estrada florestal, que volta direto ao ponto de partida.

QUANDO IR

O melhor período é do fim da primavera ao início do outono, no período seco, porque a trilha fica lodosa e escorregadia depois da chuva.

ONDE COMER

Como não há nada ao longo da rota, faça um estoque antes de partir. Num dia quente, leve bastante água. Há agradáveis locais para piquenique nas margen do lago du Ballon.

Pág. ao lado *Vallée du Lac (Vale do Lago)*
Abaixo *Lac du Ballon*

VISÕES DO SOMME

Este passeio explora o Somme: sua paisagem, sua arquitetura e os memoriais da Primeira Guerra Mundial. Atravessa ondulantes planícies plantadas antes de descer ao vale do rio. Como as trilhas pelo campo podem estar lamacentas depois da chuva, use botas ou calçados adequados.

O PASSEIO
Distância: 8km
Duração: 2 horas
Início/fim: Fouilloy, perto de Corbie

COMO CHEGAR
Fouilloy fica às margens do Somme, logo a leste de Amiens. Estacione na praça da cidade.

★ A pequena cidade de Fouilloy é praticamente um subúrbio de Corbie. Tem no centro uma igreja incomum construída em 1958, cuja fachada é decorada com esculturas modernistas que representam a vida de são Martinho.

Comece na Place de la République, atrás da igreja. Atravesse a rua principal e pegue a Rue Thiers, em frente a um grande celeiro de concreto. Passe pela escola e, no fim da rua, vire à direita. Na rodovia principal, a D23, vire à esquerda. Na primeira bifurcação depois de cerca de 90m, vire à esquerda, passando por uma grande garagem de caminhões à direita, e suba a montanha em direção à torre do Memorial Nacional da Austrália.

❶ A alta torre branca do memorial domina o vale do Somme por quilômetros. O memorial foi construído no local onde os australianos, a alto custo, detiveram o avanço alemão na primavera de 1918. Projetado por Sir Edwin Lutyens, o memorial incorpora muitos de seus motivos preferidos, como portais clássicos e bandeiras enroladas talhados em pedra.

A estrada logo se torna uma trilha, que sobe pela encosta da montanha e passa à esquerda da torre. Olhando para trás, você terá a vista do vale do Somme e de Corbie.

❷ Uma agitada cidade ao lado do Somme canalizado, Corbie é mais conhecida por seu mosteiro, fundado em 657, que contava com 300 monges no tempo de Carlos Magno. Ele floresceu até a Revolução, quando foi quase todo destruído. Só sobrou a igreja do século 16, uma sólida construção no centro da cidade.

No primeiro cruzamento, vire à direita numa trilha que corre paralela à cerca do memorial e siga por ela até chegar à estrada. Passando o memorial, vire à direita na D23 e imediatamente à esquerda numa trilha que segue reto, atravessando o campo. Daqui também se tem belas vistas do memorial e da igreja de Villers-Bretonneux.

Quando a trilha encontrar uma estrada (a D168e), vire à esquerda, descendo a montanha até uma encruzilhada, e então vire à direita. Pegue a primeira trilha à esquerda, claramente visível da encruzilhada, e siga por ela até encontrar outra trilha. Vire à direita. Ela faz uma curva fechada, mas evita a estrada. Mantenha-se nessa trilha, que cruza os campos, sempre descendo para o vale. Mais tarde, a trilha junta-se à estrada. Vire à esquerda na estrada, que é bastante movimentada. Cruze a D1 para ir direto para Aubigny, pegando o caminho de cascalho rosado e passando à esquerda por um pequeno cemitério militar, onde está enterrada a maioria dos soldados australianos mortos na primavera de 1918.

Continue até o centro da vila, onde há banheiros públicos e bancos ao lado de um ponto de ônibus. Vire à direita ao lado de uma grande cruz e entre na Rue de l'Abbaye, que desce até o canal do Somme. Vire à direita e siga pela margem do rio, passando por álamos, de volta a Fouilloy. Mantenha-se ao lado do rio até chegar à Rue Émile Zola. Esta rua não é sinalizada, mas pode ser reconhecida por uma casa branca com duas garagens. Vire à direita antes da casa ou pegue o Circuit du Bois l'Abbé (20m), sinalizado num poste de madeira pouco antes da curva. Ele leva de volta à Place de la République.

ONDE COMER

No trajeto não há onde comer. Na Place de la République, em Fouilloy, o café-bar Le Legend serve bebidas, mas não comida.

INFORMAÇÕES TURÍSTICAS

www.mairie-corbie.fr
✉ 30 Place de la République, 80800 Corbie,
☎ 03 22 96 95 76

Pág. ao lado *O campo de Aubigny*
Abaixo *Túmulos no cemitério do Memorial Nacional da Austrália, em Fouilloy*

PASSEIO DE CARRO

CHAMPAGNE

Este passeio pela Rota do Champanhe atravessa a região de Montagne de Reims e leva a pitorescas vilas onde você poderá aprender sobre a arte do champanhe com produtores e comerciantes locais. Inclui uma fantástica floresta de faias e uma visita à capital da bebida, Reims.

O PASSEIO
Distância: 119km
Duração: meio dia
Início/fim: Reims

O terreno de rocha calcária onde está Reims (▷ 200-1) é perfurado por inúmeras cavernas que oferecem condições ideais para a produção e o armazenamento do champanhe. Embora conhecido como um vinho desde Roma, foi um monge beneditino do século 17, Dom Pérignon de Hautvillers, que inventou o processo que dá ao champanhe seu aspecto espumante. As adegas de champanhe de Reims são impressionantes, e pode-se visitar as *caves* de nomes famosos como Veuve-Cliquot, Pommery e Moët et Chandon para uma degustação.

★ Saindo de Reims, siga pela D980 na direção sudoeste e vire à esquerda na D26 para Jouy-lès-Reims em direção a Chamery, um vinhedo *premier cru* dominado por uma igreja do século 12.

❶ Este cenário é típico da região Montagne de Reims, um platô de florestas e vinhedos de uvas Chardonnay, Pinot Noir e Meunier. O solo calcário atua como regulador natural, fornecendo às vinhas a quantidade necessária de umidade e calor.

Continue para Rilly-la-Montagne, uma atraente cidade na beira da floresta.

❷ A igreja de Rilly-la-Montagne tem um belo coro do século 16 esculpido com motivos de parreiras. Do topo do Mont Joli (274m), descortina-se uma vista espetacular de Reims e dos vinhedos circundantes, de vilarejos e igrejas românicas.

Agora a D26 serpenteia em direção a Mailly-Champagne, onde, em 1931, 23 vinicultores formaram uma cooperativa para combater o monopólio e o poder dos comerciantes de vinho.

❸ Verzenay, mais adiante, tem mais de 500ha de uvas *premier cru* Pinot Noir. O farol Le Phare de Verzenay abriga o Musée de la Vigne. Ali perto, o Mont Sinaï, ponto mais alto da Montagne de Reims (283m), oferece outra magnífica vista dos vinhedos.

❹ Mais adiante, a periferia de Verzy é marcada por um bosque de faias estranhamente retorcidas, conhecidas como Faux de Verzy, algumas das quais têm mais de 500 anos. Suas contorções, que antigamente se acreditava ser maldição divina, são na verdade fruto de uma mutação genética.

A D26 continua, passando pela pitoresca vila de Ambonnay. Pegue a D19 para Bouzy, que produz um vinho tinto leve, e depois a D34 para Louvois, onde Luís 14 tinha um castelo contruído por seu arquiteto J. H. Mansart, com jardins de Le Nôtre. Pegue a D9 (segunda saída na rotatória) na direção de Avenay-Val-d'Or. Vire à direita na D201 para Fontaine-sur-Ay, uma das mais lindas vilas da região. Mais adiante fica Ay, uma cidade que antigamente era cercada por muralhas. Siga pela D1 na direção de Cumières e vire à direita na D386 para Hautvillers, que dá para o rio Marne.

❺ Depois de caminhar pelas ladeiras estreitas da pitoresca vila de Hautvillers, com placas de ferro batido decoradas com motivos de champanhe, você pode visitar o antigo mosteiro beneditino. Foi aqui que Dom Pérignon realizou suas experiências de dupla fermentação e mistura de vinhos para obter o champanhe espumante. A propriedade hoje pertence a uma casa produtora de champanhe, que reconstruiu o laboratório do mestre.

Volte à D1, que corre paralela ao rio Marne em direção a Damery e Châtillon-sur-Marne, onde se ergue uma colossal estátua de Urbano 2º, papa do século 12 que era da Champagne e lançou a Primeira Cruzada. O Marne também evoca um episódio da Primeira Guerra Mundial, quando, em 1914, 4 mil soldados foram levados à frente de batalha por 600 táxis parisienses para deter o avanço alemão. De Verneuil, siga pela D980 de volta a Reims.

ONDE COMER

O restaurante do mosteiro de Hautvillers serve a cozinha local e regional e tem um terraço ao ar livre.

RESTAURANT DE L'ABBAYE
www.abbayehautvilliers.org
Rue de l'Église, 51160 Hautvillers
03 26 59 44 79 Fechado seg, ter, dom para jantar; qui e sex só com reserva

PARA VISITAR

MUSÉE DE LA VIGNE
www.lepharedeverzenay.com
Construído em 1909 pelo comerciante de vinhos Joseph Goulet como propaganda, o farol hoje abriga um museu de viticultura.
Le Phare de Verzenay, rodovia D26
03 26 07 87 87 Meados mar-fim dez ter-dom 10h-17h Adultos €6, crianças (6-14) €3

INFORMAÇÕES TURÍSTICAS

www.reims-tourisme.com
2 Rue Guillaume de Machault, 51100 Reims 03 26 77 45 00 Fim mar-meados out seg-sáb 9h-19h, dom 10h-18h; resto do ano seg-sáb 9h-18h, dom 11h-16h

À esq. *Vinhedos de champanhe perto de Épernay, ao sul de Reims*
Pág. ao lado *Campo na região de Montagne de Reims*

AMIENS

AÉROCLUB DE PICARDIE AMIENS-MÉTROPOLE

www.aeroclub-picardie-amiens.com

Este aeroclube leva você a conhecer a Picardia em pequenos aviões. Há também voos noturnos e sessões acrobáticas. Não aceita cartões de crédito.

Aérodrome d'Amiens-Glisy, Route de St.-Quentin, 80440 Glisy 03 22 38 10 70 O ano todo, dependendo do tempo e das reservas Voo de 30 min: varia conforme o preço do combustível

COULEUR CAFÉ

Venha a este bar exótico para um coquetel de rum. Tem música ao vivo e um DJ (geralmente quintas, sextas e sábados) que toca música étnica e techno.

8 Rue des Bondes, 80000 Amiens 03 22 91 40 14 Ter-sáb 13h30-3h, dom-seg 14h-1h

LA LUNE DES PIRATES

www.lalune.net

Esta casa de rock costuma ser um trampolim para talentos locais, mas às vezes também recebe músicos conhecidos.

17 Quai Bélu, 80000 Amiens 03 22 97 88 01 20h30-1h €10-€20

LA MÈRE L'OIE

www.la-mere-loie.com

Um restaurante que oferece várias delícias em conserva para viagem. Além do foie gras, você vai encontrar patê de pato e de cogumelos, e outras iguarias de carne.

33 Quai Belu, 80000 Amiens 03 22 22 00 00 Seg, ter, qui-sáb 11h-15h, 16h-23h, dom 11h-15h

BERCK-SUR-MER

CLUB NAUTIQUE BERCKOIS

www.loisirsnaut.free.fr/voile

Escolha entre uma grande variedade de atividades aquáticas na bela baía de Authie, inclusive lancha a motor, jet-ski, esqui aquático, wakeboard, windsurfe e veleiro catamarã. Você pode alugar todo o equipamento de que vai precisar, inclusive roupa de mergulho.

Chemin aux Raisins, BP 124, 62600 Berck-sur-Mer 03 21 84 80 53 Meados jun-início set diariam mediante reserva; abr, mai, out sáb-dom Jet-ski €30 por 15 min

BOULOGNE-SUR-MER

CHAR À VOILE CLUB DE LA CÔTE D'OPALE

www.cvcco.com

As longas praias de areia varridas pelo vento do norte da França são ideais para a prática de *sandyachting* (uma corrida num triciclo à vela impulsionado pelo vento). O clube aluga o equipamento e dá instrução. Não aceita cartões de crédito.

272 Boulevard Sainte-Beuve, 62200 Boulogne-sur-Mer 03 21 83 25 48 O ano todo, dependendo das reservas Sessão de 3 horas com instrutor para uma pessoa: €39,20

CALAIS

CALAIS VINS

www.calaisvins.com

Mil garrafas de vinhos *vintage* cobrem as paredes desta loja, além de cervejas inglesas e várias marcas de uísque e porto. Alguns

produtos regionais completam o estoque. O melhor é que você pode experimentar antes de comprar.
Rue Gutenberg, 62100 Calais 03 21 36 40 40 Seg-sáb 9h-19h, dom 10h-19h

CITÉ EUROPE
www.cite-europe.com
Este shopping center a 4km de Calais é popular entre os ingleses. Tem hipermercado, lojas de vinhos, roupas e sapatos, e, para uma pausa nas compras, muitos restaurantes que vendem de tudo, de pizza a moules frîtes.
1001 Boulevard du Kent, 62902 Coquelles Cedex 03 21 46 47 48 Seg-qui 10h-20h, sex 10h-21h, sáb 9h-20h

LES PIRATES
Este bar transporta você direto para o mar. Sente-se num barril dentro do navio pirata ou aventure-se no convés do navio (terraço).
130 Boulevard Jacquard, 62100 Calais 03 21 97 93 39 Seg-sex 9h30-1h, sáb-dom 9h30-2h

DURY

MERCADO
O mercado de Dury é um prazer para o paladar. Vende produtos caseiros, como foie gras, geleias, conservas e mel, além de verduras e legumes orgânicos. Uma sessão de plantas e flores dá um toque de luminosidade ao ambiente.
De frente para o IME, Route de Paris, 80480 Dury Sex 8h30-13h30

JENLAIN

BRASSERIE DUYCK
www.duyck.com
Desde 1922, este empreendimento familiar produz a Jenlain, a cerveja que se tornou símbolo de Flandres.
BP6, 59144 Jenlain 03 27 49 70 03 Seg-sex (só a loja) 8h-17h

LILLE

LE CÈDRE ROUGE
www.lecedrerouge.com
Uma instituição em Lille, esta loja reúne artesanato de qualidade e móveis do mundo todo para decorar a casa e o jardim. Vende artigos de terracota da Toscana, móveis de teca da Indonésia e porcelana francesa.
Parvis de La Treille, 3 Place Gilleson, 59000 Lille 03 20 51 96 96 Seg 14h-19h, ter-sáb 10h30-19h

CHARLES ET CHARLUS
Bolsas modernas e outros artigos de couro fabricados por métodos tradicionais estão à venda nesta loja. Os clientes podem escolher entre uma grande variedade de ótimos couros, disponíveis em muitas cores.
4 Rue Basse, 59800 Lille 03 20 51 01 01 Seg-sex 10h30-13h, 14h-19h; sáb 10h30-19h

LE KREMLIN
A temática russa domina este bar, que tem até um imponente busto de Lênin. Há cerca de 40 variedades de vodca.
51 Rue Jean-Jacques Rousseau, 59800 Lille 03 20 51 85 79 Seg-sáb 18h-2h

MARCHÉ AUX LIVRES
Uma pequena feira de livros é realizada dentro do pátio do prédio da antiga bolsa de valores, uma maravilha da arquitetura flamenga do século 17. Vale a pena fazer uma parada só para admirar o ambiente, mas os livros antigos também são tentadores. Não aceita cartões de crédito.
Cloîtres de la Vieille Bourse, 59800 Lille Ter-dom 13h-19h Rihour

MARCHÉ DE WAZEMMES
Esta interessante feira é muito frequentada pelos moradores da cidade, que gostam de fazer compras aqui durante seu passeio de domingo. Muitas bancas estão dispostas ao redor da igreja de Wazemmes, mas também há uma parte coberta. É um bom lugar para comprar verduras e legumes baratos e alguns produtos do norte da África. Há também uma pequena parte de antiguidades.
Place de la Nouvelle-Aventure, 59000 Lille Dom, ter e qui 8h-14h Wazemmes

N DE B HAUTE MODE
Esta lojinha situada numa rua pitoresca vende modelos únicos de chapéus, bolsas, luvas e acessórios de cabelo para clientes de bom gosto, mas econômicos. Os modelos e a qualidade são de alta costura, mas os preços são em geral acessíveis. Também tem um serviço de corte sob medida.
6 Rue Jean-Jacques Rousseau, 59800 Lille 03 20 42 19 79 Ter 14h-19h, qua-sáb 10h30-12h, 14h-19h

MAROILLES

DEFROIDMONT
www.defroidmont.fr
Esta família vem produzindo alimentos regionais desde 1960, e é famosa por seu flamiche au Maroilles (feito com queijo que leva o nome da cidade onde é produzido). Procure também o crottin d'Avenois (pedaços de brioche recheado com queijo maroilles) e a tarte Vergeoise (torta coberta de açúcar mascavo).
159 Grand'Rue, BP 1, 59550 Maroilles 03 27 84 65 65 Seg-sex 8h-12h, 14h-18h, sáb 9h-12h (loja), visita mediante agendamento

METZ

ZEN CAFÉ
Pinturas inspiradas no mangá (quadrinhos japoneses) decoram a sala de trás deste bar, onde também há uma mesa de bilhar. Um DJ faz o público dançar ao som de house music nos fins de semana.
71 en Fournirue, 57000 Metz 03 87 36 56 75 Seg-sáb 20h-2h30, dom 15h-2h

NANCY

PIERRE KOENIG
www.chocolats-koenig.com
Pierre Koenig usa os melhores ingredientes (manteiga da Normandia, grãos de chocolate Forastero e avelãs italianas) para fazer seu chocolate. Um de seus produtos criativos é a "linguiça" de chocolate com pistaches e amêndoas açucaradas.
42 Rue des Dominicains, 54000 Nancy 03 83 35 18 36 Seg 14h-19h, ter-sáb 9h30-12h30, 14h-19h

Pág. ao lado *Lojas e cafés em Boulogne*

PLAILLY

PARC ASTÉRIX

www.parcasterix.com

O Parc Astérix é um parque temático inspirado nos famosos quadrinhos dos heróis gauleses Asterix e Obelix. Tem muitos brinquedos, shows e atrações. Há hotel disponível. Se vier de carro, pegue a rodovia A1, que liga Paris a Lille.

A1 Paris-Lille, 60128 Plailly Meados abr- fim out; dias e horários variam Adultos €37, crianças (3-11) €27, menores de 3 grátis Roissy-Pôle

REIMS

CHAMPAGNE TAITTINGER

www.taittinger.com

Faça uma visita a esta fascinante adega de champanhe. O subsolo de teto abobadado se estende por quilômetros, e ainda se pode ver vestígios de uma capela do século 13. A visita guiada inclui uma sessão de degustação para ajudar você a escolher antes de comprar.

9 Place St.-Nicaise, 51100 Reims 03 26 85 45 35 Mar-meados nov diariam 9h30-13h, 14h-17h30; resto do ano seg-sex 9h30-13h, 14h-17h30 Adultos €6

L'ESCALE

L'Escale é um paraíso para os bebedores de cerveja, com mais de 200 tipos, inclusive uma dúzia em barril. O interior é no estilo pub, com um longo balcão e muita madeira.

132 Rue de Vesle, 51100 Reims 03 26 88 17 85 Seg-qui 16h-0h30, sex-sáb 16h-1h30, dom 17h-21h

PATINOIRE BOCQUAINE

www.reims.fr

Pegue seus patins e deslize neste rinque de patinação com sistema de som e luz. Há noites temáticas e festas como a dos anos 1980 e do Dia dos Namorados.

41 Chaussée Bocquaine, 51100 Reims 03 26 82 60 00 Férias escolares, os horários variam €4, menores de 18 €3,20, aluguel de patins €2,30

LE TIGRE

Esta casa de rock é antes de tudo um local para shows, mas também tem uma pista de dança.

2 bis Avenue Georges Clemenceau, 51100 Reims 03 26 82 64 00 Diariam 17h-5h Variam

ESTRASBURGO

LA LAITERIE

Esta antiga leiteria não muito longe da parada de bonde Laiterie é hoje um local de cultura underground, com bar, sala de exposições, teatro e um salão com música ao vivo, que vai do reggae ao rock.

13 Rue Hohwald, 67000 Strasbourg 03 88 23 72 37 Ter-sáb 19h30-23h30

MARCHÉ DES PRODUCTEURS

Agricultores (inclusive alguns de produtos orgânicos) vêm de toda a Alsácia a esta feira. O ponto de bonde mais próximo é o de Langstross Grand'Rue.

Place du Marché-aux-Poissons, 67000 Strasbourg Sáb 7h-13h

PÂTISSERIE CONFISERIE KUBLER

www.kubler.fr

Vencedor do prestigioso concurso de confeiteiros "Meilleur Ouvrier de France", Antoine Hepp cria delícias como o Vergers d'Alsace (Pomares da Alsácia), um bolo que contém uma musse de maçã e canela. Outra especialidade é o pão de gengibre coberto de chocolate. Pegue o bonde para République.

29 Avenue des Vosges, 67000 Strasbourg 03 88 35 22 27 Ter-sex 7h30-19h, sáb 7h30-18h30, dom 7h30-13h

LE TOUQUET

GOLF DU TOUQUET

www.opengolfclub.com/ltq

Este é um dos mais famosos clubes de golfe da França. Tem dois campos de 18 buracos: o primeiro atravessa um bosque de pinheiros; o segundo tem dunas típicas da região. Dispõe de um restaurante e hotel no local.

Avenue du Golf, BP 41, 62520 Le Touquet 03 21 06 28 00 10h-18h €50-€95 por uma partida num campo de 18 buracos

FESTIVAIS E EVENTOS

JUNHO

FESTAS DE VERÃO, LILLE

www.lilletourisme.com

Há festas na Grand' Place e muita diversão nas ruas nos fins de semana de junho, com o Dia Nacional da Música, Parada do Orgulho Gay e desfile de gigantes.

03 59 57 94 00

JUNHO-AGOSTO

LES FLÂNERIES MUSICALES D'ÉTÉ, REIMS

Yehudi Menuhin inaugurou esta temporada de verão que apresenta cem concertos (a maioria gratuitos) de música clássica e blues durante junho, julho e agosto. Conta com nomes lendários da música.

03 26 36 78 00

SETEMBRO

BRADERIE DE LILLE

Os caçadores de pechinchas devem ir à Braderie de Lille, que dura 24 horas no primeiro fim de semana de setembro. Quase 200km de calçadas são cobertos de bricabraque, já que toda a cidade vende itens de segunda mão nesta que é a maior feira da França.

03 59 57 94 00 (informações turísticas)

DEZEMBRO

FEIRAS DE NATAL, ESTRASBURGO

www.ot-strasbourg.fr

Durante todo o mês de dezembro, da catedral à arvore de Natal na Place Kléber, a cidade se enche de chalés de madeira que vendem brinquedos artesanais, pão de gengibre, presentes e vinho quente.

03 88 52 28 28

Pág. ao lado *Feira de Natal de Estrasburgo*

celio*

ONDE COMER

PREÇOS E SÍMBOLOS

Os restaurantes estão listados por ordem alfabética (sem Le, La e Les). Os preços correspondem a um almoço (A) de dois pratos e um jantar (J) de três pratos para uma pessoa, sem bebidas. O preço do vinho refere-se a uma garrafa da marca menos cara.

Para a legenda de símbolos, ▷ 2.

AIRE-SUR-LA-LYS

HOSTELLERIE DES TROIS MOUSQUETAIRES

www.hostelleriedes3mousquetaires.com

O "Três Mosqueteiros" ocupa um castelo do século 19. Espere pratos rústicos locais como o pé de porco no molho de cerveja e o filé de perca com batata e endívia belga.

✉ Château du Fort de la Redoute, 62120 Aire-sur-la-Lys ☎ 03 21 39 01 11 🕘 Diariam 12h-14h, 19h-21h; fechado meados dez-meados jan ✋ A €18, J €41, vinho €15

AMIENS

LES MARISSONS

www.les-marissons.fr

O menu tem especialidades locais como enguias defumadas ou cozidas com ervas, pâté de canard en croûte (torta de patê de pato) e gâteau battu (brioche açucarado).

✉ Pont de la Dodane, Quartier St.-Leu, 80000 Amiens ☎ 03 22 92 96 66 🕘 Seg-ter, qui-sex 12h-14h, 19h-22h, qua, sáb 19h-22h ✋ A €18, J €46, vinho €28

ARRAS

LA FAISANDERIE

www.restaurant-la-faisanderie.com

La Faisanderie é um restaurante especializado na cozinha francesa tradicional, preparada com produtos locais, sofisticação e originalidade. Experimente a musse de cogumelos com ostras acompanhada de lebre sautée.

✉ 45 Grand'Place, 62000, Arras ☎ 03 21 48 20 76 🕘 Ter-sáb 12h-14h, 19h-21h30, dom 12h-14h ✋ A €38, J €62, vinho €30

CALAIS

AQUAR'AILE

www.aquaraile.com

Aqui, os frutos do mar são a especialidade. O cardápio inclui moluscos e linguado de Calais servido com molho de lagosta.

✉ 255 Rue Jean Moulin, 62100 Calais ☎ 03 21 34 00 00 🕘 Seg-sáb 12h-15h, 18h30-22h; dom 12h-15h ✋ A €30, J €40, vinho €20

AU CALICE

www.lecalice.com

Prove o flamiche au Maroilles (quiche feito com um queijo local), o arenque defumado ou os bolos caseiros. No verão é possível comer no agradável terraço cheio de flores.

✉ 55 Boulevard Jacquard, 62100 Calais ☎ 03 21 34 51 78 🕘 Verão diariam 8h-2h; inverno 8h-1h ✋ A €12, J €30, vinho €15

CHAUMONT-SUR-AIRE

DOMAINE DU MOULIN HAUT

www.moulinhaut.fr

Cozinha tradicional: *magret* (peito) de pato com cogumelos, pombo flambado no licor de ameixa e vieiras flambadas em *aquavit*. Há um cardápio dedicado às famosas trufas.

✉ Route de St.-Mihiel, 55260 Chaumont-sur-Aire ☎ 03 29 70 66 46 🕘 Ter-sáb 12h-13h30, 19h30-21h; dom 12h-13h30; fechado meados jan-meados fev ✋ A €50, J €50, vinho €15

COLMAR

LA MAISON DES TÊTES

www.la-maison-des-tetes.com

O cardápio tem novas versões de pratos locais como o foie gras com Riesling, geleia de maçã com vinho moscatel e uma cesta de framboesas quentes com zabaglione Gewürztraminer.

✉ 19 Rue des Têtes, 68000 Colmar ☎ 03 89 24 43 43 🕘 Qua-sáb 12h-14h, 19h-21h30, ter 19h-21h30, dom 12h-14h; fechado fev ✋ A €30, J €60, vinho €25

Pág. ao lado *Restaurantes em Amiens*

RESTAURANT MEISTERMANN

www.meistermann.com

O Meistermann tem duas salas de jantar, cada uma com um cardápio próprio: uma brasserie e um restaurante mais elegante. Serve frutos do mar, carne de caça e especialidades alsacianas. Na sobremesa, prove o sorbet de Gewürztraminer.

2a Avenue de la République, 68000 Colmar 03 89 41 65 64 Ter-sáb 12h-14h, 19h-21h30, dom 12h-14h; fechado 2 semanas meados fev A €25,J €55, vinho €18

COURCELLES-SUR-VESLE

CHÂTEAU DE COURCELLES

www.chateau-de-courcelles.fr

Este é um esplêndido hotel-castelo. O restaurante tem uma boa adega de vinhos e serve a refinada cozinha francesa: lagosta grelhada com musse de aipo, pato assado com figos e folhado de batata.

02220 Courcelles-sur-Vesle 03 23 74 13 53 Diariam 12h30-14h, 19h30-21h30 A €50, J €90, vinho €35

LAON

LE PATIO

O cardápio oferece pizzas, carnes grelhadas e pratos tex-mex, além de pratos franceses testados e aprovados como escargots, torrada com queijo de cabra e bife tartare. Também tem pizza para viagem.

26 Rue St.-Jean, 02000 Laon 03 23 23 28 29 Seg, qua-sáb 12h-13h30, 19h-21h30, ter 12h-13h30 A €15, J €25, vinho €18

RESTAURANT DE L'HÔTEL LA BANNIÈRE DE FRANCE

www.hoteldelabannieredefrance.com

Neste edifício do século 17, a cozinha serve pratos refinados como truta escaldada com champanhe e vitela com molho cremoso de cogumelos.

11 Rue Franklin Roosevelt, 02000 Laon 03 23 23 21 44 Diariam 12h-14h, 19h-21h30 A €26, J €43, vinho €15

LILLE

ALCIDE

Esta brasserie existe desde 1873. Moules frîtes (mexilhões fritos) e potjevleesch (terrina de várias carnes) são pratos clássicos.

5 Rue St.-Étienne, 59000 Lille 03 20 12 06 95 Seg-sáb 12h-14h, 19h-22h, dom 12h-14h A €25, J €43, vinho €19

À L'HUITRIÈRE

www.huitriere.fr

Nesta casa do século 18 restaurada, são servidos pratos clássicos de frutos do mar, como o bacalhau com creme e caviar da Aquitânia. Tem uma adega sortida. A peixaria do restaurante tem mosaicos e vitrais que representam o mar.

3 Rue des Chats Bossus, 59800 Lille 03 20 55 43 41 Seg-sáb 12h-14h30, 19h-21h30, dom 12h-14h30; fechado 3 semanas ago A €86, J €200, vinho €25

MARLENHEIM

LE RELAIS DE LA ROUTE DU VIN

www.relais.fr

Nesta hospedaria na rota do vinho alsaciana, os vinhos locais são o acompanhamento perfeito para a cozinha tradicioal, que inclui foie gras, presunto defumado e o onipresente chucrute.

1 Place du Kaufhaus, 67520 Marlenheim 03 88 87 50 05 Ter-dom 12h-14h30, 19h-22h0 A €15, J €28, vinho €15

NANCY

CUBA FELIZ

Este cantinho de Cuba serve pratos exóticos como o picadillo (picadinho à cubana com cebola e pimenta, servido com arroz e feijão-preto).

11 Rue des Maréchaux, 54000, Nancy 03 83 37 02 41 Seg-sáb 12h-14h, 19h30-23h30 A €18, J €32, vinho €16

LE LEZ'ART

Aqui há um bar, um salão e uma biblioteca. Oferece uma boa variedade de petiscos, entre eles o local flammeküche (pizza alsaciana de massa fina), e brunch aos domingos.

93 Grande Rue, 54000 Nancy 03 83 37 60 18 Ter-qui 12h-14h, 19h-22h30, sex-sáb 12h-14h,19h-23h30; fechado ter para almoço no inverno A €18, J €28, vinho €17

REIMS

LE GRAND CAFÉ

Aqui são servidas 13 variedades de mexilhões –o mais exótico em infusão de açafrão. Grandes pratos de massa, saladas e bolos completam o cardápio.

92 Place Drouet d'Erlon, 51000 Reims 03 26 47 61 50 Diariam 12h-14h30, 19h-23h30 A €20, J €20, vinho €15

ESTRASBURGO

À L'ANCIENNE DOUANE

Descubra o melhor da cozinha alsaciana neste restaurante às margens do rio Ill. O menu tem especialidades alsacianas: chucrute, flammeküche e vinho Gewürztraminer.

6 Rue de la Douane, 67000 Strasbourg 03 88 15 78 78 Diariam 12h-14h, 19h-23h A €18, J €25, vinho €10

AU CROCODILE

www.au-crocodile.com

Um crocodilo empalhado, que teria sido trazido do Egito como troféu de caça numa das campanhas de Napoleão, preside a sala de jantar. A cozinha criativa do chef Émile Jung inclui fígado de pato com damasco e gengibre, lagosta com vermicelli e pimenta com molho cítrico, além de torta de trufas pretas.

10 Rue de l'Outre-France, 67060 Strasbourg 03 88 32 13 02 Ter-sáb 12h-13h30, 19h30-21h30; fechado jul e fim dez-meados jan A €60, J €125, vinho €50

OBERJAEGERHOF

Esta casa de campo do século 19 fica à beira de uma floresta. As três salas de jantar têm toques alsacianos; o cardápio também é tipicamente alsaciano, com chucrute e flammeküche.

Route de l'Oberjaegerhof, 67400 Strasbourg 03 88 39 63 84 Qua-dom 12h-14h, 19h-22h A €20, J €36, vinho €15

ONDE FICAR

PREÇOS E SÍMBOLOS

Os preços correspondem à diária mais baixa e mais alta em um quarto duplo, incluído o café da manhã, a menos que haja indicação em contrário. Todos os hotéis aceitam cartões de crédito, a menos que indicado. Note que os preços variam ao longo do ano.

Para a legenda de símbolos, ▷ 2.

COLMAR

HOSTELLERIE LE MARÉCHAL

www.hotel-le-marechal.com

Este hotel situa-se à beira de um canal no bairro apropriadamente chamado de "Pequena Veneza". As camas têm dossel na maioria dos quartos, que contam com TV por satélite, ducha e hidromassagem.
✉ Place des Six Montagnes Noires, 68000 Colmar ☎ 03 89 41 60 32 €105-€225, sem café da manhã (€14) 30 (3 para não fumantes)

ÉPERNAY

LE CLOS RAYMI

www.closraymi-hotel.com

Este hotel ocupa uma mansão do século 19 cercada por jardins, com uma decoração Art Déco dos anos 1930 em tons creme e branco. Os quartos são temáticos e têm nomes como Toscana, Colonial e Champagne. Todos têm TV por satélite e alguns têm cama queen size ou regulável em várias posições. Há estacionamento disponível.
✉ 3 Rue Joseph de Venoge, 51200 Épernay ☎ 03 26 51 00 58 €140-€160, sem café da manhã (€14) 7

GOSNAY

CHARTREUSE DU VAL ST.-ESPRIT

www.lachartreuse.com

Este castelo do século 19 foi construído sobre as ruínas de um mosteiro do século 14. Os quartos são elegantes, com móveis de época e teto pré-moldado. Tem quatro quartos para famílias, e os quartos superiores são bem amplos. Tem duas quadras de tênis, estacionamento e um campo de golfe próximo, além de heliporto.
✉ 1 Rue de Fouquières, 62199 Gosnay ☎ 03 21 62 80 00 €125-€290, sem café da manhã (€15) 67

ITTERSWILLER

HÔTEL ARNOLD

www.hotel-arnold.com

Uma casa alsaciana em meio a vinhedos, onde todos os quartos são confortáveis e têm TV. O restaurante Winstub ocupa uma antiga adega. A loja do hotel vende presentes e vinhos de seus próprios vinhedos.
✉ 98 Route des Vins, 67140 Itterswiller ☎ 03 88 85 50 58 €78-€112, sem café da manhã (€12) 30

LILLE

HÔTEL BRUEGHEL

www.hotel-brueghel.com

O interior deste hotel é uma homenagem ao estilo do pintor flamengo Pieter Brueghel. Os quartos são decorados com bom gosto.
✉ 5 Parvis St.-Maurice, 59000 Lille ☎ 03 20 06 06 69 €66-€130, sem café da manhã (€8) 66

METZ

HÔTEL DE LA CATHÉDRALE

www.hotelcathedrale-metz.fr

Este hotel histórico, num casarão do século 17, recebe hóspedes desde

1627. Todos os quartos têm TV por satélite, e alguns dispõem de camas de ferro e vigas no teto. Não tem restaurante.
25 Place de Chambre, 57000 Metz
03 87 75 00 02 €75-€90, sem café da manhã (€11) 20

MONTREUIL-SUR-MER

HÔTEL DE FRANCE

www.hoteldefrance1.com
Victor Hugo escreveu *Lettre à Adèle* neste edifício do século 16. Janie, a proprietária, dá asas à sua imaginação. Tecidos vibrantes, pinturas e flores artificiais criam uma decoração singular, que se alterna entre o rococó e o kitsch. Tem um restaurante.
2 Rue Petit Coquempot, 62170 Montreuil-sur-Mer 03 21 06 05 36
€85-€120, sem café da manhã (€10)
13

OBERNAI

À LA COUR D'ALSACE

www.cour-alsace.com
Todos os quartos espaçosos e confortáveis deste antigo solar têm frigobar, cofre e TV a cabo. A taverna Caveau de Gail e o restaurante Jardin des Remparts servem pratos alsacianos.
3 Rue de Gail, B.P. 64, 67212 Obernai
03 88 95 07 00 Fechado jan
€125-€162, sem café da manhã (€16)
44 (3 para não fumantes)

OSTWALD

CHÂTEAU DE L'ÎLE

www.chateau-ile.com
Este hotel consiste num castelo do século 19 e um conjunto de casas. Os quartos são luxuosos. O restaurante têm três salas, uma com teto de madeira esculpido.
4 quai Heydt, 67540 Ostwald
03 88 66 85 00 €180-€405, sem café da manhã (€22) 62 (apenas 7 no castelo) Coberta

RIQUEWIHR

HÔTEL DE LA COURONNE

www.hoteldelacouronne.com
Neste hotel instalado numa casa do século 16, alguns quartos têm afrescos originais no teto, enquanto outros exibem murais contemporâneos com flores e frutos. Há apartamentos familiares e estacionamento.
5 Rue de la Couronne, 68340 Riquewihr 03 89 49 03 03 €62-€110, sem café da manhã (€8,50) 40

ROUFFACH

CHÂTEAU D'ISENBOURG

www.isenbourg.com
O castelo tem vista para a floresta dos Vosges e para os vinhedos. Os quartos são luxuosos e decorados com candelabros, móveis antigos e tapetes florais. O hotel oferece sauna, hidromassagem, banho turco, quadras de tênis e mountain bikes. O restaurante serve comida e vinhos locais.
68250 Rouffach 03 89 78 58 50
Fechado meados jan-fim mar €110-€360, sem café da manhã (€23)
41 Coberta e descoberta

SAILLY-SUR-LA-LYS

LA STATION BAC ST.-MAUR

perso.wanadoo.fr/station-bac-saint-maur/
Este hotel ocupa um vagão de trem dos anos 1930 restaurado em uma antiga estação ferroviária. Cada uma das seis cabines tem pia, mas os hóspedes compartilham dois chuveiros e toaletes no corredor.
La Gare des Années Folles, 77 Rue de la Gare, 62840 Sailly-sur-la-Lys 03 21 02 68 20 Fechado nov-fim mar €35-€65, sem café da manhã (€10,50) 6

SAINTE-PREUVE

CHÂTEAU DE BARIVE

www.chateau-de-barive.com
Este castelo do século 19 em meio a vinhedos tem quartos com móveis de época –um deles tem também hidromassagem. O hotel oferece piscina, sauna, quadra de tênis e um campo de golfe próximo. Tem um restaurante.
02350 Sainte-Preuve 03 23 22 15 15
Fechado jan €140-€235, sem café da manhã (€16) 13 Coberta

ESTRASBURGO

HÔTEL MAISON ROUGE

www.maison-rouge.com
Este hotel três-estrelas é decorado com móveis de época com um trabalho de marchetaria tipicamente alsaciano. Os quartos têm cofre, frigobar e TV a cabo.
4 Rue des Francs-Bourgeois, 67000 Strasbourg 03 88 32 08 60 €100-€178, sem café da manhã (€14) 140

TURCKHEIM

AUBERGE DU BRAND

www.aubergedubrand.com
Aqui os quartos têm nomes de vinhos da região, como Riesling e Muscat, e alguns têm móveis antigos. Há um restaurante.
8 Grand Rue, 68230 Turckheim
03 89 27 06 10 €86-€102
9 (4 para não fumantes)

Pág. ao lado *Estrasburgo é uma ótima cidade para visitar*
Abaixo *O conforto e o capricho dos hotéis de luxo estão em cada detalhe*

O LOIRE

O nome do rio mais longo da França, o Loire, tornou-se sinônimo dos muitos castelos luxuosos que se situam às suas margens e que certamente atraem e fascinam a maioria dos turistas que vêm à região. Com suas torres, galerias, interiores ricamente decorados e imaculados jardins formais, Blois, Chambord, Chenonceaux, Azay-le-Rideau e outros castelos majestosos são hoje tão impressionantes quanto eram nos séculos 16 e 17, quando foram construídos. Convenientemente, ficam todos próximos, o que facilita uma excursão por eles.

Além dos castelos, os vales do Loire e de seus afluentes, Cher, Indre e Vienne, constituem uma região encantadora. O cenário é quase sempre luxuriante e pitoresco, o que explica por que a região é chamada de "o jardim da França".

A oeste e a leste da região, subindo e descendo o rio, respectivamente, há duas cidades históricas. Orléans, antiga capital da França, estará para sempre ligada a Joana d'Arc. Nantes é uma bela cidade portuária, embora seu porto não seja mais um dos mais movimentados do país. Entre elas fica Tours, que está cheia de casas medievais.

Se quiser conhecer castelos de verdade –construídos não para deslumbrar, mas como defesa–, você terá de visitar Angers, Chinon ou Loches.

E ainda há as igrejas. Chartres e Bourges são famosas pelo número e pela variedade de seus vitrais medievais.

Além de tanta história e cultura, o Loire ainda pode lhe oferecer um suprimento de vinhos brancos secos e diverti-lo com a corrida automobilística anual de verão, as 24 Horas de Le Mans.

ABBAYE ROYALE DE FONTEVRAUD

www.abbaye-fontevraud.com

Na abadia de Fontevraud repousam o rei plantageneta inglês, Henrique 2º, sua rainha, Leonor da Aquitânia, e o filho deles, Ricardo 1º (Ricardo Coração de Leão). Fundada no século 12, no início, a abadia recebia freiras da ordem de Fontevraud.

Em 1804, os poucos prédios que sobreviveram à Revolução foram transformados em prisão. Isso durou até 1965, e desde então a abadia passou por várias restaurações.

459 F7 BP 24, 49590 Fontevraud-l'Abbaye 02 41 51 73 52 Jun-fim set diariam 9h-18h30; out-fim mai 10h-17h30 Adultos €7,90, menores de 18 grátis Visitas guiadas o dia todo

AMBOISE

▷ 245.

ANGERS

www.angers-tourisme.com

A cidade universitária de Angers fica às margens do rio Maine, na região conhecida como Anjou Noir, nome de uma rocha local. As muralhas listradas de preto e branco do Château d'Angers, com suas 17 torres redondas, abrigam uma soberba série de tapetes do século 14 que ilustram o Apocalipse de são João (2 mai-4 set diariam 9h30-18h30; 5 set-30 abr 10h-17h30).

Partes do castelo podem estar fechadas ao público para que um trecho das muralhas e o museu sejam reformados. Mas a tapeçaria continua em exposição, e, na alta estação, visitas guiadas de hora em hora (a partir de10h15, adultos €7,50, menores de 18 grátis) percorrem os jardins e oferecem uma bela vista, além de uma exposição sobre as reformas.

A Cathédrale de St.-Maurice, no estilo gótico, é cercada por casas antigas, entre elas a Maison d'Adam, do século 16.

463 F7 7 Place Kennedy, 49051 02 41 23 50 00; Mai-fim set seg-sáb 9h-19h, dom 10h-18h; resto do ano seg 14h-18h, ter-sáb 9h-18h, dom 10h-13h Angers St.-Laud

BOURGES

www.bourges-tourisme.com

Bourges tem uma longa história de comércio e indústria, e seu horizonte é dominado pela Cathédrale de St.-Étienne. Pare diante da fachada oeste, ladeada por duas torres, para admirar os 15 largos degraus que levam a cinco portas. No interior há vitrais dos séculos 12 a 17, e um relógio astronômico restaurado.

O Musée des Arts Décoratifs, instalado numa esplêndida mansão renascentista na Rue Bourbonnoux, tem uma bela coleção de arte e de móveis.

O ricamente decorado Palais Jacques Coeur, na Rue Jacques Coeur (diariam 9h-12h, 14h-18h), foi construído no século 15.

460 J7 21 Rue Victor Hugo, BP 126, 18000 02 48 23 02 60 Abr-fim set seg-sáb 9h-19h, dom 10h-18h; resto do ano seg-sáb 9h-18h, dom 14h-17h

CHÂTEAU D'AZAY-LE-RIDEAU

www.monum.fr

Este pequeno e gracioso castelo renascentista foi encomendado em 1518 e situa-se numa ilha do rio Indre. Destacam-se os esplêndidos móveis, a galeria de retratos e tapeçarias flamengas e francesas dos séculos 16 e 17.

459 G7 37190 02 47 45 42 04 Jul, ago diariam 9h30-19h; abr-fim jun, set 9h30-18h; resto do ano 10h-12h30, 14h-17h30 Adultos €7,50, menores de 18 grátis

CHÂTEAU DE CHENONCEAU

www.chenonceau.com

Um dos mais belos castelos do Loire, Chenonceau tem uma localização privilegiada acima das águas do rio Cher.

A história deste castelo está ligada à de várias mulheres poderosas, em grande parte responsáveis por sua construção, a começar por Catherine Briçonnet no início do século 16. Mais tarde, Henrique 2º deu Chenonceau à sua amante, Diana de Poitiers (▷ 35), que encomendou um belo jardim e uma ponte sobre o rio Cher. Catarina de Medici, regente depois da morte de Henrique 2º, expulsou Diana do castelo e acrescentou o parque, uma galeria de dois andares sobre a ponte e as construções anexas. Catarina legou o castelo a Louise da Lorena, sua nora e esposa de Henrique 3º. Passados os dias de grandeza real, em meados do século 19, o castelo foi comprado por Madame Pelouze, que se dedicou a restaurá-lo à sua antiga glória.

Hoje pode-se visitar o interior ricamente mobiliado, com tapeçarias e algumas pinturas dos velhos mestres, assim como a cozinha e a adega, onde são vendidos os vinhos produzidos no castelo. Um museu de cera apresenta "La Galérie des Dames", com cenas históricas sobre as damas que habitaram o castelo. Os jardins e o parque incluem um labirinto, e há uma loja e uma oficina floral. Para ver o castelo do rio, faça um passeio de barco pelo Cher, que parte de Chisseaux, 2km rio acima (La Bélandre: tel 02 47 23 98 64; abr-fim out).

459 H7 37150 Chenonceau 02 47 23 90 07 Jul, ago 9h-20h; jun, set 9h-19h30; resto do ano 9h30-17h Adultos €10, crianças (7-18) €6,50 A estação de Chenonceau fica a poucos passos do castelo Dois restaurantes nos prédios anexos, abertos mar-meados nov Loja de presentes

Pág. ao lado *Cathédrale St.-Étienne, Bourges*
Abaixo *Château d'Azay-le-Rideau*

CHARTRES

INFORMAÇÕES
www.chartres-tourisme.fr
464 H5 Place de la Cathédrale, BP 289, 28005 02 37 18 26 26
Abr-fim set seg-sáb 9h-19h, dom 9h30-17h30; out-fim mar seg-sáb 9h-18h, dom 9h30-17h Chartres
Catedral Diariam 8h30-19h30

INTRODUÇÃO

Por volta da virada do primeiro milênio, Chartres já atraía peregrinos, e nos séculos 11 e 12 tornou-se conhecida em toda a Europa como centro de aprendizado espiritual. Desde a Idade Média, um mistério envolve a cidade: o intrigante labirinto traçado no piso da magnífica catedral gótica de Notre-Dame. Outra atração na catedral é sua formidável coleção de vitrais, que inspirou a cidade a se estabelecer como capital mundial da produção de vitrais. O Centre International du Vitrail (seg-sex 9h30-12h30, 13h30-18h30, sáb 10h-12h30, 14h30-18h, dom 14h30-18h), instalado num armazém medieval restaurado, pode ser visitado, assim como dois dos oito ateliês de vitrais da cidade –informe-se no centro de informações turísticas.

O QUE VER

CATHÉDRALE DE NOTRE-DAME DE CHARTRES

As torres assimétricas da catedral gótica de Chartres erguem-se acima dos campos de trigo da planície do Beauce. Notre-Dame de Chartres foi construída para abrigar a *sacra camisia* (túnica) da Virgem Maria, relíquia doada por Carlos, o Calvo, no século 9º. A catedral atual data do início do século 13 e foi construída em apenas 25 anos, depois que incêndios destruíram suas cinco antecessoras. Por milagre, a túnica de Maria se salvou, provocando um novo fervor religioso. A parte inferior da fachada da igreja anterior sobreviveu e é puro estilo românico do século 11. A agulha octogonal da direita que coroa a torre sul atinge 105m de altura e data do século 12. A torre norte, de 115m de altura, foi decapitada por um raio e reconstruída no início do século 16. O coro, um dos maiores da Europa, é cercado por uma parede de pedra esculpida em motivos rendados e guarda 200 imagens.

Os 176 vitrais são a glória da catedral de Chartres. A maioria é do século 13, mas os três acima do Portail Royal são anteriores ao incêndio de 1194. Eles representam (da esquerda para a direita) a Paixão, a Encarnação e a Árvore de Jessé. As três rosáceas mostram o Apocalipse (parede sul), a Virgem Maria (norte) e o Juízo Final (oeste). Os vitrais de Chartres vêm sendo submetidos a

Acima *A incrível catedral de Chartres*

um programa de limpeza desde os anos 1970, e a maior luminosidade obtida tornou os detalhes mais visíveis. Os temas são quase sempre bíblicos, porque os vitrais foram concebidos, em parte, para ensinar os iletrados, mas às vezes revelam vislumbres da vida medieval cotidiana. No vitral que representa o Filho Pródigo, por exemplo, dois homens jogam dados sobre um tabuleiro. Os vitrais foram quase todos financiados por patrocinadores que tiveram alguma influência na escolha do tema. O vitral da Redenção, por exemplo (na ala norte, onde ela se encontra com o transepto), foi doado pela guilda dos ferradores e mostra homens ferrando um cavalo. O vitral de St.-Chéron, no deambulatório, foi doado pelos pedreiros, que aparecem cortando e esculpindo a pedra.

A criação de um vitral é um processo complexo, que envolve uma equipe de habilidosos artesãos: começa com os vidreiros e culmina com os toques finais de pintores itinerantes. Embora não se conheça os nomes dos artistas que trabalharam em Chartres, muitos deles podem ser identificados por sua técnica e seu estilo.

O labirinto circular no piso da nave é o único elemento que sobreviveu da igreja medieval. À primeira vista, pode parecer um jogo, mas não foi feito para divertir nem apresenta obstáculos ou mudanças imprevisíveis de direção. Na verdade, há apenas um caminho da borda até o centro, ocupado originalmente por uma bandeja de cobre (que hoje está faltando). Seu propósito é desconhecido e fruto de muitas especulações. A única coisa certa é que um desenho geométrico tão elaborado exigiria muita habilidade e deve ter tido alguma função importante. A melhor hipótese é que ele represente um caminho simbólico de peregrinação (para quem for incapaz ou não estiver disposto a fazer uma peregrinação verdadeira), que podia ser seguido por um penitente, talvez de joelhos.

A CIDADE VELHA

Se você quiser descansar os olhos da catedral e de tantos vitrais, reserve algum tempo para explorar o centro histórico de Chartres, que é um encantador labirinto de ruas que descem da cidade alta, ao redor da catedral, até a cidade velha, às margens do Eure. A rua característica é a *tertre*, geralmente uma ladeira íngreme e muitas vezes em degraus. A mais bela casa da cidade é a Maison du Saumon, um casarão do início do século 16 na Place de la Poissionerie, que é adornada de esculturas. A casa mais antiga, que data do século 12, fica no nº 29 da Rue Chantault. Das outras igrejas de Chartres, a que mais merece uma visita é a Église de Saint-Pierre, na praça de mesmo nome, remanescente de um mosteiro dos séculos 11 a 13 que posssui alguns extraordinários vitrais do século 14.

DICAS

» Você pode sair de Paris e visitar Chartres num dia de viagem. De carro, pegue a A10 na Porte de St.-Cloud. Os trens saem da Gare Montparnasse, e a viagem leva cerca de uma hora.

» Reserve um tempo para perambular pela cidade, vendo seus rios e suas igrejas históricas.

» Escolha julho e agosto para ver o Festival de Órgão (▷ 251).

Abaixo *Vitrais da catedral*

INFORMAÇÕES

www.chambord.org

464 H7 Château et Domaine National de Chambord, Maison des Réfractaires, 41250 02 54 50 40 00 Abr-fim set diariam 9h-18h15; resto do ano 9h-17h15 €8,50, menores de 17 grátis; grátis todo primeiro dom do mês out-fim mar Mer Visitas guiadas em inglês para grupos só mediante reserva, tel 02 54 50 50 40 Grande loja de suvenires e livros

DICAS

» Se só tiver tempo de visitar um castelo no vale do Loire, o Château de Chambord é uma excelente opção.

» Há muitas áreas para piquenique no parque.

» O castelo e seus jardins ficam muito movimentados quando há algum evento.

Pág. ao lado *Um pedalinho passeia por entre os jardins de Montreuil-Bellay*
Abaixo *Château de Chambord*

CHÂTEAU DE CHAMBORD

Além de ser o maior castelo do vale do Loire, com 440 aposentos, o monumental Château de Chambord é cercado pela mais extensa floresta murada da Europa: um muro de 32km encerra 5.440ha.

O castelo renascentista atiça a imaginação com cenas de caçadas, bailes e banquetes que podem ter ocorrido do século 16. O rei Francisco 1º, que construiu a maior parte do castelo nos anos 1520, quis desviar o rio Loire para fazê-lo correr ao redor dele. Os arquitetos o dissuadiram, desviando um de seus pequenos afluentes, o que causou uma inundação suficiente para encher o fosso. O telhado, com sua enormidade de agulhas, torretas, águas-furtadas e chaminés, originalmente era usado como mirante, de onde se observava o início e o fim das caçadas.

O INTERIOR

No interior há uma famosa escada dupla em espiral, pela qual as pessoas podiam subir e descer ao mesmo tempo. Acredita-se que ela tenha sido projetada por Leonardo da Vinci (▷ 35). Como se isso não bastasse, há 14 escadas grandes e 60 pequenas, embora o visitante não tenha acesso a todas elas. Grande parte dos móveis e dos objetos de decoração do castelo foi destruída durante a Revolução, mas algumas notáveis pinturas e tapeçarias sobreviveram.

Vários eventos são realizados no castelo, no parque e na floresta. O castelo é extremamente procurado no verão, quando chega a receber até 8 mil visitantes por dia.

CHÂTEAU DE LUYNES

Este castelo ocupa uma posição elevada, voltado para a bela cidade de Luynes, e oferece magníficas vistas do vale do Loire. Fica 12km a oeste de Tours, na margem direita do Loire. O castelo foi residência particular desde o século 17, e uma visita revela o esplendor em que viviam as famílias da Touraine. Hoje, pode-se ver os móveis, as pinturas e tapeçarias que existem em seu interior, e, abaixo dos muros do castelo, estendem-se belos jardins tradicionais.

O castelo foi construído no século 12, e, ao longo dos séculos, uma acolhedora e elegante residência familiar foi surgindo por trás das muralhas fortificadas. Sabe-se que pelo menos dois reis franceses foram convidados para caçadas e banquetes no castelo. Mais recentemente, ele foi visitado pela rainha-mãe da Inglaterra e pelo príncipe de Gales.

Um dos castelos menos conhecidos da região, que só foi aberto ao público nos últimos anos, o Château de Luynes é uma boa opção para quem quer fugir das aglomerações.

A capela colegiada do século 15 às vezes é cenário de concertos de música clássica.

459 G7 34 Avenue de Clos Mignot, 37230 Luynes 02 47 55 67 55 Primeiro fim de semana de abr a fim set diariam 10h-12h30, 14h-18h Adultos €9, menores de 15 €4 Loja de presentes

CHÂTEAU DE MONTGEOFFROY

Numa bela propriedade situada 22km a leste de Angers, o Château de Montgeoffroy, um castelo do século 18, é modelo de proporção, elegância e harmonia. Desde que foi construído, o castelo pertence à mesma família. Montgeoffroy foi uma das últimas *grandes demeures* (residências nobres) construídas antes da Revolução Francesa. Projetado pelo arquiteto Nicolas Barré para o marechal de Contades, governador de Estrasburgo, ele foi construído ao redor de uma capela e duas torres de um antigo castelo.

Terminado em 1776, Montgeoffroy sobreviveu aos anos revolucionários.

O interior permanece intocado, e alguns dos móveis, objetos de decoração e pinturas são de importantes artistas e artesãos da época. Os móveis Luís 16, os painéis de madeira e os quadros são todos originais. As visitas guiadas percorrem algumas das salas mais bonitas da casa, a magnífica cozinha, a horta, a selaria, o estábulo e a capela, que tem vitrais do século 16.

464 F7 49630 Mazé 02 41 80 60 02 Meados jun-meados set 9h30-18h30; meados mar-meados jun e meados set-meados nov diariam 9h30-12h, 14h30-18h30 Adultos €8,50, menores de 15 €4,60, menores de 5 €1 Visitas guiadas diárias na alta estação

CHÂTEAU DE MONTREUIL-BELLAY

www.château-de-montreuil-bellay.fr

O Château de Montreuil-Bellay foi construído no início do século 11 por um dos mais terríveis condes de Anjou, Foulques, o Negro. Esta grande fortaleza medieval, 17km ao sul de Saumur, mais tarde resistiu aos ataques dos reis plantagenetas da Inglaterra.

A cozinha em forma de pirâmide ainda preserva seus utensílios.

O castelo oferece degustações de vinho, e também é possível comprar o vinho produzido na propriedade.

459 F7 49260 Montreuil-Bellay 02 41 52 33 06 Jun-fim ago diariam 10h-18h; abr, mai, set qua-seg 10h-12h, 14h-18h Adultos €8, crianças (6-15) €4, (15-18) €5

CHÂTEAU ROYAL DE BLOIS

www.loiredeschâteaux.com

Blois, na margem norte do rio, é a capital turística do vale do Loire. Seu horizonte é dominado pela imensa estrutura do Château Royal de Blois.

O castelo tem uma história sangrenta de intrigas reais e é uma mistura de estilos arquitetônicos de vários séculos.

A partir do século 13, outros edifícios foram sucessivamente erigidos ao redor de um pátio central. O mais impressionante é a elegante ala em estilo italiano de Francisco 1º, com sua famosa torre com escada em espiral. A visita guiada inclui os aposentos reais onde, em 1588, Henrique 3º planejou o assassinato do duque de Guise, seu rival. Durante a visita, procure o brasão real de Luís 12, o ouriço, e o emblema de Francisco 1º, a salamandra, ambos usados como motivos decorativos.

O ingresso da visita dá direito também a conhecer o Musée des Beaux-Arts, a ala Gaston d'Orléans, a Capela St.-Calais, o museu de pedras preciosas, salas de arqueologia, exposições temporárias e o cemitério da igreja de St.-Saturnin, do outro lado do rio.

De fim de abril a meados de setembro, um espetáculo de som e luz ocorre todas as noites no pátio do castelo (em inglês às quartas-feiras).

464 H7 Place du Château, 41000 Blois 02 54 90 33 33 Abr-fim set diariam 9h-18h; resto do ano 9h-12h30, 14h-17h30 Adultos €7, crianças (12-18) €4,50

CHÂTEAU D'USSÉ

www.tourisme.fr/usse

O Château d'Ussé é promovido como o castelo da Bela Adormecida, já que teria inspirado Charles Perrault a escrever a história depois de uma visita no século 17. Com suas muitas torretas e agulhas destacando-se contra o pano de fundo da Forêt de Chinon, entre os castelos do Loire, ele é certamente o que mais parece um castelo de conto de fadas.

Um dos poucos castelos particulares abertos ao público, está ganhando fama graças ao desfile anual de trajes de época, que mostra a cada ano uma coleção diferente.

A visita guiada ao castelo dura cerca de uma hora e meia e oferece traduções escritas em inglês e outras seis línguas.

A parte externa é mais cativante que o interior, de modo que você talvez prefira apenas passear pelos jardins formais desenhados por André Le Nôtre, que tambem projetou os jardins de Versailles (▷ 102-3), do que fazer a visita guiada pelo interior.

O castelo é compacto, mas esteja preparado para subir e descer muitas escadas. Ele é muito popular entre as crianças –as menores de 10 anos principalmente vão apreciar as referências à Bela Adormecida.

459 G7 37420 Rigny-Ussé 02 47 95 54 05 Abr-fim set diariam 9h30-19h; meados fev-mar e out-meados nov 10h-18h Adultos €9,80, crianças (8-16) €3 Loja de presentes

CHÂTEAU DE VALENÇAY

www.château-valencay.com/valencay

O grande Château de Valençay fica um pouco afastado da rota turística do Loire, a cerca de 45 minutos de carro de Blois. Foi construído no século 16 no local de um antigo castelo feudal e é cercado por um parque e um bosque. O príncipe Talleyrand adquiriu o castelo em 1803 por ordem de Napoleão. Aqui, o imperador manteve Fernando 7º, rei da Espanha, prisioneiro de 1808 a 1814. O edifício é um belo exemplo do estilo clássico renascentista, com torretas no telhado. Hoje, pode-se desfrutar várias atrações no local. Você pode visitar os cem aposentos inteiramente mobiliados (com um audioguia de 90 minutos grátis), assistir a um filme histórico e depois passear pelos jardins formais. Há uma pequena horta, área para brincar, área para piqueniques e o maior labirinto da França, feito de painéis de madeira. Nos fins de semana e feriados, da Páscoa ao início de novembro e todos os dias durante julho e agosto, você pode imaginar como eram os velhos tempos assistindo, ao redor do castelo e dos jardins, a quadros vivos representados por atores em trajes de época.

459 H7 36600 Valençay 02 54 00 10 66 Jul, ago diariam 9h30-19h30; abr-fim jun e set-3 nov 9h30-18h €9, crianças (7-17) €6, menores de 7 grátis Audioguia gratuito de 90 minutos em várias línguas, inclusive inglês Salão de chá Loja de presentes

CHÂTEAU DE VILLANDRY

www.châteauvillandry.com

O povo do local diz que, para apreciar melhor Villandry, é preciso visitá-lo pelo menos uma vez em cada estação. Os jardins são de fato deslumbrantes o ano todo. Em fevereiro, de manhã cedo, as coníferas se cobrem de um pó de gelo que parece açúcar; em abril, o *jardin d'amour* se enche de tulipas; junho é o mês das rosas; e, em outubro, gordas abóboras surgem na horta. Quem não puder fazer várias visitas pode ver fotos dos jardins no excelente site ou assistir a uma exibição de slides no castelo.

Os jardins recriam o estilo formal renascentista *à la française*. Incluem um jardim com lagos e plantas aquáticas, cercas-vivas esculpidas na forma de uma cruz maltesa, um labirinto para crianças e o Jardin de la Musique. Até a horta é desenhada com perfeição, com muitas cruzes que atestam o que os monges cultivavam antigamente.

O castelo foi construído no estilo renascentista italiano por Jean le Breton (que também supervisionou a construção do castelo de Chambord, ▷ 232). Ele pôs abaixo um castelo do século 12 para dar espaço a Villandry. A única parte da antiga estrutura que sobreviveu é a torre atrás do pátio.

O interior data do século 18, e a maioria dos aposentos é aberta à visitação pública. Os destaques são obras de arte de Goya e Velázquez e um belo teto mourisco. São realizados no castelo eventos especiais, como uma festa da tulipa, exposições de arte e de fotografia e concertos de música clássica.

464 G7 Villandry 37510 02 47 50 02 09 Castelo: jul, ago diariam 9h-18h30; abr-fim jun e set-fim out 9h-18h; mar 9h-17h30; fev e 1-14 nov 9h-17h; 17-31 dez 9h30-16h30. Jardins: jul, ago diariam 9h-anoitecer ou 9h-19h30 Apenas os jardins: adultos €6, crianças (8-18) €3,50; castelo e jardins: adultos €9, crianças (8-18) €5, menores de 8 grátis Restaurante e salão de chá La Doulce Terrasse Loja de presentes e loja de artigos de jardinagem

CHINON

www.chinon.com

Acima de Chinon, na margem norte do rio Vienne, situam-se as ruínas de uma imponente fortaleza medieval, o Château de Chinon. Na Idade Média, a cidade tinha ligações com a Inglaterra –o castelo e a região circundante eram frequentados pelos reis plantagenetas, e Henrique 2º morreu aqui em 1189. Foi aqui que Joana d' Arc (▷ 33) se encontrou com o delfim Carlos em 1429, para traçar os planos de libertação de Orléans, sitiada pelos ingleses, garantindo-lhe, segundo se diz, o trono da França. Na Torre do Relógio há um museu dedicado a Joana d'Arc (abr-fim set diariam 9h-19h; resto do ano 9h30-17h).

Passeie pela cidade ou visite o Musée d'Art et d'Histoire, a Rue Haute St.-Maurice, com estátuas, cerâmicas e peças sobre a história local (mai-fim set diariam 14h-18h; abr, out-fim dez seg-sex 14h-18h).

Para os amantes da música, a cidade oferece um festival de jazz ao ar livre às quintas-feiras de junho. A visita ao museu do vinho, à Rue Voltaire (abr-fim set diariam 10h-22h), inclui uma degustação. Do início de julho a meados de setembro, o sindicato do vinho local oferece visitas guiadas (com degustação) às caves sob o castelo (tel 02 47 93 30 44).

✚ 459 G7 ℹ Place Hofheim, BP 141, 37500 ☎ 02 47 93 17 85

LE CROISIC

www.ot-lecroisic.com

Porto pesqueiro há séculos, a bela cidade de Le Croisic ainda tem uma frota de pesca e um famoso mercado de peixe. O pitoresco aglomerado de ruas da cidade velha está cheio de humildes casas de pedra de pescadores. Passeie ao longo do cais, entre os marinheiros e pescadores que lotam a marina durante o verão –o ambiente é agitado, mas amigável.

A principal atração turística é o Ocearium du Croisic, na Avenue de St.-Goustan (jun-fim ago diariam 10h-19h; set, out e fev-fim mai 10h-12h, 14h-18h; nov, dez 14h-18h; fechado jan). Atravesse o túnel transparente de acrílico para ver tubarões, arraias e barracudas. Também há pinguins, um recife de coral e um tanque onde é permitido tocar nos peixes.

A costa da península de Le Croisic caracteriza-se por baías rochosas com pequenas praias, mas, bem a leste da cidade, a praia de Saint-Goustan tem um trecho de areia, perfeito para relaxar.

✚ 462 D7 ℹ Place de la Gare, BP 41, 44490 ☎ 02 40 23 00 70 🕒 Jun-fim set seg-sáb 9h-13h, 14h-19h, dom 10h-13h, 15h-17h; out-fim mai ter-sáb, 9h-12h30, 14h-18h30 🚉 Le Croisic

DOUÉ-LA-FONTAINE

www.journeesdelarose.com

A pequena cidade de Doué-la-Fontaine, 16km a sudoeste de Saumur, tem muitas cavernas. Pode--se visitar uma dúzia delas, inclusive as cavernas de Dénezé-sous-Doué (abr-fim out ter-dom 10h30-13h, 14h-18h30), onde há admiráveis esculturas do século 16.

O criativo Parc Zoologique de Doué, na Route de Cholet (diariam 9h-19h30 no verão; fora isso, os horários variam; fechado nov-início fev), tem mais de 500 animais e é um labirinto de cavernas, cascatas e vegetação tropical.

Doué-la-Fontaine tem esplêndidos jardins de rosas públicos e uma exposição anual de rosas em meados de julho. Em Les Chemins de la Rose, você pode caminhar pelo Parc de Courcilpleu, na Route de Cholet, descobrir a história das rosas na França e aprender a plantar rosas em seu jardim (meados mai-fim set diariam 9h30-19h).

✚ 459 F7 ℹ 30 Place des Fontaines, 49700 ☎ 02 41 59 20 49

LOCHES

www.loches-touraineco tesud.com

Loches situa-se às margens do rio Indre, 42km a sudeste de Tours, e é cercada pelo campo de Indre-et-Loire. A maior atração aqui é a fortaleza medieval, com sua masmorra e suas câmaras de tortura (abr-fim set diariam 9h-19h; resto do ano 9h30-17h). Há vídeos e animações computadorizadas que mostram como era o forte no século 11.

O Logis Royal de Loches (residência real), na Place Charles VII, guarda o túmulo de Agnès Sorel, a capela gótica de Ana da Bretanha e belas tapeçarias flamengas (abr-fim set diarim 9h-19h; resto do ano 9h30-17h). Caminhe por fora das muralhas para apreciar o campo fortificado como um todo.

A casa da família do paisagista Emmanuel Lansyer (1835-93), na Rue Lansyer, é hoje um museu com mais de cem de suas obras (jun-fim set qua-seg 10h-12h, 14h-18h; abr, mai, out qua-sex 14h-17h, sáb-dom 10h-12h, 14h-17h).

✚ 459 G7 ℹ Place de la Marne, BP 112, 37601 ☎ 02 47 91 82 82

Abaixo *Festival Rabelais, na cidade montanhosa de Chinon*
Pág. ao lado *Vista aérea do Château d'Ussé*

INFORMAÇÕES
www.ville-lemans.fr
464 G6 Hôtel des Ursulines, Rue de l'Étoile, 72000 02 43 28 17 22 Jul, ago seg-sáb 9h-18h, dom 10h-12h30, 14h-17h; set-fim jun seg-sex 9h-18h, sáb 9h-12h, 14h-18h, dom 10h-12h Le Mans Para uma visita guiada, entre em contato com o centro de informações turísticas

LE MANS

Os fãs de automobilismo vão adorar o Musée Automobile de la Sarthe, na Rue de Laigné, perto da entrada principal do autódromo (jun-fim set diariam 10h-19h; out-fim dez e mar-fim mai 10h-18h; jan, fev apenas nos fins de semana). Estão expostos cerca de 150 veículos, entre motocicletas, carros de corrida antigos e 11 dos vencedores anteriores das 24 Horas de Le Mans. Você ainda pode ver uma galeria de arte, modelos virtuais e vídeos sobre a evolução do transporte motorizado.

Além da famosa corrida de carros, o circuito de Le Mans recebe durante o ano corridas de motos e de caminhões, também de 24 horas, e outras provas (tel 02 43 40 24 24 para saber as datas das corridas; tel 02 43 40 24 75 ou 0892 69 72 24 ou www.lemans.org para reserva de ingressos).

CIDADE VELHA

O centro histórico de Le Mans é cercado pelas muralhas de um forte romano construído no ano 280. As ruas de pedra estão cheias de casas medievais restauradas com bom gosto, hoje ocupadas por pequenos restaurantes, butiques elegantes e galerias de arte. O Musée de la Reine Bérangère, dedicado à história local, à etnografia e à cerâmica, está instalado num belo edifício preservado como monumento histórico na Rue de la Reine Bérangère (mai-set ter-dom 14h-18h; out-abr ter-dom 10h-12h30, 14h-18h30). O museu leva o nome da rainha Berengária, mulher de Ricardo Coração de Leão, que viveu na região no início do século 13. A Cathédrale St.-Julien, na Place St.-Michel (mai-fim set diariam 8h-19h; out-fim abr 8h-12h, 14h-19h), de 1134, tem alguns vitrais muito primitivos e uma rosácea quase tão bonita quanto a da catedral de Chartres (▷ 230). Uma escada à direita da prefeitura leva ao centro da cidade. Nestas ruas estreitas do perído romano há padarias, restaurantes e pequenas lojas que servem os trabalhadores das ruas vizinhas.

Abaixo *Place St.-Michel, no centro histórico de Le Mans*

NANTES

Chamada antigamente a Veneza do Oeste por causa de seus canais, Nantes foi a capital histórica da Bretanha durante a era de ouro da cidade, no século 15. Nantes enriqueceu graças à construção de navios e ao comércio, e, em 1704, era o porto mais movimentado da França.

CASTELO E CATEDRAL

Dominando a cidade alta, a parte mais antiga da cidade, ergue-se o Château des Ducs de Bretagne. Aqui viveram os duques da Bretanha durante a era de ouro de Francisco 2º e sua filha Ana. O Edito de Nantes, que concedeu liberdade de culto aos huguenotes, foi assinado aqui por Henrique 4º em 1598. O castelo está sendo restaurado e deve se transformar num museu histórico regional. Na catedral (diariam 8h30-18h30), não deixe de ver o belo túmulo renascentista de Francisco 2º e Margarida de Foix.

OUTROS DESTAQUES

A oeste da catedral, no nº 10 da Rue Georges Clemenceau, fica o Musée des Beaux-Arts, instalado em um excepcional edifício neoclássico (qua-seg 10h-18h, qui 10h-20h). Há ricas coleções de arte dos séculos 15 e 16, e a galeria dedicada ao século 20 contém obras de Monet, Kandinsky e Picasso.

Ao redor do centro da cidade velha ficam os bairros dos séculos 18 e 19. Veem-se belas casas ao redor da Place Graslin, onde o Théâtre Graslin é uma das principais casas de espetáculos da cidade. O Musée Dobrée, na Rue Voltaire, é um palácio projetado por Viollet-le-Duc e contém um eclético acervo, que inclui peças medievais de marfim, manuscritos com iluminuras e uma caixa de joias de ouro que, segundo se diz, contém o coração de Ana da Bretanha (ter-sex 13h30-17h30, sáb, dom 14h30-17h30).

Merecem também uma visita o Jardin des Plantes, na extremidade norte da Rue Clemenceau, jardim botânico criado em 1688; a Île Feydeau –por sua arquitetura–, com suas mansões do século 18 decoradas com balcões de ferro batido; e o Musée Jules-Verne, no nº 3 da Rue de l'Hermitage, dedicado ao escritor de ficção científica nascido em Nantes em 1828.

A Passage Pommeraye é uma arcada de três níveis e teto de vidro, com estátuas e maravilhosos ornamentos neoclássicos, construída no início da década de 1840. A arcada, que se estende entre a Rue Santeuil e a Rue de la Fosse, foi considerada monumento histórico em 1976.

INFORMAÇÕES

www.nantes-tourisme.com

458 E7 · 3 Cours Olivier de Clisson, 44000 · 02 72 64 04 79 · Seg-sáb 10h-18h (qui 10h30-18h) · Nantes · Para uma visita guiada, entre em contato com o centro de informações turísticas · Nos meses de verão, há cruzeiros de lazer pelo rio Loire

DICAS

» O centro de informações turísticas de Nantes vende *Le Pass Touristique*, que dá direito a entrada livre em museus, parques, passeios de barco e transporte, e descontos para zoos, cinemas e atividades esportivas. Passe de 1 dia: €16, 2 dias: €27; 3 dias, €32.

» Você pode alugar uma bicicleta diante da estação de trem e em vários outros pontos da cidade.

Acima *Estátua equestre de Joana d'Arc em Nantes*

ORLÉANS

Joana d'Arc recapturou Orléans dos ingleses em 1429 depois de um cerco de oito meses, e até hoje a cidade é fortemente ligada a seu nome. Mas, antes e depois disso, Orléans foi local de batalhas decisivas. Desde os primeiros tempos, quando a cidade deteve as hordas de Átila, passando pelas guerras religiosas e pela Revolução Francesa, e finalmente durante a Segunda Guerra Mundial, Orléans sofreu muita destruição. Hoje é uma cidade industrial, mas também um movimentado centro universitário.

SEGUINDO OS PASSOS DE UMA SANTA

São muitas as referências a Joana d'Arc em Orléans –nos nomes de ruas, em estátuas e museus. Pode-se visitar a casa da heroína, a Maison Jeanne d'Arc, na Place du Général de Gaulle, hoje um museu (mai-fim out ter-dom 10h-12h, 13h30-18h; resto do ano ter-dom 13h30-18h). A festa anual que celebra o levantamento do cerco por Joana d'Arc ocorre em 7 e 8 de maio, com feira medieval, desfile folclórico, shows e fogos. Os vitrais da dramática Cathédrale Sainte-Croix contam a história de santa Joana. A catedral, voltada para o rio Loire, levou mais de 600 anos para ser construída e tem belos painéis esculpidos (sex-dom 10h-12h, 14h-18h, sáb 17h-18h). Para saber mais sobre Joana d'Arc, ⊳ 33.

ARTE E ARQUITETURA

Como Orléans sofreu profundos danos durante a Segunda Guerra, grande parte da cidade é relativamente nova. Mas ainda existem muitos exemplos da impressionante arquitetura renascentista e dos típicos edifícios de vigamento de madeira aparente. No renascentista Hôtel Groslot, na Place de l'Étape (jul-fim set diariam 9h-18h, visitas guiadas grátis em inglês de hora em hora em out-fim jun, sex, dom 10h-12h, 14h-18h, sáb 17h-18h), o suntuoso interior tem vários móveis extraordinários. O Musée des Beaux-Arts, no nº 1 da Rue Fernand Rabier, também merece uma visita.

VIDA NO PARQUE

Ao sul da cidade fica o Parc Floral de la Source (tel 02 38 49 30 00; abr-fim set diariam 10h-19h; resto do ano, variam). Há muitas atrações para crianças, inclusive um playground ao ar livre, um zoológico e um trenzinho.

INFORMAÇÕES

www.ville-orleans.fr
465 H6 · 6 Place Albert Ier, 45000 · 02 38 24 05 05 · Jul, ago seg-sáb 9h-19h, dom 10h-13h; jun, set seg-sáb 9h-13h, 14h-19h; abr, mai seg-sáb 9h30-13h, 14h-18h30; out-fim mar seg-sáb 10h-13h, 14h-18h · Orléans

DICAS

» A melhor época para visitar Orléans é durante o fim de abril e início de maio, quando o clima está ficando mais quente e antes do fluxo maior de turistas. Você também pode aproveitar o Festival Joana d'Arc (7-8 mai).

» Pode ser difícil estacionar na cidade. Sinais eletrônicos informam que áreas de estacionamento ainda têm espaço.

Acima *A nave da Cathédrale Sainte-Croix*
Pág. ao lado *A Rue Briconnet, uma rua calçada de pedras em Tours*

TOURS

Esta próspera cidade tem um movimentado centro histórico e excelentes opções de compras. O centro de Tours fica entre os rios Loire e Cher, com a parte mais antiga situada entre a Pont Napoléon e a Pont Wilson. Aqui, nas estreitas ruas exclusivas de pedestres, ainda há vários edifícios medievais preservados.

COMPRAS

A Rue des Halles e a Rue Nationale são muito procuradas para compras de artigos de alta classe, enquanto a Rue Colbert é ladeada por antiquários, pequenos restaurantes e galerias de arte. Na ilha central do Boulevard Béranger é realizada uma feira de flores às quartas e aos sábados. Na quinta de manhã, há uma feira de rua no Boulevard Heurteloup, mais a leste.

ARTE E ARQUITETURA

A Cathédrale St.-Gatien, na Rue Colbert, tem magníficos vitrais que datam dos séculos 13 a 15, e, na ala norte, o claustro Psalette tem três galerias e uma notável escada em espiral. Vizinho à catedral fica o popular Musée des Beaux-Arts (qua-seg 9h-12h45, 14h-18h). No esplêndido antigo palácio episcopal estão expostas obras de Mantegna, Rubens e Rembrandt. Não deixe de ver o enorme cedro-do-líbano de 200 anos de idade e 30m de altura no pátio da frente. Seu tronco tem uma circunferência de 7,5m. Em um anexo do outro lado da entrada principal, você pode ver Fritz, um elefante empalhado que morreu em Tours em 1904.

INFORMAÇÕES

www.ligeris.com

464 G7 78/82 Rue Bernard Palissy, BP 4201, 37042 Tours Cedex 1 02 47 70 37 37 Meados abr-meados out seg-sáb 8h30-19h, dom e feriados 10h-12h30, 14h30-17h; meados out-meados abr seg-sáb 9h-12h30, 13h30-18h, dom e feriados 10h-13h Tours Visitas guiadas abr-fim out; informe-se no centro de informações turísticas

DICAS

» Um bilhete combinado de €7, disponível no centro de informações turísticas, dá direito à entrada em seis museus e a uma visita guiada pela cidade.

» Estacionar no centro da cidade pode ser um problema. Se chegar pelo norte, há grandes áreas de estacionamento ao longo da margem sul do rio (entre as quatro pontes do subúrbio norte). Ou estacione a norte do rio e atravesse a pé.

LANGEAIS

Este passeio é uma curta e agradável caminhada por Langeais e o vale do rio Roumer. A rota é fácil e segue por estradas secundárias e trilhas, mas há algumas subidas suaves por encostas.

O PASSEIO
Distância: 2,5km
Duração: 1 hora
Início/fim: Château de Langeais

COMO CHEGAR

Langeais é uma cidade compacta à margem norte do Loire, cerca de 22km a oeste de Tours pela N152. É mais fácil chegar a Langeais pelo sul, atravessando a imensa ponte gótica suspensa parcialmente destruída por uma mina em 1940. Ela fica iluminada à noite.

★ Comece no Château de Langeais, à direita do centro da cidade, que tem um ar austero e foi construído em apenas quatro anos, no fim do século 15, um feito excepcional para um castelo do Loire. O castelo está situado no local de uma antiga fortaleza (o forte em ruínas é um dos mais antigos da França), e foi aqui que Carlos 8º da França e Ana da Bretanha se casaram em 1491.

Atravesse o rio Roumer e suba a Rue Charles VIII até a igreja. Passe pela igreja e suba um lance de escadas. No alto, vire à direita e, depois de 50m, vire à esquerda e suba outra escada, o Chemin du Paradis. No alto desta escada, vá direto em direção ao parque e vire à esquerda quando chegar ao meio. A trilha não é muito visível –apenas atravesse o gramado por entre as árvores em direção ao perímetro oeste do parque. Vire à esquerda e desça em direção a um cemitério. No portão do cemitério, vire à direita na estrada. Na encruzilhada, siga reto por uma estradinha sinalizada Mortvousêtes ("Vocês estão mortos"), que acompanha a encosta de uma colina.

❶ Nesta estradinha há casas construídas em cavernas e vistas do vale do rio, com loteamentos, jardins e a Église de St.-Laurent.

Desça por essa estrada em direção à D57. Cruze a estrada principal, a D57, e siga por outra estrada, o Chemin de la Raguenière, que corre paralela ao Roumer. No primeiro cruzamento, vire à esquerda numa trilha de areia. Cruze o rio e continue até uma ponte de pedra. Na ponte, vire à esquerda numa estradinha e depois pegue a primeira à direita, a Cueille aux Prêtres. Ela sobe em direção ao bosque, passando por um muro de pedra que marca o limite do parque do castelo. Continue até o topo, passando por uma torre de rádio à direita, onde há um cruzamento, tendo ao fundo uma cortina de pinheiros. Vire à esquerda e siga a trilha que desce pelo bosque, tomando cuidado para não escorregar se ela estiver molhada.

❷ No cruzamento seguinte, há um curto desvio à direita, que desce por uma trilha íngreme entre os muros de pedra. Daqui se tem uma bela vista da ponte suspensa e do Loire.

A trilha segue reto, com mais vistas do Loire por entre as árvores, e termina no alto de uma escada. Vire à direita e siga a trilha, que desce por entre as casas em cavernas até chegar à rua principal, a Rue Anne de Bretagne. Vire à esquerda para voltar ao Château de Langeais.

QUANDO IR

Este passeio pode ser feito em qualquer época do ano. No outono, as tonalidades das árvores são vibrantes, mas tenha cuidado com as folhas molhadas, que podem tornar o caminho escorregadio.

ONDE COMER

Em Langeais há lugares onde comer e beber. O passeio não é longo, mas considere levar alguma bebida, principalmente num dia de calor.

PARA VISITAR
CHÂTEAU DE LANGEAIS

www.château-de-langeais.com
✉ Fondation Jacques Siegfried, 37130
☎ 02 47 96 72 60 ⏲ Jul, ago diariam 9h-19h; abr-fim jun, set-meados nov 9h30-18h30; fev, mar 9h30-17h30; resto do ano 10h-17h 🎟 Adultos €8, crianças (6-18) €5

INFORMAÇÕES TURÍSTICAS

www.tourisme-langeais.com

Acima *As torres do castelo*
Pág. ao lado *Mesas de um café vizinho ao Château de Langeais*

Kanterbräu
KANTERBRÄU
TOURS
TOURS 24

VALE DO LOIR

O Loir é um dos menos conhecidos, porém mais encantadores, afluentes do Loire. Ele abre caminho por entre bosques e um campo calmo e ondulante, onde se destacam castelos em ruínas, cidades e vilas famosas por suas casas primitivas escavadas nos rochedos. Saindo do vale do Loir, que tem estreitas ligações com o poeta quinhentista Pierre Ronsard, o passeio explora as ricas planícies cultiváveis de Gâtine Vendômois.

O PASSEIO
Distância: 112km
Duração: 1 dia
Início/fim: Vendôme

Famosa por sua cozinha e seus vinhos, Vendôme é uma cidade encantadora que se estende por vários braços do Loir. Suas ruas têm pontes, edifícios antigos e belas vistas, e no alto de uma colina há um enorme castelo em ruínas.

★ Comece o passeio numa pequena rotatória na margem norte do braço mais ao norte do Loir, na D957. Com o rio à sua esquerda, siga as placas para Le Mans e Montoire. Continue pela D957 ao longo da margem norte do rio e depois pela D5, que vira para oeste na direção de Villiers-sur-Loir.

❶ Cercada por campos e vinhedos, Villiers é uma cidadezinha agradável, cuja maior atração é o vizinho Château de Rochambeau.

Continue para Le Gué-du-Loir, que é cercada de pastos alagados e álamos. Então vire à esquerda na D24 para as Roches-l'Évêque, famosas por suas casas construídas em cavernas. Siga para Montoire-sur-le-Loir.

❷ A elegante cidade de Montoire está cheia de edifícios de pedra branca. A grande praça central leva ao rio, que corre por um campo florido, dominado por um castelo medieval em ruínas. A Chapelle St.-Gilles tem notáveis pinturas murais. Se estiver fechada, peça a chave na prefeitura ou no Café de la Paix.

De Montoire, pegue a rua que sai da praça em direção ao castelo. Cruze o rio, vire à esquerda e continue por entre o bosque da margem sul do Loir em direção a Lavardin.

❸ Cercada por bosques, Lavardin é uma típica vila medieval, com ruas que serpenteiam por entre casas antigas, uma igreja românica com pinturas murais e as espetaculares ruínas de um castelo. Logo abaixo da parede oeste da igreja, ao lado de uma entrada para as ruínas do castelo, há uma pequena área de estacionamento. Aqui, uma placa indica três rotas sinalizadas ao redor de Lavardin.

Saindo de Lavardin, cruze o rio e volte para Montoire pela margem norte. Continue por essa estrada, a

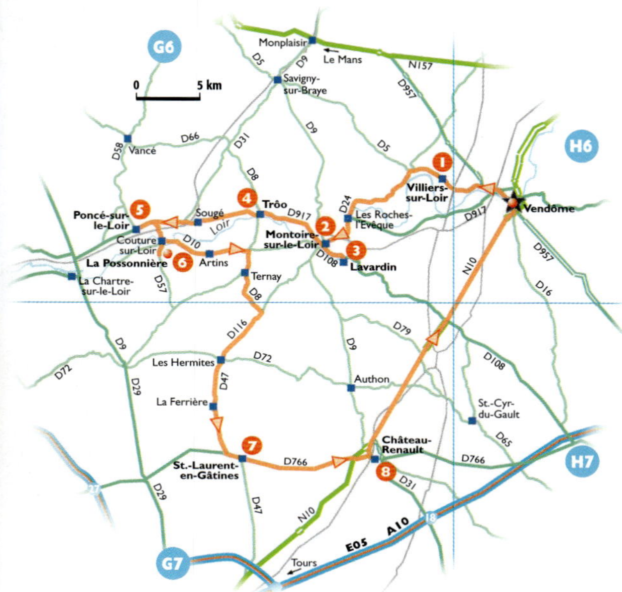

D108, direto para Montoire e siga pela D917 para Trôo.

❹ Trôo é na verdade formada de duas vilas: um agradável povoado à beira do rio e outro nas colinas ao norte. Aqui você vai encontrar um velho castelo no alto de um monte, de onde se tem uma linda vista do vale do Loir, uma igreja românica, ruínas de fortificações e portais, e antigas casas de pedra. Ligando as duas vilas há uma escadaria que desce pela encosta e passagens estreitas e rochosas que ligam as casas de um dos maiores povoados primitivos.

A estrada que leva à cidade no alto da montanha é bem sinalizada logo depois de sair do novo bairro de Trôo à beira do rio. De Trôo, siga pela mesma estrada, a D917, passando por Sougé e, na Pont-de-Braye, siga pela D305 para Poncé-sur-le-Loir.

❺ Poncé-sur-le-Loir tem um castelo renascentista ricamente decorado, com jardins formais. Entre a ferrovia e o rio, uma antiga fábrica de papel abriga ceramistas e vidreiros.

Volte pela mesma estrada por 1,5km e então vire à direita para cruzar a ferrovia e o rio pela D57 em direção a Couture-sur-Loir. Este adorável trecho de estrada é ladeado por íngremes encostas verdejantes.

❻ Couture-sur-Loir é uma agradável vila rural de ruas calmas e casas antigas. Um curto desvio fora da cidade leva você a La Possonnière, uma mansão senhorial renascentista com um lindo jardim. Aqui nasceu o poeta Pierre Ronsard no século 16.

Saia de Couture pela D10, passando por Artins. Logo depois de Artins, vire à direita numa encruzilhada e entre na D8 em direção a Ternay. A igreja de Ternay, com sua torre separada do prédio principal, está situada em meio a um jardim cheio de flores. Continue pela D8 para Le Berloquet e, no próximo cruzamento, vire à direita na D116 para Les Hermites. Siga por esta estrada e pela D47 para La Ferrière. Na vila, vire à direita e depois siga as placas para St.-Laurent-en-Gâtines. No cruzamento com a estrada principal, vire à esquerda na D766 e você já avistará a extraordinária igreja de St.-Laurent.

❼ A remota vila de St.-Laurent-en-Gâtines é conhecida por sua igreja, que no século 15 era uma enorme casa senhorial de tijolos. Se você não chegar durante o serviço religioso, poderá visitar o interior.

Continue pela D766 em direção a Château-Renault.

❽ Situada num promontório voltado para a confluência dos rios Brenne e Gault, Château-Renault é uma cidade agradável com um castelo medieval em ruínas, moinhos à beira do rio e lojas.

Saindo de Château-Renault, cruze a ferrovia e vire à direita na N10, que leva direto de volta a Vendôme cruzando Gâtine Vendômois.

QUANDO IR

Este passeio pode ser feito em qualquer época do ano, mas nos períodos de chuva pode haver inundações no vale do Loir, e na baixa estação as atrações podem estar fechadas. Maio e junho são bons meses, quando Vendôme está encantadora, com flores e arbustos ao longo das margens do rio.

ONDE COMER

Há muitos restaurantes nas cidades e vilas situadas no caminho.

PARA VISITAR

CHÂTEAU DE PONCÉ

72340 Poncé-sur-le-Loir 02 43 44 45 32 Ligue para informações atualizadas Adultos €5, crianças (7-14) €3

MANOIR DE LA POSSONNIÈRE

41800 Couture-sur-Loir 02 54 85 23 30 Jul, ago diariam 10h-18h; jun, set, ter-dom 14h-18h; abr, mai qui-dom 14h-18h; fechado nov-fim mar Visita guiada: adultos €6, crianças (12-18) €4,50; apenas jardim €4

Pág. ao lado *Castelo em ruínas em Vendôme*

PASSEIO DE CARRO

CASTELOS DO LOIRE

Visitar os castelos do Loire é voltar no tempo e ver como era a vida da aristocracia francesa em séculos passados. Nenhum outro trecho do rio tem tantas residências nobres. São mais de 120 castelos de contos de fadas e mansões ao longo das margens. Este passeio visita três dos mais famosos castelos do Loire (Chenonceau, Cheverny e Chambord) e passa por muitos outros no caminho.

O PASSEIO
Distância: 128km
Duração: 1 dia
Início/fim: Bléré

★ O Loire, o rio mais longo da França, flui preguiçosamente por 1.020km de sua nascente, no Maciço Central, até St.-Nazaire, no Atlântico. O passeio parte de Bléré, pouco mais de 20km a leste de Tours.

De Bléré, siga as placas para La Croix-en-Touraine, Civray-de-Touraine e Chenonceaux. Cruze o rio Cher e em Civray-de-Touraine vire à direita na D40 para o Château de Chenonceau.

❶ O Château de Chenonceau (▷ 229) é o castelo mais fotografado do Loire. O escritor Gustave Flaubert disse que ele "flutua no ar e na água", por causa da magnífica passarela que transpõe o rio.

Continue pela D40, atravessando o vale do Cher e passando por Chissay-en-Touraine, que tem um castelo do Renascimento tardio, que é hoje um hotel, e o forte medieval em ruínas de Montrichard. Daqui, vire à esquerda na D764 na direção de Pontlevoy. Vá até Sambin e então entre à direita na bifurcação, pegando a D52 e passando pelo castelo de Fougères-sur-Bièvre.

❷ O Château de Fougères-sur-Bièvre é pequeno e fortificado, um magnífico exemplo da arquitetura medieval suavizada por uma galeria renascentista.

Atravesse os vinhedos e siga as placas para Cheverny, um dos mais belos castelos do Loire, num parque maravilhoso.

❸ O castelo de Cheverny tem um interior elaboradamente decorado com tapeçarias flamengas e pinturas dos velhos mestres. De abril ao fim de novembro, você pode visitar o parque num bote ou num carrinho elétrico semelhante aos de golfe.

Daqui, sigas as placas para Chambord. Cruze a D765 e pegue a D102 para Bracieux. Vire à esquerda na D120/D112 e atravesse a densa Forêt de Boulogne na direção de Chambord.

❹ Chambord (▷ 232) é o maior dos castelos, com pináculos, espiras, domos e chaminés que perfuram o céu.

Agora siga para Blois pela D33 e pela D956.

❺ O Château Royal de Blois (▷ 233) é famoso por sua arquitetura incomum e suas histórias de amor e intriga.

De Blois, a N152, na margem norte do Loire, leva a Amboise, passando pelo castelo de Chaumont, na margem sul.

❻ Situado num extenso parque plantado com cedros centenários, Chaumont é o castelo onde Catarina de Medici viveu por algum tempo depois da morte de Henrique 2º. Dê uma olhada no estábulo, onde as manjedouras são de porcelana! De meados de junho a meados de outubro, o castelo recebe um festival internacional de jardinagem, com um tema diferente a cada ano. O festival ocorre nos 25 jardins da propriedade.

Em Amboise, cruze o rio para a cidade velha e o castelo, um dos mais visitados do Loire.

❼ Em Amboise está situado um dos verdadeiros castelos reais do Loire, com uma história interessante, mas sangrenta. Embora ainda haja muito o que ver, o castelo perdeu muito ao longo dos séculos: foi abandonado pela realeza depois da matança da Conspiração de Amboise, em 1560, e uma grande parte se desmantelou depois da Revolução devido à falta de recursos. No início do século 16, Francisco 1º convidou Leonardo da Vinci a viver em Amboise, onde ele passou os quatro últimos anos de sua vida (▷ 35). Um museu exibe mais de 40 modelos construídos a partir dos desenhos de Leonardo.

Pegue a D31, passando pela Forêt d'Amboise, e volte a Bléré.

QUANDO IR

Esta rota é muito popular, e os castelos mais importantes recebem um número incrível de visitantes. Se possível, evite a alta estação turística, em julho e agosto, e, no resto do ano, os fins de semana e feriados. Para fugir das aglomerações, escolha os castelos menos famosos em vez dos três mais importantes: Chenonceau, Cheverny e Chambord.

Tente chegar a qualquer um dos grandes castelos meia hora antes do horário de abertura pela manhã, ao meio-dia (se o castelo não fechar), quando muitos visitantes estarão almoçando, ou no fim da tarde.

ONDE COMER

BONNE ÉTAPE

✉ 962 Quai des Violettes, 37400 Amboise ☎ 02 47 57 08 09 🕘 Almoço e jantar ter-sáb e almoço dom; fechado 18 dez-7 jan, 4-13 fev

PARA VISITAR

CHÂTEAU DE FOUGÈRES-SUR-BIÈVRE

www.monum.fr

✉ 41120 Fougères-sur-Bièvre ☎ 02 54 20 27 18 🕘 Mai-meados set diariam 9h30-12h30, 14h-18h30; resto do ano qua-seg 10h-12h30, 14h-17h ✋ Adultos €5, menores de 18 grátis

CHÂTEAU DE CHEVERNY

www.château-cheverny.fr

✉ 41700 Cheverny ☎ 02 54 79 96 29 🕘 Jul, ago diariam 9h15-18h45; abr-fim jun, set 9h15-18h15; resto do ano 9h45-17h ✋ Castelo e parque: adultos €7, crianças (7-14) €3,40, menores de 7 grátis

CHÂTEAU DE CHAUMONT

www.chaumont-jardins.com

✉ 41150 Chaumont-sur-Loire ☎ 02 54 20 99 22 🕘 Diariam 9h30-anoitecer (entrada até 19h) ✋ Castelo e festival de jardinagem: adultos €9, crianças (6-10) €3,50

CHÂTEAU D'AMBOISE

www.château-amboise.com

✉ 37400 Amboise ☎ 02 47 57 00 98 🕘 Jul, ago diariam 9h-19h; abr-fim jun 9h-18h30; set, out 9h-18h; mar, 1-15 nov 9h-17h30; fev 9h-12h30, 13h30-17h; resto do ano 9h-12h30, 14h-16h45 ✋ Adultos €9, crianças (7-14) €5.30

Pág. ao lado *Jardins do Château de Chenonceau*
Abaixo *O rio Loire em Blois*

ST.-BENOÎT-SUR-LOIRE

A igreja do mosteiro de St.-Benoît-sur-Loire é uma das mais famosas construções românicas da França e o local do repouso eterno de são Benedito, o pai do monasticismo ocidental. O passeio leva a um porto fluvial do século 19, passando por terras cultivadas à beira-rio, com barreiras contra enchentes erguidas no século 15. Você também verá o pátio onde os moradores costumavam trocar fofocas sobre a vida na vila.

O PASSEIO
Distância: 9km
Duração: 3 horas
Início/fim: Basílica de St.-Benoît-sur-Loire

COMO CHEGAR

St.-Benoît-sur-Loire fica na margem norte do rio Loire, 40km a sudeste de Orléans.

★ O passeio começa na igreja monástica de St.-Benoît-sur-Loire. A grande basílica, que domina a vila de St.-Benoît-sur-Loire e o campo ao redor, é tudo o que restou do mosteiro beneditino de Fleury, fundado em 651. A vida do povoado gira em torno da basílica, seus serviços e suas festas religiosas. Seis vezes por dia, a basílica se enche com o som dos cantos gregorianos e orações dedicadas a são Benedito. Entre um serviço e outro, os monges oferecem visitas guiadas à sua magnífica igreja, um projeto simples e sólido construído entre 1004 e 1218.

Saindo da igreja, pegue o Chemin du Port, passando pelo Hôtel du Labrador, e siga uma pequena placa que indica a ciclovia para Sully. Atravesse a pequena ponte e entre num caminho de cascalho, depois vire à esquerda, atravessando um campo plantado até chegar a um vilarejo chamado Hameau du Port.

❶ No encantador povoado de Hameau du Port está situado o porto de St.-Benoît, atracadouro dos barqueiros que viviam nas pequenas cabanas, que datam principalmente do início do século 19. Vire à direita e depois pegue o passeio à beira-rio, a primeira à esquerda. Os altos níveis

das águas estão marcados nas paredes das cabanas, lembrança das chuvas dos anos 1800, quando as cheias tiveram um impacto devastador. Vire à esquerda pouco antes da entrada de um camping e, ao lado de uma cabana de madeira, pegue a trilha que atravessa o bosque. Depois de alguns minutos, uma clareira se abre numa encruzilhada. Vire à direita numa trilha elevada, acompanhando a curva do rio à sua direita, com um campo cultivado à sua esquerda.

❷ Essas margens elevadas *(levées)* são comuns ao longo do Loire. Esta foi construída no século 15 para conter as enchentes.

Depois de uns 2km, surgem vários prédios do lado direito. Vire à esquerda, passe por construções de fazenda e entre no Chemin de la Levée. Vire à direita no cruzamento em T, passe por velhos prédios de pedra e vire à esquerda no próximo cruzamento, de volta ao mosteiro. Vire à esquerda de novo na cruz de metal e siga por outro campo até a próxima encruzilhada. Vire à direita e volte a St.-Benoît. Atravesse uma pequena ponte e pegue a primeira à esquerda para chegar à Place du Grand Arcis. Atravesse diagonalmente esta pracinha. A Rue Jean de Fleury leva à praça principal.

❸ Na esquina da praça principal fica um *caquetoir* (de *caqueter,* fofocar). Os paroquianos se reúnem neste pátio coberto para trocar novidades.

Cruze a praça em diagonal, vire à direita na Rue Max Jacob e atravesse outra pequena ponte. Vire logo à esquerda e desça por uma trilha que acompanha um *fossé* (canal).

❹ O *fossé* é coberto de ervas daninhas. Você vai passar por canteiros de verduras e fileiras de jardins, cada um com acesso por uma pequena ponte de ferro batido.

Continue acompanhando o *fossé,* passando por um lar de aposentados à direita. O caminho faz uma curva à esquerda e volta à estrada principal. Vire à esquerda em direção ao centro da vila e depois pegue a segunda à direita para a Avenue de l'Abbaye, que leva à basílica.

QUANDO IR

O passeio pode ser feito em qualquer época do ano. Mesmo no inverno as paisagens são lindas.

ONDE COMER

GRAND ST.-BENOÎT

✉ 7 Place St.-André, 45730 St.-Benoît-sur-Loire 🕒 Almoço e jantar ter-sex; jantar sáb, almoço dom; fechado 22 dez-21 jan

INFORMAÇÕES TURÍSTICAS

www.tourisme-loire-foret.com

Acima, da esq. p/ dir. *Arcos da Abbaye de St.-Benoît-sur-Loire; Abbaye de St.-Benoît-sur-Loire*

Pág. ao lado *Capitéis esculpidos da Abbaye de Fleury*

ARTE, COMPRAS, DIVERSÃO E NOITE

Acima *Pedalando perto do Château de Chambord*

ANGERS

GAUMONT ANGERS MULTIPLEXE

www.gaumont.fr

Este grande cinema multiplex no bairro de St.-Serge, perto da universidade, exibe filmes novos, dos quais metade são em inglês.

✉ Avenue des Droits de l'Homme, 49100 Angers ☎ 0892 696 696 ⏲ Sessões a partir de 14h ✋ Adultos €9,40

AZAY-LE-RIDEAU

COOPERATIVE DE LA VANNERIE

www.vannerie.com

Esta é uma cooperativa de artesãos que produz uma grande variedade de artigos, de pequenas cestas a bancos de jardim.

✉ 1 Rue de la Cheneillère, 37190 Villaines-les-Roches ☎ 02 47 45 43 03 ⏲ Jul, ago diariam 9h-19h; resto do ano seg-sáb 9h-12h, 14h-19h, dom 10h-12h, 14h-19h

TOURAINE JUS DE POMMES

www.tourainejusdepommes.fr

Monsieur Robert e sua equipe transformam as maçãs do pomar em deliciosos sucos, e o centeio do campo numa fabulosa cerveja caseira. Você pode experimentá-la aqui (perto do centro da vila) antes de decidir comprar na loja.

✉ A la Loge, 37190 Azay-le-Rideau ☎ 02 47 45 98 98 ⏲ Seg-sex 8h30-12h30, 14h-17h

BLOIS

AIR MAGIC LOIRE VALLEY

www.air-magic.com

Flutue nas nuvens num balão em uma sensacional aventura de 60 ou 90 minutos sobre o vale do Loire. Os pontos de decolagem variam, e entre as opções estão os vinhedos de Amboise, Villandry e Azay-le-Rideau.

✉ 2 Rue de Dionval, 28130 Saint-Piat ☎ 02 37 32 38 06 ⏲ Voos o ano todo ✋ €130 por pessoa

ANTEBELLUM

Esta joalheria-antiquário na zona comercial da Rue St.-Martin e Rue du Commerce merece uma visita por sua soberba coleção de peças de diferentes épocas. Conheça a variedade de pedras preciosas e semipreciosas, ouro e prata.

✉ 12 Rue St.-Lubin, 41000 Blois ☎ 02 54 78 38 78 ⏲ Ter-sáb 10h-12h, 14h-19h

AU PARADIS DES ENFANTS

Com uma proposta diferente para as crianças (e para os pais), esta loja oferece brinquedos modernos e antigos de todos os tipos. É uma ótima opção para um aniversário ou apenas uma parada.

✉ 24 Rue Poite Chartraine, 41000 Blois ☎ 02 54 19 88 86 ⏲ Ter-sáb 9h30-12h, 14h30-19h

TAPISSERIE LANGLOIS

Quem se encantar com as tapeçarias vistas nos castelos do Loire pode escolher uma cópia historicamente precisa aqui. Há tapetes de muitos dos castelos mais famosos da região, a preços que vão de €180 a €3 mil dependendo do tamanho e da quantidade de detalhes.

✉ Route du Château, 41000 Blois ☎ 02 54 78 04 43 ⏲ Seg-sáb 9h-12h, 14h-19h, dom 10h-12h, 15h-18h

BOURGES

MAISON DE LA CULTURE

www.mcbourges.com

Este moderno teatro apresenta dança, música clássica e teatro. Há espetáculos para crianças em cartaz durante o verão.

✉ Place André Malraux, 18005 Bourges ☎ 02 48 67 74 74 ⏲ Os espetáculos em geral começam às 19h30 seg-sáb ✋ Adultos a partir de €28

CHEVERNY

CHEVERNY GIFT SHOP

Há muitas lojas de lembranças dos castelos do Loire, mas esta é possivelmente a melhor. As duas salas têm todos os suvenires habituais, além de obras de arte, livros de quadrinhos, armaduras, espadas de coleção e peças de vidro.

41700 Cour-Cheverny 02 54 79 96 29 Jul, ago diariam 9h15-18h45; abr-fim jun, set, out 9h45-17h30; nov-fim mar 9h45-17h

CHINON

ANTIQUAIRES/BROCANTEURS

Touraine é uma região com ricos achados para os aficionados de antiguidades. Visite o centro de informações turísticas de Chinon e peça o folheto *Antiquaires Brocanteurs et Métiers d'Art*. Ele relaciona os melhores antiquários da região, em que peças cada um é especializado e a localização das lojas num mapa.

CHOLET

CYBERPUB DU CADRAN

www.lecadran.net

Aqui você encontrará uma eclética mistura de cibercafé, boate e restaurante (que oferece de um expresso a pratos da cozinha tex-mex e coquetéis cubanos), com noites temáticas e um ambiente animado.

8 Boulevard Gustave Richard, 49300 Cholet 02 41 62 26 50 Seg-sáb 16h-2h Couvert nas noites temáticas

GIEN

MUSÉE DE LA FAÏENCERIE

www.gien.fr

A vila de Gien tem uma longa tradição na produção da faiança, num estilo famoso por seu brilho azul-escuro com detalhes dourados. Você pode ver exemplos neste museu, visitar a fábrica (mediante agendamento) e depois comprar as peças que quiser na loja.

78 place de la Victoire, 45500 Gien 02 38 05 21 05 (loja) seg-sáb 9h-12h, 14h-18h

LE MANS

LA PÉNICHE EXCELSIOR

Ao sul do centro da cidade, esta é uma casa singular que funciona num velho barco ancorado no cais do rio Sarthe. Há eventos quase diariamente, de dança a concertos.

Rue de La Raterie, 72700 Allones 02 43 88 34 25 Variam de acordo com o evento €10

LE ST.-FLACEAU

Este bar tem um terraço empoleirado numa antiga muralha romana, mas você pode escolher uma confortável poltrona neste apartamento do século 18 com piso de parquê e desfrutar um drinque de preço razoável entre as várias opções em oferta.

9 Rue St.-Flaceau, 72000 Le Mans 02 43 23 24 93 Seg-qui 17h-1h, sex-sáb 17h-2h

CIRCUITO AUTOMOBILÍSTICO

www.lemans.org

Além da famosa corrida 24 Horas de Le Mans, este lendário autódromo recebe outros eventos esportivos de velocidade. O circuito fica a 5km da cidade pela rodovia D147.

Le Mans Circuit des 24 heures, 72019 Le Mans 02 43 40 24 24 24 Horas de le Mans meados jun Por volta de €60

NANTES

BIJOUX LA JALURA

Esta loja vende joias antigas e de segunda mão de todas as partes da Europa e da Ásia. Os vendedores são pacientes e bem informados, e é melhor ligar antes, porque o dono às vezes está fora.

21 Rue Mercoeur, 44000 Nantes 02 40 35 60 84 Ter-sex 10h-12h30, 14h30-19h, sáb 10h-12h30, 15h-19h

BRICABRAQUE

Se você quer uma pechincha, vá até a Rue Jean Jaurès, onde antiquários e lojas de bricabraque disputam seu dinheiro e as galerias de arte exibem obras-primas desconhecidas. Artistas e artesãos têm seus ateliês na Place Viarme, onde também há um mercado de pulgas aos sábados.

02 72 64 04 79 (informações turísticas) Os horários das lojas variam

GAUTIER-DEBOTTÉ

www.gautier-debotte.com

Esta confeitaria é parte da herança de Nantes –na verdade, um tesouro nacional. Experimente o Muscadet Nantais, um chocolate recheado de uvas verdes marinadas em álcool.

9 Rue de la Fosse 02 40 48 23 19 Ter-sáb 9h-19h15

LE LIEU UNIQUE

www.lelieuunique.com

Este moderno teatro no canal St.-Félix apresenta todos os tipos de produções, de clássicos de Shakespeare (encenado pelo menos uma vez por ano em inglês) a peças modernas. Há um bar e restaurante aberto para um drinque ou uma refeição antes e depois do espetáculo.

Quai Ferdinand Favre, 44013 Nantes 02 40 12 14 34 (bilheteria) Aberto o ano todo Adultos a partir de €17

RUE CREBILLON/ PASSAGE POMMERAYE

A Rue Crebillon é a principal rua comercial de Nantes, onde olhar as vitrines das lojas elegantes é uma atividade popular. As butiques da Passage Pommeraye, construída em 1843, têm três andares, ligados por escadas de madeira, com balcões de ferro batido encimados por estátuas no estilo clássico.

44000 Nantes

ORLÉANS

ALAIN BESNARD

Este é o lugar para quem está interessado em artes decorativas do século 19. A loja oferece de pequenos enfeites para o console da lareira a grandes pinturas. Há também uma boa variedade de móveis e obras de arte dos séculos 17 e 18, embora a maioria das peças seja grande demais para levar. Os vendedores são muito prestativos.

92 rue Bannier, 45000 Orléans 02 38 53 18 02 Ter-sáb 10h-12h, 14h-19h

LA CHOCOLATERIE ROYALE

A especialidade desta *chocolaterie* é a *cotignac*, uma geleia de marmelo, mas há um grande estoque de outras delícias regionais e tradicionais –de bombons a peças da estação que mais parecem arte que chocolate. A loja faz belos pacotes de presente.

51 Rue Royale, 45000 Orléans 02 38 53 93 43 Ter-sáb 10h-12h30, 14h30-19h

MARCHÉ D'ORLÉANS

Esta feira é conhecida em toda a França como uma das melhores da região. O charme está no fato de que ela é itinerante, e cada dia da semana um lugar da cidade se transforma numa praça de vila.

Blossière ter 7h-12h; Dauphine ter 7h-12h; Munster qua 7h-12h; Place Dunois qui 15h-19h30; Charpenterie Quai du Roi sáb 6h-12h30

G. MARTIN POURET

www.martin-pouret.com

Um método tradicional de produção de vinagre de vinho é utilizado aqui desde 1797, e este é o único lugar da região onde a produção continua. O resultado é um vinagre que dá um toque especial a qualquer receita. Conheça o processo e faça compras na loja.

236 Faubourg-Bannier, 45400 Fleury-les-Aubrais 02 38 88 78 49 Seg-sex 8h-12h, 14h-17h30

LES MUSARDISES

Jacques Desbois é o proprietário desta casa que se dedica a misturar as artes do confeiteiro e do *chocolatier*. Prove o paradis, nome apropriado para a mistura de crème d'orange com uma delicada musse de chocolate sobre merengue.

38 Rue de la République, 45000 Orléans 02 38 53 30 98 Ter-sáb 8h-19h30, dom 8h-12h30

PAXTON'S HEAD

Esta é uma casa de jazz com clima de pub inglês.

264 Rue de Bourgogne, 45000 Orléans 02 38 81 23 29 Diariam 15h-3h Grátis

ZÉNITH

www.orleans-gestion.fr/zenith/

Uma torre de vidro cintilante, o Zénith é uma casa de Orléans que recebe grandes eventos culturais. Os concertos de música vão do pop ao rock, e também há shows para crianças.

1 Rue du Président Robert Schuman, 45074 Orléans 02 38 25 04 29 Concertos 19h30, shows para crianças à tarde €40-€90

PORT ST.-PÈRE

PLANÈTE SAUVAGE

www.planetesauvage.com

Um dos melhores parques de safári da França, com mais de 10km de vias e 13 ambientes diferentes. A vila-safári oferece atividades, comida, bebida e compras, e, se tanta vida selvagem não bastar, há uma casa de serpentes na vila. Da D65, pegue a D11 na direção de St.-Mars de Coutaism e siga as placas.

44710 Port St.-Père 02 40 04 82 82 Jul, ago diariam 9h30-17h30; abr-fim jun, set 10h-17h; fim mar, out, nov 10h-16h; fechado dez-fim mar Adultos €17, crianças (3-12) €11

ST.-BARTHÉLEMY-D'ANJOU

LA DISTILLERIE COINTREAU

Nesta destilaria bem a leste de Angers é produzido o licor que dá sabor a muitos coquetéis. No museu, a equipe é bem informada e pode ajudar você a entender o processo de destilação e lhe permitirá degustar um cálice antes de se decidir a comprar.

Carrefour Molière, Boulevard des Bretonnières, 49124 St.-Barthélemy- d'Anjou 02 41 31 50 50 Diariam Visita guiada (em inglês) mediante agendamento

TOURS

CENTRE CHORÉGRAPHIQUE NATIONAL DE TOURS

Daniel Larrieu dirige esta companhia em vários tipos de dança. A ênfase é na dança moderna, mas de vez em quando é apresentado um espetáculo de balé.

47 Rue du Sergent Leclerc, 37000 Tours 02 47 36 46 00 Verifique os horários €9-€14

LE CORSAIRE

Embarque neste divertido bar temático localizado no centro da cidade. Os donos se orgulham de oferecer mais de 400 coquetéis, que são saboreados entre vigias e lanternas penduradas.

187 Avenue de Grammont, Tours 37000 02 47 05 20 00 Seg-sáb 18h30-4h

MARCHÉ

Este mercado no centro da cidade é sempre movimentado, principalmente aos domingos. A *charcuterie* é particularmente boa, com uma assombrosa seleção de carnes frescas e dúzias de tipos de linguiça. Os produtos feitos a mão são de boa qualidade.

Place des Halles, 37000 Tours Diariam 7h-14h

MARCHÉ AUX PUCES

Para os que procuram bons preços, este mercado de pulgas ao ar livre na Place de la Victoire é uma boa opção. Esteja preparado para caçar pérolas, e lembre-se de que não é fácil pechinchar numa língua que não é a sua.

Place de la Victoire, 37000 Tours Qua, sáb 7h-17h

À esq. *A Passage Pommeraye, em Nantes, é ladeada de tentadoras butiques*

PALAIS DES SPORTS
Este é um grande complexo de lazer com uma arena esportiva, duas piscinas (uma olímpica) e um rinque de patinação no gelo. Não aceita cartões de crédito.
✉ 1 Boulevard Lattre de Tassigny, 37042 Tours ☎ 02 47 70 86 80; piscina: 02 47 70 86 20 🕓 Variam conforme a programação de férias; informe-se por telefone
✋ Piscina, €2,70 por sessão

PHILIPPE BRUNEAU
Uma rara e bela coleção de peças antigas de madeira dourada e bronze –a maioria dos séculos 17 e 18– é o que você vai encontrar nesta loja no centro de Tours. Há também uma excelente coleção de relógios de parede e de pulso antigos.
✉ 62 Rue de la Scellerie, 37000 Tours
☎ 02 47 05 25 87 🕓 Ligue para marcar hora

LE PYMS
Esta boate situada num agitado bairro de Tours atrai um público jovem. Uma seleção musical atualizada faz da casa um ponto de encontro de jovens de toda a região. Geralmente está lotada.
✉ 170 Avenue de Grammont, Tours 37000
☎ 02 47 66 22 22 🕓 Qua-dom 22h30-4h

RUE DE BORDEAUX/RUE NATIONALE
A maior concentração de grandes lojas da região se estende da estação de trem do século 19 à Rue Nationale. Seguindo pela Rue Nationale até o rio você encontra as butiques caras e muitas pequenas lojas. Nem todas as lojas aceitam cartões de crédito.
✉ 37000 Tours

TOURS AERO CLUB
www.toursaeroclub.fr
Faça um voo com guia sobre o vale do Loire num avião de treinamento. Os voos partem do Aéroport Tours-Val de Loire, na N152, na saída da cidade.
✉ Aéroport Tours Val de Loire, 37100 Tours
☎ 02 47 51 25 68 🕓 Aberto o ano todo
✋ €126 o primeiro voo

FESTIVAIS E EVENTOS

MAIO-SETEMBRO

CINÉSCÉNIE
www.puydufou.com
Um esplêndido espetáculo de som e luz que dura cerca de 2 horas, com show pirotécnico e de laser, grupos de dançarinos e 50 cavaleiros montados. Além disso, o castelo como pano de fundo justifica uma visita. Convém fazer reserva.
✉ Château du Puy du Fou, 44190 Clisson
☎ 02 51 64 11 11 🕓 Jun-fim jul sex-sáb 22h30; ago-meados set sex-sáb 22h
✋ Adultos €26, crianças €15

JUNHO

CORRIDA 24 HORAS DE LE MANS
▷ 249.
🕓 Meados jun

JULHO

SHOW DE LUZES EM VILLANDRY (LES NUITS DES MILLE FEUX)
www.châteauvillandry.com
Durante dois dias no início de julho, 2 mil velas iluminam o jardim do castelo ao anoitecer. A noite se encerra com magníficos fogos (veja a loja nesta página e pág. 234).
✉ Château de Villandry, 37510 ☎ 02 47 50 02 09 ✋ Jardins €5,50

JULHO-AGOSTO

FESTIVAL INTERNACIONAL DE ÓRGÃO EM CHARTRES
www.ville-chartres.fr
orgues.chartres.free.fr
Durante todo o verão, aprecie a música de órgão em uma das mais belas catedrais da França, Notre-Dame de Chartres (▷ 230-1), famosa por suas torres assimétricas.
✉ Place de la Cathédrale, 28005 Chartres
☎ 02 37 18 26 26

NOVEMBRO

FESTIVAL DOS TRÊS CONTINENTES
www.3continents.com
Esqueça o clima hollywoodiano do Festival de Cinema de Cannes. Este festival mostra o trabalho de diretores da Ásia, América Latina e África, e o preço dos ingressos é barato.
✉ Nantes ☎ 02 40 69 74 14 🕓 Fim de novembro

VEIGNÉ

VAL D'INDRE CANOË-KAYAK
www.veigne.canoe.free.fr
Explore o calmo rio Indre de caiaque, faça um trecho com um guia ou alugue um caiaque e navegue sozinho. Os guias são instrutores habilitados.
✉ Moulin de Veigné-Mairie, 37250 Veigné
☎ 02 47 73 13 19 🕓 Jul, ago diariam; abr-fim jun sáb, dom ✋ Aluguel do caiaque a partir de €6,50 por hora

VILLANDRY

LOJA DE PRESENTES DO CHÂTEAU DE VILLANDRY
Esta loja de presentes reflete o castelo (▷ 234) e também se especializou em artigos de jardinagem. As prateleiras estão lotadas de sementes, utensílios de jardinagem de boa qualidade e livros sobre o próprio jardim, alguns em inglês. A loja às vezes fecha na hora do almoço, e por isso convém telefonar antes de ir. Villandry fica a 10km de Tours na D7, e a estrada é bem sinalizada.
✉ Château de Villandry, 37510 Villandry
☎ 02 47 50 02 09 🕓 Mai-meados set diariam 9h-19h30; mar-fim abr e meados set-meados out 9h-19h; meados out-meados fev 9h-17h30

ONDE COMER

PREÇOS E SÍMBOLOS
Os restaurantes estão listados por ordem alfabética (sem Le, La e Les). Os preços correspondem a um almoço (A) de dois pratos e um jantar (J) de três pratos para uma pessoa, sem bebidas. O preço do vinho refere-se a uma garrafa da marca menos cara.

Para a legenda de símbolos, ▷ 2.

AMBOISE

BONNE ÉTAPE

Aqui os preços são razoáveis. Os pratos de peixe, servidos com molhos regionais, são os melhores. As crianças são bem-vindas, e o cardápio infantil custa €9.
✉ 962 Quai des Violettes, 37400 Amboise ☎ 02 47 57 08 09 🕒 Ter-sáb 12h-13h45, 19h30-20h45, dom 12h-13h45; fecha 18 dez-7 jan, 4-13 fev ✋ A €15, J €40, vinho €15

AZAY-LE-RIDEAU

LES GROTTES

As duas salas de jantar são cavernas esculpidas na rocha. O restaurante serve bons pratos da cozinha regional, como anguille (enguia) defumada, linguiça com ovos mexidos e medalhões de pato com maçãs sautée. Os vinhos do vale do Loire são a especialidade.
✉ 23 rue de Pineau, 37190 Azay-le-Rideau ☎ 02 47 45 21 04 🕒 Jul, ago diariam 7h15-20h45 (também qua, sex 12h-13h45); abr-fim out sex-qua 12h-13h45, 19h15-20h45 (fecha sáb almoço); fev, nov sáb-dom 12h-13h45, 19h15-20h45 ✋ A €32, J €44, vinho €14,50

BLOIS

AU BOUCHON LYONNAIS

www.aubouchonlyonnais.com
Este restaurante de bons preços, dirigido pelo chef Frédéric Savy, tem um menu regional, que inclui tamboril no molho de pimenta e salmão em molho de vinagre balsâmico e nozes torradas.
✉ 25 Rue des Violettes, 41000 ☎ 02 54 74 12 87 🕒 Seg 7h-22h, ter-sáb 12h-14h, 19h-22h ✋ A €20, J €30, vinho €13

AU RENDEZ-VOUS DES PÊCHEURS

www.rendezvousdespecheurs.com
Além dos peixes e frutos do mar, há outras especialidades, como a torta de camarão de água doce com salsa e vários pratos de lagosta. O menu infantil custa €14. Convém reservar.
✉ 27 Rue du Foix, 41000 Blois ☎ 02 54 74 67 48 🕒 Seg 7h15-21h15, ter-sáb 12h-13h30, 19h15-21h15; fecha 3 semanas de ago, e fev ✋ A €30, J €76, vinho €21

BOURGES

ABBAYE ST.-AMBROIX

www.abbayesaintambroix.fr
Nesta antiga capela você encontra ostras e cavala com berinjela levemente temperada com açafrão. De sobremesa, prove o wafer de chocolate ou o sorvete feito com leite de amêndoas.
✉ 60 Avenue Jean Jaurès, 18000 Bourges ☎ 02 48 70 80 00 🕒 Diariam 12h-13h30, 19h30-21h30 ✋ A €49, J €85, vinho €21

BOURBONNOUX

O cardápio tradicional do chef Jean-Michel Huard é excelente e tem um preço justo. Escolha um gazpacho de pepino de entrada, seguido por um prato de peixe.
Bourbonnoux, 18000 Bourges ☎ 02 48 24 14 76 🕒 Seg-qui 12h15-13h45, 19h15-20h45, sáb 19h15-20h45, dom 12h15-13h45; fecha na segunda quinzena de ago, fev e Semana Santa ✋ A €13, J €30, vinho €14

BRACIEUX

LE RELAIS BERNARD ROBIN

www.relaisbracieux.com
O chef Bernard Robin é famoso por sua cozinha tradicional. Por isso, reserve com antecedência. Prove a lagosta com tomates secos ou a casseroule de porco.
✉ 1 Avenue de Chambord, 41250 Bracieux

Acima *Chefs preparam suas especialidades*

☎ 02 54 46 41 22 ⌚ Qui-seg 12h-14h, 19h30-21h, jul, ago também qua; fechado 19 dez-fim jan ✋ A €39, J €98, vinho €25

CHAMBORD

HOTEL GRAND ST.-MICHEL

www.saintmichel-chambord.com

Um menu simples de pratos regionais. Experimente o peito de pato com molho de pimenta verde ou com patê local. Nos domingos e feriados é indispensável reservar.

✉ 103 Place St.-Louis, 41250 Chambord ☎ 02 54 20 31 31 ⌚ Diariam 12h-14h, 19h-20h30; fechado 12 nov-20 dez ✋ A €21, J €28, vinho €17

CHAUMONT-SUR-LOIRE

LA CHANCELIÈRE

Esta é uma boa opção para almoçar depois de caminhar à beira do rio ou de uma visita ao vizinho Château de Chaumont (▷ 245). Nas salas de jantar rústicas, o serviço é eficiente e simpático, e as crianças são bem-vindas. Os peixes são excelentes.

✉ 1 Rue de Bellevue, 41150, Chaumont-sur-Loire ☎ 02 54 20 96 95 ⌚ Sex-ter 12h-13h30, 19h-20h30 (jul, ago também qui); fechado 2 semanas em nov e 3 em fev ✋ A €20, J €50, vinho €10

CHENONCEAUX

HOSTELLERIE DE LA RENAUDIÈRE

Aqui você encontra uma excelente comida regional por bom preço, num ambiente simples. Há um cardápio para crianças por €8.

✉ 24 Rue du Docteur Bretonneau, 37150 Chenonceaux ☎ 02 47 23 90 04 ⌚ Qui-ter 19h-21h; fechado meados nov-meados fev ✋ A €20, J €35, vinho €11

CHEVERNY

ROUSSELIÈRE

Esta antiga casa de fazenda tem um terraço e uma sala de jantar voltados para um campo de golfe de 18 buracos. É popular graças à comida simples e tradicional.

✉ 41700 Cheverny ☎ 02 54 79 23 02 ⌚ Meados jun-meados set diariam 12h-15h30, 19h-23h; resto do ano 12h15-13h45; fechado 23 dez-5 jan ✋ A €22, J €31, vinho €15

FONTEVRAUD-L'ABBAYE

LA LICORNE

O chef Jean-Michel Bezille cozinha camarões e ravióli de manjericão em molho de cogumelos, filé com porco defumado e alho, e sobremesas como torta de chocolate quente com peras e molho de manteiga com limão. É essencial reservar.

✉ Allée Sainte-Catherine, 49590 Fontevraud-l'Abbaye ☎ 02 41 51 72 49 ⌚ Abr-fim set diariam 12h15-13h30, 19h15-21h, dom 12h15-13h30; resto do ano ter-sáb 12h15-13h30, 19h15-21h, dom 12h15-13h30; fechado 15 dez-fim jan ✋ A €27, J €60, vinho €18

HAUTE GOULAINE

LE MANOIR DE LA BOULAIE

www.manoir-de-la-boulaie.fr

O chef Laurent Saudeau propõe uma cozinha inovadora. Experimente o caranguejo com ravióli de aipo ou crystalline de berinjela com molho de mascarpone e framboesa. A carta de vinhos concentra-se nos Moscadet e nos vinhos do Loire.

✉ 33 Rue de la Chapelle St.-Martin, 44115 Haute Goulaine ☎ 02 40 06 15 91 ⌚ Ter, qui-dom 12h15-13h45, 19h-21h; fechado 3 primeiras semanas de ago ✋ A €35, J €65, vinho €16

LE MANS

LE BEAULIEU

O chef Olivier Boussard prefere a cozinha tradicional: vieiras assadas na concha e filé de frango Loué com vin jaune (ensopado em molho de xerez e estragão). Convém reservar na alta estação.

✉ 3 Place des Ifs, 72000 Le Mans ☎ 02 43 87 78 37 ⌚ Seg-sex 12h15-13h30, 19h15-21h; fechado 1-10 mar e ago ✋ A €29, J €51, vinho €25

NANTES

L'ATLANTIDE

www.restaurant-atlantide.net

Assim como o ambiente, a cozinha também é contemporânea. O chef Jean-Yves Gueho trabalha numa cozinha aberta, que permite que o cliente veja o que ele faz. Entre os pratos, linguado com especiarias cantonesas ou filé de robalo em demi-deuil (recheado com trufas). Como sobremesa, experimente as bananas cozidas na cerveja local. É aconselhável reservar.

✉ Quai Ernest Renaud, 44100 Nantes ☎ 02 40 73 23 23 ⌚ Seg-sex 12h-14h, 20h-22h, sáb 20h-22h; fechado ago, 20-23 maio e Natal ✋ A €30, J €75, vinho €20

LES CAPUCINES

Este excelente bistrô oferece um ambiente agradável. Os vinhos em jarra combinam bem com os peixes e frutos do mar.

✉ 11 bis Rue de la Bastille, 44000 Nantes ☎ 02 40 20 41 58 ⌚ Seg 12h-14h, ter-sex 12h-14h, 19h30-22h, sáb 19h30-22h; fechado 3 semanas em ago e 1 semana de fev ✋ A €12,50, J €35, vinho €13

ONZAIN

www.domainehautsloire.com

O chef Rémy Giraud cria pratos como as vieiras viennoises com peras e arroz de coco cremoso, coelho com foie gras e fondue de beterraba e wasabi.

✉ Domaine des Hauts de Loire, Route de Herbault, 41150 Onzain ☎ 02 54 20 72 57 ⌚ Qua-dom 12h15-13h45, 19h15-21h15; fechado dez-fim fev ✋ A €50, J €150, vinho €20

ORLÉANS

LES ANTIQUAIRES

www.restaurantlesantiquaires.com

Les Antiquaires é o restaurante mais conhecido do chef Philippe Bardau. Aqui ele prepara pratos mediterrâneos contemporâneos, como a perca-do-mar servida com alcachofras e erva-doce.

✉ 2 Rue au Lin, 45000 Orléans ☎ 02 38 53 63 48 ⌚ Ter-sáb 12h15-13h45, 19h15-20h45, dom 12h15-13h45 ✋ A €42, J €72, vinho €30

CHEZ EUGÈNE

Chez Eugène é um popular bistrô cujo cardápio tem um sabor do sul da França. O ambiente agradável completa o bom menu, que muda todos os dias.

✉ 24 Rue Sainte-Anne, 45000 Orléans ☎ 02 38 53 82 64 ⌚ Ter-sex 12h-14h, 19h30-22h, seg, sáb 19h30-22h; fechado 1-21 ago, 26 dez-6 jan ✋ A €20, J €38, vinho €16

ROCHECORBON

LES HAUTES ROCHES

www.leshautesroches.com

A cozinha moderna deste restaurante tem raízes na Bretanha. Entre os pratos, foie gras de pato com terrine au Vouvray, lagosta preparada de diferentes modos e tomate recheado com caranguejo, licor de limão e creme de tomilho.

✉ 86 Quai de la Loire, 37210 Rochecorbon ☎ 02 47 52 88 88 ⏲ Qui-dom 12h-13h15, ter-sáb 12h-13h15, 19h30-21h15; fechado meados jan- meados mar ✋ A €50, J €75, vinho €25

SACHÉ

AUBERGE DU XIIÈME SIÈCLE

Este é um dos melhores restaurantes médios do vale do Loire. Entre os pratos, salada de filhote de pombo frito e foie gras, e perca frita com ruibarbo. Convém reservar aos domingos.

✉ 1 Rue du Château, 37190 Saché ☎ 02 47 26 88 77 ⏲ Qua-sáb 12h15-13h30, 19h30-21h15, dom 12h15-13h30, ter 19h30-21h15; fechado 1 semana em junho, set e nov, e 2 semanas em jan ✋ A €32, J €75, vinho €12

ST.-BENOÎT-SUR-LOIRE

GRAND ST.-BENOÎT

www.hoteldulabrador.fr

Neste restaurante, o teto com vigas de carvalho contrasta com a mobília contemporânea. Pratos sazonais e regionais são preparados com esmero.

✉ 7 Place St.-André, 45730. St.-Benoît-sur-Loire ☎ 02 38 35 11 92 ⏲ Ter-sex 12h15-13h45, 19h15-20h45, sáb 19h15-20h45, dom 12h15-13h45; fechado 22 dez-21 jan ✋ A €24, J €37, vinho €18

ST.-OUEN-LES-VIGNES

L'AUBINIÈRE

www.aubiniere.com

Neste restaurante de decoração rústica, saboreie as criações do chef Jacques Arrayet, como o ravióli de camarão com brotos de vegetais, terrinas e bife de entrecôte.

✉ 29 Rue Jules Gautier, 37530 St.-Ouen-les-Vignes ☎ 02 47 30 15 29 ⏲ Ter, qui-sáb 12h-13h30, 19h-21h30, qua, dom 12h-14h; fechado fev ✋ A €32, J €50, vinho €17

Acima *Nos restaurantes mais caros, os pratos são bem apresentados*

ST.-SYLVAIN D'ANJOU

AUBERGE D'ÉVENTARD

Aqui o cardápio se concentra em pratos tradicionais da região e muda diariamente, dependendo da disponibilidade de ingredientes. Há várias opções de menus a preço fixo, dos mais baratos aos mais caros, e na carta de vinhos predominan os Vouvray e Saumur.

✉ Parc des Expositions, 49480 St.-Sylvain d'Anjou ☎ 02 41 43 74 25 ⏲ Ter-sex 12h-14h, ter-sáb 19-21h15; fecha segunda quinzena de ago ✋ A €35, J €35, vinho €22

SAUMUR

AUBERGE ST.-PIERRE

www.auberge-saintpierre.com

Esta hospedaria num mosteiro do século 15 tem três salas de jantar. O cardápio, fortemente influenciado pela região, tem bons preços, e o serviço faz dele uma agradável parada para almoço. A carta de vinhos conta com vinhos baratos e refrescantes do Loire.

✉ 6 Place St.-Pierre, 49400 Saumur ☎ 02 41 51 26 25 ⏲ Diariam12h-14h, 19h-22h ✋ A €20, J €25, vinho €17

TOURS

CHARLES BARRIER

Uma rápida travessia da Pont Wilson trará você a um dos restaurantes mais famosos de Tours. O salão de jantar é um espaço aberto, com uma profusão de flores e uma iluminação sutil. Oferece salmão defumado, boeuf bourguignon e blanquette de veau (vitela ao molho branco).

✉ 101 Avenue de la Tranchée, 37100 Tours ☎ 02 47 54 20 39 ⏲ Seg-sex 12h-14h30, 19h-21h30, sáb 19h-21h30 ✋ A €29, J €53, vinho €25

VILLANDRY

L'ORANGERIE

www.traiteur-touraine.com

Perto do castelo que é famoso por seu fabuloso jardim, esta pizzaria é uma opção econômica. As pizzas assadas em forno à lenha são excelentes, assim como a cozinha francesa. No verão, fica lotada no almoço dos visitantes do castelo. Tem um menu infantil.

✉ 11 Rue Principale, 37510 Villandry ☎ 02 47 43 56 26 ⏲ Diariam 12h15-13h15, 19h-20h15 ✋ A €16, J €40, vinho €16

ONDE FICAR

PREÇOS E SÍMBOLOS
Os preços correspondem à diária mais baixa e mais alta em um quarto duplo, incluído o café da manhã, a menos que haja indicação em contrário. Todos os hotéis aceitam cartões de crédito, a menos que indicado. Note que os preços variam ao longo do ano.

Para a legenda de símbolos, ▷ 2.

AMBOISE

CHOISEUL

www.choiseul.com
Esta é uma encantadora mansão do século 18 com quartos amplos; criança menores de 12 anos não pagam. Tem quadras de tênis.
36 Quai Charles Guinot, 37400 Amboise 02 47 30 45 45 0 ano todo €180-€280, sem café da manhã (€18-€21) 28 quartos, 5 suítes Externa

ANGERS

HÔTEL D'ANJOU

www.hoteldanjou.fr
Todos os espaçosos quartos do Hôtel d'Anjou têm TV por satélite e são à prova de som. Há estacionamento para hóspedes, sala de massagem e restaurante.
1 Boulevard du Maréchal Foch, 49100 Angers 02 41 21 12 11 €115-€169, sem café da manhã 53

AZAY-LE-RIDEAU

LA PETITE LOGE

www.lapetiteloge.free.fr
Os quartos simples deste pequeno hotel têm entrada independente e uma cozinha.
15 Route de Tours, 37190, Azay-le-Rideau 02 47 45 26 05 Fechado nov-fim fev €45-€59 com café da manhã 5

BLOIS

MERCURE CENTRE

www.mercure.com
Decorado em estilo contemporâneo, todos os imensos quartos são à prova de som e têm TV, e há uma piscina externa aquecida, hidromassagem, sala de ginástica, restaurante e estacionamento.
28 Quai St.-Jean, 41000 Blois 02 54 56 66 66v €113-€120, sem café da manhã (€12) 84 quartos e 12 suítes (48 para não fumantes) Externa

BOURGES

HÔTEL DE BOURBON

www.alpha-hotellerie.com
Este hotel é uma antiga abadia do século 18 cujos quartos têm TV por satélite. Alguns têm acesso para portadores de deficiência. Para o restaurante Abbaye St.-Ambroix, ▷ 252. Animais são bem-vindos e há estacionamento para hóspedes.
Boulevard de la République, 18000 Bourges 02 48 70 70 00 0 ano todo €110-€205, sem café da manhã (€15) 59 (29 para não fumantes)

CHÊNEHUTTE-LES-TUFFEAUX

PRIEURÉ

www.prieure.com
Neste antigo convento, os quartos são confortáveis. No verão, oferece piscina, quadra de tênis, boliche e minigolfe. O restaurante serve a comida típica de Anjou.
49350 Chênehutte-les-Tuffeaux 02 41 67 90 14 €135-€320, sem café da manhã (€25) 19 quartos, 2 suítes e 15 bangalôs Externa, aquecida

CHENONCEAUX

HÔTEL DU BON-LABOUREUR ET DU CHÂTEAU

www.bonlaboureur.com
Os quartos desta hospedaria histórica são pequenos, mas têm TV por satélite, quitinete e secador de cabelo. O restaurante é famoso pelos frutos do mar e pratos regionais.
6 Rue du Dr Bretonneau, 37150 Chenonceaux 02 47 23 90 02 Fechado 15 nov-15 fev €115-€155, sem café da manhã (€13) 22 quartos, 4 suítes (todas para não fumantes) 18 Externa

LA ROSERAIE

www.roseraie.portland.co.uk
Este hotel-butique combina intimidade e uma recepção calorosa. Há restaurante e estacionamento.
7 Rue du Docteur Bretonneau, 37150 Chenonceaux 02 47 23 90 09 Hotel: fecha 12 nov- meados mar. Restaurante: ter-dom 7h15-21h, dom 12h15-13h45 €45-€95, sem café da manhã (€8,50) 17 Externa

CHINON

HÔTEL LE CHINON

www.lechinon.com
Neste moderno hotel os quartos são confortáveis. Há piscina, academia e quadra de tênis. O restaurante serve pratos regionais.
Digue St.-Jacques, 37500 Chinon 02 47 98 46 46 Fechado 20 dez-7 jan €80, sem café da manhã (€9) 53 Externa

COUR-CHEVERNY

ST.-HUBERT

www.hotel-sthubert.com
Os quartos deste agradável hotel são limpos, claros e têm TV. O restaurante serve pratos locais.
122 Route Nationale, 41700 Cour-Cheverny 02 54 79 96 60 €50-€58, sem café da manhã (€8,50) 20

LE MANS

NOVOTEL LE MANS

www.novotel.com
Os quartos têm TV e frigobar, e o hotel conta com restaurante, uma pequena piscina e um jardim. Aceita animais.
Boulevard Robert Schuman, 72100 Le Mans 02 43 85 26 80 €97-€117, sem café da manhã (€13) 94 Externa

NANTES

GRAND HÔTEL MERCURE

www.mercure.com
A fachada do século 19 contrasta com o interior moderno. Todos os quartos têm TV e internet. O restaurante serve principalmente frutos do mar.
4 Rue du Couëdic, 44000 Nantes 02 51 82 10 00 €100-€238, sem café da manhã (€12.50) 162

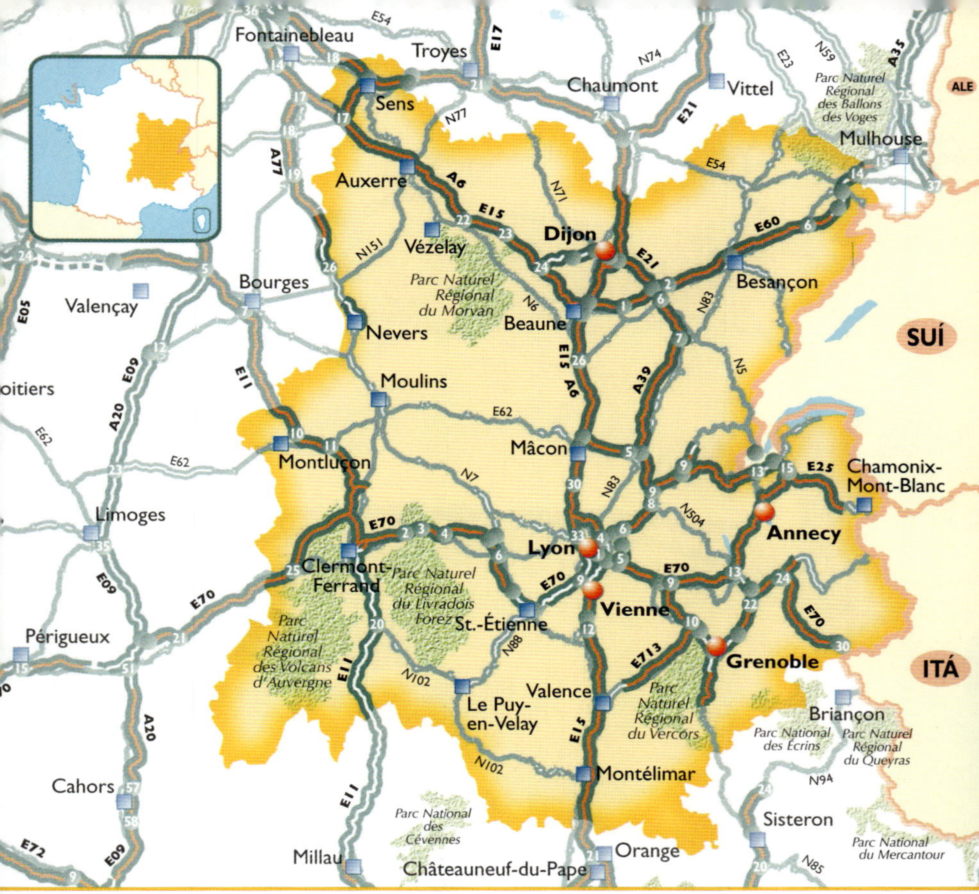

CENTRO DA FRANÇA E OS ALPES

As montanhas são o elemento dominante no centro e no leste da França. Os vulcões extintos do Auvergne, no Maciço Central, agrupados nos montes Dôme, Dore e du Cantal, criam paisagens surpreendentes que, curiosamente, são pouco conhecidas. Vá contornando os montes e você chegará ao santuário de Le Puy-en-Velay e sua capela construída no cume de um rochedo.

Os Alpes, ao contrário, são internacionalmente famosos como local de aventuras. Partilhados com a Suíça (do outro lado do lago Léman ou Genebra) e a Itália (do outro lado do Mont Blanc), eles oferecem ótimas possibilidades para a prática do esqui em estações de inverno como Chamonix, Tignes e Courchevel. Grenoble é a capital dos Alpes franceses. Annecy situa-se às margens de um lago e tem um belo centro histórico. No verão, os teleféricos transportam caminhantes até os altos pastos acarpetados de flores silvestres. As montanhas calcárias do Jura, no nordeste, parecem um anexo aos Alpes e são mais acessíveis. São bastante visitadas graças a seus muitos desfiladeiros, cavernas, florestas e cascatas.

Estes dois planaltos são separados pelo amplo corredor que é o vale do Reno. Espalhada entre os dois lados dessa artéria, com suas ruas centrais situadas numa península fluvial, fica a terceira cidade do país, Lyon, antiga capital romana na Gália.

A norte de Lyon, a paisagem se abre nas prósperas paisagens da Borgonha, famosa por sua cozinha e, principalmente, por seus vinhos. A riqueza, o poder e o prestígio que os duques desta terra desfrutaram em outros tempos ainda são evidentes na capital regional de Dijon, nos mosteiros de Vézelay e Fontenay e na encantadora cidade de Beaune.

As montanhas continuam para o sul, erguendo-se dos dois lados do Reno até a Provença. O rio Ardeche cava profundas gargantas nas planícies à medida que cruza a fronteira entre as duas regiões.

LY10695
LY 12 820

ANNECY

Annecy situa-se na ponta do lago de mesmo nome, cercada por jardins, chácaras e hotéis chiques. O centro da cidade é uma encantadora região ao redor de um canal, por onde o rio Thiou corre do lago, dominado pela torres do Château d'Annecy, do século 16. Esta antiga base de poder dos condes de Genebra hoje abriga o Musée d'Annecy (jun-fim set diariam 10h-18h; resto do ano qua-seg 10h-12h, 14h-17h), abrangendo da antropologia às belas-artes. No museu, o Observatoire Régional Alpin des Lacs explica a geologia, a flora e a fauna da região.

Barcos de cruzeiro saem da foz do cais Perrière, na foz do rio Thiou, para viagens pelo lago. Um passeio de uma ou duas horas é a maneira perfeita de desfrutar as magníficas vistas para as montanhas.

O CENTRO HISTÓRICO

O centro histórico da cidade fica atrás do castelo. Na Passage de l'Île, o Palais de l'Île (jun-fim set diariam 10h30-18h; out-fim mai qua-seg 10h-12h, 14h-17h), símbolo da cidade, é o edifício mais fotografado de Annecy. Construído no século 12 numa ilhota natural, foi originalmente uma prisão e também casa da moeda, onde se cunhava a *genevois* na época em que a região era independente. Hoje é sede do Musée d'Histoire d'Annecy (jun-fim set diariam 10h-18h; resto do ano qua-seg 10h-12h, 14h-17h).

As ruas estreitas de cada lado da ilhota formam o centro velho de Annecy. As casas têm floreiras cheias de gerânios e balcões de madeira. Na Place St.-Maurice fica a Église St.-Maurice, igreja dominicana do século 15, onde há uma esplêndida pintura em *trompe l'oeil*.

INFORMAÇÕES

www.lac-annecy.com

461 N9 Centre Bonlieu, 1 Rue Jean Jaurès, 74000 04 50 45 00 33 Jun-fim set seg-sáb 9h-18h30, dom 9h-12h30, 13h45-18h30; resto do ano seg-sáb 9h-12h30, 13h45-18h (abre dom durante as festas de Natal)

DICAS

» Suba o Chemin des Remparts até o Jardin des Senteurs, de onde se tem lindas vistas da cidade velha.

» Os cafés da Rue St.-Claire, da Rue de l'Île e do Quai de l'Île são ótimos para saborear um sorvete e ver o movimento do local.

Pág. ao lado *Botes ancorados em Annecy*
Abaixo *Cisnes no rio Thiou*

AUTUN

www.autun.com

O maior tesouro de Autun é a Cathédrale de St.-Lazare, do século 12. No interior, note as esculturas sobre os capitéis e o magnífico tímpano. Grandes painéis de informação em várias línguas guiam o visitante pela catedral.

O principal museu da cidade, o Musée Rolin (abr-fim set qua-seg 9h30-12h, 13h30-18h; out-fim mar seg-sáb 10h-12h, 14h-17h, dom 14h30-17h), fica perto da catedral. Suas peças romanas e medievais lançam luz sobre a história da cidade. Tem também uma coleção de arte moderna e contemporânea.

Na periferia leste fica o Plan d'Eau du Vallon, um imenso lago onde são praticados esportes aquáticos.

460 L8 · 2 Avenue Charles de Gaulle, 71400 · 03 85 86 80 38 · Seg 14h-18h, ter-sáb 9h30-12h30, 14h-18h · Autun

AUXERRE

www.ot-auxerre.fr

Auxerre, uma tranquila cidade às margens do rio Yonne, foi premiada como "Cidade da Arte e da História" em 1995. Você pode fazer um passeio pelo rio ou uma caminhada pelo centro histórico. Pegue a brochura *Follow the thread of history* no centro de informações turísticas. Uma linha laranja no chão vai levá-lo às principais atrações, entre elas a gótica Cathédrale de St.-Étienne, com afrescos medievais, o mosteiro de St.-Germain, com murais do século 9º, e a torre do relógio do século 15.

465 K6 · 1/2 Quai de la République, 89000 · 03 86 52 06 19 · 15 jun-15 set seg-sáb 9h-13h, 14h-19h, dom 9h30-12h30, 14h-18h30; 16 set-14 jun seg-sex 9h30-12h30, 14h-18h, sáb 9h30-12h30, 14h-18h30, dom 10h-13h · Auxerre

BEAUNE

www.ot-beaune.fr

A capital histórica da Borgonha, no centro dos mais famosos vinhedos da região, Beaune tem ruas bem cuidadas, butiques elegantes e opulentas adegas, que refletem a riqueza que o comércio de alguns dos vinhos mais caros do mundo trouxe à cidade. Conheça mais sobre a produção do vinho no Musée du Vin de Bourgogne, instalado numa antiga mansão dos duques da Borgonha, na Rue d'Enfer (abr-fim nov diariam 9h30-18h; dez-fim mar qua-seg 9h30-19h).

Sendo capital vinícola da Borgonha, não admira que Beaune tenha 15 adegas que oferecem degustação. O centro de informações turísticas pode ajudar você a marcar uma visita. Ao lado do centro de turismo fica o Hôtel-Dieu, um prédio do século 15 com um singular teto em mosaico. Era originalmente um hospital, fundado em 1443 por Nicolas Rolin, chanceler da Borgonha e grande patrono das artes. Hoje é um museu (verão diariam 9h-18h30; inverno 9h-11h30, 14h-17h30), onde se pode ver a antiga farmácia, as cozinhas e a torre abobadada de 70m. O museu contém um políptico do Juízo Final.

460 M8 · 6 Boulevard Perpreuil, 21200 · 03 80 26 21 30 · Seg-sáb 9h-18h, dom 10h-12h30, 13h30-17h

Além da festa do vinho em novembro, a cidade recebe um festival barroco de verão e um festival de jazz de três dias em setembro.

BESANÇON

www.besancon-tourisme.com

Capital da região de Franche-Comté, Besançon é uma cidade nobre, com belos edifícios, muitas fontes e uma cidadela do século 17. Está situada numa península, quase cercada pelo rio Doubs, e você pode admirá-la de um ângulo diferente fazendo um passeio num *bâteau-mouche* (barco).

No alto de uma colina, 100m acima da cidade, fica La Citadelle, construída no século 17 por Vauban, grande engenheiro militar de Luís 14. As muralhas do forte encerram uma área de 11ha, onde há jardins zoológicos, um aquário sobre a vida fluvial, um insetário e um museu dedicado à Resistência durante a Segunda Guerra (jul, ago diariam 9h-19h; Páscoa-fim jun, set, out diariam 9h-18h; nov-fim mar diariam 10h-17h).

Besançon tem grande tradição na fabricação de relógios, sobre os quais você pode saber mais no Musée du Temps, no Palais Granvelle, do século 16 (ter-sáb 9h15-12h, 14h-18h, dom 10h-18h). O relógio astronômico da Cathédrale St.-Jean tem 57 faces e dá a hora de 16 lugares espalhados pelo mundo.

Reserve algum tempo (e euros) para a loja do museu, que vende maravilhosos relógios de brinquedo feitos de madeira. O Musée des Beaux-Arts et d'Archéologie (qua-sex 9h30-12h, 14h-18h, sáb-dom 9h30-18h; fecha 20h qui), na Place de la Révolution, também merece uma visita.

461 N7 · 2 Place de la 1ère Armée Française, 25000 · 03 81 80 92 55 · Jun-fim set seg-sáb 9h30-19h, dom 10h-17h; resto do ano seg-sáb 10h-12h30, 13h30-17h30, dom 10h-12h30 · Viotte

BRIANÇON

www.ot-briancon.fr

Briançon é a cidade mais alta da Europa, situada a 1.320m de altitude e cercada de picos. Dois parques nacionais, o Parc National des Écrins e o Parc National Régional du Queyras, ficam na região. A cidade fica no Col de Montgenèvre, um dos principais passos dos Alpes, que liga a França à Itália, e cresceu a partir de um povoado pré-romano. Hoje é uma estação de esqui na serra Chevalier, com mais de 250km de pistas entre quatro vilas.

No fim do século 17, Vauban, conselheiro militar de Luís 14, transformou a antiga vila medieval de Briançon numa impenetrável cidade murada. Hoje conhecida como Cité Vauban, esta área é fechada ao trânsito e concentra as atrações turísticas. Entre pela Porte de Pignerol para a Grande Rue, que tem casas impressionantes.

Outros destaques são a Maison des Templiers (que abriga o centro de turismo), a Église des Cordeliers, do século 14, e o Fort du Château, onde defesas construídas no século 19 substituíram os últimos vestígios do castelo original do século 11. O Collégiale (Notre-Dame de St.-Nicolas) foi construído no século 18 a partir de desenhos de Vauban, e suas muralhas são local de culto.

461 P11 | 1 Place du Temple, 05100 | 04 92 21 08 50 | Jul, ago diariam 9h-19h; resto do ano 9h-12h, 14h-18h | Briançon

CHAMBÉRY

www.chambery-tourisme.com

Capital histórica do ducado da Saboia, Chambéry tem imponentes edifícios antigos e um impressionante centro histórico dos séculos 15 e 16.

Seu marco mais famoso é a divertida Fontaine des Elephants, na Rue du Boigne. Antiga residência dos duques, o Château des Ducs domina a cidade; pode-se visitar algumas partes do castelo (apenas visitas guiadas; tel 04 79 33 42 47 para saber os horários). Destacam-se a Tour Trésorerie do século 14, as Salles Basses e a Sainte-Chapelle, do século 15. De 1453 a 1578, a capela abrigou o Santo Sudário, hoje em Turim. O carrilhão da Sainte-Chapelle tem 70 sinos (concertos aos sábados às 15h).

Ao pé do castelo, o centro histórico se abre em várias ruas de pedestres, com elegantes mansões da Renascença ao século 18. A Cathédrale St.-François, do século 15, tem uma coleção de pinturas em *trompe l'oeil* e um raro díptico bizantino de marfim do século 12. O Musée Savoisien, num antigo mosteiro franciscano, mostra a história, a arqueologia e a arte da Saboia (qua-seg 10h-12h, 14h-18h).

461 N10 | 24 Boulevard de la Colonne, 73000 | 04 79 33 42 47 | Jul, ago seg-sáb 9h-18h, dom 9h30-12h30; 15-30 jun, 1-15 set seg-sáb 9h-12h, 13h30-18h, dom 9h30-12h30; resto do ano seg-sáb 9h-12h, 14h-18h | Chambéry

CHAMONIX-MONT-BLANC

www.chamonix.com

A estação de esqui de Chamonix-Mont-Blanc situa-se no centro dos Alpes franceses e é uma das principais e mais antigas da França. Tem ao fundo o espetacular Mont Blanc, o pico mais alto da Europa, com 4.808m de altitude. A montanha situa-se na fronteira entre França e Itália, com o túnel rodoviário do Mont Blanc, de 22km de comprimento, ligando os dois países.

Chamonix cresceu no período em que o alpinismo e o esqui começaram a atrair a classe alta. Aqui são praticados vários esportes de inverno, entre eles esqui, snowboard, snowshoe, ski de fond (esqui cross-country) e luge, além de caminhadas, alpinismo, parapente e raft no verão.

Para os que não são afeitos aos esportes, Chamonix tem um cassino e lojas de moda. Para uma vista panorâmica, trilhas e um restaurante onde se pode desfrutar do ar alpino, pegue o teleférico de Aiguille du Midi (muito caro). O teleférico do Mont Blanc, o mais alto da Europa, sobe a 2.372m, passa por paisagens excepcionais e termina no acampamento-base do Mont Blanc.

461 P9 | 85 Place du Triangle de l'Amitié, 74400 | 04 50 53 00 24 | Verão diariam 8h30-19h30; inverno 8h30-12h, 15h-18h30 | Chamonix

Pág. ao lado *O Hôtel-Dieu, em Beaune*
À esq. *Briançon, a cidade mais alta da Europa*
Abaixo *Montes verdejantes ao pé do Mont Blanc*

CLERMONT-FERRAND

www.ot-clermont-ferrand.fr

Antigamente duas cidades separadas, Clermont-Ferrand é uma cidade industrial na confluência entre o Auvergne e o Maciço Central. O centro da cidade é a antiga Clermont, com a pequena Montferrand a nordeste. Entre elas, a fábrica Michelin é como uma terceira cidade e a energia econômica da cidade. Grande parte da cidade velha foi construída com a pedra vulcânica escura extraída das montanhas a oeste. O Éspace Art Roman, no centro de turismo, é uma mostra sobre a arte e arquitetura românica da cidade e seus arredores. A construção românica mais importante é Notre-Dame-du-Port, patrimônio da Unesco, no canto nordeste do centro velho. Tem um excepcional coro elevado, apoiado sobre colunas esculpidas e elegantes arcos. Acredita-se que os vitrais do coro da Cathédrale Notre-Dame-de-l'Assomption, no centro da cidade, tenham sido feitos pelo mesmo ateliê que fez os da Sainte-Chapelle em Paris (▷ 98).

Para lindas vistas da cidade, suba na Tour de la Bayette.

460 K10 Place de la Victoire, 63000 04 73 98 65 00 Mai-fim set seg-sex 9h-19h, sáb-dom 10h-19h; out-fim abr seg-sex 9h-18h, sáb 10h-13h, 14h-18h, dom 9h30-12h30, 14h-18h Clermont-Ferrand

CLUNY

www.monum.fr

A ordem de Cluny foi fundada em 910 por Guilherme, o Pio, duque da Aquitânia, com 12 monges. Como reformadores da ordem beneditina, a influência dos monges de Cluny se espalhou rapidamente e outros mosteiros foram fundados na Europa. A terceira igreja do mosteiro de Cluny foi construída entre 1080 e 1130, no auge do poder da ordem. Era a maior e mais esplêndida igreja da cristandade até a construção de São Pedro em Roma. Mais tarde, decaiu e foi abandonada depois da Revolução. Hoje, só uma torre do transepto sobrevive. O antigo palácio monástico é hoje o Musée d'Art et d'Archéologie.

As igrejas da ordem foram concebidas para glorificar a Deus com grande ornamentação. Entre os muitos exemplos dessa arquitetura na Borgonha, a igreja de Paray-le-Monial, contemporânea à de Cluny, é quase uma réplica em escala reduzida da original. Uma capela em Berzé-la-Ville tem afrescos primitivos.

460 L8 Palais Jean de Bourbon, 71250 03 85 59 15 93 Mai-fim ago diariam 9h30-18h30; resto do ano 9h30-12h, 13h30-17h Adultos €6,50, abaixo de 18 grátis

ÉVIAN-LES-BAINS

www.eviantourism.com

Évian-les-Bains situa-se à margem do lago Léman (ou Genebra), ao abrigo dos Alpes, ao sul, e, ao norte, com magníficas paisagens que se estendem até Lausanne e o interior da Suíça. Em 1789, descobriu-se que a água da fonte Sainte-Catherine tinha um gosto excelente, além de qualidades medicinais. Aproveitando esse fato, a cidade se tornou um importante spa na Belle Époque. Foi visitada por Greta Garbo, Winston Churchill, Aga Khan, entre outros. Hoje há um cassino e instalações de talassoterapia.

No Hall d'Exposition des Eaux Minérales d'Évian (mai-fim set), na Rue Nationale, você encontra informações sobre as fontes de água e suas propriedades. Para visitar a principal fábrica de Évian, a 5km da cidade, reserve seu lugar no Hall (o bilhete inclui transporte).

Uma boa maneira de conhecer a região é num passeio de barco pelo lago. Do lado francês, na direção de Thonon-les-Bains, avista-se a vila medieval de Yvoire.

461 P8 Place d'Allinges, 74501 04 50 75 04 26 Jul, ago seg-sex 8h30-12h30, 14h-19h, sáb 9h-12h, 14h-19h, dom 10h-12h, 13h15-18h; resto do ano seg-sex 8h30-12h30, 14h-18h30, sáb 9h-12h, 14h-18h30 Évian-les-Bains Vários ferryboats por dia para Lausanne, na Suíça

GORGES DE L'ARDÈCHE

www.vallon-pont-darc.com

As gargantas do Ardèche vêm sendo cavadas há centenas de milhares de anos pela força do rio Ardèche. As paredes de rocha calcária atingem 30m de altura, e a água esculpiu várias grutas cheias de estalactites e estalagmites. A Grotte de la Madeleine e as grutas de St.-Marcel são as maiores, com cerca de 40km de túneis.

É fácil admirar a garganta, já que a rodovia D290 corre ao longo dela na sua extremidade norte. A vista é panorâmica dos Belvédères de la Haute Corniche. Logo ao sul de Vallon-Pont-d'Arc fica a Pont-d'Arc, uma ponte natural talhada pela força da água é um dos pontos mais fotografados da região. Veja também Aiguèze, a pequena vila medieval de pedra na margem norte da garganta, com um castelo em ruínas.

Um passeio de caiaque, com escolta, entre Vallon-Pont-d'Arc e St.-Martin-d'Ardèche, para o sudeste, dura de duas a cinco horas e leva às catedrais naturais que são as paredes da garganta. Se preferir ir no seu ritmo, você pode alugar uma canoa em Vallon-Pont-d'Arc e pedir que ela seja recolhida mais tarde na vila de Sauze, rio abaixo.

456 L12 12 Vallon-Pont-d'Arc, Place de l'Ancienne Gare, 07150 04 75 88 04 01 Jul, ago seg-sáb 9h-12h, 14h-19h, dom 9h30-12h30; abr-fim jun, set seg-sex 9h-12h, 14h-18h, sáb 9h-12h, 14h-17h; resto do ano seg-sex 9h-12h, 14h-17h, sáb 9h-12h

GRENOBLE

Grenoble é considerada a cidade mais plana da França, um fato surpreendente considerando-se que ela é cercada por altos picos. Sendo uma cidade alpina, atrai entusiastas da vida ao ar livre o ano todo. Ela também se intitula capital cultural dos Alpes franceses graças a seus museus e suas muitas exposições temporárias. Foi aqui que nasceu o escritor Stendhal. O centro histórico é compacto, com boas opções de compras nas ruas fechadas ao trânsito ao redor da Place Grenette. Para apreciar a vista da cidade e das montanhas, tome o bondinho em forma de gôndola *(foto acima)* para Bastille, do século 16.

ARTE

O Musée de Grenoble (qua-seg 10h-18h30), instalado num moderno edifício na Place de Lavalette, tem uma extraordinária coleção de arte que vai do século 13 ao século 20. Para ver arte de vanguarda, vá até o Centre National d'Art Contemporain, no Cours Berriat (ter-dom 14h-19h).

HISTÓRIA

O Musée Dauphinois (jun-fim set qua-seg 10h-19h; resto do ano 10h-18h), num convento do século 17 à Rue Maurice Gignoux, tem duas exposições permanentes, "Povos dos Alpes" e "A grande história do esqui", além de exposições temporárias. Ao norte, a igreja românica de St.-Laurent é hoje o Musée Archéologique (fechado ao público), constituído por um cemitério do século 3º, sarcófagos do século 6º ao 8º, ruínas de uma igreja carolíngia e um mosteiro do século 11.

INFORMAÇÕES

www.grenoble-isere.info
461 N10 · 14 Rue de la République, 38019 · 04 76 42 41 41 · Mai-fim set seg-sáb 9h-18h30, dom 10h-13h, 14h-17h; resto do ano seg-sáb 9h-18h30, dom 10h-13h · Grenoble

DICAS

» O *CityPass* (€12,50) permite a entrada no Musée des Automates, Musée Dauphinois e dois outros, além de um passeio num *petit train*. À venda no centro de turismo.

» Cuidado com os bondes nas ruas de pedestres –eles são silenciosos.

Acima *O bondinho de Grenoble passa sobre o rio*
Pág. ao lado *A octogonal torre de l'Eau Bénite, na Abbaye de Cluny*

DIJON

INFORMAÇÕES
www.dijon-tourism.com
461 M7 Place Darcy e 11 Rue des Forges, 21000 0892 700 558 Place Darcy: mai-fim out seg-sáb 9h-12h30, 14h30-18h, dom 14h-18h; nov-fim abr seg-sáb 10h-12h30, 14h30-18h Rue des Forges (para visita guiada): seg-sáb 9h-12h, 14h-18h Dijon-Ville

INTRODUÇÃO

Nos séculos 14 e 15, os duques da Borgonha rivalizavam com os reis capetos da França por poder, riqueza e prestígio, e seu patrocínio às artes é evidente na cidade que eles construíram para ser sua capital sobre as fundações de um forte galo-romano.

Na cidade industrial e universitária de hoje, o centro histórico é um aglomerado de pitorescas ruas medievais, ladeadas por *hôtels particuliers* (mansões), butiques, bares, museus e galerias de arte. O número de igrejas é surpreendente. Ao conhecer Dijon, Francisco 1º declarou: "Que bela cidade, uma cidade com centenas de campanários". O ponto central é a Place de la Libération, onde se ergue o Palais des Ducs, que no século 17 sucedeu ao palácio ducal e hoje é ocupado pela prefeitura e um museu de belas-artes.

Como Dijon não tem ladeiras e a maioria das atrações não ficam distantes, a melhor maneira de circular pela cidade é a pé ou usando o serviço de ônibus, que é barato. Mas não se esqueça de olhar para cima de vez em quando, porque Dijon tem magníficos exemplos dos telhados multicoloridos típicos da Borgonha.

Dijon é um bom lugar para compras, e o suvenir que você vai levar para casa pode ser uma garrafa do vinho Borgonha produzido nos vinhedos circundantes ou um vidro da famosa mostarda, que, embora seja chamada de "mostarda de Dijon", tem grande parte de sua produção atual industrializada e produzida com sementes importadas. Esses dois produtos são orgulhosamente servidos em qualquer restaurante.

O QUE FAZER

MUSÉE DES BEAUX-ARTS

O Palais des États de Bourgogne, uma extensão do vizinho Palácio dos Duques da Borgonha, abriga a prefeitura e este museu de belas-artes, um dos mais antigos museus da França. O primeiro nível guarda uma extraordinária coleção de esculturas e pinturas italianas, francesas e flamengas, principalmente dos séculos 15 a 18. Os níveis 2 e 3 são dedicados à arte moderna e contemporânea, que inclui pinturas da École de Paris e pinturas francesas do século 19.

✉ Palais des Ducs et des États de Bourgogne, 21000 ☎ 03 80 74 52 70 ⌚ Mai-fim out qua-seg 9h30-18h; resto do ano 10h-17h. A seção dedicada à arte moderna e contemporânea fecha 11h45-13h45 ✋ Adultos €5, menores de 18 grátis; entrada livre todos os dom

ZONA MEDIEVAL

Algumas das ruas mais interessantes atrás do palácio são a Rue Verrerie e a Rue des Forges, onde você vai encontrar o centro de turismo no Hôtel Chambellan, um belo edifício com vigamento de madeira aparente com pátio interno. Na Rue de la Chouette (Rua da Coruja), você verá evidências da forte ligação da cidade com a coruja. Há uma delas esculpida numa parede lateral da Église Notre-Dame. Acredita-se que dá sorte tocar a ave com a mão esquerda enquanto se faz um pedido.

PLACE DE LA LIBÉRATION

A semicircular Place de la Libération era originalmente a Place Royale, porque nela estava colocada uma estátua de Luís 14. Quando a estátua foi derretida para fabricar um canhão durante a Revolução, ela passou a ser chamada de Place d'Armes. As arcadas que contornam a praça abrigam butiques, bares e restaurantes. Há passagens subterrâneas sob alguns arcos, como a Rue Vauban, que leva ao Palais de Justice e a uma região cheia de edifícios antigos.

COMPRAS

Les Halles, o imenso mercado coberto, foi construído em 1875 pela empresa de Gustave Eiffel com base nos desenhos de um antigo mercado de mesmo nome em Paris. Há feiras dentro e fora do mercado às terças, quintas, sextas e aos sábados, e muitos cafés, restaurantes e lojas de comida a escolher. Passando o arco triunfal começa a Rue de la Liberté, uma rua parcialmente fechada ao trânsito, onde fica a soberba Moutarde Maille, sonho dos que adoram mostarda. A bonita Place François Rude, à esquerda, tem fontes e bancos de jardim, e é um bom lugar para tomar um café.

OUTRAS ATRAÇÕES

CATHÉDRALE ST.-BÉNIGNE

O interior desta catedral gótica tem uma delicada luz dourada e cadeiras de palhinha. A cripta é do século 10º.

✉ Place St.-Bénigne, 21000 ☎ 03 80 30 39 33 ⌚ Diariam 9h-19h (cripta em restauro)

ÉGLISE NOTRE-DAME

Um bom exemplo da arquitutura gótica da Borgonha, esta igreja tem fileiras de monstros na fachada e um *jacquemart* do século 14 –um relógio mecânico no qual figuras fazem soar os sinos, marcando a passagem das horas.

✉ Place Notre Dame, 21000

ÉGLISE ST.-MICHEL

Esta igreja foi construída no estilo gótico flamejante, com uma fachada renascentista.

✉ Place St.-Michel, 21000 ☎ 03 80 63 17 80 ⌚ Diariam

TOUR PHILIPPE LE BON

Você terá belas vistas da cidade do alto desta torre de 52m de altura.

✉ Palais des Ducs et des États de Bourgogne, 21000 ☎ 03 80 74 52 71 ☛ Excursões: diariam a cada 45 min 9h-12h e 13h45-17h30

DICAS

» O Jardin Botanique de l'Arquebuse, na Avenue Albert 1er, cerca de 15 minutos a pé do centro da cidade, é ideal para um almoço à base de sanduíche. Há uma área de diversão para as crianças, e os caminhos foram traçados tendo em mente os usuários de cadeira de rodas.

» O centro de turismo vende por €2,50 o guia *The owl's trail* (A trilha da coruja), que dá informações sobre as principais atrações ao longo de uma rota marcada no chão por setas vermelhas. Painéis informativos em francês, alemão e inglês estão afixados nos prédios históricos.

Pág. ao lado, no alto *Algumas das várias lojas de Dijon*
Pág. ao lado, embaixo *Uma cabeça de Medusa na porta do Palais des Ducs*
Abaixo *Concertos são apresentados no Auditorium de Dijon*

LYON

INFORMAÇÕES
www.lyon-france.com
461 M9 Place Bellecour, 69002
04 72 77 69 69 Diariam 9h-18h
O metrô de Lyon tem quatro linhas
Há duas principais estações de trem. À Gare de la Part-Dieu chegam os trens TGV que vêm de Paris, mas alguns trens param na estação Perrache, mais central
Aeroporto Lyon St.-Exupéry, 24km a leste de Lyon

Pág. ao lado *Uma rua de pedra em Lyon*
Abaixo *Espetáculo de marionetes*

INTRODUÇÃO

Lyon é a terceira cidade mais populosa da França. Seu centro histórico renascentista foi considerado patrimônio da humanidade pela Unesco, e a cidade é famosa por sua gastronomia. Em Lyon, a geografia e a história se combinaram para dar à cidade um desenho urbano complicado. A cidade se estende para além da confluência de dois dos mais importantes rios da França, o Reno e o Saône, e seu centro de gravidade mudou três vezes em 2 mil anos. Caminhando pela cidade, é fácil confundir os rios e as pontes.

O povoado fundado no monte Fourvière por Júlio César em 44 a.C. tornou-se a capital romana da Gália. Uma igreja, a Basilique Fourvière, ainda está de pé e é alcançada por um funicular.

Com a queda do Império Romano, a cidade se mudou para o bairro medieval à margem do rio, hoje conhecido como Vieux Lyon. Um complexo episcopal foi fundado no século 5º, e o poder permaneceu nas mãos dos bispos até o século 14, quando a monarquia introduziu um governo secular e cortes de justiça. No século 15, Lyon tornou-se um importante centro financeiro e gráfico e começou a sediar feiras de comércio. O comércio da seda levou a cidade à sua era de ouro, provocando a construção de uma cidade renascentista numa estreita península (a Presqu'île, ou "quase ilha") entre os dois rios.

Com o tempo, modernos subúrbios se estenderam para além da margem leste do Reno, mas provavelmente você não vai se aventurar até lá atrás de alguma atração turística.

Além de ter os monumentos históricos e as lojas que você espera encontrar numa grande cidade, Lyon tem fama de ser a capital gastronômica da França, com um tipo próprio de restaurante, o *bouchon*.

O QUE VER

FOURVIÈRE E VIEUX LYON

Atravesse o rio Saône para Vieux Lyon, o maravilhoso bairro medieval. Suas ruas de pedestres cobrem três distritos (St.-Georges, St.-Jean e St.-Paul) e são ladeadas de mansões de quatro andares, fazendo do conjunto a mais completa cidade renascentista da Europa. As ruas principais, Rue St.-Jean e Rue du Boeuf, correm paralelas ao rio, e aqui você vai encontrar as típicas *traboules* de Lyon –galerias em arcos, pátios e corredores que passam sob as mansões renascentistas, constituindo uma rede de passagens subterrâneas. Este lado do rio é ótimo para uma busca nos antiquários e nas galerias e tem alguns dos mais econômicos *bouchons* da cidade. *Lugdunum*, a capital romana da Gália, foi fundada aqui no topo de um monte hoje conhecido como Fourvière. Você pode caminhar ou pegar o funicular para as ruínas romanas.

CATHÉDRALE ST.-JEAN

A catedral é o foco de Vieux Lyon e foi construída no local de uma antiga igreja. A parte mais antiga é o claustro, que data do século 11, embora o edifício tenha sobrevivido até o fim do século 13. A igreja atual é uma das mais belas amostras da transição do românico para o gótico. Os arcos do pórtico, por exemplo, são românicos na base e rematados por elementos góticos. Há alguns esplêndidos vitrais, como as rosáceas nos transeptos, e um raro relógio astronômico do século 14. O papa João 22 foi coroado aqui em 1316, e aqui Henrique 4º se casou com Maria de Medici em 1600. A catedral recebeu a visita de Napoleão em 1805 e também foi o local do primeiro recital de órgão de que se tem registro, em 1928.
268 B3 Place St.-Jean, 69005 Seg-sex 8h-12h, 14h-19h30, sáb-dom 8h-12h, 14h-17h
Vieux Lyon

LE PALAIS
St JEAN
RESTAURANT

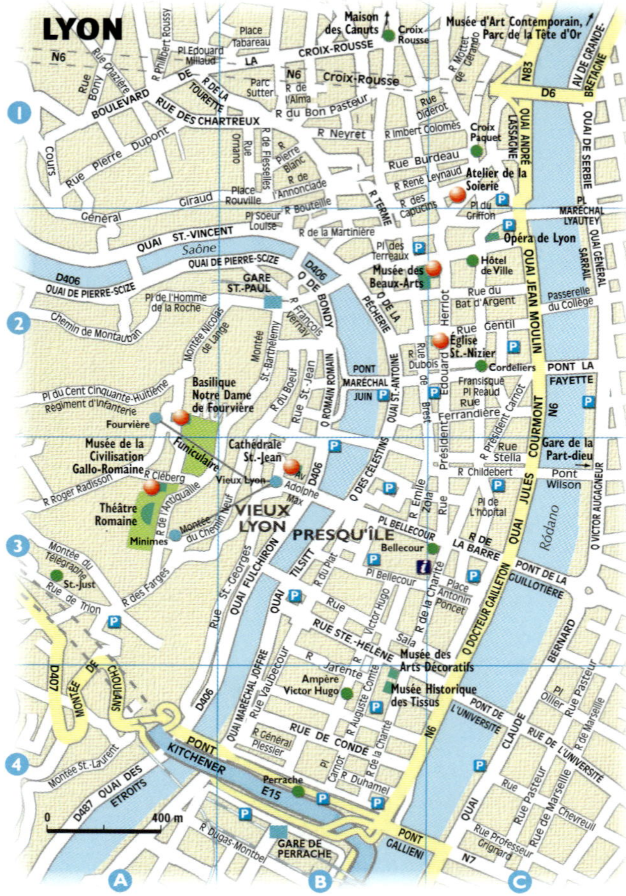

MUSÉE DE LA CIVILISATION GALLO-ROMAINE

Este museu no monte Fourvière é um inovador edifício subterrâneo. Em suas 17 salas estão expostos objetos encontrados em Lyon e nas regiões de Ain e Isère. O destaque é a "Tábua de Cláudio", parte de uma placa de bronze em que está inscrito o discurso do imperador Cláudio ao Senado no ano 48, no qual ele propõe os direitos dos nascidos na Gália ao serviço público. Não deixe de ver o mosaico que representa um típico circo romano e uma vívida imagem de uma corrida de bigas.

268 A3 · 17 Rue Cléberg, 69005 · 04 72 38 49 30 · Ter-dom 10h-18h; nov-fim fev 10h-17h · Adultos €3,80, menores de 18 grátis; entrada livre todas as qui

BASILIQUE NOTRE-DAME DE FOURVIÈRE

Apesar de seu passado romano, Fourvière é hoje famosa por uma construção muito mais moderna, a Basilique Notre-Dame de Fourvière, construída no local do fórum romano e de uma capela do século 11. Sua fachada de mármore branco, com quatro torretas e um pórtico redondo, pode ser vista de muitos pontos da cidade. Em 1870, a população de Lyon, ameaçada pelas forças prussianas, pediram à Virgem Maria (padroeira da cidade) que protegesse o local. O inimigo não conseguiu romper as muralhas, e, em agradecimento, o povo doou o dinheiro para a construção da magnífica basílica. No interior há excepcionais mosaicos Belle Époque e vitrais que contam em vívidos detalhes

Acima *Detalhe de prédio na place Bellecour*
Pág. ao lado *Cathédral St.-Jean*

a vida da Virgem. O maior tesouro da basílica é a imagem dourada de Maria na capela anexa, que é do século 18.
166 A2 Esplanade de Fourvière 04 78 25 51 82 Diariam 8h-19h; capela 7h-19h Vieux Lyon e depois o funicular Fourvière

MUSÉE DES BEAUX-ARTS

No distrito de Presqu'île, o Palais St.-Pierre, antigo mosteiro beneditino, abriga uma galeria de arte –uma das melhores da França fora de Paris. São mais de 1.800 pinturas expostas cronologicamente. Procure o belo retábulo *A Ascensão de Cristo*, de Perugino, que data do Renascimento, e obras de pintores holandeses e flamengos do século 17, entre eles Rembrandt e Rubens. A galeria italiana do século 18 tem obras de Tintoretto e Veronese. O acervo é particularmente forte em artistas do século 19 e início do século 20, como Dégas, Gauguin, Manet, Monet e Picasso. São 16 salas dedicadas às antigas civilizações, com notáveis coleções de artefatos gregos, romanos e egípcios. Outras 17 salas abrigam coleções variadas, que incluem peças de marfim bizantinas, peças esmaltadas de Limoges, arte islâmica e raros serviços de chá japoneses. O pátio interno é hoje ocupado por um jardim formal.
268 C2 20 Place des Terreaux, 69001 04 72 10 17 40 Acervo: sáb-seg e qua-qui 10h-18h, sex 10h30-20h. Fechado 1-8 mai, seg depois da Páscoa, Pentecostes, Ascensão, 14 jul e 15 ago. Primeiro andar fechado 12h-13h15; segundo andar fechado 13h15-14h15 Hôtel de Ville Acervo: adultos €6, crianças €4. Exposições temporárias: adultos €10, menores de 18 grátis

MAIS ATRAÇÕES

ATELIER DE LA SOIERIE

Este é um dos poucos ateliês de pintura em seda que restaram na cidade. Veja o trabalho de serigrafia e a produção de echarpes. Depois, visite a loja.
268 C1 33 Rue Romarin, 69001 04 72 07 97 83 Seg-sáb 9h-12h, 14h-19h Hôtel de Ville

ÉGLISE ST.-NIZIER

Esta igreja ocupa o local de uma basílica do século 5º. Iniciada nos primeiros anos do século 14, seu exterior é um exemplo da arquitetura gótica flamejante.
268 C2 Place St.-Nizier Ter-dom 10h-12h, 14h30-18h30, seg 14h30-18h30

MAISON DES CANUTS

Este museu recria o antigo processo de produção da seda numa fábrica original com teares manuais. A tintura e a fiação eram feitas no andar térreo de casas dos séculos 18 e 19 situadas no distrito da Croix-Rousse, enquanto as famílias dos operários viviam no andar superior.
Mapa 268 B1 12 Rue d'Ivry, 69004 04 78 28 62 04 Ter-sáb 10h-18h30 Adultos €5, crianças €2,50 Croix Rousse

MUSÉE D'ART CONTEMPORAIN

www.moca-lyon.org
Num edifício espetacular projetado por Renzo Piano, este museu se dedica à arte dos séculos 20 e 21. Sua coleção contém principalmente instalações e arte produzida por computador.
Mapa 268 C1 81 Quai Charles des Gaulle, 69006 04 72 69 17 17 Qua-sex 12h-19h, sáb-dom 10h-19h Adultos €8, menores de 18 grátis 4, 47

MUSÉE DES TISSUS E MUSÉE DES ARTS DÉCORATIFS

Estes museus ocupam o Hôtel de Villeroy, do século 17. Saiba mais sobre o uso da seda e de outros tecidos na fabricação de roupas e estofados.
268 B4 34 Rue de la Charité 04 78 38 42 00 Musée des Tissus: ter-dom 10h-17h30. Musée des Arts Décoratifs: ter-dom 10h-12h, 14h-17h30 €5 os dois museus

DICAS

» O Lyon City Card (€19 para 1 dia, €29 para 2 dias e €39 para 3 dias), disponível no centro de turismo, dá direito à entrada em 19 museus, visitas guiadas e audioguias, passeios de barco pelo rio, concertos de música clássica na hora do almoço, transporte urbano e um tradicional espetáculo de bonecos.

» O metrô tem 4 linhas, que funcionam de 5h às 24h. Em Vieux Lyon, o metrô se liga ao funicular do monte Fourvière.

» O Parc de la Tête d'Or, ao lado do Musée d'Art Contemporain, é ideal para um passeio ou para um descanso ao sol. Tem lago, roseiral, estufa de plantas, playground, pequeno zoológico, *petit train* e minigolfe.

» Os passeios de barco pela Naviginter inclui almoço ou jantar e partem de 13 bis Quai Rambaud. Os passeios com refeição partem do Quai des Célestins, onde também fica a bilheteria.

MÂCON

www.macon.fr
www.macon-tourisme.com

Mâcon, à margem do rio Saône, é uma das mais importantes cidades vinícolas da Borgonha, mas preserva uma atmosfera calma e relaxante. A importância do rio para a região está simbolizada na Pont St.-Laurent, que é do século 11, mas foi sendo alterada ao longo dos anos. A ponte é uma das poucas a sobreviver intacta à Segunda Guerra. Durante os anos 1970, grandes peixes-gatos apareceram no rio; e você pode contratar uma expedição de pesca no Centre de Pêche au Gros, na Rue de la Liberté. Se preferir vinho, programe uma degustação na Maison des Vins, na Avenue de Lattre de Tassingny.

A Rue Carnot é uma pequena rua de pedestres cheia de butiques e edifícios antigos, entre eles, a Maison du Bois, do século 16, na Place aux Herbes. Na esquina da Rue Carnot com a Place Poissonnière, desenhos de peixes no piso indicam o tamanho do comércio de peixes na região.

O Musée des Ursulines, na Rue des Ursulines, era um convento no século 17 e, durante a Revolução, foi uma prisão. Hoje expõe objetos antigos da fabricação de vinho, esculturas e pinturas francesas e flamengas (ter-sáb 10h-12h, 14h-18h, dom 14h-18h). O Musée Lamartine, na Rue Sigorgne, fica na Academia de Artes, Ciências e Literatura de Mâcon (ter-sáb 10h-12h, 14h-18h, dom 14h-18h). O poeta romântico Lamartine do século 18 nasceu em Mâcon e foi presidente da Academia, que contém tapeçarias e peças de arte do século 18.

461 M9 1 Place St.-Pierre, 71000 03 85 21 07 07 13 jun-17 set seg-sáb 9h30-19h30, dom 9h30-12h30; 1-12 jun e 10-30 set seg-sáb 10h-19h, dom 9h30-12h; abr, mai seg-sáb 10h-12h30, 13h30-18h; resto do ano seg-sáb 10h-12h, 14h-18h

PALAIS IDÉAL

www.facteurcheval.com

Le Palais Idéal du Facteur Cheval (Palácio Ideal do Carteiro Cheval) fica na vila de Hauterives, 50km ao sul de Vienne, nas montanhas a leste do vale do Reno. Foi construído entre 1869 e início dos anos 1900 por um carteiro local com as pedras que recolhia em sua ronda diária. Embora a princípio negligenciado pelos locais, hoje é um monumento nacional. O palácio é enorme e ainda mais notável por ter sido construído por um só homem, sem plantas formais (perceptível pelo fato de as paredes não serem retas). Sem formação alguma, Cheval conseguiu incorporar diferentes elementos arquitetônicos, criando um monumento que tem um quê de castelo medieval, catedral gótica, templo hindu e mesquita. Ele também incorporou suas ideias filosóficas em vários poemas inscritos nas placas do edifício. Pablo Picasso e André Breton visitaram o Palais Idéal, de onde tiraram inspiração para a revolução surrealista. Durante todo o verão, o palácio recebe concertos de música clássica e jazz à noite.

461 M10 Le Palais Idéal du Facteur Cheval, 26390, Hauterives 04 75 68 81 19 Jul, ago diariam 9h-12h30, 13h30-19h30; abr-fim jun, set 9h-12h30, 13h30-18h30; out, nov, fev, mar 9h30-12h30, 13h30-17h30; dez, jan 9h30-12h30, 13h30-16h30 Adultos €5,30, crianças €3,80

PÉROUGES

www.perouges.org

Considerada uma das mais belas vilas da França, Pérouges é um pequeno povoado de pedra que parece ter sido transportado do século 15 aos dias atuais. Situa-se num afloramento rochoso 290m acima do vale do Ain e 35km a nordeste de Lyon. Perfeitamente preservado, foi usado em muitos filmes de época. Hoje, prospera como um enclave de artistas e tem várias pequenas galerias. Também é conhecido pela produção de biscoitos doces chamados *les galettes de Pérouges*.

A principal entrada da vila se faz pela Porte d'En Haut, do século 11. Um marco é a Église-Forteresse (igreja-fortaleza), construída no círculo de casas fortificadas que formam a parte externa da vila. A Rue des Rondes acompanha essas defesas no interior da vila, cercando o centro de Pérouges, a Place des Halles. Esta praça também é conhecida como Place de Tilleul, e suas casas medievais são hoje cafés e lojas de presentes. No canto da praça fica a entrada do Musée du Vieux Pérouges (Páscoa-fim set diariam 10h-12h, 14h-18h), onde o ingresso também dá acesso às ruínas do velho castelo, a Maison des Princes.

Como as ruas antigas são de pedra e irregulares, pode ser difícil circular em cadeiras de rodas ou de salto alto.

461 M9 Syndicat d'initiative de Pérouges, 01800 04 74 61 01 14 Mai-fim ago diariam 10h-17h; mar, abr, set, out ter-sex 10h-12h, 14h-17h, sáb 14h-17h Meximieux seguida por uma caminhada de 1km

À esq. *Relógio solar em Pérouges*
Pág. ao lado *O imponente Puy de Dôme*

PUY DE DÔME

www.puydedome.com

O Puy de Dôme é o mais alto de uma série de 80 antigos montes vulcânicos no sul do Maciço Central. A cúpula quase circular de rocha de lava tem 1.465m de altura e oferece magnífica vista do parque nacional do Auvergne e da cidade de Clermont-Ferrand.

Deixe o carro no estacionamento aos pés do monte e caminhe ou pegue a *navette* (ônibus que faz o traslado) que em julho e agosto leva até o pico. Outra *navette* parte da estação de trem de Clermont-Ferrand (▷ 262) quatro vezes por dia diretamente para o estacionamento.

O centro de turismo no pico tem explicações em francês e inglês sobre a constituição do monte e outras formações vulcânicas do Auvergne. *Tables d'orientation* (placas) nos terraços ajudam você a se orientar pelas trilhas ao redor do pico. Você também pode visitar as ruínas do Templo de Mercúrio, um templo romano do século 1º, e a imensa antena da Télé de France, inacessível ao público. No entanto, só a vista já justifica a viagem até o topo.

Você pode saber mais sobre os vulcões na Vulcania, a 5km do Puy de Dôme (tel 08 20 82 78 28; www.vulcania.com; jul, ago diariam 9h30-19h, resto do ano 10h-18h; fechado jan, fev, 1-11 nov). Esta moderna atração é recortada na rocha vulcânica de basalto e ligada ao Puy de Dôme pela *navette* de Clermont-Ferrand.

460 K10 N89, 10km a oeste de Clermont-Ferrand 04 73 62 12 18; centro de turismo: 04 73 62 21 46 Jun-fim ago diariam 7h-22h; mai, set, out 8h-21h30; mar, abr, nov, dez 8h-19h. Fechado dez-fim fev Carros €6, motos €4 Em jul e ago, um ônibus faz o traslado diariam 10h-18h; fins de semana e feriados em mai, jun, set 12h30-18h; ida e volta, adultos €4, crianças (4-16) €1, menores de 4 grátis Loja de presentes Visitantes de posse de crachás de portadores de deficiência podem subir ao pico em seu próprio veículo em qualquer dia. A recepção tem acesso para cadeiras de rodas e elevadores para todas as áreas

LE PUY-EN-VELAY

www.ot-lepuyenvelay.fr

No centro da região florestada do Auvergne, Le Puy-en-Velay é um dos mais importantes santuários religiosos da França. Durante a Idade Média, foi um dos pontos de reunião dos peregrinos a caminho de Santiago de Compostela, na Espanha. Graças aos peregrinos, a cidade prosperou, e as ruas são ladeadas de edifícios dos séculos 15 ao 18.

A românica Cathédrale de Notre Dame foi construída no local onde a Virgem Maria teria aparecido. Peregrinos ainda acorrem à igreja para venerar a imagem da Madona Negra, do século 18.

O claustro anexo, classificado como monumento nacional, tem arcos românicos ao redor do pátio e é decorado com afrescos.

A igreja mais antiga e mais encantadora da cidade é a pequena Chapelle St.-Michel d'Aiguilhe, construída sobre um rochedo calcário no século 10º, à qual se tem acesso por uma escada de pedra. A imagem de 16m da Virgem, sobre outra coluna calcária, foi forjada com o metal de 213 canhões capturados no cerco de Sebastopol durante a Guerra da Crimeia.

460 L11 Place du Clauzel, 43000 04 71 09 38 41 Jul, ago diariam 8h30-19h30; Páscoa-fim jun, set 8h30-12h, 13h30-18h15; out-Páscoa seg-sáb 8h30-12h, 13h30-18h15, dom e feriados 10h-12h Le Puy-en-Velay

SENS

www.office-de-tourisme-sens.com

Conhecida como "Borgonha às portas de Paris", Sens é uma excelente primeira escala para visitantes que saem da capital rumo ao sudeste.

A maior atração é a Cathédrale St.-Étienne e os museus a ela associados. Na Idade Média, a catedral tinha influência sobre uma grande província eclesiástica que incluía as dioceses de Paris e Chartres. Seus museus, no antigo Palácio Arquiepiscopal, guardam uma rica coleção de artigos religiosos, além de sedas e

tapeçarias raras, peças de marfim, achados arqueológicos e mais de 800 joias de bronze. Uma adição mais recente é a coleção Marrey, uma coleção de arte dos séculos 19 e 20 que inclui cerâmicas, pinturas e alguns bronzes de Rodin. Também tem pinturas flamengas e holandesas dos séculos 16 e 17 (jul, ago diariam 10h-18h; jun, set diariam 10h-12h, 14h-18h; resto do ano seg, qui, sex 14h-18h, qua, sáb, dom 10h-12h, 14h-18h).

Do outro lado da Place de la République, para quem parte da extremidade oeste da catedral, fica o mercado coberto (seg o dia todo), também usado para exposições.

Fora da cidade, em direção ao sul, o Parc du Moulin à Tan (diariam 8h-anoitecer; estufas de plantas diariam 14h30-17h30) se estende por 10ha e tem vários jardins botânicos, trilhas e áreas cercadas reservadas a animais. As imensas estufas contêm mais de 1.500 espécies de plantas tropicais, entre elas a incrível ninfeia gigante, a *Victoria cruziana*.

465 K6 Place Jean Jaurès, 89100 03 86 65 19 49 Seg-sex 9h-12h, 13h30-18h15, sáb 9h-12h, 13h30-17h15 Sens

TANLAY

www.chateaudetanlay.fr

O Château de Tanlay, um castelo renascentista perto de Tonnerre, tem elegantes torres redondas e cúpulas em forma de sino. No interior, há consoles de lareira esculpidos, móveis de época e uma galeria em *trompe l'oeil*. O destaque é o teto pintado da Tour de la Ligue, que mostra cortesãos como divindades. O interior só pode ser visto em visitas guiadas. O parque é ideal para um piquenique, e na vila há um supermercado onde se pode comprar provisões. O castelo foi construído sobre as fundações de um antigo forte. Em 1533, a propriedade foi herdada por Louise de Montmorency, viúva de Gaspard de Coligny. Seu filho, François de Coligny d'Andelot, iniciou a obra de reconstrução. No século 17, Michel Particelli d'Hémery, ministro das finanças e sócio do cardeal Mazarino, comprou Tanlay e, com os serviços do arquiteto Le Muet, terminou o castelo principal, o Petit Château, os anexos, os estábulos e o fosso. No início do século 18, o castelo passou às mãos de Jean Thevenin, nomeado marquês de Tanlay por Luís 14, e desde então permaneceu na família.

466 L6 89430 Château de Tanlay 03 86 75 70 61 excursões de 45min abr-meados nov qua-seg 9h30, 10h30, 11h30, 14h15, 15h15, 16h15 Adultos €8, crianças (7-15) €3,50; parque €2,50 Tonnerre

THIERS

Thiers situa-se numa encosta acima do rio Durolle, no centro do Parc Naturel Régional Livradois-Forez. Na Idade Média, foi capital da indústria de cutelaria, e ainda há pequenas oficinas de artesãos, onde facas e outros objetos de cutelaria são feitos à mão. No centro da cidade moderna há um pequeno centro histórico, onde o plano urbano e a arquitetura do século 15 foram preservados. Um exemplo é o Hôtel du Pirou, um edifício com vigamento de madeira aparente de 1410 que hoje é o centro de turismo.

Nas ruas estreitas ao redor veem-se belos portais, mísulas e lintéis. Vale a pena visitar a Église St.-Genès, que tem um dos maiores domos românicos da França e um interior simples de pedra que data de 1016. Acredita-se que são Genès tenha sido martirizado na cidade e que a primeira igreja foi erguida em 574 no local do túmulo do santo.

O ótimo Musée de la Coutellerie ocupa os nºs 23 e 58 da Rue de la Coutellerie (jul, ago diariam 10h-12h30, 13h30-19h; resto do ano ter-dom 10h-12h, 14h-18h). O nº 23 concentra-se na história da indústria, com demonstrações de artesãos, enquanto o nº 58 recria uma cutelaria do século 16. Outro edifício interessante nesta rua é a "Casa do Selvagem", assim chamada por causa da escultura na fachada.

460 K9 Château (Hôtel) du Pirou, 63300 04 73 80 65 65 Jul, ago seg-sáb 9h30-18h30, dom 10h-18h; resto do ano seg-sáb 9h30-12h, 14h-18h Thiers

VÉZELAY

www.vezelaytourisme.com

Vézelay tem um patrimônio da humanidade da Unesco, a Basilique Sainte-Madeleine. O local, no alto de um monte, era ponto de parada na rota de peregrinação para Santiago de Compostela. São vestígios dessa época as conchas de moluscos de bronze da Rue St.-Étienne, que sobe para a basílica. À entrada da basílica, duas imensas portas de madeira, de cerca de 3,5m de largura cada uma, ficam abertas para receber o fluxo contínuo de visitantes. Daqui, a visão da nave de 62m de comprimento é impressionante. O interior é pouco decorado, mas brilha com os raios de sol filtrados pelas altas janelas do lado sul.

A cripta e o claustro são abertos ao público, e pode-se subir ao alto da torre (200 degraus), de onde se tem uma linda vista da vila e da região ao redor. Na vila, há galerias de arte e lojas de suvenires. Para os que gostam de atividades esportivas, o campo de Morvan é ideal para caminhadas e a prática de mountain biking.

466 K7 Rue St.-Etienne, 89450 03 86 33 23 69 Jun-fim set diariam 10h-13h, 14h-18h; out e Páscoa-fim mai sex-qua 10h-13h, 14h-18h; nov-Páscoa seg-qua, sex-sáb 10h-13h, 14h-18h

VICHY

www.vichy-tourisme.com
www.ville-vichy.fr

Vichy é um cidade terapêutica desde o período romano; Júlio César se tratou aqui. No século 19, o patrocínio de Napoleão 3º e sua família levou a estação de águas ao seu apogeu, que continuou no início do século 20. Hoje, Vichy é uma das principais estações termais da França. O prédio principal é o Grand Établissement Thermal, com suas brilhantes cúpulas orientais.

A cidade histórica se espalha ao redor do neoclássico Palais des Congrès, projetado em 1865 pelo arquiteto Badger a pedido de Napoleão 3º. Em 1903, o complexo foi ampliado com a construção da Opéra de Vichy, do arquiteto da Belle Époque Lecoeur. Balé, ópera e concertos de música clássica são apresentados no seu interior Art Nouveau. Entre o Congrès e a principal fonte termal fica o Parc des Sources, com jardins formais e arcadas de ferro e vidro largamente ornamentadas. Les Halles des Source tem especialistas em tratamentos termais.

A influência de Napoleão 3º é vista no parque que tem o seu nome e na neogótica Église St.-Louis, cujos vitrais mostram a família real.

460 K9 19 Rue du Parc, 03204 04 70 98 71 94 Jul, ago seg-sáb 9h-19h30; abr-fim jun, set seg-sáb 9h-12h30, 13h30-19h; abr-fim set dom 8h30-12h30, 15h-19h; out-fim mar seg-sáb 9h-12h, 13h30-18h, dom 14h30-17h30 Vichy

VIENNE

Vienne, à margem leste do Reno, é imperdível. Suas ruínas romanas e a arquitetura românica de suas primeiras igrejas cristãs são excepcionais, e passear pela cidade é uma experiência maravilhosa. O antigo povoado que existia no local tornou-se uma das maiores cidades da Gália romana.

RUÍNAS ROMANAS

As ruínas de uma cidade galo-romana podem ser vistas no Jardin Archéologique de Cybèle, perto da Place François Mitterrand, mas há mais ruínas de casas e banhos públicos no Musée et Sites Archéologiques de St.-Romain-en-Gal (mar-fim out ter-dom 10h-18h; resto do ano 10h-17h), uma exposição ao ar livre. Uma estrutura de vidro e aço é o corpo principal do museu, com excelentes mosaicos. O Théâtre Romain (abr-fim ago diariam 9h30-13h, 14h-18h; set-fim out ter-dom 9h30-13h, 14h-18h; resto do ano ter-sex 9h30-12h30, 14h-17h, sáb-dom 13h30-17h30) era um dos maiores do mundo quando foi construído por volta do ano 50. Restaurado em 1930, hoje recebe concertos no verão.

MUSEUS

O Musée des Beaux-Arts et d'Archéologie (abr-fim out ter-dom 9h30-13h, 14h-18h; resto do ano ter-sex 9h30-12h30, 14h-17h, sáb-dom 13h30-17h30), num silo do século 19, expõe utensílios domésticos usados na era romana. O Musée Archéologique, na Église St.-Pierre, tem uma bela estátua de Tutela, deusa galo-romana guardiã de Vienne.

INFORMAÇÕES

www.vienne-tourisme.com
461 M10 Cours Brillier, 38200
04 74 53 80 30 Meados jun-início set seg-sáb 9h-18h; resto do ano seg-sáb 9h-12h, 13h30-18h; dom 10h-12h, 14h-17h
city tour de 2 horas todo primeiro dom do mês e duas vezes por semana em jul e ago Vienne

DICAS

» Pode-se comprar um bilhete múltiplo para seis atrações nos museus ou no centro de informações turísticas.
» Reserve ingressos e hospedagem se vier para o festival de jazz no início de junho.
» Um *petit train* percorre a cidade no verão, ligando as principais atrações.

Acima *Tapeçaria na catedral de Vienne*
Pág. ao lado *Ninfeias no fosso que cerca o Château de Tanlay*

CASCADES DU HÉRISSON

No coração das montanhas do Jura, o vale do Hérisson é famoso por seu cenário romântico, suas florestas primitivas e sua abundante vida selvagem, e a região ao redor das cascatas do Hérisson é ideal para ser explorada a pé. Use calçados resistentes e tenha cuidado porque o caminho é íngreme em alguns trechos. Se o tempo for pouco, o passeio pode ser encurtado indo de carro até Bonlieu, onde uma pequena estrada sinalizada leva a uma área de estacionamento em Saut de la Forge (ver abaixo).

O PASSEIO
Distância: 4km
Duração: 3 horas
Início/fim: Ilay

COMO CHEGAR

Ilay fica no Jura, a leste de Lons-le-Saunier pela N78.

Hérisson é o nome dado ao rio por um cartógrafo do século 19. O nome original, Yrisson, significa "água sagrada" e nada tem a ver com "ouriço", tradução de *hérisson*. A importância do vale remonta à Idade Média, quando três ordens monásticas disputavam o controle do rio e o direito de construir moinhos e fundições. A região ainda depende de seus abundantes recursos naturais para se manter. O Jura, uma das regiões mais florestadas da França, é uma área preservada. Abriga uma grande variedade de espécies selvagens, muitas das quais, embora se desenvolvam bem aqui, estão em risco de extinção em outras partes do mundo.

★ Em Ilay há uma grande área de estacionamento em frente ao ponto de partida do passeio, na D39, a cerca de 100m de uma encruzilhada e atrás do Auberge du Hérisson. Siga as placas para Saut Girard, uns 500m para o sul, por trilhas arborizadas e campos.

❶ Ao lado da cascata de Saut Girard já existiu uma siderúrgica, que em 1811 produzia 65t para a vila. Meio século mais tarde, Saut Girard era uma marmoraria. Na Idade Média e até 1714, uma ponte sobre a cascata ligava Lons-le-Saunier a St.-Laurent-en-Grandvaux e Genebra, e era usada para transportar sal, vinho e outros produtos.

Siga para Saut du Moulin, passando pelas ruínas do moinho Le Moulin Jeunet, 20m para a direita.

❷ Conhecido como Moulin de Frasnois em 1434, Le Moulin Jeunet se transformou em ruínas no século 17, depois de uma guerra que devastou a região do lago. Ele foi reconstruído pelos cidadãos de Frasnois em 1663. No fim do século 19, Séraphin-François Jeunet tornou-se proprietário do moinho.

Siga para Le Saut de la Forge, local de outra antiga siderúrgica; aqui há uma placa informativa. Continue caminhando para Gour Bleu, um lugar romântico ao qual se tem acesso por uma trilha sob as árvores.

❸ As águas azuis do rio são tão límpidas que se pode enxergar o seu leito resplandecente. Descanse e curta o suave som das cascatas.

Cruze o rio Hérisson pela ponte de pedestres chamada Passerelle Lacuzon e suba por uma trilha íngreme para chegar à Grotte Lacuzon, aos pés da cascata de Le Grand Saut.

❹ O melhor lugar para admirar a cascata é abaixo dos 60m da queda. Daqui, depois de uma caminhada de 400m, você se verá aos pés da cascata de l'Éventail.

❺ Esta é outra cascata espetacular, cujas águas caem de uma altura de 65m por uma sucessão de degraus em ziguezague conhecidos como "o Grande Órgão".

❻ Você pode subir ao topo de l'Éventail pela ponte Sarrazine, que leva ao Belvédère des Tuffs, onde se descortina uma bela vista do vale e das cascatas do Hérisson.

Volte pelo mesmo caminho.

QUANDO IR

As cascatas dependem do volume de chuvas e, por isso, se reduzem a um fio num verão seco. Como são muito procuradas, muita gente as visita em julho e agosto. A melhor época para o passeio é a primavera, quando as cascatas estao cheias e as flores brotam. Na cheia, é essencial usar roupas de chuva e botas à prova d'água.

ONDE COMER

AU CHALET
✉ 2 Routre du Lac, 39130 Bonlieu
☎ 03 84 25 57 04

INFORMAÇÕES TURÍSTICAS

www.juralacs.com

Pág. ao lado *Há muitas cascatas espetaculares neste passeio*

PASSEIO DE CARRO

CANAL DE BOURGOGNE

O majestoso canal da Borgonha tornou-se um dos mais populares da França para a navegação de lazer. No verão, todos os tipos de embarcações disputam espaço enquanto esperam para passar pela sucessão de diques que as levam por vilas tranquilas e campos onde pastam vacas e ovelhas. Este passeio acompanha o canal entre Tonnerre e Flavigny-sur-Ozerain, passando por castelos, um antigo mosteiro e um sítio galo-romano.

O PASSEIO
Distância: 90km
Duração: 1 dia
Início: Tonnerre
Fim: Flavigny-sur-Ozerain

★ Tonnerre é um antigo povoado galo-romano. O centro de informações turísticas está localizado dentro da principal atração da cidade, o Hôtel-Dieu, um hospital do século 13 de proporções impressionantes. Suas vigas imensas foram cortadas de carvalhos de florestas locais. Construído por Margarida da Borgonha, o hospital ainda recebe recursos do seu testamento, mais de 700 anos depois de sua morte. O prédio também abriga o principal museu da cidade, o Musée Marguerite de Bourgogne.

Outra atração, mais rara, é um regato chamado Fossé Dionne, que nasce numa escarpa rochosa. É um lugar charmoso, com a bacia de águas verde-azuladas do riacho cercada por cabanas, árvores e a Église de St.-Pierre.

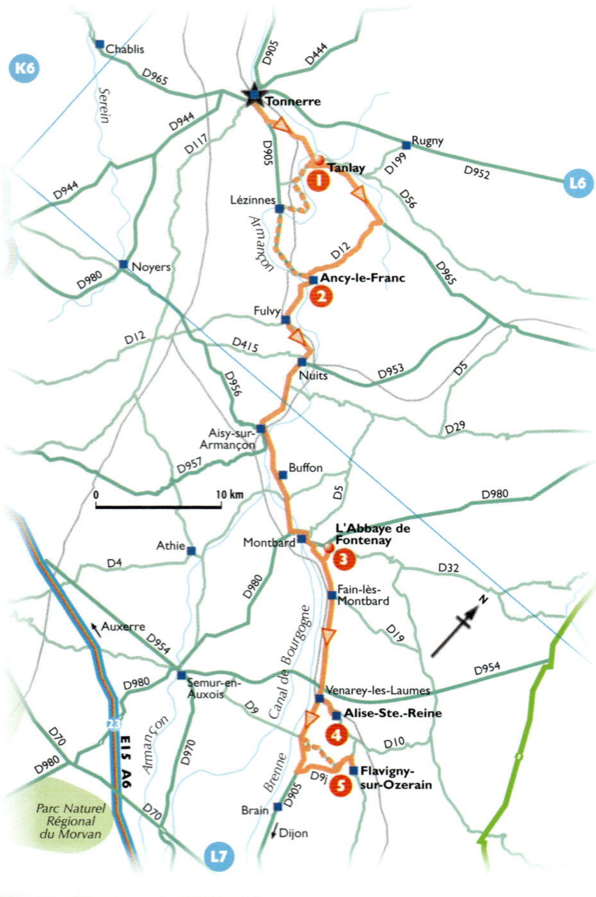

Saindo de Tonnerre, pegue a D965 para a vila de Tanlay.

❶ Tanlay (▷ 272 e 278-9, passeio) é uma vila modesta com um belo castelo renascentista. Construído em 1550 para François de Coligny, o castelo é cercado por um fosso e por esplêndidos jardins.

A próxima parada é em Ancy-le-Franc. Para chegar aqui, continue pela D965 e vire à direita na D12. Outra alternativa é voltar ao canal, cruzando-o em St.-Vinnemer, e pegar a D905 para Ancy-le-Franc.

❷ O Château d'Ancy-le-Franc, construído em meados do século 16, é considerado um dos mais belos exemplos da arquitetura renascentista da Borgonha. Em diferentes épocas, aqui se hospedaram Henrique 4º, Luís 13 e Luís 14. O interior, restaurado e redecorado no século 19, é particularmente interessante.

Siga pela D905, passando por várias vilas e por Montbard, e então vire à esquerda na D32 para a Abbaye de Fontenay.

❸ L'Abbaye de Fontenay é uma das mais belas abadias da França. Situada em um vale arborizado e quase intocado, é um exemplo perfeito de uma abadia cisterciense. A igreja, com piso de terra, é palco de concertos de música clássica no verão, e o claustro esculpido é um dos mais bem preservados da França. O jardim é uma alegria, com uma fonte e um lago de peixes. Patrimônio da humanidade, a abadia já foi propriedade da família Montgolfier, pioneira das viagens em balão.

Volte à D905 e siga por ela até Alise-Sainte-Reine.

❹ Guerreiros celtas, liderados por Vercingetorix, se retiraram para Alise-Sainte-Reine depois de seu fracassado ataque a Júlio César em 52 a.C.(▷ 28). As legiões de César cavaram trincheiras e ergueram fortificações ao redor do acampamento gaulês para evitar que eles fugissem e para se defender das tropas que vinham em socorro dos sitiados. Depois de seis semanas tentando romper essas barreiras, Vercingetorix foi obrigado a se render e levado em cortejo pelas ruas de Roma, onde ficou seis anos preso antes de ser estrangulado. Uma imponente estátua do líder gaulês hoje domina a praça.

Volte à D905 e vire à esquerda na D9J (ou D9) para Flavigny-sur-Ozerain.

❺ O vilarejo de Flavigny-sur-Ozerain, no alto de um monte, já foi uma base religiosa da região de Auxois. Aqui há ruínas de uma importante abadia, com uma cripta carolíngia. As portas da velha fortaleza ainda estão de pé, assim como casas do século 13. O *Anis de Flavigny* (bombom de anis) é produzido aqui desde o século 9º. O filme *Chocolate*, estrelado por Juliette Binoche, foi rodado aqui.

ONDE COMER

Se quiser parar para um piquenique, há ótimos lugares no trecho em que a rodovia acompanha o canal. Logo depois de Lézinnes a estrada cruza o rio e o canal. Vire imediatamente à direita e siga por uns 500m até o porto de Lézinnes (sinalizado Port Fluvial). Há espaço para estacionar, assim como mesas para piquenique e uma gangorra para as crianças.

Acima *O Château de Tanlay*

PARA VISITAR

CHÂTEAU D'ANCY-LE-FRANC

www.château-ancy.com

89160 Ancy-le-Franc 03 86 75 00 25 Visitas guiadas apenas da Páscoa a meados de nov ter-dom Adultos €8, crianças (7-15) €5 Ter-dom 10h30, 11h30, 14h, 15h, 16h

ABBAYE DE FONTENAY

www.abbayedefontenay.com

21500 Montbard 03 80 92 15 00 1 abr-11 nov 10h-18h; resto do ano 10h-12h, 14h-17h. Só visitas guiadas de 1 hora Adultos €7,80, menores de 25 €3,70

CRIPTA CAROLÍNGIA EM FLAVIGNY-SUR-OZERAIN

www.alesia-tourism.net

Abr-meados nov diariam 9h-12h30, 13h30-19h Adultos €1, menores de 12 grátis

INFORMAÇÕES TURÍSTICAS

www.tonnerre.fr

Le Cellier, Place Marguerite de Bourgogne, 89700 Tonnerre 03 86 55 14 48 Jul, ago seg-sáb 9h30-12h, 13h30-18h30, dom e feriados 10h-12h30, 14h-18h; abr-fim jun, set diariam 9h30-12h, 14h-18h; resto do ano fechado qua e dom

INFORMAÇÕES SOBRE BARCOS

Pode-se alugar botes em vários pontos ao longo do canal: Tonnerre e outros pontos do rio Yonne, na extremidade norte; Montbard, perto do centro, e St.-Jean-de-Losne, Pont d'Ouche e Pouilly-en-Auxois, na extremidade sul. As comportas fecham para almoço diariamente, o dia todo às quartas-feiras entre Dijon e Tonnerre e nos feriados. Os horários variam com a estação; cheque antes de sair. Este passeio inclui a parte do canal que vai de Tonnerre a Flavigny, mas há outras cidades interessantes a visitar se você tiver tempo de explorar toda a extensão do canal.

PASSEIO A PÉ

PASSEIO À BEIRA DO CANAL

Este passeio ao longo de um trecho do Canal de Bourgogne inclui exemplos de outra atração da Borgonha: os castelos.

O PASSEIO
Distância: 4,5km
Duração: 1 hora e 30 minutos
Início/fim: Tanlay

COMO CHEGAR
A meio caminho entre Auxerre e Dijon, na Borgonha, Tanlay fica a leste de Tonnerre pela D965. Há uma pequena área de estacionamento entre o canal e as quadras de tênis.

★ O passeio começa em Tanlay, uma vila famosa por seu castelo (⊳ 272 e pág. ao lado). Parta da ponte sobre o Canal de Bourgogne, onde a D965 se aproxima da vila, vindo de Tonnerre. Afaste-se da ponte pela Rue du Port, indo em direção ao centro da vila, e então saia à esquerda e entre no passeio que beira o canal, mantendo-o à sua esquerda.

❶ O Canal de Bourgogne atravessa a Borgonha do Yonne ao Saône, fazendo a ligação entre o Canal da Mancha e o Mediterrâneo. Já foi uma importante via de transporte de mercadorias e hoje é uma via turística e de lazer.

Na primeira comporta, cruze o canal e continue pelo passeio que o margeia por 1km até a próxima ponte. Cruze o canal aqui e caminhe em direção à vila de Commissey.

❷ Pouco antes de cruzar o canal em Commissey, veja a lavanderia à esquerda. Vire à esquerda na encruzilhada da vila para ver uma pequena igreja românica, que tem um vitral diferente no domo acima do altar.

Siga pela Rue Haute até a Place de la Mairie e, no cruzamento na saída da vila, pegue uma estrada secundária para Quincy e Rugny. Suba a encosta por 300m até um cruzamento e vire à direita. Uns 100m à frente a estrada se torna uma trilha irregular.

❸ Desta trilha tem-se belas vistas do vale do Armançon e de Tonnerre. A paisagem é de campos cultivados e bosques.

Siga por esta trilha por uns 400m, passando por um campo aberto. Cerca de 100m à frente, ela penetra num bosque. Vire à esquerda em outra trilha, quase invisível. Depois de 100m, a trilha faz uma curva à direita sobre um terreno pedregoso e se abre numa estrada larga que desce a encosta, passando por uma região pouco florestada. Quando essa estrada chegar a um campo, vire à esquerda e, ao chegar a uma bifurcação, perto do limite da área florestada, entre à direita e continue descendo, com um muro à sua direita.

Depois de mais 225m, a trilha chega a uma estrada. Vire à direita na estrada e, depois de 100m, pegue a próxima estrada à esquerda, que leva a St.-Vinnemer e Lézinnes, e volte a Tanlay. Do outro lado da Rue du Port, vire à esquerda na Grande Rue Basse. Uns 250m à frente fica a entrada do Château de Tanlay.

❹ O Château de Tanlay foi construído em meados do século 16 e é um bom exemplo da arquitetura renascentista francesa. Cercado por um fosso e por um belo parque, o castelo foi um forte protestante durante as Guerras Religiosas; visitas estão disponíveis.

Vire à direita em frente ao castelo, seguindo as placas para Auxerre e Tonnerre, e caminhe por uma avenida de árvores altas. Depois de um campo de futebol, vire à direita na estrada para Tonnerre e ande uns 100m até o estacionamento.

QUANDO IR

Este passeio pode ser feito em qualquer época do ano. Se quiser visitar o castelo, ligue antes para saber os horários, porque ele pode ficar fechado no outono e no inverno.

ONDE COMER

Há boas áreas para piquenique ao longo do caminho, bem como no parque do castelo, na trilha que desce pelo bosque e à beira do canal, depois de terminado o passeio.

Pág. ao lado e acima *Barcos ancorados na bacia do Canal de Bourgogne, em Tanlay*
Abaixo *O Canal de Bourgogne é um ótimo lugar para se encontrar um pouco de paz e tranquilidade*

PASSEIO DE CARRO

MONTES DO CANTAL

Magníficas paisagens verdejantes o aguardam neste passeio pelo *département* no sul da região do Auvergne. O destaque é a subida ao pico de um monte vulcânico. Antes e depois disso, há cidades históricas a explorar. No caminho, talvez você queira fazer uma parada para comprar o queijo produzido no Cantal.

O PASSEIO
Distância: 91km
Duração: 1 dia
Início: Aurillac
Fim: Salers

★ Aurillac, no departamento de Cantal, é uma cidade administrativa e comercial, com apenas alguns pontos de interesse, como a Place St.-Gérard. Pode ser relevada se você estiver partindo de outro lugar.

Saindo de Aurillac, siga as placas para Clermont-Ferrand na D117, que passa acima do subúrbio e contorna um monte para se juntar à N122, a principal estrada que corta os pastos verdejantes do vale do Cère.

❶ A cidade de Polminhac é dominada pela ameaçadora torre quadrada do Château de Pesteils, erguido sobre um rochedo.

Agora você vai entrar no Parc des Volcans, que cobre grande parte do Auvergne. Em Vic-sur-Cère, estacione na pracinha à esquerda da rodovia, junto a uma banca de jornal, para dar um passeio pela cidade.

❷ Vic-sur-Cère tem ruas atraentes, com casarões antigos na encosta do monte acima da estrada. A igreja parcialmente românica tem um campanário octogonal e mísulas esculpidas sob as calhas.

Depois de Vic, a N122 atravessa bosques em direção ao Pas de Cère, cruza duas vezes o rio Cère, passa por Thiézac, à esquerda, e por St.-Jacques-des-Blats.

❸ Se o dia estiver claro, você terá belas vistas das montanhas ao longo deste trecho da rodovia. À direita fica o Plomb du Cantal (1855m), o pico mais alto do Cantal.

Ao aproximar-se da estação de esqui de Le Lioran, a estrada atravessa um túnel moderno. Depois do túnel, ela desce em direção a Murat, anunciada pela visão de uma igreja solitária no alto de um monte.

❹ Murat merece um calmo passeio por suas encantadoras ruas antigas, bastante íngremes e quase sempre em degraus. Uma rota bem sinalizada leva você aos prédios mais interessantes. Antes de partir de Murat, verifique se tem combustível suficiente para chegar a Salers, no fim da rota.

Saia de Murat por onde entrou e vire à direita na D3 para Dienne e Salers. A estrada contorna um afloramento basáltico sobre o qual há uma imensa imagem da Virgem Maria. Do outro lado do Col d'Entremont, vire à esquerda na D680 na direção de Dienne e Salers.

Depois de Dienne, a estrada passa por dois vilarejos que só têm vida entre a primavera e o outono. Continue subindo o vale e entre à esquerda para o Pas de Peyrol.

❺ O Pas de Peyrol, a 1.588m de altitude, é o passo rodoviário mais alto da França. No verão, fica cheio de visitantes, alguns deles ciclistas que chegam para fazer a subida relativamente fácil para o topo do Puy Mary (1.787m). Calcule 45 minutos para subir ao topo e descer, partindo do centro de turismo.

Continue pela D680, passando pelo Cirque de Falgoux, uma profunda depressão formada pela glaciação, e desça para Salers.

❻ O ponto de chegada é a bela cidade de Salers, que se destaca por sua arquitetura renascentista, que data do século 15, quando viveu seu apogeu como sede do bailiado da região.

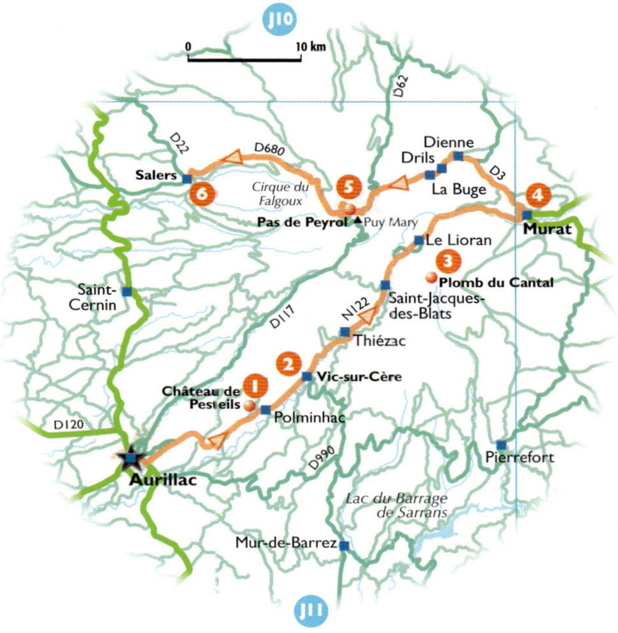

QUANDO IR

O Pas de Peyrol fica fechado de outubro a maio. Na primavera e no outono, verifique se ele está livre de neve antes de se aproximar. No verão, veículos grandes, inclusive trailers, obedecem a um sistema de mão única para cruzar o passo.

ONDE COMER

Murat oferece as melhores opções: uma brasserie e uma pizzaria, duas lanchonetes e vários restaurantes.

Pág. ao lado *A bela arquitetura de Salers*
Abaixo *Casas de Murat banhadas pelo sol*

ARTE, COMPRAS, DIVERSÃO E NOITE

Acima *Esqui nos Alpes franceses*

ANNECY

BÂTEAUX DUPRAZ

www.bateauxdupraz.com

Faça um passeio pelo lago d'Annecy em um barco de 30 lugares, *L'Arc en Ciel* ("arco-íris"). O passeio dura de 30 a 50 minutos e tem explicações em inglês e francês. Embarque nos Jardins de l'Europe, em frente a L'Île des Cygnes, 15min antes da partida.

✉ Quai Napoléon 111, 74000 Annecy ☎ 04 50 51 52 15 ou 04 50 52 42 99 ⏲ Passeios jul. ago diariam 11h15, 12h30, 14h30, 15h45, 17h, 18h; abr-fim jun, set, out seg-sáb 11h15, 14h30, 15h45, 17h, dom 14h30, 15h45, 17h, 18h; fecha meados nov-meados fev ✋ Adultos €12

CICLISMO

www.lac-annecy.com

Uma ciclovia liga Annecy a Giez, contornando o lago d'Annecy, com vistas espetaculares das montanhas ao redor. Pode-se alugar bicicletas em vários lugares, inclusive na loja Roul Mapoule (4 Rue des Marquisats, tel 04 50 27 86 83).

✉ Centro de turismo, 1 Rue Jean Jaurès, 74000 Annecy ☎ 04 50 45 00 33

COURRIER

Este shopping com ar-condicionado tem cerca de 40 lojas que vendem artigos para a casa, roupas, produtos de beleza, perfumes e presentes, além de um supermercado. Relaxe em uma confortável poltrona de couro na brasserie, que oferece um drinque depois da compra.

✉ 65 Rue Carnot, 74000 Annecy 04 50 46 46 76 ⏲ Seg-sáb 9h30-19h30; supermercado 9h-21h; brasserie 8h-23h

FEIRAS

Há uma feira semanal na Rue de la République, Rue Sainte-Claire, Pont Morens e Quai de l'Évéché, enquanto roupas, livros e artigos de couro são vendidos na Place Romains. Uma feira mensal de antiguidades é realizada na Rue Sainte-Claire, Place Sainte-Claire, Quai l'Évéché, Pont Morens, Rue de la République e Rue de l'Isle.

☎ 04 50 45 00 33 (informações turísticas) ⏲ Feira de alimentos: ter 8h-12h; de outros produtos: ter 8h-19h; antiguidades: último dom do mês 8h-19h

TAKAMAKA

www.takamaka.fr

Esta empresa organiza programas ao ar livre, entre eles um passeio de caiaque pelo lago Annecy, uma maneira maravilhosa de ver a paisagem. O caiaque é ótimo para quem não tem experiência, porque as águas do lago são calmas.

✉ 23 Faubourg Sainte-Claire, 74000 Annecy ☎ 04 50 45 60 61 ⏲ Jul, ago seg-sex 9h-19h; resto do ano seg-sex 9h-12h, 14h-18h ✋ Passeio de um dia com guia €55 por pessoa

ARBOIS

DOMAINE ROLET PÈRE ET FILS

www.rolet-arbois.com

Um dos mais renomados vinicultores do Jura, que produz os premiados tintos Arbois, o vin jaune e o vin de paille, tem uma loja na cidade, em frente ao Hôtel de Ville (prefeitura).

✉ Montigny, 39600 Arbois ☎ 03 84 66 00 05 ⏲ Seg-sáb 9h-12h, 14h-18h30, dom 12h-14h30

BEAUNE

ATHENAEUM DE LA VIGNE ET DU VIN

A arte da mesa é tema desta loja que fica em frente dos famosos Hospices de Beaune. Vende serviços de mesa, vinhos, livros sobre vinhos e produtos locais, como a mostarda de Dijon, o crème de cassis e o pain d'épices.

✉ 5 Rue de l'Hôtel-Dieu, 21200 Beaune ☎ 03 80 25 08 40 ⏲ Diariam 10h-19h

MAISON DENIS PERRET

www.denisperret.fr

Maison Denis Perret está neste local desde 1973. Hoje pode-se encontrar um sortimento completo de vinhos da Borgonha, com mais de 300 rótulos.

✉ Place Carnot, 21200 Beaune ☎ 03 80 22 35 47 ⏲ Abr-fim nov seg-sáb 9h-19h; resto do ano seg-sáb 9h-12h, 14h-19h

LA MOUTARDERIE FALLOT

www.fallot.com

A fábrica da mostarda Fallot, 5 minutos a pé do centro histórico, é a última fábrica independente da Borgonha. A visita interativa dura 1 hora e usa raios infravermelhos e

nimação em 3D para explicar os métodos tradicionais e modernos de fabricação.
31 Faubourg Bretonnerie, 21200 Beaune 03 80 26 21 33 Visitas seg-sáb 10h e 11h30 o ano todo €10

L'OPÉRA NIGHT

www.operanight.fr
Apesar do nome, uma coisa que você não encontrará aqui é ópera. Esta casa noturna tem três salas: L'Opéra tem a maior pista de dança, Le Kiss toca música dos anos 1980 e 1990, e L'Armstrong atrai um público bem-vestido. Há também um bar, Le Viva Café.
Rue de Beaumarché, Palais des Congrès, 21200 Beaune 03 80 24 10 11 Sex-dom 23h-6h Varia conforme a performance; dom grátis Beaune

LE TAST'FROMAGES

Esta loja vende 120 diferentes tipos de queijos, entre eles o Délice de Pommard, feito a partir de uma bola de Brillat-Savarin (queijo cremoso da Normandia) maturado em sementes de mostarda ou brotos de cassis. São especialidades da Borgonha o Époisses au Marc de Bourgogne e Amour de Nuits-St.-Georges.
23 rue Carnot, 21200 Beaune 03 80 24 73 51 Seg-sáb 8h30-12h30, 14h30-19h30, dom 8h30-12h30

BESANÇON

L'OPÉRA-THÉÂTRE BESANÇON

www.opera-besancon.com
A principal casa de espetáculos de Franche-Comté apresenta programa variado, com óperas, operetas, balés e recitais de música clássica.
Place du Théâtre, 25000 Besançon 03 81 87 81 97 Espetáculos a partir de 19h30 Adultos €10-€41

CHAMBÉRY

L'ÉCOLE DE PARACHUTISME DE SAVOIE

www.veloce-skydive.com/chambery
Esta escola de paraquedismo tem saltos para principiantes e experientes.Os iniciantes podem fazer um salto conjunto com um instrutor sobre o lago Bourget, com vistas maravilhosas do Mont Blanc e dos Alpes. Os que vierem de carro devem pegar a A43 quando partirem de Lyon, ou a A41, e depois seguir as placas para o aeroporto. A sede da escola fica vizinha ao aeroporto, mas a área de atividade fica perto do Savoie Technolac. Se chegar de trem na estação de Chambéry, eles podem apanhá-lo na estação se forem avisados.
Aéroport de Chambéry, 73420 Viviers du Lac 04 79 54 42 93 ou 06 13 09 61 56 Diariam 8h-21h; fechada jan, fev Primeiro voo conjunto €245

CHAMONIX

CASINO DE CHAMONIX

www.casinodefranceonline.com
É preciso apresentar o passaporte para entrar neste cassino, que tem roletas em inglês e francês, duas mesas de vinte e um, *stud poker* e máquinas caça-níqueis. Há um restaurante que serve pratos italianos e um bar-karaoke.
12 Place de Saussure, 74400 Chamonix 04 50 53 07 65 Diariam 20h-3h; caça-níqueis a partir de 12h Grátis

CENTRE SPORTIF

www.sports.chamonix.com
Este centro esportivo tem piscina (com escorregador e piscina infantil), hidromassagem, sauna, sala de musculação, pista de gelo, parede de alpinismo e quadras de tênis e de squash. O bar e o restaurante ficam vizinhos à pista de gelo.
214 Avenue de la Plage, 74400 Chamonix 04 50 53 09 07 Seg-sex 12h-19h30, sáb-dom 14h-19h30 Piscina e pista de gelo €4,80, squash/tênis €8,60, musculação €9,50, sauna mais piscina €11

COMPAGNIE DU MONT BLANC

www.compagniedumontblanc.fr
A empresa organiza eventos esportivos de verão e de inverno, inclusive caminhadas, esqui e snowboard. Vende passes válidos para todas as pistas de esqui de Chamonix, exceto Les Houches. Há vários passes, como para iniciantes e famílias, que podem ser comprados no centro de turismo ou na bilheteria da empresa. Uma foto é exigida para passes de quatro dias ou mais.
35 Place de la Mer de Glace, 74400 Chamonix 04 50 53 22 75 Aberto conforme a estação e o clima Passe de 1 dia a partir de €40, 13 dias €360; há passes familiares

CHERVERNY

www.savoie-specialite.com
Inaugurada há mais de 30 anos, esta loja vende utensílios de cozinha de qualidade. Aqui você encontra itens da cozinha alpina, como panelas e equipamentos de fondue, além de porcelana de Limoges, cristais Lalique e Baccarat e artigos de vidro para o dia a dia.
126 Rue Paccard, 74400 Chamonix 04 50 53 03 74 Diariam 9h-12h, 14h30-19h

REFUGE PAYOT

www.refugepayot.com
Esta boa mercearia vende queijos locais e gourmet, frios, vinhos e outras bebidas, chocolate, mel e frutas em conserva.
166 Rue Vallot, 74400 Chamonix 04 50 53 18 71 Diariam 8h15-19h45

VOX

Este cinema tem três salas, uma delas com som estéreo Dolby. São várias sessões por dia e sessões extras nos dias de mau tempo para entreter os praticantes de esqui e snowboard. Os filmes são geralmente exibidos em inglês com legendas em francês.
Cours de Bartavel, 74400 Chamonix 04 50 55 89 98 ou 04 50 53 03 39 (horários e informações em francês) Adultos €7, crianças (menores de 12) €5,50, €7,50 por pessoa em grupos

CHAMPAGNE-SUR-LOUE

YVES FAILLENET

jura.peche.free.fr/formules
Esta empresa oferece monitores profissionais de pesca. Há cursos de um a cinco dias nas margens dos rios da região do Jura.
La Louve du Val d'Amour, Impasse du Rang, 39600 Champagne-sur-Loue 03 84 37 70 17 Temporada de pesca mai-fim dez (para várias espécies de peixes) curso de 1 dia €130 por pessoa ou €100 por pessoa num grupo de três pessoas

DIJON

BOUTIQUE MAILLE

www.maille.com

Maille é mestre na produção de mostarda e está no ramo desde 1747. Hoje produz uma fantástica variedade de óleos, condimentos e picles. Imperdível para a sua cozinha se sua bagagem suportar o peso.

✉ 32 Rue de la Liberté, 21000 Dijon ☎ 03 80 30 41 02 🕐 Seg-sáb 9h-19h

LE FRASNOIS

ÉCURIE DES 4 LACS

www.ecuriedes4lacs.com

Faça uma excursão a cavalo pelo Jura, com hospedagem e alimentação incluídas, ou um passeio de meio dia ou de um dia inteiro pelo campo (para cavaleiros iniciantes ou experientes). Grupos de até dez pessoas.

✉ Didier Méjard, 39130 Le Frasnois ☎ 03 84 25 50 20 🕐 Meados jan-fim nov ✋ pacotes de 2 dias e 1 noite a partir de €225 por pessoa

GRENOBLE

GALERIES LAFAYETTE

www.galerieslafayette.com

Esta conhecida loja de departamentos vende moda feminina, masculina e infantil (principais marcas e grifes), assim como artigos para a casa, cosméticos e perfumes. Tem devolução do imposto para consumidores de fora da UE. Lembre-se de pedir que sua compra seja embrulhada para presente sem pagamento extra.

✉ 12 Place Grenette, 38000 Grenoble ☎ 04 76 47 28 54 🕐 Seg-sáb 9h30-19h30

GRAND'PLACE

www.grandplace.fr

Com cerca de 140 lojas e alguns restaurantes, este grande shopping center na fronteira de Grenoble e Echirolles vende roupas, sapatos, artigos de couro e equipamentos esportivos e tem um supermercado Carrefour. Para chegar, pegue o Cours Jean Jaurès para o sul. Ele se torna Cours de la Libération et du Général de Gaulle. Vire à esquerda na Avenue Paul Verlaine e, na rotatória Pierre et Marie Curie, vá em frente até a Avenue Edmond Esmonin e depois pegue a Avenue de l'Europe. A Grand'place fica à direita.

✉ 55 Grand'place, 38100 Grenoble ☎ 04 76 09 55 45 🕐 Seg-sáb 9h30-20h

FEIRAS

As melhores feiras de Grenoble são o Marché Place aux Herbes para alimentos, o Marché Victor Hugo para produtos manufaturados, e o Marché de l'Abbaye, na Place de la Commune, para alimentos e artesanato.

✉ Informações: Office de Tourisme, Hôtel de Ville, 11 Boulevard Jean Pain, 38000 Grenoble ☎ 04 76 76 36 36 🕐 Marché Place aux Herbes: ter-dom 6h-13h; Marché Victor Hugo: seg-sáb 10h-20h; Marché de l'Abbaye: ter-dom 6h-13h

LA SOUPE AUX CHOUX

www.jazzalasoupe.free.fr

Situada no lado norte do rio, La Soupe aux Choux é a sede do Grenoble Jazz Club. Apresenta concertos de todos os tipos de jazz: moderno, swing, blues e New Orleans.

✉ 7 Route de Lyon, 38000 Grenoble ☎ 04 76 87 05 67 🕐 Qua-sáb 20h30-1h; fechado ago ✋ €10; com jantar e show €28 🚌 33

TÉLÉPHÉRIQUE DE GRENOBLE-BASTILLE

www.bastille-grenoble.com

Este que é o primeiro teleférico da França foi construído em 1934 e é uma maneira relaxante de chegar ao forte da Bastille. No topo há restaurantes e uma loja de suvenires.

✉ Quai Stéphane Jay, 38000 Grenoble ☎ 04 76 44 33 65 🕐 Teleférico: jul, ago seg 11h-0h15, ter-dom 9h15-0h15; jun, set seg 11h-23h45, ter-sáb 9h30-23h45, dom 9h30-19h25; resto do ano seg, ter 11h-18h30, qua, qui, dom 10h45-18h30, sex, sáb 10h45-0h15 ✋ Ida e volta adultos €6,10, crianças (5-18) €3,85

LYON

BERNACHON

www.bernachon.com

Esta é uma loja de chocolates e salão de chá no 6º *arrondissement* (tome a linha A do metrô para Foch). Este paraíso do chocolate tem uma grande variedade de bombons, vendidos em lindas caixas. Os preços são altos, mas a qualidade compensa. O salão de chá serve lanches e bebidas. Experimente o delicioso chocolate quente.

✉ 42 Cours Franklin Roosevelt, 69006 Lyon ☎ 04 78 24 37 98 🕐 Loja: ter-sáb 8h30-19h, dom 8h30-17h; salão de chá: ter-sáb 9h-18h30

DECITRE

www.decitre.fr

Um paraíso para os ratos de biblioteca situado no coração da cidade, do outro lado da Place Bellecour. Tem livros de viagem, culinária, línguas e material didático, além de mapas e calendários. Há uma grande seção de livros de ficção em inglês na entrada da loja, além de atendentes que falam inglês (há outra loja Decitre em frente, do lado sul da Bellecour).

✉ 6 Place Bellecour, 69002 Lyon ☎ 04 26 68 00 09 🕐 Seg-sáb 9h30-19h 🚇 Linhas A e D: Bellecour

LES HALLES DE LYON

www.lyon.fr

Este mercado, além das bancas, café e pequenas lojas, oferece alimentos excelentes e flores. Não perca a Bahoudrian, uma loja lotada de especiarias e alimentos da Ásia e norte da África, nem o *Saint Marcellin affiné par la Mère Richard,* a única marca de queijo que consta dos cardápios dos restaurantes locais.

✉ 102 Cours Lafayette, 69003 Lyon ☎ 04 78 62 39 33 🕐 Seg-qui 7h30-12h, 15h-19h, sex-sáb 7h30-19h, dom 7h30-12h 🚇 Linha B ou bonde T1 para Part-Dieu

MARCHÉ DE LA CROIX ROUSSE

www.lyon.fr

Ocupando quase toda a extensão do Boulevard de la Croix Rousse, esta feira das terças-feiras vende frutas, flores, verduras, artigos para a casa, roupas, sapatos, cerâmicas, tecidos e cestos. De quarta a domingo, vende apenas alimentos e, aos sábados de manhã, também produtos orgânicos. Chegue cedo para fugir das aglomerações.

Pág. ao lado *Uma feira de Lyon*

✉ Boulevard de la Croix Rousse, 69001 e 69004 Lyon ⌚ Qua-qui 6h-12h30; ter, sex, sáb-dom 6h-13h30 🚌 13, 18

NUITS DE FOURVIÈRE

www.nuits-de-fourviere.org

As ruínas do anfiteatro romano de Lyon foram transformadas numa espetacular casa de concertos que apresenta todos os anos espetáculos de teatro, ópera, dança, cinema e música. Como você terá que se sentar nas arquibancadas de pedra, leve uma almofada. Pegue o metrô até a estação Vieux-Lyon e depois o funicular na direção de St.-Just. Desça na parada Minimes-Théâtres Romains.

✉ 1 Rue Clébers, 69005 Lyon ☎ 04 72 57 15 40 (informações sobre concertos e ingressos) ⌚ Jun-ago 🎫 Adultos €10-€45

L'OPÉRA NATIONALE DE LYON

www.opera-lyon.org

Construído em 1831, o teatro de ópera foi reformado em 1993 pelo arquiteto Jean Nouvel, que criou um edifício ao redor do velho teatro. O auditório em estilo italiano preservou suas características originais.

✉ Place de la Comédie, 69001 Lyon ☎ 0826 305 325 ⌚ Bilheteria: seg-sáb 12h-19h 🎫 Óperas €30-€95, concertos e balé até €42 🚇 Linhas B e C para o Hôtel de Ville 🍴

PARC DE LA TÊTE D'OR

www.lyon.fr

Inaugurado em1856, este parque inclui jardim botânico, um zoológico, um roseiral, um lago, áreas para crianças e um café-restaurante. Você pode passear, correr, andar de patins ou alugar uma bicicleta.

✉ 69006 Lyon ☎ 04 72 69 47 60 ⌚ Mai-fim set diariam 6h30-22h30; out-fim abr 6h30-20h30. Zoo 9h-17h30; jardim botânico 9h-11h30, 13h30-15h45 🎫 Grátis só para o parque 🚌 4, 47 🚇 Masséna

PART DIEU SHOPPING CENTRE

Uma grande fonte domina este shopping center que tem bancos, um cinema, restaurantes, salões de chá, bares, a loja de departamento Galeries Lafayette e um supermercado Carrefour.

✉ 17 Rue de Dr Bouchut, 69003 Lyon ☎ 04 72 60 60 62 ⌚ Seg-sáb 9h30-20h

PASSAGE THIAFFAIT

www.passagethiaffait.fr

Esta *traboule* tornou-se um centro de moda na cidade.O espaço é reservado a jovens estilistas e tem oficinas e venda a varejo. Uma dezena de designers trabalham agora no local, com especialistas em couro, acessórios e moda feminina.

✉ 19 Rue René Leynaud, 69001 Lyon ☎ 04 78 27 37 21 ⌚ Os horários variam

STADE DE GERLAND

www.olympiquelyonnais.com

Este estádio é a sede do Olympique Lyonnais, da primeira divisão do futebol francês. Reformado para a Copa do Mundo de 1998, tem capacidade para 41 mil pessoas. Compre um ingresso para uma partida e curta o ambiente.

✉ 350 Avenue Jean Jaurès, 69361 Lyon ☎ 04 72 76 76 13 ⌚ Bilheteria: 60 Avenue Tony Garnier, seg-sáb 10h-19h 🎫 €10-€80

MÂCON

CHÂTEAU DE FUISSÉ

www.château-fuisse.fr

Jean-Jacques Vincent e sua família produzem os excelentes vinhos Pouilly Fuissé e Mâcon Villages nesta propriedade. Venha fazer uma degustação antes de comprar uma caixa para o seu próximo jantar.

✉ 71960 Fuissé ☎ 03 85 35 61 44 ⌚ Seg-sex 8h-12h, 13h30-17h30

MORZINE

MATHIAS SPORTS

Este é um ótimo lugar onde comprar ou alugar equipamentos de esportes de inverno ou verão. A loja tem esquis, pranchas, botas e roupas esportivas, e uma equipe bem informada que pode orientar a escolha adequada para o seu nível de habilidade.

✉ 60 Taille de Mas du Pleney, 74110 Morzine ☎ 04 50 79 15 50 ⌚ Mai-fim out diariam 8h30-19h30

VICHY

LE CENTRE THERMAL DES DÔMES

www.vichy-thermes.tm.fr

Este complexo termal oferece pacotes de tratamentos e terapias individualizadas na piscina termal, academia, sauna, banho turco, hidromassagem, duchas e massagens. Fornece roupão e toalha mas o cliente tem que comprar as sandálias especiais. Não admite menores de 16 anos.

✉ 132 Boulevard des États-Unis, 03200 Vichy ☎ 04 70 97 39 59 ⌚ Seg-sáb 8h-12h, 14h30-18h; fechado dez- meados fev 🎫 Variam de acordo com o tratamento

L'HIPPODROME

www.courses-de-vichy.fr

As corridas de cavalo começaram aqui em Bellerive, do outro lado do rio para quem vem de Vichy, em 1875. Há corridas à tarde e no início da noite. O Grand Prix de Vichy é disputado em julho.

2 Route de Charmeil, 03700 Bellerive 04 70 30 15 50 Variam de acordo com as corridas A partir de €6 O traslado de ônibus (TPN) leva cerca de 20 min de La Poste; faz paradas na estação de trem e no mercado, entre outras O traslado de barco parte de La Rotunde du Lac

L'OPÉRA

www.ville-vichy.com

Construído em 1901 e inteiramente reformado em 1995, o teatro de ópera recebe concertos, teatro e balé, além de óperas. Tem um interior Art Nouveau e um bar que serve bebidas, mas não comidas.

Rue du Parc, 03200 Vichy 04 70 30 50 30 ou 04 70 30 50 56 Aberto o ano todo; bilheteria ter-sáb 13h30-18h30 Teatro €32-€40, ópera €32-€80

VILLEURBANNE

ASTROBALLE

www.asvel.com

Esta é a sede do ASVEL, equipe de basquete de Villeurbanne. O time joga na liga Pro A e na liga Euro. Compre os ingressos no Astroballe ou na Virgin Megastore (41 Rue Eduard Herriot, 69002, Lyon).

40-44 Avenue Marcel Cerdrun, 69100 Villeurbanne 04 72 14 17 17 Adultos €18-€38, crianças €10-€18

MARCHÉ AUX PUCES DU CANAL

Garimpe bastante antes de comprar neste mercado de pulgas e de antiguidades.

1 Rue du Canal, 69100 Villeurbanne Qui, sáb, dom 8h-13h

FESTIVAIS E EVENTOS

JUNHO-JULHO

JAZZ À VIENNE

www.jazzavienne.com

O festival de jazz de Vienne dura duas semanas e atrai artistas internacionais e quase 95 mil pessoas ao anfiteatro romano. Leve uma almofada e uma lanterna, porque o anfiteatro tem arquibancadas e é escuro. Há concertos gratuitos nas praças públicas e nos jardins. Bares e restaurantes têm música ao vivo.

21 Rue des Célestes, 38200 Vienne 04 74 78 87 87 ou 0892 702 007 (Théâtre Antique informações) Junho ou julho

JULHO

EUROCKÉENNES

www.eurockeennes.fr

Um dos melhores festivais de rock da Europa, o Eurockéennes é realizado em Belfort todo verão. Os fãs de rock curtem o momento em locais encharcados à beira do rio.

03 84 22 46 58 Belfort Primeiro fim de semana de julho

AGOSTO

FÊTE DU LAC

www.lac-annecy.com

Esta festa anual à beira do lago é realizada desde 1860 e atrai milhares de espectadores. Há um tema diferente a cada ano, mas as atrações geralmente incluem um desfile aquático, música e fogos de artifício ao pôr do sol.

Le Paquier, 74000 Annecy 04 50 33 65 65 Primeiro sábado de agosto

FESTIVAL DO FOLCLORE E DO VINHO

O vinho da Borgonha rola enquanto músicos folclóricos de todo o mundo se apresentam pela cidade. Muitos eventos são gratuitos. O festival se encerra com um desfile pelas ruas da cidade.

Dijon 03 80 30 37 95

Acima *Boa música você encontra na Opera Nationale de Lyon*

Pág. ao lado *Tábua de queijos franceses*

ONDE COMER

PREÇOS E SÍMBOLOS

Os restaurantes estão listados por ordem alfabética (sem Le, La e Les). Os preços correspondem a um almoço (A) de dois pratos e um jantar (J) de três pratos para uma pessoa, sem bebidas. O preço do vinho refere-se a uma garrafa da marca menos cara.

Para a legenda de símbolos, ⊳ 2.

ANNECY

BATEAU-MS-LIBELLULE

www.annecy-croisieres.com

Combine o jantar com um passeio de barco pelo lago d'Annecy. O pequeno cruzeiro oferece almoço e jantar dançantes, com explicações em francês e inglês.

✉ 2 Place aux Bois, 74000 Annecy ☎ 04 50 51 08 40 🕑 Mar-fim out seg-sáb 12h-14h, 20h30-0h30 ✋ A €50, J €75, vinho €15, passeio €13,30

BRASSERIE ST.-MAURICE

www.stmau.com

Os pratos de peixe são populares, mas há pratos de carne e um menu infantil (€12). Também é um ótimo lugar para um drinque ou café.

✉ 7-9 Rue du Collège Champuisien, 74000 Annecy ☎ 04 50 51 24 49 🕑 Ter-sáb 8h-12h; almoço 12h-14h, jantar 19h-23h ✋ A €24, J €56, vinho €19

LA MONTAGNETTE

Há pratos típicos de montanha como fondue, tartiflette (batatas com queijo ao forno) e raclette (queijo derretido com acompanhamentos), além de carnes e peixes. Não deixe de experimentar alguns dos deliciosos queijos regionais.

✉ 22 Faubourg Sainte-Claire, 74000 Annecy ☎ 04 50 45 88 78 🕑 Jul, ago diariam 12h-14h, 19h15-23h; resto do ano seg, ter, qui-sex 12h-14h, 19h15-23h ✋ A €30, J €40, vinho €21

SHIVA

O Shiva se especializou em curries e tandoori, e crianças e vegetarianos também são bem servidos. Convém fazer reserva, principalmente aos sábados à noite.

✉ 18 Avenue de la Mandallaz, 74000 Annecy ☎ 04 50 51 76 25 🕑 Ter-sáb 19h-23h, qua-dom 12h-14h, 19h-23h ✋ A €30, J €50, vinho €15

VIEUX NECY

O Vieux Necy se especializou em pratos como a raclette, que levam queijos saboianos derretidos. Há também carnes grelhadas.

✉ 3 Re Filaterie, 74000 Annecy ☎ 04 50 45 01 57 🕑 Ter-sáb 12h-14h, 19h-22h30 ✋ A €20, J €30, vinho €16

ARGENTIÉRE

LA CRÉMERIE DU GLACIER

www.lacremerieduglacier.fr

Serve pratos substanciais, como a torta de cogumelos **morchella**.

✉ Chemin de la Glacière, 74400 Argentière ☎ 04 50 54 07 52 🕑 Qui-dom 10h-12h, seg-qua 10h-18h ✋ A €25, J €42, vinho €11,50

BEAUNE

LE CLOS DU CÈDRE

www.lecedre-beaune.com

Saboreie a boa cozinha da Borgonha ao pé da lareira no inverno e no terraço no verão.

✉ 10 Boulevard Maréchal Foch, 21200 Beaune ☎ 03 80 24 01 01 🕑 Seg-sex 12h-13h30, 19h30-21h30, sáb, dom 19h30-21h30 ✋ A €32, J €50, vinho €30

LA GRILLADINE

Serve pratos da Borgonha, como boeuf bourguignon, ovos quentes em molho de vinho tinto, conchas e presunto com salsa.
17 Rue Maufoux, 21200 Beaune
03 80 22 22 36 Ter-dom 12h-15h, 19h-22h A €20, J €30, vinho €17

CHAMBÉRY

CHÂTEAU DE CANDIE

www.chateaudecandie.com
Este templo da gastronomia dos irmãos Campanella recebeu sua primeira estrela Michelin em agosto de 2005. O cardápio é francês moderno e usa ótimos ingredientes.
Rue du Bois de Candie, 73000 Chambéry-le-Vieux 04 79 96 63 00
Jul, ago 12h-13h30, 19h30-21h30; resto do ano ter-sex, dom 12h-13h30, ter-sáb 19h30-21h30 A €45, J €65, vinho €20

LA TABLE DE MARIE

Este delicioso bistrô tem um ambiente agradável e serve uma seleção de especialidades com queijos saboianos.
193 Rue Croix d'Or, 73000 Chambéry
04 79 85 99 76 Qua-qui, dom 12h-14h, 19h-22h, sex-sáb 19h-22h
A €15, J €15, vinho €14

CHAMONIX

L'ATMOSPHÈRE

www.restaurant-atmosphere.com
O cardápio de L'Atmosphère contém pratos locais como o fondue; no outono, prove algum prato de caça.
123 Place Balmat, 74400 Chamonix
04 50 55 97 97 Diariam 12h-14h, 19h-23h A €45, J €56, vinho €12

LA BERGERIE

perso.wanadoo.fr/labergeriechamonix
Antiga casa de fazenda, este restaurante é famoso pela qualidade de sua cozinha regional. O extenso e variado cardápio inclui carnes grelhadas, salada de tomate e mussarela e uma sobremesa de frutas vermelhas.
232 Avenue Michel-Croz-Gare SNCF, 74000 Chamonix 04 50 53 45 04
Diariam 12h-14h, 19h-22h A €24, J €30, vinho €15

LA CALÈCHE

www.restaurant-caleche.com
Este restaurante serve pratos com queijos da Saboia. Experimente a carne cozida no vinho saboiano, raclette (queijo derretido com acompanhamentos), fondue e tartiflette (batatas assadas com queijo), acompanhados de vinhos da Saboia. Há música folclórica ao vivo e dança nas quintas à noite.
18 Rue Paccard, 74000 Chamonix
04 50 55 94 68 Diariam 12h-14h, 19h-23h A €38, J €45, vinho €17

LA MAISON CARRIER

www.hameaualbert.fr
Decorada como uma antiga casa de fazenda da região, este restaurante serve os pratos locais que eram preparados nas fazendas. Tem uma excelente carta de vinhos.
Hameau Albert I, 38 Route du Bouchet, 74402 Chamonix 04 50 53 05 09 Ter-dom 12h-14h30, 19h30-21h30; fechado 13 nov-13 dez A €24, J €40, vinho €22

DIJON

MAISON MILLIÈRE

www.maisonmilliere.com
Aqui você vai encontrar, além do restaurante com jardim, um salão de chá e uma loja que vende presentes e produtos regionais. O cardápio do restaurante muda frequentemente, e o salão de chá tem 20 diferentes tipos de chá para acompanhar suas tortas e seus doces.
10 Rue de la Chouette, 21000 Dijon
03 80 30 99 99 Salão de chá: ter-sáb 10h-19h, dom 12h-19h. Restaurante: ter-qui 12h-14h, sex, sáb 12h-14h, 19h30-22h A €29, J €46, vinho €13,50

RESTAURANT DE LA PORTE GUILLAUME

www.hotel-nord.fr
Este restaurante tem vinhos da Borgonha e pratos como foie gras, ostras e salmão defumado com molho de mostarda e mel, salmão grelhado com creme e coelho e galinha d'angola com trufas e tagliatelle.
Place Darcy, 21000 Dijon 03 80 50 80 50 Diariam 12h-14h, 19h-22h45
A €30, J €40, vinho €12

RESTAURANT STÉPHANE DERBORD

www.restaurantstephanederbord.fr
O cardápio inclui pratos da Borgonha como chouriço com torradas temperadas com caramelo de vinho do Jura, camarões grelhados com compota de gengibre, abacaxi e pimenta vermelha cobertos com molho de açafrão, e sobremesas como pera caramelizada no mel com nozes e sorvete de creme com passas. O cardápio a preço fixo custa €23.
10 Place Wilson, 21000 Dijon 03 80 67 74 64 Qua-sáb 12h-13h45, seg-sáb 19h30-21h15 A €55, J €68, vinho €22

GRENOBLE

LES ARCHERS

perso.orange.fr/les.archers
Dizem que esta brasserie já existia no reinado de Henrique 4º (1589-1610). Você terá dificuldade de escolher no extenso cardápio; se quiser fazer uma refeição tarde da noite, este é o lugar.
2 Rue Docteur Bailly, 38000 Grenoble
04 76 46 27 76 Dom, seg 11h-1h, ter-sáb 11h-2h A €25, J €34, vinho €12

AUBERGE NAPOLÉON

www.auberge-napoleon.fr
A sala de jantar tem ar-condicionado; o cardápio inclui especialidades regionais, além de pratos luxuosos como foie gras e trufas. É possível fazer reserva no site, que também tem algumas receitas.
7 Rue Montorge, 38000 Grenoble
04 76 87 53 64 Seg-qua 19h30-21h30, qui-sáb 12h-14h, 19h30-21h30; fechado 25 ago-7 set, 1-8 mai A €63, J €73, vinho €20

LA COURS DES MIRACLES

Este restaurante tem um cardápio internacional. Há apresentações sobre temas circenses às quartas à noite e um show de mágica às quintas à noite e sábados ao meio--dia. Tem um menu para crianças.
7 bis Place Paul Vallier, 38000 Grenoble 04 38 37 00 10 Ter-qui 12h-14h, 19h30-22h, sex, sáb 12h-14h, 19h30-23h; fechado 8-26 ago A €38, J €44, vinho €12

.E PRIVILÈGE
.e Privilège é uma pizzaria que serve ›ratos tradicionais italianos. O menu ambém inclui carnes e saladas.
✉ 13 Place Grenette, 38000 Grenoble
☎ 04 76 44 10 74 ⏲ Diariam 12h-23h
A €30, J €30, vinho €15

YON

'ASSIETTE DU MARCHÉ
www.lassietedumarche.fr
Como este é um restaurante popular com preços justos, convém reservar. São duas salas de jantar. O restaurante é especializado em peixes. Curiosamente, não há um cardápio formal, mas são servidos dois pratos do dia (um de carne e outro de peixe). Algumas opções são atum gratinado, sopa de peixe e perca de água doce.
✉ 21 Grande Rue de Vaise, 69009 Lyon
☎ 04 78 83 84 90 ⏲ Seg-sáb 12h-14h, sáb 19h-22h A €18, vinho €18

LA BRASSERIE DES BROTTEAUX
www.brasseriedesbrotteaux.com
Fundada em 1913, esta elegante brasserie é decorada com ladrilhos esmaltados, vidros, espelhos e antiguidades. A sala de jantar tem ar-condicionado, e com tempo bom é possível comer ao ar livre. Escolha um dos excelentes menus a preço fixo ou prove a salada crocante ou o bife da raça Aberdeen Angus.
✉ 1 Place Jules Ferry, 69006 Lyon ☎ 04 72 74 03 98 ⏲ Seg-sex 7h30-24h, sáb 10h-15h, 18h30-24h A €20, J €50, vinho €20

BRASSERIE GEORGES
Fundado em 1836, este é um restaurante amplo com serviço rápido. Serve pratos lioneses, chucrute, frutos do mar e omeletes.
✉ 30 Cours Verdun, 69002 Lyon ☎ 04 72 56 54 54 ⏲ Diariam 11h30-23h15
A €30, J €40, vinho €17

RELAIS GOURMAND PIERRE ORSI
www.pierreorsi.com
Pierre Orsi e a esposa presidem este templo da gastronomia. O serviço é formal e impecável, e os cardápios estão entre os mais interessantes da culinária francesa.
✉ 3 Place Kléber, 69006 Lyon ☎ 04 78 89 57 68 ⏲ Ter-sáb 12h-13h30, 20h-21h30
A €45, J €80, vinho €36

NUITS-ST.-GEORGES

LE ST.-GEORGES
www.le-saint-georges.fr
Vinhos de mais de cem produtores locais vão bem com os deliciosos pratos regionais, como a terrina de três peixes com camarões e molho de tomates frescos, creme de couve-flor com bacon e musse de chocolate branco com figos frescos.
✉ Carrefour de l'Europe, 21700 Nuits-St.-Georges ☎ 03 80 62 00 62
⏲ Diariam 12h-14h, 19h-21h30
A €35, J €66, vinho €20

LES PRAZ DE CHAMONIX

HÔTEL EDEN RESTAURANT
www.hoteleden-chamonix.com
Este restaurante realiza exposições de fotografia e escultura. O chef sueco Frederick Darenius cria pratos da clássica cozinha francesa com toques contemporâneos, como carpaccio de carne bovina e lagosta grelhada com molho de tomilho. Entre as sobremesas, sorvete de nougat e terrina de três chocolates. Há opções vegetarianas a preço fixo.
✉ 35 Route de Goudanys, 74400 Les Praz de Chamonix ☎ 04 50 53 18 43 ⏲ Qua-seg 19h-22h30 J €40, vinho €18

PULIGNY-MONTRACHET

LA TABLE D'OLIVIER LEFLAIVE
www.olivier-leflaive.com
Este restaurante oferece almoço com degustação de vinhos. Você faz uma refeição leve e experimenta vinhos como o Bourgogne Blanc les Setilles, St.-Aubin, Puligny-Montrachet e Pommard. Paga-se um extra de €10 para degustar vinhos *premier cru* e é preciso reservar.
✉ Place du Monument, 21190 Puligny-Montrachet ☎ 03 80 21 37 65 ⏲ Mar-fim nov seg-sáb 12h30-14h Almoço com vinho incluído €39 por pessoa

LE PUY-EN-VELAY

BRASSERIE LE MAJESTIC
Pinturas e esculturas de artistas locais são expostas aqui. O cardápio inclui saladas, omeletes, carnes e massas, além de sobremesas. Regularmente há música e noites temáticas.
✉ 8 Boulevard Maréchal Fayolle, 43000 Le Puy-en-Velay ☎ 04 71 09 06 30 ⏲ Café: seg-qui 7h-1h, sex-sáb 7h-2h, dom 10h-1h. Brasserie: diariam 12h-14h30, 19h30-22h30
A €16, J €30, vinho €14,50

À L'ÉCU D'OR
São quatro cardápios a preço fixo e um *à la carte*, que inclui pratos regionais como a salada Auvergne, fricassê de galinha d'angola com cogumelos e truta frita com alho.
✉ 59 e 61 Rue Pannessac, 43000 Le Puy en Velay ☎ 04 71 02 19 36 ⏲ Seg-sáb 12h-14h, 19h30-22h, dom 12h-14h; fechado qua out-fim mai A €20, J €45, vinho €12

L'OLYMPE
Espere encontrar pratos do Auvergne, como a truta com verbena, lentilhas verdes da região e tripoux (pés de carneiro).
✉ 8 Rue du Collège, 43000 Le Puy en Velay
☎ 04 71 05 90 59 ⏲ Ter-sex 12h-13h30, 19h30-21h30, sáb 19h30-21h30, dom 12h-13h30 A €35, J €45, vinho €20

SERVOZ

GORGES DE LA DIOSAZ
www.hoteldesgorges.com
O cardápio inclui salmão defumado, foie gras com vinagre de cereja, perca com camarões e filé de perca em manteiga de champanhe. Há menus a preço fixo e um cardápio infantil. O restaurante usa peixes orgânicos.
✉ 74310 Servoz ☎ 04 50 47 20 97
⏲ Verão diariam 12h-13h30, 19h-21h30; inverno ter-sáb 12h-13h30, 19h-21h30, dom 12h-13h30; fechado jan A €15, J €38, vinho €15

VICHY

CALIFORNIA
O cardápio tem pratos do Auvergne, como o frango no molho bleu d'Auvergne (forte queijo local). Com tempo bom pode-se comer no terraço do jardim.
✉ 27 Rue Jean Jaurès, 03200 Vichy ☎ 04 70 97 85 05 ⏲ Diariam 12h30-14h, 19h30-21h; fechado 31 dez-21 jan A €25, J €30, vinho €12

ONDE FICAR

PREÇOS E SÍMBOLOS

Os preços correspondem à diária mais baixa e mais alta em um quarto duplo, incluído o café da manhã, a menos que haja indicação em contrário. Todos os hotéis aceitam cartões de crédito, a menos que indicado. Note que os preços variam ao longo do ano.

Para a legenda de símbolos, ▷ 2.

ANNECY

HÔTEL DU CHÂTEAU

www.annecy-hotel.com

Aos pés do monte do castelo, este hotel de pedra é administrado pela mesma família desde a inauguração, em 1959. Tem quartos confortáveis onde se pode tomar o café da manhã. Tem estacionamento e acesso grátis à internet.

✉ 16 Rampe du Château, 74000 Annecy ☎ 04 50 45 27 66 Fechado 15 nov-15 dez €55-€68, sem café da manhã (€7) 16

HÔTEL TRÉSOMS

www.lestresoms.com

Construído em 1930 no estilo de chalé suíço, este três-estrelas tem uma magnífica vista para o lago d'Annecy. Os quartos, confortáveis e bem mobiliados, dão para o jardim do hotel ou para o lago. Há um terraço, acesso a portadores de deficiência, estacionamento particular, piscina externa, sauna e salão de beleza. O restaurante tem menus a preço fixo.

✉ 3 Boulevard de la Corniche, 74000 Annecy ☎ 04 50 51 43 84 €139-€259, sem café da manhã (€15 adultos, €6 crianças) 49 Externa

ANNEMASSE

HOTEL PARK AND SUITES ANNEMASSE

www.parkandsuites.com

Bem localizado para a região, este hotel moderno recebe hóspedes de negócios e de férias. Os quartos são simples, mas confortáveis. Tem uma sauna e sala de ginástica.

✉ 17 Rue Marc Courriard, 74000 Annemasse ☎ 04 50 74 44 45 €90-€107, sem café da manhã (€11) 49

ARGENTIÈRE

HÔTEL ART

www.arthotel-chambery.com

O Hôtel Art fica perto da estação e tem quartos à prova de som com TV por satélite, telefone e banheiro. Não tem restaurante, mas um bufê frio é servido na sala de café da manhã. Tem garagem particular.

✉ 154 Rue Sommeiller, 73000 Chambéry ☎ 04 79 62 37 26 €55-€66, sem café da manhã (€8) 36

BEAUNE

HÔTEL GRILLON

www.hotel-grillon.fr

Nesta casa do século 19 há muitos lugares onde relaxar, entre eles, a piscina externa aquecida, o terraço, o saguão e o bar. Você pode tomar o café da manhã num salão ensolarado e jantar no restaurante do hotel, o Verger.

✉ 21 Route de Seurre, 21200 Beaune ☎ 03 80 22 44 25 Fechado jan-3 mar €54-€98, sem café da manhã (€9) 18 (7 para não fumantes) Externa

VILLA FLEURIE

www.lavillafleurie.fr

A decoração deste hotel combina com o estilo original da casa, que data de 1900. Os quartos têm lareira e TV. O café continental é servido na sala de café da manhã, e o hotel tem um terraço, um jardim e um estacionamento.

Pág. ao lado *Cores alegres neste hotel e salão de chá*

✉ 19 Place Colbert, 21200 Beaune ☎ 03 80 22 66 00 €69-€79, sem café da manhã (€8,50) 10

BESANÇON

CHÂTEAU DE LA DAME BLANCHE

www.château-de-la-dame-blanche.fr
Esta elegante casa senhorial ocupa uma propriedade perto de Besançon. Os quartos lindamente decorados têm vista para o parque, e há um terraço à sombra.
✉ 1 Rue de la Goulotte, 25870 Geneuille ☎ 03 81 57 64 64 €93-€143 24

BRIANÇON

HÔTEL VAUBAN

www.hotel-vauban.fr
O Hôtel Vauban está bem localizado no centro da cidade de Briançon, a curta distância do teleférico para as pistas de esqui. Tem uma pequena academia, sauna e estacionamento particular.
✉ Serre Chevalier 1200, 13 Avenue du Général de Gaulle, 05100 Briançon ☎ 04 92 21 12 11 €70-€148, sem café da manhã (€9) 32

CHAMBÉRY

CHÂTEAU DE CANDIE

www.châteaudecandie.com
Uma típica casa saboiana do século 18, este hotel foi luxuosamente decorado. Ergue-se numa magnífica propriedade, cercado de montanhas ondulantes.
✉ Brue du Bois de Candie, 73000 Chambéry-Le-Vieux ☎ 04 79 96 63 00 Apartmento €130-€250, sem café da manhã (€15) 28 suítes Externa

CHAMONIX

JEU DE PAUME

www.jeudepaumechamonix.com
Este chalé no vilarejo de Le Lavancher, a 1.250m de altitude, é ideal para quem gosta de caminhar ou mesmo de passar algum tempo nas montanhas. No interior, o abundante uso de pinho natural torna o ambiente aconchegante e acolhedor.
✉ 705 Route du Chapeau, Le Lavancher, 74400 Chamonix ☎ 04 50 54 03 76 €150-€255, sem café da manhã (€14) 23

LE MANOIR

www.auberge-du-manoir.com
Em um belo chalé de madeira saboiano, este hotel duas-estrelas tem piscina e pistas de esqui bem próximas. Os quartos têm banheiro, TV por satélite e telefone, e muitos têm sacada. O restaurante serve pratos da cozinha provençal.
✉ 8 Route de Bouchet, 74400 Chamonix ☎ 04 50 53 10 77 Fechado nov e um período de jun €126-€172, sem café da manhã (€13) 24

CHANDOLAS

AUBERGE LES MURETS

www.aubergelesmurets.com
Ao pé dos Cévennes e perto das gargantas de l'Ardèche, este pequeno hotel ocupa uma casa de fazenda de pedra do século 18. É bem localizado para hóspedes que desejem explorar as duas regiões. Tem um bom restaurante, com um salão com teto abobadado.
✉ 07230 Chandolas ☎ 04 75 39 08 32 €58, sem café da manhã (€8) 7 Externa

CLERMONT-FERRAND

HOTEL LAFAYETTE

www.hotel-le-lafayette.com
Este hotel tem quartos modernos para até quatro pessoas. Tem estacionamento particular.
✉ 53 Avenue de l'Union Soviétique, 63000 Clermont-Ferrand ☎ 04 73 91 82 27 €92-€115, sem café da manhã (€10) 48

CLUNY

LE POTIN GOURMAND

www.potingourmand.com/hotel
Le Potin Gourmand é um pequeno hotel e restaurante numa antiga casa de pedra onde, dos séculos 12 ao 20, funcionou um ateliê de cerâmica. Tem uma piscina externa e estacionamento particular.
✉ Place du Champ de Foire, 71250 Cluny ☎ 03 85 59 02 06 €70-€80, sem café da manhã (€8) 7 Externa

DIJON

HOSTELLERIE DU CHAPEAU ROUGE

www.chapeau-rouge.fr
Cada quarto deste edifício do século 16 é decorado num estilo diferente, mas todos têm TV por satélite, ar-condicionado, cofre e telefone. O hotel faz parte da cadeia Best Western e tem um bar e um restaurante, que serve pratos da cozinha contemporânea.
✉ Chapeau Rouge, 5 rue Michelet, 21000 Dijon ☎ 03 80 50 88 88 €143-€159, sem café da manhã (€6) 28 quartos, 2 suítes

HOTEL PHILIPPE LE BON

www.hotelphilippelebon.com
Este histórico hotel no centro de Dijon é constituído por três edifícios dos séculos 15 a 17 interligados. O tamanho e o estilo dos quartos variam, mas todos foram reformados e decorados recentemente.
✉ 18, Rue Sainte Anne, 21000 Dijon ☎ 03 80 30 73 52 €94-€122, sem café da manhã (€13) 32

EVIAN

LES CYGNES

www.hotellescygnes.com
Este tradicional e charmoso hotel tem quartos pintados de cores alegres. O hotel está localizado às margens de um lago, que se avista de seus jardins e de seus terraços à sombra.
✉ 8 Avenue Grande Rive, 75500 Evian ☎ 04 50 75 01 01 €70-€90, sem café da manhã (€12)

GIGNY-SUR-SAÔNE

CAMPING CHÂTEAU DE L'ÉPERVIÈRE

Este pequeno camping tem uma piscina coberta e outra descoberta, além de piscina de hidromassagem e sauna. O castelo do século 16 que ocupa o centro do complexo tem um restaurante e um bar. Você pode trazer sua barraca ou seu trailer, ou ainda alugá-los no local.
✉ 71240 Sennecy le Grand ☎ 03 85 94 16 90 Abr-fim set Cada vaga €11,50, adultos €7,70, crianças (menores de 8) €5,30, energia elétrica €5,10

GRENOBLE

HÔTEL GALLIA

www.hotel-gallia.com

Este é um moderno hotel duas-estrelas com quartos à prova de som. Os quartos têm TV por satélite, secador de cabelo, cofre e ponto de internet. O estacionamento custa €6,50 por dia.

7 Boulevard Maréchal-Joffre, 38000 Grenoble 04 76 87 39 21 Fechado meados jul-meados ago €52-€55, sem café da manhã (€6,80) 35

HÔTEL SUISSE ET BORDEAUX

www.hotel-sb-grenoble.com

Este atraente hotel do século 19 fica numa praça com fontes. Os quartos têm banheiro, telefone, internet e TV por satélite. O café da manhã é servido na sala de jantar, que tem ar-condicionado. Há um estacionamento particular

6 Place de la Gare, 38000 Grenoble 04 76 47 55 87 €57-€80, sem café da manhã (€7) 63 (2 para não fumantes)

LADOIX-SERRIGNY EN BOURGOGNE

LA GREMELLE

www.lagremelle.com

O Gremelle é um hotel de administração familiar, com quartos simples e modernos, todos com banheiro privativo e vestíbulo. Tem um excelente restaurante gourmet. Fica cerca de 5 minutos ao norte de Beaune e tem um amplo estacionamento.

21550 Ladoix-Serrigny en Bourgogne 03 80 26 40 56 €54-€69, sem café da manhã (€10) 20 Externa

LYON

HÔTEL ATHENA

www.athena-hotel.com

Este hotel, perto da estação dos trens da SNCF e TGV, assim como de estações de ônibus, metrô e bonde, é um moderno duas-estrelas cujos quartos têm TV por satélite, telefone e rádio. O estacionamento custa €8,50 por dia.

45 Boulevard Marius Vivier Merle, 69003 Lyon 04 72 68 88 44 €88-€110, sem café da manhã (€9) 122

HÔTEL GLOBE ET CECIL

www.globeetcecilhotel.com

Este hotel do século 19 reformado tinha originalmente ligações com o Vaticano. Os quartos são decorados individualmente e com bom gosto, embora sejam compactos. O teto alto e a decoração em gesso os torna mais elegantes. Há opções de compras e restaurantes perto.

21 Rue Gasparin, 69002 Lyon 04 78 42 58 95 €155 60

LA REINE ASTRID

www.warwickastrid.com

Numa zona residencial perto do Parc Tête d'Or, este hotel quatro-estrelas só tem suítes e fica a curta distância a pé de lojas e restaurantes. As suítes têm estofados em vermelho, ouro e azul-escuro e contam com um ou dois quartos, banheiro, cozinha, TV por satélite e acesso à internet. Há um bar, um salão de leitura onde os jornais são cortesia do hotel, estacionamento e um restaurante com terraço.

26 Boulevard de Belges, 69006 Lyon 04 72 82 18 00 €134-€500, sem café da manhã (€18) 90 suítes (25 para não fumantes)

PEROUGES

OSTELLERIE DU VIEUX PEROUGES

www.hostelleriedeperouges.com

Os quartos deste hotel ocupam quatro diferentes edifícios ao redor da *cité* medieval de Perouges. Todos os quartos são decorados com bom gosto.

Place du Tilleul, 01800 Perouges 04 74 61 00 88 €120-€450 15

LE PUY-EN-VELAY

HÔTEL BRISTOL

O Bristol está instalado em um edifício alto no velho estilo do Auvergne e foi modernizado com um anexo vizinho ao jardim. Os quartos têm TV e telefone. O hotel tem estacionamento particular, jardim e restaurante.

7 Avenue Maréchal Foch, 43000 Le Puy-en-Velay 04 71 09 13 38 €60-€70 24 quartos, 3 apartamentos

SENS

HOTEL BRENNUS

www.hotel-brennus.fr

Numa casa do século 19 no centro, o Brennus fica perto da catedral. Há estacionamento para hóspedes e quartos simples e espaçosos

21 Rue des Trois Croissants, 89100 Sens 03 86 64 04 40 €46-€67, sem café da manhã (€7,90) 20

VEZELAY

LE COMPOSTELLE

www.lecompostellevezelay.com

Este pequeno hotel fica num santuário medieval na rota de peregrinação para Santiago de Compostela. Tem um jardim interno e quartos que dão para o vale.

Place du Champs de Foire, 89450 Vézelay 03 86 33 28 63 €61, sem café da manhã (€8,90) 18

VICHY

HÔTEL DE GRIGNAN

www.hoteldegrignan.fr

Este hotel fica numa zona calma perto do Parc Napoléon III, do lago e do cassino. O hotel tem convênio com spas e oferece pacotes de seis dias de pensão completa (com todas as refeições) e seis dias de tratamento num spa. Os quartos têm banheiro, secador de cabelo, TV e rádio. O restaurante L'Abécédaire tem um bom menu a preço fixo.

7 Place Sevigné, 03201 Vichy 04 70 32 08 11 €61-€77, sem café da manhã (€9) 115 Restaurante e áreas comuns

VIC-SUR-CÈRE

HOTEL BEL HORIZON

www.hotel-bel-horizon.com

Um hotel familiar, o Bel Horizon fica dentro do Parc des Volcans e não muito longe da estação de inverno de Le Lioran. Tem um bom restaurante com vista panorâmica para os montes do Cantal.

15800 Vic-sur-Cère 04 71 47 50 06 €52-€55, sem café da manhã (€8) 24 Externa

Pág. ao lado *Notre-Dame de Fourvière, Lyon*

SUDESTE DA FRANÇA

A costa francesa do Mediterrâneo descreve um S entre os pés dos Pireneus, na fronteira com a Espanha, e as encostas dos Pré-Alpes, que correm ao longo da fronteira com a Itália. Até o rio Reno, é a região de Languedoc-Roussillon; daí em diante, a quase mítica região da Provença.

A Provença é sinônimo de sul da França e concentra grande parte de suas atrações: para onde quer que se vá há paisagens espetaculares, ruínas monumentais e vilas que parecem ter saltado de um cartão-postal.

Os balneários mais famosos da França estão concentrados na extremidade leste da Provença, na bela Côte d'Azur, mais conhecida como Riviera, que engloba St.-Tropez, Cannes, Nice e o milionário reduto do jogo de Monte Carlo (no minúsculo estado de Mônaco). Na outra ponta da costa fica Camargue, um pantanal formado pelo delta do Reno, habitado por flamingos, cavalos, touros e um tipo local de vaqueiro. Junte a isso as magníficas cidades de Aix-en-Provence, Arles, Avignon e Marselha, e paisagens como as das gargantas de Verdon e Mont Ventoux, e fica fácil entender por que tantos grandes pintores, entre eles Van Gogh e Picasso, foram atraídos pelas cores luminosas do sul.

Mas nada disso deve desestimular a exploração do Languedoc-Roussillon, que pode não ser tão exuberante quanto a Provença, mas tem os seus encantos. Para início de conversa, tem uma atração que faz muita coisa na França parecer insignificante: Carcassonne, uma cidadela medieval cercada de muralhas, que foi restaurada (para alguns de maneira discutível) à sua antiga glória.

Em matéria de paisagens, as duas áreas mais atraentes da região são os austeros montes Cévennes, ao norte, e o enclave da Catalogne (Catalunha francesa), ao sul, perto de Perpignan, onde duas cidades, Céret, nas montanhas, e Collioure, no litoral, também atraíram muitos artistas.

AIX-EN-PROVENCE

Aix é uma das cidades mais agradáveis da Provença e tem um ar tipicamente sulista. No período romano, era conhecida como Aquae Sextiae, um próspero balneário. Mais tarde tornou-se uma cidade de conhecimento, cultura e arte. É famosa como a cidade do pintor Paul Cézanne, que nasceu e trabalhou aqui, e por sua universidade, fundada em 1409.

COURS MIRABEAU E VIEIL AIX

Vieil Aix, o centro histórico, é cercado por um anel de avenidas e praças que substituíram as antigas muralhas. Uma dessas avenidas, o Cours Mirabeau, é a principal atração de Aix. Suas duas fileiras de plátanos dão sombra a centenas de mesas de cafés que se estendem do lado norte; um deles, Les Deux Garçons, data dos anos 1790. Ao longo da avenida, *hôtels* (mansões particulares) dos séculos 17 e 18, alguns com elaboradas fachadas, balcões e portais sustentados por imensas colunas, abrigam bancos e escritórios. Ao sul, no calmo Quartier Mazarin, pode-se ver a grandiosa arquitetura renascentista.

ARTE

Pode-se visitar o ateliê de Cézanne, na avenida que leva seu nome (jul, ago diariam 10h-18h; abr-fim jun, set 10h-12h, 14h-18h; resto do ano 10h-12h, 14h-17h). O prédio está preservado como era nos anos 1900, mas não contém nenhuma de suas obras. O Musée Granet, na Place St.-Jean-de-Malte (jun-fim set ter-dom 11h-19h; out-fim mai ter-dom 12h-18h), tem algumas de suas primeiras pinturas. O Musée des Tapisseries, no antigo palácio arquiepiscopal, na Place des Martyrs de la Résistance, tem magníficos tapetes dos séculos 17 e 18, além de peças modernas (abr-fim out qua-seg 10h-18h; nov-fim mar qua-seg 13h30-17h).

A CATEDRAL

A Cathédrale St.-Sauveur é uma mistura de estilos, que vão do românico ao barroco e abrangem o período entre os séculos 5º e 17. Observe as tapeçarias flamengas do século 16 na capela-mor, roubadas da catedral de Canterbury durante a Guerra Civil Inglesa. O antigo batistério, na nave do lado direito, contém ruínas da rua principal da cidade romana. Há soberbas peças de arte medieval, em especial o tríptico de Nicolas Froment, *Sarça Ardente*, na nave central, pintado para o rei René em 1476.

INFORMAÇÕES

www.aixenprovencetourism.com
457 N13 · 2 Place Général de Gaulle, 13100 · 04 42 16 11 61
Seg-sáb 8h30-19h (até 20h abr-fim set), dom 10h-13h, 14h-18h
Aix-en-Provence

DICAS

- Reserve hospedagem com a maior antecedência possível para o Festival D'Aix-in-Provence (junho e julho).
- Para ver belas mansões renascentistas, explore o Quartier Mazarin, ao sul do Cours Mirabeau.
- Aix tem mais de cem fontes. A Fontaine d'Eau Thermale, coberta de musgo, é uma fonte natural de água quente que brota a 34°C.

Pág. ao lado *Fonte na Place de la Rotonde*
Abaixo *A convidativa feira de frutas e verduras de Aix-en-Provence*

INFORMAÇÕES

www.tourisme.ville-arles.fr

456 M13 Esplanade Charles de Gaulle, Boulevard des Lices, 13200, 04 90 18 41 20 Abr-fim set diariam 9h-18h45; resto do ano seg-sáb 9h-16h45, dom 10h-12h45

DICAS

» Um bilhete único *(Pass Monuments* €13,50), que dá acesso às principais atrações, vale a pena se você visitar mais de três delas.

» A grande feira dos sábados de manhã é realizada no Boulevard des Lices. A feira de produtos de segunda mão é realizada no mesmo bulevar na primeira quarta-feira de cada mês.

ARLES

Fundada pelos gregos em 600 a.C. como entreposto comercial na Massalia (Marselha), Arles foi mais tarde dominada pelos romanos, que a transformaram num porto marítimo e fluvial, ligado ao Mediterrâneo por um canal.

ARLES ROMANA

No centro da cidade há um anfiteatro romano espetacularmente bem preservado, Les Arènes, que comporta mais de 20 mil espectadores (mai-fim set 9h-18h30; mar-fim abr 9h-18h; nov-fim fev 10h-17h). Transformado numa fortaleza na Idade Média e mais tarde numa cidade dentro da cidade, hoje é usado para espetáculos e touradas. As ruínas do vizinho Théâtre Antique são palco de concertos e do festival de Arles, realizado em julho. A Arles romana se estende até as margens do Reno, onde se pode ver o que restou das vastas Termas de Constantino. Do outro lado da rodovia expressa N113 situa-se o moderno edifício do Musée de l'Arles Antique (mar-fim out diariam 9h-19h; resto do ano 10h-17h), um museu arejado e espaçoso onde estão expostas peças antigas encontradas em Arles.

OUTROS DESTAQUES

A românica Église St.-Trophime, na Place de la République, tem um dos mais belos claustros da França (mai-fim set diariam 9h-18h30; mar-fim abr, out 9h-18h30; nov-fim fev 10h-17h). Não deixe de ver os relevos do *Juízo Final* na fachada. Na Rue de la République, o Museé Arlaten se dedica à cultura provençal e foi fundado pelo poeta Frédéric Mistral com o dinheiro do Prêmio Nobel que recebeu em 1904 (jun-fim ago diariam 9h30-12h30, 14h-18h; abr-fim mai, set 9h-12h, 14h-17h30; out-fim mar ter-dom 9h30-12h, 14h-16h30).

VINCENT VAN GOGH

Van Gogh sonhava fundar uma colônia de artistas em Arles, cidade da qual pintou diversas paisagens. O hospital onde ele ficou internado para se recuperar do grave acidente com sua orelha é hoje o Espace Van Gogh, um centro cultural na Place Félix Rey. A Fondation Van Gogh, perto de Les Arènes, não contém nenhuma de suas pinturas, mas obras dedicadas a ele por artistas modernos como Francis Bacon (jul-fim set diariam 10h-19h; abr-fim jun diariam 10h-18h; out-fim mar ter-dom 11h-17h).

Abaixo *O anfiteatro romano*

AVIGNON

Fortes muralhas cercam a cidade velha de Avignon, que se situa à margem esquerda do Reno. A partir de 1309, quando a corte pontifícia se mudou de Roma para cá, a cidade cresceu em tamanho e importância. O domínio dos papas durou séculos, e Avignon só voltou a ser parte da França em 1791. Enquanto foi sede do papado, a cidade atraía uma rica classe clerical, mas também refugiados políticos e proscritos de outras comunidades, que vinham em busca de refúgio. Um pouco dessa dicotomia sobrevive ainda hoje. Há muitas lojas de luxo e cidadãos ricos, mas também mendigos. A Pont St.-Bénézet (Le Pont d'Avignon) é a pitoresca ponte medieval de pedra de que fala uma conhecida canção infantil francesa. Apenas alguns arcos sobreviveram depois das inundações do século 17. Na época do festival, em julho, centenas de milhares de visitantes chegam de toda a Europa.

O PALÁCIO DOS PAPAS

O Palácio Pontifício foi residência dos papas de 1309 a 1403 e é a principal atração de Avignon (ago 9h-21h; jul 9h-20h; abr-fim jun, set-fim nov 9h-19h; nov-fim mar 9h30-17h45). A imensa e austera construção lembra uma fortaleza e domina a cidade. Você pode visitar o interior, quase sem móveis, por conta própria ou numa visita guiada. O dormitório do papa tem teto decorado e paredes adornadas com pássaros e ramos de videira dourados sobre fundo azul. O Grand Tinel, salão de banquetes, tem tapeçarias Gobelin, e dos Terrasses des Grands Dignitaires tem-se uma bela vista. Do outro lado da imensa praça vazia em frente ao palácio fica o Petit Palais (jun-fim set qua-seg 10h-13h, 14h-18h; resto do ano 9h30-13h, 14h-17h30), onde se hospedavam os visitantes da realeza e da nobreza. O parque Rocher des Doms, no monte que se ergue ao lado do Palais des Papes, oferece magnífica vista do Reno.

ARTE

A Fondation Angladon Dubrujeaud (mai-fim nov ter-dom 13h-18h; resto do ano qua-dom 13h-18h; feriados 15h-18h), na Rue Laboureur, guarda as coleções de Jacques Doucet e Jean et Paulette Angladon-Dubrujeaud. Concentra-se na arte do final do século 19 e século 20, inclusive obras de Cézanne e Picasso.

INFORMAÇÕES

www.ot-avignon.fr

456 M12 · 41 Cours Jean Jaurès 80400 · 04 32 74 32 74 · Jul, ago seg-sex 9h-18h, sáb 9h-17h, dom 10h-17h; abr-fim jun, out seg-sáb 10h-18h, dom 10h-17h; resto do ano seg-sáb 9h-17h, dom 10h-12h · Principal estação no Boulevard St.-Rochand; estação do TGV 5km do centro

DICAS

» O *Avignon Passport* dá descontos nas principais atrações.

» Pode ser difícil estacionar. Quando não houver vagas ao redor das muralhas, tente estacionar na estação de trem, que tem espaço para 800 carros.

Acima *Pont St.-Bénézet (Le Pont d'Avignon)*

Acima *Place Louis Jou em Les Baux-de-Provence*
Pág. ao lado *Flamingos no pântano de Camargue*

AIGUES MORTES

www.ot-aiguesmortes.fr

Quando assumiu o comando da Sétima Cruzada, em 1245, o rei Luís 9º enfrentou um problema: suas terras não chegavam ao Mediterrâneo e ele não tinha porto de onde lançar seus navios. Por isso, comprou um pântano infestado pela malária e construiu a cidade de Aigues Mortes ("águas mortas") às margens de uma lagoa, que se ligava ao mar por um canal do delta do Reno. Para atrair colonos para a nova cidade, o rei teve que oferecer isenção de impostos e empréstimos.

Para visitar a cidade, estacione fora das muralhas e continue a pé. É impossível se perder, porque Aigues Mortes foi construída segundo uma planta gradeada. A única verdadeira atração, além das muralhas, é a Tour de Constance, uma grande torre circular ligeiramente afastada do canto noroeste.

456 L13 · Place Saint Louis, 30220 · 04 66 53 73 00 · Verão diariam 9h-20h; inverno 9h-12h, 13h-18h

ANTIBES

www.antibesjuanlespins.com

Antibes, a leste de Cannes, é uma das mais agradáveis e importantes cidadezinhas da Riviera. É uma cidade compacta, que atrai a sua cota de milionários, como se pode ver pelos iates ancorados em Port Vauban. O encantador centro histórico, Vieil Antibes, fica dentro das muralhas do século 17, e há uma movimentada feira no Cours Masséna, no centro, todas as manhãs, menos segunda-feira (todos os dias no verão).

O Musée Picasso (fechado para restauração) é uma impressionante fortaleza medieval à beira de um rochedo que já pertenceu aos Grimaldi, a família real de Mônaco (▷ 314-5). A galeria contém muitas obras de Picasso (que teve um ateliê aqui), assim como de Nicholas de Staël, nascido em Antibes, Fernand Léger e Joan Miró.

O Musée Archéologique, no Bastion St.-André (jun-fim set ter, qui, sáb, dom 10h-18h, qua, sex 10h-20h; resto do ano ter-dom 10h-12h, 14h-18h), contém muitas peças da região –Antibes foi fundada pelos gregos e depois se tornou um porto romano.

Perto de Cap d'Antibes, um promontório que se estende para o sul, há algumas praias de areia e restaurantes à beira-mar, boa opção para o almoço. Há uma longa praia pública, o que surpreende, já que a região é o paraíso de mansões palacianas e hotéis de luxo.

457 P13 · 11 Place Général de Gaulle, 06600 · 04 97 23 11 11 · Jul, ago diariam 9h-19h; resto do ano seg-sex 9h-12h30,1h30-18h, sáb 9h-12h, 14h-18h · Antibes

LES BAUX-DE-PROVENCE

www.lesbauxdeprovence.com

Esta pitoresca vila-fortaleza medieval situa-se nos montes Alpilles, 25km ao sul de Avignon. A vila, com suas agradáveis alamedas, está dramaticamente equilibrada à beira de um precipício rochoso. Essa inacessibilidade que antigamente detinha os invasores hoje atrai milhares de visitantes.

Originalmente, Les Baux foi um refúgio aos ataques árabes do século 8º. Na Idade Média, tornou--se uma importante fortaleza, sob o controle dos ambiciosos senhores locais. Eles alegavam descender diretamente do rei mago Baltazar e, para provar essa alegação, usavam a estrela de Belém em seu brasão. A vila atual ocupa uma estreita faixa de terra fora da fortaleza original e data, em sua maior parte, dos séculos 16 e 17. Tem poucos moradores permanentes, tendo sido quase totalmente tomada por artistas e artesãos que vêm para a temporada. Muitas casas antigas restauradas abrigam galerias, lojas e cafés. A principal atração são as ruínas da cidadela medieval (entrada pelo Musée d'Histoire des Baux), chamada evocativamente de Ville Morte. Daqui se tem fantásticas vistas para o campo.

Caminhando pelas ruas, cheias de sorveterias e creperias, observe a prefeitura do século 16, que tem janelas separadas verticalmente na fachada, um encantador pátio renascentista e, no interior, um museu de estatuetas natalinas (*santons*). Há também uma igreja do século 12, a Église St.-Vincent, parcialmente esculpida na rocha, com a torre Lanterne des Morts (a luz se acende quando alguém morre) e vitrais criados pelo mestre vidreiro do século 20, Max Ingrand.

Val d'Enfer, aos pés da vila, é um espetacular desfiladeiro cheio de cavernas, onde fica a Cathédrale des Images, uma imensa caverna onde é realizado um show de luz e som.

✚ 456 M13 ℹ Maison du Roi, Rue Porte Mage 13520, ☎ 04 90 54 34 39 ⏲ Mai-fim out seg-sex 9h-18h, sáb-dom 10h-17h30; nov-fim abr seg-sex 9h30-12h, 14h-17h30, sáb-dom 10h-17h30

BÉZIERS

www.beziers-tourisme.fr

O nome Béziers estará para sempre ligado ao massacre com que se iniciou a cruzada contra a seita herege albigense no Languedoc no início do século 13. Em 22 de julho de 1209, o povo de Béziers cavava trincheiras para o esperado cerco quando o exército cruzado invadiu a cidade e a dominou. Segundo um cronista, os cruzados perguntaram ao legado do papa, Arnaud Amaury, como saberiam distinguir os hereges dos devotos católicos de Béziers. "Matai-os todos", respondeu Amaury, "Deus os reconhecerá." Quase toda a população foi assassinada. Pouco restou dessa época, exceto a Pont Vieux, construída em 1134, e três igrejas: St.-Aphrodise, St.-Jacques e a Madelaine, que é de calcário branco. A catedral original de St.-Nazaire "explodiu como uma granada" enquanto Béziers era saqueada pelos cruzados; e o edifício atual data dos séculos 13 e 15.

✚ 456 K13 ℹ 29 Avenue Saint Saëns, 34500 ☎ 04 67 76 84 00 ⏲ Jul, ago seg-sáb 9h-19h, dom 10h-13h, 15h-18h; set-fim jun seg-sáb 9h-12h, 14h-18h

CAMARGUE

www.reserve-camargue.org

Este pitoresco pântano no delta do rio Reno abriga um belo e frágil ecossistema no qual os seres humanos desempenham um papel fundamental. O que se vê primeiro são os cavalos brancos e touros pretos, tocados pelos *gardians*, os vaqueiros do Camargue. Com sorte, você talvez consiga vislumbrar alguns pássaros: um bando de flamingos é sempre uma visão espetacular, e, com paciência e, se possível, um bom binóculo, também se pode ver muitos patos e gansos.

Arles é o principal ponto a partir do qual se tem acesso ao Camargue. As estradas são relativamente poucas, e talvez você prefira deixar o carro e seguir a pé ou de bicicleta (▷ 326-7), ou pegar um barco na cidade de Stes-Maries-de-la-Mer. Há um centro de informações turísticas em La Capeliere, ao sul de Villeneuve, na margem leste da maior lagoa do Camargue, Étang de Vaccarès.

✚ 456 L13-M13 ℹ Reserve Nationale de Camargue, Centre d'Information, La Capeliere, 13200 Arles ☎ 04 90 97 00 97

CARCASSONNE

A antiga cidade murada de Carcassonne (a Cité) é de tirar o fôlego. Graças à sua localização elevada, no fim do dia, suas muralhas e torretas se banham da luz suave e alaranjada do pôr do sol. A Cité é a maior cidade medieval fortificada da Europa e nunca deixa de surpreeender.

DENTRO DA CITÉ

Mais de 3 milhões de pessoas passam por ano pelas portas da cidade. Uma vez lá dentro, muitos visitantes se contentam em passear pelas ruas estreitas, ladeadas pelas inevitáveis lojas de suvenires e lojas de presentes e produtos locais de qualidade. Nos bares e restaurantes ao redor da Place Marcou, os preços não são tão altos quanto se poderia esperar.

Os que se sentirem mais dispostos podem explorar o Château Comtal e as muralhas internas do lado ocidental (só excursões guiadas), que datam do século 12. Em julho e agosto, combates de justas são às vezes realizados nas Lices Hautes, a área gramada entre as muralhas externas e internas. A Basilique St.-Nazaire, uma igreja românica e gótica, tem belos vitrais e estátuas e é palco de alguns concertos.

A CIDADE BAIXA

A cidade baixa, Ville Basse ou Bastide St.-Louis, tem uma área exclusiva para pedestres, belas mansões e excelentes pequenas lojas. Sua praça central, a Place Carnot, é o principal ponto de encontro e local de uma feira desde a Idade Média (ter, qui, sáb de manhã). Para crianças menores, há um carrossel diante da Porte Narbonnaise.

INFORMAÇÕES

www.carcassonne-tourisme.com
455 J14 · 28 Rue de Verdun, 11890 · 04 68 10 24 30 · Jul, ago diariam 9h-19h; resto do ano seg-sáb 9h-18h, dom 9h-12h · Carcassonne · Excursão ao Château Comtal: adultos €7,50, menores de 18 grátis

DICAS

» As estradas que cercam a Ville Basse são de mão única e movimentadas, e pode ser difícil estacionar na alta estação, embora existam vários grandes estacionamentos na parte externa.

» Um bom lugar para passear é a margem do Canal du Mid, patrimônio da humanidade da Unesco.

Abaixo *A medieval Cité de Carcassonne*

CANNES

www.cannes.fr
www.cannes-festival.fr

Cannes é uma cidade pequena de grande fama. Seu nome evoca luxo, brilho e dinheiro, uma imagem derivada em parte do Festival Internacional de Cinema, em maio, mas também de sua impecável linhagem como balneário da aristocracia. Tenha em mente que você precisará fazer reservas com muita antecedência em qualquer hotel em Cannes, seja ele simples ou de luxo –e nem pense em fazer isso durante o festival.

O foco da agitação é o Boulevard de la Croisette, que acompanha a bela curva da baía e a praia de areia, na maior parte dividida entre trechos pagos e áreas privadas, quase todas para uso dos hóspedes dos hotéis ao longo do bulevar. La Croisette começa no Palais des Festivals et des Congrès, onde se pode ver as mãos de astros e estrelas do cinema impressas no concreto da praça em frente, muitos deles de décadas passadas. Ladeado por lojas de grife, o bulevar é especialmente atraente à noite graças à iluminação.

Fora da orla, a Rue d'Antibes é a principal rua comercial, com butiques, joalherias e galerias de arte. A oeste de La Croisette estende-se a Cannes mais "real", com um clima tranquilo e preços mais baixos. A esplanada La Pantiero, com seus plátanos aparados, atrai os que gostam de caminhar e os jogadores de boules, e há centenas de cafés com mesas ao ar livre. Mais a oeste ainda fica Le Suquet, a região antiga de ruas estreitas, fortificada pelos monges das ilhas de Lérins.

457 P13 Palais des Festivals, 1 Boulevard de la Croisette, 06403 04 92 99 84 22 Jul, ago diariam 9h-20h; resto do ano 9h-19h Cannes

CÉRET

www.ot-ceret.fr

Céret fica perto da fronteira com a Espanha, em uma localização abrigada na encosta norte dos Pireneus. Seu clima temperado produz mimosas e amendoeiras em flor em janeiro, e cerejas (que tornaram a cidade famosa) em meados de abril. A bonita cidade é a base ideal para explorar os Pireneus.

O imperdível Musée d'Art Moderne, no Boulevard Maréchal Joffre (meados jun-meados set diariam 10h-19h; meados set-10 out diariam 10h-18h; resto do ano qua-seg 10h-18h), foi criado em 1950 para reunir obras de artistas atraídos à região pela luz mediterrânea. A magnífica coleção hoje inclui obras de Matisse, Miró, Cocteau, Dalí, Picasso e Braque.

455 J15 1 avenue Georges Clemenceau, 66400 04 68 87 00 53 Jul, ago seg-sáb 9h-12h30, 14h-19h, dom 10h-13h; resto do ano seg-sex 9h-12h, 14h-17h (fecha às 16h30 no inverno)

CÉVENNES

www.cevennes-parcnational.fr

Em 1879, o escritor Robert Louis Stevenson apresentou ao mundo um cantinho da França pouco conhecido, as montanhas de xisto e granito de Cévennes em seu livro *Viagens de Burro.* O trajeto de 12 dias que ele seguiu com Modestine, o burro de carga do título, do Haute-Loire a Saint-Jean-du-Gard é hoje a trilha de longa distância GR70, e as Cévennes se tornaram um parque nacional com o objetivo de proteger os habitats desta terra ameaçada. A sede do parque é um castelo situado no centro da encantadora cidade de Florac, que fica na extremidade norte das Gorges du Tarn (▷ 322-3). As Cévennes têm uma flora rica e rara, com 48 espécies de plantas nativas dentro de seus limites.

456 L12 Maison du Parc National des Cévennes, Château de Florac, 6 bis Place du Palais, 48400 Florac 04 66 49 53 01 Jul, ago diariam 9h-18h; resto do ano seg-sex 9h30-12h30, 13h30-18h (também sáb e dom de Páscoa até o fim de set)

Acima, da esq. p/ dir. *O famoso Carlton Hotel, em Cannes; Ovelhas pastam nas Cévennes*

CHÂTEAUNEUF-DU-PAPE

Châteauneuf é uma vila medieval restaurada e lindamente situada à beira de um rio. Muito visitada, a vila dedica-se integralmente a produzir, oferecer degustações e vender seus famosos vinhos tintos. O centro de informações turísticas tem uma lista dos vinhedos e terá prazer de organizar visitas e degustações.

Um dos vinhedos tem um museu em uma antiga adega no centro da vila: o Musée de Vins/Cave Brotte-Père Anselme, que mostra as técnicas tradicionais, utensílios e equipamentos usados na produção de vinho. No fim da visita, pode-se experimentar o vinho e, naturalmente, comprar algumas garrafas.

As ruínas de um castelo no alto de um monte oferecem vistas encantadoras.

456 M12 · Place Portail, 84230 · 04 90 83 71 08 · Verão seg-sáb 9h30-19h, dom 10h-13h, 14h-18h; resto do ano seg-sáb 9h30-12h30,14h-18h

COLLIOURE

www.collioure.com

"Não há na França um céu tão azul como o de Collioure", disse Henri Matisse, um dos fundadores da escola fauvista de pintura e visitante frequente deste porto pesqueiro. Reproduções de sua obra, e da de André Derain, estão colocadas nos locais onde foram pintadas, dando ao espectador moderno a chance de comparar a inspiração com o resultado. Mesmo sem essa herança artística –a cidade também inspirou Picasso, Dufy e Chagall–, Collioure seria um lugar atraente. Se parece estranho uma igreja à beira-mar, isso talvez ocorra porque seu campanário é um farol reformado. Em total contraste com a arte, alega-se que Collioure produz as melhores anchovas da França.

456 K15 · Place du 18 Juin, 66190 · 04 68 82 15 47 · Jul, ago seg-sáb 9h-20h, dom 10h-18h; abr, mai, jun, set seg-sáb 9h-12h, 14h-19h; out-fim mar seg-sáb 9h-12h, 14h-18h

CORBIÈRES

www.corbieres-sauvages.com

Entre Carcassonne e a costa, estendendo-se para o sul aos pés dos Pireneus, esta cadeia de montanhas atinge seu ponto mais alto no pico de Bugarach (1.230m). Alguns bons vinhos tintos são produzidos nos extensos vinhedos plantados nessas terras altas. A principal razão para enfrentar as estradas solitárias que serpenteiam pelas montanhas, porém, é ver as ruínas dos grandes castelos que dominam as alturas. As melhores delas são Peyrepertuse, na verdade dois castelos em um, e Quéribus, refúgio final dos cátaros, que resistiram por 11 anos depois que o castelo de Montségur (▷ 365), perto dos Pireneus, foi tomado. Vale a pena ver ainda as Gorges de Galamus, com ravinas de 300m.

455 J14 · Chemin de Padern, 11350 Cucugnan · 04 68 45 69 40 · Jul, ago diariam 9h-19h; resto do ano seg-sex 10h-16h

ÈZE

www.eze-riviera.com

Èze é um dos melhores exemplos de uma *village perché*, uma vila medieval fortificada empoleirada no alto de um monte por razões defensivas. É uma dessas vilas mais fáceis de visitar, perto de Corniche Moyenne, a meio caminho entre Nice (▷ 316) e Mônaco (▷ 314-5).

A vila está situada a 430m de altura, sobre um pináculo que desce verticalmente para o mar. É excepcionalmente bela, com ruas estreitas e escadarias. A proximidade com as famosas cidades litorâneas fez de Èze uma vila chique e muito procurada, embora no todo permaneça surpreendentemente pouco comercial e muito agradável. Há alguns hotéis de luxo na vila antiga.

Suba a estrada íngreme para entrar na vila medieval pela imponente porta fortificada do século 14, que leva a um labirinto de velhas ruas pontilhadas de flores. O café-terraço do hotel Eza fica aberto ao público, que pode tomar um drinque apreciando a magnífica vista. Subindo mais um pouco, seguindo as placas para o Jardin Exotique, chega-se às ruínas de um forte, que é cercado por um raro jardim de cactos e oferece vistas inesquecíveis da Riviera.

457 Q13 Place Général de Gaulle, 06360 (na N7 abaixo da vila medieval) 04 93 41 26 00 Mai-fim set diariam 9h-19h; resto do ano seg-sáb 9h-18h30, dom 9h30-13h, 14h-18h30 Èze Bord de Mer

FONDATION MAEGHT

www.fondation-maeght.com

Esta incomum galeria de arte instalada num moderno edifício tem uma das mais importantes coleções de arte europeia contemporânea e do século 20. Está escondida numa estrada rural, num bosque de pinheiros perto da vila de St.-Paul-de-Vence, perto de Nice (▷ 316). A galeria foi fundada em 1964 por Marguerite e Aimé Maeght, marchands de sucesso, para abrigar sua coleção e em memória de seu filho, que morreu na infância. Ainda é totalmente financiado pela fundação que eles mantêm.

O edifício, projetado pelo arquiteto catalão Josep-Lluis Sert, é uma estrutura baixa e simples quase toda de tijolos, com duas estranhas formas curvas sobre o telhado. Há várias grandes esculturas espalhadas pelo terreno, e espaços quase naturais ao ar livre dedicados a determinados artistas, como Giacometti, Joan Miró e Marc Chagall, que também estão representados com destaque no interior da galeria, ao lado de Bonnard, Kandinsky, Calder e Léger, entre muitos outros. O interior é gloriosamente iluminado. Uma pequena capela contém *Pássaro Branco sobre Fundo Malva*, de Georges Braque, em memória do filho dos Maeght. Destacam-se ainda o *Labirinto* de Miró, com esculturas e cerâmicas, os mosaicos de Chagall e vitrais de Braque.

457 P13 Route de Pass-Prest, 06750 St.-Paul-de-Vence 04 93 32 81 63 Jul-fim set diariam 10h-19h; resto do ano 10h-18h Adultos €11, crianças (10-18) €9, menores de 10 grátis

Acima *O Mediterrâneo visto do Jardin Botanique em Èze*
Pág. ao lado *Collioure*

FONTAINE-DE-VAUCLUSE

Esta linda vila à beira-rio leva o nome de uma fonte próxima que há muito tempo fascina visitantes e moradores porque sua verdadeira nascente nunca foi localizada.

A água brota sob um rochedo, formando uma lagoa profunda, cercada de rochas e vegetação, e quase sempre de uma névoa densa formada pelas gotículas de água. Na sua vazão máxima, a Fontaine-de-Vaucluse está entre as fontes naturais mais volumosas do mundo: 630 milhões de metros cúbicos de água brotam da fonte por ano e depois descem o estreito vale para se tornar o rio Sorgue.

Na primavera, em plena cheia, a fonte é espetacular. No verão o fluxo é menor, mas o número de visitantes é maior. Portanto, venha em março, abril ou maio, quando o impacto é maior.

Para chegar à fonte, caminhe por cerca de 15 minutos por uma estrada sinalizada fechada ao tráfego, ao longo da qual há bancas de suvenires. No caminho há um museu subterrâneo de rochas e minerais, Le Monde Souterrain de Norbert Casteret, que há anos emprega todos os seus esforços para descobrir a nascente da fonte. Na vila, há uma tradicional fábrica de papel perfeitamente restaurada, cuja roda-d'água usa o rápido fluxo da água corrente.

456 M12 Chemin du Gouffre, 84800 04 90 20 32 22 Verão ter-sáb 10h-13h, 14h-18h; inverno ter-sáb 9h30-12h30, 13h30-17h30

FONTFROIDE

www.fontfroide.com

A Abbaye de Fontfroide, 10 minutos de carro a sudoeste de Narbonne (▷ 318), em *Le Pays Cathar*, é uma das maiores e mais bem preservadas abadias cistercienses da Europa. Ela foi fundada pelos beneditinos no fim do século 11 numa região florestada que tem uma fonte de água própria. Filiada à ordem cisterciense em 1145, a abadia foi um bastião da ortodoxia durante o perído da cruzada contra os hereges cátaros no século 13. Ela tornou-se próspera, com 20 mil ovelhas e terras agrícolas que se estendiam do Roussillon à Catalogne.

A igreja da abadia é do século 12 e foi construída em arenito ocre no fim de uma estradinha margeada de vegetação baixa e ciprestes. É grande como uma catedral e famosa por sua casa capitular e seu claustro. Pode-se explorar os jardins, inclusive a horta dos monges e o *jardin des senteurs,* de flores de um aroma adocicado. Vá entre maio e setembro, para ver os 30 mil botões de rosa em flor.

455 K14 RD613, 11100, Narbonne 04 68 45 11 08 Só com visita guiada. Diariam (jul, ago qui-sáb também visita noturna às 22h) Adultos €9, crianças e menores de 18 €2

FRÉJUS

www.ville-frejus.fr

Fréjus, à margem leste do estuário do rio Argens, é um balneário muito frequentado pelas famílias. Fica perto do monte Esterel e é uma boa base para passeios pelo litoral.

A cidade, 3km para o interior, é formada por bairros surgidos do século 17 ao 20 ao redor do centro antigo de ruas estreitas, muitas hoje proibidas ou limitadas ao tráfego de veículos. No coração do centro velho fica a encantadora Cité Épiscopale, com uma catedral medieval, claustros e um batistério do século 5º. Ali perto há ruínas romanas, entre elas as de um aqueduto, de um posto militar, de um cais fortificado e de um pequeno anfiteatro, onde ainda são realizados concertos. Fora da cidade, na rodovia D4, há uma surpreendente mesquita africana de pedra vermelha, réplica perfeita de uma mesquita de Mali, construída por marinheiros africanos baseados em Fréjus nos anos 1920. Outras atrações fora da cidade são um zoológico e a Aquatica, um grande parque aquático na N98.

Fréjus é sede de muitos eventos e festivais: além de uma feira às quartas e aos sábados, há feiras especiais de verão, uma *bravade* (festa religiosa com procissão) na Páscoa e a festa da uva em agosto.

457 P13 325 Rue Jean Jaurès, 83600 04 94 51 83 83 Jul, ago seg-sáb 9h30-12h30, 13h30-18h30, dom 10h-12h, 15h-18h; resto do ano seg-sáb 9h-12h, 14h-18h. Fora da temporada abre dom 10h-12h, 15h-18h nas férias escolares Fréjus/St.-Raphael

Abaixo *Uma velha roda-d'água em Fontaine-de-Vaucluse*

Acima *As ruas íngremes e casas de terraços da pequena cidade de Gordes*

GORDES

www.gordes-village.com

As casas parecem ter sido construídas umas sobre as outras na encosta do monte onde se situa esta pitoresca vila antiga. A Gordes medieval, na parte sul do platô de Vaucluse, foi abandonada no início do século 20, mas rapidamente descoberta e restaurada por artistas e ricos turistas. Local ideal para uma casa de férias, a vila é muito frequentada pelo pessoal da mídia. Por causa disso, é bem servida de lojas e restaurantes caros.

Escadarias estreitas e passagens cobertas contornam o monte, em cujo topo há um castelo medieval caprichosamente restaurado pelo artista Victor Vasarely. Hoje abriga uma galeria com obras de outro artista moderno, Pol Mara. Na vila há numerosos *bories*, casas arredondadas de pedra e sem janelas, muitas delas de séculos passados. Eram usadas como cabanas de pastores, galpões de armazenamento, abrigos para animais ou residências temporárias ou permanentes; algumas foram habitadas até o século 19. Para ver uma vila restaurada com essas casas, siga as placas para a *Village des Bories*, que fica na D2, a 4km de Gordes. Ali perto fica a abadia cisterciana de Sénanque.

456 M12 Place du Château, 84220, 04 90 72 02 75 Verão diariam 9h-12h30, 14h-18h30; resto do ano 9h-12h, 14h-18h (abre às 10h dom)

GORGES DU TARN

▷ 322-3.

GRASSE

www.grasse-riviera.com

Grasse, cerca de 7km de Cannes (▷ 303) para o interior, é conhecida como a "capital mundial do perfume", porque as essências preparadas aqui entram na composição de perfumes de marcas famosas como Dior e Chanel. Embora muitos visitantes venham para conhecer uma fábrica de perfumes, a cidade merece uma visita e constitui uma boa pausa na *Route Napoléon*. Há um bairro medieval restaurado, com ruas estreitas fechadas ao tráfego e muitas belas mansões antigas. O terraço no alto para o bairro antigo oferece ótimas vistas do mar e o campo florido da Provença.

De longa tradição na curtidura do couro, Grasse especializou-se na fabricação de luvas de luxo. A indústria de perfume surgiu por acaso, quando luvas perfumadas entraram na moda por um breve período do século 16. As essências para perfumar o couro usavam jasmim, lavanda e outras flores abundantes ao redor da cidade. A fabricação de luvas declinou, mas nos séculos 17 e 18 a produção de perfumes cresceu em escala industrial. As três maiores perfumarias são Molinard, Galimard e Fragonard, que oferecem visitas guiadas em que se pode aprender como se faz um perfume.

457 P13 Palais des Congrès, 22 Cours Honoré Cresp, 06130 04 93 36 66 66 Jul-fim set seg-sáb 9h-19h, dom 9h-13h, 14h-18h; out-fim jun seg-sáb 9h-12h30, 14h-18h

GORGES DU VERDON

www.ville-moustiers-sainte-marie.fr

Aos pés dos Alpes-Maritimes, no interior da Provença, ocorre um dos mais espetaculares fenômenos naturais da França, conhecido como *Grand Canyon*, a mais profunda garganta de rio do continente europeu. Os rochedos atingem 700m acima do leito do rio, oferecendo uma vista panorâmica pelos 21km de extensão de seu corredor rochoso. Uma estrada cheia de curvas –quase uma estrada rural na maior parte do caminho– percorre o topo dos dois lados da ravina. Uma sucessão de *belvédères* (mirantes) próximos ao abismo oferece uma ampla vista da ravina e do terreno rochoso circundante.

No lado sul, o *Corniche Sublime*, a estrada oferece um cenário grandioso e os melhores mirantes –o melhor trecho é o dos *Balcons de la Mescla*. O lado norte também é impressionante, mas a estrada é mais assustadora e há menos mirantes. Nas duas extremidades da garganta há cidadezinhas interessantes, como Castellane e a bela Moustiers-Sainte-Marie.

É melhor não fazer a viagem nos meses de julho e agosto, quando o tráfego é intenso ao longo da estrada. Na verdade, não vale a pena percorrer a rota toda –uma curta viagem pelo *Corniche Sublime* já é suficientemente impressionante. Para caminhantes experientes, uma trilha percorre todo o canyon aos pés da garganta. A primeira excursão à garganta foi realizada em 1905, e desde 1997 a região é um Parc Naturel Régional.

457 N13 Maison de Lucie, Place de l'Église, Moustiers-Sainte-Marie, 04360 (ponta oeste do canyon) 04 92 74 67 84 Jun-fim set diariam 10h-12h30, 14h-18h30 (fecha 19h15 jul, ago); resto do ano seg-sáb 9h30-12h30, 13h30-17h30 (fecha 17h dez-fim fev)

Acima *O observatório no alto do monte Ventoux*
À esq. *Os jardins em terraço da Villa Sainte-Clare, com vista para Hyères*

HYÈRES

www.ot-hyeres.fr

Hyères situa-se numa parte fértil da costa provençal e é famosa pela enorme quantidade de flores e palmeiras. Daí nasceu seu outro nome, Hyères-les-Palmières. O pitoresco centro histórico situa-se sobre um monte afastado da costa. A entrada para o centro se faz por uma porta gótica fortificada, que dá acesso às ladeiras margeadas de edifícios em estilo italiano, vários com portas renascentistas. A Place Massillon é o ponto principal, uma praça triangular ao lado da Tour St.-Blaise, do século 12. Outros vestígios do período medieval são a Église St.-Paul, com uma torre românica, e a Église St.-Louis, parte de um antigo mosteiro franciscano. No alto do monte, no Parc St.-Bernard, há ruínas de um castelo e magníficas vistas. Perto do parque fica a Villa de Noailles, onde nos anos 1920 a família Noailles dava festas às quais compareciam convidados ilustres como Picasso e Salvador Dalí.

A sudeste da cidade, os jardins tropicais Olbius Riquier, ao redor de uma *villa* em estilo mourisco, tem palmeiras e cactos, uma área para animais e uma estufa com plantas exóticas (diariam 9h-anoitecer). Ao sul da cidade, ao longo de um estreito banco de areia, fica Giens, onde se pode pegar um ferryboat para uma das Îles d'Or.

457 N14 Forum du Casino, 3 Avenue Ambroise Thomas, 83400 04 94 01 84 50 Jul, ago diariam 8h30-19h30; set seg-sáb 9h-18h; resto do ano seg-sex 9h-18h, sáb 10h-16h Hyères

MENTON

▷ 330.

MINERVE

www.minerve-tourisme.com/

Situada sobre um afloramento rochoso na confluência de duas gargantas, Minerve parece capaz de resistir a qualquer ataque. Mas quando o exército de Simon de Montfort chegou, em 1210, disposto a desalojar os hereges cátaros refugiados dentro de suas muralhas, o único ponto fraco da cidade foi exposto. Projéteis de uma arma de cerco bloquearam o acesso ao único suprimento de água fresca, e os cidadãos foram obrigados a se entregar. Quando Minerve caiu, 140 líderes cátaros preferiram ser queimados na fogueira a renunciar à sua fé. A cidade moderna é um lugar pitoresco para um passeio. É também o centro de uma região vinícola DOC –Denominação de Origem Controlada.

455 J13 Rue des Martyrs, 34210 Minerve 04 68 91 81 43

MONT VENTOUX

Erguendo-se acima da região circundante, o quase cônico pico do monte Ventoux constitui um marco distintivo e misterioso. Na primavera e no inverno, o pico de 1.909m fica coberto de neve; em outras épocas do ano, em geral está envolto em nuvens, enquanto o resto da Provença deleita-se ao sol.

Há algo irresistivelmente atraente no Ventoux, e são muitos os que querem chegar perto deste "Gigante da Provença". Petrarca, o poeta italiano do século 14, foi o primeiro a escrever sobre sua escalada da montanha, que levou dois dias. Hoje, uma estrada asfaltada leva até o topo. A prova ciclística Tour de France (▷ 27) às vezes inclui essa estrada, o trecho mais temido do percurso, onde um ciclista morreu de ataque cardíaco em 1967.

No topo, o vento é quase sempre forte, e a temperatura costuma ser 11°C mais baixa que aos pés do monte. Veja a previsão do tempo e não suba com chuvas e ventos fortes ou sem preparação adequada. A vista lá do alto compensa a subida, porque abrange os Alpes, o vale do Reno, o platô Vaucluse, as montanhas Cévennes e o Mediterrâneo.

456 M12 Espace Marie Louise Gravier, 84410 Bédoin 04 90 65 63 95

MONTPELLIER

O encanto imediato de Montpellier reside na brancura de seus edifícios (ela é às vezes chamada de "cidade branca"), na modernidade de sua arquitetura, na amplitude de suas praças, parques e calçadas e na profusão de suas fontes. A cidade é muito procurada pelos jovens porque oferece 24 horas de diversão, em especial nos dias e noites quentes do verão. A cidade recebe festivais de cinema, dança, música e teatro.

A CIDADE

As pessoas se reúnem na Place de la Comédie, na cidade velha, onde elegantes mansões e museus se alinham ao longo de ruas estreitas e curvas. A Promenade du Peyrou, dos séculos 17 e 18, é um conjunto impressionante formado por um arco do triunfo, uma estátua de Luís 14 e uma torre d'água na ponta de um aqueduto. O centro de turismo organiza excursões guiadas pela cidade, que visitam algumas atrações e edifícios que normalmente não ficam abertos ao público, entre eles uma subida ao topo do arco do triunfo e uma visita à faculdade de medicina. É fácil circular pela cidade graças aos bondes, que são baratos, silenciosos e bem cuidados. A Vélomagg tem estações espalhadas pela cidade, onde se pode alugar bicicletas simples e duplas e motociclos, e oferece estacionamento seguro em 1.200 pontos de conexão (€1 por 4 horas, €2 por dia). É uma ótima maneira de conhecer a cidade, já que há 120km de ciclovias, 11 deles acompanhando a linha dos bondes. O uso de automóveis é desencorajado pelo alto preço dos estacionamentos.

AS ARTES

A prefeitura de Montpellier torna as artes acessíveis ao maior número de pessoas possível através de ingressos razoavelmente baratos. No verão as opções são muitas: o Festival de Dança em julho e agosto, espetáculos circenses em junho e o festival de música clássica e moderna da Radio France em julho. A cidade tem um teatro de ópera, onde desfrutar a música é o mais importante a fazer. O melhor museu de arte de Montpellier, um dos maiores da França, é o Musée Fabre, no nº 39 do Boulevard Bonne Nouvelle (ter, qui, sex, dom 10h-18h, qua 13h-21h, sáb 11h-18h), com obras de pintores dos séculos 16 a 18, pinturas contemporâneas, cerâmicas e esculturas.

INFORMAÇÕES

www.ot-montpellier.fr

456 L13 Place de la Comédie, 30 Allée Jean de Lattre de Tassigny, 34000 04 67 60 60 60 Seg-sex 9h-18h30, sáb 10h-18h, dom 10h-13h, 14h-17h (fecha 19h30 no verão) Montpellier

DICAS

» O City Card inclui entrada livre nos museus, excursão guiada pela cidade e transporte público grátis.

» Um mercado de pulgas é realizado sob o aqueduto aos sábados.

Abaixo *Place de la Comédie, na cidade velha*

MARSELHA

INFORMAÇÕES

www.marseille-tourisme.com

456 M13 4 La Canebière, 13001, 04 91 13 89 00 Seg-sáb 9h-19h, dom 10h-17h; horário ampliado na alta estação Gare St.-Charles

Acima *Vista do porto de Marselha*

INTRODUÇÃO

Marselha é uma cidade cheia de energia e com uma longa história. Fundada há 2.600 anos pelos gregos como o entreposto comercial de Massalia, é desde então o principal porto do Mediterrâneo. Depois que os romanos conquistaram a Provença, o porto foi saqueado e sua frota foi destruída. No século 7º, um período de declínio se seguiu aos ataques sarracenos e de outros povos, que interromperam o comércio no Mediterrâneo. No século 11, porém, a cidade reviveu e continuou a se desenvolver até 1720, quando a peste chegou, matando 50 mil habitantes. Na década de 1760, a cidade era o principal porto de comércio com o Caribe e a América Latina. O entusiasmo republicano dos trabalhadores oprimidos de Marselha foi a espinha dorsal da Revolução, com a cidade dando nome ao novo hino nacional, *La Marseillaise,* que, entretanto, foi composto na Alsácia. A cidade sofreu graves danos na Segunda Guerra.

Na segunda metade do século 20, um grande contingente de imigrantes vindos particularmente do norte da África deu à cidade sua característica mistura de influências étnicas e culturais.

Hoje, Marselha tem uma população de cerca de 1 milhão de habitantes e os problemas de qualquer grande cidade. Embora existam regiões onde é preciso ter cuidado, a imagem de cidade "do crime e das drogas" é exagerada.

O Vieux Port e as ruas circundantes são o ponto principal de Marselha. Aqui há bares, galerias de arte, casas de música e muitos pequenos restaurantes. A poucos minutos ao sul de Le Vieux Port pela estrada costeira fica o antigo porto de Anse des Auffes, onde coloridos barcos de pesca ficam ancorados em frente a uma fileira de restaurantes que servem peixe.

Se quiser fazer uma pausa nas visitas turísticas, Marselha tem várias praias às quais se tem acesso de ônibus ou de barco, partindo do centro. Na direção sul, encontra-se o maciço calcário de Les Calanques, nome dos profundos braços por onde penetra a água do mar. Outra possibilidade é visitar as ilhas do arquipélago de Frioul, na baía de Marselha.

O QUE VER

VIEUX PORT

Visitantes e residentes costumam gravitar pela grande praça retangular diante do Vieux Port. É uma praça fortificada, cercada por muralhas do século 17 e pálidas fachadas de pedra e telhados vermelhos. Milhares de barcos se aglomeram no porto. As íngremes encostas da colina descem em direção ao mar, dominadas no lado sul pelas defesas do Fort St.-Nicolas (entrada proibida a visitantes) e pela fortemente protegida Basilique St.-Victor, que tem uma cripta do século 5º. Ao norte do Vieux Port, as modernas docas se estendem ao longo da costa.

313 A2

MUSÉE D'HISTOIRE DE MARSEILLE

O fascinante Musée d'Histoire de Marseille situa-se ao lado do Jardin des Vestiges. Conta toda a história da cidade, tendo num navio romano do século 3º como destaque. O Jardin des Vestiges é um sítio arqueológico que foi transformado num lindo jardim. Uma calçada permite a visão das ruínas das muralhas gregas originais, vestígios de uma estrada e partes das docas do século 1º. Muitas das peças encontradas nas escavações estão hoje no museu.

313 B2 Place Belsunce, Centre Bourse, 13001 04 91 90 42 22 Seg-sáb 12h-19h Adultos €2, menores de 5 grátis

LE PANIER

Ruas em degraus, onde se veem casas em estado precário com roupas penduradas em cordas entre as janelas, sobem das docas até o alto do monte Panier. Em 1943, o exército de ocupação nazista destruiu 2 mil edifícios desta área e expulsou ou assassinou cerca de 25 mil residentes.

Um dos edifícios sobreviventes é a Maison Diamantée, assim chamada pela fachada de pedras esculpidas em pontas como as do diamante. Construída no século 16, hoje abriga o Musée du Vieux Marseille (jun-fim set ter-dom 11h-18h; out-fim mai ter-dom 10h-17h), com seções dedicadas a móveis provençais, *santons* (estatuetas natalinas) e um baralho esotérico chamado de tarô marselhês. Outro sobrevivente do século 16 é o Hôtel de Cabre. Depois da Segunda Guerra, ele foi desmontado e reconstruído na Grand Rue, e é por isso que uma placa na parede indica a Rue de la Bonneterie.

No alto de Le Panier fica um antigo hospital do século 17, La Vieille Charité, um amplo pátio cercado por adoráveis galerias em arco de três andares e uma pequena capela barroca. Originalmente prisão e abrigo de mendigos, La Vieille Charité hoje recebe exposições de arte e o Musée de l'Archéologie Meditéranéenne (jun-fim set ter-dom 11h-18h; resto do ano 10h-17h).

Mais além fica uma catedral neobizantina do século 19, a Cathédrale de la Major, com domos e uma fachada despojada. O pequeno edifício danificado ao lado foi uma catedral românica no século 12, a Ancienne Cathédrale de la Major (fechada).

313 A2

PALAIS LONGCHAMP

Este palácio é sede do Musée d'Histoire Naturelle (ter-dom 10h-17h), atrás do qual há um zoológico, e do Musée des Beaux-Arts. Este último tem pinturas francesas e italianas dos séculos 16 e 17, uma sala dedicada ao arquiteto, escultor e pintor local Pierre Puget e outra dedicada ao pintor marselhês Honoré Daumier.

313 C2 142 Boulevard Longchamp, 13004 Palácio: 04 91 14 59 50; Musée des Beaux-Arts: 04 91 62 21 17 Musée des Beaux-Arts: jun-fim set ter-dom 11h-18h; resto do ano 10h-17h Musée des Beaux-Arts: €2. Musée d'Histoire Naturelle: €4 Longchamp-Cinq Avenues

DICAS

» Como é difícil estacionar nas ruas, convém usar os estacionamentos, que têm preços razoáveis. São cinco na área do Vieux Port.

» A publicação mensal *Marseille Poche* e a semanal *Ventilo* listam centenas de eventos na cidade.

» De acordo com os gourmets, a bouillabaisse, o clássico prato provençal, só é preparada corretamente em Marselha. Por isso, tente um restaurante nas ruas ao redor do Vieux Port.

Abaixo *Uma colossal Madona coroa o campanário da Basilique de Notre-Dame-de-la-Garde*

CHÂTEAU D'IF

Uma viagem de 15 minutos de ferryboat leva à ilha onde se ergue esta aterrorizante prisão-fortaleza, famosa graças ao romance de Alexandre Dumas, *O Conde de Monte Cristo*. Durante a viagem, tem-se uma bela vista da cidade, e uma visita guiada leva às celas que foram ocupadas pelo Homem da Máscara de Ferro e outros prisioneiros da aristocracia.

313 A2 · 04 91 59 02 30 · Mai-fim set diariam 9h-18h30; abr 9h-17h30; resto do ano ter-dom 9h-17h15 · Adultos €5, menores de 18 grátis · Os ferryboats partem do Quai des Belges

MAIS ATRAÇÕES

LA CANEBIÈRE

Saindo do Quai des Belges, no Vieux Port, e seguindo numa majestosa linha reta até o centro da cidade, a ampla avenida La Canebière, construída no século 17, foi por longo tempo miserável, mas hoje é um local estimulante. Ao redor de La Canebière estão as principais ruas comerciais.

313 C2

MUSÉE CANTINI

Este moderno museu de arte, com uma boa coleção surrealista e obras de Matisse, Dufy, Miró, Kandinsky e Picasso, foi uma casa particular no século 17.

313 C3 · 19 Rue Grignan, 13006 · 04 91 54 77 75 · Jun-fim set ter-dom 11h-18h; resto do ano 10h-17h · Adultos €3, menores de 5 grátis · Estangin-Préfecture

Acima *O mercado de peixes de Marselha*

MUSÉE DES DOCKS ROMAINS

Aos pés de Le Panier há várias importantes relíquias e museus do período clássico. O Musée des Docks Romains exibe uma coleção de objetos romanos do século 1º descobertos durante as obras de reconstrução do pós-guerra. Contém uma boa coleção de *dolia* romanas (grandes vasos de cerâmica).

313 A2 28 Place Vivaux 13002 04 91 91 24 62 Jun-fim set ter-dom 11h-18h; resto do ano 10h-17h Adultos €2, crianças (5-17) €1, menores de 5 grátis

NOTRE-DAME-DE-LA-GARDE

Cerca de 1km ao sul do velho porto fica a colina de Notre-Dame-de-la-Garde, uma basílica do século 19 que tem uma imensa imagem dourada da Virgem feericamente iluminada à noite. Segundo os locais, a imagem oferece proteção divina à cidade.

313 B4

QUARTIER DE L'ARSENAL

Perto do porto (para o sul), atrás do Quai de Rive Neuve, situa-se a grade de ruas que foram o Quartier de l'Arsenal. Antigamente uma zona de estaleiros, onde os escravos das galés eram abrigados, está hoje cheia de restaurantes.

313 B3

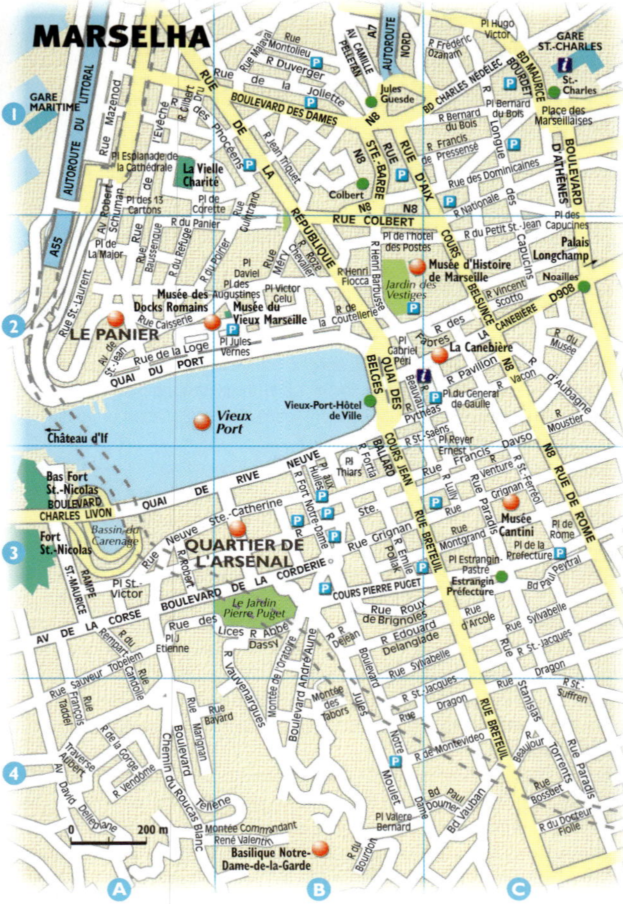

Abaixo *Um homem com redes de pesca no porto velho*

MÔNACO

INFORMAÇÕES

www.visitmonaco.com

457 Q13 2a Boulevard des Moulins, 98000 92 16 61 16 (código de área 377) Seg-sáb 9h-19h, dom 10h-12h Mônaco-Monte Carlo

No verão há quioques de informações turísticas na estação de trem e nas principais atrações

Acima *Cactos e plantas tropicais no Jardin Exotique*

Abaixo *Um membro da guarda real*

INTRODUÇÃO

Por uma anomalia histórica, este belo trecho de terreno rochoso que se pendura sobre a costa provençal nunca se tornou parte da França. Cresceu independente e transformou-se numa cidade-estado rica, paraíso fiscal e local de diversão de milionários. É um lugar que merece ser visto, no mínimo pelo uso inteligente que fez do pouco espaço disponível. Para acomodar as 32 mil pessoas que vivem aqui (das quais apenas 6 mil são monegascas), o pequeno estado se expandiu para cima, na forma de arranha-céus, e para o mar, em plataformas artificiais. Algumas ruas, praticamente empilhadas umas sobre as outras, são ligadas por elevadores.

Mônaco era originalmente uma *village perché* (vila empoleirada) medieval, cujo castelo pertencia a Frederico Barba Roxa. No século 13, a poderosa família aristocrática Grimaldi adquiriu o rochedo e fez dele seu centro de operações, transformando-o num principado. Sob Napoleão, a maioria dos muitos estados feudais foram incorporados à França pela força, mas a influência dos Grimaldi sobre a Provença e a Itália era tão forte que Napoleão decidiu tornar-se aliado da família em vez de tomar suas terras. Até então, a arrecadação de Mônaco provinha dos altos impostos, mas o principado resolveu tornar-se um refúgio para a aristocracia, e no século 19 o príncipe Carlo 3º criou uma região glamourosa chamada Monte Carlo, onde o cassino levantava mais recursos para a família real. A coisa funcionou tão bem que os impostos acabaram sendo abolidos.

Apesar de seus 2km² de área, Mônaco tem vários distritos. Monaco-Ville é a cidade original sobre Le Rocher (o Rochedo); Monte Carlo é a cidade nova, maior e com uma praia; La Condamine, o distrito portuário, situa-se entre Monaco-Ville e Monte Carlo; na encosta, entre Monaco-Ville e a fronteira francesa, fica o distrito residencial de Moneghetti; e Fontvieille é a região a oeste de Monaco-Ville, que foi estendida artificialmente mar adentro.

O QUE VER

MONACO-VILLE

Caminhe pelas ruas estreitas, imaculadamente limpas e margeadas por casas bem conservadas de cores pastel, para chegar à catedral de Mônaco. Nela há um retábulo de Louis Bréa, algumas belas pinturas e os túmulos dos antigos príncipes de Mônaco, entre eles o da princesa Grace e do príncipe Rainier. A maior atração de Monaco-Ville, porém, é o pequeno, mas solidamente fortificado, palácio do século 13, o Palais du Prince (mai-fim set diariam 9h30-18h30; abr 10h-18h; out 10h-17h), cujas salas são adornadas com afrescos, tapeçarias e pinturas. O palácio também abriga um museu dedicado a Napoleão, com vários de seus objetos. No pátio pode-se assistir à troca da guarda (diariam às 11h55), com os oficiais vestidos em seus elegantes uniformes (branco no verão e preto no inverno). O Musée Océanographique tem um soberbo aquário com 350 espécies (jul, ago, diariam 9h30-19h30; abr-fim jun, set 9h30-19h; out-fim mar 10h-18h). A vista do terraço é fantástica.

MONTE CARLO

A leste de Le Rocher fica Monte Carlo, uma zona glamourosa de restaurantes, hotéis de luxo, jardins de flores e palmeiras perfeitamente cuidados e um suntuoso cassino Belle Époque. Os Salons Européens e os Salons Américains (seg-sex a partir de 14h, sáb, dom a partir de 12h) do cassino têm máquinas caça-níqueis, roleta e mesas de jogo. Para ter acesso aos ainda mais luxuosos Salons Privés (jun-fim out seg-sex a partir de 14h, sáb, dom a partir de 15h; nov-fim mai a partir de 15h diariam), pouco frequentados pelo grande público, é preciso pagar uma taxa e vestir-se apropriadamente. Uma grandiosa escadaria desce a uma boate frequentada por aqueles para os quais dinheiro não é problema. Se você não gastou todo o seu dinheiro nas mesas de jogo, há muitas lojas caras ao redor do cassino e no Boulevard des Moulins.

FONTVIEILLE

Fontvieille é uma bairro residencial e comercial erguido sobre plataformas artificiais e com uma marina. O Roseraie Princesse Grace é um requintado jardim de rosas com mais de 3.500 variedades, dedicado à princesa Grace de Mônaco, a estrela de cinema Grace Kelly, que morreu num acidente de automóvel em 1982. Aqui há vários museus: o Musée des Timbres et des Monnaies (selos e moedas), o Musée Naval (modelos de navios) e a Collection des Voitures Anciennes (carros antigos).

DICAS

» É preciso ter mais de 18 anos para entrar no cassino, e você terá de mostrar seu passaporte. A entrada nos jardins do cassino é livre.

» O policiamento é rigoroso em Mônaco, com 24 horas de vigilância em todo o principado, inclusive dentro dos edifícios públicos. As leis de trânsito (e muitas outras), as placas rodoviárias e os limites de teor alcoólico para dirigir são os mesmos da França.

» A menos que tenha interesse em automobilismo, não venha durante o Grand Prix de Mônaco, na segunda semana de maio, quando milhares de visitantes vêm ao principado e muitas ruas ficam fechadas ao tráfego.

» Perto da praia de Larvotto fica o Jardin Japonais (diariam 9h-anoitecer), um jardim xintoísta, ótimo refúgio da agitação de Mônaco.

À esq. *Faça compras nas butiques mais exclusivas de Mônaco*
Abaixo *O brasão dos Grimaldi no Palais du Prince*

INFORMAÇÕES
www.nice-coteazur.org
www.nicetourisme.com
457 Q13 5 Promenade des Anglais, 06000 0892 707 407
Verão seg-sáb 8h-20h, dom 9h-19h; resto do ano seg-sáb 9h-18h Nice

DICAS
» Visite o grande mercado de flores (ter-dom) no Cours Saleya.
» Passeie pela beira-mar ao longo da Promenade des Anglais –um longo e amplo calçadão ladeado por mimosas e palmeiras.
» A Carte Passe-Musées dá livre ingresso a 65 museus da Côte d'Azur por 7 dias num período de 15 dias.

NICE

Nice se desenvolveu em estágios, sob o domínio de diferentes povos, entre eles lígures, gregos e romanos. Fez parte da Itália até 1860, o que se evidencia na bela arquitetura do centro antigo. Na década de 1920, os artistas começaram a chegar à cidade, que tem várias galerias de arte importantes.

ARTE E HISTÓRIA

Na extremidade oeste da costa pedregosa, uma bela mansão do século 19 abriga o prestigioso Musée des Beaux-Arts (ter-dom 10h-18h), que guarda uma grande coleção de pinturas e esculturas francesas e italianas dos séculos 17 a 19. Ali perto, o arquiteto Kenzo Tange projetou o Musée des Arts Asiatiques (mai-meados out qua-seg 10h-18h; resto do ano 10h-17h), que contém magníficos exemplos antigos e modernos da arte chinesa e de outros países asiáticos, representativos da cultura de cada país.

Na Promenade Paillon, que separa a cidade velha da nova, há várias galerias, entre elas, o *avant-garde* Musée d'Art Moderne et d'Art Contemporain (ter-dom 10h-18h), que possui uma coleção definitiva de obras da Escola de Nice dos anos 1960, inclusive a *Lata de Sopa Campbell,* de Andy Warhol.

Aos pés do monte Cimiez, o Musée Marc Chagall/Musée du Message Biblique (jul-fim set qua-seg 10h-18h; resto do ano 10h-17h) tem uma coleção fenomenal de Chagall, que inclui vitrais, mosaicos e telas irreais. Mais acima no monte, o Musée Henri Matisse (qua-seg 10h-18h) mostra delicados desenhos e guaches do artista. Matisse e Dufy estão enterrados no cemitério vizinho.

ANTIGA NICE

O centro histórico é um encantador emaranhado de pitorescas ruas estreitas, com bares, restaurantes e pequenas lojas. Há também algumas interessantes igrejinhas barrocas que vale a pena visitar.

RUÍNAS ROMANAS

No monte Cimiez estão as ruínas de uma cidade romana e o Musée Archéologique (abr-fim set qua-seg 10h-18h; resto do ano qua-seg 10h-17h; fechado por uma semana em dez). A arena oval é palco de espetáculos ao ar livre.

Abaixo *O Hôtel Negresco, na Promenade des Anglais*

NÎMES

Nîmes e Pont du Gard –o deslumbrante aqueduto romano 20km a nordeste da cidade (▷ 319)– são imperdíveis. Na fronteira entre o Languedoc e a Provença, Nîmes é suficientemente grande para oferecer ao visitante muito o que ver, mas suficientemente pequena, em especial no bem preservado centro histórico, para provocar uma sensação de intimidade. Da torre Magne, no belo Jardin de la Fontaine, descortinam-se belas vistas de Nîmes.

O ANFITEATRO ROMANO

Les Arènes é um dos mais bem preservados anfiteatros do mundo romano (meados mar-meados out 9h30-19h30; resto do ano 10h-17h). Lá dentro, você pode percorrer livremente as arquibancadas e admirar o tamanho deste monumento de 2 mil anos, que no seu apogeu podia acomodar mais de 20 mil espectadores. Hoje recebe touradas e eventos como feiras comerciais. No inverno, é coberto por uma cúpula inflável.

Ali perto, a Maison Carrée data do século 1º a.C. e é o único templo do mundo antigo totalmente preservado (diariam 9h30-12h30, 13h30-16h30). No interior, painéis contam a história do templo, e há belos exemplos de mosaicos romanos.

MUSEU DE ARTE CONTEMPORÂNEA

Voltado para o templo está o Musée d'Art Contemporain (ter-dom 10h-18h). O espaçoso e bem iluminado Carrée d'Art (como ele é chamado) mostra a arte dos anos 1960 ao presente. Ocasionalmente, recebe exposições itinerantes, e no terceiro andar há um bar-restaurante, com um terraço para a Maison Carrée.

INFORMAÇÕES

www.ot-nimes.fr

456 L13 6 Rue Auguste, 30000, ☎ 04 66 58 35 00 Out-Páscoa seg-sex 8h30-19h, sáb 9h-19h, dom 10h-17h; Páscoa-fim set seg-sex 8h-19h, sáb 9h-19h30, dom 10h-18h; jul, ago seg-qua, sex 8h-20h, qui 8h-21h, sáb 9h-19h, dom 10h-18h Nîmes

DICAS

» Observe nas calçadas o símbolo da cidade, um crocodilo e uma palmeira.

» Note que a arquibancada superior de Les Arènes não tem grade de segurança.

Acima *Les Arènes, o anfiteatro romano de Nîmes*

Acima *Narbonne tem uma longa história e um animado presente*
À dir. *Detalhe de um edifício na Place de la Loge, Perpignan*

NARBONNE

www.mairie-narbonne.fr

Narbonne é uma cidadezinha encantadora com passado romano. O Canal de la Robine, que liga a cidade ao Canal du Midi, em seu lado norte, é um ótimo lugar para um passeio, com lindas pontes, árvores frondosas e pitorescos caminhos.

As ruas comerciais levam ao Quai Dillon, na margem direita do canal. Na margem esquerda fica a Place de l'Hôtel de Ville, a praça central, onde um trecho da Via Domitia, que ligava a Itália à Espanha, foi descoberto em 1997. Do lado norte da praça vê-se a Passage de l'Ancre, que dá entrada às principais atrações: a Cathédrale St.-Just-et-St.-Pasteur e o Palais des Archévêques, sede do Musée Archéologique e do Musée d'Art et d'Histoire (abr-fim set diariam 9h30-12h15, 14h-18h; resto do ano ter-dom 10h-12h, 14h-17h), que guarda uma impressionante coleção de pinturas, faianças e tapeçarias.

A menos de uma hora de carro para o sul, encontram-se praias de areia em balneários como Gruissan-Plage, Narbonne-Plage e St.-Pierre-sur-Mer. Em Sigean, na direção de Perpignan, fica a Réserve Africaine de Sigean, um parque de safári, e, a apenas dez minutos dali, a abadia cisterciense de Fontfroide (▷ 306).

✚ 456 K14 ℹ 31 Rue Jean Jaurès, 11100, ☎ 04 68 65 15 60 🕐 Abr-fim set diariam 9h-19h; out-fim mar seg-sáb 10h-12h30, 13h30-18h, dom 10h-17h 🚉 Narbonne

ORANGE

www.ville-orange.fr

Orange tornou-se possessão do príncipe de Nassau no século 16 e mais tarde deu nome à casa real holandesa. A cidade tem um esplêndido teatro romano preservado, único graças ao fato de a notável parede de fundo de 103m ter sobrevivido. O Théâtre Antique recebe espetáculos durante o ano todo, inclusive um festival internacional de corais, Les Chorègies. Atrás do teatro ergue-se a Colline St.-Eutrope, que oferece uma ampla vista da cidade romana e medieval. Na verdade, o teatro foi recortado na encosta da colina, onde foram encontrados muitos artefatos romanos. Ali perto, o Musée Municipal exibe relíquias romanas e medievais, em especial um mapa do território esculpido em mármore. Do lado norte da cidade, desamparado em meio ao tráfego que o rodeia, ergue-se o Arc de Triomphe, um monumento de três arcos construído no século 1º a.C. para marcar a derrota das tribos locais diante de Roma. As esculturas contam a história da vitória de Augusto e da fundação da cidade romana.

✚ 456 M12 ℹ Cours A. Briand. Verão: Place Frères Mounet ☎ 04 90 34 70 88 🕐 Jul, ago seg-sáb 9h-19h30, dom 10h-13h, 14h-19h; abr-fim jun, set seg-sáb 9h-18h30, dom 10h-13h, 14h-18h30; resto do ano seg-sáb 10h-13h, 14h-17h 🚉 Orange

PERPIGNAN

www.perpignantourisme.com

Perpignan, capital do Roussillon, tem muito para atrair visitantes: um glorioso clima mediterrâneo, o maior shopping center da região, eventos com um toque catalão e um centro histórico ideal para um passeio. A cidade é a última região metropolitana no litoral do Mediterrâneo antes da Espanha.

Le Castillet, o forte que se tornou símbolo da cidade, hoje abriga um museu de arte popular e tradições catalãs (mai-fim set qua-seg 10h-18h30; resto do ano 11h-17h30).

O Quai Vauban é um bom lugar para uma caminhada pela margem do rio Basse; ele passa pela Place Arago, onde se encontram os bares e as brasseries mais movimentadas.

O Palais des Rois de Majorque é a maior atração histórica (mai-fim set diariam 10h-18h; resto do ano 9h-17h). Construído sobre uma pequena colina, oferece belas vistas do alto de suas muralhas e do forte. A Cathédrale St.-Jean tem um órgão monumental e 46 sinos. Atrás dele fica o Campo Santo, o maior e mais antigo cemitério claustral da França.

✚ 455 K14 ℹ Palais des Congrès, Place Armand Lanoux, 66002 ☎ 04 68 66 30 30; meados jun- meados set seg-sáb 9h-19h, dom 10h-16h; resto do ano seg-sáb 9h-18h, dom 9h-12h 🚌 Um micro-ônibus circular grátis percorre os estacionamentos do centro e ruas de pedestres (menos dom e feriados) 🚉 Perpignan

PÉZENAS

www.ot-pezenas-valdherault.com

No século 17, a próspera cidade lanígera de Pézenas tornou-se sede do governo de Languedoc. Um governador, o príncipe de Conti, estava determinado a fazer da cidade uma Versailles regional e se transformar num patrono de artistas e escritores. Um de seus protegidos era o jovem ator itinerante Jean-Baptiste Poquelin, conhecido pelo pseudônimo de Molière. Pézenas valoriza muito essa ligação literária, embora o dramaturgo tenha vindo à cidade antes de escrever qualquer das obras que o tornaram famoso. O centro velho é um belo lugar para um passeio, partindo da praça principal, a Place Gambetta. Ali perto há muitos edifícios medievais e renascentistas, como os *hôtels particuliers* (mansões particulares).

456 K13 1 Place Gambetta, 34120 04 67 98 36 40 Jul, ago seg-sáb 9h-19h, dom 10h-19h; resto do ano seg-sáb 9h-12h, 14h-18h, dom 14h-17h

PONT DU GARD

www.pontdugard.fr

Classificado pela Unesco patrimônio da humanidade, este aqueduto foi construído no século 1º a.C. para canalizar um imenso volume de água para a cidade romana de Nîmes (▷ 317). Partindo de uma fonte perto de Uzès, o aqueduto percorre 50km e transpõe o rio Gardon a uma altura de 48m. Em três níveis de arcos, é uma obra-prima da engenharia romana.

Na margem esquerda, há uma grande área de estacionamento, painéis informativos e uma trilha que leva ao salão de exposição, projetado e posicionado de modo a não destoar do local. A exposição, uma mostra interativa que usa recursos multimídia, mostra como a água foi usada para melhorar o modo de vida do mundo romano: suprimento de água através de canalização, banhos públicos, fontes públicas e indústrias movidas pela força da água. Trata também dos desafios geológicos, os quai se precisou vencer durante a construção. Embora não seja mais permitido o acesso ao aqueduto, você pode caminhar por uma ponte que corre ao lado dele, à altura da primeira camada de arcos. Assim, você terá condições de constatar o tamanho e o peso dos blocos usados na construção, mas, para apreciá-lo plenamente, você terá que se afastar a montante ou a jusante do rio para ter uma visão livre a distância.

456 L12 Centro de Exposição, Pont du Gard, 30210 0820 903 330 Salão de exposição: Páscoa-fim set 9h30-19h; resto do ano 10h-17h30. Aqueduto: 7h-1h, o ano todo O ticket do estacionamento (€6) dá acesso à Pont du Gard. Salão de exposição: €4. Filme de 25 minutos: €3. Área infantil: €5

ST.-MARTIN DE CANIGOU

www.stmartinducanigou.org

O Pic du Canigou (2.784m) é sagrado para os catalães, e o mosteiro de St.-Martin du Canigou, situado num local de difícil acesso na encosta norte, parece condensar o espírito do lugar. Para visitá-lo, é preciso enfrentar uma difícil subida de 30 a 50 minutos partindo da vila de Casteil (há veículos 4x4 para portadores de deficiência). O mosteiro foi fundado no século 11, danificado por um terremoto em 1428, abandonado em 1783 e desde então transformou-se em ruínas. Em 1902, o bispo de Perpignan iniciou uma obra de restauração e ampliação. Hoje o mosteiro é ocupado por uma pequena comunidade monástica.

455 J15 04 68 05 50 03 Visitas guiadas (1 hora, em francês) jun-fim set diariam 10h, 11h, 12h, 14h, 15h, 16h, 17h; out-fim mai ter-dom 10h, 11h, 14h, 15h, 16h; convém checar a disponibilidade e os horários antes de subir Adultos €4, crianças (12-18) €3, menores de 12 grátis

ST.-RÉMY-DE-PROVENCE

www.saintremy-de-provence.com

Ao sul de Avignon, St.-Rémy-de-Provence atrai artistas e amantes da arte. É uma cidade produtora de vinho, movimentada e bem preservada, com um pequeno centro histórico cheio de mansões dos séculos 16 ao 18, ruas estreitas, fontes e praças arborizadas. Há galerias e museus, entre eles o Centre d'Art Présence Van Gogh, na Rue Estrine, que expõe lembranças do tempo em que o artista viveu aqui, inclusive cartas e reproduções de suas obras. Parte da casa onde Nostradamus nasceu em 1503 pode ser vista na Rue Hoche, mas não está aberta ao público.

Cerca de 1km ao sul fica o antigo mosteiro de St.-Paul-de-Mausole, onde Van Gogh se internou por um ano depois de ter mutilado sua orelha. Esse período revelou-se um dos mais produtivos de sua vida. Pode-se visitar a igreja românica e o claustro do mosteiro na Avenue Vincent van Gogh. Ali perto fica o sítio arqueológico da cidade greco-romana de Glanum. Para ver os artefatos encontrados em Glanum, visite a Collection Archéologique na Rue du Parage.

456 M13 Place Jean Jaurès, 13210 04 90 92 05 22 Jun-fim set seg-sáb 9h-12h30, 14h-19h, dom 10h-12h; resto do ano seg-sáb 9h30-12h30, 14h-16h

SÈTE

www.ot-sete.fr

O colorido porto pesqueiro de Sète foi construído ao redor da base do monte St.-Clair, numa ilha entre a lagoa de Bassin de Thau e o Mediterrâneo. Foi fundado por decreto real em 1660, criando uma saída para o mar pelo Canal du Midi, e se expandiu no século 19 para atender à exportação de vinho, madeira, enxofre, cereais e ferro. O centro de turismo organiza excursões guiadas ao porto de pesca –que tem uma frota de traineiras, navios da pesca do atum e *petits métiers* (pequenos barcos que pescam perto da praia e na lagoa)– e visita à casa de leilões, onde a pesca do dia é vendida. Em agosto, "combates náuticos" são encenados no Canal Royal entre equipes colocadas nas rampas que se projetam da popa dos barcos.

456 K13 60 Grand Rue Mario Roustan 34200 04 67 74 71 71 Diariam 9h30-19h30 (fecha 18h fora da temporada)

INFORMAÇÕES
www.saint-tropez.st
457 P13 · 40 Rue Gambetta (trecho principal do porto) · 08 92 68 48 28
Jul, ago diariam 9h30-20h; abr-fim jun, set,out 9h30-12h30, 14h-19h; nov-fim mar 9h30-12h30, 14h-18h

DICAS

» Não tente ir de carro a St.-Tropez –o trânsito é terrível, com espera de uma hora ou mais para entrar na cidade, e não há onde estacionar. Use os grandes estacionamentos de Port Grimaud e pegue o ferryboat de passageiros para cruzar a baía.

» Se vier em maio, você vai pegar o espetacular festival anual de *bravades*.

» A minutos da lotada St.-Tropez há belas vilas intocadas na península de St.-Tropez.

Acima *Barcos e iates ancorados na baía de St.-Tropez*

ST.-TROPEZ

A pequena cidade de St.-Tropez é mundialmente famosa como símbolo de um estilo de vida glamouroso, pouco convencional e hedonista. Basta ver os luxuosos iates ancorados no cais para perceber que a cidade atrai um público rico e famoso. Mas ela também está cheia de meros mortais, que vêm absorver o ambiente, bancar celebridades por um dia, admirar os enormes iates –ou talvez apenas desfrutar o que St.-Tropez era na sua origem e ainda é: uma linda cidade portuária fortificada.

A CIDADE VELHA

Apesar do grande número de visitantes, a Vieille Ville (cidade velha) tem conseguido preservar seu charme. Tem ruas estreitas, margeadas por pequenas casas antigas e várias butiques elegantes. Fora da cidade velha fica a grande praça principal, a Place des Lices, onde os moradores jogam boules à sombra dos plátanos. O cais acompanha a curva da linda baía azul, com ruínas de velhas fortificações numa extremidade. Além delas fica La Ponche, antigo bairro de pescadores. A cidade não tem propriamente praias, que ficam em Cap de St.-Tropez, na península.

A CIDADELA

Sobre um monte a leste, coberto de pinheiros e oleandros, a Citadelle é um típico exemplo de fortificações dos séculos 16 e 17. O forte abriga o Musée de la Citadelle, dedicado à história de St.-Tropez, com uma seção sobre a invasão aliada de 1944 (diariam 10h-12h30, 13h30-17h30).

SISTERON

www.sisteron.fr

No interior da Provença, Sisteron é uma das cidades foritificadas que antigamente marcavam a fronteira entre a Provença e o Dauphiné. Sua curiosa localização é um estreito vale margeado por altos rochedos, quase verticais, marcados pelos tons dos vários estratos geológicos.

O centro histórico é um labirinto de ruas estreitas e passagens cobertas chamadas *andrônes*, onde se encontra Notre-Dame des Pommiers, uma igreja românica do século 12. Uma rota sinalizada passa por belas casas e termina na Place de l'Horloge, onde há uma feira nas manhãs de quarta e sábado.

A frágil cidadela de Sisteron, que vai se estreitando à medida que acompanha um peitoril de rocha, ergue-se 500m acima das águas do Durance, numa alta crista sobre a cidade. Ela sobreviveu até a Segunda Guerra, quando os alemães a usaram como base estratégica e prisão, mas foi destruída pelos bombardeios aliados em agosto de 1944. Hoje é uma casca de muralhas que encerram o local do antigo forte, mas as portas e as torres do século 12 são impressionantes, assim como a vista.

457 N12 Hôtel de Ville, 04200 04 92 61 36 50 Jul, ago seg-sáb 9h-19h, dom 10h-12h, 13h-17h; set, out, mar-fim jun seg-sáb 9h-12h, 14h-18h; nov-fim fev seg-sáb 9h-12h, 14h-17h Sisteron

TOULON

www.toulontourisme.com

Segundo porto naval da França, Toulon é muitas vezes preterida em favor de cidades mais glamourosas a leste. Foi transformada em base naval logo depois que a Provença tornou-se parte da França em 1481 e, sob Luís 14, era a base estratégica da frota do Mediterrâneo, um papel que mantém até hoje. Os arredores do porto (um ancoradouro natural tendo ao fundo uma cadeia de montanhas) e o movimento da cidade justificam uma visita se você estiver por perto. Os atlantes do escultor barroco Pierre Puget, um de cada lado da porta da prefeitura, são figuras fortes, baseadas nos estivadores que Puget vira descarregando os navios em Marselha. Barcos partem regularmente do Quai Stalingrad para passeios ao redor do porto, e para os que tiverem interesse na história marítima há o Musée National de la Marine no Quai de Norfolk (jul, ago diariam 10h-18h; resto do ano qua-dom 10h-18h). O Musée d'Art de Toulon (ter-dom 12h-18h) tem uma coleção de mais de 500 pinturas provençais do século 17 em diante. No Cours Lafayette é realizado o famoso Marché de Provença, uma feira diária que vende os melhores produtos da Provença.

457 N14 Place Raimu, 83000 04 94 18 53 00 Jun-fim set qua-seg 9h-18h, ter 10h-18h (fecha 20h jul, ago), dom 10h-12h; resto do ano qua-seg 9h30-17h30, ter 10h30-17h30, dom 10h-12h Toulon

VAISON-LA-ROMAINE

www.vaison-la-romaine.com

Na região de Vaucluse, perto de Mont Ventoux (▷ 308), esta pequena cidade tem uma localização espetacular, com os picos das Dentelles ao fundo. Os visitantes vêm para ver as excepcionais ruínas romanas e um interessante bairro medieval, do outro lado de uma ponte romana sobre o rio Ouvèze. A Ville Haute (Cidade Alta) é uma área pitoresca de alamedas e um castelo em ruínas, construído no século 12 e reformado no século 15. Às terças há uma feira de rua.

A cidade romana ocupa dois sítios. O mais interessante deles, o Quartier du Puymin (jun-fim set diariam 9h-18h; abr, mai 9h30-18h; mar, out 10h-12h30, 14h-17h30; nov- meados fev 10h-12h, 14h-17h; fechado jan e início fev), é formado de ruas, muralhas, pedaços de afrescos, mosaicos, estátuas e um teatro restaurado. O Quartier de la Villasse (jun-fim set diariam 10h-12h, 14h30-18h; abr-fim mai 10h-12h, 14h30-18h; mar, out 10h-12h30, 14h-17h30; nov-meados fev 10h-12h, 14h-17h; fechado jan e início fev) tem uma rua comercial e belos pisos de mosaicos. O Musée Archéologique (jun-fim set diariam 9h30-18h; abr, mai 9h30-18h; mar, out 10h-12h30, 14h-17h30; nov-meados fev 10h-12h, 14h-17h; fechado jan e início fev) é um passeio sempre interessante.

456 M12 Place Sautel, 84110 (entre os sítios romanos) 04 90 36 02 11 Jul, ago diariam 9h-12h30, 14h-18h45; resto do ano seg-sáb 9h-12h, 14h-17h45, dom 9h-12h

À dir. *Bonecos feitos à mão, em Toulon*
Abaixo *Ruínas romanas na cidade de Vaison-la-Romaine*

PASSEIO DE CARRO

GORGES DU TARN

A garganta do rio Tarn é uma das mais belas regiões da França. Este passeio explora não só Gorges du Tarn, mas também as gargantas do rio Jonte. A rota é árdua, com estradas estreitas e curvas, um ou outro trecho íngreme e, na garganta do Tarn, muito tráfego se você vier no dia errado. Entretanto, é um passeio gratificante, por seu cenário magnífico.

O PASSEIO
Distância: 110km
Duração: 1 dia
Início/fim: Florac

★ Florac é uma cidadezinha encantadora situada abaixo dos altos penhascos do Rocher de Rochefort. Sua pitoresca localização tem uma história de violência. Ocupando uma posição estratégica à beira do Causse Méjean, Florac, a capital local, foi constantemente atacada. Seu castelo foi destruído e reconstruído várias vezes. O prédio atual, do século 17, é sede do Parc National des Cévennes e abriga uma exposição sobre o parque e sua vida nativa.

Saindo do centro de Florac, pegue a direção sul, mas não pela rodovia N106 que cruza o rio. Na rotatória, siga reto para pegar a D907, com placas para Meyrueis, Barre-des-Cévennes e St.-Jean-du-Gard. Depois de 5km, entre à direita, seguindo as placas para Vebron, Meyrueis, St.-André-de-Vigne e Mont Aigoual, e dirija por 10km por um vale encantador até chegar a Les Vanels. Pegue a D996 à direita, com placas para Fraissinet-de-Fourques, Meyrueis, Mont Aigoual e Grotte de Dargilan. Daqui siga por uma longa subida para o passo Col de Perjuret. No topo, vá em frente e, seguindo as placas, faça a descida para Meyrueis.

❶ Meyrueis é uma cidade turística, porque, estando a 700m de altitude, mantém-se relativamente fresca no verão. Continua sendo um lugar tranquilo, como você verá ao passear sob os velhos plátanos do Quai Sully ou pelas ruas estreitas do centro. Note a Maison Belon, com elegantes janelas renascentistas. A sudoeste de Meyrueis, à margem da D39, a magnífica Grotte de Dargilan é o maior conjunto de cavernas das Cévennes e dos Causses. Tem grutas subterrâneas, depósitos de carbonato de cálcio e lagos cristalinos. Depois de visitar a caverna, você sairá num penhasco com vista para as Gorges de la Jonte.

Para deixar Meyrueis, volte à D996 na interseção com a rua principal e vire à esquerda numa estrada estreita com placas para Millau e Gorges de la Jonte. Pegue esta estrada para sair da cidade e acompanhe a garganta do rio Jonte, que é interessante e fácil de seguir. No Belvédère des Vautours os visitantes podem observar o vaivém de uma colônia de falcões.

Siga até a extremidade oeste da garganta, onde fica a pequena vila de Le Rozier.

❷ Em Le Rozier, os rios Jonte e Tarn se encontram. O Grand Hôtel de la Muse et du Rozier, um prédio estranho, mas interessante, ergue-se à margem do rio. Perto de Le Rozier, mas separada dela pelo rio, fica Peyreleau, uma bonita vila ao redor de uma igreja moderna e de uma velha torre, único vestígio de um castelo medieval.

Atravesse Le Rozier e vire à direita numa pequena rua de mão única e depois à esquerda numa ponte sobre o rio Tarn. Do outro lado da ponte, vire imediatamente à direita na D907, com placas para Les Vignes, Sainte-Énimie, Gorges du Tarn e La Muse (esta placa indica D907, mas as placas subsequentes indicam D907b). Siga por esta estrada, que percorre as Gorges du Tarn.

❸ A garganta do Tarn tem 50km de comprimento e pode ser percorrida de carro (o meio mais fácil), de barco (o mais excitante) ou a pé (difícil, mas gratificante). O Tarn não tem afluentes, mas é alimentado pela água de mais de 40 fontes ressurgentes, que cai em cascatas. A garganta não tem mais que 500m de largura. Às vezes, estreita-se significativamente a apenas 30m, com bordas verticais e salientes.

Saindo de Les Vignes, as vistas se tornam ainda mais bonitas à medida que a estrada se aproxima de La Malène.

❹ Depois de Les Vignes, a garganta entra no seu trecho mais estreito e mais espetacular. Aqui fica o Pas de Souci, onde o Tarn flui sobre e sob imensos blocos criados pelo colapso de parte das paredes da garganta, e Les Détroits, penhascos de 400m. A melhor maneira de vê-los é de barco, que se pode pegar em La Malène.

Em seguida vem uma série de túneis, um trecho de 1,5km a céu aberto e finalmente um túnel duplo controlado por faróis de trânsito. Pegue a próxima curva (muito fechada) à direita para St.-Chély-du-Tarn. O acesso a St.-Chély-du-Tarn pode ser difícil na alta estação, quando o trânsito é pesado porque a curva é estreita demais para carros médios e grandes, a não ser que eles circulem pela pista contrária. Este trecho será impossível num trailer. A estrada até a vila tem uns 500m e é muito estreita.

❺ St.-Chély é uma linda vila na margem esquerda do Tarn. Acredita-se que a ponte sobre o rio date da época romana, e a igreja tem uma escada externa que leva à torre do sino. Igualmente encantadoras são as casas da vila, com suas chaminés renascentistas.

Volte pelo mesmo caminho para a estrada da garganta e vire à direita (não há placa). Siga as placas para Ispagnac e Florac para chegar a Sainte-Énimie.

❻ A vila de ruas de pedra e uma velha praça levam o nome de uma princesa eremita do século 7º. Conta a lenda que ela era leprosa e se curou ao banhar-se na Fontaine de Burle, que fica na vila.

Depois de Sainte-Énimie, a garganta alarga-se ligeiramente. Há castelos dos dois lados da estrada à medida que ela se aproxima de Ispagnac.

❼ Perto do fim da garganta, note o Château de Charbonnières à direita, um castelo do século 16 perto de Montbrun. Você também vai passar por Quézac, uma vila com uma ponte gótica sobre o Tarn. A encantadora Ispagnac tem uma igreja do século 12.

Atravesse Ispagnac e vire à direita na N106, com placas para Alès e Florac, para voltar direto a Florac.

Abaixo *Uma típica igreja francesa nas Gorges du Tarn*

QUANDO IR

A primeira coisa a considerar neste passeio é a estreiteza da estrada em certos trechos, especialmente na D907b de Le Rozier a Sainte-Énimie. Como as paredes da garganta são íngremes, a estrada é muito estreita para vans e trailers. Como é muito movimentada em julho e agosto, a viagem pode ser muito lenta nesses meses. Se viajar no inverno, verifique no centro de turismo de Florac se o Col de Perjuret está transitável, porque ele recebe muita neve, e fique atento ao gelo nas estradas.

ONDE COMER

Le Rozier tem bares e restaurantes para um almoço.

O CORAÇÃO DA PROVENÇA

Este passeio começa em Aix-en-Provence e atravessa a montanha Sainte-Victoire, que inspirou o pintor Paul Cézanne, e depois se dirige para o sul, em direção ao maciço de Sainte-Baume, de onde se avista Marselha. As estradas são estreitas em alguns trechos e montanhosas em outros, o que torna o passeio mais interessante do que árduo.

O PASSEIO
Distância: 135km
Duração: 1 dia
Início/fim: Aix-en-Provence

★ O centro de Aix-en-Provence (⊳ 297) é o Cours Mirabeau, um amplo bulevar ladeado por duas fileiras de plátanos que oferecem sombras bem-vindas contra o sol do verão. A norte daqui fica Vieil Aix, a parte mais antiga e mais charmosa da cidade.

Saia de Aix-en-Provence pela D10, com placas para St.-Marc-Jaumegarde e Vauvenargues. Depois de uns 8km, chega-se à represa do Bimont, um curto desvio na rota.

❶ O lago da represa do Bimont fornece água para as cidades vizinhas.

Continue pela D10 em direção a Vauvenargues.

❷ A vila de Vauvenargues é famosa por seu castelo renascentista, herdado por Pablo Picasso em 1958. Ele morreu aqui em 1973 e está enterrado no parque. O parque e o castelo não são abertos ao público.

Atravesse a vila para voltar à D10 (só há uma rua). A D10, que agora mostra placas para Jouques e Rians, percorre o flanco norte da montanha Sainte-Victoire.

❸ Cézanne amava esta montanha, que inspirou muitas de suas obras.

Vire à direita na próxima interseção, seguindo pela D223 em direção a Rians. Esta estrada se torna a D233 ao chegar à fronteira do departamento. A estrada se estreita e sobe, oferecendo belas vistas. Na próxima interseção, vire à esquerda na D23. Esta rodovia termina numa junção em T com a D3. Pegue a saída à direita, com placas para Ollières e St.-Maximin-la-Sainte-Baume. Ao aproximar-se de St.-Maximin, vire à esquerda num sinal de trânsito, em seguida à direita e à esquerda de novo, e atravesse St.-Maximin.

❹ A basílica de St.-Maximin-la-Sainte-Baume é o melhor exemplo de arquitetura gótica da Provença. Foi construída no local de uma igreja do século 6º, onde, segundo a lenda local, estavam os restos mortais de santa Maria Madalena. A construção da nova basíica começou em 1295 e continuou até o século 16, mas o campanário nunca foi construído e a fachada oeste ficou incompleta.

Saia da cidade pela N560, com placas para Aubagne, Marselha e St.-Zacharie. A estrada passa sob uma ponte de estrada de ferro e vai dar numa bifurcação. Aí, entre à esquerda e siga as placas para a rodovia A8. Siga por ela em direção a St.-Zacharie. Pouco depois, cruze o canal e, logo depois dele, vire à esquerda na D83 para Rougiers. Depois de 7km, cruze a D1 para chegar ao centro de Rougiers.

Atravesse a vila. A D83 é ainda mais estreita a partir daí. A estrada sobe a montanha em direção a uma ruína e uma igreja, que você verá no alto do monte à sua frente. Então ela faz uma curva fechada à esquerda e passa por uma barreira antes de continuar subindo o vale. Passe sobre uma crista e desça até um cruzamento. Vire à direita na D95 e siga para leste em direção a Plan-d'Aups. Passe por uma placa que adverte sobre a presença de cervos e continue para a Hôtellerie, em Sainte-Baume.

❺ A Hôtellerie era um albergue para frades dominicanos peregrinos que data da época medieval e foi restaurado no século 19. Hoje é um centro de estudos espirituais.

Continue pela D80, passando por Plan-d'Aups, depois de a estrada se alargar um pouco. No próximo cruzamento, vire à direita na estrada com placas para Auriol, que se junta à D45a para percorrer uma longa descida em curvas, muitas delas em forma de ferradura. Quando chegar à rotatória na A560, siga em frente (passando pela rotatória). No próximo cruzamento, vire à direita na placa para Moulin de Redon e entre na estreitíssima D45, seguindo as placas para St.-Zacharie. Vire à esquerda no centro da vila e pegue a D85, seguindo as placas para Trets e Col du Petit Galibier. Mantenha-se nesta estrada até a D12, que tem belas vistas, para chegar a Trets.

❻ Romana na origem, grande parte da atual cidade de Trets data da Idade Média. Pode-se ver as ruínas de muralhas medievais, algumas torres quadradas do século 14, um castelo de um século de idade e uma igreja do século 15.

No centro da cidade, vire à esquerda na D6, com placas para Aix e Marselha. Na rotatória na saída da cidade, pegue a D908 para Peynier.

❼ A pequena vila de Peynier tem uma agradável igreja românica.

Continue na D980, atravessando Peynier, e escale a montanha de Regagnas, que fica a leste. Pegue a D46c para a direita, com placas para Belcodène, e atravesse a vila, seguindo as placas para Fuveau (o número da rodovia muda para D46b). Siga por esta estrada e entre em Fuveau. Vire à esquerda e depois à direita para chegar à praça principal, e depois quase imediatamente na primeira à esquerda, que é a rodovia D46 para Gardanne. Na rotatória com uma fonte ao centro, pegue a saída para Aix e continue até a N96. Vire à direita e siga por esta estrada e pela N7 para Aix.

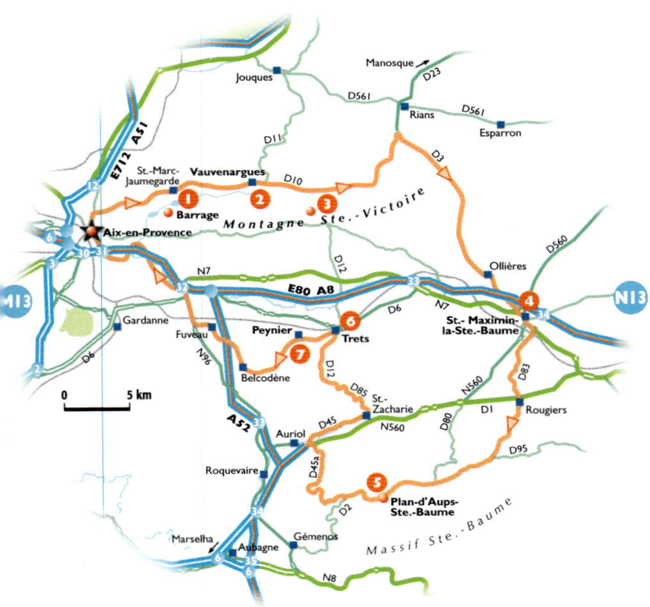

ONDE COMER

Há muitos restaurantes e brasseries em St.-Maximin-la-Sainte-Baume.

INFORMAÇÕES

✉ Hôtellerie la Sainte-Baume, fora da vila de Plan-d'Aups ☎ 04 42 04 54 84

Pág. ao lado *Restaurante ao ar livre no Cours Mirabeau, em Aix-en-Provence*

O CAMARGUE DE BICICLETA

Um passeio de bicicleta é uma boa maneira de explorar a região plana e às vezes tempestuosa do Camargue. Esta rota circular de 20km começa em Saintes-Maries-de-la-Mer, onde você vai encontrar muitas lojas que alugam bicicletas. O centro de turismo na Avenue Van Gogh tem uma lista dessas lojas. O percurso passa pelo Parc Ornithologique du Pont de Gau, perfeito para observação de aves.

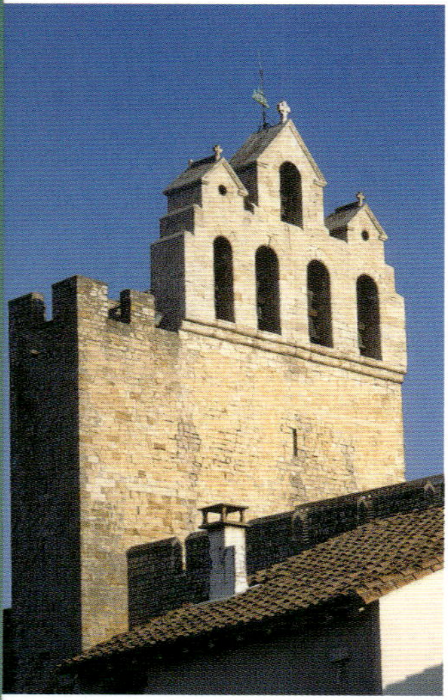

O PASSEIO
Distância: 20km
Duração: 1 hora e 30 minutos a 4 horas, dependendo do tempo gasto na reserva ornitológica e no trecho extra de 10km até o Château d'Avignon.
Início/fim: Saintes-Maries-de-la-Mer

★ A vila de Saintes-Maries-de-la-Mer tem este nome por causa de três Marias (Maria Madalena, Maria Salomé e Maria Jacobé), que teriam vindo da Terra Santa e desembarcado aqui com Sara, sua escrava egípcia. Sara, santa padroeira dos ciganos, é homenageada com uma festa em maio. Na cripta da igreja românica há uma imagem negra de Sara, quase sempre envolta em *chiffon.*

Saia de Saintes-Maries pela D85A, uma estrada secundária que liga a Réserve Départementale des Impériaux et du Malagroy, à sua direita, ao Étang de Ginès, à sua esquerda. Depois de 4km, a estrada faz um curva à esquerda (tem-se uma bela vista a leste daqui, perto de Mas de Cacharel), enquanto uma estrada alternativa sai à direita para Méjanes. Depois de 6km, a D85A se junta à D570 em Pioch-Badet. Para um passeio mais longo, vire à direita e pedale 5km até o Château d'Avignon, que tem uma rica coleção de móveis do século 19. Pegando a direção sul de volta a Saintes-Maries, você passará pelo Centre d'Information de Ginès e pelo Parc Ornithologique du Pont-de-Gau.

O Camargue é um paraíso para as aves, entre elas flamingos rosa, patos, garças, gansos e cisnes. Para uma observação garantida dessas aves, visite o Parc Ornithologique du Pont-de-Gau, onde aviários mostram espécies mais raras.

Para voltar ao longo do Petit-Rhône depois do parque ornitológico, vire à direita na D85 pouco antes do Musée de Cire (museu de cera) e à esquerda na D38, para voltar a Saintes-Maries-de-la-Mer passando pelo Étang des Launes.

ONDE COMER

HOSTELLERIE DU PONT DE GAU
www.pontdegau.camargue.fr
Pequeno hotel com um bom restaurante de preços médios.
Route d'Arles, 13460 Saintes-Maries-de-la-Mer 04 90 97 82 55

PARA VISITAR

CHÂTEAU D'AVIGNON
04 90 97 58 60 Só visitas guiadas: qua-seg 10h-17h Adultos €3, 16-25 €1,50 De hora em hora a partir de 10h

PARC ORNITHOLOGIQUE DU PONT-DE-GAU
www.parcornithologique.com
04 90 97 82 62 Abr-fim set diariam 9h-anoitecer; resto do ano 10h-anoitecer

INFORMAÇÕES

INFORMAÇÕES TURÍSTICAS
www.saintesmaries.com
5 Avenue Van Gogh, 13460 Saintes-Maries-de-la-Mer 04 90 97 82 55
Jul,ago diariam 9h-20h; abr-fim jun, set diariam 9h-19h; mar, out diariam 9h-18h; resto do ano diariam 9h-17h

Acima *Você pode fazer um passeio de barco saindo de Saintes-Maries-de-la-Mer*
Pág. ao lado, alto *A margem do Étang de Vaccarès*
Pág. ao lado, embaixo *Campanário de uma igreja em Saintes-Maries-de-la-Mer*
Abaixo *Pedalar é um modo divertido de conhecer o Camargue*

VALLÉE DES MERVEILLES

O Vallée des Merveilles fica no leste do Parc National du Mercantour, na região dos Alpes-Maritimes. Com o adjacente Parco Naturale dell'Argentera, na Itália, ele protege a fauna e a flora alpina e mediterrânea. No mínimo 25 espécies não são encontradas em nenhum outro lugar do mundo, e pelo menos metade das flores nativas da França estão representadas. Com um dos mais encantadores cenários do país, ele é apropriadamente chamado Vale das Maravilhas. Esta caminhada, para a qual você precisa estar preparado, passa por rochas glaciais, onde imagens de animais e armas foram gravadas por povos antigos.

PREPARE-SE

A única maneira de chegar ao Vallée des Merveilles é a pé, não só porque não há estradas, mas porque veículos particulares são proibidos nesta parte do parque, que é uma zona protegida.(Alguns veículos de quatro rodas são permitidos na primeira parte, que leva ao Refuge des Merveilles.) Reserve pelo menos um dia para esta caminhada e saia bem cedo.

Se quiser passar a noite no vale, há dois *refuges* (Refuge des Merveilles, à beira do lago Long, e Refuge de Valmasque, no lago Vert) e os hotéis da estação de esqui de Castérino, que não ficam abertos o ano todo. Não é permitido acampar. Cuidado com as repentinas tempestades. Planeje o passeio na sede do parque em Tende e leve o mapa que eles oferecem. Use botas adequadas e leve o que comer e beber.

O PASSEIO

Distância: 30km
Duração: 1 dia
Início/fim: Estacionamento no lago des Mesches

COMO CHEGAR

St.-Dalmas-de-Tende fica no extremo sudeste da França, perto da fronteira com a Itália, à margem da N204 sul.

★ A porta de entrada para o Vallée des Merveilles é a pequena vila de St.-Dalmas-de-Tende. Para chegar ao início do passeio, pegue a rodovia D91 em direção ao lago des Mesches, passando por bosques e tendo o alto pico de la Nauque à sua esquerda. Às margens do lago há uma área de estacionamento.

Siga a trilha em direção ao lago Long. Este trecho do caminho pode levar várias horas. No início a caminhada é agradável e fácil, atravessando encostas cobertas de bosques, mas depois o caminho se torna mais difícil, iniciando uma subida íngreme.

Acima, à dir. e pág. ao lado *A caminhada pelo Parc National du Mercantour oferece belos cenários e uma variada vida selvagem*

❶ Pinheiros cercam as margens geladas do lago Long, e na primavera, quando as flores silvestres se abrem, o cenário é maravilhoso. Em volta há uma cadeia de montanhas, com o monte Bégo assomando ao norte. Esta é a extremidade sul do Vallée des Merveilles, onde fica o Refuge des Merveilles. O vale pode parecer sinistro quando há pouca luz, com as rochas lembrando sombras ameaçadoras.

Neste ponto chega-se à GR52 (GR significa *grande randonnée* ou trilha de longa distância). Suba até chegar ao monte des Merveilles, onde estão as gravações na pedra. Como há poucos marcos evidentes de sua localização, use os mapas do parque.

❷ Apesar de serem mais de 100 mil, é fácil perder essas gravações antigas, principalmente no inverno, quando muitas ficam cobertas pela neve. Acredita-se que a mais antiga date de 1800 a.C. e outras tenham sido acrescentadas no período romano. Ninguém sabe por que essas intrigantes imagens foram gravadas, mas uma teoria afirma que o monte Bégo (também chamado de Montanha Mágica) era um local sagrado, e as imagens eram oferendas de peregrinos antigos. Os desenhos só começaram a ser estudados nos anos 1890, quando o naturalista Clarence Bicknell os catalogou. São desenhos de armas de caça, adagas, animais e símbolos, que dão uma ideia da cultura lígure.

A trilha continua, passando por uma série de lagos e seguindo para o lago du Basto. Embora difíceis de encontrar, as gravuras estão espalhadas por todo o trajeto, algumas perto da estrada e outras na direção das encostas das montanhas. Antes de chegar ao lago du Basto, a GR52 sai para a esquerda, enquanto a sua trilha continua para Valmasque.

❸ Há um *refuge* em Valmasque, perto do lago Vert, de onde se avista o monte Sainte-Marie em sua imponente altura de 2.738m.

Aqui a trilha vira para nordeste para voltar ao lago des Mesches. Depois do monte Peracouerte, mais adiante, vire à direita e siga para Castérino.

❹ Castérino é um pequeno resort num cenário encantador na D91. Se estiver cansado, táxis percorrem os 3km finais até o estacionamento no lago des Mesches.

QUANDO IR

A melhor época para ver as flores silvestres é a primavera. Pode-se fazer o passeio em qualquer época do ano, mas os *refuges* nem sempre estão abertos. Reserve se quiser dormir ou comer num dos refúgios.

ONDE FICAR

REFUGE DES MERVEILLES

www.tendemerveilles.com/merveilles
www.cafnice.org
☎ 04 93 04 64 64 🕒 Meados jun- fim set, resto do ano, fins de semana e férias escolares.

REFUGE DE VALMASQUE

☎ 04 92 31 91 20 para reservas (apenas antes de junho) 🕒 Meados jun-fim set

ONDE COMER

Você pode comer num dos refúgios se fizer a reserva com antecedência. Há cafés e albergues em Castérino na alta estação.

INFORMAÇÕES

MAISON DU PARC NATIONAL

www.mercantour.eu
✉ 103 Avenue du 16 Septembre 1947, 06430 Tende ☎ 04 93 04 67 00

PASSEIO DE CARRO

CÔTE D'AZUR E PARC NATIONAL DU MERCANTOUR

Raramente se encontra um contraste tão grande quanto o que existe entre a Côte d'Azur e o Parc National du Mercantour. Uma é cheia de glamour e animação, enquanto o outro é de uma beleza tranquila e intocada. Este passeio combina os dois, começando em Menton, uma das cidades mais agradáveis da Côte d'Azur, e seguindo para o norte, para as montanhas da Haute-Provence, nos contrafortes dos Alpes-Maritimes. Lembre que as estradas para o norte da Côte d'Azur costumam ser lentas e cheias de curvas.

O PASSEIO
Distância: 150km
Duração: 1 dia
Início/fim: Menton

★ Menton se declara a cidade mais quente da Côte d'Azur. É uma pitoresca cidade em estilo italiano do lado francês da fronteira. O Musée Jean-Cocteau, no canto sul do porto, tem uma coleção de obras do artista.

Partindo do centro da cidade, siga as placas para a Autoroute (Nice, Itália) e para Sospel. Uma vez na D2566, siga as placas para Sospel, passando sob a A8 e atravessando Castillon-Neuf. Em Sospel, atravesse a linha férrea e depois vire à esquerda, seguindo as placas para Moulinet e Col de Turini.

❶ A ponte da linda vila de Sospel segue o modelo do século 11, com uma torre central, mas é do século 20, já que a original foi destruída na Segunda Guerra Mundial.

Entre à esquerda na D2204, com placas para l'Escarène, e suba para o passo St.-Jean, de onde se tem magníficas vistas de Sospel. Atravesse o passo de Braus (1.002m) e desça pelas curvas fechadas até quase l'Escarène. Logo depois de uma ponte ferroviária, vire à direita e continue pela D2566, com placas para Lucéram e Peïra-Cava.

❷ Atravesse a antiga vila de Lucéram, um amontoado aleatório de ruas medievais. No próximo cruzamento, que é isolado e numa colina escarpada, vire à esquerda, seguindo as placas para Turini. A estrada sobe por cerca de 16 curvas fechadas e passa por Peïra-Cava.

❸ Peïra-Cava é um dos melhores mirantes nesta rota, oferecendo uma soberba vista panorâmica do Parc National du Mercantour.

Continue para o Col de Turini.

❹ A uma altitude de 1.607m, o passo (Col) de Turini oferece belas vistas quando o tempo está bom. Há um hotel, café e restaurante.

Vire à esquerda na D70, com placas para Bollène-Vésubie e Nice, e desça com cuidado a longa estrada cheia de curvas que parte do passo. Depois de uns 10km, observe uma capela à esquerda (numa curva),

logo depois do túnel Chapelle-St.-Honorat.

❺ Aqui há um estacionamento, com vistas de Bollène-Vésubie.

Atravesse Bollène. Na junção em T, vire à esquerda na D2565, que leva a Nice e St.-Martin-Vésubie, para alcançar o fundo do vale. Ali, siga as placas para Lantosque e Nice, passando reto pela primeira e depois virando à esquerda na rodovia principal. Depois de 1km, você pode virar à direita e atravessar a vila de Lantosque, ou seguir direto. A estrada que passa pela vila vai se juntar à rodovia principal; se escolher este caminho, vire à direita (placas para Nice).

Continue em frente, e, cerca de 1km depois de St.-Jean-de-la-Rivière, pegue a bifurcação à esquerda na D19 e siga para Nice par Levens. Atenção para seguir esta placa, porque as duas direções indicam Nice. A estrada se estreita e sobe o vale do Vésubie. Depois de passar pelo túnel pouco antes de Duranus, há um mirante à direita, o Saut des Français, em cima de um penhasco. Continue para Levens.

❻ A praça principal de Levens tem jardins à sombra e vistas para o sul. A Chapelle des Pénitents Blancs, num mosteiro do século 18, fica do lado norte, e a Chapelle des Pénitents Noirs, com uma fachada barroca, do lado leste. A porta da Maison du Portal foi tudo o que restou do castelo. Há um mirante no memorial da Primeira Guerra.

Saia de Levens pela D19, com placas para Nice. Continue por uns 16km, passando por Tourrette-Levens. Logo depois de St.-André você vai passar por baixo da A8. Vire à esquerda no sinal, onde há placas para Sospel, atravesse um rio e vá direto até o próximo sinal. Ali, passe de volta por baixo da A8. Vire na próxima à direita, a Route de Turin, que atravessa o rio e uma passagem de nível. Vire à esquerda no sinal, onde há placas para La Trinité e Drap, e numa rotatória pegue a estrada para La Turbie e Laghet. Siga pela D2204a, subindo o vale até o santuário de Laghet. Ali, há uma curva muito fechada à direita. Passe de novo sob a A8 e vire à esquerda no próximo cruzamento, pegando a rodovia para Menton. Vire à esquerda de novo no próximo cruzamento e entre na estrada para La Turbie e Mônaco. Continue até La Turbie.

❼ A vila antiga de La Turbie fica na Via Julia, uma estrada romana construída por Júlio César para ligar Gênova a Cimiez, no subúrbio norte de Nice. O arco do triunfo, Trophée des Alpes, foi construído por Augusto César por volta de 6 a.C. para marcar seu domínio.

Atravesse La Turbie e vire à esquerda num hotel, seguindo as placas para Roquebrune e Menton, e desça a montanha. Lá embaixo, vire à direita num sinal, onde há placas para Nice e Beausoleil. Vire à esquerda no próximo sinal e siga para o Cap-Martin. Ao sair do centro da cidade, a estrada vira bem à esquerda. Siga reto por esta estrada, com placas para Mayerling e Cap-Martin, e logo chegará ao mar. Estacione aqui para começar o passeio a pé pela costa do Cap-Martin, ⊳ 332-3.

Siga a estrada costeira de volta a Menton.

QUANDO IR

A rota pode ser traiçoeira no inverno. As estradas ficam fechadas no fim de janeiro (cheque as datas no centro de turismo).

ONDE COMER

Há vários bares e restaurantes em Sospel.

LES TROIS VALLÉES HOTEL-RESTAURANT

✉ Col de Turini ☎ 04 93 04 23 23

PARA VISITAR

MUSÉE JEAN-COCTEAU

✉ Le Bastion, Port de Menton, Quai Napoléon III, 06500 Menton ☎ 04 93 35 49 7´ 🕒 Qua-seg 10h-12h, 14h-18h 🎟 Grátis

Pág. ao lado *Vacas pastam na colina*

COSTA DO CAP-MARTIN

Este passeio percorre o que muitos consideram o trecho mais atraente da Côte d'Azur. É melhor fazer este longo trajeto linear (a volta é de trem) à tarde, quando o calor já diminuiu e os raios do sol banham o cenário no seu melhor ângulo. O percurso passa por rododendros, cascatas de madressilvas e imensos cactos à direita, com o mar turquesa à esquerda e várias cidades costeiras à frente. Pode-se estender o passeio continuando até Mônaco.

O PASSEIO
Distância: 6km
Duração: 1 hora e 30 minutos (ou mais se você continuar até Monte Carlo)
Início: Cap-Martin
Fim: Cabbé ou Monte Carlo

COMO CHEGAR
O Cap-Martin fica a leste de Mônaco, no sudoeste da França, perto da fronteira com a Itália.

★ O Cap-Martin é há muito tempo um ponto de observação –a torre em ruínas no seu centro era na Idade Média uma torre de vigia. Na base da torre há vestígios de um mosteiro do século 11. Conta a lenda que o superior tinha um acordo com o povo local: se o sino soasse, todos correriam para o mosteiro para defender os monges. Uma noite, só para testar o sistema, o superior tocou o sino e ficou feliz com a pronta reação. O povo não ficou nada contente e, algumas noites mais tarde, quando o sino tocou, não se incomodou em acorrer ao mosteiro. Dessa vez não era um teste, e o mosteiro foi saqueado por piratas e todos os monges foram mortos. Hoje o Cap-Martin é um rico subúrbio de Menton (⊳ 330), com belas mansões idilicamente situadas entre perfumadas mimosas e oliveiras.

Parta do estacionamento na extremidade da Avenue Winston Churchill no Cap-Martin. Caminhe na mesma direção pela qual chegou de carro e passe pelo lado esquerdo da entrada do hotel, percorrendo o amplo passeio à beira-mar. A trilha está marcada no início por uma placa para a Ville de Roquebrune-Cap-Martin e uma lista do tempo de duração das caminhadas. Siga pela trilha, margeando os jardins e hotéis chiques. A trilha segue para oeste ao longo da borda do Cap-Martin. A vista para Mônaco à frente e para o mar à esquerda é soberba.

❶ A trilha ao longo do Cap-Martin chama-se Promenade Le Corbusier, nome do influente arquiteto dos anos 1920 que tem ligações com este trecho da costa através de sua relação com a artista e designer Eileen Gray. A criativa casa da artista na praia foi tombada como monumento histórico em 1998. A casa fica escondida da vista, abaixo da trilha, que continua para o lado oeste do cabo. Aqui a trilha passa muito perto da ferrovia.

Em vários lugares, degraus levam ao cabo, mas a melhor rota continua até Cabbé, de onde há trens para voltar a Carnolès. Da estação de Carnolès, siga pela calçada costeira de volta ao estacionamento.

Para estender o passeio, você pode seguir até Monte Carlo.

❷ O principado de Mônaco (▷ 314-5) é formado por bairros distintos, entre eles o centro comercial, La Condamine, e Monte Carlo, com seu famoso cassino, hotéis, marina, lojas e restaurantes exclusivos. Você não precisa ser um cliente rico das mesas de jogo para apreciar Monte Carlo, que tem parques e jardins encantadores, uma magnífica beira-mar e belas vistas para o Mediterrâneo.

Há trens para Carnolès. Este passeio mais longo tem a vantagem de uma gloriosa entrada em Mônaco e a desvantagem de que a rota de vez em quando se mistura com a rodovia.

QUANDO IR

Antes de partir, verifique se há um horário conveniente de trem para voltar de Cabbé para Carnolès.

ONDE COMER

Há restaurantes bons e caros no Cap-Martin, e opções menos caras em Cabbé.

Pág. ao lado *A marina de Menton, de onde as ruas da cidade velha sobem pela encosta da colina*
Acima *Piscina no Lido, em Monte Carlo*
Abaixo *Cassino de Monte-Carlo, Mônaco*

ARTE, COMPRAS, DIVERSÃO E NOITE

Acima *É possível ir caminhando até a pedreira ocre de Rousillon*

AGDE

CENTRO INTERNACIONAL DE TÊNIS

Pinheiros cercam este conhecido clube de tênis que ostenta 23 quadras externas e 8 cobertas. O complexo conta ainda com quadras de badminton e squash, vôlei de praia, sauna, academia e piscina externa. Há também um café e um bar de saladas, e um campo de golfe próximo.

✉ Avenue de la Vigne, 34300 Cap d'Agde ☎ 04 67 01 03 60 ✋ Aulas particulares a partir de €36 por hora

AIX-EN-PROVENCE

CINÉMA LE RENOIR

www.lecezanne.com

Este cinema tem três salas, uma delas com tela gigante e som THX. Muitos dos filmes exibidos são de arte, mas também há sucessos de bilheteria. Todos os filmes são exibidos na língua original.

✉ 24 Cours Mirabeau, 13100 Aix-en-Provence ☎ 08 92 68 72 70 🕐 Diariam 14h-21h ✋ Adultos €8,60

CONFISERIE ENTRECASTEAUX

Este é o lugar para comprar calissons (marzipã, amêndoa e fruta cristalizada), uma iguaria alpina. Feitos segundo uma receita familiar há quatro gerações, são vendidos em uma caixa em forma de diamante, que reproduz a forma original do calisson. Outras delícias são as frutas cristalizadas, nougat e chocolates.

✉ 2 Rue Entrecasteaux, 13100 Aix-en-Provence ☎ 04 42 27 15 02 🕐 Seg-sáb 8h-12h, 14h-19h

HAPPY DAYS

Na animada praça da cidade, este bar é frequentado por um público descolado. O interior tem paredes e móveis nas cores vinho e amarelo.

✉ Place Richelme, 13100 Aix-en-Provence ☎ 04 42 21 02 35 🕐 Seg-sáb 8h-2h

ANTIBES

BALADE EN FRANCE

Aqui se pode comprar azeite virgem de todas as partes da França, além de iguarias provençais como a tapenade. No subsolo, a loja vende anisete e *pastis* engarrafados por pequenos produtores, além do absinto, a bebida preferida de Van Gogh, que recentemente voltou a ser consumida pelo público francês. Experimente um gole de absinto no bar antes de comprar uma garrafa.

✉ Cours Massena 25, 06600 Antibes ☎ 04 93 34 93 00 🕐 Diariam 9h-20h

MARINELAND

www.marineland.fr

Um dos mais antigos parques aquáticos da França, com shows de baleia, golfinhos e leões--marinhos (dia e noite), uma piscina de tubarões atravessada por um túnel transparente e tanques de animais marinhos do Mediterrâneo.

✉ R.N. 7, 06600 Antibes ☎ 04 93 33 49 49 🕐 Os horários variam com a estação (fecha jan) ✋ Adultos €35, crianças (3-12) €26

LA SIESTA

www.lasiesta.fr

Na estrada à beira-mar, este clube fica lotado durante todo o verão

graças à variedade de atrações: várias pistas de dança, restaurante, piscina, cassino e acesso à praia.
✉ Route du Bord de Mer, 06600 Antibes-Juan-les-Pins ☎ 04 93 33 31 31 ⌚ Meados jun-meados set diariam 23h-5h; resto do ano só sex e sáb ✋ Variam

ARLES

BIJOUX DUMONT

Esta empresa familiar vem produzindo reproduções de joias provençais desde 1967. Usam ouro 18 quilates, prata e pedras semipreciosas e incorporam brasões da região. Você pode escolher broches em forma de cigarra, cruzes provençais ou pendentes com a cruz de Les Saintes-Maries-de-la-Mer.
✉ 3 Rue du Palais, 13200 Arles ☎ 04 90 96 05 66 ⌚ Ter-sáb 9h-12h, 14h30-19h

LA CABANO DIS EGO

www.cabano-dis-ego.com
Cavalos e touros são criados aqui, e também há atividades como equitação tradicional, rodeios e voos de balão.
✉ Le Sambuc, 13200 Arles ☎ 04 90 97 20 62 ⌚ O ano todo ✋ Variam conforme a atividade

AURIBEAU

ALPES AZUR EVASIONS

www.alpesazurevasions.com
Pascal Genoud é um guia profissional de montanhismo que oferece caminhadas personalizadas pela Côte d'Azur e pelos Alpes-Maritimes. Você pode adaptar uma manhã, um dia ou vários dias a seu nível de habilidade e interesse –flores, observação de aves ou fotografia.
✉ 740 Chemin Pierredon, 06810 Auribeau ☎ 08 73 35 57 50 ⌚ O ano todo ✋ Ligue para mais informações

AVIGNON

CHAPELIER MOURET

www.chapelier.com
Esta chapelaria merece uma visita só pelo seu interior. A mesma família vem criando chapéus desde 1860, segundo métodos passados de pai para filho. Há uma grande coleção de panamás e *capelines* (chapéus de aba larga típicos da região).
✉ 20 Rue des Marchands, 84000 Avignon ☎ 04 90 85 39 38 ⌚ Ter-sáb 10h-12h30, 14h-19h

CUBANITO'S CAFÉ

Pôsters de Che Guevara decoram as paredes deste esconderijo cubano onde você pode saborear um coquetel de rum. Tente uma aula de salsa grátis, dada todas as noites às 21h.
✉ 51 Rue Carnot, 84000 Avignon ☎ 04 90 86 98 04 ⌚ Ter-sex 8h-1h, sáb 10h-1h

DISTILLERIE MANGUIN

www.manguin.com
Esta destilaria produz *eau de vie* segundo métodos tradicionais. As frutas, plantadas nas terras de propriedade da destilaria, são saturadas de açúcar antes de serem embebidas em álcool.
✉ Île de la Barthelasse, 84000 Avignon ☎ 04 90 82 62 29 ⌚ Seg-sáb 9h-12h, 14h-18h

RED ZONE BAR

www.redzonebar.com
Aqui ouve-se salsa às terças e música ao vivo às quartas. A noite estudantil ocorre às quintas e dança às sextas e aos sábados. O público é eclético, mas sempre na moda.
✉ 25 rue Carnot, 84000 Avignon ☎ 04 90 27 02 44 ⌚ Ter-sáb 21h-3h, dom, seg 22h-3h

LE ROUGE GORGE

www.lerougegorge.fr
Às sextas e aos sábados, esta antiga gráfica oferece jantar e um show na tradição do cabaré, com bailarinos e boa comida. No resto da semana, jazz, rock, samba e flamenco.
✉ 10 bis Rue Peyrollie, 84000 Avignon ☎ 04 90 14 02 54 ⌚ Sex, sáb (e noites de show) 20h-3h; fechado ago ✋ Jantar/cabaré €42-€48, concertos a partir de €10

BÉZIERS

CHARME D'INTÉRIEUR

Lotada de todos os objetos de decoração que fazem de uma casa um lar, esta loja de design de interiores na periferia da cidade, perto da Rond Point Vincent Bach, tem uma infinidade de artigos de decoração, como tecidos, abajures e ornamentos, que podem ser embalados adequadamente para viagem. Os estilos vão do tradicional mediterrâneo ao contemporâneo.
✉ Voie Domitienne, 34500 Béziers ☎ 04 67 31 01 12 ⌚ Seg-sáb 8h-19h

CANNES

AÉROCLUB D'ANTIBES

www.aeroclub-antibes.com
Este aeroclube a oeste de Cannes organiza voos sobre diferentes paisagens, entre elas a baía de St.-Tropez, os Alpes e os penhascos de Bonifacio, no sul da Córsega.
✉ Aérodrome de Cannes Mandelieu, Avenue Francis Tonner, 06150 La Bocca, Cannes ☎ 04 93 47 64 43 ⌚ Mediante reserva ✋ €87 por 30 minutos

ALEXANDRE III

Este velho cinema que foi transformado em teatro preservou o interior retrô e encena peças clássicas e modernas.
✉ 19 Boulevard Alexandre, 06400 Cannes ☎ 04 93 94 33 44 ⌚ O ano todo

CASINO CROISETTE

www.lucienbarriere.com
Se você tiver dinheiro para gastar depois de terminar sua visita a Cannes, pode perdê-lo (ou ganhar mais, se tiver sorte) neste cassino, que tem cerca de 300 máquinas caça-níqueis, roletas e mesas de vinte e um.
✉ 1 Esplanade Lucien Barrière, BP284, 06406 Cannes ☎ 04 92 98 78 00 ⌚ Verão diariam 8h-5h; inverno 8h-4h. Salas de jogos 22h-4h ✋ Grátis (é preciso apresentar passaporte ou carteira de identidade)

LE FESTIVAL

www.lefestival.fr
Entre dois hotéis de luxo e de frente para o mar, o terraço deste bar, que fica aberto o ano todo, é um lugar muito frequentado por quem quer observar pessoas e admirar a amplidão de azul que se perde no horizonte.
✉ 52 La Croisette, 06400 Cannes ☎ 04 93 38 04 81 ⌚ Diariam 9h-24h; fechado 30 nov-26 dez

JACQUES LOUP
www.jacques-loup.com
Além de uma coleção própria, esta loja de sapatos vende os mais novos modelos de marcas internacionais como Bottega Veneta, Rossi, Tod's e Church's. Também tem roupas da Prada, Marni e Miu Miu. Uma instituição para os fashionistas.
✉ 21 Rue d'Antibes, 06400 Cannes ☎ 04 93 39 28 35 🕐 Seg-sáb 9h30-20h

PALAIS DES FESTIVALS ET DES CONGRÈS
www.cannes.fr
Esta é a sede do Festival de Cinema de Cannes. Em outras épocas, recebeu exposições internacionais, shows de cantores no auditório Lumière e peças, balés e concertos no Théâtre Debussy.
✉ 1 Boulevard de la Croisette, 06400 Cannes ☎ 04 93 39 01 01 🕐 Variam de acordo com o espetáculo

CASTELLANE

ABOARD RAFTING
www.aboard-rafting.com
Sinta a emoção de praticar o rafting nas corredeiras da garganta do Verdon, ou, se preferir, veja as cachoeiras e piscinas de canoa. Também se pode alugar uma mountain bike.
✉ 8 Place de l'Église, 04120 Castellane ☎ 04 92 83 76 11 🕐 Abr-fim set diariam 9h-19h 💰 Meio dia de rafting €55, passeio guiado de 2 horas em aerobarco €33

CAVAILLON

LE GRENIER À SONS
www.grenier-a-sons.org
Esta casa de shows de 350 lugares apresenta jazz, rock, blues e reggae de músicos famosos e novos talentos. Há um bar.
✉ 157 Avenue du Général-de-Gaulle, 84301 Cavaillon ☎ 04 90 06 44 20 🕐 Diariam 9h-12h, 14h-19h (ou 24h quando há concerto); fechado ago 💰 Cerca de €13

CHÂTEAU ARNOUX ST.-AUBAN

LE CINÉMATOGRAPHE
www.cinefil.com
Este centro cultural tem dois cinemas, uma biblioteca e um espaço de exposições. O cinema exibe sucessos de bilheteria, filmes infantis e alguns filmes de arte, todos na língua original. Tem estacionamento e um café.
✉ Centre Culturel Simone Signoret, Route de Manosque, 04160 Château Arnoux St.-Auban ☎ 0892 680 128 🕐 Todas as noites e tardes de qua, sáb e dom 💰 Adultos €8

COUSTELLET

GARE DE COUSTELLET
www.aveclagare.org
Esta velha estação de trem é hoje uma casa de espetáculos para 280 pessoas, com um bar e shows que vão do jazz ao hard rock. Também recebe exposições de pintura e fotografia. Não aceita cartões de crédito.
✉ 105 Quai des Entreprises, 84660 Coustellet ☎ 04 90 76 84 38 🕐 Sex-sáb 21h-2h 💰 Concertos €15

DIGNE-LES-BAINS

TRAIN DES PIGNES
www.trainprovence.com
Desde 1891 um único trem a vapor percorre os trilhos que ligam os Alpes à Provença. O velho trem, com bancos de madeira, é uma maneira elegante de apreciar o belo cenário montanhoso da Provença.
✉ Éspace Pierre Ferrié, 04000 Digne-les-Bains ☎ 04 92 31 01 58 🕐 Diariam a partir de 7h29 (mais trens mai-fim out) 💰 A partir de €17,65 (ida e volta para Nice, €68)

ÈZE

VERRERIE D'ART
No centro da pitoresca vila de Èze, esta fábrica de vidro produz belas peças, de pequenos bibelôs a imponentes esculturas. Pode-se ver o trabalho dos artesãos, que usam métodos tradicionais para aquecer o vidro antes de moldá-lo.
✉ Place du Général-de-Gaulle, 06360 Èze ☎ 04 93 41 16 74 🕐 Verão diariam 9h30-18h; inverno sex-seg 9h30-13h, 14h-18h

FORCALQUIER

LE PAYS DE FORCALQUIER ET LA MONTAGNE DE LURE EN VÉLO
www.velopaysforcalquier.com
Esta rota de bicicleta de 78km passa pelas vilas ao redor de Forcalquier e pela montanha de Lure. Você pode se hospedar em casas de família e comer em restaurantes de estrada.
✉ Vélo Loisir en Luberon, Boulevard des Martyrs, 04300 Forcalquier ☎ 04 90 76 48 05

PIANO BAR LE SAXO
Três salas acomodam um piano--bar, um bar e um restaurante com decoração rústica de madeira. No inverno, há música ao vivo e pizza; no verão, noites temáticas.
✉ 13 Boulevard Latourette, 04300 Forcalquier ☎ 04 92 75 00 30 🕐 Abr-fim out diariam 21h-2h; resto do ano sex-sáb 17h-2h

GARGANTAS DO VERDON

AVENTURES ET NATURE
www.aventuresetnature.com
Pascal Faudou, instrutor autorizado, organiza várias atividades nas gargantas do Verdon. Experimente canoagem, caminhada ou *aqua rando* (caminhada e natação). Ele também dá um curso intensivo de cinco dias. Não aceita cartões de crédito.
✉ 04120 La Palud sur Verdon ☎ 04 92 77 30 43 🕐 Mar-fim nov ou mediante reserva 💰 Meio dia de canoagem a partir de €45

GRASSE

FRAGONARD
www.fragonard.com
Conhecida como capital do perfume, Grasse tem muitas perfumarias, das quais a Fragonard, que data do século 18, é a mais antiga e a de maior prestígio. Visite o museu do perfume antes de comprar fragrâncias para a casa, sabonetes perfumados e perfumes para homens e mulheres.
✉ 20 Boulevard Fragonard, 06130 Grasse ☎ 04 93 36 44 65 🕐 Fábrica e museu: fev-fim out diariam 9h-18h; nov-fim jan 9h-12h30, 14h-18h

GRÉOLIÈRES

GRÉOLIÈRES LES NEIGES
www.greolieres.com
Esta estação de esqui fica a apenas uma hora de carro de Cannes e a uma altitude de 1.400m a 1.800m. Tem 21 pistas e 14 teleféricos no inverno. No verão, caminhadas, mountain bike e hipismo substituem a prática do esqui.

06620 Gréolières les Neiges 04 93 9 70 12 (previsão de neve) Temporada e de esqui: Natal a meados mar Passes 21-€24 por dia

SOLA

SOLA 2000

/ww.isola2000.com

\ uma altitude de 2.000m, esta estação de esqui oferece 50 iistas e um parque de neve com ieliesqui, *snow scooters* e um inque de patinação no gelo. No erão, as atividades ao ar livre são aminhadas e hipismo. Pode-se egar o teleférico até 2.320m e preciar vistas espetaculares.

Centre de Tourisme, Résidence ravels, 06420 Isola 04 93 23 15 15 Temporada de esqui: dez-fim abr, lependendo do volume de neve Passe €28 por dia

UAN-LES-PINS

HYDRO ULM JUAN-LES-PINS

Conhecer o Rade du Golfe num oarco, aerobarco ou ultraleve oferece uma ampla vista áerea das has e dos faróis. Juan-les-Pins fica oerto de Antibes.

Ponton Hollywood, 06160 Juan-les-Pins 04 93 67 05 11 Diariam mediante eserva; fechado jan €100 por 1 hora

LAURIS

CAP RANDO

www.caprando.com

Descubra a Provença a cavalo. A empresa organiza várias rotas, entre elas a do Parc Naturel Régional du Lubéron, uma trilha de alfazemas de Lubéron a Verdon, outra até Nice, e uma rota que percorre os Alpes provençais.

Mas de Recaute, 84360 Lauris 04 90 08 41 44 O ano todo mediante reserva A partir de €900 por semana, com hospedagem e refeições incluídas

MANOSQUE

LE LIDO

www.cinemovida.com

Este cinema tem quatro salas que exibem os últimos lançamentos de Hollywood dublados em francês.

2 Avenue St.-Lazare, 04100 Manosque 0892 687 514 Diariam 14h-21h15 Adultos €8

MARSELHA

BAR DE LA MARINE

De frente para o velho porto, este autêntico bar local evoca as cenas descritas pelo escritor provençal Marcel Pagnol. É um lugar agradável, com uma trilha sonora de acid jazz.

15 Quai de Rive-Neuve, 13007 Marselha 04 91 54 95 42 Diariam 7h-2h

BAR DE LA SAMARITAINE

Fiel ao clima dos anos 1930, este bar é uma instituição local. Seu terraço, de frente para o pitoresco velho porto, torna-se um piano bar de quinta a sábado.

2 Quai du Port, 13002 Marselha 04 91 90 31 41 Diariam 6h-22h (até 2h jul, ago)

CENTRE DE LOISIRS DES GOUDES

www.goudes-plongee.com

Esta empresa organiza mergulhos na baía de Marselha, ao redor do arquipélago Rioux, onde cavernas e velhos navios naufragados são habitat de uma fauna e uma flora extraordinárias. Tem pacotes que incluem as refeições e aluga caiaques e mountain bikes por uma semana ou mais.

2 Boulevard Alexandre Delabre, 13008 Marselha 04 91 25 13 16 Verão apenas, diariam 8h-22h €204 por um fim de semana 19 para Les Goudes

LE PELLE-MÊLE

Os melhores músicos de jazz da França já tocaram aqui neste pequeno palco. O interior de couro e madeira cria um ambiente acolhedor para as apresentações.

8 Place aux Huiles, 13100 Marselha 04 91 54 85 26 Ter-sáb 18h-3h Variam de acordo com o show

MÈZE

FIL D'AIR-CENTRE DE KITESURF

www.fildair.com

O vasto lago salgado de Bassin de Thau é um ótimo lugar para praticar o excitante esporte do kiteboard. A Fil d'Air oferece cursos para todos os níveis de habilidade, desde uma aula introdutória de 1 hora a cursos de sete dias.

52 Rue de la Méditerranée, 34140 Mèze 06 10 25 22 58 Abr-fim out Aula de 1 dia €145-€155 21, 24

MÔNACO

CASSINO DE MONTE-CARLO

www.casino-monte-carlo.com

Ricos e famosos acorrem a este templo do jogo Belle Époque decorado com afrescos e pinturas, cenário de vários filmes, entre eles os de James Bond. Exige-se roupas formais, idade superior a 21 anos e apresentação de passaporte ou carteira de identidade.

Place du Casino, 98000 Mônaco 377 92 16 20 00 Café de Paris (máquinas caça-níqueis) abre às 10h Entrada €10 e mais €10 para ter acesso aos salões de jogo

Abaixo *A loja Jacques Loup, em Cannes*

OPÉRA DE MONTE-CARLO
www.opera.mc
Desde que foi inaugurado pela atriz Sarah Bernhardt em 1879, este impressionante teatro de ópera Belle Époque tem recebido as maiores vozes em seu palco. O arquiteto, Charles Garnier, também projetou a Opéra Garnier de Paris.
Place du Casino, 98000 Mônaco
Bilheteria 377 9806 2828 Variam de acordo com o espetáculo Variam de acordo com o espetáculo

MONTPELLIER

CAFÉ JOSEPH
Este é o bar ideal para quem quer conhecer o lado mais animado de Montpellier: garçons com atitude, uma juventude ligada em moda e a quantidade certa de elegância. Pegue o bonde para a Place de la Comédie.
3 Place Jean Jaurès, 34000 Montpellier
04 67 66 31 95 Seg-sáb 23h-2h

L'OPÉRA COMÉDIE
www.oper-montpellier.com
Este grandioso teatro de ópera do século 19 ocupa um lugar de destaque no centro da cidade. Apresenta os grandes nomes da ópera, principalmente no verão.
11 Boulevard Victor Hugo, 34000 Montpellier 04 67 60 19 80 O ano todo Adultos a partir de €19

MOUSTIERS-SAINTE-MARIE

ATELIER ST.-MICHEL
www.faience-ateliersaintmichel.com
Moustiers-Sainte-Marie é famosa por sua *faïence* e tem muitos fabricantes de belas cerâmicas. Destacam-se as reproduções feitas por Martial e François Baudey de peças do museu de faiança da cidade: pratos retangulares do século 18, louças pintadas com motivos de pássaros, flores e cenas campestres. Você pode encomendar porcelanas personalizadas.
Chemin Maladrerie, 04360 04 92 74 67 73 Verão diariam 9h30-18h; inverno seg-sáb 9h30-12h, 14h-18h

NICE

AUDITORIUM DU CONSERVATOIRE NATIONAL DE RÉGION
Com o nome de Les Lundis Kosmas, os alunos da Academia Regional de Música abrem seus ensaios todas as segundas-feiras. Lançado há mais de 20 anos em honra do compositor Kosma, o evento é uma instituição.
127 Avenue de Brancolar, 06364 Nice
04 97 13 50 00 Seg 18h, menos nas férias escolares. Ligue para confirmar os horários Grátis

L'F
Na rua mais movimentada da cidade, este café tem um dos melhores terraços de Nice, aquecido nas épocas mais frias. Tem um interior dos anos 1930 e 1940, com banquetas e um piso em preto e branco.
6 Place Charles-Félix, 06300 Nice
04 93 85 74 10 Diariam 7h30-2h30, a cozinha fecha às 23h30

GRAND CAFÉ DE LYON
www.cafedelyon.fr
Este bistrô no estilo Art Nouveau é uma instituição de Nice. No almoço, é uma brasserie; à tarde; um salão de chá; e mais tarde um bom lugar para um drinque.
33 Avenue Jean Médecin, 06000 Nice
04 93 88 13 17 Diariam 7h-23h

MARCHÉ SALEYA D'ARTISANAT D'ART
Passe pela feira noturna de artes e artesanato depois de um drinque num bar próximo. Você vai encontrar artesanato provençal (cerâmica, vidro, artigos de cozinha de oliveira) e de outras partes do mundo.
Cours Saleya, 06300 Nice
Jun-fim set diariam 18h-0h30

ODYSSÉE VERTICALE
www.odysseeverticale.com
Esta empresa organiza atividades ao ar livre com guia, inclusive excursões pela Via Ferrata e caminhadas pelo Vallée des Merveilles, acompanhadas de esqui e canoagem. Os menos ativos podem experimentar safáris fotográficos ou o jogo de boules.
14b Rue de France, 06000 Nice 04 93 86 71 99 O ano todo Variam

NÎMES

LES ARÈNES
Grandes eventos, de touradas a concertos pop, são realizados no espetacular anfiteatro romano de Nîmes de 24 mil lugares, que fica aberto ao público durante o dia (▷ 317).
Les Arènes, 30000 Nîmes 04 66 28 40 20 O ano todo, mas cheque para concertos Adultos a partir de €40

ORANGE

THÉÂTRE ANTIQUE
www.culture-espaces.com
Este talvez seja o mais bem preservado teatro romano, que desde 1869 recebe todos os anos as Chorègies, famoso festival de ópera e música clássica. No resto do ano há programas de circo, dança e shows.
Rue Madeleine Roch, 84100 Orange
04 90 51 17 60 Jun-fim ago diariam 9h-19h; abr, mai diariam 9h-18h; mar, out diariam 9h30-17h30; resto do ano diariam 9h30-16h30 Adultos €7,70

PAULHAN

MIEL ROUQUETTE

Os que gostam de mel devem visitar esta loja, que faz parte de um apiário entre Agde e Lodève. Além de muitas variedades de mel, oferece também derivados do produto, inclusive nougat e vinagre. Experimente o mel, visite as colmeias ou faça a interessante excursão grátis de 90 minutos.

✉ 43 Rue des Lavandes, 34230 Paulhan ☎ 04 67 25 04 40 🕐 Seg-sáb 10h-12h, 14h-19h

PORQUEROLLES

PORQUEROLLES PLONGÉE

www.porquerolles-plongee.com

Uma das três ilhas d'Hyères, Porquerolles tem baías rochosas que abrigam uma quantidade extraordinária de fauna e flora marinhas. Alguns mergulhos são em navios de carga naufragados e até num submarino.

✉ Zone Artisanale 7, 83400 Porquerolles ☎ 04 98 04 62 22 🕐 Abr- meados nov diariam amanhecer-anoitecer; resto do ano mediante reserva ✋ Oficina para iniciantes: 5 1/2 dias €270

ROUSSILLON

SENTIER DES OCRES

As velhas pedreiras ocres criaram um lugar de espetacular beleza, conhecido como o pequeno canyon da Provença. Prepare-se para uma caminhada de 45 minutos.

✉ Village de Roussillon, 84220 Roussillon ☎ 04 90 05 60 25 (centro de turismo) 🕐 Mar-fim nov diariam 9h-17h ✋ €2,50

ST.-ÉTIENNE DE TINÉE

AURON ST.-ÉTIENNE DE TINÉE

www.auron.com

Esta estação de esqui nos Alpes-Maritimes, a uma altitude entre 1.600m e 2.400m, tem 39 pistas e 27 teleféricos, além de esqui, snowboard, asa-delta, sledge, patinação no gelo e *snow scooters*. De Nice, pegue a saída A8 em St.-Isidore, depois a RN 202 em direção a Digne/Grenoble.

✉ Centre de Tourisme: Maison du Mercantour, 06660 St.-Étienne de Tinée ☎ 04 93 02 41 96 🕐 Abre dez-fim abr ✋ Passe de esqui €27,80 por dia

FESTIVAIS E EVENTOS

FEVEREIRO

NICE CARNAVAL

www.nicecarnaval.com

A Riviera festeja o Carnaval com duas semanas de desfiles. Imensos carros de *papier-mâché* circulam pela cidade e são incendiados no mar na última noite. Compre ingresso para as arquibancadas ou veja de graça da janela do hotel.

✉ Nice

☎ 0892 707 407 (centro de turismo)

MAIO

FESTIVAL DE CINEMA

www.festival-cannes.fr

Em maio, Hollywood vem à Riviera, trazendo as estrelas que posam para os fotógrafos em La Croisette e na escadaria do Palais des Festivals. As principais exibições e festas são só para convidados, mas há algumas exibições abertas ao público.

✉ Cannes ☎ 01 53 59 61 00

GRAND PRIX

www.monaco-tourism.com

Um fim de semana por ano Monte Carlo fica sob a luz dos refletores. A cidade se tansforma numa pista de Fórmula 1, onde os carros cantam pneus nas ruas ao redor do cassino.

✉ Mônaco

☎ 377 92 166 116 (centro de turismo)

JULHO

FESTIVAL DE AVIGNON

www.festival-avignon.com

A Provença se torna capital mundial da cultura em julho, quando os maiores nomes do teatro, da dança e da música popular acorrem à cidade murada para oferecer apresentações memoráveis num cenário espetacular. Há muitos espetáculos de rua grátis.

✉ Avignon

☎ 04 90 14 14 14

Pág. ao lado *La Tarte Tropézienne*

ST.-TROPEZ

CAFÉ DE PARIS

St.-Tropez é uma cidade para ver pessoas, e o terraço do Café de Paris, o melhor lugar para isso. Venha antes ou depois do jantar para um drinque e para ver celebridades.

✉ Le Port, 83990 St.-Tropez ☎ 04 94 97 00 56 🕐 Diariam 10h-24h

RONDINI

www.nova.fr/rondini

Desde 1927 esta empresa familiar vem fabricando a Tropézienne, sandália no estilo romano que Picasso usava. Elas ainda são feitas à mão, em vários modelos.

✉ 16 Rue Clémenceau, 83990 St.-Tropez ☎ 04 94 97 19 55 🕐 Verão diariam 10h-12h30, 15h-19h; inverno seg-sáb 9h-12h, 14h-18h30

LA TARTE TROPÉZIENNE

www.tarte-tropezienne.com

Em 1955, quando fornecia bolos e doces para o elenco e a equipe do filme *E Deus Criou a Mulher*, Alexandre Micka criou uma torta recheada de creme. Foi um grande sucesso, e a estrela do filme, Brigitte Bardot, a batizou de tarte tropézienne.

✉ 36 Rue Georges Clémenceau, 83990 St.-Tropez ☎ 04 94 97 71 42 🕐 Diariam 10h-20h; fecha nov-fim jan

LES SAINTES-MARIES-DE-LA-MER

PROMENADE DES RIÈGES

www.promenadedesrieges.com

Veja o cenário mágico de lagos, praias e vida selvagem (inclusive flamingos) do Camargue numa excursão a cavalo. O estábulo tem os cavalos brancos que fizeram a fama da região e usa selas de fabricação própria. Não aceita cartões de crédito.

✉ Route de Cacharel, 13460 Les Saintes-Maries-de-la-Mer ☎ 04 90 97 91 38 🕐 O ano todo mediante reserva ✋ Excursão de 2 horas €27, excursão de 1 dia a partir de €61

ONDE COMER

Acima *A elegante Hostellerie le Phebus em Gordes*

PREÇOS E SÍMBOLOS
Os restaurantes estão listados por ordem alfabética (sem Le, La e Les). Os preços correspondem a um almoço (A) de dois pratos e um jantar (J) de três pratos para uma pessoa, sem bebidas. O preço do vinho refere-se a uma garrafa da marca menos cara.

Para a legenda de símbolos, ▷ 2.

AIX-EN-PROVENCE

L'AIXQUIS
www.aixquis.com
O piso de ladrilhos dá ao lugar um toque provençal. A comida é mediterrânea, e a salada de lagosta com vinagrete de coral é a especialidade da casa.
✉ 22 Rue Victor Leydet, 13100 Aix-en-Provence ☎ 04 42 27 76 16 🕒 Ter-sáb 12h-13h30, 19h30-21h30, seg 19h30-21h30; fechado ago 💳 A €20, J €50, vinho €30

LE P'TIT PUITS
O cardápio é extenso e inclui fondues, batatas assadas recheadas, saladas e peixe cozido à moda provençal.
✉ 14 Rue des Bernardines, 13100 Aix-en-Provence ☎ 04 42 91 42 77 🕒 Seg-sex 12h-14h30, 19h30-22h; sáb 19h30-22h 💳 A €24, J €24, vinho €20

ANTIBES

LE BRÛLOT
www.brulot.com
Este restaurante tem paredes de pedra, um forno antigo e, no subsolo, uma sala com arcos que data do século 12. A cozinha faz bom uso do forno a lenha, com o filé grelhado com ervas da Provença e camarões grelhados flambados no pastis (um anisete local). Além desses pratos tradicionais, em alguns dias da semana, há especialidades como cuscuz às quintas e pernil às sextas.
✉ 3 Rue Frédéric Isnard, 06600 Antibes ☎ 04 93 34 17 76 🕒 Qui-sáb 12h-14h30, 19h30-22h, seg-qua 19h30-22h 💳 A €25, J €40, vinho €12

APT

AUBERGE DU LUBÉRON
www.auberge-luberon-peuzin.com
O interior desta hospedaria tem uma elegância sutil e móveis antigos. A culinária da região do Lubéron domina o cardápio em pratos como foie gras de pato frito, servido com frutas cristalizadas, uma das especialidades do chef. O cardápio de sobremesas segue a tradição provençal de ter 13 sobremesas no Natal.
✉ 8 Place du Faubourg du Ballet, 84000 Apt ☎ 04 90 74 12 50 🕒 Seg-ter 19h30-21h30, qua-dom 12h-14h, 19h30-21h30; fechado duas primeiras semanas de jan 💳 A €22, J €57, vinho €20

ARLES

LA GUEULE DU LOUP
Embora seja fiel às tradições do Camargue e da Provença, a cozinha tem o toque pessoal do chef e proprietário Jean-Jacques Allard. Por exemplo, enguias do Camargue são servidas com fondue de alho-poró e endívia num molho de vinho tinto.
✉ 39 Rue des Arènes, 13200 Arles ☎ 04 90 96 96 69 🕒 Ter-sáb 12h-13h30, 19h30-21h30, mar-fim set seg 19h-21h30; fechado jan 💳 A €40, J €50, vinho €15

LA MAMMA
www.lamammaarles.com
Este restaurante tem um ar rústico e um grande forno de pizza. Oferece pratos da cozinha italiana e regional, como bife sauté com azeitonas, crudités com molho de anchovas e, naturalmente, uma grande variedade de pizzas.
✉ 20 Rue de l'Amphithéâtre, 13200 Arles ☎ 04 90 96 11 60 🕒 Ter-sáb 12h-2h30, 19h-22h30, dom 12h-14h30 💳 A €25, J €32, vinho €12

LA PAILLOTE
Este restaurante em estilo provençal decorado com charme fica no centro de Arles, perto da Place du Forum. Especializou-se na cozinha regional, usando criativamente produtos locais. Experimente o magret de canard (peito de pato) ou o carneiro caramelado com amêndoas. Tem um terraço para jantar ao ar livre.
28 Rue du Docteur Fanton, 13200 Arles
04 90 96 33 15 Sex-ter 12h-13h30, 19h-21h30, qui 19h-21h30; fechado duas semanas em jan e fev A €20, J €24, vinho €18

AVIGNON

CHRISTIAN ÉTIENNE
www.christian-etienne.fr
Num palácio do século 14, que foi residência de um ministro da corte romana de justiça, a sala de jantar deste restaurante preserva traços desta rica história, com belos tetos pintados e afrescos; o resto é puro estilo provençal. Christian Étienne, que foi chef assistente do luxuoso Hôtel Ritz de Paris, cria requintados pratos regionais com trufas e tomates, seus ingredientes preferidos –a omelete de trufas negras é a especialidade da casa.
10 Rue de Mons, 84000 Avignon
04 90 86 16 50 Ter-sáb 12h-13h15, 19h30-21h15 A €65, J €105, vinho €25

LE SIMPLE SIMON
Este lugar é um pedaço da velha Inglaterra no coração de Avignon. Há pratos decorativos nas paredes, uma coleção de bules de chá nas prateleiras e uma exposição de bolos e sobremesas. À tarde, é um ótimo lugar onde saborear uma xícara de chá com bolinhos. No almoço, é servido um prato do dia.
26 Rue Petite-Fusterie, 84000 Avignon
04 90 86 62 70 Ter-sáb 12h-19h
A €20 (só almoço)

LES BAUX-DE-PROVENCE

HOSTELLERIE DE LA REINE JEANNE
www.la-reinejeanne.com
Com vistas espetaculares da sala de jantar, este restaurante é ponto de encontro das pessoas que fazem caminhadas pelo maciço des Alpilles. Fica na entrada da vila, voltado para o Val d'Enfer e para o Vallon de Baumaniere. Serve especialidades tradicionais da Provença, como fondue de noix de Saint-Jacques e pieds et paquets Provençaux (cozido de pés de carneiro e dobradinha com vegetais à provençal).
Grand Rue, 13520 Les Baux de Provença
04 90 54 32 06 Diariam 12h-14h30, 19h-21h30; fechado 20 nov-20 dez e 8 jan-12 fev A €16, J €16, vinho €20

OUSTAÙ DE BAUMANIÈRE
www.oustaudebaumaniere.com
O Oustaù de Baumanière é um hotel e também restaurante instalado numa casa de campo provençal do século 16. Aqui se pode saborear refinados pratos, como ravióli de trufas e alho-poró, foie gras frito com redução de vinho e lagosta com salada de ervas.
13520 Les Baux-de-Provença 04 90 54 33 07 Abr-fim out diariam 12h-14h, 19h-21h; meados fev-meados mar, nov, dez sex-ter 12h-14h, 19h-21h, qui 19h-21h; fechado jan-meados fev A €175, J €175, vinho €40

CANNES

ESCALE DE CHINE
www.escaledechine.com
A decoração deste restaurante chinês consegue evitar o kitsch. A cozinha é igualmente refinada, com pratos como fondue chinês e pato à moda de Pequim.
58 Rue Jean Jaurès, 06400 Cannes
04 93 99 15 99 Qua-dom 12h-14h30, 19h-23h, seg-ter 19h-23h A €22, J €38, vinho €15

LA POTINIÈRE DU PALAIS
www.lapotiniere.fr
O *palais* (palácio) refere-se ao Palais des Festivals, onde ocorrem os principais eventos de Cannes. Este bistrô de 1948, redecorado em tons claros de amarelo e verde, já foi frequentado por Pablo Picasso, Maurice Chevalier e por celebridades nacionais e internacionais. Mas tem mais a oferecer do que apenas uma boa localização: serve a boa cozinha provençal contemporânea. O cardápio é excepcional e inclui clássicos como filé grelhado e frango assado.
Square Mérimée, 06400, Cannes
04 93 39 02 82 Seg-sáb 12h-14h30, 19h30-22h A €40, J €50, vinho €16

CARCASSONNE

LE LANGUEDOC
Este restaurante de classe tem um interior no estilo Luís Felipe. Carnes e aves dominam o cardápio, que inclui também o clássico cassoulet (cozido de várias carnes com feijão branco) e musse de fígado de frango. Encerre a refeição com um sorbet caseiro ou sorvete Grand Marnier.
32 Allée d'Iéna, 11000 Carcassonne
04 68 25 22 17 Seg-sáb 12h-13h30, 19h30-21h30, dom 12h-13h30; fechado seg fora da estação, 23 jun-7 jul e 24 dez-22 jan A€45, J €45, vinho €15

CHEVAL-BLANC

L'AUBERGE DE CHEVAL BLANC
O chef Hervé Perrasse prepara grandes clássicos da cozinha provençal, como escabèche millefeuille (folhado de anchovas) e o bolo provençal feito com ervas locais frescas e vinho branco. Na sala de jantar há um exposição da artista local Christine Darellis.
481 Avenue de la Canebière, 84460 Cheval-Blanc 04 32 50 18 55 Jul, ago diariam 19h30-21h30, dom 12h-13h30; set-fim jun seg 12h-13h30, ter 12h-13h30, 19h30-21h30, qua 19h30-21h30, qui-dom 12h-13h30, 19h30-21h30 A €60, J €60, vinho €20

COLLIOURE

LE NEPTUNE
Com belas vistas da costa de seu terraço, este restaurante serve a cozinha deste canto do sul da França, combinando sabores de terra e mar. Collioure é famosa por suas anchovas, presença óbvia no menu. Ou experimente a galinette de méditerranée farcie (peixe mediterrâneo recheado) ou carneiro do Aveyron.
9 Route de Port Vendres, 66190 Collioure
04 68 82 02 27 Diariam 12h-13h30, 19h-21h30 A €50, J €50, vinho €18

LE CRESTET

LE MADELEINE

Este restaurante ocupa uma casa de campo num adorável parque de 3ha plantado com carvalhos. Pode-se comer no terraço ou na elegante sala de jantar, decorada em estilo provençal. O cardápio inclui terrina de foie gras, frango com molho de cogumelos e zabaglione de sobremesa.

✉ Quartier Chante-Coucou, 84110 Le Crestet ☎ 04 90 36 39 91 🕐 Diariam 12h-13h, 19h30-22h 🖐 A €28, J €28, vinho €12

ÈZE

CHÂTEAU DE LA CHÈVRE D'OR

www.chevredor.com

Num castelo medieval no alto da vila de Èze, este restaurante oferece vistas de seu terraço que estão entre as mais belas da Côte d'Azur. Para completar, a comida tem que ser especial. Os pratos, feitos com os melhores ingredientes, e o serviço correpondem à expectativa.

✉ Rue de Barrie, 06360 Èze ☎ 04 92 10 66 66 🕐 Diariam 12h30-14h, 19h30-22h 🖐 A €85, J €168, vinho €48

FRÉJUS

L'ABRI-COTIER

Assentos confortáveis presos à parede, flores, uma linda vista para o porto e um terraço aquecido contribuem para criar o ambiente. A comida é excelente: pratos como perca do mar ao molho de champanhe e camarões dividem o cardápio com pratos mais simples, mas deliciosos, como as pizzas. Há um cardápio infantil.

✉ Quai Marc Antoine, 83600 Fréjus ☎ 04 94 51 11 33 🕐 Qua-seg 12h-14h30, 19h30-22h, ter 12h-14h30 🖐 A €35, J €42, vinho €15

GORDES

HOSTELLERIE LE PHEBUS

www.lephebus.com

A sofisticada cozinha regional do chef Xavier Mathieu inclui filé de solha frito na manteiga com molho picante de jasmim e baunilha ou foie gras de pato. Pode-se comer na elegante sala de jantar, que tem vigas no teto, ou no terraço, que oferece vistas fantásticas.

✉ Route de Mur Joucas, 84220 Joucas-Gordes ☎ 04 90 05 78 83 🕐 Sex-seg 12h-14h, 19h-21h30, ter-qui 19h-21h30; fechado meados nov-meados mar 🖐 A €75, J €90, vinho €18

HYÈRES

LA COLOMBE

www.restaurantlacolombe.com

O chef Pascal Bonamy gosta de inovar. Sua perca do mar é servida com aspargos e cebolas pequenas, e ele usa pimenta de Espelette, do País Basco. O refinado interior, em tons de amarelo e azul e cadeiras de junco, revela uma influência regional.

✉ 1 Rue du Mûrier, 84360 Lauris ☎ 04 90 08 34 66 🕐 Jul, ago qua-sex, dom 12h30-13h30, 19h30-21h30, ter, sáb 19h30-21h30; set-fim jun ter-sex 12h-13h30, 19h30-21h30, dom 12h-13h30 🖐 A €45, J €45, vinho €17

LAURIS

LA TABLE DES MAMÉES

www.letabledesmamees.com

Esta casa de campo do século 14 tem teto abobadado de pedra aparente e uma grande lareira. O cardápio inclui pratos como pato com azeitonas, alho e courgettes (abobrinha) e a tradicional sopa de peixe. A adega contém muitos vinhos locais.

✉ 1 Rue du Mûrier, 84360 Lauris ☎ 04 90 08 34 66 🕐 Ter-sáb 12h-14h30, 19h30-22h, dom 12h-14h30; fechado mar 🖐 A €40, J €45, vinho €18

MARSELHA

LES ARCENAULX

www.les-arcenaulx.com

Livros enchem as paredes deste antigo arsenal de Marselha, que tem vigas no teto e uma longa fileira de assentos presos à parede. Serve pratos sofisticados da cozinha regional, como pato preparado com mel e limão e servido com abobrinhas gratinadas. À tarde, é um salão de chá.

✉ 25 Cours Estienne d'Orves, 13001 Marselha ☎ 04 91 59 80 40 🕐 Seg-sáb 12h-14h, 20h-23h 🖐 A €50, J €50, vinho €20

CHEZ FONFON

www.chez-fonfon.com

O movimentado porto de pesca, hoje uma área preservada, é o local ideal para provar a bouillabaisse, a sopa de peixe que fez a fama de Marselha. Aqui você está num mundo diferente, distante dos restaurantes turísticos do velho porto. Chez Fonfon é uma instituição na cidade e vem sendo dirigido pela mesma família há mais de 50 anos. Tem um elegante interior mediterrâneo, com cadeiras de palha trançada, piso de ladrilhos e tecidos provençais.

✉ 140 Rue du Vallon des Auffes, 13007 Marselha ☎ 04 91 52 14 38 🕐 Seg 19h30-22h, ter-sáb 12h-14h, 19h30-22h 🖐 A €45, J €50, vinho €20

MÔNACO

LE LOUIS XV

www.alain-ducasse.com

O máximo do luxo, este restaurante está instalado no majestoso Hôtel de Paris, construído em 1864. Aqui, Alain Ducasse, um dos mais celebrados chefs franceses, pratica a sua arte. O cardápio de inspiração mediterrânea muda conforme a estação e o tema, que são a horta, a caça, a fazenda, o mar e os rios. O luxuoso interior em estilo Luís 15 cria o ambiente ideal para um banquete digno de reis.

✉ 25 Cours Estienne Hôtel de Paris, Place du Casino, 98000 Mônaco ☎ 377 98 06 88 64 🕐 Qui-seg 12h-14h, 19h30-21h30; jul e ago jantar às qua; fechado dez 🖐 A €170, J €170, vinho €90

MONTPELLIER

LES BAINS

www.les-bains-de-montpellier.com

Este moderno restaurante tem este nome por causa dos banhos públicos que ocupavam o edifício. Serve pratos mediterrâneos tradicionais e modernos, com ênfase nos frutos do mar. Pode-se comer no amplo terraço ou na elegante sala de jantar. Serve chá à tarde.

✉ 25 Cours Estienne 6 rue Richelieu, 34000 Montpellier ☎ 04 67 60 70 87 🕐 Seg-sáb 12h-14h, 20h-23h 🖐 A €22, J €38, vinho €20

BRASSERIE DU THÉÂTRE

Se a noite for de verão, você pode se sentar no terraço deste restaurante em frente ao teatro de ópera e ouvir a música que vem do palco. A especialidade são os frutos do mar, mas também há carnes e aves. O cardápio de dois pratos mais vinho tem o preço fixo de €14. Como o interior é um tanto sem vida, prefira o terraço se o tempo estiver bom.
✉ 25 Cours Estienne 22 Boulevard Victor Hugo, 34000 Montpellier ☎ 04 67 58 88 80 🕐 Seg-sáb 12h-15h, 19h-24h ✋ A €28, J €35, vinho €15

MOUSTIERS-SAINTE-MARIE

LA BASTIDE DE MOUSTIERS

www.bastidedemoustiers.com
Este hotel-restaurante é dirigido por um protegido de Alain Ducasse, chef de prestígio mundial. O forte de pedra reformado tem um ambiente descontraído, e pode-se comer no terraço ou em uma das várias salas íntimas. O cardápio muda quase todos os dias, sempre levando em conta a estação. Serve a cozinha provençal com toques modernos.
✉ 25 Cours Estienne Chemin de Quinson, 04360 Moustiers-Sainte-Marie ☎ 04 92 70 47 47 🕐 Ter-dom 12h-14h, 19h30-21h30. O restaurante fecha meados nov-1 dez, meados jan- fim jan e seg-qua fev-fim mar ✋ A €50, J €70, vinho €45

FERME SAINTE-CÉCILE

www.ferme-ste-cecile.com
Este restaurante ocupa uma casa de fazenda do século 18 numa encosta de montanha. Tem vigas no teto, cadeiras de madeira pintada de branco, toalhas em azul e amarelo, e vários ornamentos em estilo provençal. O menu tira o maior proveito dos produtos locais: carneiro com crosta picante ou foie gras servido com geleia de abobrinhas e tomilho. Com tempo bom, escolha o terraço.
✉ 25 Cours Estienne Route des Gorges du Verdon, 04360 Moustiers-Saint-Marie ☎ 04 92 74 64 18 🕐 Ter-dom 12h-14h, 19h-21h; fechado meados nov-fim dez e duas semanas fev ✋ A €35, J €38, vinho €15

NARBONNE

LE PETIT COMPTOIR

A fachada simples esconde um surpreendente salão luxuosamente decorado com espelhos antigos e muitas flores. Não é fácil prever o que você vai encontrar no cardápio deste pequeno restaurante, que muda semanalmente de acordo com os produtos disponíveis no mercado local, mas massas, tortas e cozidos estão sempre presentes.
✉ 25 Cours Estienne 4 boulevard du Marèchal-Joffre, 11100 Narbonne ☎ 04 68 42 30 35 🕐 Ter-sáb 12h-22h ✋ A €30, J €30, vinho €13

LA TABLE SAINT CRESCENT

Instalado numa capela medieval e cercado de esplêndidos vinhedos, este restaurante serve pratos criativos acompanhados de vinhos do Languedoc-Roussillon. Algumas especialidades são os ravioles d'huîtres à l'infusion de fenouil séché (ravióli de ostras com infusão de erva-doce seca), cabillaud poché en aïgo boulido (bacalhau com azeite e ervas) e pommes de terre écrasées a l'huile d'olive (batatas em azeite).
✉ 68 Avenue du Général Leclerc, 11100 Narbonne ☎ 04 68 41 37 37 🕐 Ter-sex 12h-13h30, 19h30-21h30, sáb 19h30-21h30, seg 12h-13h30 ✋ A€30, J €70, vinho €16

NICE

L'ÂNE ROUGE

www.anerougenice.com
O chef Michel Devilliers gosta de cozinhar peixes, e suas tentadoras criações incluem vieiras assadas com linguiça, tomates frescos e secos e flores de tomilho. O interior acolhedor tem vigas no teto, quadros nas paredes ocres, confortáveis cadeiras estofadas e uma lareira. O terraço florido tem vista para o porto.
✉ 25 Cours Estienne 7 Quai des Deux-Emmanuel 06300 Nice ☎ 04 93 89 49 63 🕐 Seg-ter, sex-dom 12h-14h30, 19h30-22h, qui 19h30-22h ✋ A €64, J €64, vinho €24

Abaixo *Le Brûlot, em Antibes*

AU RENDEZ-VOUS DES AMIS

www.rdvdesamis.fr

De admistração familiar e com um terraço muito agradável, este restaurante fica perto do centro de Nice. Serve especialidades provençais, como raviolis à la niçoise, mijoté de gigot d'agneau au pistou (perna de carneiro com ravióli à moda de Nice) ou fricassé de lapins à la crème de moutarde (fricassê de coelho em molho cremoso de mostarda). Como sobremesa, prove o clafoutis aux prunes et amandes (creme de ameixas e amêndoas) ou o fondant au chocolat.

✉ Aire Saint-Michel, 176 Avenue Rimiez, 06100 Nice ☎ 04 93 84 49 66 ⌚ Qui-ter 12h-13h30, 19h30-21h30; fechado ter set-fim jun, 20 out-20 nov e 2 semanas em fev

A €25, J €30, vinho €12

CHEZ SIMON

www.restaurantchezsimon.com

Cinco gerações da mesma família dirigiram este restaurante, que ocupa uma antiga hospedaria de estrada. Vigas no teto, cadeiras de palha trançada e um candelabro feito da roda de um arado decoram a sala de jantar. Serve pratos da tradicional cozinha provençal, como tripas de carneiro recheadas.

✉ St.-Antoine-de-Ginestière, 06200 Nice ☎ 04 93 86 51 62 ⌚ Diariam 12h30-14h, 19h30-22h A €56, J €56, vinho €15

RESTAURANT BOCCACCIO

www.boccaccio-nice.com

São seis salas de jantar, todas de tema marítimo. Uma tem um grande aquário; outra, um teto de madeira que lembra o interior de uma caravela, além de miniaturas de barcos. O cardápio tem pratos mediterrâneos de frutos do mar, como a perca com crosta salgada e bouillabaisse.

✉ 7 Rue Masséna, 06000 Nice ☎ 04 93 87 71 76 ⌚ Diariam 12h-14h30, 19h-23h A €50, J €50, vinho €24

NISSA SOCCA

Este pequeno café numa das ruas mais charmosas de Nice é uma instituição na cidade. Oferece a tradicional socca (panqueca de grão-de-bico), pizza à moda de Nice, massas frescas, tudo acompanhado de vinho vendido em jarra.

✉ 5 Rue Ste-Réparate, 06000 Nice ☎ 04 93 80 18 35 ⌚ Seg-qua, sex-sáb 12h-14h, 19h-21h30, qui 19h-21h30 A €18, J €28, vinho €15

L'UNIVERS DE CHRISTIAN PLUMAIL

www.christian-plumail.com

Este restaurante no velho porto tem recebido excelentes críticas. Aqui reina Christian Plumail, um chef jovem e criativo que mistura receitas modernas com ingredientes tradicionais, dando um novo toque à cozinha clássica francesa.

✉ 54 Boulevard Jean Jaurès, 06300 Nice ☎ 04 93 62 32 22 ⌚ Seg 19h30-22h, ter-sex 12h-14h, 19h30-22h, sáb 19h30-22h A €44, J €70, vinho €24

NÎMES

LE BOUCHON ET L'ASSIETTE

Este restaurante exclusivo ocupa um velho edifício perto dos jardins Fontaine. Com opções de cardápio fixos a partir de €15, é difícil achar outro lugar com o mesmo custo-benefício. Sobra criatividade aos pratos, que chegam à mesa artisticamente arrumados. O foie gras levemente grelhado com pimenta e uvas carameladas merece ser provado. A sala de jantar tem móveis simples, vigas aparentes e paredes de pedra.

✉ 5 Rue de Sauve, 30000 Nîmes ☎ 04 66 62 02 93 ⌚ Qui-seg 12h-13h30, 19h30-22h; fecha 1-15 jan, 2 semanas jul e 2 semanas ago A €35, J €35, vinho €19

LE VINTAGE CAFÉ

Este delicioso restaurante fica atrás de uma pracinha com uma fonte, entre a arena e La Maison Carrée. A sala de jantar é a de um típico bistrô e também funciona como espaço de exposição para artistas locais. O menu inclui carnes, frutos do mar e aves. Serve vinho também em taça.

✉ 7 Rue de Bernis, 30000 Nîmes ☎ 04 66 21 04 45 ⌚ Ter-sex 11h-14h30, 19h-23h, sáb 19h-23h; fechado 2 semanas em ago A €16, J €32, vinho €15

NOVES

LA MAISON DE BOURNISSAC

www.lamaison-a-bournissac.com

Este hotel-restaurante numa casa de campo do século 16 reformada fica perto de St.-Rémy, numa colina voltada para Ventoux. Tem um pátio onde se pode jantar à luz de velas. Experimente o pigeon fermier rôti sur coffre, cuisse (pombo caipira assado) ou os cogumelos silvestres.

✉ Montée d'Eyragues, 13550 Noves ☎ 04 90 90 25 25 ⌚ Diariam 12h-13h30, 19h-21h30 A €85, J €85, vinho €28

PEILLON

AUBERGE DE LA MADONNE

Situado fora das muralhas da cidadela medieval de Peillon, que fica no interior, acima da Côte d'Azur este é o lugar ideal para um almoço de verão durante um passeio pela região. A família proprietária tem excelente reputação graças ao seu menu clássico francês. Se gostar do lugar, você pode se hospedar em um dos belos quartos do albergue.

✉ 2 Place Auguste Arnulf, 06440 Peillon ☎ 04 93 79 91 17 ⌚ Seg-ter, qui-dom 12h-13h30, 19h30-21h30; fecha 25 nov-25 dez, 15-31 jan A €35, J €62, vinho €24

ST.-CHAMAS

LE RABELAIS

www.restaurant-le-rabelais.com

O cardápio muda a cada seis semanas neste restaurante instalado num moinho do século 17, numa vila provençal com casas em cavernas. O jardim é plantado com oliveiras e tem uma fonte.

✉ 8 Rue Auguste Fabre, 13250 St.-Chamas ☎ 04 90 50 84 40 ⌚ Ter, qui-sáb 12h-13h30, 20h-21h30, dom, qua 12h-13h30 A €26, J €60, vinho €20

ST.-PAUL-DE-VENCE

LE SAINT PAUL

www.lesaintpaul.com

Um dos mais bonitos e mais conceituados restaurantes da Riviera, onde se pode comer no atraente terraço ou na sala de jantar provençal desta *mas* (casa de fazenda) reformada. A cozinha é clássica francesa, e o serviço, educado e profissional. Um ótimo

lugar para um almoço extravagante ou um jantar romântico.
✉ 86 Rue Grand, 06570 St.-Paul-de-Vence ☎ 04 93 32 65 25 🕒 Diariam 12h45-13h45, 19h45-21h30 💳 A €48, J €68, vinho €45

ST.-RÉMY-DE-PROVENCE

AUBERGE SANT ROUMIERENCO

www.auberge-santroumierenco.com
Numa bela casa de campo com paredes de pedra e vigas no teto, este restaurante está dentro de uma área de sua propriedade. Opções confiáveis no cardápio são o magret de canard au miel des Alpilles (peito de pato ao mel) e coquillles Saint-Jacques com açafrão. São servidos vinhos regionais, e as sobremesas são feitas na casa.
✉ Route de Noves, 13210 St.-Rémy-de-Provence ☎ 04 90 92 12 53 🕒 Diariam 12h-13h30, 19h-21h30 💳 A €25, J €25, vinho €18

LE BISTROT DES ALPILLES

www.lebistrotdesalpilles.com
Este bistrô é uma instituição na cidade e tem grandes quadros de toureiros, confortáveis assentos presos à parede e cadeiras de madeira. A cozinha revela a origem sulista. Prove a berinjela com terrina de queijo de cabra, o atum mediterrâneo com uma redução de vegetais e tapenade ou o bife grelhado. De sobremesa, há sorbets de alfazema, tomilho e rosas.
✉ 15 Boulevard Mirabeau, 13210 St.-Rémy-de-Provence ☎ 04 90 92 09 17 🕒 Diariam 12h-14h, 19h30-22h 💳 A €30, J €30, vinho €20

ST.-TROPEZ

AL GUSTO

www.algusto.fr
Este restaurante entre o porto e a cidadela de St.-Tropez foi construído ao redor de um pátio e tem balcões floridos. É especializado em pratos da cozinha italiana, como massas e risotos, mas também tem lagosta, trufas e camarões de água doce.
✉ 9 Rue de La Citadelle, 83990 St.-Tropez ☎ 04 94 97 10 11 🕒 Diariam 12h-14h30, 19h-24h; fechado 15 nov-15 mar 💳 A €35, J €35, vinho €25

Acima *São os ingredientes frescos que fazem os pratos mediterrâneos tão apetitosos*

LE CAFÉ

www.lecafe.fr
Para alguns, a alma da verdadeira St.-Tropez reside dentro destas paredes. Fica numa praça do centro e tem um dos melhores terraços da cidade. Saboreie a cozinha provençal enquanto observa o movimento do mercado ou um jogo de boules. De entrada, experimente a sopa de tamboril com creme de alho e continue com o bife ao vinho do Porto com cenouras tenras. Como sobremesa, a torta de nougat *glacé*.
✉ Place des Lices, 83990 St.-Tropez ☎ 04 94 97 44 69 🕒 Diariam 12h-14h30, 19h30-23h 💳 A €30, J €45, vinho €20

SALON DE PROVENCE

LE MAS DU SOLEIL

www.lemasdusoleil.com
Um pequeno hotel e restaurante com jardim, especializado na cozinha provençal. Experimente, por exemplo, a épaule d'agneau confite et son jus au thym (ombro de carneiro defumado com tomilho).
✉ 38 Chemin Saint-Côme,13300 Salon de Provença ☎ 04 90 56 06 53 🕒 Ter-sáb 12h-14h, 19h30-21h30, dom 12h-14h 💳 A €45, J €65, vinho €20

SAUSSET LES PINS

LES GIRELLES

www.restaurant-les-girelles.com
Admirando a magnífica vista do mar, o que mais você comeria a não ser peixes e frutos do mar à provençal? Há ainda bouillabaisse e lagosta assada. O chefe assa seu próprio pão. Há uma ampla carta de vinhos.
✉ Rue Frédéric Mistral, 13960 Sausset les Pins ☎ 04 42 45 26 16 🕒 Ter-dom 12h-14h; fecha jan 💳 A €35, vinho €20

SISTERON

LA CITADELLE

Este é um ótimo lugar para experimentar os pratos locais, como tripas de carneiro recheadas, carneiro Sisteron e outros pratos provençais, como a perca do mar com creme de alho e, na estação, pratos de caça.
✉ 126 Rue Saunerie, 04200 Sisteron ☎ 04 92 61 13 52 🕒 Verão diariam 12h-14h30, 19h30-22h; inverno seg-sáb 12h-14h30, 19h30-22h, dom 12h-14h30 💳 A €15, J €25, vinho €12

ONDE FICAR

Acima *Hospede-se no ambiente rústico de um albergue*

PREÇOS E SÍMBOLOS
Os preços correspondem à diária mais baixa e mais alta em um quarto duplo, incluído o café da manhã, a menos que haja indicação em contrário. Todos os hotéis aceitam cartões de crédito, a menos que indicado. Note que os preços variam ao longo do ano.

Para a legenda de símbolos, ▷ 2.

AIX-EN-PROVENCE

HÔTEL LE PIGONNET

www.hotelpigonnet.com

Le Pigonnet é uma antiga casa de campo transformada num hotel quatro-estrelas. Fica bem no centro da cidade, no fim de uma avenida arborizada. Do hotel, tem-se uma magnífica vista para a montanha de Sainte-Victoire. O interior é refinado, com antiguidades e obras de arte. Você pode jantar no restaurante Riviera.

✉ 5 Avenue du Pigonnet, 13090 Aix-en-Provence ☎ 04 42 59 02 90 €160-€550, sem café da manhã (€15) 48 Externa

ALET LES BAINS

L'EVECHE

www.hotel-eveche.com

Este hotel histórico, num palácio episcopal do século 14, fica perto da bela cidade medieval de Alet les Bains. O restaurante serve especialidades locais como o cassoulet au confit de canard.

✉ 11580 Alet les Bains ☎ 04 68 69 90 25 €74, sem café da manhã (€9,50) 30

LES ARCS-SUR-ARGENS

LOGIS DU GUETTEUR

www.logisduguetteur.com

Este hotel três-estrelas ocupa um castelo do século 11. Pode-se jantar no subsolo ou à beira da piscina, se o tempo estiver bom. Os quartos são decorados em estilo tradicional.

✉ Place du Château, 83460 Les Arcs-sur-Argens ☎ 04 94 99 51 10 Fechado meados jan-meados mar €118-€169, sem café da manhã (€15) 12 Externa

ARLES

HÔTEL CALENDAL

www.lecalendal.com

O prédio do século 17 deste hotel duas-estrelas fica perto da arena romana. O interior é decorado no estilo provençal, com ornamentos de ferro batido, piso de ladrilhos e tons quentes. Com tempo bom, pode-se tomar o café da manhã e fazer refeições leves no jardim.

✉ 5 Rue Porte-de-Laure, 13200 Arles ☎ 04 90 96 11 89 Fechado jan €109-€149, sem café da manhã 38

HOTEL JULES CESAR

www.hotel-julescesar.fr

Um antigo convento carmelita com claustro foi transformado neste hotel-restaurante, com paredes de pedra e antiguidades. Os quartos são amplos, há um bonito jardim provençal, e a antiga capela é hoje sala de reuniões.

✉ 9 Boulevard des Lices, 13631 Arles ☎ 04 90 52 52 52 €215-€250, sem café da manhã (€50) 56

AVIGNON

HÔTEL D'EUROPE

www.hotel-d-europe.fr

A antiga casa do marquês de Graveson, construída em 1580, foi transformada neste hotel em 1799. Tem móveis luxuosos, antiguidades, candelabros, pinturas antigas e tapetes persas. As suítes têm um terraço, e todos os quartos têm ar--condicionado e TV por satélite. Há um restaurante gourmet.

✉ 1 Place Crillon, 84000 Avignon ☎ 04 90 14 76 76 €169-€475, sem café da manhã (€16,50) 44

HÔTEL DE L'HORLOGE

www.hotels-ocre-azur.com

No centro da cidade, este hotel foi reformado em estilo moderno e constitui um confortável refúgio depois da exploração turística. Os quartos, todos com instalações privativas, têm móveis de ferro batido, e a maioria tem porta-janela. Há um agradável restaurante em uma estufa. Os encantos de Avignon estão à sua porta. Tem estacionamento particular mediante uma taxa extra.

✉ 1 Rue Félicien David, 84000 Avignon ☎ 04 90 16 42 00 € €85-€170, sem café da manhã (€14) 🛏 67

LES BAUX-DE-PROVENCE

LE MAS D'AIGRET

www.masdaigret.com

Aninhado num penhasco, este hotel três-estrelas tem um interior surpeendente –sala de café da manhã, bar, saguão e alguns quartos foram escavados no rochedo e mostram a face exposta da rocha. Os quartos são decorados com simplicidade, mas com bom gosto. Tem um restaurante.

✉ 13520 Les Baux-de-Provença ☎ 04 90 54 20 00 € €95-€145, sem café da manhã (€14) 🛏 16 ❄ 🏊 Externa

BOLLÈNE

LE CHÂTEAU DE ROCHER

www.lechâteauderocher.com

Este três-estrelas tem um preço excelente se considerarmos que está instalado numa casa senhorial do século 19, construída pelo conde de Rocher. Fica num parque de 4ha habitado por avestruzes e pavões. Os quartos são confortáveis, e há um restaurante gourmet e um estacionamento fechado.

✉ 156 Avenue Émile-Lachaux, 84500 Bollène ☎ 04 90 40 09 09 € €45-€66, sem café da manhã (€7) 🛏 19

BORMES LES MIMOSAS

LE BELLEVUE

www.bellevuebormes.fr.st

Este pequeno hotel na vila medieval de Bormes les Mimosas (considerada uma das mais belas da França) oferece acomodações simples por bom preço. Tem um agradável terraço onde se pode sentar e desfrutar a brisa do mar. O restaurante serve pratos da cozinha provençal.

✉ 14 Place Gambetta, 83230 Bormes les Mimosas ☎ 04 94 71 15 15 € €42-€64, sem café da manhã (€9) 🛏 12 ❄

CARCASSONNE

HÔTEL DE LA CITÉ

www.hoteldelacite.com

A rainha Elizabeth 2ª hospedou-se neste suntuoso hotel. Tem um dos poucos jardins dentro da cidade velha. As suítes são decoradas em estilos que vão do provençal ao neogótico.

✉ Place Auguste-Pierre Pont, 11000 Carcassonne ☎ 04 68 71 98 71 🕒 Fecha dez-15 jan € €315-€400, sem café da manhã (€30) 🛏 50 quartos, 11 suítes ❄ 🏊 Externa

LE MONTSEGUR

www.hotelmontsegur.com

Este antigo *hôtel particulier* tem um estacionamento fechado para hóspedes. Os quartos são decorados em estilo clássico francês e oferecem todas as modernas facilidades, inclusive internet sem fio. O hotel é bem localizado, a curta distância da *cité*.

✉ 27 e 32 Allée d'Iéna, 11000 Carcassonne ☎ 04 68 25 22 17 € €78-€98, sem café da manhã (€10) 🛏 21 ❄

COUIZA

CHÂTEAU DES DUCS DE JOYEUSE

www.châteaudesducs.com

Este castelo do século 16 reformado é cercado por um parque às margens do rio Aude. Alguns quartos ocupam as torres e têm cama de dossel e lareira. O restaurante serve especialidades locais.

✉ Allée du Château, 11190 Couiza ☎ 04 68 74 23 50 € €90-€205, sem café da manhã (€13) 🛏 35

LA CROIX-VALMER

CHÂTEAU DE VALMER

www.château-valmer.com

Este castelo está localizado no centro de um parque de 5ha, com praia particular, quadra de tênis e uma grande piscina. Os quartos são decorados com tecidos provençais e têm banheiros de mármore. Alguns têm cama de dossel, e algumas suítes podem acomodar até quatro pessoas. Todos os quartos são equipados com TV por satélite. O restaurante La Pinède Plage serve comida mediterrânea. Há um estacionamento particular.

✉ Route de Gigaro, 83420 La Croix-Valmer ☎ 04 94 55 15 15 🕒 Fechado meados nov-1 dez, meados jan-fim jan e seg-qua fev-20 mar € €190-€490, sem café da manhã 🛏 20 ❄ 🏊 Externa

FORCALQUIER

AUBERGE CHAREMBEAU

www.charembeau.com

Esta hospedaria duas-estrelas está instalada numa casa de fazenda do século 18 restaurada. Alguns quartos podem acomodar até quatro pessoas e têm uma quitinete. Outros têm balcão ou terraço. Há também uma quadra de tênis.

✉ Route de Niozelles, 04300 Forcalquier ☎ 04 92 70 91 70 🕒 Fechado meados nov-fim fev € €54-€108, sem café da manhã (€9) 🛏 23 🏊 Externa

FRÉJUS

L'ARÉNA

www.arena-hotel.com

Este charmoso hotel três-estrelas tem fachada de terracota. Tem palmeiras no jardim, móveis de madeira nos quartos e um restaurante que serve a culinária mediterrânea. Dispõe de estacionamento particular.

✉ 145 Rue Général de Gaulle, 83600 Fréjus ☎ 04 94 17 09 40 🕒 Fechado meados dez-meados jan € €85-€145, sem café da manhã (€140) 🛏 36 ❄ 🏊

HYERES

HÔTEL PROVENCAL

www.provencalhotel.com

Localizado num promontório na extremidade sul da península de Giens e no centro da vila, este hotel oferece vistas panorâmicas para as ilhas Hyeres. Na parte externa, tem um jardim e quadra de tênis. O restaurante serve pratos da cozinha mediterrânea num esplêndido terraço.

✉ Place Saint-Pierre, 83400 Giens ☎ 04 98 04 54 54 € €107-€168, sem café da manhã (€14) 🛏 41 🏊

MARSELHA

CITOTEL HOTEL ALIZE

www.alize-hotel.com

Convenientemente localizado num prédio do século 18 no centro histórico, este hotel tem vista para o velho porto. Os quartos têm todas as modernas comodidades.

35 Quai des Belges, 13001 Marselha 04 91 33 66 97 €73-€98, sem café da manhã (€8) 39

HÔTEL LE CORBUSIER

www.hotellecorbusier.com

O hotel ocupa um prédio de 300 apartamentos projetado por Le Corbusier. Tem áreas de lazer, lojas, cinema, bar e biblioteca. Os quartos são muito simples. Há um estacionamento particular.

280 Boulevard Michelet, 3º andar, 13008 Marselha 04 91 16 78 00 €94-€104, sem café da mahã (€9) 21

HÔTEL HERMÈS

www.hotelmarseille.com

Este hotel duas-estrelas fica perto do velho porto e foi completamente reformado em 2006. Os quartos à prova de som são claros e têm TV; alguns têm varanda.

2 Rue Bonneterie, 13002 Marselha 04 96 11 63 63 €68-€97, sem café da manhã (€8) 28

MÔNACO

HÔTEL HERMITAGE

www.montecarloresort.com

Este luxuoso hotel Belle Époque fica de frente para o mar e tem um restaurante panorâmico, Le Vistamar, onde o café da manhã é servido sob um teto de vidro projetado por Gustave Eiffel. Dá acesso a Les Thermes Marins.

Square Beaumarchais, 98000 Mônaco 377 98 06 40 00 €360-€895, sem café da manhã (€35) 229 Externa

MONTPELLIER

LE GUILHEM

www.leguilhem.com

Este pequeno hotel num edifício do século 16 restaurado no centro histórico tem vista para os jardins e para a Escola de Medicina, do século 12. Os quartos são todos diferentes, e alguns têm teto de pedra curvo.

18 Rue Jean-Jacques-Rousseau, 34000 Montpellier 04 67 52 90 90 €87-€249, sem café da manhã (€12) 35

HÔTEL LE JARDIN DES SENS

www.jardindessens.com

Os quartos amplos e minimalistas deste hotel foram projetados por Philippe Starck. A maioria dá para o jardim e para a piscina; uma das suítes tem sua própria piscina. O famoso restaurante é excelente.

11 Avenue St.-Lazare, 34000 Montpellier 04 99 58 38 38 €170-€480, sem café da manhã (€15) 12 quartos, 2 suítes Externa

MOUSTIERS-SAINTE-MARIE

LA BASTIDE DE MOUSTIERS

www.bastide-moustiers.com

Esta hospedaria quatro-estrelas abriga um dos restaurantes do chef Alain Ducasse. Os doze quartos têm nome de produtos locais e são decorados de acordo com o nome.

Chemin de Quinson, 04360 Moustiers-Sainte-Marie 04 92 70 47 47 O hotel fecha meados nov-1 dez, meados jan-fim jan e seg-qua fev-fim mar €160-€335, sem café da manhã 12 Externa

NICE

HÔTEL DE LA BUFFA

www.hotel-buffa.com

Este hotel duas-estrelas tem um interior despretencioso, mas convidativo. Os quartos são decorados com tecidos provençais e têm TV por satélite. Os quartos de frente para a rua têm vidros duplos, e há um estacionamento particular.

56 Rue de la Buffa, 06000 Nice 04 93 88 77 35 €58-€75, sem café da manhã (€8) 14

HÔTEL NEGRESCO

www.hotel-negresco-nice.com

Construído em 1912, este palácio com cúpula negra é um marco na cidade. O interior é uma ode à arte, do Renascimento à era moderna: no Salon Royal, uma das *Nanas* de Niki de Saint-Phall, uma grande escultura feminina, está sentada ao lado de retratos clássicos. O hotel tem praia particular.

37 Promenade des Anglais, 06000 Nice 04 93 16 64 00 €285-€570, com café da manhã 145 quartos, 24 suítes

HÔTEL SUISSE

www.hotels-ocre-azur.com

Situado abaixo do castelo e a poucos minutos a pé da praia e dos encantos de Nice, este belo edifício ocre do século 19 tem quartos elegantemente decorados em estilo mediterrâneo. Alguns têm varanda com vistas fantásticas da baía des Anges e da cidade velha.

15 Auai Raubà-Capèu, 06000 Nice 04 92 17 39 00 €109-€190, sem café da manhã (€15) 42

NÎMES

HÔTEL IMPERATOR CONCORDE

www.hotel-imperator.com

Embora este hotel fique de frente para a rua, isso é compensado por sua extraordinária beleza e seus magníficos jardins. Os quartos são amplos e bem decorados.

Quai de la Fontaine, 15 Rue Gaston-Bossier, 30000 Nîmes 04 66 21 90 30 €165-€225, com café da manhã 62

PERPIGNAN

HÔTEL DE LA LOGE

www.hoteldelaloge.fr

Este pequeno hotel duas-estrelas de administração familiar ocupa uma mansão do século 15. Os quartos são confortáveis e têm TV e banheiro privativo. Tem um pequeno bar, mas não tem restaurante.

1 Rue Fabriques d'en Nabol, 66000 Perpignan 04 68 34 41 02 €44-€62, sem café da manhã (€6) 21

PIOLENC

AUBERGE DE L'ORANGERIE

www.orangerie.net

Os cinco quartos foram decorados com bom gosto, cada um num estilo. O quarto Colonial é decorado com suvenires da Ásia, e a decoração do quarto Cézanne tem um clima de *boudoir*.

4 Rue de l'Ormeau, 84420 Piolenc

04 90 29 59 88 €64-€100, com café
a manhã 5 Externa

ST.-ANDIOL

E BERGER DES ABEILLES

www.bergerabeilles.com

Este hotel duas-estrelas ocupa um chalé provençal. Alguns dos quartos são decorados com móveis antigos. Há um estacionamento particular e um jardim onde os hóspedes podem fazer as refeições.

RD 74E, 13670, St.-Andiol-en-Provence 04 90 95 01 91 Fechado jan-meados fev €95-€118, sem café da manhã (€12) 8

ES SAINTES-MARIES-DE-LA-MER

HOSTELLERIE DE CACHAREL

www.hotel-cacharel.com

Este hotel está localizado bem no centro das Reserves Naturelles de Camargue e tem seus próprios estábulos. O salão de estar tem piso de ladrilhos e uma grande lareira. Os quartos são decorados com belos móveis, mas não têm TV. Não há um restaurante no hotel, mas o hóspede pode pedir uma bandeja de frios e queijos.

Route de Cacharel, 13460 Les Saintes-Maries-de-la-Mer 04 90 97 95 44 €117, sem cafe da manhã (€10,50) 16 Externa

LA LAGUNE

www.lalagune.net

Este pequeno hotel no campo constitui a base ideal para explorar o Camargue. Os quartos são em estilo regional, mas com comodidades modernas. Aceita animais mediante uma taxa extra.

Route d'Arles, 13460 Les-Saintes-Maries-de-la-Mer 04 90 97 84 34 €75-€130, sem café da manhã (€11,50) 20

ST.-RÉMY-DE-PROVENCE

DOMAINE DE VALMOURIANE

www.valmouraine.com

Esta propriedade na região das Alpilles de Provença é cercada de olivais e vinhedos. Os quartos são claros e aconchegantes. O hotel tem um bar inglês com piano e lareira, sala de bilhar, biblioteca e um restaurante com terraço. Há um serviço de massagem disponível para os hóspedes.

Petite route des Baux (D27), 13210 St.-Rémy-de-Provence 04 90 92 44 62 €125-€260, sem café da manhã (€16) 13

ST.-TROPEZ

HÔTEL BYBLOS

www.byblos.com

Este palácio é um verdadeiro luxo no estilo provençal. O interior sofisticado é decorado com materiais locais, ornamentos de ferro batido, antiguidades, tecidos locais e peças de cerâmica.

Avenue Paul Signac, 83990 St.-Tropez 04 94 56 68 00 Fechado nov-meados abr €410-€650, sem café da manhã (€35) 52 quartos, 43 suítes Externa

SALON DE PROVENCE

DOMAINE DE ROQUEROUSSE

www.roquerousse.com

Em meio a um bosque de pinheiros, este hotel abriga um conhecido restaurante provençal. São 16 quartos no primeiro andar e dez pavilhões para quatro pessoas.

Route Jean Moulin, 13300 Salon de Provence 04 90 59 50 11 €72-€125, sem café da manhã (€10) 26

VILLEFRANCHE-SUR-MER

HÔTEL WELCOME

www.welcomehotel.com

O Hôtel Welcome é um moderno edifício de frente para a baía. Todos os quartos são claros e têm varanda. Não tem restaurante.

3 Quai Admiral Courbet, 06230 Villefranche-sur-Mer 04 93 76 27 62 Fechado meados nov- Natal €96-€218, sem café da manhã (€13) 37

Abaixo *O Hôtel Hermitage, em Mônaco*

SUDOESTE DA FRANÇA

Um claro divisor de águas separa o clima do sudoeste, influenciado pelo Atlântico, do clima mais seco do Languedoc e da Provença, influenciado pelo Mediterrâneo. Este ainda é o Midi, onde o sol brilha frequentemente, mas, graças às precipitações provenientes dos Pireneus e do Maciço Central, que alimentam os rios Charente, Dordogne, Lot, Tarn, Garonne e Adour, as paisagens são predominantemente verdejantes. As quatro regiões que formam o sudoeste –Aquitânia, Limousin, Midi-Pyrénées e Poitou-Charentes– são tipicamente rurais, com poucas cidades grandes e raras indústrias pesadas. Você se verá numa região rural que é uma mistura de pastos, bosques, pomares, férteis planícies onde crescem milharais e colinas ondulantes cobertas de girassóis.

Se a civilização moderna quase sempre parece distante, a civilização antiga está à mão. O sudoeste tem uma abundância de cavernas cheias de desenhos rupestres. As de Lascaux são as mais famosas, mas há muitas outras.

O sudoeste da França é atravessado por estradas secundárias. Toulouse, Bordeaux, Poitiers e Limoges são cidades que merecem uma visita, mas ainda mais sedutoras são as inúmeras cidadezinhas e vilas onde as praças têm pórticos e as ruas estão cheias de casas com vigamento de madeira aparente. Muitas dessas cidades pitorescas guardam um monumento histórico: uma igreja românica ou um castelo, herança da Guerra dos Cem Anos. Essas cidades podem se ligar por um infinito número de itinerários. Pode-se cruzar facilmente um passo no alto dos Pireneus, percorrer uma série de belas cidades e jantar de frente para o mar de Biarritz, ao som das ondas que se quebram na praia.

Aqui a vida não tem pressa como no norte da França, e você será aconselhado a aproveitar o tempo para experimentar ou comprar os produtos da região, como foie gras, ostras, trufas, vinho bordeaux e conhaque.

AINHOA E SARE

www.sare.fr

O País Basco francês cobre um pequeno território, em grande parte muito pitoresco. Em toda a região há exemplos bem preservados de casas de campo bascas ou *exte*, grande construção branca com o vigamento de madeira pintado de vermelho-escuro –antigamente tingido com sangue de boi– ou verde-escuro.

As duas vilas mais bonitas do País Basco são Ainhoa e Sare, aglomerados de casas imaculadas perto da fronteira espanhola. Ainhoa tem pouco mais que uma rua, mas algumas magníficas casas dos séculos 17 e 18. Numa pequena rua fora de Sare fica o Musée du Gâteau Basque, onde são revelados os segredos do gâteau basque, uma iguaria local.

Partindo do passo chamado Col de St.-Ignace, entre Sare e Ascain, uma antiga ferrovia sobe até o pico de La Rhune (905m), onde alguns degraus levam a três bares do outro lado da fronteira. Quem não quiser pegar o trem pode subir ao topo da montanha a pé, mas a subida é dura.

454 E13 Sare 05 59 54 20 14 Seg-sex 9h30-12h30, 14h-18h (13h30-17h30 fora da temporada) dom 10h-12h30

ALBI

www.albi-tourisme.fr

Esta agradável cidade fora do roteiro turístico tem uma encantadora arquitetura de tijolos rosa, boas lojas e belas vistas. O magnífico rio Tarn dá ao lugar uma calma encantadora.

O centro de turismo oferece uma publicação em inglês que fornece as rotas a três monumentos culturais, além de informações sobre os santuários e as lojas de arte e artesanato da cidade.

A Cathédrale Sainte-Cécile (jun-fim set diariam 9h-18h30; out-fim mai diariam 9h-12h, 14h-18h30) tem um exterior austero como o de um forte, que esconde um suntuoso interior renascentista. No século 16, artistas italianos cobriram as paredes e o teto da nave com afrescos, e na parede oeste vê-se um imenso mural do século 15 que representa o Juízo Final.

Ao lado do centro de turismo, o antigo palácio episcopal, o Palais de la Berbie, é hoje o Musée Toulouse-Lautrec. O museu está passando por uma reforma, mas algumas salas continuam abertas (jul, ago diariam 9h-18h; jun, set diariam 9h-12h, 14h-18h; abr, mai diariam 10h-12h, 14h-18h; mar, out qua-seg 10h-12h, 14h-17h30; nov-fim fev qua-seg 10h-12h, 14h-17h).

455 J12 Palais de la Berbie, Place Sainte-Cécile, 81000 05 63 49 48 80 Jul, ago seg-sáb 9h-21h, dom 10h-12h30, 14h30-18h30; mai-fim jun, set seg-sáb 9h-12h30, 14h-18h30, dom 10h-12h30, 14h30-17h; resto do ano seg-sáb 9h-12h30, 14h-18h, dom 10h-12h30, 14h30-17h Albi

ARCACHON

www.arcachon.com

A Bassin d'Arcachon, uma imensa baía natural de 90km de circunferência, é ideal para férias em família. Suas praias de areia e águas calmas são protegidas das ondas que golpeiam a costa do Atlântico logo além do cabo Ferret. E um ótimo lugar para atividades ao ar livre, como velejar, navegar de caiaque ou parasailing, pedalar ou caminhar. O único problema é a dificuldade de estacionar na alta estação.

Na cidade, o Observatoire Sainte-Cécile (Le Belvédère), construído pelo jovem Gustave Eiffel, é uma escada em espiral suspensa por cabos dentro de uma torre de metal, que oscila à medida que você sobe. Embora tenha apenas 15m, oferece uma ampla vista da cidade, das villas circundantes e da baía d'Arcachon.

A melhor maneira de conhecer a baía é de barco. Escolha uma excursão que visite a Île aux Oiseaux e vários dos pequenos portos de pesca de ostras ao redor da baía.

Os dotados de mais energia podem caminhar até a maior duna da Europa, a Dune du Pilat, que fica 11km ao sul de Arcachon e tem cerca de 3km de comprimento e 110m de altura. Do alto da duna, a vista é maravilhosa.

454 E11 Esplanade Georges Pompidou, 33311 05 57 52 97 97 Jul, ago diariam 9h-19h; resto do ano seg-sáb 9h-18h30, dom 10h-13h,14h-17h Arcachon

AVEN ARMAND

www.aven-armand.com

Em 1897, o serralheiro Louis Armand entrou por uma abertura numa grande depressão em forma de funil no platô de Causse Mejean e se viu numa vasta caverna que alcançava 112m no ponto mais alto. Ela continha uma "floresta" de estalagmites, entre elas a maior do mundo, de 30m de altura. Hoje, os visitantes entram por um túnel inclinado e uma curta linha de funicular, mas quem quiser pode entrar pela depressão original acompanhado de um espeleólogo.

Mesmo para quem escolhe o acesso mais fácil, a caverna da Forêt Vierge é um lugar impressionante.

456 K12 48150 Meyrueis 04 66 45 61 31 Jul, ago diariam 9h30-18h; mar-fim jun, set-fim nov 10h-12h, 13h30-17h Adultos €8,50, crianças (5-15) €6,90

Pág. ao lado *Catedral de Albi*
Abaixo *Pesqueiros de ostras em Arachon*

BAYONNE

www.bayonne-tourisme.com

A capital informal do País Basco francês (aqui você talvez ouça a língua basca, o *euskara*), Bayonne situa-se na confluência dos rios Adour e Nive e pode ser visitada num dia de viagem partindo de Biarritz.

No século 18 era um importante porto, onde os estaleiros, a pesca da baleia e do bacalhau e o comércio com as Índias Ocidentais geravam riqueza. Também era famosa por seus destemidos *corsaires*. O resultado de toda essa riqueza pode ser visto nas magníficas casas à margem dos rios e nas galerias das ruas comerciais fechadas ao tráfego, como a Rue du Port-Neuf, com suas muitas lojas de chocolates.

Há dois bons museus, ambos no bairro Petit Bayonne. O Musée Bonnat (mai-fim out diariam 10h-18h30; nov-fim mar qua-seg 10h-12h30, 14h-18h), na Rue Jacques Laffitte, tem um acervo reconhecido nacionalmente, com obras de El Greco, Goya, Delacroix e Degas. O Musée Basque, no Quai des Corsaires, dedica-se à cultura basca, desde sua origem à época moderna, e também à história da cidade (mai-fim out ter-dom 10h-18h30; nov-fim abr ter-dom 10h-12h30, 14h-18h).

Na festa da cidade, na primeira semana de agosto, há de tudo, de touradas e carnaval a música e dança bascas.

454 E13 Place des Basques, 64108 08 20 42 64 64 Jul, ago seg-sáb 9h-19h, dom 10h-13h; resto do ano seg-sex 9h-18h30, sáb 10h-18h Bayonne

BIARRITZ

www.biarritz.fr

Em 1854, a imperatriz Eugênia convenceu o marido, Napoleão 3º, a passar as férias aqui. Ele construiu para ela a Villa Eugénie, e logo os ricos e famosos os seguiram, transformando Biarritz no mais elegante balneário no sudoeste da França, onde muitas das ruas têm nomes de visitantes famosos. Biarritz ficou conhecida por seus bailes e banquetes, e depois por seus cassinos, campos de golfe, restaurantes e lojas elegantes. A maioria dos visitantes vem por causa de suas praias: a Grande Plage, a mais badalada; a pequena praia do Port-Vieux, popular entre os moradores; e a Plage de la Côte des Basques, preferida dos surfistas

Outras atrações são o Musée de la Mer (jun, set diariam 9h30-19h; jul, ago 9h30-24h; resto do ano 9h30-12h30, 14h-18h; fechado 1-15 jan), que tem um aquário, tanque de tubarões e de focas; os horários de alimentação são 10h30 e 17h. O Musée de l'Art Oriental, na Rue Guy-Petit, tem mais de mil obras de arte da China, Nepal e Tibete (jul, ago diariam 10h30-18h30; resto do ano 14h-18h). Para os chocólatras, o Musée du Chocolat (jul, ago diariam 10h-18h; resto do ano diariam 10h-12h30, 14h-18h30), na Avenue Beaurivage, oferece degustações. Para compras, o mercado coberto Les Halles só abre pela manhã.

454 D13 Place d'Ixelles, 64200 05 59 22 37 10 Jul, ago diariam 8h-20h; resto do ano seg-sáb 9h-18h, dom 10h-17h Biarritz-La Négresse

CAHORS

www.mairie-cahors.fr

Cahors tem uma bela localização, num istmo formado por uma alça do serpenteante rio Lot. A cidade é famosa por seu vinho tinto, produto dos vinhedos que cobrem as encostas ao sul e a oeste. A cidade se divide em duas partes: o bairro medieval, do lado leste, e a parte nova, a oeste, ligadas pela rua principal da cidade, o Boulevard Gambetta (homenagem a Léon Gambetta, um dos mais admirados republicanos franceses, nascido em Cahors). Os ingleses sitiaram Cahors durante a Guerra dos Cem Anos (na verdade sem atacá-la), um legado visível nas muralhas, ameias, seteiras e torres fortificadas da cidade velha.

Na parte oeste fica o símbolo da cidade, a Pont Valentré. As curiosas proporções desta ponte medieval são enfatizadas por três torres pontiagudas, de onde projéteis podiam ser lançados contra eventuais invasores. Na cidade velha, a Cathédrale St.-Étienne, do século 12, revela uma mistura dos estilos gótico flamejante, gótico e românico, com uma cúpula no estilo Périgord, belas portas esculpidas e afrescos. Perto da catedral fica a Maison de Roaldès, que pertenceu a Henrique 4º.

455 H12 Place François Mitterrand, 46000 05 65 53 20 65 Seg-sáb 9h-12h30, 13h30-18h Cahors

CANAL DU MIDI

Mesmo com a ajuda de modernos equipamentos, seria um grande feito de engenharia e logística construir um canal que atravessasse metade da França, mas o fato de isso ter sido realizado no século 17 é extraordinário. O Canal du Midi, de Toulouse ao Mediterrâneo, foi construído graças à tenacidade de um homem, Pierre-Paul Riquet (1604-80), que pagou um terço da obra do próprio bolso e convenceu Colbert, ministro das finanças de Luís 14, a financiar o resto.

A partir de 1666, 12 mil operários levaram 14 anos para cavar os 240km do canal e construir as 328 comportas, pontes e aquedutos necessários para vencer os desníveis do terreno. O maior obstáculo foi o Seuil de Naurouze, um desfiladeiro no qual a água flui para leste e para oeste. Um engenhoso sistema hidráulico nesse ponto mantém o canal suprido das águas que correm pela encosta da montanha Noir. Riquet morreu em 1680, seis meses antes do término do canal, ao qual dedicou a vida.

No século 19, outro canal foi construído ao lado do rio Garonne, completando a ligação entre o Atlântico e o Mediterrâneo. Juntos, os dois canais são chamados de Canal des Deux Mers. Embora não sejam mais usados para o tráfego comercial, os canais são muito populares e navegados por veleiros de lazer, e suas margens são perfeitas para uma caminhada ou para um passeio de bicicleta. Pode-se alugar barcos nas principais cidades ao longo dos canais.

455 K13

CASTRES

www.ville-castres.fr

Castres é uma cidade agradável com ar veneziano. É a parada ideal na rota entre Albi (▷ 353) e Toulouse (▷ 372-5) (depois de enfrentar movimentadas estradas e de ultrapassar as indústrias que cercam a cidade). O pequeno centro histórico é facilmente explorado a pé em uma ou duas horas, e pode-se ver uma impressionante coleção de pinturas espanholas no Musée Goya (jul, ago diariam 10h-18h; resto do ano ter-sáb 9h-12h, 14h-18h, dom 10h-12h, 14h-16h). O museu é a principal atração da cidade e abriga a segunda mais importante coleção de pintura espanhola da França depois do Louvre. As obras abrangem da Idade Média aos dias atuais e incluem três pinturas e uma importante série de gravuras de Goya. A coleção está no belo Hôtel de Ville, antiga residência dos bispos, projetada por Mansart. O pequeno e delicado jardim foi projetado por André Le Nôtre.

Peça no centro de turismo um folheto que detalha 11 atrações que podem ser vistas num passeio pela cidade, seguindo um mapa de fácil compreensão.

As paredes das casas antigas ao longo da margem leste do Agout descem até a água dos dois lados de antigas escadarias, e o rio tem muitos peixes. De maio a fim de outubro, um barco de passageiros, Le Coche d'Eau, faz um passeio de 45 minutos entre o cais diante do centro de turismo e o parque La Gourjade.

455 J13 2 Place de la République, 81100 05 63 62 63 62 Jul, ago seg-sáb 9h30-18h30, dom 10h30-12h, 14h-16h30; resto do ano seg-sáb 9h30-12h30, 13h30-17h30 Castres

COGNAC

www.tourism-cognac.com

A cidade velha de Cognac preserva sua planta medieval e várias referências ao comércio de sal do qual antigamente dependia sua economia. Em suas ruas estreitas, casas de vigamento aparente disputam espaço com belas mansões de pedra dos século 15 a 17. A Tour St.-Jacques, na Rue du Château, é tudo o que restou das velhas muralhas. Também se pode admirar a rosácea do século 15 na Église du Prieuré St.-Léger (tel 05 45 82 05 71; os horários variam).

As ruas cheias de lojas e cafés que se irradiam da Place François I representam a Cognac de hoje. Agitadas e prósperas, concentram o comércio, a gastronomia, o turismo e o centro da produção mundial de conhaque. Manchas pretas sobre as construções de pedra clara revelam os locais onde os barris da famosa bebida estão envelhecendo. As vastas adega do Château François I (onde nasceu o rei que subiu ao trono em 1515) são hoje sede da Otard Cognac (jul, ago diariam 11h-12h, 13h30-19h; abr-fim out 11h-12h, 14h-18h; no resto do ano, só visitas em grupos). Algumas das casas que podem ser visitadas são Camus, Martell, Hennessy e Rémy Martin.

458 F10 16 Rue du 14 Juillet, 16100 05 45 82 10 71 Jul, ago seg-sáb 9h-19h, dom 10h-16h; mai, jun, set seg-sáb 9h30-17h30; resto do ano seg-sáb 10h-17h Cognac

À esq. *Um velho caminhãozinho transporta barris do conhaque Martell*

Pág. ao lado, da esq. p/ dir. *Um café em Bayonne; Ponte Valentre, em Cahors*

BORDEAUX

INTRODUÇÃO

Bordeaux, um dos mais antigos portos comerciais da França, é uma elegante cidade cuja riqueza se deve à produção do vinho. Os romanos estão entre os povos que tiraram vantagem da posição da cidade no estuário do rio Garonne. Mais tarde, sua proximidade a férteis vinhedos fomentou seu crescimento. No século 12, quando o casamento de Leonor da Aquitânia com o futuro rei Henrique 2º da Inglaterra colocou a metade ocidental da França sob domínio inglês, a cidade desfrutou de um forte crescimento econômico. Muitos mercadores de vinho ficaram ricos, e seus descendentes ainda vivem nas elegantes mansões e palácios que eles construíram.

O século 18 selou a reputação da cidade, e dessa época datam muitos de seus grandiosos monumentos. Como em Paris um século antes, foram construídos na cidade amplos bulevares, jardins públicos e o Grand Théâtre. Durante esse período, a riqueza vinha também do comércio de açúcar, especiarias e café com as colônias.

As principais atrações ficam relativamente próximas, a maior parte delas perto do magnífico Grand Théâtre ou da imensa praça central, a Esplanade des Quinconces. Se for sua primeira visita a Bordeaux, não deixe de caminhar até a Pont de Pierre, a ponte mais antiga da cidade, para desfrutar a vista da Porte de Bourgogne e das construções de pedra ao longo do cais. Se houver sol, ficará óbvio por que a cidade costuma ser chamada de Bordeaux, la Blonde.

INFORMAÇÕES

www.bordeaux-tourisme.com
359 F11 12 Cours 30 Juillet, 33080 05 56 00 66 00 Jul, ago seg-sáb 9h-19h30, dom 9h30-18h30; mai, jun seg-sáb 9h-19h, dom 9h30-18h30; set, out seg-sáb 9h-18h, dom 9h30-18h30; resto do ano seg-sáb 9h-18h30, dom 9h45-18h30 (exceto primeiro dom do mês) Gare St.-Jean

O QUE VER

GRAND THÉÂTRE

Este espetacular teatro, com 12 colunas coríntias encimadas por estátuas de nove musas e três deusas, domina a Place de la Comédie. Construído entre 1773 e 1780 por Victor Louis, que restaurou a Catedral de Chartres (▷ 232), tem quase 90m de comprimento e 50m de largura. Devolvido à sua glória original em 1991, seu auditório é famoso por sua acústica excepcional e pelos camarotes decorados com folhas de ouro. A grandiosa escadaria serviu de modelo para o saguão da Opéra Garnier em Paris (▷ 96). Não se pode visitar o interior do teatro durante o período de ensaios. Portanto, convém verificar se haverá alguma pausa nos ensaios ao longo do dia.

359 C3 Place de la Comédie 05 56 00 85 95; visitas 05 56 00 66 00 Depende dos horários de ensaio

CATHÉDRALE ST.-ANDRÉ E TOUR PEY-BERLAND

Esta catedral milenar, cujas delicadas agulhas gêmeas podem ser vistas de qualquer ponto da cidade, foi considerada patrimônio da humanidade pela Unesco. Conta-se que foi nesta imensa nave que Leonor da Aquitânia se casou com o futuro rei Henrique 2º da Inglaterra em 1152. As portas norte e sul do transepto, o coro e a Porte Royale, na fachada norte, são decoradas com esculturas medievais e cenas do Juízo Final.

Vizinha à catedral ergue-se a Tour Pey-Berland, do século 15. Em seu pináculo, a 50m, está a imagem de Nossa Senhora da Aquitânia. A vista lá do alto é fantástica, assim como o som do sino de 11t, Ferdinand-André.

359 B4 Place Pey-Berland 05 56 52 68 10 Seg 14h-18h, ter-sex 7h30-18h, sáb 9h-19h, dom 9h-18h Visitas guiadas sáb e primeiro dom do mês às 14h30 e 17h50

MUSÉE DES BEAUX-ARTS

O museu de belas-artes está situado no jardim do Palais Rohan. Seu acervo cobre os principais movimentos artísticos, do Renascimento à Segunda Guerra. Exposições temporárias são realizadas na Galerie des Beaux-Arts, em frente.

Pág. ao lado *Detalhe de um cavalo de uma fonte na Esplanade des Quinconces*
Abaixo *Cabeça de Baco na fonte*

DICAS

» Peça informações sobre visitas aos vinhedos no centro de turismo ou siga a rota do passeio de carro pelos vinhedos (▷ 376-7). Tudo o que você precisa saber sobre os vinhos bordeaux está em www.vins-bordeaux.fr

» Na última sexta-feira do mês, patinadores ocupam a Allée de Bristol, no lado norte da Esplanade des Quinconces, para La Nuit du Roller.

» Explore a cidade com uma bicicleta que comenta as principais atrações em inglês. Informe-se no centro de turismo.

Abaixo *Uma fonte na Esplanade des Quinconces*
Embaixo *A Ponte St.-Pierre, sobre o rio Garonne*

Embora relativamente pequeno, o museu contém obras de mestres como Ticiano, Van Dyck, Delacroix, Rubens e Matisse.
359 A4 20 Cours d'Albret 05 56 10 20 56 Qua-seg 11h-18h
Visitas guiadas qua 12h30 e em outros horários mediante agendamento

ÉGLISE NOTRE-DAME

Antigamente anexa ao convento dominicano vizinho, esta igreja foi terminada em 1707 por Pierre Michel, arquiteto encarregado da construção da fortaleza próxima. A elaborada decoração da igreja contrasta com a simplicidade da construção. A nave central, ladeada por pequenas capelas, se estende além de duas portas de ferro dourado até o altar barroco. Na parede oeste, um baixo-relevo mostra a visão de são Domingos: a Virgem Maria estendendo-lhe um rosário.
359 B3 Place du Chapelet 05 56 81 44 21 Seg 14h30-19h, ter, qui 8h30-12h, 14h30-18h30, sex 8h30-13h, 14h30-18h30, sáb 8h30-12h, 14h30-19h30, dom 10h-12h, 18h-19h30

BASILIQUE ST.-SEURIN

Em 1873, a igreja de St.-Seurin recebeu do papa o título de basílica por sua importância para a fé cristã. Ela também é patrimônio da humanidade da Unesco, e sua origem remonta à época galo-romana. O interior mostra uma mistura de estilos e formas que vão do século 11 ao 18, com uma decoração ao mesmo tempo austera e luxuosa. Em 1910, escavações revelaram um enorme cemitério cristão do século 4º.
359 A2 Place des Martyrs de la Résistance 05 56 48 22 08 Qua-sáb 8h30-11h45, 14h-19h45, dom 9h-12h45, 18h-20h15. Cripta: diariam 14h-18
Cripta €2,50 Visitas guiadas sáb 14h30-17h30

MAIS ATRAÇÕES

BASILIQUE ST.-MICHEL

Esta basílica de três naves em estilo gótico flamejante, hoje patrimônio da humanidade, atrai peregrinos de toda a região de Bordeaux. De sua torre do sino tem-se um magnífico panorama da cidade e do rio.
359 C4 Place Meynard 05 56 94 30 50 Qui 14h30-17h30, primeiro e terceiro dom do mês 14h30 e 17h30

CAPC – MUSÉE D'ART CONTEMPORAIN

Um armazém do século 19 foi convertido num espaço multimídia, com exposições temporárias do que existe de mais atual em matéria de arte.
359 C1 7 Rue Ferrère 05 56 00 81 50 Ter-dom 11h-18h (também qua 18h-20h)
Visitas guiadas sáb, dom 16h; resto do ano mediante agendamento

ÉGLISE SAINTE-CROIX

Na fachada, há esculturas do século 12 acima da porta principal. No interior, observe o órgão barroco e a coleção de pinturas religiosas do século 17.
359 off C4 Place Pierre Renaudel 05 56 94 30 50 Qui 10h-12h

ESPLANADE DES QUINCONCES

Esta praça arborizada no local do Château de Trompette, do século 15, é considerada a maior praça localizada no centro de qualquer cidade da Europa.
359 B2

ꞁAISON DU VIN (CONSEIL INTERPROFESSIONNEL DU VIN DE BORDEAUX)

ꞁ melhor maneira de começar a conhecer os vinhos da região de Bordeaux saborear uma taça no bar da sede do órgão regulatório oficial, que ocupa m belo edifício do século 18 na forma da proa de um navio. Cada vinho ervido tem seu cartão informativo, mas, se tiver alguma pergunta a fazer, irija-se ao sommelier.

359 B2 · 3 Cours du XXX Juillet · 05 56 00 43 47 · Seg-sáb 11h-22h

ꞁUSÉE D'AQUITAINE

ꞁ história de Bordeaux desde a época pré-histórica é contada neste museu, ɔcalizado num convento. Objetos de culturas estrangeiras enfatizam o papel a cidade na exploração e no comércio.

359 B4 · 20 Cours Pasteur · 05 56 01 51 00 · Ter-dom 11h-18h

ꞁLACE DE LA BOURSE

Jma escultura de Netuno abrindo simbolicamente a rota de comércio rgue-se diante desta elegante praça semicircular de esplêndidos difícios voltados para o cais.

359 C3

Acima *Uma instalação de arte chama a atenção numa área de estacionamento*

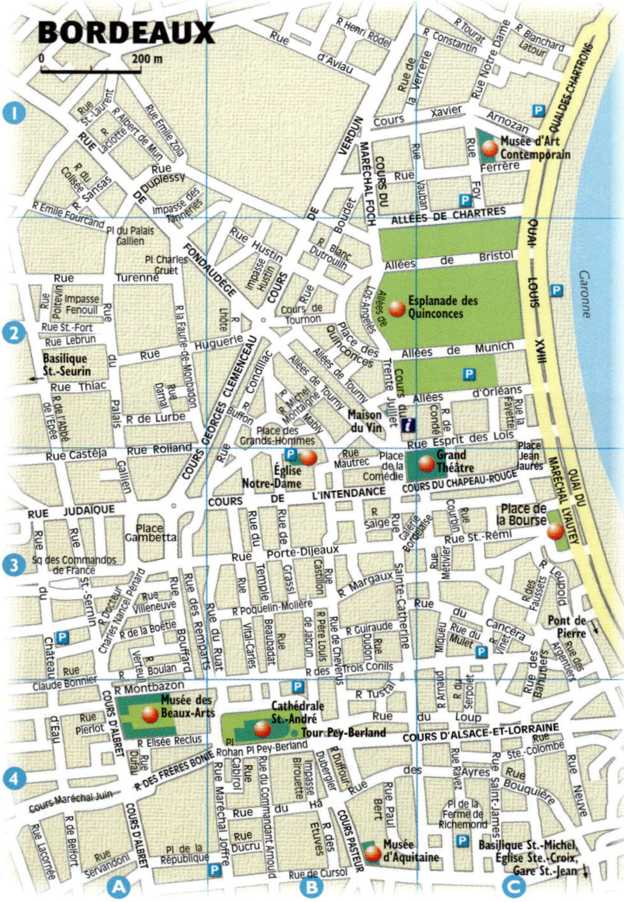

COLLONGES-LA-ROUGE

www.collonges-la-rouge.fr

Collonges-la-Rouge pertence a uma dúzia de vilas vizinhas conhecidas pelo nome de Le Pays de Collonges-la-Rouge. Está cheia de charmosos edifícios de arenito vermelho. A Maison de la Sirène tem a figura de uma sereia, o Hôtel de la Ramade de Friac mostra torres estranhas, e o Castel de Vassinhac tem janelas separadas por barras verticais, torres de vigia e seteiras. Peça no centro de turismo um mapa com os principais edifícios e um itinerário em francês. Ao sul, uma trilha circular de 20 minutos pelo campo oferece belas vistas da vila.

459 H11 Lavenue de l'Auvitrie, Meyssac, 19500 05 55 25 32 25 Jul, ago diariam 10h-13h, 14h-19h; abr-fim jun, set 10h-12h, 14h-18h; resto do ano seg-sáb 14h-17h

CONQUES

www.conques.fr

Esta vila medieval nas montanhas acima do vale do Lot é um ponto de parada na rota de peregrinação para Santiago de Compostela. As casas circundam a Abbatiale Sainte-Foi, uma abadia românica de três espiras dedicada à mártir santa Fé, cujas relíquias foram trazidas para cá no século 9º. A igreja data do século 12 e tem um famoso tímpano sobre a porta oeste, considerado uma obra-prima da arte românica. Visto melhor ao sol da tarde, ele mostra aos peregrinos as consequências do Juízo Final. Na ponta externa da arquivolta veem-se os *curieux de Conques*, rostos que se destacam da pedra e espiam curiosamente. O destaque no tesouro da abadia é a estátua-relicário da santa, do século 10º.

455 J11 05 65 72 85 00 Abr-fim set diariam 9h30-12h30, 14h-18h30; out-fim mar 10h-12h, 14h-18h

CORDES-SUR-CIEL

www.cordesurciel.eu

Por estar afastada das principais vias modernas de comunicação, Cordes-sur-Ciel mudou pouco desde seu apogeu, no século 14, quando seus artesãos e mercadores enriqueceram com a fabricação de couro. Hoje é habitada por artesãos e vive principalmente do turismo. O centro da cidade é fechado ao trânsito e o estacionamento é restrito. É melhor estacionar no sopé da montanha e caminhar até uma das entradas da cidade, a Porte des Ormeaux (oeste) ou o Portail Peint (leste), que levam à rua principal, a Grand Rue Raymond VII. Na metade da Grand Rue fica a Maison Fonpeyrouse, que abriga o centro de informações turísticas. Quase em frente fica a Maison du Grand Veneur (um restaurante), que tem uma fachada esculpida. Do mesmo lado da rua, a Maison du Grand Ecuyer (hotel e restaurante) também tem uma fachada decorada. Da Place de la Bride, avista-se o campo ao redor.

455 J12 Place Jeanne Ramel-Cals, 81170 05 63 56 00 52 Jul, ago diariam 9h30-13h, 14h-18h30; abr, jun seg, sáb, dom 14h-18h, ter-sex 10h30-12h30, 14h-18h; set seg 14h-18h, ter-dom 10h30- 12h30, 14h-18h; out seg, sáb 14h-18h, ter-sex, dom 10h30-12h30,14h-18h; fev, mar, nov, dez ter, sex, dom 14h-17h; jan dom 14h-17h

DOMME

www.ot-domme.com

No alto de um penhasco, Domme é uma perfeita *bastide* (cidade medieval fortificada), com ruas estreitas floridas e construções de pedra. A vista do Belvédère de la Barre é excepcional, com o rio Dordogne serpenteando pela paisagem distante.

A cidade se aglomera ao redor de seu velho mercado e da linda Maison du Gouverneur. Como toda a vila, foi construída de pedra, que adquire um brilho dourado ao sol. Abaixo da vila situa-se a caverna mais cheia de estalactites no Périgord Noir (fev-11 nov; informe-se no centro de turismo sobre ingressos e excursões). Aqui o povo de Domme se abrigava durante as guerras. Em 1307, cavaleiros

templários, falsamente acusados de heresia, foram presos na Porte des Tours, parte das defesas da cidade ainda visíveis. Os desenhos que eles gravaram nas paredes de pedra da Prison des Templiers, entre eles o Cristo em majestade e cenas do Paraíso e da Crucificação, são um comovente testemunho de sua fé. Na Place de la Halle, o pequeno Musée d'Arts et de Tradition Populaire usa objetos e cenas da vida cotidiana para contar a história dos costumes locais (abr-fim set diariam 10h30-12h30, 14h30-18h).
459 H11 Place de la Halle, 24250 05 53 31 71 00 Fev-fim jun, set, out seg-sex 10h-12h, 14h-18h; resto do ano seg-sex 10h-12h, 13h30-16h30; fechado primeira semana de jan

LES EYZIES

www.leseyzies.com

As cavernas que cercam a vila de Les Eyzies-de-Tayac-Sireuil serviram de abrigo desde 400 mil anos antes da era cristã. O povo das cavernas que se estabeleceu aqui era de artesãos engenhosos e inteligentes, que decoraram suas cavernas com pinturas e gravuras que revelam grande habilidade artística. Bisões, cervos, cavalos e bois galopam pela superfície da pedra. Les Eyzies (hoje patrimônio da humanidade da Unesco) é uma das maiores concentrações dessas cavernas, visitadas por milhares de pessoas a cada ano (elas podem ficar lotadas no verão).

Para começar, visite o Musée National de Préhistoire (set-fim jun qua-seg 9h30-12h30, 14h-17h30; jul, ago diariam 9h30- 6h30). Este extraordinário museu, um antigo castelo construído sob a face do penhasco, contém machados de sílex, esculturas em osso, ornamentos corporais, armas de caça e utensílios domésticos.

Entre as várias cavernas, Abri du Poisson oferece uma raridade: a primeira prova conclusiva de que os povos Cro-Magnon praticavam a pesca –um esplêndido peixe em tamanho natural gravado no teto. A Grotte des Combarelles, que data de cerca de 13000 a.C., tem mais de 600 gravuras rupestres que representam cabritos monteses, mamutes, carneiros e bois, além de símbolos enigmáticos e figuras humanas, enquanto a Grotte du Font de Gaume contém pinturas policromáticas que estão entre as obras-primas da arte pré-histórica.
459 G11 19 Rue de la Préhistoire, 24620 05 53 06 97 05 Jul, ago seg-sáb 9h-19h, dom 10h-12h, 14h-18h; jun, set seg-sáb 9h-18h, dom 10h-12h, 14h-17h; abr, mai, out seg-sáb 9h-12h, 14-18h, dom 10h-12h, 14h-17h; resto do ano seg-sáb 9h-12h, 14h-18h Marque com antecedência a visita à Grotte du Font de Gaume, Grotte des Combarelles e Abri du Poisson Les Eyzies-de-Tayac

FIGEAC

www.tourisme-figeac.com

Esta encantadora cidade às margens do rio Célé cresceu ao redor de uma abadia, da qual só restou a Église Saint-Saveur. A cidade prosperou nos séculos 11 e 12, principalmente graças à sua localização, na rota de peregrinos para Rocamadour (▷ 378-9) e Santiago de Compostela. Em 1302 Figeac passou ao domínio da coroa francesa e recebeu o privilégio de cunhar sua própria moeda –um passado que é lembrado no nome do edifício que abriga o centro de informações turísticas, o Hôtel de la Monnaie, embora a atual casa da moeda esteja em outro lugar. Uma trilha sinalizada conduz os visitantes pelas ruas da cidade velha, com casas dos séculos 14 e 15. Siga as placas para a Place des Écritures, pavimentada com uma grande reprodução da Pedra de Roseta em granito preto. Em Figeac nasceu Jean-François Champollion (1790-1832), que decifrou os hieróglifos gravados na pedra. Um museu celebra sua vida e sua obra.
455 H11 Hôtel de la Monnaie, Place Vival, 46102 05 65 34 06 25 Jul, ago diariam 10h-19h; mai, jun, set seg-sáb 10h-12h30, 14h30-18h, dom 10h-13h; resto do ano seg-sáb 10h-12h30, 14h30-18h

Acima *Estátua e cavernas de Les Eyzies*
Pág. ao lado, da esq. p/ dir. *Santa Fé, em Conques; Caverna em Domme*

FUTUROSCOPE

www.futuroscope.com

Em constante evolução, este parque de lazer 11km ao norte de Poitiers (▷ 366) oferece 22 diferentes atrações baseadas na imagem em movimento e em efeitos visuais de alta tecnologia.

A arquitetura chama a atenção, com formas estranhas, maravilhosas ou simplesmente malucas. Essas extraordinárias estruturas abrigam atrações como imensas telas semicirculares em 3D, assentos que se movem em sincronia com as imagens ou panoramas de 360°. Entre os filmes, há imagens do espaço, paisagens de todo o planeta e imagens geradas por computador que estimulam os sentidos e oferecem uma visão alternativa do mundo que nos cerca.

O parque tem ainda fontes interativas, playground e um lago que as crianças podem atravessar num triciclo. No verão, o lago é iluminado para os shows.
459 G8 Parc Futuroscope, BP 2000, 86130 Jaunay-Clan 05 49 49 11 12 Abr-fim ago diariam 10h-anoitecer; set-meados nov 10h-18h (podem variar) Bilhete de 1 dia: adultos €33, crianças (5-12) €25, menores de 5 grátis; 2 dias: adultos €63, crianças (5-12) €45, menores de 5 grátis. Preços dependem da época. Da estação Poitiers (linhas 9 e E) Estação local de trens TGV de Paris

Acima *St.-Martin-de-Ré, na ilha de Ré*

GOUFFRE DE PADIRAC

www.gouffre-de-padirac.com

Há muitas cavernas no sudoeste da França, mas esta, entre Rocamadour e o rio Dordogne, é especial e merece uma visita. Desça pela escada ou pelo elevador até o fundo de uma gigantesca depressão de 100m de profundidade, onde fica a entrada da caverna propriamente dita, e embarque em uma das chatas que aguardam no cais subterrâneo. Descendo ainda mais pelo rio, você vai desembarcar na praia do lago de la Pluie. Daí, continue a pé até o lago Supérieur e a Salle du Grand Dôme, a maior das câmaras da caverna. A visita cobre cerca de 2km subterrâneos e leva 90 minutos.

459 H11 05 65 33 64 56 4 ago-29 ago 8h30-18h30; 7 jul-3 ago 9h30-18h; 22 mar-6 jul 9h30-17h30; 30 ago-11 nov 10h-17h; fechada 12 nov-21 mar Adultos €8,70, crianças (4-12) €5,50

GROTTE DE NIAUX

www.sesta.fr

As cavernas de Niaux, perto de Tarascon-sur-Ariège, foram pintadas por caçadores que viviam na base dos Pireneus no período madaleniano. Elas estão sendo preservadas graças ao rígido controle do número de visitantes, que mantém a temperatura estabilizada em 12°C e protege as pinturas rupestres. São apenas 11 visitas guiadas de 45 minutos por dia, com no máximo 20 pessoas por visita. A caverna tem 2km de comprimento, mas algumas galerias não são abertas ao público. O destaque da visita é o Salon Noir, onde seis "painéis" mostram animais, pintados com pigmento preto, que revelam um surpreendente realismo.

Foix, ao norte de Tarascon e Niaux, é a capital do *département* de Ariège. A cidade é dominada pela silhueta delgada do castelo dos condes de Foix, que antigamente controlavam grande parte do sudoeste.

455 H14 05 61 05 10 10 Visitas guiadas aprox. a cada 45 min, algumas em inglês, de 10h30 a 16h15; é essencial reservar Adultos €9,40, crianças (13-18) €7, (5-12) €5,70

ÎLE DE RÉ

www.iledere.fr

A longa e estreita ilha de Ré se estende por 30km no Atlântico e é ligada ao continente por uma elegante ponte curva. Seu lado sul é uma sucessão de longas praias; o norte, protegido dos ventos do oceano, oferece ancoradouros seguros para as embarcações. O clima ameno e a gastronomia da ilha –que utiliza batatas, vinho, peixes e ostras do local– são duas das atrações desta bela ilha, muito amada pelos visitantes.

Até no verão, quando as estradas ficam movimentadas, é possível encontrar um lugar calmo, mesmo que você tenha que procurá-lo a pé ou de bicicleta –há mais de 100km de ciclovias oficiais a explorar.

Cada uma das vilas tem um caráter único. Admire os iates calmamente ancorados em frente a casas pintadas de branco no cais de La Flotte ou visite seu magnífico mercado medieval. Ars, uma das vilas mais bonitas da França, tem um mercado maravilhoso, com uma grande variedade de produtos de qualidade. A vista da torre da igreja em St.-Martin-de-Ré é excepcional (informe-se sobre os horários de funcionamento no centro de turismo local, tel 05 46 09 20 06).

458 E9 Île de Ré Tourisme, BP 28, 17580 Le Bois-Plage-en-Ré (há centros de turismo nas principais vilas) 05 46 09 00 55 La Rochelle, no continente (aprox. 14km a leste de Rivedoux-Plage). Linhas regulares de ônibus partem da estação de trem La Rochelle para a ilha de Ré Para visitas guiadas, procure o centro de turismo

LANDES

www.tourismelandes.com

Segundo maior *département* da França, Les Landes é conhecido por duas atrações. Uma é a grande floresta de pinheiros marítimos plantada no século 19 para estabilizar as dunas e os pântanos. Ao longo da borda da floresta, o outro tesouro natural de Landes: uma praia que se estende por 160km, da baía de Arcachon até o País Basco. As atrações turísticas de Landes estão espalhadas. Algumas delas são a cidade termal de Dax, às margens do rio Adour; a vila-museu de Brassempouy (no sul do departamento), que exibe a mais antiga escultura de uma cabeça humana; e, ao norte da capital Mont-de-Marsan, a grande reserva natural do Parc Naturel Régional des Landes de Gascogne.

454 E12 6 Place Général Leclerc, 40011 Mont de Marsan 05 58 05 87 37 Verão seg-sáb 9h-18h30; inverno 9h-12h30, 13h-18h

LASCAUX

As cavernas de Lascaux foram descobertas em 1940 por estudantes locais que procuravam seu cão desaparecido em um buraco. O que eles encontraram foi um dos sítios paleolíticos mais importantes do mundo, cujas paredes estão cobertas de vibrantes pinturas de cerca de 17 mil anos de idade.

A PRESERVAÇÃO DAS PINTURAS ORIGINAIS

A magnífica caverna original, a sudeste da cidade de Montignac, infelizmente não está mais aberta ao público. O dióxido de carbono emitido pela respiração de incontáveis visitantes estava destruindo as pinturas, e uma película esverdeada de micro-organismos se estendia pelas paredes. Graças a sofisticadas técnicas de plotagem em 3D e a novos avanços da tecnologia, especialistas criaram uma réplica perfeita a 200m de distância, e é esta Lascaux II que hoje é visitada.

TÉCNICAS DE PINTURA

Durante a visita, pode-se aprender mais sobre as técnicas usadas pelos artistas originais, que trabalhavam à luz da gordura que queimava em lâmpadas de pedra. Eles misturavam pigmentos naturais, como a hematita e o caulim, para obter as cores desejadas e deixavam que os contornos naturais da rocha acentuassem as formas dos animais representados. As manchas eram obtidas soprando o pigmento diluído pelo talo de uma planta, criando gradações de cor.

EFEITO ESPETACULAR

Embora a intenção das pinturas continue sendo um mistério, o efeito geral é magnífico. Cavalos, antílopes e touros, muitos em tamanho natural, rodopiam exuberantes pelas paredes e pelo teto da caverna. Toda a estrutura da caverna recriada transmite a sensação de autenticidade. Não admira que Lascaux tenha sido chamada de a "Capela Sistina da pré-história".

INFORMAÇÕES

www.perigord.tm.fr

459 H11 Lascaux II, Montignac (informações via Semitour Périgord, BP 1024, 24001, Périgueux) 05 53 51 95 03 Jul, ago diariam 9h-20h; mar-fim jun, set 9h30-18h30; out-meados nov 10h-12h30, 14h-18h; meados nov-fim mar ter-dom 10h-12h30, 14h-17h30; fechada jan Adultos €8,30, crianças (6-12) €5,30, menores de 6 grátis Le Lardin (12km ao norte) ou Sarlat-la-Canéda (25km ao sul) Visitas guiadas aproxim. de hora em hora, dependendo do número de pessoas. As visitas são em geral em francês e talvez em inglês durante jul e ago Carrinhos de bebê e telefones celulares não são permitidos. Convém usar um agasalho leve no subterrâneo Loja de presentes

Acima *A pintura rupestre de um cavalo em Lascaux II*

Acima *Um canal no Marais Poitevin*
Pág. ao lado *Escultura à Tour de France de Jean Bernard Metais, em Pau*

LIMOGES

www.ville-limoges.fr
www.tourismelimoges.com

Limoges está indissoluvelmente ligada à produção de porcelana. No início, a cidade era famosa por seus requintados esmaltes *champlevés*, e só em 1768, com a descoberta de depósitos de caulim na vizinhança e de novas técnicas de queima, a manufatura da porcelana decolou e ainda floresce. O centro de turismo tem informações sobre as manufaturas e postos de venda a varejo, enquanto o Musée National de la Porcelaine Adrien Dubouché (jul, ago qua-seg 10h-17h30; resto do ano 10h-12h, 14h-17h40) tem uma coleção que mapeia o desenvolvimento da manufatura.

Na Idade Média, Limoges era formada por dois povoados vizinhos: a antiga Cité, em um monte perto da catedral e da residência dos bispos, e o centro administrativo e comercial, até hoje conhecido como Le Château. No centro histórico, a gótica Cathédrale St.-Étienne (verão diariam 10h-18h; inverno diariam 10h-17h), na Place St.-Étienne, se ergue acima da vila medieval, antigo domínio dos bispos.

O Musée Municipal de l'Évêché, na Place de la Cathédrale (fechado para restauração; deve reabrir em 2010), contém uma inestimável coleção de esmaltes e várias pinturas impressionistas, entre elas obras de Renoir, que nasceu em Limoges em 1841.

Para um relato instigante da Segunda Guerra, vá ao Musée de la Résistance et de la Déportation (fechado para restauração; cheque data de reabertura antes da visita).

459 H9 · 12 Boulevard de Fleurus, 87000 · 05 55 34 46 87 · Meados jun-meados set seg-sáb 9h-19h, dom e feriados 10h-18h; resto do ano seg-sáb 9h30-18h · Limoges · O centro de turismo organiza visitas guiadas sobre temas de interesse geral e específico

LOURDES

www.lourdes-france.com

Lourdes é mundialmente famosa como um lugar aonde as pessoas vêm em busca de cura. Isso começou quando uma jovem camponesa, Bernadette Soubirous, teve uma visão da Virgem em 11 de fevereiro de 1858 e em 17 ocasiões subsequentes.

Hoje, Lourdes atrai mais de 5 milhões de visitantes por ano, inclusive 100 mil voluntários que ajudam as pessoas dontes. Os locais de culto são conhecidos coletivamente como Les Sanctuaires Notre-Dame de Lourdes e incluem uma basílica subterrânea para 20 mil pessoas.

O centro de informações perto dos santuários edita um mapa que traz os horários das missas, das bênçaos aos doentes e das procissões. A excursão guiada "Nas pegadas de Bernadette" inclui o Musée Sainte Bernadette (sáb-dom 10h-12h, 14h30-17h; diariam 10h-12h, 14h30- 17h nas férias escolares), um vídeo sobre sua vida, a casa onde ela nasceu (diariam 9h-12h, 14h-19h), a casa onde morava quando teve as visões (diariam 9h30-12h, 14h-19h30), a Église du Sacré Coeur (diariam 8h30-19h) e o Hospice Sainte Bernadette (verão diariam 9h-12h, 15h-19h).

454 F14 · Place Peyramale, 65101 · 05 62 42 77 40 · Jul, ago seg-sáb 9h-19h, dom 10h-18h; mai, jun, set seg-sáb 9h-18h30, dom 10h-12h; nov-fim fev seg-sáb 9h-12h, 14h-17h30; fev-fim abr, out seg-sáb 9h-12h, 14h-18h · Les Sanctuaires Notre-Dame de Lourdes: tel 05 62 42 78 78

MARAIS POITEVIN

www.ville-coulon.fr

Quando Henrique de Navarra, futuro rei Henrique 4º, passou por estes pântanos, descreveu-os como "uma Veneza verde e natural". O nome pegou, e La Venise Verte (o Marais Poitevin) continua atraindo visitantes em busca de paz e tranquilidade. Aqui a vida transcorre num ritmo muito lento. Há trechos de estreitos riachos ladeados por íris e prímulas.

O Marais Poitevin é um paraíso criado pelo homem. Séculos atrás, os habitantes locais, principalmente pescadores, fazendeiros e monges beneditinos da abadia de Maillezais, começaram a drenar e reivindicar a posse da terra, e engenheiros holandeses continuaram o processo no século 16.

Hoje existem duas paisagens distintas. Perto da costa Vendée, os "pântanos secos", o Marais Désséchés, se estendem sob o imenso céu, uma vasta tela varrida pelo vento, campos de trigo e planícies de salinas, habitat de garças púrpuras e milhafres negros. No interior, inacessível a não ser de barco, fica o Marais Mouillés, a região de pântanos cruzados por estreitos canais que levam a campos povoados de álamos e casas baixas pintadas de branco. É aqui que a indústria do turismo se desenvolveu. Esta é uma região excelente para caminhadas, passeios de bicicleta, para a prática da pesca e da canoagem. Em Coulon pode-se alugar uma chata *(une plate)* e um remo *(une pigouille)*, com ou sem barqueiro.

458 E9 · 31 Rue Gabriel Auchier, 79510 Coulon · 05 49 35 99 29 · Jul, ago diariam 10h-19h; abr-fim jun, set seg-sáb 10h-12h, 14h-19h; out-fim mar seg-sáb 10h-12h, 14h-17h30

VIADUTO DE MILLAU

www.leviaducdemillau.com

Algumas pontes rodoviárias são feitos arquitetônicos, mas o grande viaduto pelo qual a rodovia A75 se desvia de Millau e cruza o rio Tarn tornou-se uma atração turística desde sua inauguração, em 2004. Ele foi projetado por Norman Foster e é a mais alta ponte rodoviária do mundo. Se fosse colocada ao lado da Torre Eiffel, seria 20m mais alta. Ao longo de seus 2,5km, o viaduto faz uma curva e desce suavemente. O centro de turismo de Millau organiza excursões em micro-ônibus, e há um centro de informações em Cazalous.

Não muito distante de Millau, para sudeste, La Couvertoirade é uma cidade bem preservada, que foi construída pelos cavaleiros templários. Em Roquefort, a sudoeste de Millau, pode-se visitar as cavernas onde é fabricado o queijo preferido dos franceses.

456 K12 Viaduc Espace Info, Aire des Cazalous, na D992 a 5 min de Millau em direção a Albi Verão diariam 10h-19h; inverno 10h-17h Grátis

MOISSAC

www.moissac.fr

É fácil ignorar Moissac, uma cidade moderna desorganizada na margem norte do baixo Tarn, mas no centro da cidade há ruínas de uma importante abadia e uma escultura românica que é uma joia. A porta sul da igreja da abadia, a Église St.-Pierre, que era filiada a Cluny no século 11, tem um magnífico tímpano onde está representada a *Visão do Apocalipse Segundo São João*. Jesus Cristo ocupa o centro da composição e preside o julgamento. Abaixo dele, 24 anciãos erguem a cabeça para olhar para ele. Ao lado, fica o claustro da abadia, com ricas esculturas, ao qual se tem acesso pelo centro de turismo.

455 H12 6 Place Durand de Bredon , 82000 Moissac 05 63 04 01 85 Jul, ago diariam 9h-19h; abr-fim jun, set, out 9h-12h30, 14h-18h; resto do ano seg-sex 10h-12h, 14h-17h, sáb-dom 14h-17h

MONTSÉGUR

www.montsegur.fr

O castelo em ruínas situado num monte de 1.207m acima de Montségur é um lugar envolvente, mesmo que não se conheça a sua história. Foi aqui que, no século 13, os cátaros de Languedoc –que tinham sido declarados hereges pelo papa– organizaram sua resistência. O castelo resistiu por quase 11 meses ao cerco dos enviados da Inquisição, até que um trabuco consegiu destruir parte da torre leste, que tinha sido abandonada pela guarnição. Em 2 de março de 1244, os ocupantes da fortaleza concordaram em se render, mas pediram um prazo de 15 dias para abandonar o castelo. Em 16 de maio, a Inquisição deu aos cátaros a última chance de abjurar ou enfrentar as chamas. Mais de 200 dos que haviam buscado refúgio em Montségur se recusaram a renunciar à sua fé. Foram acorrentados, conduzidos montanha abaixo e queimados numa gigantesca pira.

455 H14 09300 Montségur Maio-fim ago diariam 9h-19h30; abr, set, out 9h30-18h; mar 10h-17h; fev 10h30-16h; nov 10h-17h30; dez 10h30-16h30; fechado jan Adultos €4, crianças (8-13) €2,10

PAU

www.pau-pyrenees.fr

Foi em Pau que, em 1553, nasceu o popular Henrique 4º. No século 19, a cidade tornou-se um resort cosmopolita graças a seus invernos moderados. Pouco depois, já era uma cidade-spa da classe alta, com um cassino. Mas Pau conseguiu preservar muitas de suas áreas verdes. Quase tudo aqui se dá bem, sejam bambus, sequoias, cedros-do-líbano ou cactos mexicanos.

Pau foi chamada "a cidade das mil palmeiras", muitas das quais podem ser vistas do Boulevard des Pyrénées, que corre ao longo da margem sul da cidade, entre o castelo e o Parc Beaumont. Aqui deste terraço avista-se o Gave de Pau (um rio), assim como os picos nevados dos Pireneus, ao sul. Um funicular gratuito liga o terraço ao nível inferior, por onde passam a ferrovia e o rio.

O Musée National du Château de Pau tem uma rica coleção de tapetes Gobelin (meados jun-meados set diariam 9h30-12h15, 13h30-17h45; resto do ano 9h30-12h15, 13h30-17h45).

454 F13 Place Royale, 64000 05 59 27 27 08 Seg-sáb 9h-18h, dom 9h30-13h Pau

PECH MERLE

www.pechmerle.com

As pinturas pré-históricas de uma caverna em Pech Merle –a única de várias cavernas com pinturas rupestres nos montes acima de Cabarets aberta ao público– foram descobertas em 1922 por dois adolescentes. Elas são mais conhecidas por um friso de dois cavalos com manchas pretas. Um deles demonstra o habilidoso uso dos contornos da rocha para evocar a cabeça. Mas o que distingue Pech Merle de outras cavernas é a variedade de temas: além de bisões, mamutes e bois, há um raro desenho de um peixe e algumas figuras humanas, especialmente uma conhecida como "o homem ferido". No chão da caverna há pegadas pré-históricas fossilizadas.

455 H12 46330 Caberets 05 65 31 27 05 Meados mar-meados nov diariam 9h30-12h, 13h30-17h; número limitado de visitantes; convém reservar Adultos €6-€7,50, crianças (5-18) €3,90-€4,50

PÉRIGUEUX

www.ville-perigueux.fr

Trufas, foie gras, nozes e patês Perigord são típicos da cozinha de Périgueux, e você pode encontrá-los em todas as lendárias feiras da cidade. Elas lotam as ruas e praças que antigamente pertenciam a Vesunna, um povoado galo-romano dos dois lados do rio Isle. No centro histórico, a herança medieval da cidade é tangível na Place de la Clautre, na Place du Coderq e na Rue Limogeanne. Para encontrar sinais da cidade antiga, siga pela Rue des Gladiateurs até a arena romana, onde há vestígios do antigo povoado dos séculos 1º e 2º, ou examine os artefatos pré-históricos no Musée du Périgord, no Cours Tourny (abr-fim set seg, qua-sex 10h30-17h30, sáb, dom 13h-18h; resto do ano seg, qua-sex 10h-17h, sáb,dom 13h-18h).

Enquanto caminha pela cidade, admire as casas medievais com vigamento aparente, o passeio à beira-rio, os *hôtels* renascentistas e, na Place de la Clautre, a Cathédrale St.-Front, de estilo levantino. Este patrimônio da Unesco tem domos bizantinos e florões pontiagudos (diariam 9h-12h, 14h30-19h). A cidade festeja quase tudo, de pantomimas a cogumelos.

✚ 459 G10 ℹ 26 Place Francheville, 24070 ☎ 05 53 53 10 63 ⏲ Jul, ago seg-sáb 10h-13h, 14h-19h, dom 10h-13h, 14h-18h; resto do ano seg-sáb 10h-13h, 14h-17h, dom 10h-13h, 14h-16h 🚆 Périgueux

POITIERS

www.mairie-poitiers.fr

www.ot-poitiers.fr

Situada num platô entre os rios Clain e Boivre, Poitiers tem uma rica herança histórica e artística e abriga uma das mais antigas universidades da França.

Aclamada como "a cidade das cem torres do sino", Poitiers tem mais de 70 edifícios tombados num labirinto de ruas estreitas. Entre as construções românicas destaca-se a Église Notre-Dame-la-Grande (diariam 9h-18h30), na Place Charles de Gaulle. Tem uma nave abobadada e magníficos afrescos do século 12 sobre o coro. No verão, breves mas espetaculares shows banham a fachada oeste de luz, reproduzindo a aparência que a igreja tinha na Idade Média e destacando o talento artístico de seus artesãos (jul, ago a partir de 22h30; set a partir de 21h30; verifique no centro de turismo os horários exatos; dura 15 minutos). O Baptistère St.-Jean, uma pequena joia na Rue Jean-Jaurès (abr-fim set qua-seg 10h30-12h30, 15h-18h; resto do ano qua-seg 14h30-16h30) guarda sarcófagos antigos e uma coleção de soberbos afrescos.

Outras atrações na cidade velha são as casas de vigamento aparente de madeira dos mercadores, as mansões renascentistas, as residências dos artesãos medievais e as mansões do século 18. Algumas construções modernas, como a Médiathèque François Mitterrand, se distinguem pela contemporaneidade, mas não conflitam com o passado.

✚ 459 G8 ℹ 45 Place Charles de Gaulle, BP377, 86009 ☎ 05 49 41 21 24 ⏲ 2 jun-17 set seg-sáb 10h-22h, dom 10h-18h, 19h-22h; resto do ano seg-sáb 10h-18h 🚆 Poitiers

OS PIRENEUS

www.parc-pyrenees.com

Os Pireneus formam uma contínua barreira de mais de 400km do País Basco, na baía de Biscaia, à Catalunha, no Mediterrâneo. Do lado norte, praticamente não existem elevações na base dos Pireneus, que mergulham das alturas apenas nos dois extremos. Embora pouco transitável –no meio da cadeia só existem sete estradas–, os Pireneus são acessíveis e oferecem muitas atrações para o visitante. A caminhada e o alpinismo são atividades populares, e todos os anos muitas pessoas determinadas passam dois meses percorrendo a trilha GR10, que vai do Atlântico ao Mediterrâneo. Os pireneus também são muito procurados pelos ciclistas.

Se você não tem energia suficiente para essas aventuras, pode aproveitar as melhores vistas viajando de carro. A glaciação cavou anfiteatro naturais –particularmente o Cirque de Gavarnie (▷ 382-3), e rápidas correntes *(gaves)* despencam em cascatas antes de se tornarem rios serenos. A parte central da cadeia de montanhas é ocupada pelo Parc National des Pyrénées, que protege raras flores nativas e os poucos ursos-pardos, que sobrevivem em habitats isolados. Você pode pegar um teleférico na estação de esqui de La Mongie para o observatório no Pic du Midi de Bigorre (2.872m), mas é uma viagem cara (jun-fim set diariam 9h-16h30; out-fim mai 10h-15h30; partidas a cada 15 minutos). Se perder o último teleférico, você pode passar a noite no topo da montanha.

✚ 454-455 F14-H14 ℹ Parc National des Pyrénées, 59 Rue de Pau, 65000 Tarbes ☎ 05 62 44 36 60

LA ROCHELLE

O porto marítimo de La Rochelle é sofisticado e moderno, mas preserva vestígios de sua longa história. Um passeio pelas tranquilas ruas cercadas de arcos revela evidências de um passado de pesca e construção naval. Casas medievais com vigamento aparente, *hôtels* renascentistas ornamentados e graciosas mansões do século 18 se misturam em harmonia ao redor de um porto encantador.

Há cerca de mil anos, Rochela era uma vila de pescadores, que se tornou rica e infuente no século 12 sob a proteção de Leonor da Aquitânia e passou a ser chamada de La Rochelle.

Hoje, a marina do Port des Minimes, onde estão ancorados muitos iates, é a maior da orla do Atlântico, movimentada por regatas internacionais e feiras náuticas.

O VELHO PORTO

No centro de La Rochelle, o Vieux Port é movimentado e um ótimo lugar onde observar os barcos que vão e vêm. A entrada do porto é vigiada por duas torres de tamanho desigual. O posto de vigia da Tour St.-Nicolas (abr-fim set 10h-18h30; resto do ano 10h-13h, 14h15-17h30) oferece uma esplêndida vista. Em frente ergue-se a Tour de la Chaine, que tem esse nome porque a ela era presa a corrente que fechava a entrada do porto à noite. O Aquarium (jul-fim ago diariam 9h-23h; abr-fim jun, set 9h-20h; resto do ano 10h-20h), ao sul de Le Gabut, na Bassin des Grands Yachts, coloca você frente a frente com a fauna e a flora do oceano.

O CENTRO DA CIDADE

A Porte de la Gross-Horloge, do século 15 ao 18, separa o porto do resto do centro da cidade. Aqui, as atrações que valem a pena conhecer são o Hôtel de la Bourse, a bolsa de valores do século 18, e a Maison Henri II, que tem uma majestosa fachada renascentista do século 16.

INFORMAÇÕES

www.ville-larochelle.fr
www.tourisme-larochelle.com
458 E9 Le Gabut, 17025 05 46 41 14 68 Jul, ago seg-sáb 9h-20h, dom e feriados 10h30-17h30; jun, set seg-sáb 9h-19h, 10h30-13h30; abr, mai seg-sáb 9h-18h, dom e feriados 10h30-17h30; resto do ano seg-sáb 10h-12h30, 13h30-18h La Rochelle

DICAS

» Para circular por La Rochelle de uma maneira rápida e barata, use uma das bicicletas amarelas reservadas a visitantes. São gratuitas nas primeiras duas horas e depois custam cerca de €1 por hora. Procure a Autoplus (tel 05 46 34 02 22; www.rtcr.fr), na Place de Verdun.

» É fácil circular pelo Vieux Port ou pela marina com Le Passeur Autoplus ou Bus de Mer, uma linha rápida que liga o Vieux Port ao Port des Minimes. Ambas são ótimas para visitar o Aquarium.

Pág. ao lado *Restaurante na parte antiga de Périgueux*
Abaixo *O Vieux Port de La Rochelle*

Acima *A fortaleza de La Roque-Gageac foi construída na rocha*

ROCHEFORT

www.paysrochefortais-tourisme.com
www.ville-rochefort.fr

Luís 14 encarregou Colbert, ministro das finanças e da marinha, de criar um arsenal aqui, reunindo num único lugar os recursos necessários para construir, armar e equipar navios de guerra. As docas restauradas ainda evocam o espírito das distantes descobertas.

Pode-se visitar a lindamente preservada Corderie Royale, no Centre International de la Mer (jul, ago diariam 9h-20h; resto do ano visitas guiadas 10h30, 14h30 e 17h). Grande fábrica da Europa na época, ela produzia a imensa quantidade de cordas e velas necessárias à armada francesa. A fragata *L'Hermione*, de 65m, no Arsenal Maritime, foi recriada com técnicas do século 18 (jul, ago diariam 9h-20h; abr-fim set 9h-19h; resto do ano 10h-12h30, 14h-18h).

O elegante Hôtel de Cheusses, na Place de la Galissonnière, é sede do Musée National de la Marine (mai-fim set diariam 10h-20h; fev-fim abr, out-fim dez 13h30-18h30; fechado jan). Contém uma magnífica coleção de artefatos navais, entre eles maquetes de navios muito bem elaboradas, figuras de proa douradas e instrumentos de navegação.

O Musée des Commerces d'Autrefois (jul, ago diariam 10h-20h; abr-fim jun, set-fim out 10h-12h, 14h-19h; resto do ano 10h-12h, 14h-18h; fechado jan), instalado numa loja de departamentos da virada do século 20, tem recriações de uma antiga mercearia, um açougue, uma barbearia e um bistrô para mostrar como era uma rua da cidade há cem anos.

O Jardin des Retours, à margem do rio Charente, é ideal para um passeio.

458 E9 Lavenue Sadi-Carnot, 17300 ☎ 05 46 99 08 60 Jul, ago seg-sáb 9h30-19h; abr-fim jun, set 9h30-12h30, 14h-18h30; resto do ano 9h30-12h30, 14h-18h. Fechado dom e feriados Rochefort Há outro centro de turismo na Porte d'Arsenal

LA ROQUE-GAGEAC

www.la-roque-gageac.com

Esta bela vila é habitada desde a pré-história e ocupa uma posição dramática à margem do Dordogne. A Guerra dos Cem Anos e as Guerras Religiosas do século 16 transformaram a fortaleza antiquada da vila num bastião inexpugnável (abr- meados nov diariam 10h30-13h, 14h-18h). Construída no século 12, a fortaleza incorporou diversos aparatos engenhosos, usando cavernas na rocha calcária para combater as tentativas hostis de escalada do rochedo.

A posição da vila entre os penhascos e o rio lhe dá um clima quase mediterrâneo, o que favorece a vegetação. Além de uma igrejinha no topo, você encontrará o Jardin Exotique (aberto o ano todo), habitat de plantas, arbustos e árvores exóticos. Outro jardim que merece uma visita é o Jardin de la Ferme Fleurie (meados mai-meados set diariam 10h-12h, 16h-18h).

459 H11 Rue Tourny, BP 114, 24203 Sarlat ☎ 05 53 31 45 45 Jul, ago seg-sáb 9h-19h, dom e feriados 10h-12h, 14h-18h; resto do ano seg-sáb 9h-12h, 14h-18h

ROYAN

www.ot-royan.fr

Royan é muito procurada para férias em família. Situada no estuário do rio Gironde, não tem grande interesse arquitetônico, tendo sido arrasada na Segunda Guerra e em seguida reconstruída, mas é um lugar agradável para um dia na praia e perfeito como base para excursões.

Saintonge, no interior imediatamente vizinho à cidade de Saintes, tem muitas igrejas românicas delicadamente esculpidas. A sudeste, à margem do Gironde, fica Talmont, uma vila construída em 1284 por Eduardo 1º, da Inglaterra, que tem uma igreja do século 12 na borda de um penhasco. Ferryboats partem de Royan e cruzam o estuário para Le Verdon-sur-Mer, no distrito vinícola de Médoc, de onde partem excursões para o farol de Cordouan.

458 E10 Avenue des Congrès, 17206 ☎ 05 46 23 00 00 Jul, ago seg-sáb 9h-19h30, dom 10h-13h, 15h-18h; set-fim jun seg-sáb 9h-12h30, 14h-18h

ST.-BERTRAND DE COMMINGES

www.cathedrale-saint-bertrand.org

Por volta de 72 a.C., os romanos construíram um povoado na planície abaixo da atual St.-Bertrand. As ruínas foram escavadas e ficaram expostas. No século 11, uma catedral foi construída no alto da montanha, a Ville Haute, e batizada em homenagem a seu fundador, são Bertrand de l'Îsle. Esta imponente estrutura românica ergue-se acima da cidade. Ao lado há um claustro com um lado aberto, oferecendo vistas do campo ao redor.

455 G14 Parvis de la Cathédrale, 31510 05 61 95 44 44 Jul, ago diariam 10h-19h; abr-fim jun, set, out 10h-18h; fev, mar, nov, dez ter-dom 10h-17h

ST.-CIRQ-LAPOPIE

www.saint-cirqlapopie.com

Esta vila de pedra dourada, aninhada em um penhasco 80m acima do rio Lot, tem casas medievais, com vigamento de madeira aparente e telhas marrons, aglomeradas em ruas estreitas. Não há acesso para veículos. A estrada estreita (CD8) que sobe do vale do Lot até St.-Cirq abraça o rochedo pela esquerda, passa pela vila à direita e continua subindo até um estacionamento, a partir do qual há um caminho bastante íngreme de volta à vila. Para uma bela vista, suba até as ruínas do castelo. Vizinha às ruínas, a gótica Église de St.-Cirq se projeta da rocha para supervisionar todo o vale do Lot e do Cère. Antigamente, a vila foi uma colônia de torneadores de madeira, e ainda se pode comprar vários artigos de madeira.

455 H12 Place Sombral, 46330 05 65 31 29 06 Jul, ago diariam 10h-13h, 14h-19h30; jun, set diariam 10h-13h, 14h-19h; resto do ano qua-sáb 10h-13h, 14h-18h, dom 14h-18h

ST.-ÉMILION

www.saint-emilion-tourisme.com

Patrimônio da humanidade, St.-Émilion tem construções de pedra dourada e produz vinhos famosos. Pendurada num penhasco, é na verdade um museu a céu aberto, com muralhas, sete portas medievais e ruas estreitas e curvas. As mais íngremes, chamadas *escalettes*, correm de oeste para leste, acompanhando o contorno da montanha. E o vinho corre pelas veias da cidade. Os vinhedos se estendem para todos os lados, as lojas vendem vinhos e todos os acessórios para degustá-los, e vintages lendários e caros aguardam em caves frias e escuras. As primeiras vinhas foram plantadas pelos romanos, mas só depois da Revolução a viticultura se desenvolveu na região. A cidade tem três atrações subterrâneas, todas perto da Place des Crénaux: a Église Monolithe, as catacumbas e l'Hermitage do século 8º, todas acessíveis só em visitas guiadas (diariam 10h-14h, a cada 45 min). Acima da terra, visite a Chapelle de la Trinité, do século 13 (só visita guiada, ver abaixo) e a Église Collégiale do século 11 (atrás do centro de turismo; verão diariam 9h-19h30; inverno diariam 9h-18h). A vista da Tour du Roy, entre a Rue Sainte-Marie e a Rue du Couvent, é maravilhosa.

459 F11 Place des Créneaux, 33330 05 57 55 28 28 Jul, ago 9h30-20h; meados-fim jun, início-meados set 9h30-19h; abr-meados jun, meados set-fim out 9h30-12h30, 13h45-18h30; nov-fim mar 9h30-12h30, 13h45-18h St.-Émilion Várias visitas guiadas; informe-se no centro de turismo

Abaixo *Café na calçada em St.-Émilion*

ST.-JEAN-DE-LUZ

www.saint-jean-de-luz.com

Os pescadores de St.-Jean-de-Luz costumavam navegar até a Terra Nova e Spitsbergen para pescar bacalhau e baleia. Hoje, pescam atum, anchovas e sardinhas, que suprem os muitos restaurantes da cidade. St.-Jean também é um balneário e tem história. Em 1660, ano em que França e Espanha fixaram suas fronteiras através do Tratado dos Pireneus, Luís 14 veio a St.-Jean-de-Luz para casar-se com uma princesa espanhola, Maria Teresa. O casamento realizou-se na Église St.-Jean Baptiste e, terminada a cerimônia, a porta pela qual o casal real saiu foi lacrada, para que cidadãos comuns não a usassem.

Do outro lado do porto, ao qual se tem acesso por uma ponte, fica Ciboure, onde nasceu o compositor Maurice Ravel (1875-1937). Sua casa em estilo holandês fica à beira-mar.

454 D13 Place du Maréchal Foch, 64500 05 59 26 03 16 Jul, ago seg-sáb 9h-19h30, dom 10h-13h, 15h-19h; abr, mai, jun, set seg-sáb 9h-12h30, 14h-19h, dom 10h-13h; resto do ano 9h-12h30, 14h30-18h30, dom 10h-13h

ST.-LIZIER

www.ariege.com/stlizier

Apesar de ter uma população de pouco mais de 1.500 habitantes, a vila de St.-Lizier tem duas catedrais. O bispado fundado aqui no século 5º só foi abolido durante a Revolução. Nessa época, a maioria da população tinha se mudado para St.-Girons, uma cidade maior e mais acessível um pouco abaixo, deixando para trás um supérfluo mas monumental conjunto arquitetônico.

St.-Lizier é dominada pelo antigo palácio episcopal, construído no século 17 e ligado a uma das catedrais, Notre Dame de la Sède (ambos fechados para restauração). A outra catedral, às vezes chamada de igreja, contém afrescos do século 11 e tem um esplêndido claustro românico anexo. Outro edifício, o Hôtel Dieu (hoje uma casa de idosos) contém uma farmácia do século 18. O centro de turismo organiza visitas aos monumentos de St.-Lizier no verão, e mediante agendamento fora da estação.

455 H14 Place de l'Église, 09190 St.-Lizier 05 61 96 77 77 Diariam 10h-12h, 14h-18h

SAINTES

www.ot-saintes.fr

Saintes, porto histórico no rio Charente, é o foco turístico de Saintonge. A cidade foi capital da Aquitânia na época do domínio romano e tornou-se uma das primeiras a se converter ao cristianismo. Hoje, os visitantes vêm conhecer seus monumentos romanos e religiosos, suas ruas comerciais e a região à beira-rio.

Os monumentos antigos se espalham pela cidade. Na margem do rio está o Arc de Germanicus, erguido no ano 19 d.C., enquanto o fascinante Musée Archéologique, na Esplanade André Malraux, oferece uma visão de como era a vida da cidade na época galo-romana (abr-fim set ter-sáb 10h-12h30, 13h30-18h, dom 13h30-18h; resto do ano ter-dom 14h-17h). Um carro do século 1º está entre os objetos expostos. Outra herança do período clássico é o Amphitheatre, na Rue Lacurie (diariam), que é de 40 d.C.

As igrejas que merecem uma visita são St.-Eutrope, na Rue St.-Eutrope (diariam 9h-19h). Compare a delicadeza da torre românica da Abbaye-aux-Dames (abr-fim set diariam 10h-12h30, 14h-19h; resto do ano diariam 14h-18h) com a decoração gótica pesada do teto da Cathédrale St.-Pierre (diariam 9h-19h).

458 F10 Villa Musso, 62 Cours National BP96, 17103 05 46 74 23 82 Jun-meados set seg-sáb 9h-13h, 14h-18h (também 6h-19h jul, ago); jul-meados set dom 10h-13h, 14h-18h; meados set-fim mai seg-sáb 9h30-12h30, 14h-18h (fecha mais cedo no inverno) Saintes

Abaixo *Um olhar através do Arc de Germanicus em Saintes*

SARLAT-LA-CANÉDA

Esta cidade de pedra dourada lindamente restaurada é hoje um dos locais mais procurados de Dordogne. Sarlat, no centro da região do Périgord Noir, é famosa por sua gastronomia, e os fãs do foie gras e de outras iguarias fazem peregrinações regulares às lojas especializadas e aos restaurantes de Sarlat. Mas a cidade é por si só uma atração.

EDIFÍCIOS FOTOGÊNICOS

Além da indescritível Rue la République, Sarlat parece ter sido construída no auge do Renascimento, com suas alamedas e passagens estreitas ziguezagueando por entre mansões bem preservadas. A Maison d'Étienne de La Boétie, onde nasceu em 1530 o filósofo e poeta que lhe dá nome, tem belos painéis e frontões renascentistas e é um dos edifícios mais fotografados de Sarlat.

A IDADE DE OURO DE SARLAT

No fim da Guerra dos Cem Anos, Sarlat foi devolvida pela Inglaterra à França e recebeu privilégios como recompensa por sua lealdade ao rei. Desde então, viveu sua era de ouro, com o surgimento de uma nova classe de mercadores, que trouxeram riqueza à região e construíram muitas das belas casas de pedra que sobrevivem hoje. Sarlat tornou-se uma pérola da Renascença francesa. No fim do século 18, passou por tempos difíceis, o que foi uma bênçao, porque a cidade escapou à especulação imobiliária descontrolada. A lei Malraux, aprovada em 1962 para preservar as cidades históricas da França, permitiu que ela permanecesse como era.

INFORMAÇÕES

www.ot-sarlat-perigord.fr

459 H11 · Rue Tourny, BP 114, 24203 · 05 53 31 45 45 · Jul, ago seg-sáb 9h-19h, dom e feriados 10h-12h, 14h-18h; mai, jun seg-sáb 9h-18h, dom 10h-13h, 14h-17h; resto do ano seg-sáb 9h-12h, 14h-18h · Sarlat-La-Canéda

DICAS

» Se não conseguir decidir que iguarias comprar, visite o Moulin de Moreau - Traditions du Périgord na Rue de la Liberté, onde você encontra foie gras, castanhas, cogumelos, nozes e trufas sob o mesmo teto.

» A feira de Sarlat (sáb 8h30-18h) é uma das mais famosas da França.

» Como é difícil estacionar, é melhor usar os estacionamentos fora do centro.

Acima *Place de la Liberté, em Sarlat*

TOULOUSE

INFORMAÇÕES
www.ot-toulouse.fr
455 H13 Donjon du Capitole, 31080 05 61 11 02 22 Jun-fim set seg-sáb 9h-19h, dom 10h30-17h15; resto do ano seg-sex 9h-18h, sáb 9h-12h30, 14h-18h, dom 10h-12h30, 14h-17h
Toulouse

Acima *Prédios com persianas em Toulouse*

INTRODUÇÃO

Toulouse sempre foi uma das menos conhecidas e –como diriam seus admiradores– mais subestimadas cidades da França. Construída em grande parte de tijolos, motivo pelo qual é conhecida como *la ville rose*, a cidade se estende dos dois lados do rio Garonne e do Canal du Midi. Com um clima e um estilo de vida tipicamente sulistas, é muito popular entre os jovens, que constituem uma grande população estudantil.

Até que a cruzada contra os cátaros trouxesse invasores "estrangeiros" do norte para o sul da França, os condes de Toulouse desfrutavam de grande autonomia e prestígio, governando terras que se estendiam da Aquitânia, dominada pelos ingleses, à Provença. Toulouse era a capital de fato do Languedoc, região onde o occitano era mais falado que o francês.

Nos séculos 15 e 16, Toulouse vivia da produção do pastel-dos-tintureiros, e muitas mansões particulares foram construídas com o lucro dessa tintura azul.

Em décadas recentes, Toulouse se reinventou como centro de indústrias de alta tecnologia. Um instituto de pesquisas espaciais e um museu nacional espacial estão instalados aqui, e perto do aeroporto fica o complexo industrial do consórcio europeu para fabricação de aeroplanos, o Airbus.

O QUE VER

PLACE DU CAPITOLE

Esta ampla praça, rodeada de bares e restaurantes e tendo no centro uma *croix occitane* (símbolo da região de Midi-Pyrénées), é o coração da cidade. Seu lado leste é dominado pela imponente fachada do neoclássico Capitole (a prefeitura, aberta no horário comercial). No interior, pode-se subir a monumental escada para visitar as salas de recepção do primeiro andar –a não ser que elas estejam ocupadas por um casamento ou uma cerimônia oficial. A sala principal, voltada para a praça, é a Salle des Illustres, que contém pinturas sobre a história da cidade. Num canto, há uma grande tela de Jean-Paul Laurens sobre a defesa de Toulouse contra o ataque das tropas de Simon de Montfort, durante o período cátaro.

BASILIQUE ST.-SERNIN

Maior igreja românica da França e ponto de parada na rota de peregrinação para Santiago de Compostela, St.-Sernin foi iniciada em 1080 e completada no século 14. De fora, o aspecto mais notável é a magnífica torre octogonal que se ergue acima de cinco andares. No interior, é o tamanho que mais impressiona. No deambulatório há altares esculpidos em madeira e baixos--relevos do século 11 que mostram Deus, um serafim, um querubim, anjos e dois dos apóstolos. Abaixo, uma cripta hexagonal guarda o relicário de são Saturnino, morto por touros por volta do ano 250 e que dá nome à igreja.

373 B1 Place Saint-Sernin, 31000 05 61 21 80 45 Jul-fim set seg-sáb 8h30-18h15, dom 8h30-19h30; jun seg-sáb 8h30-12h15, 14h-18h15, dom 8h30-12h15, 14h-19h; resto do ano seg-sáb 8h30-11h45, 14h-17h45, dom 8h30-12h30, 14h-19h Igreja grátis; deambulatório e cripta €2

CITÉ DE L'ESPACE

www.cite-espace.com

No perímetro norte da cidade fica a Cité de l'Espace, um parque de aventuras educativo dedicado à exploração do espaço. Entre as atrações estão um foguete Ariane em tamanho natural, um planetário e um show audiovisual que mapeia a vida na Terra. Você também pode ver a estação espacial Mir.

373 C2 Avenue Jean Gonord, 31506 0820 377 223 Abre diariam às 9h30 e fecha entre 17h30 e 19h30, dependendo da estação. Fecha seg set-fim dez e jan Adultos €21, crianças (6-12) €14

ENSEMBLE CONVENTUEL DES JACOBINS

www.jacobins.mairie-toulouse.fr

A mais impressionante igreja de Toulouse, a oeste da Place du Capitole, é uma obra-prima do estilo gótico do sul da França. Tem uma abóbada em forma de leque, apoiada sobre uma coluna que lembra uma palmeira, e modernos vitrais de Max Ingrand. Foi construída como primeiro mosteiro dominicano e contém os restos de são Tomás de Aquino, que morreu na Itália em 1274. Uma passagem leva ao claustro restaurado, cuja visita é paga.

373 B1 Rue Lakanal 05 61 22 21 92 Diariam 9h-19h Igreja grátis; claustro €3

Acima *O interior da Église des Jacobins*

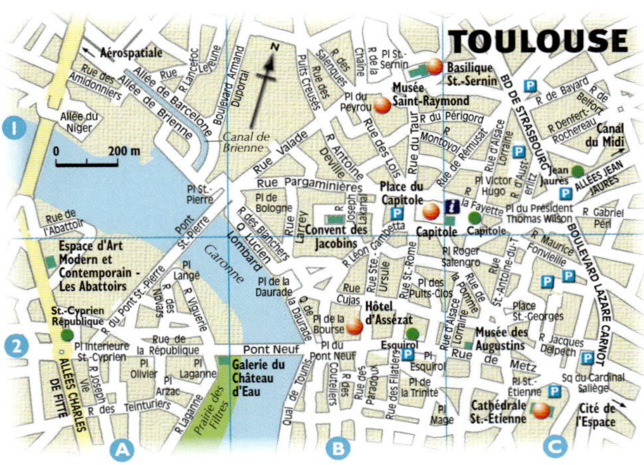

DICAS

» Se você veio para fazer compras, as ruas estreitas entre a Place du Capitole e a Rue de Metz tem lojas de bijuterias, e as lojas maiores estão na Rue d'Alsace.

» À sombra de árvores, o Canal du Mudi é patrimônio da humanidade da Unesco e perfeito para uma corrida, um passeio de barco ou um almoço num restaurante-barco.

» O passe Carte Privilège Toulouse en Liberté, que dá livre ingresso a certos museus e descontos em outras atrações, pode ser adquirido no centro de turismo.

MUSÉE DES AUGUSTINS

www.augustins.org

Este mosteiro dos séculos 14 e 15 oferece um ambiente esplêndido para um museu. O mais interessante no Musée des Augustins é sua coleção de capitéis românicos esculpidos, mas ele também guarda esculturas góticas e pinturas dos séculos 17 a 19.

373 C2 · 21 Rue de Metz, 3100 · 05 61 22 21 82 · Diariam 10h-18h €3

MUSÉE SAINT-RAYMOND

Este museu de arqueologia fica perto de St.-Sernin. É especialmente rico em obras de arte romanas, entre elas mosaicos e esculturas em mármore branco.

373 B1 · Place Saint-Sernin, 31000 · 05 61 22 31 44 · Diariam 10h-18h (até 19h jun-fim ago) · €3

MAIS ATRAÇÕES

ABBATOIRS

Os fãs da arte moderna vão querer conhecer este espaço de exposições de arte moderna e contemporânea que ocupa o antigo matadouro da cidade, do outro lado do rio. Também na margem esquerda, na extremidade sul da Pont Neuf, a ponte mais antiga da cidade, há uma galeria de fotografia, Le Château d'Eau (1 Place Laganne, 31300; tel 05 61 77 09 40; www.galeriechateaudeau.org; ter-dom 13h-19h; €2,50), instalada na antiga torre do reservatório de água da cidade.

373 A1 · 76 Allées Charles de Fitte, 31300 · Ter-dom 11h-19h · €6

AÉROSPATIALE (AIRBUS)

www.taxiway.fr

Quem quiser fazer uma das excursões de 90 minutos pelas duas fábricas da Airbus ao lado do aeroporto de Toulouse precisará agendar com antecedência. Escolha entre os A330/340 ou o gigantesco avião de cabine dupla A380. Outra opção é uma visita ao primeiro Concorde construído.

373 A1 · Village Aéroconstellation, Rue Frantz Joseph Strauss, 31700 Blagnac · 05 34 39 42 00 · Férias escolares seg-sáb; resto do ano qua, sáb · Visitas guiadas em francês (em inglês de acordo com a demanda) · Excursão do A380: adultos €14, crianças €11; excursão do A340: adultos €9,50, crianças (6-18) €8, menores de 6 grátis

Abaixo *O impressionante Capitole*

BÂTEAU-MOUCHE

www.toulouse-croisieres.com

O passeio pelo Garonne parte do jardim submerso à beira-rio da Place de la Daurade e dura 75 minutos. Compre seu bilhete a bordo 10 minutos antes da partida.

373 B2 7 Port Saint-Sauveur, 31000 05 61 25 72 57 Jul-meados set diariam 10h30, 15h15, 16h45, 18h15; abr-fim jun, meados set-out ter-dom 10h30,15h15, 16h45 Adultos €8, crianças (3-14) €5

BEMBERG FOUNDATION (HÔTEL D'ASSÉZAT)

www.fondation-bemberg.fr.

Esta mansão renascentista foi construída no século 16 para Pierre d'Assézat, um comerciante de tintura. Hoje guarda uma coleção de arte que incui obras impressionistas, pontilhistas e fauvistas, bronzes renascentistas e livros raros.

373 B2 place d'Assézat, rue de Metz, 31000 05 61 12 06 89 Ter-dom 10h-12h30, 13h-18h €4,60

CATHÉDRALE SAINT-ETIENNE

Depis de ver Saint-Sernin, a catedral de Toulouse pode decepcionar. Bertrand de L'Isle, bispo do século13, tinha planos de reformar a catedral, mas, quando morreu, só tinha completado o coro, que destoa da nave original. Mas a igreja tem algumas qualidades, como os vitrais dos séculos 14 e 15.

373 C2 Place St.-Etienne Diariam 9h-19h Grátis

Acima *Basilique St.-Sernin*

PASSEIO DE CARRO

VINHEDOS DE BORDEAUX

Várias vilas visitadas neste passeio pela maior região produtora de vinhos da França têm nomes mundialmente famosos. O trajeto passa pela linda cidade antiga de St.-Émilion e cruza o rio Garonne, que atravessa Bordeaux, uma próspera cidade e capital francesa do vinho.

O PASSEIO
Distância: 120km
Duração: 1 dia
Início/fim: Langon

★ Langon, às margens do Garonne, é famosa por seus vinhos doces de sobremesa. Tem uma igreja parcialmente românica, com afrescos do século 12, e 28 menires, que seriam 28 jovens transformadas em pedra por terem faltado à missa.

Saia de Langon pela N113 e siga para Libourne. Logo na saída da cidade, vire à direita depois do viaduto ferroviário que corre paralelo à estrada e siga em direção a St.-Macaire.

❶ St.-Macaire, uma cidade medieval construída em rocha calcária, tem o nome de um bispo do século 6º e a impressionante Église St.-Sauveur.

Deixe St.-Macaire e siga pela N113 na direção nordeste por cerca de 500m e então vire à esquerda na D672 para Sauveterre-de-Guyenne. Passe por Pian-sur-Garonne e St.-André-du-Bois.

❷ Em St.-André-du-Bois encontra-se o Château de Malromé, casa onde o pintor Henri de Toulouse-Lautrec morou antes de morrer, em 1901, aos 37 anos. Contém uma rara coleção de seus desenhos. O artista está enterrado em Verdelais, logo a sudoeste de St.-André.

Continue pela D672. No lugar onde a estrada faz um desvio ao redor de Palay, pegue a pitoresca, mas íngreme, estrada que passa pelo vilarejo e se junta à D672 mais ao norte, para continuar para Sauveterre-de-Guyenne.

❸ Sauveterre-de-Guyenne, uma pequena e interessante cidade fortificada, tem quatro grandes portas e um castelo construído por Eduardo 1º da Inglaterra.

Saindo de Sauveterre-de-Guyenne, siga as placas para Libourne na D670, passando pela cidadezinha de Le Puch. Continue na mesma rodovia, cujas curvas exigem atenção constante, e passe por St.-Jean-de-Blaignac. Cruze o rio Dordogne e passe por Lavagnac. Continue em frente, passando por Merlande e Vignonet, até chegar a uma rotatória na D936. Siga as placas para Libourne e St.-Émilion. Cerca de 4km à frente, em St.-Laurent-des-Combes, vire à direita para St.-Émilion.

❹ A medieval St.-Émilion (▷ 369) está empoleirada num monte voltado para o vale do Dordogne. A vila é mundialmente famosa por seu vinho e, localmente, por seus macaroons. Outras atrações de St.-Émilion são a igreja monolítica esculpida na rocha, suas catacumbas, a medieval Tour du Roi e os lindos afrescos na simples e elegante Chapelle de la Trinité.

Deixe St.-Émilion pela mesma estrada pela qual chegou. Cruze a D670 e pegue a D122 (com placas para Branne), uma estrada estreita e cheia de curvas cujas margens estão desmoronando. Depois de 4km, vire à esquerda na D19/D122, com placas para Branne, depois de atravessar a ponte de ferro sobre o Dordogne. Saindo de Branne, pegue a D936, com placas para Cadillac e Bordeaux. Apenas 1km adiante, vire à esquerda para Bordeaux, mantendo-se na D936.

Vire à esquerda saindo da D936 para a D11, para Targon e Cadillac. Passe por cima da D128 perto de Grézillac e continue na D11. Depois de uns 9km, vire à direita na rodovia principal, a D671, e logo depois à esquerda, voltando à D11, e siga as placas para Targon. Passe por Targon, saindo da cidade pela D11 em direção a Cadillac, seguindo as placas para Escoussans. Depois de 6km, entre à direita na bifurcação na D11 e siga para Cadillac, passando por Escoussans. Depois de mais 2km, na junção em T, pegue a direita para Cadillac e Bordeaux, mantendo-se na D11, que passa por bosques e desce em direção a Cadillac.

❺ Cadillac é uma pequena cidade fortificada às margens do Garonne. Tem um impressionante castelo do século 17, cujas salas no subsolo antigamente eram usadas por tecelões de tapetes. Quando o duque d'Epernon iniciou a construção, Henrique 4º, percebendo como o duque era rico e ambicioso, encorajou-o a dedicar-se ao castelo, esperando que essa distração o tornasse menos perigoso. Aqui também viveu o Chevalier de Lamothe de Cadillac, fundador da cidade de Detroit, nos Estados Unidos.

Chegando a Cadillac, siga as placas para a D10 e para Bordeaux. Depois de 100m, vire à esquerda num sinal de trânsito, ainda na D10 (agora com placas para a rodovia A62), e pegue a ponte que cruza o Garonne. Continue para Cérons.

❻ Cérons é um antigo porto no Garonne, com uma igreja românica que tem adoráveis esculturas na porta. A vila tem uma denominação própria de vinhos de sobremesa, assim como a vizinha Cadillac. Na temporada de pesca, veem-se anúncios da venda de savelha, peixe de água doce abundante neste trecho do rio.

Siga as placas para Illats e para A62. Cerca de 2km depois de Cérons, onde o acesso à A62 se desvia para a esquerda, vire à direita na D117, com placas para Illats, Landiras e St.-Symphorien. A estrada passa por cima da rodovia expressa. Passe por Illats e mantenha-se na D11, que agora segue para Landiras e St.-Symphorien. Passe por Artigues e continue para Landiras, onde deve virar à esquerda na D116, com placas para Pujols-sur-Ciron e Langon. Depois de 3,5km, vire à direita na D118 em direção a Budos. Em Budos, vire à esquerrda na D125 para Sauternes, cruze o rio Ciron e siga por esta agradável estrada cheia de curvas, passando por vinhedos e bosques até Sauternes.

❼ A Maison du Vin, na praça de Sauternes, oferece degustações. Logo na saída de Sauternes, num monte ao norte, fica o Château d'Yquem, castelo do século 12 não aberto ao público, conhecido por produzir um dos mais conceituados vinhos brancos da França.

Em Sauternes, siga as placas para Roaillan e Langon. No próximo cruzamento, vire à esquerda na D8 para Langon. Depois de 1km, vire à direita na D8 para voltar a Langon.

ONDE COMER

Amelia Canta, em St.-Émilion (tel 05 57 74 48 03l; www.ameliacanta.com), aberto o dia todo (fecha dez e jan).

PARA VISITAR

MAISON DU SAUTERNES

✉ 14 Place de la Mairie, Sauternes ☎ 05 56 76 69 83 🕐 Seg-sex 9h-19h,sáb-dom 10h-19h

CHÂTEAU DE MALROMÉ

www.malrome.com

✉ 33490 St.-André-du-Bois ☎ 05 56 76 44 92 🕐 Castelo fechado ao público. Degustações e vendas: seg-sex 9h-12h, 13h30-17h30

Pág. ao lado *Vinhedo em St.-Émilion*

PASSEIO A PÉ

ROCAMADOUR

Empoleirada no alto de um platô rochoso conhecido como Causse du Quercy, a vila de Rocamadour parece desafiar a gravidade. O mais antigo lugar de peregrinação da França e importante ponto de parada na rota para Santiago de Compostela, Rocamadour continua a impressionar seus muitos visitantes com uma localização incrível. Este passeio parte do alto da vila e inclui uma caminhada pela cidade, assim como um trajeto circular pelo vale do Alzou, reduto de águias e outras aves de rapina, atravessando o campo circundante. Em vista da localização da vila, será preciso enfrentar algumas subidas e descidas bastante íngremes.

O PASSEIO

Distância: Na vila: 1km; no campo: 8km
Duração: Na vila: 1 hora e 30 minutos; no campo: 3 horas
Início/fim: Rocamadour
Estacionamento: Há áreas de estacionamento grátis na parte alta e na parte baixa da cidade.

COMO CHEGAR

O acesso a Rocamadour se faz das duas áreas de estacionamento: via D673 partindo do platô superior, a pé ou pelos elevadores; ou partindo do vale do Alzou, que fica abaixo, a pé ou através de um pequeno trem. As duas vias de acesso oferecem vistas espetaculares.

O PASSEIO PELA VILA

Conta a lenda que a origem religiosa desta vila remonta a Amadour, um eremita cujo corpo foi descoberto no século 12 perfeitamente preservado. Desde então, milagres começaram a ocorrer, e hoje até 30 mil peregrinos chegam ao lugar em dias santos.

★ Saindo do estacionamento perto do castelo, uma barreira acionada por moedas (€2,50 por pessoa) dá acesso às muralhas, de onde se descortina um panorama inesquecível da vila e das montanhas. Desça pelo íngreme e tortuoso Chemin de Croix, com estações da via-crucis a cada curva do caminho. Passe por um túnel sob a basílica para chegar à Cité Religieuse, que tem sete capelas.

❶ A Chapelle de Notre-Dame, à esquerda da basílica, contém a pequena, mas muito venerada, imagem da Madona Negra, escurecida por séculos de fumaça das velas.

❷ Também se pode visitar o Musée d'Art Sacré Francis Poulenc, dedicado ao compositor (1899-1963), que teve uma visão durante uma visita à cidade em 1936 e subsequentemente compôs *Litanias à Virgem Negra de Rocamadour.*

O museu tem uma interessante coleção de arte e artefatos sacros.

❸ Desça os 223 degraus da Grand Escalier para a parte baixa da vila.

Vire à esquerda na rua principal (cheia de lojas de suvenires e não muito atraente) e passe pelo centro de turismo, vizinho ao Hôtel de Ville (prefeitura). Pouco antes de uma das antigas portas da cidade, a Porte Salmon, vire numa rua à direita e desça um lance de escada. Ande até o estacionamento inferior, à beira-rio.

O PASSEIO PELO CAMPO

★ Esta trilha é sinalizada com a imagem de uma *libellule* e tem no início uma placa para Fouysselaze.

Cruze o rio Alzou pela ponte de pedra e pegue a estrada à esquerda. Depois de cerca de 150m, uma pequena trilha à direita leva à Fontaine de la Fillole. Suba o monte por entre nogueiras e carvalhos. Chegando ao platô, continue entre os muros de pedra, passando pela fazenda de Fouysselaze à direita.

❶ Na fazenda de Fouysselaze, os fazendeiros fazem um delicioso queijo de leite de cabra chamado *cabécou*.

Quando a trilha encontrar a estrada asfaltada, vire à direita e continue por ela, passando pela entrada da fazenda e um muro à direita, onde foi aberta uma passagem para ovelhas. Evite o grande buraco à direita, conhecido como Le Cloup de Magès.

❷ À esquerda há um dólmen (túmulo megalítico) de no mínimo 4 mil anos.

Saia da estrada e pegue a trilha GR46 para Rocamadour, atravessando a D32 e seguindo a placa para a Fontaine de Berthiol. A vista por entre as árvores é maravilhosa. Cruze o rio Alzou pela ponte perto do Moulin de Roquefraîche, siga até um pequeno cruzamento e entre na vila pela Porte Basse, passando depois pela Porte Hugon.

❸ Se não puder enfrentar a Grande Escadaria, pegue o elevador e o funicular até o platô onde o passeio começou.

QUANDO IR

Rocamadour pode estar lotada na alta estação. No fim da primavera o campo fica atapetado de flores.

ONDE COMER

Há bares e restaurantes na parte baixa de Rocamadour.

INFORMAÇÕES TURÍSTICAS

www.rocamadour.com
✉ 46500 Rocamadour ☎ 05 65 33 22 00

COMO CIRCULAR

Um Petit Train circula do início de abril ao fim de setembro, levando os visitantes do estacionamento inferior para as lojas e os restaurantes (ida e volta: adultos €3,50, crianças €2). Há um passeio noturno de 30 minutos pelos prédios iluminados de Rocamadour (adultos €5, crianças €2,50). O funicular entre o estacionamento superior e a cidadela religiosa custa €4 ida e volta (menores de 8 grátis). Um elevador liga a cidadela às lojas e aos restaurantes (€3 ida e volta, menores de 8 grátis). Os horários dos elevadores variam de acordo com a estação.

Pág. ao lado *Rocamadour é uma cidade turística que atrai milhares de visitantes*
Abaixo *A cidade empoleirada num platô rochoso*

PASSEIO DE CARRO

MONTANHAS BASCAS

Montanhas cobertas de florestas e pastos pintam o campo basco de vívidos tons de verde. Este passeio explora alguns dos mais belos cenários, com amplas vistas e uma antevisão dos picos dos Pireneus marcando a fronteira franco-espanhola. Você vai atravessar vários *cols de montagne* (desfiladeiros), na maioria das vezes por estradas boas, mas estreitas, e não muito íngremes.

O PASSEIO
Distância: 116km
Duração: 1 dia
Início/fim: St.-Jean-Pied-de-Port

★ Uma cidadezinha atraente às margens do rio Nive, St.-Jean-Pied-de-Port já foi capital da Baixa Navarra e ponto de encontro de milhares de peregrinos a caminho do santuário de Santiago de Compostela, na Espanha.

A parte antiga de St.-Jean está contida dentro de muralhas fortificadas do século 15, enquanto a Citadelle deve sua robustez ao projeto do grande engenheiro militar de Luís 14, Vauban. Do parapeito das muralhas avistam-se as ruas e alamedas estreitas.

Ao deixar St.-Jean-Pied-de-Port pela D933, siga as placas para St.-Palais e Mauléon. Depois de 4,5km, vire à direita em St.-Jean-le-Vieux na D18, com placas para Ahaxe e Mendive. Continue pela D18 para iniciar a longa subida por uma série de desfiladeiros, sinalizada regularmente para ciclistas até o Col d'Iraty (com a altitude alcançada e a distância restante). Numa crista verde cerca de 1km depois do Col d'Haltza, à esquerda e fora da visão de quem está na estrada, ergue-se a Chapelle St.-Sauveur.

A Chapelle St.-Sauveur, que fica trancada quando não está sendo usada, é local da peregrinação anual de Corpus Christi. À primeira vista, parece o celeiro de uma fazenda. Ao seu redor há 13 pequenas cruzes e, ali perto, um pedestal de pedra com um crucifixo. Uma placa fixada a um muro agradece a ajuda dos bascos de Iraty às forças belgas na Segunda Guerra.

Continue subindo por entre bosques de faia até chegar ao Col de Burdincurutcheta (1.135m), que fica a 13km de Mendive. Desça por mais 2,5km até um vale coberto de pastos e um pequeno lago, onde a estrada se bifurca. Este é um lugar ideal para um piquenique (à esquerda, há uma lanchonete que fica aberta na alta estação). Vire à esquerda na D19 e, logo depois, entre na floresta d'Iraty.

Pág. ao lado *A Église Notre-Dame-du-Pont, em St.-Jean-Pied-de-Port*

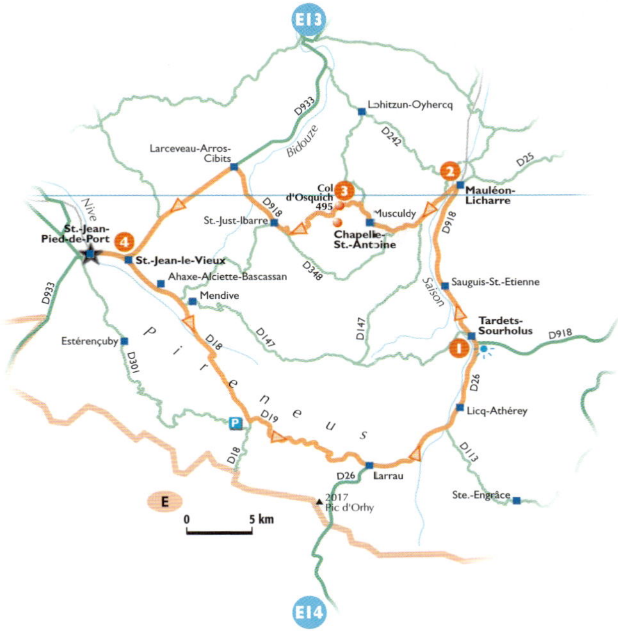

Uma das maiores florestas dos Pireneus, a floresta de Iraty é formada principalmente por faias e teixos, mas tem alguns pinheiros. Em séculos anteriores, grandes quantidades de madeira de Iraty foram usadas para a construção de navios. Hoje, trilhas cobertas de folhas levam a áreas de piquenique ao longo da estrada Burdincurutcheta-Bagargui. É também um ótimo lugar para praticar esqui cross-country.

Continue subindo em meio à floresta por mais 7km, passando pelos Chalets d'Iraty até chegar ao Col Bagargui (1.327m).

Durante as migrações de outono, milhões de pássaros cruzam o campo basco. Em outubro, o Col Bagargui é um ótimo lugar para observar o voo de uma grande variedade de pássaros, como falcões, cegonhas e milhafres.

Desça pela encosta leste (com curvas muito fechadas) para Larrau (13km). Vire à esquerda na D26 e, 2,5km adiante, atravesse uma ponte e você verá à direita da estrada, à beira do rio, os edifícios de Logibar. Cerca de 15km de Logibar, a D26 se encontra com a D918 numa junção em T. Vire à esquerda para chegar a Tardets-Sourholus.

❶ Tardets é uma cidadezinha com lindas vistas das montanhas da fronteira. É um centro de folclore basco e de peregrinação duas vezes por ano. A Chapelle de la Madeleine fica num cume bem acima do vale.

Continue pela D918 por 13km para Mauléon.

❷ Mauléon e Licharre estão na margem oposta do rio Saison, descendo de Tardets. Mauléon é uma antiga cidade medieval situada por trás das ruínas de um castelo do século 15. Na esquina da Rue de la Navarre, na margem esquerda, há um castelo renascentista com um telhado impressionante.

Saia de Mauléon pela D918, com placas para o Col d'Osquich e St.-Jean-Pied-de-Port. Numa pequena rotatória 500m à frente, vire à esquerda de novo e inicie uma suave subida por 13km até o Col d'Osquich.

❸ O Col d'Osquich (495m) assinala a fronteira entre a Baixa Navarra e o distrito de Soule e oferece vistas maravilhosas.

Atravesse o passo. No topo, uma pequena trilha de pedestres que sai de uma área de estacionamento à esquerda leva à Chapelle St.-Antoine, também chamada Chapelle de la Paix, a uma altura de 706m. Da estrada que desce do desfiladeiro, pode-se ver a capela lá no alto, destacando-se contra o céu. Passe por St.-Just e Cibits para chegar a Larceveau. Vire à esquerda numa pequena rotatória e siga pela D933 por 11,5km até St.-Jean-le-Vieux.

❹ Na Idade Média, a cidade de St.-Jean-le-Vieux ficava na rota de peregrinação para Santiago de Compostela, e à margem da estrada, em Aphat-d'Ospital, pode-se ver a Chapelle St.-Blaise, capela do século 12 usada pelos peregrinos e hoje abandonada.

Continue por 4,5km para voltar a St.-Jean-Pied-de-Port.

QUANDO IR

Como este passeio passa por dois desfiladeiros situados a bem mais de 1.000m, evite o inverno, quando a região se cobre de neve. Mesmo na primavera, restos de neve ainda podem dificultar as condições de tráfego. Julho e agosto são os meses ideais para o passeio, mas não escolha o período da corrida ciclista Tour de France, em julho, quando as estradas são fechadas ao tráfego (▷ 27).

ONDE COMER

HÔTEL-RESTAURANT MENDY

www.hotel-mendy.com
✉ 64220 St-Jean-le-Vieux ☎ 05 59 37 11 81 🕒 Almoço e jantar ter-sáb, almoço dom

PASSEIO A PÉ

CIRQUE DE GAVARNIE

O Cirque de Gavarnie é um grande anfiteatro natural formado por três fileiras semicirculares de rocha, com cavernas, pontes de gelo, rios, glaciares e cachoeiras. Este passeio pelo Parc National des Pyrénées começa na vila de Gavarnie e inclui uma exaustiva subida até a floresta situada acima do vale, que tem de ser vencida pelos visitantes que querem chegar ao Cirque e à sua cachoeira de 423m. Além das placas nas principais encruzilhadas, a rota não é bem sinalizada, mas é fácil perceber a trilha principal. Não se desvie dela. Se preferir evitar as partes mais íngremes, fique no vale e vá para o Hôtel du Cirque.

O PASSEIO
Distância: 10km
Duração: 1 dia
Início/fim: vila de Gavarnie
Estacionamento: Estacione na periferia de Gavarnie, perto da Route de Boucharo

COMO CHEGAR
A 1.350m, Gavarnie é a vila mais alta dos Hautes-Pyrénées. Fica no fim da D921, ao sul de Lourdes e de Argelès-Gazost, e perto da fronteira com a Espanha.

Gavarnie era antigamente uma aldeia de pastores. Durante a Idade Média, os cavaleiros templários protegeram o passo de Boucharo, na rota de peregrinação para Santiago de Compostela. A sede dos cavaleiros foi mais tarde transformada numa igreja, que contém uma rara imagem do século 12, em que a Virgem aparece segurando um cantil dos peregrinos.

★ Saindo do estacionamento, suba até o centro da vila, onde se encontram a Maison du Parc e uma igreja. Atravesse a vila, mantendo o rio Gave de Gavarnie à sua esquerda, depois pegue a trilha que sobe o vale. Na primeira ponte, vire à esquerda, cruze o Gave e vire imediatamente à direita. Depois de uns 250m, você verá uma trilha à esquerda, perto de um rio, onde uma placa indica "Parc National 1 hora, Refuge des Espuguettes 2 horas, Hourquette d'Alans 3 horas e 15 minutos e Barrage des Gloriettes 5 horas e 30 minutos".

❶ Pegue esta trilha, o Chemin des Espugues, que sobe em ziguezague, passando por rochedos e moitas, e depois entra na floresta. Continue subindo, até que a trilha começa a ficar mais plana e surge outra placa de sinalização.

Esta placa indica que o Refuge des Espuguettes está a 1 hora pela esquerda, o Parc National a 250m e o Cirque de Gavarnie a 1 hora pela direita. Pegue a trilha da direita e atravesse uma pequena ponte de madeira sobre um rio agitado. Este é um local pitoresco para um piquenique, com pastagens sombreadas por árvores e um vislumbre tentador de Gavarnie lá embaixo.

❷ Alguns metros adiante, passe pelo Refuge du Pailha à esquerda e siga a trilha que atravessa a floresta até chegar ao parque nacional (ao qual se tem acesso por uma incomum porta de madeira).

A partir deste ponto, a trilha acompanha os contornos do rochedo à esquerda, enquanto, do lado direito, pode-se vislumbrar, através das árvores, a trilha percorrendo o vale lá embaixo.

❸ Depois a trilha desce até o Hôtel du Cirque, de cujo terraço se descortina toda a magnificência do *cirque*, finalmente revelada. Uma placa informativa descreve (em francês) as origens do *cirque* e os nomes e as características dos picos. Nos últimos anos, o local se transformou numa das principais bases de alpinismo da França.

Siga a trilha por cerca de 100m em direção ao *cirque* e depois a trilha à esquerda para entrar nele.

As faces de rocha calcária têm quase 1.500m de altura, o que deixa o pico mais alto, Le Marboré, a mais de 3.000m acima do nível do mar. A principal cachoeira, a Grande Cascade, tem cinco vezes a altura da torre Eiffel e é a mais alta da Europa.

Cruzando vários riachos, continue em direção à base da Grande Cascade. Volte ao Hôtel du Cirque pelo mesmo caminho. De volta ao hotel, pegue a trilha da esquerda e siga por ela, passando por bosques e clareiras. Ao chegar a outro rio, atravesse a ponte e, mais adiante, você verá uma placa de informações à esquerda. Cerca de 100m adiante, a trilha se bifurca. Pegue a via da esquerda e atravesse o Gave de Gavarnie por outra ponte. Siga por esta trilha até chegar a uma ponte fora de uso que passa sobre um pântano. Pegue a trilha que sobe à direita e caminhe por um campo aberto em direção ao *gave* (rio), que agora corre à sua direita, abaixo de seus pés.

❹ No local onde a trilha faz uma curva para a esquerda, num terreno elevado à esquerda fica o túmulo de Franz Schrader (m.1924), geógrafo e pintor de paisagens que mapeou o maciço de Gavarnie e ao mesmo tempo capturou a região na tela.

Continue pela mesma trilha, acompanhando a margem esquerda do *gave*, de volta a Gavarnie.

QUANDO IR

Este passeio é possível de meados de maio até meados de novembro, mas a cachoeira perde muito de seu encanto à medida que o verão avança, às vezes se reduzindo a uma goteira no outono. A rota percorrida pela maioria dos visitantes, que leva diretamente da vila ao *cirque*, é transitável quase o tempo todo, desde que com equipamentos adequados. Um boletim sobre as condições do tempo para as próximas 24 horas são afixadas na janela do centro de turismo. Você também pode se informar sobre elas na Maison du Parc.

INFORMAÇÕES
MAISON DU PARC GAVARNIE

www.parc-pyrenees.com
☎ 05 62 92 42 48 ⌚ Ligue antes para saber os horários de funcionamento

Acima *Caminhando pela trilha à beira-rio em direção ao Cirque de Gavarnie*
Pág. ao lado *Cenário típico do caminho para o Cirque de Gavarnie*

PASSEIO DE CARRO

TÉNARÈZE

O *département* de Gers, na Gasconha, tem um grande número de vilas medievais, castelos e outros monumentos históricos separados por montanhas ondulantes e vinhedos. Este passeio mostra o melhor que a região tem a oferecer, percorrendo estradas tranquilas, boas também para os ciclistas.

O PASSEIO
Distância: 66 km
Duração: 1 dia
Início/fim: Condom

★ Condom é uma encantadora cidade às margens do rio Baïse, que merece ser visitada especialmente por sua magnífica catedral em estilo gótico flamejante.

Ao sair de Condom, vá para o sul em direção a Auch. Pouco antes de chegar a Valence-sur-Baise, vire à direita na D142 e siga para a Abbaye de Flaran. Atravesse a ponte sobre o rio e estacione no local indicado, à sombra de plátanos.

❶ A Abbaye de Flaran é uma das mais bem preservadas abadias cistercianas do sudoeste da França. Embora tenha sido fundada em 1151, o edifício atual data em grande parte dos séculos 17 e 18. Atualmente, é usado para exposições de arte e concertos.

Ao sair do estacionamento da abadia, vire à direita e retome a D142, que passa por uma majestosa casa da guarda e percorre montes ondulantes até Cassaigne. No cruzamento antes da vila, siga reto até o castelo.

❷ O Château de Cassaigne ocupa uma propriedade vinícola que produz o armagnac, um conhaque que, segundo dizem os conhecedores, rivaliza com o famoso destilado de Cognac.

Ao sair do castelo, vire à direita e logo depois à direita de novo, atravessando a vila de Cassaigne até a D142, com placas para Lauraët. Vire à esquerda na rodovia principal e logo depois vire à direita na D142 para Lauraët. Depois de atravessar três pequenas pontes de pedra consecutivas, chega-se a Vopillon.

❸ A pequena vila de Vopillon tem uma igreja românica de pedra que parece ter sido cortada pela metade –tudo o que restou de um mosteiro.

Continue na D142, atravessando o campo em direção a Montréal. Entre na D113 2km antes da vila e siga as placas até a praça principal.

❹ Montréal é uma das muitas *bastides* da Gasconha: cidades da Idade Média reconhecíveis por suas ruas geograficamente planejadas que convergem para uma praça rodeada de arcos.

Saia da praça de Montréal pela rua ao lado da igreja, onde uma placa indica "*toutes directions*", e, na junção em T na periferia da cidade, vire à direita, descendo a encosta

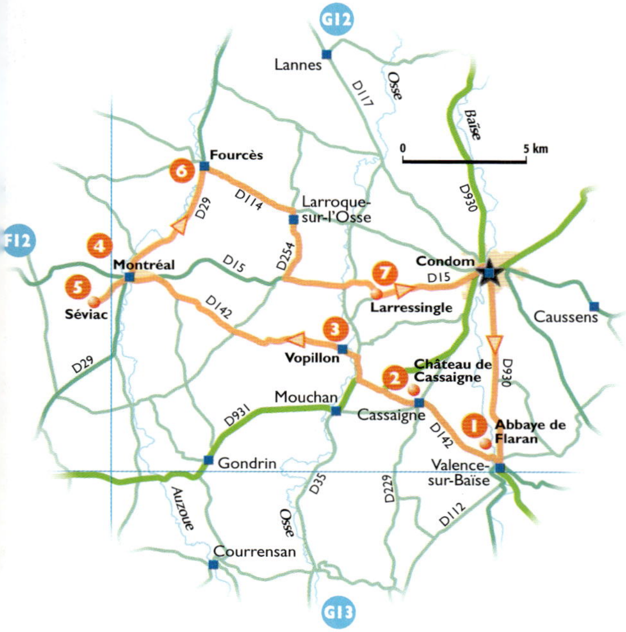

para a vila romana de Séviac. Atravesse a ponte abaixo da cidade, vire à esquerda e logo à direita, seguindo as placas para a vila. Uma última curva sobre a crista da montanha leva a Séviac.

❺ As ruínas da vila galo-romana de Séviac, com seus extensos pisos de mosaicos, ocupam um local tranquilo e pitoresco no alto do monte.

Desça a montanha, cruze de novo a ponte para voltar a Montréal e vire à esquerda na D29 para Fourcès.

❻ Fourcès é uma *bastide* peculiar, porque obedece a uma planta circular. Embora muito pequena, é um lugar delicioso para um passeio.

Atravesse a ponte para sair de Fourcès e passe por cima da junção da D114 em direção a Larroque, Condom e Larresingle. Depois de 4km, vire à direita na D254, que passa por Larroque-sur-l'Osse e segue por um belo cenário de vinhedos e campos cultiváveis até a D15. Vire à esquerda para Condom, cruze o rio Osse e entre à direita para visitar Larresingle.

❼ Larressingle é uma mistura de vila e castelo, que foi parcialmente preservado, mas não manteve a sua beleza. Foi construído no século 13 pelos abades de Condom como um refúgio das guerras entre franceses e ingleses.

Pegue a D15 de volta a Condom.

ONDE COMER

L'AUBERGE

Um bar informal que serve lanches ou refeições completas nos horários normais.
✉ Fourcès ☎ 05 62 29 40 10
🕐 Diariam 9h-24h

PARA VISITAR

ABBAYE DE FLARAN

www.gers-gascogne.com
✉ 32310 Valence-sur-Baïse ☎ 05 62 28 50 19 🕐 Jul, ago 9h30-19h; set-fim jun 9h30-12h30, 14h-18h

CHÂTEAU DE CASSAIGNE

www.châteaudecassaigne.com
☎ 05 62 28 04 02 🕐 Verão diariam 9h-12h, 14h-18h (até 19h meados jun-meados set); inverno ter-dom 9h-12h, 14h-18h ☞ Visitas guiadas grátis de 1 hora

VILLA GALLO-ROMAINE DE SÉVIAC

www.seviac-villa.fr.st
✉ Montréal-du-Gers ☎ 05 62 29 48 57
🕐 Mar-fim nov diariam

Pág. ao lado *O rio que atravessa Condom*
Abaixo *Barris de* armagnac

ARTE, COMPRAS, DIVERSÃO E NOITE

Acima *Curta um dia de corridas no hipódromo de Arcachon*

ALBI

L'ARTISAN CHOCOLATIER

O proprietário, Michel Belin, foi considerado um dos dez melhores *chocolatiers* da França –e criou até um chocolate com cheiro dos charutos havana. Além dos chocolates, ele também faz deliciosos bolos e tortas. Aceita cartões de crédito em compras acima de €15.

✉ 4 Rue du Docteur Camboulives, 81000 Albi ☎ 05 63 38 95 33 🕘 Ter-sáb 9h-12h30,14h30-19h

ANGOULÊME

CHOCOLATERIE LETUFFE

www.chocolaterie-letuffe16.com

Este paraíso dos chocólatras é famoso em toda a França e no exterior pelo talento na confecção de seus produtos, desde o mais humilde nougat a delícias como guinettes (cereja e conhaque) e marguerites d'Angoulême (chocolate e laranja).

✉ 10 Place Francis-Louvel, 16000 Angoulême ☎ 05 45 95 00 54 🕘 Seg-sex 9h-12h, 14h-19h, sáb 9h30-12h, 14h-18h30

ARCACHON

ACADÉMIE DE TENNIS FRANCK LEROUX

www.tennisleroux.com

Esta academia de tênis é uma das melhores do país e oferece treinadores profissionais para grupos de todas as idades, especialmente crianças e adolescentes. Tem 22 quadras externas e fica a apenas 200m das majestosas praias de areia ao redor de Arcachon.

✉ 7 Avenue du Parc, 33120 Arcachon ☎ 06 19 56 01 45 🕘 O ano todo ✋ Duas horas de treino: adultos €160, menores de 17 €140; pacote de 5 dias para jovens €425

HIPPODROME DU BEQUET

O hipódromo de La Teste-de-Buch, a sudeste de Arcachon, passando pela duna du Pilat, é um passeio divertido. Aposte num cavalo, assista às corridas e estique em um dos muitos bares e restaurantes do lugar.

✉ Route de Cazaux, La Teste-de-Buch, 33260 Arcachon ☎ 05 56 54 19 90 ou 05 56 54 74 26 🕘 Vários dias de corridas mai-fim set; ligue antes para verificar ✋ Variam de acordo com o programa

VOL LIBRE DU PYLA

Entre os esportes radicais que podem ser praticados na duna du Pilat, perto de Arcachon, estão os voos de asa-delta e de parapente. É preciso reservar hora com antecedência e trazer um documento. Oferece treinamento. Para chegar aqui, pegue o trem para Arcachon (que parte de Bordeaux). Há também vários ônibus Citram, que saem de Bordeaux todos os dias.

✉ 1 Rue Aurélian Dasson, Gujan-Mestras, 33120 Arcachon ☎ 05 56 22 15 02 🕘 Meados jun-meados set diariam 10h-18h ✋ Variam conforme a atividade

VSM ÉCOLE DE PLONGÉE

www.oceana.fr

Esta famosa escola de mergulho com acesso pela A660 para quem vem de Bordeaux (há outra escola de mergulho em Cazaux) oferece aulas individuais ou em grupo.

✉ 1 Quai Capit Allègre, 33120 Arcachon ☎ 05 56 83 98 95 🕘 Vários horários (ligue antes), jun-fim ago. ✋ A partir de €26

BAYONNE

BOUCHERIE CODEGA

www.boucherie-charcuterie-codega.com

Quem quiser encontrar o melhor entre os conhecidos presuntos de Bayonne, além de outros embutidos e carne de alta qualidade, deve conhecer esta empresa familiar. Eles podem vender pequenas porções para um piquenique ou um presunto inteiro, que, se for corretamente armazenado, com certeza vai durar meses.

✉ Chemin d'Arans, Quartier Saint-Léon 84100 ☎ 05 59 63 36 13 🕘 Seg-sáb 6h30-13h, 15h-20h

BIARRITZ

CENTRE CHORÉGRAPHIQUE NATIONAL

www.ville-biarritz.fr
www.balletbiarittz.com

O coreógrafo Thierry Malandain dirige este centro dedicado à dança, com atividades criativas e educativas e turnês. É sede do Ballet Biarritz.

✉ Gare du Midi, 23 Avenue Foch, 64200 Biarritz ☎ 05 59 24 67 19 🕒 Apresentações o ano todo ✋ A partir de €10

LAGOONDY SURF CAMP

www.touradour.com

Aqui você pode agendar aulas ou alugar equipamento, mas mais divertido é fechar um pacote que inclui número ilimitado de aulas com instrutores profissionais, equipamento, acomodação em barraca ou chalé no camping e refeições completas. Há várias opções de lazer à noite e a praia é particular.

✉ 64201 Biarritz ☎ 05 59 24 62 86 🕒 Início mai-fim set ✋ Aula de 1,5 hora €35

BORDEAUX

BAILLARDRAN

www.baillardran.com

Venha experimentar o cannelé, um bolinho feito segundo uma antiga receita, não muito secreta. O recheio cremoso, envolvido numa cobertura caramelizada, é embebido em rum água de flor de laranjeira e baunilha.

✉ Galerie des Grands Hommes, 33000 Bordeaux ☎ 05 56 79 05 89
🕒 Seg-sáb 10h-19h30

BRADLEY'S BOOKSHOP

www.bradleys-bookshop.com

Nesta livraria você vai encontrar livros em inglês, uma grande variedade de guias, livros de idiomas e literatura de viagem, além de uma grande seleção de vídeos e DVDs na língua original.

✉ 8 Cours d'Albret, 33000 Bordeaux ☎ 05 56 52 10 57 🕒 Seg 14h-19h, ter-sáb 9h30-19h

ESPACE CULTUREL DU PIN GALANT

www.lepingalant.com

Este moderno centro cultural fica perto do aeroporto Mérignac. A programação é extensa e vai da ópera, musicais e concertos de música clássica, jazz e música moderna a espetáculos de dança e teatro. Reserve seu lugar com antecedência.

✉ 34 Avenue du Maréchal de Lattre de Tassigny, 33698 Mérignac ☎ 05 56 97 82 82 🕒 Variam ✋ Variam

GALERIE DES REMPARTS

www.galeriedesremparts.com

Esta galeria e loja de arte dedica-se à promoção de alguns pintores internacionais, como Loilier e Dubuc, dando preferência a artistas contemporâneos. A galeria recebe exposições e oferece serviço de revenda e avaliação. A equipe é altamente especializada.

✉ 63 Rue des Remparts, 33000 Bordeaux ☎ 05 56 52 22 25 🕒 Ter-sáb 10h30-13h, 14h30-19h

GOLF DE BORDEAUX-LAC

Perto dos jardins e bosques de Bordeaux há dois campos de golfe de 18 buracos e com *driving range* (área de treinamento). Oferece aulas em grupos e tem uma loja de artigos de golfe. Não aceita cartões de crédito.

✉ avenue de Pernon, 33000 Bordeaux-Lac ☎ 05 56 50 92 72 🕒 Diariam 8h-18h
✋ Entrada livre, mas ligue para reservar

LE GRAND THÉÂTRE

www.opera-bordeaux.com

Este edifício neoclássico, sede da Opéra Nationale de Bordeaux, merece uma visita no mínimo por sua arquitetura. Há visitas guiadas quando não há ensaios ou apresentações. Há espetáculos quase todos os dias, com matinês aos sábados (▷ 357).

✉ Place de la Comédie, 33000 Bordeaux ☎ 05 56 00 85 95 ☛ Excursões organizadas pelo centro de turismo

LE HERALD

Este bar de ambiente descontraído, onde se ouve jazz como música de fundo, fica sob os arcos de pedra da Place du Parlement. Peça uísque ou champanhe no lindo bar com incrustações em latão.

✉ 5 Rue du Parlement Sainte-Catherine, 33000 Bordeaux ☎ 05 56 81 37 37
🕒 Diariam 19h30-1h30

PATINAÇÃO

www.assoair.com

O centro de Bordeaux é uma área exclusiva de pedestres e atrai muitos ciclistas e patinadores. Há uma noite de patinação, quando mais de 500 patinadores ocupam o centro da cidade.

🕒 Primeiro dom do mês; os horários variam
✋ Grátis

L'INTENDANT

Esta extraordinária loja de vinhos está localizada numa torre circular e é climatizada para proteger as 15 mil garrafas de vinho que ocupam as paredes. O último andar é reservado aos vintages mais antigos.

✉ 2 Allées de Tourny, 33000 Bordeaux ☎ 05 56 48 01 29 🕒 Seg-sáb 10h-19h30

MARCHÉ BIOLOGIQUE

Esta feira de produtos orgânicos, uma novidade no cenário de feiras de Bordeaux, é imperdível. É realizada no cais, em frente ao armazém 5.

✉ Quai des Chartrons, 33000 Bordeaux
☎ 05 56 00 66 00 (informações turísticas)
🕒 Qui 6h-16h

MARCHÉ CAPUÇINS

Este é um dos mercados mais típicos de Bordeaux, onde você vai encontrar flores e iguarias locais, como foie gras, caviar, queijos e o bolo que é especialidade local, conhecido como cannelé. O mercado recebe frequentemente shows e outros eventos culturais.

✉ Place des Capuçins, 33080 Bordeaux ☎ 05 56 92 26 29 🕒 Ter-sex 6h-13h, sáb-dom 5h-14h

MARCHÉ ST.-MICHEL

O mercado de pulgas St.-Michel é realizado todas as manhãs de domingo e vende produtos que vão de móveis a cerâmicas, pinturas, bonecas, bicicletas e roupas retrô. No segundo domingo de março, junho, setembro e dezembro, a feira aumenta para se transformar na Grand Déballage de Brocante –uma feira de bricabraque.

✉ Place St.-Michel, 33000 Bordeaux ☎ 05 56 00 66 00 (informações turísticas)
🕒 Dom 7h-16h

UGC CINÉ CITÉ

Este cinema da rede UGC exibe filmes de arte.

✉ 15 Rue Georges Bonnac, 33000 Bordeaux ☎ 0892 70 00 00 ⊕ Diariam, sessões das 13h às 22h15 ✋ Adultos €8,50

VILLAGE NOTRE-DAME

Este enorme edifício de dois andares no bairro de Chatrons abriga cerca de 30 antiquários que vendem móveis de todos os estilos. Conta também com um especialista em conservação e restauração. Este é um bom lugar para se informar sobre feiras e exposições regionais de antiguidades.

✉ 61-67 Rue Notre-Dame, 33000 Bordeaux ☎ 05 56 52 66 13 ⊕ Seg-sáb 10h-12h30, 14h-19h

CAHORS

MARCHÉ TRADITIONNEL

Classificado como um dos cem mais bonitos mercados da França, este mercado ao ar livre é realmente especial. A classificação se justifica pelo farto suprimento de produtos gastronômicos, do queijo de cabra ao foie gras, de saborosos pães a verduras e legumes frescos. Em certas épocas do ano pode-se comprar também vinhos locais.

✉ Place de la Cathédrale, 46000 Cahors ☎ 05 65 53 20 65 (informações turísticas) ⊕ Qua, sáb 7h30-12h30

CAUTERETS

CONFISERIE AUX DÉLICES

www.berlingots.com

Eric Lestable segue a receita de sua avó para fazer os berlingots (bala açucarada), uma tradição centenária em Cauterets. Veja como eles são feitos artesanalmente nesta antiga confeitaria e depois experimente.

✉ Place de la Mairie, 65110 Cauterets ☎ 05 62 92 07 08 ⊕ Diariam 9h-12h30, 14h-19h

FOIX

ÉCOLE DE PARAPENTE GYPAÈTES

www.gypaetes.com

Esta escola de parapente oferece voos com instrutores para iniciantes, aluguel de equipamento para praticantes experimentados e cursos de até cinco dias. Os voos sobrevoam os Pireneus e, no inverno, partem de estações de esqui. No verão, reserve com pelo menos uma semana de antecedência. Não aceita cartões de crédito.

✉ BP05, 09001 Foix ☎ 06 78 55 39 26 ⊕ O ano todo ✋ €60 por um voo de 15-20 min com instrutor, €120 por um curso de meio dia

GRADIGNAN

THÉÂTRE DES QUATRE SAISONS

www.t4saisons.com

Com uma programação de teatro, dança e música a preços razoáveis, apresentando espetáculos que vão de concertos de música clássica a apresentações de acrobacias circenses, este espaço reformado foi uma aquisição importante para a região da Gironde.

✉ Parc de Mandavit, 33170 Gradignan ☎ 05 56 89 03 23 ⊕ Espetáculos diariam o ano todo; ligue para saber os horários ✋ Variam

GUERET

LES LOUPS DE CHABRIÈRES

www.loups-chabrieres.com

Como parte de um esforço europeu para salvar o lobo, este santuário abriga alcateias desses animais raros em grandes redutos naturais, onde seu comportamento pode ser observado por cientistas e pelo público.

✉ Saint-Vaury, Monts de Guéret 23000 ☎ 05 55 81 23 23 ⊕ Jul, ago diariam 10h-20h; resto do ano 13h30-18h; fechado jan ✋ Adultos €7,50, crianças e estudantes €6,50

LACANAU-OCÉAN

LACANAU SURF CLUB

www.surflacanau.com

Esta área é há muito um refúgio de fim de semana dos bordelenses, mas hoje é também frequentada por surfistas. O clube oferece cursos para iniciantes com surfistas experientes. Em agosto, você pode assistir ao campeonato europeu de surfe. Ônibus da Ouest Aquitaine saem de Bordeaux. De carro, siga as placas para Lacanau-Océan, Côte d'Argent.

✉ Maison de la Glisse, 17 Boulevard de la Plage, 33680 Lacanau-Océan ☎ 05 56 26 38 84 ⊕ Mai-fim ago diariam 9h-12h, 14h30-18h30 ✋ Aula de 1 hora €45, aluguel de prancha de surfe por 1 hora €16

LIMOGES

PARC DU REYNOU

www.parczooreynou.com

Em parte parque e em parte zoológico, esta área circunda um típico castelo do século 18. Pode-se passear ao redor do lago ou pelo bosque e depois visitar as 110 espécies no zoológico, que vão de macacos e girafas a animais de fazenda.

✉ Domaine du Reynou, 87110 Le Vigean ☎ 05 55 00 40 00 ⊕ Abr-fim set diariam 10h-20h (a bilheteria fecha às 18h); out, mar qua, sáb-dom 10h-19h (a bilheteria fecha às 16h); resto do ano qua, sáb-dom 12h30-17h30 (a bilheteria fecha às 16h) ✋ Adultos €10,50, crianças (3-12) €7,50

MARTILLAC

LES SOURCES DE CAUDALIE

www.sources-caudalie.com

Este spa que fica ao sul de Bordeaux, a 15 minutos de carro da cidade, oferece vinoterapia, tratamento à base de vinho e seus subprodutos. Há massagens Sauvignon, bandagens Merlot, esfoliação com uvas Cabernet maceradas e o tratamento facial Premier Grand Cru.

✉ 4 Chemin de Bourran, 33650 Martillac ☎ 05 57 83 83 83 ⊕ Diariam 10h-19h ✋ €98 por 1 hora de tratamento facial

MARTRES TOLOSANE

RENAISSANCE ARTISANALE

Logo abaixo da igreja, esta loja vende uma grande variedade de peças de *faïence* produzidas na vila. Você pode comprar candelabros, vasos, serviços de jantar e peças decorativas. Ligue antes para agendar uma visita ao ateliê, que fica a cerca de 70km de Toulouse pela A64.

✉ 8 bis Grande Rue de L'Église, 31220 Martres Tolosane ☎ 05 61 98 89 31 ⊕ Sáb-qui 10h-12h, 15h-18h

MILLAU

L'ATELIER DU GANTIER

www.atelierdugantier.fr

Monsieur e Madame Canillac fabricam luvas feitas à mão segundo a tradição de Millau por €40 o par (€60 por um par forrado de seda). Telefone com antecedência para agendar uma visita ao ateliê ou para

À dir. *No sudoeste da França há lojas que vendem todos os tipos de queijos franceses*

tirar as medidas para luvas feitas sob encomenda.
✉ 21 Rue Droite, 12100 Millau ☎ 05 65 60 81 50 🕐 Seg-sáb 9h-12h, 14h-19h

MONTBRON

MAISON DU CANOË DE MONT BRON

O rio Tardoire contorna Angoulême e atravessa as gargantas de Chambon. A Maison du Canoë, a apenas 30km de Angoulême, às margens da D939, oferece aluguel e passeios guiados de canoa, que proporcionam uma vista ao nível do rio. O passeio pelas gargantas leva o dia todo. Não aceita cartões de crédito.
✉ A.P.A.L.M. Canoë Kayak, Route Rochefoucauld, 16220 Montbron ☎ 05 45 23 93 58 🕐 Jul-fim set diariam 9h-18h; resto do ano mediante agendamento 🎫 Variam conforme a distância (17km por €21)

MONTSÉGUR

LE MONTSÉGURIEN

Pare nesta delicatéssen para provar o patê de javali. Muitos dos embutidos (linguiça defumada, salame, presunto defumado) e patês são fabricados na casa.
✉ 115 Rue Principale, 09300 Montségur ☎ 05 61 01 54 46 🕐 Ter-qui, sáb-dom 9h-12h30

PÉRIGUEUX

MERCADOS

Os mercados de Périgueux são um ótimo lugar para comprar as iguarias da região. Faça seu estoque de foie gras e outros produtos feitos de gansos e patos cevados (confit, moela, terrinas, filé de peito) e trufas. Fora da temporada de trufas (de novembro a fim de março), pode-se comprar os preciosos fungos em conserva. Se estiver de carro, pegue a N21 ou a D939 para chegar a Périgueux.
✉ Place du Coderc e Place de la Clautre, 24000 Périgueux ☎ 05 53 53 10 63 (informações turísticas) 🕐 Qua, sáb 8h-12h30

PRÉCHAC

CENTRE D'ACTIVITÉS ET DÉCOUVERTES DE LA TRAVE

www.latrave-prechac.com
Esta base náutica pertence à Federação Francesa de Canoagem e organiza passeios guiados e diferentes descidas do rio Ciron. Este afluente do Garonne é particularmente bonito nesta região.
✉ La Trave, 33730 Préchac ☎ 05 56 65 27 16 🕐 Abr-fim set diariam 9h-19h; resto do ano seg-sex 9h30-12h30, 13h30-17h30 🎫 Variam de acordo com a atividade

RIBÉRAC

MERCADOS

Produtores de queijo, padeiros e floristas se reúnem na Place du Marché nas manhãs de sexta-feira. Você pode comprar ótimos alimentos para piquenique, cerâmicas e até pinturas de artistas locais. Em outubro e novembro há uma feira de nozes às sextas-feiras, e feiras noturnas no auge da estação turística, em julho e agosto (os dias variam; ligue antes para se informar).
✉ Place du Marché, 24600 Ribérac ☎ 05 53 90 03 10 (informações turísticas) 🕐 Sex 9h-12h

LA ROCHELLE

MERCADO

Entre as ruas Thiers, Gambetta e St.-Yon, este mercado é frequentado também por pessoas que residem longe daqui. Vende frutos do mar frescos e outros produtos, de objetos de vidro a eletrônicos, num cenário charmoso e movimentado. Chegue cedo aos domingos para curtir o ambiente.
✉ Place du Marché, 17000 La Rochelle 🕐 Diariam 7h-13h

LA ROCHELLE AQUARIUM

www.aquarium-larochelle.com
Um aquário grande e bem administrado, com uma amostra dos habitats oceânicos do globo. Pode-se tomar um lanche no Café Tropical.
✉ Bassin des Grand Yachts, 17000 La Rochelle ☎ 05 46 34 00 00 🕐 Jul, ago 9h-23h; abr-fim jun, set diariam 9h-20h; resto do ano 10h-20h 🎫 Adultos €13, crianças (3-17) €10, menores de 3 grátis

ROQUEFORT-SUR-SOULZON

FROMAGERIES PAPILLON

www.roquefort-papillon.com
Este é um dos menores produtores do queijo roquefort, mas a visita é gratuita. Você vai assitir a um filme curto sobre a produção, conhecer as salas de armazenamento e experimentar o produto acabado. Se gostar, compre um pouco para seu próximo piquenique.
✉ 8 bis Avenue de Lauras, 12250 Roquefort-sur-Soulzon ☎ 05 65 58 50 00 🕐 Jul, ago 9h30-18h30; out-fim mar diariam 9h30-11h30, 13h30-16h30; abr-fim jun e set 9h30-11h30, 13h30-17h30

ST.-ÉMILION

CVS

Não faltam lojas de vinho em St.-Émilion, a maioria delas com uma grande seleção de bordeaux. Esta loja na praça principal permite provar antes de decidir o que comprar.
✉ 1 Place Marché, 33330 St.-Émilion ☎ 05 57 24 63 00 🕐 Seg-sáb 10h-13h, 14h-18h

ST.-GEORGES-LES-LANDES

LE COCHON FIDÈLE

O "Porco Fiel" é um bar de propriedade familiar que vende 280 cervejas de todo o mundo, além de deliciosos sorvetes e sorbets de fabricação caseira. Serve pratos de frios a qualquer hora, mas para uma refeição completa é preciso reservar.
✉ Croix de la Chaudière, St.-Georges-les-Landes ☎ 05 55 76 74 97 🕐 Qui-seg 12h30-22h30

SARLAT-LA-CANÉDA

FEIRAS

A feira de sábado no centro da cidade vende produtos locais, principalmente frutas e verduras frescas. Às quartas há uma feira menor de produtos frescos na Place de la Liberté, e mercados cobertos todos os dias, menos segundas, na Ancienne Église Sainte-Marie, de maio a outubro. Nas manhãs de sábado, há foie gras na Place Boissarie, e trufas no mesmo dia e lugar de dezembro a fevereiro.
☎ 05 53 31 45 45 (informações turísticas) 🕐 Mercado principal sáb 8h30-18h, mercado de quarta-feira 8h30-13h

ROUGIÉ SARLAT

www. foie-gras-rougie.com

A Rougié produz e vende foie gras e outras iguarias locais desde 1875. Esta tradicional delicatéssen é muito procurada pelos moradores da cidade e um meio fácil de descobrir e apreciar os melhores produtos feitos de ganso e pato. Como a maior parte dos produtos é enlatada, é fácil transportá-los como presentes.
✉ Avenue du Périgord, 24200 Sarlat-la-Canéda ☎ 05 53 31 72 45 🕐 Seg-sáb 10h-13h, 14h30-19h, dom 10h-13h

SOUILLAC

AQUARÈVE

Desfrute este "Sonho Aquático", que tem piscina coberta aquecida, academia, *hammam* (banho turco), massagens e sauna. Oferece passes diários para a piscina, mas para uma massagem convém reservar com antecedência.
✉ La Vieille Auberge, Rue de la Rocage, 46200 Souillac ☎ 05 65 34 04 83 🕐 Diariam 14h-18h 🖐 €4 entrada para a piscina, €10 por 30 minutos no *hammam*

TOULOUSE

AU PÈRE LOUIS

Para sentir a verdadeira Toulouse, visite o bar de vinhos mais antigo da cidade. Tem uma extensa carta de vinhos, aperitivos exóticos e serve pratos tradicionais de bistrô a partir do meio-dia.
✉ 45 Rue des Tourneurs, 31000 Toulouse ☎ 05 61 21 33 45 🕐 Seg-sáb 8h30-14h30, 17h-23h

MARCHÉ VICTOR HUGO

O maior mercado coberto de Toulouse ocupa o andar térreo de um estacionamento. Entre os produtos frescos há carne de pato, frios, peixes e queijos. O restaurante no andar superior preserva o ambiente animado.
✉ Place Victor Hugo, 31000 Toulouse ☎ 05 61 11 02 22 (informações turísticas) 🕐 Ter-dom 8h-13h

PILLON

www.maison-pillon.fr

Com sua tradicional fachada, esta é uma das mais populares padarias e confeitarias da cidade graças à qualidade de seus chocolates. São quatro lojas Pillon, das quais duas vendem chocolates e as outras doces e tortas. Aqui você pode ver a preparação do chocolate e comprar a especialidade da casa, le pavé du Capitole (chocolate com essência de laranja).
✉ 23 Rue du Languedoc, 31000 Toulouse ☎ 05 61 55 03 08 🕐 Seg-sáb 9h-19h30, dom 9h-13h

MERCADO DE ST.-SERNIN

Popular entre moradores e visitantes, este mercado de pulgas é diferente. A localização oferece um espetacular pano de fundo para as compras. Vende desde produtos exóticos –joias africanas, tecidos tingidos, couro espanhol– a artigos práticos, como meias e cerâmicas.
✉ Around Basilique St.-Sernin, 31000 Toulouse ☎ 05 61 11 02 22 🕐 Sáb, dom

THÉÂTRE DU CAPITOLE

www.theatre-du-capitole.org

Na praça central de Toulouse, este teatro mundialmente famoso tem um interior grandioso e recebe óperas, balé e música clássica. O bar funciona em noites de espetáculo.
✉ 1 Place du Capitole, 31000 Toulouse ☎ 05 61 63 13 13 🕐 O ano todo ter-dom; bilheteria seg, sáb 10h-13h, 14h-17h45; ter-sex 9h-18h 🖐 Variam €12-€93

XAVIER

Especializada em queijos tradicionais, esta loja negocia com pequenos produtores locais que fabricam queijos feitos com leite pasteurizado. Experimente os vários queijos de cabra. Há também outros produtos, como trufas e pão caseiro.
✉ 6 Place Victor Hugo, 31000 Toulouse ☎ 05 34 45 59 45 🕐 Seg 15h-19h15, ter-qui 9h-13h15, 15h-19h15, sex, sáb 8h30-13h30, 14h30-19h15

VALLON-PONT-D'ARC

BASE NAUTIQUE DE PONT D'ARC

www.canoe-ardeche.com

A garganta do Ardèche é uma das rotas mais espetaculares para a canoagem. Não é muito difícil e passa por cenários magníficos. Esta base aluga equipamentos e tem um programa de passeios guiados que duram de meio dia a vários dias.
✉ 07150 ☎ 04 75 37 17 79 🕐 Abr-fim out 🖐 Um dia rio abaixo: adultos €27, crianças €18

VICDESSOS

MONTCALM AVENTURE

www.montcalm-aventure.com

A equipe oferece cursos de canoagem, alpinismo e exploração de cavernas, e caminhadas acompanhadas pelas montanhas. Para crianças menores de 6 anos há um parque de aventuras. Pegue a N20 sul de Foix e a D8 de Tarascon.
✉ Centre Village, 09220 Vicdessos ☎ 05 61 05 19 37 🕐 Diariam 9h30-19h 🖐 €39-€63 meo dia de atividade

Pág. ao lado *Eymet tem um festival anual de ostras e vinhos em agosto*

MAIO

FEIRA INTERNACIONAL DE BORDEAUX

www.foiredebordeaux.com

Esta feira anual de dez dias existe há mais de 80 anos e oferece eventos culturais e exposições dedicadas ao design de interiores, ao meio ambiente e à agricultura. É a maior feira desse tipo na França, com expositores de mais de 50 países. Pegue um ônibus na Place des Quinconces (15 minutos de viagem) ou siga as placas para "Bordeaux-Lac" (há estacionamento grátis).

✉ Parc des Expositions, Bordeaux-Lac, 33300 Bordeaux ☎ 0810 811 811 ⌚ Diariam 9h30-19h ✋ Adultos €7, crianças €5,40

JUNHO

BORDEAUX PRIDE

www.lgpbordeaux.net

O festival anual de gays e lésbicas de Bordeaux programa uma série de eventos intelectuais (palestras, discussões), além de um desfile pela cidade, seguido de uma festa lendária.

⌚ Junho 14h-anoitecer ✋ Grátis

JULHO

BLUES PASSIONS FESTIVAL

www.bluepassions.com

A combinação de blues de qualidade internacional, rico visual e presentes culinários de Cognac torna este festival irresistível.

✉ Cognac Blues Passions, 1 Rue du Port, 16100 Cognac ☎ 05 45 36 11 81 ⌚ Fim de julho

JULHO-AGOSTO

LES ABBAIES BERGERACOISES

Uma noite por semana no verão (geralmente terça-feira), dançarinos folclóricos se apresentam nas ruas da cidade velha de Bergerac. Eles partem da praça diante da Église St.-Jacques.

✉ Place Pelissière, 24100 Bergerac ☎ 05 53 57 03 11 (informações turísticas) ⌚ Jul e ago 1 dia por semana às 21h

MIMOS FESTIVAL INTERNACIONAL DE MÍMICA

www.mimos.fr

Este é o único festival internacional dedicado à arte da mímica. As apresentações ocorrem na primeira semana de agosto, com muitos artistas exibindo-se nas ruas.

✉ Nouveau Théâtre de Périgueux, 1 Avenue d'Aquitaine, 24000 Périgueux ☎ 05 53 53 18 71 ⌚ Fim jul-início ago

FESTIVAL DE OSTRAS E VINHOS BRANCOS

Este é o ponto alto do verão na cidade de Eymet, ao sul de Bergerac, na Dordogne. As festas começam na praça da cidade logo que anoitece, quando produtores de ostras e vinhos brancos de toda a região montam suas bancas. A degustação dos vinhos começa cedo, às 6h da manhã. Vale a pena chegar cedo, porque no meio da manhã o suprimento de alguns dos melhores produtos pode diminuir.

✉ 24500 Eymet ☎ 05 53 23 74 95 (centro de turismo) ⌚ 15 de agosto

SETEMBRO

ST.-ÉMILION FÊTES DES VENDANGES

Todo mês de setembro, St.-Émilion celebra o início da colheita da uva com cerimônias espetaculares na Église Collégiale des Cordeliers. O dia culmina no anúncio do início da colheita, feito à multidão do alto da Tour du Roy.

✉ Place Pierre Meyrat, 33330 St.-Émilion ☎ 05 57 55 50 50 (Syndicat Viticole) ☎ 05 57 55 50 55 (Maison du Vin) ⌚ Terceiro domingo de setembro

DEZEMBRO

REGATA DE NATAL

www.srr-sailing.com

Pouco antes do Natal, os barcos içam velas e partem do Port des Minimes em La Rochelle para uma regata de inverno em alto-mar. Do cais, pode-se ter uma vista da regata. Depois, brinde o campeão nos bares da cidade.

✉ 17000 La Rochelle ☎ 05 46 41 14 E8 (informações turísticas)

ONDE COMER

PREÇOS E SÍMBOLOS

Os restaurantes estão listados por ordem alfabética (sem Le, La e Les). Os preços correspondem a um almoço (A) de dois pratos e um jantar (J) de três pratos para uma pessoa, sem bebidas. O preço do vinho refere-se a uma garrafa da marca menos cara.

Para a legenda de símbolos, ⊳ 2.

ALBI

L'ESPRIT DU VIN

Um dos restaurantes mais conhecidos de Albi, o "Espírito do Vinho" ocupa um velho edifício no centro da cidade. Serve pratos que unem tradição e criatividade. Vende vinho em taça.

✉ 1 Quai Choiseul, 81000 Albi ☎ 05 63 54 60 44 🕒 Ter-sáb 12h-14h, 19h30-21h30 ✋ A €50, J €50, vinho €30

Abaixo *O sudoeste da França é a região do foie gras e do confit de canard*

AUCH

LA TABLE D'OSTE

www.table-oste-restaurant.com

Este restaurante perto da catedral tem um pequeno terraço onde se pode comer ao ar livre quando o tempo permite. A cozinha baseia-se em receitas regionais e usa ingredientes fornecidos por agricultores locais. Pratos confiáveis são o filé bovino e o pato.

✉ 7 Rue Lamartine, 32000 Auch ☎ 05 62 05 55 62 🕒 Verão ter-sáb 12h-14h, 19h30-21h30, dom, seg 19h30-21h30; inverno ter-sex 12h-14h, 19h30-21h30, dom, seg 19h30-21h30, sáb 12h-14h ✋ A €25, J €35, vinho €15

BAGNERES DE BIGORRE

LE SAINT-VINCENT

Este é um hotel-restaurante que fica a 5 minutos a pé de um spa numa pequena cidade na base dos Pireneus, abaixo dos desfiladeiros do Tour de France. Muitos dos pratos seguem a tradição regional. Frequentado pelos clientes do spa, o restaurante está preparado para servir pessoas com dieta especial desde que informado com antecedência.

✉ 31 Rue Maréchal Foch, 65200 Bagneres de Bigorre ☎ 05 62 91 10 00 🕒 Diariam 12h-14h, 19h30-21h30 ✋ A €30, J €30, vinho €16

BELVES

LE BELVEDERE

www.hotel-restaurant-perigord.com

Pratos tradicionais da região, como a terrina de cebolas da vovó e foie gras grelhado com maçãs, são as especialidades do restaurante do Hôtel Belvedere, situado bem no centro desta bela cidade medieval.

✉ Avenue Paul Campel, 24170 Belves ☎ 05 53 31 51 41 🕒 Diariam 12h-14h, 19h30-21h30 ✋ A €30, J €45, vinho €15

BORDEAUX

LE CAFÉ DES ARTS

O cardápio aqui é tradicional, com pratos de bistrô como saladas, omeletes, bife tartar e vieiras.
✉ Le Café des Arts, 138 Cours Victor-Hugo, 33000 Bordeaux ☎ 05 56 91 78 46 ⊕ Diariam 8h-13h ✋ A €25, J €35, vinho €8

LE FRANCHOUILLARD

www.lefranchouillard.com
Este restaurante tem o menu "França à la carte", que muda mais ou menos a cada semana, de modo que você poderá experimentar a cozinha de diferentes regiões do país. Os preços são razoáveis.
✉ 21 Rue Maucoudinat, 33000 Bordeaux ☎ 05 56 44 95 86 ⊕ Seg-sáb 12h-15h, 18h-1h ✋ A €21, J €30, vinho €12

RESTAURANT DE FROMAGES BAUD ET MILET

Este restaurante serve mais de 200 tipos de queijos no sistema "coma à vontade". Também tem pratos tradicionais à base de queijo, como a tartiflette (batata e queijo no forno) e a raclette (queijo derretido servido com batatas, picles e cebola).
✉ 19 Rue Huguerie, 33000 Bordeaux ☎ 05 56 79 05 77 ⊕ Seg-sáb 11h30-14h, 19h-23h ✋ A €28, J €40, vinho €12

LA TABLE DU PAIN

Uma *pâtisserie* descontraída onde, por €20, você recebe um prato cheio de presunto, ovos, pães salgados e doces, iogurte, café, suco e até uma taça de vinho. Os pães doces incluem o pain au chocolat (croissant recheado de chocolate) e muffins de cenoura.
✉ 6 Place du Parlement, 33000 Bordeaux ☎ 05 56 81 01 00 ⊕ Diariam 8h30-19h30 ✋ Brunch €20

BOULIAC

LE CAFÉ DE L'ESPÉRANCE

Há um clima de bistrô tradicional neste café cuja reputação é mais do que merecida. A carta de vinhos é de primeira classe.
✉ 10 Rue de l'Esplanade 33270 Bouliac ☎ 05 56 20 52 16 ⊕ Diariam 12h20-15h30, 19h30-23h ✋ A €25, J €30, vinho €15

BRANTÔME

AU FIL DE L'EAU

www.fildeleau.com
Os menus a preço fixo não são extensos, mas os pratos usam os melhores ingredientes locais e incluem peixes de água doce. Um belo lugar para almoçar ou jantar.
✉ 21 Quai Quentin, 42310 Brantôme ☎ 05 53 05 76 65 ⊕ Abr-fim out 12h-14h, 19h30-21h20 ✋ A €24, J €29, vinho €17

CADILLAC

AU FIN GOURMAND

Este restaurante serve a cozinha regional para todos os gostos e todos os bolsos. Os pratos tradicionais incluem foie gras e pombo ao vinho tinto, e entrecôte com cebola.
✉ 6 Place de la République, 33410 Cadillac ☎ 05 56 62 90 80 ⊕ Ter-sáb 12h-15h30, 19h-21h, dom 12h-15h ✋ A €22, J €30, vinho €10

CAHORS

MARIE COLLINE

Um restaurante vegetariano que serve, entre outros pratos, gratin au chèvre (queijo de cabra derretido) e clafoutis aux fruits rouges (bolo com frutas vermelhas).
✉ 173 Rue Georges Clemenceau, 46000 Cahors ☎ 05 65 35 59 96 ⊕ Ter-sex 12h30-15h30; fechado ago ✋ A €15, vinho €8

CASTRES

LE VICTORIA

A adega de um convento do século 17 perto do Musée Goya é o cenário deste restaurante especializado na cozinha regional.
✉ 24 Place 8 Mai 1945, 81100 Castres ☎ 05 63 59 14 68 ⊕ Seg-sex 12h-14h30, 19h30-22h30, sáb 19h30-22h30 ✋ A €30, J €30, vinho €17

EUGÉNIE-LES-BAINS

LES PRÈS D'EUGÉNIE

www.michelguerard.com
Este restaurante dirigido por Michel Guerard, uma das estrelas da cozinha francesa, tem três estrelas Michelin. Conte com uma cozinha inovadora, serviço impecável e uma excelente carta de vinhos. Reserve com antecedência.
✉ 40320 Eugénie-les-Bains ☎ 05 58 05 06 07 ⊕ Ter-sex 19h30-21h30, sáb-dom 12h30-14h30, 19h30-21h30 ✋ A €140, J €140, vinho €40

FIGEAC

LA BELLE ÉPOQUE

www.restaurantlabelleepoque.com
Este restaurante a 6km de Figeac faz parte de um complexo de férias que consiste em três *gites*, um camping e uma piscina. Serve a tradicional cozinha regional com ênfase em pratos feitos de pato.
✉ Le Coustal Camboulit, 46100 Camboulit ☎ 05 65 40 04 42 ⊕ Diariam 12h-14h, 19h30-21h30 ✋ A €30, J €35, vinho €15

FRANCESCAS

LE RELAIS DE LA HIRE

www.la-hire.com
Esta casa senhorial do século 18 está num parque próprio (que tem um playground), a 13km de Condom e Nérac. Serve a cozinha regional com toques criativos. Além de uma ampla seleção de vinhos, tem uma *armagnacothèque:* uma "biblioteca" de conhaques *armagnac*.
✉ 11 Rue Porte Neuve, 47600 Francescas ☎ 05 53 65 41 59 ⊕ Ter, qui-sáb 12h-14h, 19h30-21h30, dom, seg, qua 12h-14h ✋ A €40, J €40, vinho €15

GIRONDE-SUR-DROPT

LES TROIS CÈDRES

Este restaurante serve uma deliciosa perca grelhada com massa fresca. A comida é simples, mas bem preparada.
✉ 33190 Gironde-sur-Dropt, na rodovia N113 ☎ 05 56 71 10 70 ⊕ Ter-sex 12h-15h, 19h-22h, sáb 19h-22h, dom 12h-15h; fechado 1-15 jan ✋ A €27, J €45, vinho €16

LIMOGES

LES PETITS VENTRES

www.les-petits-ventres.fr
Este restaurante serve a típica comida limusina, que inclui filés, carneiro e linguiça, e pratos menos comuns como orelha ou pé de porco. Os menus a preço fixo são uma opção excelente.
✉ 20 Rue de la Boucherie, 87000 Limoges ☎ 05 55 34 22 90 ⊕ Ter-sáb 12h-14h, 19h30-22h ✋ A €15, J €25, vinho €18

MONPAZIER

PRIVILEGE DU PERIGORD

www.privilegeperigord.com

Há um pátio e um terraço para comer ao ar livre quando o tempo permite, e concertos de jazz em algumas noites de verão. O cardápio tende para a tradição, aproveitando ao máximo os produtos sazonais e ervas, mas com um toque italiano. Fica perto da Porte de Notre-Dame.

60 Rue Notre-Dame, 24540 Monpazier 05 53 22 43 98 Diariam 12h-14h, 19h30-21h30 A €30, J €35, vinho €15

MOSNAC

MOULIN DU VAL DE SEUGNE

www.valdeseugne.com

O cardápio se concentra em especialidades locais, inclusive um menu du terroir foie gras. A adega contém bordeaux crus, o Pineau de Charante local e conhaques envelhecidos. Os menus a preços fixos atendem a todos os orçamentos.

17240 Mosnac 05 46 70 46 16 Diariam 12h-14h, 19h30-21h30; fechado jan A €30, J €40, vinho €14

OSSES

MENDI ALDE

Pratos da cozinha local, presunto, confit e charcuterie são servidos com pão caseiro e pâtisseries.

Place de l'Eglise, 64780 Osses 05 59 37 71 78 Jun-15 set diariam 12h-14h, 19h30-21h30; 16 set-fim nov, 21 jan-fim mai qua-dom 12h-14h, 19h30-21h30, seg 12h-14h; fechado dez-20 jan A €15, J €25, vinho €11

PÉRIGUEUX

LE CLOS SAINT-FRONT

www.leclossaintfront.com

As especialidades deste restaurante num prédio do século 16 são foie gras e risoto de cogumelos silvestres.

5-7 Rue de la Vertu, 24000 Périgueux 05 53 46 78 58 Diariam 12h-14h, 19h30-21h30 A €46, J €60, vinho €20

PUJOLS

LA TOQUE BLANCHE

www.la-toque-blanche.com

La Toque Blanche serve delicados pratos de pato, que variam do pato grelhado com peras em conserva ao tradicional foie gras.

47300 Pujols 05 53 49 00 30 Ago diariam 12h-15h30, 19h-23h; resto do ano qua-sáb 12h-15h30, 19h-23h, dom 12h-15h30, ter 19h-23h A €25, J €38, vinho €10

ROCAMADOUR

BEAUSITE

www.bw-beausite.com

Do terraço deste hotel-restaurante no centro de Rocamadour descortinam-se lindas vistas do vale do Alzou. Entre os pratos há terrina de foie gras de pato com chutney de marmelo, filé de dourado grelhado com molho de sementes de anis e filé de cervo com amoras, lascas de aipo e figo assado. O vinho é o local Cahors.

Le Bourg, 46500 Rocamadour 05 65 33 63 08 Diariam 12h-14h, 19h30-21h30 A €40, J €50, vinho em taça a partir de €3,50

ROCHEFORT-SUR-MER

LA CORDERIE ROYALE

www.corderieroyale-hotel.com

Há uma grande variedade de pratos de frutos do mar, carnes e aves, inclusive pato com foie gras frito, mexilhões recheados com manteiga de salsa, arraia frita com frutas cítricas e bife ao creme de cogumelos.

Rue Audebert, 17300 Rochefort-sur-Mer 05 46 99 35 35 Ter-sáb 12h-14h30, 19h-22h, dom 12h-14h30; fechado jan A €50, J €55, vinhho €20

LA ROCHELLE

LA MARÉE

www.lamaree.fr

Faça reserva, porque este restaurante de frutos do mar é muito popular. São três salas de jantar onde são servidos mais de dez tipos de moluscos, além de pratos de peixe, dependendo da estação.

1 Avenue de Colmar, 17000 La Rochelle 05 46 41 19 92 Diariam 12h-14h, 19h-22h A €21, J €21, vinho €12

LA MARINE

www.brasserie-lamarine.com

La Marine tem uma seleção de pratos de brasserie e opções de frutos do mar. As especialidades são as ostras e a tarte du jour.

30 Quai Duperre, 17000 La Rochelle 05 46 41 08 68 Diariam 7h-2h A €24, J €25, vinho €10

ST.-ÉMILION

CHEZ GERMAINE

Os pratos tradicionais incluem foie gras, vieiras com vegetais, sopa de peixe e coq au vin. Os macaroons são uma especialidade da cidade. Os preços podem ser altos, mas há opções de cardápios a preço fixo.

13 Place du Clocher, 33330 St.-Émilion 05 57 74 49 34 Diariam 12h-15h A €25, vinho €12

ST.-JEAN-PIED-DE-PORT

LES PYRÉNÉES

Os pratos usam criativamente os produtos locais, como trufas e carneiro dos Pireneus, anchovas, sardinhas, bacalhau e atum da baía de Biscaia.

19 Place du Général-de-Gaulle, 64220 St.-Jean-Pied-de-Port 05 59 37 01 01 Jul-fim set diariam 12h-15h, 19h-24h; abr-fim jun qua-seg 12h-15h, 19h-124h; resto do ano seg 12h-15h, qua-dom 12h-15h, 19h-24h A €40, J €95, vinho €26

SAINTES

LE BISTRO GALANT

O menu eclético muda diariamente e tem pratos de carne, como o lombo de boi com molho picante.

28 Rue St.-Michel, 17100 Saintes 05 46 93 08 51 Ter-sáb 12h-13h45, 19h15-21h A €18, J €26, vinho €18

TOULOUSE

AU POIDS GOURMAND

www.pois-gourmand.fr

Este restaurante às margens do rio Garonne é especializado em pato e outros pratos regionais. Tem uma boa carta de vinhos.

3 Rue Emile Heybrard, 31300 Toulouse 05 34 36 42 00 Ter-sex 12h-14h, 19h30- 21h30, seg 19h30-21h30 A €50, J €70, vinho €16

LA BOHÈME

www.la-boheme-toulouse.com

Convenientemente localizado perto da Place du Capitole, este

restaurante especializou-se no prato preferido de Toulouse, o cassoulet, mas também oferece magret du canard aux cèpes (filé de pato com cogumelos), confit de canard (pato conservado) e ostras.
✉ 3 Rue Lafayette, 31000 Toulouse ☎ 05 61 23 24 18 ⏲ Seg-sex 12h-14h,19h30-22h, sáb 19h30-22h ✋ A €30, J €40, vinho €15

LE COLOMBIER
www.restaurant-lecolombier.com
Entre os bons pratos locais, aqui se serve cassoulet, confit de canard (pato conservado) e escargot.
✉ 14 Rue Bayard, 31000 Toulouse ☎ 05 61 62 40 05 ⏲ Seg-sex 12h-14h, 19h30-21h30, sáb 19h30-21h30 ✋ A €19, J €34, vinho €14

TRÉMOLAT

BISTRO LE VIEUX LOGIS
Este bistrô faz parte de um hotel de luxo que antigamente era uma fazenda de tabaco. A cozinha aberta permite observar o preparo dos pratos. Numa noite quente, pode--se jantar no terraço, sob tílias. É difícil encontrar comida e serviço melhores por estes preços, e as sobremesas, como a enorme porção da deliciosa musse de chocolate, são surpreendentes. Tem uma pequena loja que vende produtos da região da Dordogne. É indispensável reservar.
✉ 24510 Trémolat ☎ 05 53 22 80 69 ⏲ Diariam 12h20-15h30, 19h30-23h30 ✋ A €23, J €30, vinho €12

Acima *Experimente os caranguejos frescos num dos muitos restaurantes de frutos do mar do sul da França*

ONDE FICAR

PREÇOS E SÍMBOLOS

Os preços correspondem à diária mais baixa e mais alta em um quarto duplo, incluído o café da manhã, a menos que haja indicação em contrário. Todos os hotéis aceitam cartões de crédito, a menos que indicado. Note que os preços variam ao longo do ano.

Para a legenda de símbolos, ▷ 2.

AGEN

CHÂTEAU DE LASSALLE

www.châteaudelassalle.com

Este hotel tem casas de pedra ao redor de um pátio. Os quartos são amplos e decorados com antiguidades. O restaurante é excelente.

Château de Lassalle, Brimont, 47310 Laplume 05 53 95 10 58 €119-€169, sem café da manhã (€12) 13 quartos, 4 suítes Externa

ALBI

HÔTEL GEORGE V

www.hotelgeorgev.com

Este pequeno hotel fica perto da estação. Os quartos são simples, espaçosos e claros, e têm o benefício extra do pé-direito alto.

29 Avenue Maréchal Joffre, 81000 Albi 05 63 54 24 16 €43-€50, sem café da manhã (€8) 9

BEAULIEU

MANOIR DE BEAULIEU

www.manoirdebeaulieu.com

Este é um ótimo hotel-restaurante às margens do rio Dordogne. Os quartos são simples, e o restaurante, acolhedor. Há um bar rústico.

4 Place du Champs de Mars, 19120 Beaulieu 05 55 91 01 34 €77-€125, sem café da manhã (€10)

BELVES

LE BELVEDERE

www.hotel-restaurant-perigord.com

Este hotel ocupa uma mansão restaurada no estilo Périgord numa linda vila medieval. Tem um restaurante anexo, muito recomendado (▷ 392).

1 Avenue Paul Campel, 24170 Belves 05 53 31 51 41 €45-€59, sem café da manhã (€7,50) 15

BIARRITZ

HÔTEL MAISON GARNIER

www.hotel-biarritz.com

Um pequeno hotel de administração familiar numa parte calma da cidade.Nesta mansão restaurada do século 19 os quartos têm TV a cabo, banheiro e acesso à internet.

29 Rue Gambetta, 64200 Biarritz 05 59 01 60 70 €90-€140, sem café da manhã (€10) 7

BORDEAUX

HÔTEL DE FRANCE

Este hotel simples, mas limpo, é uma ótima opção econômica. Todos os quartos têm banheiro privativo. Fica perto de muitas atrações da cidade.

7 Rue Franklin, 33000 Bordeaux 05 56 48 24 11 €59, sem café da manhã (€10) 20

Pág. ao lado *A cidade de Albi*

LES 4 SOEURS

Um hotel original com ótima localização. Alguns quartos são pequenos e básicos, mas há apartamentos maiores voltados para a praça. Alguns acomodam até cinco pessoas, uma boa opção para famílias.
6 Cours du 30 Juillet, 33000 Bordeaux
05 57 81 19 20 €85-€120, sem café da manhã (€8) 34

BOULIAC

HÔTEL ST.-JAMES

www.saintjames-bouliac.com
Este hotel foi projetado pelo arquiteto Jean Nouvel em harmonia com a natureza. Os quartos têm sistema de áudio e vídeo Bang & Olufsen, persianas elétricas e vista para a piscina aquecida. Tem três restaurantes, do bistrô ao formal, e todos são renomados.
3 Place Camille Hostein, 33270 Bouliac
05 57 97 06 00 €185-€290, sem café da manhã (€23) 15 quartos, 3 suítes
Externa

BRANTÔME

CHABROL

www.lesfrerescharbonnel.com
Este charmoso hotel com excelente restaurante (Les Frères Carbonell) fica às margens do rio Dordogne e oferece lindas vistas do rio. Os quartos são espaçosos e claros.
57 Rue Gambetta, 24310 Brantôme
05 53 05 70 15 Fechado dom à noite e seg; 15 nov-15 dez e fev €65-€85, sem café da manhã (€10) 21

CADILLAC

CAMPING MUNICIPAL DE CADILLAC

Este camping duas-estrelas fica às margens do rio Garonne. Com muitas vagas à sombra e uma área de lazer, é ideal para famílias. Há uma piscina, lanchonete e cinema nas proximidades.
Rue du Port, 33410 Cadillac
05 56 62 72 98 Fechado out-fim mai
€11,35 para duas pessoas, uma barraca ou um carro; trailer €3; eletricidade €3,10
28 vagas

CASTERA-VERDUZAN

HÔTEL RESTAURANT DES THERMES

www.hotel-des-thermes.fr
Este hotel spa de 39 quartos está situado na zona rural de Gers, ao sul de Condom. Além de bar e lounge, tem uma sala de jogos e biblioteca para uso dos hóspedes. O restaurante serve a cozinha regional da Gasconha.
Aux Fontaines, 32410 Castera-Verduzan
05 62 68 13 07 €58-€93, sem café da manhã (€7,50) 39

CASTRES

LE CASTELET

www.lecastelet.fr
Este bed and breakfast decorado com charme é cercado de carvalhos e oferece pensão completa. No fim de uma estrada particular perto da vila de St.-Hippolyte, Le Castelet fica próximo à cidade de Castres.
St.-Hippolyte, 81100 Castres
05 63 35 96 27 €90-€120
5 Externa

CHAMPAGNE-DE-BELAIR

LE MOULIN DU ROC

www.moulinduroc.com
Às margens do rio Dronne, este moinho do século 17 produzia óleo de nozes. Hoje é um hotel pequeno e elegante cercado por um vasto parque, onde se pode nadar, passear de barco, pescar ou jogar tênis. Ali perto, é possível praticar atividades como golfe, canoagem e equitação. O restaurante serve pratos que usam produtos locais.
24530 Champagne-de-Belair
05 53 02 86 00 Fechado out-fim mar
€170-€210, sem café da manhã (€16)
10 quartos, 2 suítes, 1 apartamento
Externa

CONDOM

LE LOGIS DES CORDELIERS

www.logisdescordeliers.com
Tome o café da manhã à beira da piscina, relaxe e depois faça um passeio pela encantadora cidade de Condom. Você também pode usar este hotel como base para explorar o *département* de Gers.
2 bis Rue de la Paix, 32100 Condom
05 62 28 03 68 €47-€70, sem café da manhã (€8) 21

CORDES SUR CIEL

CHÂTEAU DE LABORDE

www.châteaudelaborde.com
São apenas cinco quartos no *château* construído no século 19, mas há outros, mais baratos, na *metairie* que existe na propriedade. Os preços refletem a diferença de ambiente.
81170 Cordes sur Ciel 05 63 56 35 63 Château €90, *metairie* €58, sem café da manhã (€8) 5 no *château*, 25 na *metairie*

DOMME

LES QUATRE VENTS

www.hotel-dordogne-perigord.fr
Cinco dos quartos são duplex para quatro pessoas, ótima opção para famílias. O melhor dos quartos duplos tem uma varanda privativa e vista para o vale.
24250 Domme 05 53 31 57 57
€45-€50, sem café da manhã (€5,50)
26

FIGEAC

CHÂTEAU DU VIGUIER DU ROY

www.château-viguier-figeac.com
Antiguidades e camas com dossel decoram este castelo reformado, que data em parte do século 14. Tem pátio, claustro e jardim.
Rue Droite (Emile Zola), 46100 Figeac
05 65 50 05 05 €160-€225, sem café da manhã (€19) 16 quartos, 3 suítes
Externa

GENTIOUX

LA COMMANDERIE DE PALLIER

www.pallier23.com
Os que gostam de história vão adorar esta fortaleza de cavaleiros do século 18. As acomodações foram adaptadas para incluir sala de estar, sala de TV, biblioteca, jardim medieval e um jardim planejado por um paisagista. Você encontrará muitas atividades ao ar livre num raio de 15km.
23340 Gentioux 05 55 67 91 73
€62 (por um mínimo de duas noites com meia pensão) 5

ÎLE D'OLÉRON

NOVOTEL THALASSO OLÉRON

www.novotel.com

Bem na saída da cidade de St.-Trojan-les-Bains, o Novotel tem vistas para o mar e para a floresta. Tem um spa, piscina de água do mar aquecida, academia e um excelente restaurante, Le Pertuis. Você pode usar as bicicletas, cortesia do hotel, para passear pela ilha.

Plage de Gatseau, 17370, St.-Trojan-les-Bains 05 46 76 02 46 €115-€175, sem café da manhã (€15) 80 Interna

ÎLE DE RÉ

LE RICHELIEU

www.hotel-le-richelieu.com

Na tradição dos grandes hotéis de luxo, o edifício é por si só uma atração. Cerca de metade dos quartos têm terraço sobre o mar. Há um spa à base de talassoterapia, quadras de tênis, uma imensa piscina externa que fica aberta no verão e o restaurante La Brise.

44 Avenue de la Plage, 17630 La Flotte en Ré 05 46 09 60 70 Fechado 5 jan-5 fev €270-€360, sem café da manhã (€20) 44 Externa

IRLEAU LE VANNEAU

LE PARADIS CHAMBRES D'HÔTE

www.gite-le-paradis.com

Este bed and breakfast ocupa uma bela casa antiga em propriedade própria, onde se pode pescar ou passear de barco no lago particular. Todos os quartos têm banheiro, e há uma cozinha comunitária e um terraço.

29 Sainte-Sabine, 79270 Irleau le Vanneau 05 49 35 33 95 Fechado meados nov-fim mar €50-€80 5

LOURDES

HÔTEL TARA

www.lourdes-tara.com

A uma distância que permite ir a pé ao santuário, o Hôtel Tara tem um interior moderno e confortável por um bom preço levando em conta a qualidade. Tem estacionamento particular.

6 Avenue Peyramale, 65100 Lourdes 05 62 94 22 33 €70-€76, sem café da manhã (€8) 73

MARGAUX

LE PAVILLON DE MARGAUX

Este hotel de administração familiar é uma boa opção em termos de custo-benefício. Os quartos (9 superiores e 5 standard) têm nomes de diferentes vinícolas e garrafas do vinho produzido por elas no quarto. O restaurante tem bons preços, mas a carta de vinhos é bastante cara.

3 Rue Georges Mandel, 33460 Margaux 05 57 88 77 54 €90-€120, sem café da manhã (€12) 14

MONPAZIER

EDWARD I

Alguns quartos deste deste pequeno e confortável *château* do século 19 têm vista para as montanhas do Périgord. Outros são voltados para a encantadora vila medieval de Monpazier. Todos são decorados com bom gosto.

5 Rue St.-Pierre, 24540 Monpazier 05 53 22 44 00 €64-€78, sem café da manhã (€11) 12

PAU

HÔTEL LE POSTILLON

www.hotel-le-postillon.com

Este é um tradicional hotel de administração familiar, decorado no estilo rural francês. Os quartos, todos com banheiro, são confortáveis, e alguns têm varanda. Como os preços não mudam na alta estação, convém reservar com antecedência. Não tem restaurante.

Place de Verdun, 10 Cours Camou, 64000 Pau 05 59 72 83 00 €47-€56, sem café da manhã (€6) 28

PAUILLAC

CHÂTEAU CORDEILLAN-BAGES

www.cordeillanbages.com

Este quatro-estrelas fica perto dos vinhedos do Château Lynch Bages. Os quartos amplos são confortáveis, e o restaurante, que tem uma imensa carta de vinhos, serve a cozinha regional. A propriedade oferece cursos de degustação de vinho de cinco dias ou de fim de semana na École du Bordeaux, além de acesso à piscina, quadra de tênis e campo de golfe próximos.

Route des Châteaux, 33250 Pauillac 05 56 59 24 24 Fechado 15 dez-fim jan €129-€292, sem café da manhã (€18) 24 quartos e 1 suíte

PÉRIGUEUX

BRISTOL

www.bristolfrance.com

Este funcional e confortável hotel moderno oferece fácil acesso aos monumentos históricos do centro da cidade. O quartos têm acesso grátis à internet.

37 Rue Antoine Gadaud, 24000 Périgueux 05 53 08 75 90 €64-€75, sem café da manhã (€7,50) 29

LA ROCHELLE

FRANCE ANGLETERRE ET CHAMPLAIN

www.hotelchamplain.com

Antiga residência particular, este hotel tem quartos amplos e magnificamente mobiliados. Tem um bar, mas não restaurante. Oferece estacionamento coberto.

20 Rue Rambaud, 17000 La Rochelle 05 46 41 23 99 €85-€125, sem café da manhã (€12) 36 quartos (6 para não fumantes), 4 suítes

ST.-JEAN-DE-LUZ

LE PARC VICTORIA

www.parcvictoria.com

Neste hotel do século 19 os quartos são bonitos, claros e arejados. As suítes são ótimas para famílias e têm jardim particular. O restaurante tem um menu criativo. Ali perto há um spa e a chance de um mergulho no Atlântico.

5 Rue Cepe, 64500, St.-Jean-de-Luz 05 59 26 78 78 Fechado 15 nov-15 mar €160-€295, sem café da manhã (€19) 8 quartos, 8 suítes Externa

STE.-SYLVESTRE-SUR-LOT

CHÂTEAU LALANDE

www.château-lalande-sylvestre.com

Neste impressionante castelo dos séculos 13 a 18, situado numa grande propriedade, cada quarto tem um tamanho, uma decoração

e um estilo diferentes. Os dois restaurantes servem de refeições leves a cardápios elaborados.
✉ 47140 Ste.-Sylvestre-sur-Lot ☎ 05 53 36 15 15 €95-€295, sem café da mãnhã (€18) 22 Duas piscinas

SARLAT

HOTEL COMPOSTELLE

www.hotel-compostelle-sarlat.com
Este hotel, que fica perto do Caminho de Santiago, é administrado pela mesma família há três gerações. Aceita reserva pela internet.
✉ 64-66 Avenue de Selves, 24200 Sarlat ☎ 05 53 59 08 53 Fechado dez e jan €65-€84, sem café da manhã (€8,50) 23

TOULOUSE

HÔTEL DES BEAUX-ARTS

www.hotelsdecharmetoulouse.com
Este é um três-estrelas íntimo instalado num edifício do século 18. Os quartos tem TV por satélite e frigobar. Jante no restaurante vizinho, o Dix-Neuf, do mesmo grupo.
✉ 1 Place du Pont Neuf, 31000 Toulouse ☎ 05 34 45 42 42 €108-€220, sem café da manhã (€18) 19 Esquirol

ST.-CLAIRE

www.stclairehotel.fr
Você pode começar o dia com uma massagem de shiatsu (reserve) neste hotel central, de estilo rústico francês e espírito feng shui.
✉ 29 Place Nicolas Bachelier, 31000 Toulouse ☎ 05 34 40 58 88 €81-€138, sem café da manhã (€9) 16

VALENCE-SUR-BAISE

HÔTEL LA FERME DE FLARAN

www.fermedeflaran.com
Este pequeno hotel rural num edifício do século 17 próximo à Abbaye de Flaran fica perto tanto de Auch quanto de Condom. O restaurante é muito bem avaliado.
✉ Bagatelle, Maignaut Tauzia, 32310 Valence-sur-Baise ☎ 05 62 28 58 22 Fechado dom abr, mai, jun e set, e na noite de dom e seg out-fim mar €55-€81, sem café da manhã (€10) 15 Externa

VITRAC

LE DOMAINE DE ROCHEBOIS

www.rochebois.com
Este hotel quatro-estrelas em estilo neoclássico oferece conveniências como um campo de golfe de 9 buracos, piscina, academia, sala de bilhar e quadra de tênis dentro da propriedade, e balonismo e canoagem ali perto. O restaurante é dirigido pelo chef Christophe Ochler.
✉ Route de Montfort, 24200 Vitrac ☎ 05 53 31 52 52 Fechado nov-fim mar €165-€350, sem café da manhã (€18) 34 quartos, 6 suítes Externa

Abaixo *Desfrute um hotel de luxo com spa*

AJ-S77 425

CÓRSEGA

Três qualidades levam os visitantes a atravessar o mar da Ligúria do continente francês para a Córsega (Corse, em francês): magníficas praias de areia beijadas por águas transparentes, perfeitas para um mergulho; um clima mediterrâneo com frequentes dias de sol, céu azul e luz brilhante; e a extraordinária variedade e beleza das paisagens corsas. Este último fator é uma deliciosa surpresa para os que vêm pela primeira vez. Mais de 1.000km de costa rochosa e acidentada oferecem maravilhosas vistas de penhascos, cavernas e baías. Partindo para o interior, ganha-se altitude imediatamente. Embora a distância do mar não ultrapasse 50km, as partes mais altas da ilha atingem 2.600m.

Em quase toda a Córsega a paisagem é verde, com uma vegetação impressionantemente variada, de arbustos mediterrâneos a florestas de nogueiras. Uma população escassa, distribuída entre cidades e vilarejos, contribui para a sensação de paz e vastidão.

Culturalmente, sente-se a influência italiana em toda a ilha, em particular na língua, que às vezes é usada em lugar do francês. No início da Idade Média, a Córsega foi governada pela cidade-estado de Pisa e muitas igrejas no estilo toscano foram construídas. Depois, passou ao controle de Gênova, que em meados do século 18 foi confrontada com um movimento pela independência liderado por Pascal Paoli, ainda reverenciado como herói na história corsa pela defesa do princípio de autodeterminação, bem antes que ele fosse adotado na Europa e nos EUA. Os genoveses tiveram de pedir ajuda militar à França, e a ilha foi vendida a Luís 15 em 1768. Se tivesse nascido um ano antes, o mais famoso filho da terra, Napoleão Bonaparte, não teria nascido francês. Durante o Segundo Império, a Córsega passou a fazer parte da França metropolitana e hoje é dividida em dois *départements*.

A Córsega é uma ilha que dá prazer explorar, mas para isso você vai precisar de um carro: alugue um ou traga o seu próprio. Ferryboats partem de Marselha, Toulon e Nice e desembarcam em vários portos da ilha.

AJACCIO

Ajaccio é um porto pitoresco rodeado de montanhas na costa oeste da ilha. As ruas, cheias de bares, restaurantes e lojas, são ótimas para um passeio, enquanto os tons pastel da cidade velha são um descanso para os olhos. A rua principal, o Cours Napoléon, sai da Place du Général de Gaulle na direção norte e percorre quase 2km ao longo do golfo de Ajaccio. A Place du Général de Gaulle, uma praça grande e comum, é o centro da cidade nova. A Place Foch, no centro da cidade velha, ao contrário, é cheia de palmeiras e cercada de lojas e cafés.

NAPOLEÃO

Ajaccio se orgulha de suas ligações com Napoleão, que nasceu aqui em 1769 (▷ 38-9). Em cada esquina, veem-se estátuas, placas e monumentos dedicados à família Bonaparte. Ao sul da Place Foch, na Rue St.-Charles, fica a Maison Bonaparte, a casa onde Napoleão nasceu e viveu até os 9 anos (abr-fim set ter-dom 9h-12h, 14h-18h; out-fim mar seg 14h-16h45, ter-dom 10h-12h, 14h-16h45). No primeiro andar está o sofá onde ele nasceu e, no fim de uma longa galeria, a Sala Trapdoor, onde Letizia, sua mãe, e os filhos escaparam das forças de Pascal Paoli (chefe do movimento de independência da ilha) em 1793.

O Musée Napoléonien, na prefeitura, na Place Foch (meados jun-meados set diariam 9h-11h45, 14h-17h30; meados set-meados jun seg-sex 9h-11h45, 14h-16h45), tem uma cópia da máscara mortuária de Napoleão. A Chapelle Impériale, ao lado do Palais Fesch, contém os restos mortais de vários membros da família Bonaparte. Napoleão está enterrado em Les Invalides, em Paris (▷ 84). Em junho, há um festival dedicado ao imperador.

ARTE

Joseph Fesch, cardeal de Lyon e tio de Napoleão, usou sua fortuna para reunir uma extraordinária coleção de pinturas, que se pode ver no Musée Palais Fesch (esteve fechado para restauração até outubro de 2009), na Rue Cardinal Fesch. Entre as obras estão *O Homem da Luva,* de Ticiano, *Leda e o Cisne,* de Veronese, e *A Virgem e o Menino,* de Botticelli.

INFORMAÇÕES

www.ajaccio.fr
www.ajaccio-tourisme.com
457 R15 3 Boulevard du Roi Jérôme, 20181 04 95 51 53 03
Jul, ago seg-sáb 8h-20h30, dom 9h-13h, 16h-19h; abr-fim jun, set, out seg-sáb 8h-19h, dom 9h-13h; resto do ano seg-sex 8h-12h30, 14h-18h, sáb 8h-12h, 14h-17h Ajaccio

DICAS

» Para uma bela vista da Córsega, faça um passeio de barco de 2 horas (meados abr-fim out) para ver as Îles Sanguinaires, ilhas desertas que ganham um profundo tom avermelhado quando o sol se põe.

» Todas as manhãs, exceto segundas, a feira da Place Campinchi vende produtos frescos de toda a ilha.

» Para compras, uma boa opção é a Rue Cardinal Fesch. Depois siga para o Boulevard Lantivy e Boulevard Pascal Rossini, que ficam atrás da praia, perto da Citadelle, que oferecem mágicas vistas para o mar e estão cheios de bares e restaurantes.

Pág. ao lado *Ajaccio à noite*
Abaixo *O porto de pesca, cercado por prédios em tons pastel*

INFORMAÇÕES
www.bastia-tourisme.com
457 S14 Place St.-Nicolas, 20200
04 95 54 20 40 Jun-meados set diariam 8h-20h; primavera seg-sáb 8h-18h, dom 8h-12h; inverno seg-sáb 8h30-12h, 14h-18h Bastia

DICAS
» Há uma feira de produtores (ter-dom) na Place de l'Hôtel de Ville.
» Ao sul da cidade há praias de areia e a reserva de pássaros de l'Étang de Biguglia.

Acima *O porto de Bastia*
Pág. ao lado *Cap Corse*

BASTIA

Bastia situa-se na extremidade sul do Cap Corse (▷ 405), uma vasta península montanhosa no norte da Córsega. No século 15, os genoveses fizeram da cidade a base de seu governo e construíram a *bastiglia* (fortaleza) que lhe dá nome. Daqui, exportavam vinho para a Itália, trazendo prosperidade à cidade.

O CENTRO HISTÓRICO

Bastia ainda é o coração comercial da Córsega, mas a cidade original, Terra Vecchia, permanece intocada pela modernidade. Este centro velho emana charme, com ruas serpenteantes e belas igrejas barrocas.

A Place St.-Nicolas, uma imensa praça de mais de 300m de comprimento, onde há uma estátua de Napoleão, é o ponto de partida ideal para uma excursão por Bastia. O Boulevard Paoli e a Rue César Campinchi correm paralelos à praça e são ótimos para compras. A Terra Vecchia, onde estão os monumentos históricos da cidade, fica ao sul da Place St.-Nicolas. Mais ao sul, ao longo do Quai du Sud, fica a cidadela, Terra Nova.

Na Rue Napoléon, encontra-se o Oratoire de l'Immaculée Conception, com um suntuoso interior em veludo carmesim, dourados e candelabros cintilantes. Na Terra Nova, ao lado da Place du Donjon, fica o Palais des Gouverneurs, um palácio de aparência mourisca construído no século 14, no auge do poder genovês. Nele está instalado o Musée d'Ethnographie Corse, dedicado à história da Córsega, da pré-história aos dias atuais

O interior barroco do Oratoire Sainte-Croix, na Rue de l'Évêché, guarda uma relíquia santa, o Cristo dos Milagres, um crucifixo encontrado em 1428 flutuando no mar e banhado por um brilho misterioso.

BONIFACIO

www.bonifacio.fr

Na extremidade sul da Córsega, Bonifacio oferece vistas da Sardenha flutuando nas águas turquesa do Mediterrâneo. A cidade tem uma cidadela, construída por genoveses sobre penhascos que se erguem 70m acima do mar. A cidade velha, cercada por muralhas, é um dos melhores lugares da ilha e fica lotada na alta estação. Observe as casas altas, às quais antigamente só se tinha aceso por escadas retráteis, e os arcobotantes usados para coletar a água da chuva.

Os degraus de Montée Rastello constituem uma subida íngreme, mas que vale a pena pela vista que oferece da cidade velha. No alto, atravesse a Avenue De Gaulle para Montée St.-Roch, que tem uma vista espetacular dos penhascos e do Grain de Sable, um enorme rochedo que mergulhou no mar 800 anos atrás. Na Rue du Palais de Garde fica a Église Sainte-Marie Majeure, que contém um fragmento da Cruz de Cristo resgatada de um naufrágio. As relíquias de são Bonifácio estão guardadas num caixão de marfim.

Várias empresas oferecem passeios de barco pela costa e às ilhas Lavezzi. A região tem também excelentes pontos para mergulho.

Bonifacio é um lugar envolto em lendas. Aqui Ulisses teria se encontrado com os gigantes lestrigões na *Odisseia*, e aqui ficaria a "escada do rei de Aragão", supostamente construída numa só noite pelos soldados aragoneses em 1420.

457 S15 · 2 Rue Fred Scamaroni, 20169 · 04 95 73 11 88 · Jul, ago diariam 9h-20h; mai, jun, set 9h-19h; resto do ano seg-sex 9h-12h, 14h-18h

CALVI

www.tourisme.fr/calvi

Calvi, na costa noroeste da ilha, é dominada por uma cidadela genovesa situada num promontório rochoso. Dentro das muralhas, uma bela igreja barroca, a Église St.-Jean Baptiste, contém o *Cristo dos Milagres*, uma imagem de ébano que, segundo os locais, deteve o ataque turco à cidade em 1553 quando foi carregada pelas ruas. Dentro da cidadela fica também o Oratoire de St.-Antoine, com afrescos dos séculos 15 e 16.

Ao sul da cidadela, na cidade baixa, fica a Église Sainte-Marie-Majeure, uma igreja barroca com porta rosa. Mais ao sul vê-se uma linda baía, com praia de areia de 4km cercada de pinheiros.

Há muito o que fazer em Calvi e seus arredores, inclusive esportes aquáticos como vela e mergulho, e passeios de barco à costa de Scandola (▷ 407). Pode-se ir de carro ou de trem até a ilha Rousse, no norte, um lugar agradável para passar uma tarde e visitar o excelente mercado coberto num edifício do século 19.

A oeste de Calvi, a península Revellata tem uma praia de areia banhada por águas claras.

457 R14 · Port de Plaisance, 20260 · 04 95 65 16 67 · Jul, ago diariam 10h-12h30, 15h-19h; resto do ano seg-sex 9h-12h, 14h-18h · Calvi

CAP CORSE

www.corsica.net

Esta ilha dentro de outra ilha tem montanhas, pequenas aldeias de pescadores, igrejas românicas, vinhedos e baías de areia.

O Cap Corse é uma península que tem no centro uma cadeia de montanhas de mais de 1.000m de altura. Na extremidade norte da Córsega, ela aponta como um dedo de 40km de comprimento e 15km de largura para a costa da Ligúria, na Itália.

Na costa oeste do cabo, vilas brancas e torres de vigia genovesas empoleiram-se no topo de penhascos escarpados. Do lado leste, alisadas pela lava de antigos vulcões, há angras de areia e pequenos portos.

O Cap Corse já foi intensamente cultivado, mas hoje é coberto de *maquis*, a vegetação de cerrado típica da Córsega. Os *capcorsins* (residentes do Cap Corse) são tradicionalmente mais aventureiros que os habitantes de outras partes da ilha. Tornaram-se hábeis marinheiros e mercadores, chegando aos portos italianos, franceses e africanos para comerciar vinho, azeite e peixes.

Na costa oeste, o antigo povoado de Nonza situa-se num penhasco 150m acima de uma praia de areias pretas e tem no alto as ruínas de uma torre de vigia genovesa. Sua bela igreja do século 16 é dedicada a santa Júlia e tem um impressionante altar de mármore. Na costa leste, Macinaggio tem belas praias de areia branca, e ao norte fica a Réserve Naturelle des Îles Finocchiarola, uma reserva natural formada de ilhotas.

Mais ao sul, na direção de Bastia, fica a vila de Erbalunga, cujo porto já foi muito frequentado por pintores franceses. Muitas pessoas do Cap Corse que emigraram para a América do Sul voltaram a esta região e construíram casas espetaculares com o dinheiro ganho no exterior. Ainda se pode ver alguns desses *palazzi americani*, palacetes renascentistas e mansões coloniais, nas pequenas vilas de Sisco e Cannelle.

457 S14 · Port de Plaisance, 20248 Macinaggio · 04 95 35 40 34 · Jul, ago seg-sáb 9h-12h, 15h-19h30, dom 9h-12h; jul seg-sex 9h-12h, 14h-18h, sáb, dom 9h- 2h; set seg-sáb 9h-12h, 15h-18h, dom 9h-12h; resto do ano seg-sex 9h-12h, 14h-17h

CORTE

www.corsica.net

Corte é cercada pelas montanhas do Parc Naturel Régional de Corse e sede da única universidade da ilha, com cerca de 4 mil alunos. A cidade foi construída sobre um afloramento rochoso e, como muitas outras cidades corsas, tem uma cidadela do século 15 no ponto mais alto. Dentro dela fica o Musée de la Corse, dedicado à sociedade e à cultura corsa.

Para ter espetaculares vistas panorâmicas dos vales do Restonica e do Tavignano, suba à plataforma do Belvédère.

Esta região é excelente para caminhadas, e Corte é um popular ponto de parada dos caminhantes. Para chegar à região de Niolo –um platô cercado pelos picos mais altos da ilha–, pegue a Scala di Santa Regina, um surpreendente desfiladeiro a noroeste da cidade.

457 S15 Quartier des Quatre Fontaines, 2025 04 95 46 26 70 Jul, ago diariam 9h-20h; jun, set seg-sáb 9h-18h; out-fim mai seg-sex 9h-12h, 14h-18h Corte

FILITOSA

www.filitosa.fr

Filitosa, a um dia de viagem de Propriano, é um sítio pré-histórico, habitado desde o período neolítico até a época romana. Os achados revelaram que o povo vivia em cavernas há 5 mil anos. A parte mais impressionante do sítio são os menires de faces esculpidas. Não se sabe por que eles foram colocados aqui.

Há também um pequeno museu, e sua localização, no vale do Tavaro, o torna um local ideal para um piquenique.

457 S16 D57, ao norte de Propriano 04 95 74 00 91 Páscoa- fim out 8h-anoitecer Adultos €5

LA PORTA

Este vilarejo é notável por sua bela arquitetura religiosa barroca. Situado entre castanhais e colinas ondulantes no centro da região de Castagniccia, quase 40km a nordeste de Corte. O nome da reigão origina-se de *castagnu,* palavra corsa para "castanha". As castanhas colhidas aqui fazem parte da dieta de muitos corsos.

Em séculos anteriores, La Porta assistiu a batalhas contra os romanos, vândalos, árabes, genoveses e franceses. Hoje é uma vila calma de ruas estreitas, com altos prédios com janelas pintadas.

La Porta é um ótimo lugar para caminhadas, com muitas trilhas que levam às colinas e montanhas de La Castagniccia.

Na Piazza di u Piano, os moradores da cidade sentam-se nos bancos para conversar e ver os turistas que vêm visitar a Église St.-Jean-Baptiste, uma igreja ocre e branca do século 17. Sua fachada é decorada com pináculos e volutas, e seu campanário do século 18 é considerado a mais bela torre do sino barroca da ilha. No interior, a igreja tem um magnífico órgão italiano, construído por um monge em 1780, um belo teto pintado e uma figura de Cristo em madeira pintada, obra do século 17.

457 S14

PORTO

www.porto-tourisme.com

O golfo de Porto, na costa oeste da Córsega, foi classificado pela Unesco como patrimônio da humanidade, enquanto a cidade de Porto é um popular balneário, especialmente movimentado no verão. O destaque é a torre genovesa (jun-fim ago 9h-21h; abr-fim mai, set, out diariam 11h-19h), que se ergue diante do porto e é um mirante perfeito de onde se pode apreciar o lindo pôr do sol que fez a cidade famosa. Construída na segunda metade do século 16, tem a particularidade de ser quadrada, e não redonda como a maioria das torres genovesas da ilha. No interior, há um museu com uma exposição sobre torres.

No verão, faça um passeio de barco para ver a flora e a fauna da Réserve Naturelle de Scandola (▷ 407) ou *les calanches de Piana*, enseadas rochosas cujas paredes atingem centenas de metros.

O aquário na marina (jun-fim ago diariam 9h-20h; set 9h-19h; resto do ano 9h-17h) ocupa um antigo armazém genovês e abriga espécies do golfo e da reserva natural de Scandola, onde se encontram moreias e polvos. Quem prefere ver a vida marinha no mar pode mergulhar no golfo de Porto, onde há corais, atuns, lagostas e até barracudas.

457 R15 Place de la Marine, 20150 04 95 26 10 55 Jul, ago seg-sáb 9h-19h, dom 9h-13h; abr, mai seg-sáb 9h-18h; resto do ano seg-sáb 9h-17h

Abaixo, da esq. p/ dir. *Corte agarra-se às encostas; A praia protegida de Porto*

RÉSERVE NATURELLE DE SCANDOLA

Esta reserva foi criada em 1975 e faz parte do Parc Naturel Régional de Corse. Cobre 1.900ha, dos quais 900 são terra e mil são mar. Toda a área foi classificada pela Unesco como patrimônio da humanidade. Como não há trilhas até a reserva, a única maneira de chegar é de barco, e empresas de Calvi, Porto, Cargèse e Ajaccio organizam passeios de barco.

A reserva é procurada por cientistas e turistas por causa da sua geologia e da variedade da fauna e da flora e tem até algumas ruínas romanas. Há rochedos escarpados (alguns dos rochedos vermelhos atingem 900m de altura), com cavernas e grutas formadas pela erosão das ondas. Observadores de pássaros e outros animais vão se deliciar, porque a reserva é habitat de falcões-peregrinos, águias-marinhas, abutres-barbudos, gaivotas-de-audouin e golfinhos. Com tal riqueza de vida selvagem e marinha, atividades como a pesca, o mergulho e o camping estão proibidas.

Ali perto, Girolata (que não faz parte da reserva, mas sim do sítio da Unesco) só pode ser alcançada a pé ou de barco.

✚ 457 R15

ST.-FLORENT

www.corsica.net

St.-Florent, um belo porto na região do Nebbio, no nordeste da ilha, é um refúgio de férias popular graças às suas praias e a uma cidadela genovesa em estilo mourisco voltada para o porto. No centro fica a Place des Portes, um bom lugar onde se sentar com uma bebida e observar o movimento. A principal atração é a Cathédrale du Nebbio, construção pisana do século 12 na antiga cidade romana. A principal praia de St.-Florent, a Plage de la Roya, fica ao sul da cidade. Uma trilha segue para oeste ao longo da costa do deserto dos Agriates, passando pelas praias de Lodo e Saleccia. Para os que preferem o conforto, barcos partem da marina para as praias.

Patrimonio, 6km a nordeste de St.-Florent, produz vinhos tintos, brancos, rosé e de sobremesa. A região há muito é considerada produtora de alguns dos melhores vinhos da Córsega. Patrimonio exportou vinho para a Itália durante a Idade Média, e é sabido que o moscatel do Cap Corse era servido na mesa dos papas durante o Renascimento.

✚ 457 S14 ℹ Centre Administratif, 20217 ☎ 04 95 37 06 04 🕘 Só no verão seg-sex 9h-12h, 14h-17h, sáb 9h-12h

SARTÈNE

www.corsica.net

Sartène, no sudoeste da ilha, orgulha-se de suas tradições, que remontam à Idade Média. Na Sexta-Feira Santa ocorre a procissão de Catenacciu, durante a qual um cidadão penitente, vestido numa túnica vermelha com capuz e com os pés presos por correntes, carrega uma pesada cruz pela cidade. No resto do ano, a cruz e as correntes podem ser vistas na Église Sainte-Marie, na cidade velha, um labirinto de ruelas estreitas. O bairro de Santa Anna, com suas ruas de pedras, merece uma exploração. O Musée Départemental de la Préhistoire Corse, numa antiga prisão, exibe artefatos dos sítios pré-históricos da Córsega (fechado para reforma).

Ao sul de Sartène há sítios pré-históricos com menires, aos quais se tem acesso por estradas calmas que atravessam o campo. Depois de estacionar, caminhe até os menires. Cerca de 15km ao sul ficam os menires de Cauria e o dólmen Fontanaccia. À beira da D48 estão os menires Palaggios, uma das melhores coleções de pedras megalíticas do Mediterrâneo.

✚ 457 S16 ℹ Cours Soeur Amélie, 20100 ☎ 04 95 77 15 40 🕘 Jul, ago seg-sáb 9h-12h30, 15h-19h; resto do ano seg-sex 9h-12h, 14h-18h

Acima, da esq. p/ dir. *Sartène, no sudoeste da Córsega, orgulha-se de sua longa história; A linda Réserve Naturelle de Scandola*

BONIFACIO

Bonifacio, pousada sobre rochedos calcários na costa do Mediterrâneo, é o porto mais protegido da Córsega. Sua imponente cidadela e a antiga cidade fortificada erguem-se acima do movimentado porto. Situada numa vasta região deserta, Bonifacio distingue-se do resto da Córsega por seus costumes e sua geografia. A cidade deu seu nome aos traiçoeiros estreitos que separam a Córsega da Sardenha e controla muitas das rotas estratégicas do Mediterrâneo ocidental. Esta excursão em duas partes começa com um passeio pela cidade, seguido por uma caminhada ao longo da costa, passando por igrejas, praias, um farol e impressionantes vistas da cidadela e até da Sardenha.

O PASSEIO
Distância: 10km
Duração: 1 dia
Início/fim: Bonifacio

COMO CHEGAR

Bonifacio fica no sul da Córsega e é servida pelo aeroporto Figari-Sud Corse, 20km ao norte. As principais rodovias costeiras, N196 e N198, terminam na cidade. No alto verão, fica evidente a falta de áreas de estacionamento na cidade, provocando engarrafamentos.

O PASSEIO PELA CIDADE

Bonifacio (▷ 405) foi fundada pelos toscanos, mas foi tomada por Gênova no século 12. A população nativa foi expulsa e substituída por colonos, que construíram uma nova cidade numa planta geométrica.

A imponente cidadela, que ocupa a extremidade oeste do promontório, fica afastada da borda do penhasco, mas a cidade velha situa-se precariamente à beira do precipício. Cercada por muralhas, a cidade velha tem ruas estreitas, com casas altas construídas como fortalezas particulares, às quais antigamente só se tinha acesso por escadas retráteis. Cada casa tinha um pátio, forno, cisterna, prensa de olivas, adega, celeiro e às vezes um estábulo. Os arcobotantes sobre as ruas são coletores da preciosa água da chuva.

★ Estacione perto do porto e caminhe até a Église St.-Érasme.

❶ Pegue a rampa pavimentada à esquerda da igreja para o Col St.-Roch. Suba uma segunda rampa pavimentada em direção à Porte de Gênes, entrando na Place d'Armes. Da praça, entre na Rue des Deux-Empereurs.

❷ O imperador habsburgo Carlos 5º (1500-58), que foi também Carlos 1º da Espanha, lutou a vida inteira

contra a França. Ele visitou Bonifacio em 1541, data celebrada numa placa na Rue des Deux-Empereurs, que também registra que Napoleão Bonaparte, o mais famoso filho da Córsega, se hospedou nesta rua por algumas semanas em 1793.

❸ Pegue a terceira rua à esquerda para visitar a Église Sainte-Marie-Majeure, do século 13.

Então, entre na Rue Archivolto para ver a Maison du Podestat, também do século 13. Continue para a Place Montepagano e vá além das muralhas da cidadela em direção à península, passando pela Rue St.-Dominique, pelo Oratoire Sainte-Croix e pela gótica Église St.-Dominique. Na ponta oeste da península, vizinho a uma área desolada chamada Bosco, fica o cemitério da marinha.

❹ É um lugar espetacular, com mausoléus brancos encimados por uma cruz, alinhados como casinhas à beira-mar. A impressão de cidade é aumentada por uma ordenada grade de ruas que ligam um lado ao outro. Daqui se avista a Sardenha através do Mediterrâneo.

Volte à cidadela, passando pela Église St.-Dominique à direita, para visitar a Escalier du Roi d'Aragon, via Place Carrega.

❺ Os 187 degraus da Escadaria do Rei de Aragão foram talhados na rocha desde o alto do penhasco até o mar. Embora a escada seja uma rota de fuga se o porto estiver bloqueado, diz a lenda que ela foi construída numa noite pelos invasores aragoneses que queriam capturar a cidade em 1420.

❻ Volte à Place Montepagano pela Rue des Pachas e pegue a Rue Doria para a Place Manichella e Place du Marché, 65m acima do mar, uma vista esplendorosa. Entre na Ruelle de la Madonnetta para a Place d'Armes e depois volte ao porto.

O PASSEIO PELA COSTA

★ Do porto, saia da cidade e ande para o norte ao longo da N196 em direção ao sítio pré-histórico de l'Araguina. Antes do camping e depois da garagem, vire à esquerda e pegue uma trilha escondida para a praia de l'Arinella. Continue por cerca de 750m até uma pequena baía com uma praia (Plage de la Catena) do outro lado da cidadela de Bonifacio. Bem em cima da praia a trilha se bifurca. Pegue a trilha da direita, que se afasta do mar. Continue por cerca de 1,6km. A trilha faz uma curva fechada para a esquerda e segue para a enseada de Fazzio (a outra trilha segue para a Plage Paraguano).

Acima *Bonifacio, no alto de um penhasco*
Pág. ao lado *A cidadela e o porto de Bonifacio*

❶ Cerca de 200m adiante, a trilha chega à Plage de Fazzio, em frente a uma pequena ilha.

A trilha continua pelo lado leste da baía.

❷ Siga pela estrada costeira até o farol, o Phare de la Madonetta.

❸ Na Grotte Marine du Sdragonato, uma gruta marinha, a trilha se afasta da costa por uns 100m e depois volta a se juntar a ela numa baía.

Siga por esta trilha sinalizada, passando pelas duas pequenas baías anteriores (Plage de l'Arinella e Plage de la Catena) de volta ao porto.

ARTE, COMPRAS, DIVERSÃO E NOITE

Acima *Curta a vida ao ar livre na Córsega*
Pág. ao lado *Restaurante em uma tarde de sol*

AJACCIO

U TRINIGHELLU

O nome desta ferrovia significa literalmente "tremedor", porque os velhos vagões são lentos e sacolejantes, mas esta é uma das mais pitorescas viagens de trem da Europa. A estrada atravessa o centro da ilha, passando por montanhas, gargantas e florestas.

✉ Gare (estação), 20090 Ajaccio ☎ 04 95 23 11 03 🕐 Horários: 3 ou 4 trens por dia ligando Ajaccio a Corte, Bastia e Calvi

BONIFACIO

BONIFACIO WINDSURF

www.bonifacio-windsurf.com

Esta escola oferece aulas de windsurfe e kitesurf para iniciantes e avançados. Também se pode alugar equipamento por hora, dia ou por mais tempo.

✉ Hameau de Pianterella, 20169 Bonifacio ☎ 04 94 73 52 04 🕐 Maio-fim set diariam 9h-20h 🖐 Aulas para iniciantes €140, nível 3 €150, 1 semana de aulas com aluguel de prancha €290, só aluguel €20 por hora

CALVI

PLONGÉE CASTILLE

www.plongeecastille.com

Esta escola de mergulho oferece aulas introdutórias e uma grande variedade de cursos para alunos do nível básico ao avançado. Para mergulhadores experientes a escola organiza mergulhos guiados.

✉ Port de Calvi, 20260 Calvi ☎ 04 95 65 14 05 🕐 Mai-fim set escritório 9h-12h30, 15h30-19h 🖐 Introdução ao mergulho €45, curso PADI €380

GHISONACCIA

CAVE ST.-ANTOINE

www.cavesaintantoine.com

Esta vinícola produz várias marcas, misturando variedades locais com uvas usadas nos vinhos produzidos no continente. Você pode degustar e comprar, se gostar.

✉ 20240 Ghisonaccia ☎ 04 95 56 61 00 🕐 Seg-sex 8h-12h, 14h-17h

PORTICCIO

INSTITUTE OF THALASSOTHERAPY

www.sofitel.com

O mais conceituado spa da ilha tem uma série de tratamentos, que incluem massagem, hidroterapia, aromaterapia, banhos de algas e tratamentos faciais. Alguns pacotes incluem um quarto no hotel.

✉ Hôtel Sofitel, Domaine de la Pointe, Golfe d'Ajaccio, 20166 Porticcio ☎ 04 95 29 40 40 🕐 Diariam 8h-22h

PORTO-VECCHIO

CASA DI L'ARTE

Aqui você vai conhecer a arte e a cerâmica local. A loja é especializada em cerâmica Terraghia, pinturas e objetos de madeira.

✉ 10 Rue Jean Jaurès, 20137 Porto-Vecchio ☎ 04 95 70 12 58 🕐 Seg-sáb 9h30-12h30, 15h-19h (no verão também dom 10h-12h30, 15h-17h)

CORSICA MOUNTAIN QUAD

Desfrute um passeio pelo campo de buggy por um dia, com guia, ou simplesmente agende meia hora de diversão.

✉ L'Ospedale-direction Zonza, 20137 Porto-Vecchio ☎ 04 95 70 68 08 🕐 Diariam 10h-18h só com agendamento. Reserve com antecedência 🖐 €55 por 1,5 hora, €65 por 2 horas, €85 por 3 horas

PONTE LECCIA

LANA CORSA

Esta pequena cooperativa usa a lã crua das ovelhas da Córsega para criar peças únicas. Só usa produtos e tintas naturais no processo.

✉ U Salgetu, 20218 ☎ 04 95 48 43 79 🕐 Verão seg-sáb 9h-19h; inverno seg-sex 9h-18h, sáb 9h-14h

ST.-FLORENT

ALTORE

www.altore.com

Esta empresa oferece treinamento e guias para uma grande variedade de esportes radicais como paragliding, escalada de montanhas, esqui e trekking, com uma equipe de guias e instrutores multilíngues altamente qualificados.

✉ 20214 St.-Florent ☎ 04 95 39 02 21 🕐 Meados mai-meados out

ONDE COMER

PREÇOS E SÍMBOLOS
Os restaurantes estão listados por ordem alfabética (sem Le, La e Les). Os preços correspondem a um almoço (A) de dois pratos e um jantar (J) de três pratos para uma pessoa, sem bebidas. O preço do vinho refere-se a uma garrafa da marca menos cara.

Para a legenda de símbolos, ▷ 2.

AJACCIO

A CASETTA
Peixes e frutos do mar pescados no local e preparados com sutileza são servidos neste agradável restaurante perto do aeroporto de Ajaccio. Experimente a couronne de gambas à la panzetta (coroa de camarões com presunto defumado) ou os calamares rotis à la provençale (lulas ao molho provençal).
Plaine de Cuttoli, Mezzavia, 20167 Cuttoli Corticchiato 04 95 25 66 59 Verão sex-dom 12h-14h, 19h30-22h, seg-qui 19h30-22h; inverno ter-sáb 12h-14h, 19h30-22h, dom 12h-14h A €40, J €60, vinho €24

BASTIA

LE PRESSOIR
www.lepressoir.com
Este restaurante em estilo rústico com paredes de pedra em dois andares fica perto do centro da cidade e de frente para o porto Toga. Serve pratos italianos como canelone, ravióli e excelentes pizzas assadas num forno a lenha. Experimente o calzone du pizzaiolo ou, para encerrar, o tiramisù de banana e chocolate. Há outras alternativas, como as carnes assadas da rotisserie.
Saída do Port de Commerce, Toga, 20200 Bastia 04 95 32 34 96 Seg-sáb 12h-14h, 19h30-22h A €35, J €35, vinho €13

BONIFACIO

U CAPU BIANCO
Neste restaurante de hotel com adoráveis vistas para a baía, o chef senegalês, El Hadji Gadio, mistura elementos da cozinha corsa com influências exóticas da África. Uma sobremesa imperdível é a sinfonia de morangos. O restaurante só abre à noite –para almoço há um restaurante mais informal na praia– e convém reservar. Crianças não podem entrar.
Domaine de Pozzoniello, 20169 Bonifacio 04 95 73 05 58 Diariam 19h30-24h J €160, incluído o vinho

CALVI

LE BELGODERE
Desfrute a vista da baía e da cidadela neste restaurante de praia especializado em peixes. Há também outros pratos, inclusive 13 diferentes tipos de saladas, além de crepes, panini e sanduíches caseiros. No verão, algumas noites têm jantar dançante, animado por bandas africanas ou latinas.
La Plage, 20260 Calvi 04 95 65 08 56 Abr-fim out 12h-14h, 19h30-22h A €25, J €30, vinho €15

RESTO DES ÎLES
O exótico terraço deste restaurante tem um clima caribenho. A cozinha é metade corsa e metade *créole*, com pratos como accras de morue (bacalhau frito), boudins noirs antillais (morcela antilhana), colombo de poulet (frango com especiarias) e ti-punch. No inverno, pode-se sentar perto da lareira e comer algo mais substancioso, como carneiro assado ou sopa corsa.
Route de la Pinède, 20260 Calvi 04 95 65 49 89 Diariam12h-14h, 19h30-22h A €25, J €40, vinho €16

LA SIGNORIA
Se quiser um lugar exclusivo onde conhecer a cozinha corsa, experimente este restaurante numa casa do século 18 (parte de um hotel quatro-estrelas), cercada por pinheiros, palmeiras e vinhas, e com vista para o Cirque de Bonifato.
Route de la Forêt de Bonifato, 20260 Calvi 04 95 65 93 00 Diariam 12h-14h,19h30-22h30 A €80, J €80, vinho €35

CENTURI

LE VIEUX MOULIN

www.le-vieux-moulin.net

Neste restaurante, você pode comer frutos do mar pescados no local.

✉ Le Port, 20238 Centuri ☎ 04 95 35 60 15 ⏲ Mar-fim out diariam 12h-14h30, 19h30-21h30 ✋ A €50, J €50, vinho €20

CORTE

AUBERGE DE LA RESTONICA

www.aubergerestonica.com

A tradicional culinária corsa faz parte do cardápio deste restaurante.

✉ Route de Restonica, 20250 Corte ☎ 04 95 46 09 58 ⏲ Jul-ago diariam 12h-14h30, 19h30-21h30; resto do ano ter-sex 12h-14h30, 19h30-21h30, sáb 19h30-21h30 ✋ A €35, J €45, vinho €15

CUTTOLI

AUBERGE U LICETTU

Ingredientes caseiros são o forte deste restaurante rústico perto de Porticcio e a apenas 15 minutos do aeroporto Campo dell'Orot. As verduras vêm da horta, e queijos, terrinas e frios (alguns curados durante dois anos) são todos preparados na casa.

✉ Plaine de Cuttoli, 20167 Cuttoli ☎ 04 95 25 61 57 ⏲ Ter-sáb 12h-14h, 19h30-22h, dom 12h-14h; é essencial reservar ✋ A €39, J €39, vinho incluído

L'ÎLE ROUSSE

L'ÎLE D'OR

O restaurante do Hôtel Agilla, no centro da cidade, perto da igreja, é um agradável estabelecimento familiar com uma grande seleção de pratos e um serviço atencioso. É especializado na culinária local, principalmente em peixes.

✉ Rue d'Agilla, 20220 L'Île Rousse ☎ 04 95 60 12 05 ⏲ Diariam 12h-14h, 19h30-22h ✋ A €25, J €25, vinhho €11

MONTICELLO

A PASTURELLA

www.a-pasturella.com

Neste restaurante, pratos locais se combinam com clássicos da cozinha francesa.

✉ 20220 Monticello ☎ 04 95 60 05 65 ⏲ Seg-sáb 12h-13h30, 19h30-21h30, dom 11h-13h30 ✋ A €26, J €35, vinho €17

PORTO VECCHIO

LE BELVEDERE

Ambiente calmo, decoração rústica e um terraço com vista para o mar tornam este restaurante um bom lugar para explorar as tradições culinárias da Córsega e do Mediterrâneo. No verão há peixes, vegetais e frutos do mar na brasa.

✉ Route de Palombaggia, 20137 Porto-Vecchio ☎ 04 95 70 54 13 ⏲ Diariam 12h-14h, 19h30-22h ✋ A €100, J €100, vinho €30

CASA DEL MAR

Vista uma roupa mais formal para jantar neste luxuoso restaurante onde o chef italiano Davide Bisetto serve uma cozinha gourmet inspirada nas tradições mediterrâneas. Experimente o foie gras de canard a la chataigne (foie gras de pato com castanhas), os lagostins ou a lagosta.

✉ Route de Palombaggia, 20538 Porto-Vecchio ☎ 04 95 72 34 34 ⏲ Diariam 20h-1h30 ✋ J €150, vinho €30

ST-FLORENT

LA RASCASSE

www.restaurant-larascasse.fr

Com ênfase em peixes e frutos do mar frescos, este restaurante gourmet especializou-se na cozinha contemporânea. Tem um terraço panorâmico frequentado por astros de cinema. As especialidades do chef Jean-Michel Querci são a lagosta, os raviólis de moules (mexilhões), a soupe de poissons émulsion safran (sopa de peixe com açafrão), o carpaccio de foie gras e babá de uísque de sobremesa.

✉ Quai d'Honneur, Port de Plaisance, 20217 St.-Florent ☎ 04 95 37 06 99 ⏲ Diariam 12h-15h,19h-24h ✋ A €45, J €60, vinho €19

SAN NICOLAU

U CATAGNU

Este restaurante na Costa Verde tem um agradável terraço e especializou-se na inventiva cozinha mediterrânea, com influências da culinária internacional e toques asiáticos. Particularmente bons são as carnes e os peixes grelhados. Experimente o gratin de fruits de mer e o millefeuilles de fraises (mil--folhas de morango). O bar tem uma boa seleção de coquetéis.

✉ Moriani Plage, 20230 San Nicolau ☎ 04 95 38 52 24 ⏲ Diariam 12h-14h, 19h30-22h ✋ A €25, J €35, vinho €16

Abaixo *Prefira os menos conhecidos vinhos regionais para acompanhar sua refeição*

ONDE FICAR

Acima *As hospedarias familiares, vilas especializadas em férias e gîtes (casas particulares) são muito populares na Córsega*

PREÇOS E SÍMBOLOS

Os preços correspondem à diária mais baixa e mais alta em um quarto duplo, incluído o café da manhã, a menos que haja indicação em contrário. Todos os hotéis aceitam cartões de crédito, a menos que indicado. Note que os preços variam ao longo do ano.

Para a legenda de símbolos, ▷ 2.

AJACCIO

CAMPO DEL L'ORO

www.hotel-campodelloro.com

Este moderno complexo que inclui restaurante e bar oferece vistas para o golfo de Ajaccio. O terreno é plantado com palmeiras e buganvílias.

✉ Plage du Ricanto, 20189 Ajaccio ☎ 04 95 22 32 41 € €93-€191 🛏 139 Externa

BARBAGGIO

U CASTELLU PIATTU

www.chez.com/castellupiattu

Todos os quartos deste bed and breakfast têm banheiro e acesso independente. Há também um restaurante.

✉ Pezzo Brietta, 20253 Barbaggio ☎ 04 95 37 28 64 ou 06 24 33 18 32 € €68-€88 🛏 5 Externa

BASTIA

BONAPARTE

www.hotel-bonaparte-bastia.com

Um pequeno hotel no centro da cidade, bem perto das principais atrações turísticas, o Bonaparte é decorado com uma alegre e bastante eclética mistura de estilos. Há um estacionamento seguro para hóspedes por uma taxa extra.

✉ 45 Boulevard Général Graziani ☎ 04 95 34 07 10 € €75-€90, sem café da manhã (€7) 🛏 23

BONIFACIO

MARINA DI CAVU

www.marinadicavu.com

Os quartos deste pequeno hotel de luxo estão distribuídos ao redor de um agradável pátio central.

✉ Route de Calalonga, 20169 Bonifacio ☎ 04 95 73 14 13 € €130-€420. O café da manhã (€21) é obrigatório 🛏 9 quartos (também suítes e casas) Externa

U CAPU BIANCU

www.ucapubiancu.com

Um hotel de luxo situado no sul da ilha, o U Capu Biancu tem vistas magníficas. Tem praia particular e um restaurante gourmet. Há uma piscina externa. A cidadela medieval de Bonifacio fica a apenas dez minutos de distância.

✉ Domaine de Pozzoniello, 20169 Bonifacio ☎ 04 95 73 05 58 € €190-€360, sem café da manhã (€20) 🛏 43 Externa

CALENZANA

AUBERGUE A FFLATA

www.aflatta.com

Este pequeno e confortável hotel campestre tem vistas para as montanhas e o mar. A região ao redor é ótima para caminhadas, mountain bike e esportes de aventura.

✉ A Flatta, 20214 Calenzana ☎ 04 95 62 80 38 🕒 Abr-fim dez € €80-€110, sem café da manhã (€10) 🛏 5 Externa

LA MAISON D'HÔTES

Neste bed and breakfast, os quartos têm banheiro. Há *table d'hôte* (pensão completa) se você reservar.

✉ Route de Calvi, 20214 Calenzana ☎ 04 95 60 15 53 ou 06 86 44 88 34 € €75 🛏 4

CALVI

HÔTEL LA VILLA

www.hotel-lavilla.com

Os quartos deste luxuoso hotel ocupam quatro casas tradicionais

de pedra. O hotel conta ainda com várias piscinas e um restaurante com uma estrela Michelin.
✉ Chemin Notre-Dame-de-la-Serra, 20260 Calvi ☎ 04 95 65 10 10 € €230-€345, sem café da manhã (€28) 52 Externa

SAINT-CHRISTOPHE
www.saintchristophecalvi.com
A pouca distância do centro de Calvi, da praia e da marina, o Saint-Christophe tem ar-condicionado e um restaurante com vista para o mar. Um estacionamento e uma garagem para motos estão disponíveis para hóspedes.
✉ Place Bel'Ombra, 20260 Calvi ☎ 04 95 65 05 74 € €98-€165 48

LA SIGNORIA
www.hotel-la-signoria.com
Este é um hotel de luxo entre vinhedos e pinheiros e decorado com muito estilo e elegância. Tem belos jardins e uma praia particular.
✉ Route de la foret de Bonifato, 20260 Calvi ☎ 04 95 65 93 00 € €180-€390, sem café da manhã (€25) 24 Externa

ERBALUNGA

HÔTEL CASTEL BRANDO
www.castelbrando.com
Neste três-estrelas de propriedade de uma família, os quartos são confortáveis, embora variem em tamanho.
✉ 20222 Erbalunga ☎ 04 95 30 10 30 € €105-€145, sem café da manhã (€15) 27 Externa

L'ÎLE ROUSSE

AGILLA
www.hotel-agilla.com
Localizado na área exclusiva de pedestres na cidade velha de L'Île Rousse, não muito longe da praia, este pequeno hotel é simples, mas confortável.
✉ Rue d'Agilla, 20220 L'Île Rousse ☎ 04 95 60 12 05 € €35-€70, sem café da manhã 6

LUCCIANA

LA MADRAGUE
www.hotel-lamadrague.com
Este moderno hotel de dois andares com um belo jardim, quartos claros e uma relaxante piscina na costa nordeste da ilha está convenientemente situado a 5 minutos do aeroporto de Bastia.
✉ Route de Pineto, 20290 Lucciana ☎ 04 95 30 02 50 € €67-€170, sem café da manhã (€9) 32 Externa

MONTICELLO

A PASTURELLA
www.a-pasturella.com
Este hotel com restaurante fica numa pequena vila um pouco afastada da baía da Île Rousse, a 4km do mar. Os quartos sóbrios, mas de bom gosto, têm vista para o campo.
✉ 20220 Monticello ☎ 04 95 60 05 65 € €90-€100, sem café da manhã (€11) 14

PIANA

LES ROCHES ROUGES
www.lesrochesrouges.com
O restaurante deste charmoso hotel de 1912 está tombado como monumento histórico. Tem um amplo terraço e maravilhosas vistas para o golfo de Porto.
✉ 20115 Piana ☎ 04 95 27 81 81 € €90-€170, sem café da manhã (€12) 30

PORTO

HÔTEL LE LONCA
www.hotel-lelonca.com
Este hotel com ar-condicionado fica a curta distância da praia. Tem quartos single, duplos, triplos e quádruplos e estacionamento particular.
✉ Vaita, 20150 Porto ☎ 04 95 26 16 44 € €65-€120 28

PORTO-VECCHIO

BELVEDERE
www.hbcorsica.com
Alguns quartos espaçosos deste luxuoso hotel estão no andar térreo e têm acesso direto para o jardim. Há um restaurante gourmet na praia, tendo como pano de fundo bosques de pinheiros, eucaliptos e palmeiras.
✉ Route de Palombaggia, 20137 Porto-Vecchio ☎ 04 95 70 54 13 Mar-dez € €140-€450, sem café da manhã (€20) 19 Externa

GRAND HÔTEL CALA ROSSA
www.cala-rossa.com
Um grandioso hotel quatro-estrelas com spa e praia particular.
✉ 20137 Porto-Vecchio ☎ 04 95 71 61 51 € €430-€1.230 42 Externa e interna

QUENZA

SOLE ET MONTI
Um pequeno hotel de montanha moderno, mas acolhedor, com um agradável terraço e jardins, fica aos pés das Fourches de Bavella, na parte centro-sul da ilha. Seu restaurante é muito conceituado.
✉ 20122 Quenza ☎ 04 95 78 62 53 Maio-fim set € €140-€300 com jantar e sem café da manhã (€10) 20

ST.-FLORENT

HÔTEL DE LA ROYA
www.hoteldelaroya.com
Este pequeno hotel situado na praia tem design moderno e uma piscina.
✉ Plage de la Roya, 20217 St.-Florent ☎ 04 95 37 00 40 €140-€270 30 (suítes e casas) Externa

SARTÈNE

LILIUM MARIS
www.lilium-maris.com
Embora pertença oficialmente a Sartène, a praia de Tizzano fica a 15km da cidade, num trecho intocado da costa sudoeste. O hotel é moderno e decorado com bom gosto.
✉ Plage de Tizzano, 20100 Sartène ☎ 04 95 77 12 20 € €90-€145, sem café da manhã (€9) 29

SUARTONE

LA RONDINARA
www.rondinara.fr
Este camping na rodovia N198 fica perto de uma praia onde se praticam esportes aquáticos.
✉ 20169 Suartone ☎ 04 95 70 43 15 Fechado out-meados mai € €7 por adulto, €3,30 por carro, €4,20 por trailer, eletricidade €3,50 Externa

INFORMAÇÕES ESSENCIAIS

Esta seção oferece todas as informações práticas que você precisará durante a visita, desde questões de dinheiro até números de telefones de emergência.

INFORMAÇÕES

CLIMA

» Paris tem invernos frios e verões quentes. Os dias mais longos são em junho, quando as temperaturas costumam ser agradáveis e os dias ensolarados. Agosto pode ser quente, úmido e chuvoso.

» O noroeste, afetado pelo Atlântico, é quase sempre chuvoso, com invernos moderados e verões frescos.

» O sudoeste tem verões quentes.

» Nas montanhas, a altitude é o principal fator que influi sobre o clima. Os Vosges são quentes no verão, no Maciço Central ocorrem tempestades, e no Maciço Sul o clima é seco. As Cévennes, ao contrário, recebem muita chuva, e o Maciço Norte é muito quente.

» O sul tem verões quentes e secos e invernos úmidos. Os ventos de verão são frescos, mas o vento mais frio e feroz, o mistral, que vem do norte, pode ocorrer por dias, em particular em março e abril.

» Para informações sobre o clima, consulte www.meteofrance.com

QUANDO IR

» A primavera, quando as flores desabrocham nas árvores e o clima esquenta, é uma boa época para visitar Paris. Agosto é calmo, porque muitos parisienses viajam para escapar do calor úmido. Alguns restaurantes fecham o mês todo, e há poucas atividades culturais. O outono é agradável, mas pode ser difícil encontrar hotel, já que a temporada de feiras está a pleno vapor. Para quem não se importa com o rigor do inverno, dezembro pode ser mágico com as ruas iluminadas para o Natal.

» Em outras partes do país, a melhor época vai depender do que se pretende fazer. Janeiro, fevereiro e março são bons para esquiar nos Alpes; quem procura o sol deve ir para o Mediterrâneo em julho e agosto; a feira de Natal de Estrasburgo é famosa; e quem gosta de automobilismo vai a Le Mans em junho.

» Os sites turísticos (⊳ 430) listam festivais e atividades.

PARIS

TEMPERATURA

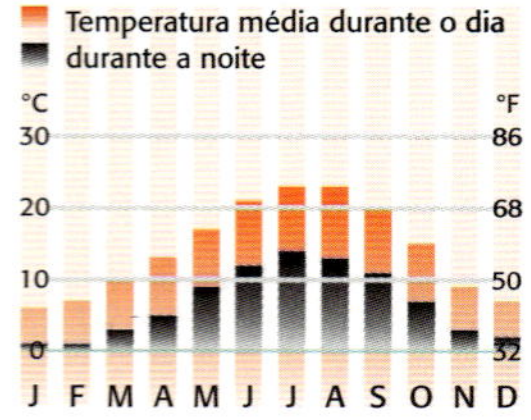

CHUVAS

BORDEAUX

TEMPERATURA

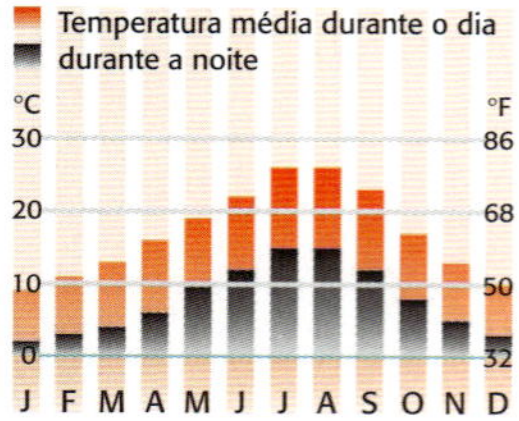

CHUVAS

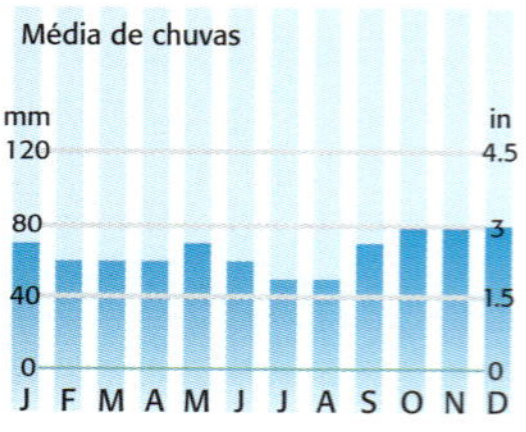

LYON

TEMPERATURA

CHUVAS

MARSELHA

TEMPERATURA

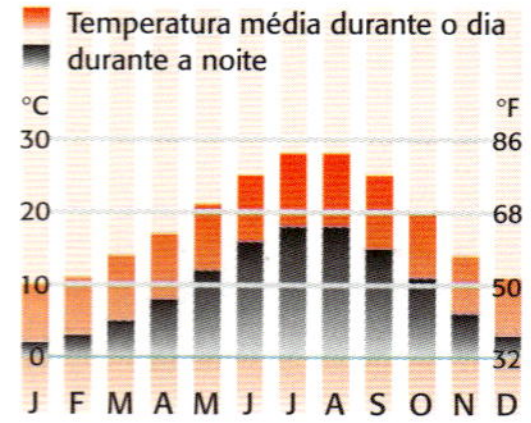

CHUVAS

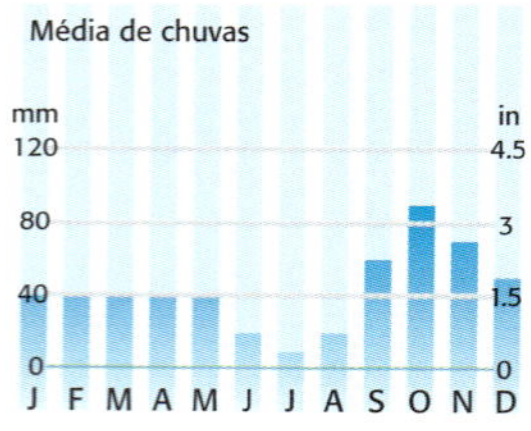

FUSO HORÁRIO

Cidade	Diferença de horário	Hora às 12h
Hora da França		
Amsterdã	0	12h
Berlim	0	12h
Bruxelas	0	12h
Dublin	-1	11h
Johannesburgo	+1*	13h
Londres	-1	11h
Madri	0	12h
Montréal	-6	6h
Nova York	-6	6h
Roma	0	12h
São Francisco	-9	3h
São Paulo / Rio de Janeiro	-4	8h
Sydney	+9*	21h
Tóquio	+8*	20h

Na França, os relógios são adiantados em uma hora do último domingo de março até o último domingo de outubro.

* Uma hora a menos durante o horário de verão na França.

ALFÂNDEGA

De outro país da União Europeia

Abaixo estão as diretrizes sobre a quantidade de produtos que você pode trazer para a França para seu uso pessoal quando está vindo de outro país da União Europeia:

» 800 cigarros
» 400 cigarrilhas
» 200 charutos
» 1kg de tabaco
» 110 litros de cerveja
» 10 litros de destilados
» 90 litros de vinho (dos quais apenas 60 litros podem ser de espumantes)
» 20 litros de vinho fortificado (porto ou xerez)

De um país fora da União Europeia

São permitidas as cotas abaixo apenas se você viajar com os bens, sem intenção de vendê-los:

» 200 cigarros ou 100 cigarrilhas ou 50 charutos ou 250g de tabaco
» 60ml de perfume
» 250ml de *eau de toilette*
» 2 litros de vinho de mesa
» 1 litro de destilado ou licor forte acima de 22%
» ou 2 litros de vinho fortificado, espumante ou outros licores
» Até €175 de qualquer outro produto

» Muitos monumentos e museus na França fecham em 1º de janeiro, 1º de maio, 1º de novembro, 11 de novembro e 25 de dezembro.
» O serviço de ônibus e trens é reduzido nos feriados (▷ 429).

DOCUMENTOS

PASSAPORTES E VISTOS

» Visitantes brasileiros precisam de passaporte, mas não de visto, para estadias de até três meses. O passaporte deve ter pelo menos seis meses de validade. É recomendável ter um seguro saúde e uma reserva de hotel –ou um atestado de acolhimento, que a pessoa que irá hospedá-lo na França solicita na prefeitura da cidade onde mora.
» Antes de sua viagem, consulte www.franceguide.com ou o site da Embaixada da França no Brasil (www.ambafrance-br.org).
» Cidadãos de outros países devem checar a documentação necessária com a sua embaixada ou visitar o portal da Comunidade Europeia (www.europa.eu.int).
» As regras para passaportes e vistos podem mudar, por isso verifique-as antes de viajar.
» Leve sempre uma fotocópia das páginas principais do passaporte e deixe o original no cofre do hotel. Anote o número dele à parte para o caso de roubo ou perda.

ESTADIAS MAIS LONGAS

» Cidadãos brasileiros que desejem ficar por mais de três meses ou estudar na França devem pedir visto. Para mais informações, entre em contato com o consulado da França.

SEGURO DE VIAGEM

» Faça um seguro completo de saúde e de viagem antes de partir.
» Cidadãos da Comunidade Europeia recebem tratamento de saúde a custo reduzido com um Cartão Europeu de Seguro Saúde. Para os demais, o seguro total é uma necessidade. Verifique se a sua seguradora tem um serviço de ajuda 24 horas.

EMBAIXADAS E CONSULADOS DA FRANÇA NO BRASIL

CIDADE	ENDEREÇO	SITE
Brasília - Embaixada	SES - Av. das Nações, lote 4, quadra 801, 70404 900, Brasília Tel (61) 3222 3999	http://brasilia.ambafrance-br.org
São Paulo - Consulado-Geral	Av. Paulista, 1842, Torre Norte, 14º andar, 01310 923, São Paulo Tel (11) 3371 5400	http://saopaulo.ambafrance-br.org
Rio de Janeiro - Consulado-Geral	Av. Presidente Antônio Carlos, 58, 20020 010, Rio de Janeiro Tel (21) 3974 6699	http://riodejaneiro.ambafrance-br.org
Recife - Consulado-Geral	Av. Conselheiro Aguiar, 2333, 6º andar, 51020 020, Recife Tel (81) 3117 3290	http://recife.ambafrance-br.org

DINHEIRO

O EURO

» A França é um dos 15 países europeus que adotaram o euro como moeda oficial. As notas e moedas de euro foram introduzidas em janeiro de 2002, subsitituindo a antiga moeda, o franco francês.

ANTES DE VIAJAR

» É aconselhavel uma mistura de dinheiro vivo, traveller's cheques e cartão de crédito em vez de confiar num único meio de pagamento.
» Verifique junto à sua empresa de cartão de crédito se seu cartão de débito ou crédito pode ser usado para saque nos caixas eletrônicos na França.

TRAVELLER'S CHEQUES

» Os traveller's cheques são mais seguros que dinheiro vivo, porque você poderá pedir reembolso caso eles sejam roubados –mas a comissão paga pode ser alta no momento do saque, particularmente em hotéis e lojas.

CAIXAS ELETRÔNICOS

» Os caixas eletrônicos são comuns na França e em geral têm instruções na tela em várias línguas. Alguns dos cartões aceitos são Visa, MasterCard e Diners Club. Você vai precisar de um código de quatro números.
» A empresa de cartões pode taxar cada saque.

BANCOS

» Os horários variam, mas em geral abrem de segunda a sexta das 8h30 ou 9h às 12h, e de 14h às 17h, mas em algumas cidades os bancos não fecham para almoço.
» Nas vilas e cidades menores, os bancos às vezes fecham segunda, mas abrem na manhã de sábado.
» Os bancos fecham nos feriados. Só os que têm uma placa de *change* trocam traveller's cheques ou moeda estrangeira, e para isso você vai precisar do seu passaporte.

GORJETAS	
Restaurantes (serviço incluído)	o troco *
Hotéis (serviço incluído)	o troco *
Cafés (serviço incluído)	o troco *
Táxis	10%
Guias turísticos	€1-€1,50
Porteiros	€1
Cabeleireiros	€1
Atendentes de chapelaria	30c
Atendentes de banheiro	o troco
Lanterninhas	30c

* Ou mais, se você ficou muito satisfeito com a qualidade do atendimento

CASAS DE CÂMBIO

» Os *bureaux de change* têm horários mais amplos que os bancos, mas as taxas podem não compensar. Você vai encontrá-los em Paris e nas principais cidades.
» Evite trocar grandes quantidades de traveller's cheques nos hotéis, porque as taxas podem não ser competitivas.

CARTÕES DE CRÉDITO

» A maioria dos restaurantes, hotéis e lojas aceita cartões de crédito, mas alguns exigem uma despesa mínima.
» Antes de viajar, verifique junto à empresa de cartões que taxa será cobrada por saque no caixa eletrônico, e se há um número de emergência para caso de roubo.

IMPOSTOS

» Não residentes na UE podem pedir reembolso de impostos *(détaxe)* de 12% sobre certas compras, mas é preciso gastar mais de €175 numa loja de uma só vez. Peça à loja o formulário de reembolso, que o vendedor deve preencher e selar. Entregue este formulário na alfândega quando sair do país, junto com as notas fiscais, e ele será validado. Mande o formulário pelo correio para a loja, que fará o reeembolso no seu cartão de crédito ou lhe enviará um cheque.
» Lembre que você pode ter que apresentar os produtos na alfândega quando deixar a França; portanto, tenha-os à mão.
» Entre os produtos isentos estão alimentos e bebidas, remédios, tabaco, pedras preciosas avulsas, obras de arte e antiguidades.
» A empresa Global Refund tem um serviço de reembolso (01 41 61 51 51; www.globalrefund.com).

REMESSA DE DINHEIRO

» Numa emergência, você pode receber dinheiro de seu país, mas isso pode sair caro (cobra-se uma taxa pelo serviço) e ser demorado.
» Você pode enviar e receber dinheiro via agentes como Western Union (www.westernunion.com) e Travelex (www.travelex.com/fr).
» O dinheiro pode ser transferido de um banco para outro em dois dias úteis, ou através da Travelex e Western Union, o que normalmente é mais rápido.

DESCONTOS

» Se você é estudante ou professor, filie-se à International Student Travel Confederation (www.isic.org) do seu país e receba uma carteira de estudante (ISIC), que lhe dará descontos durante sua visita.
» Idosos em geral têm descontos no transporte público, em museus e outras atrações com a exibição do passaporte válido ou identidade.
» Crianças pequenas costumam ter entrada livre nas atrações.

CORREIO

» A maioria das agências do correio têm caixa eletrônico.
» Os cartões aceitos estão relacionados no caixa.
» Pode-se transferir dinheiro pela Western Union via agências do correio; em geral o dinheiro é entregue em alguns minutos.
» Ordens internacionais de pagamento podem ser enviadas de todas as agências (mediante pagamento de taxa).
» A maioria das agências maiores tem serviço de câmbio em dólar (EUA, Canadá e Austrália), iene, libra esterlina, franco suíço, coroa sueca, coroa dinamarquesa e coroa norueguesa.

DICAS

» Evite usar notas altas ao pagar motoristas de táxi e produtos baratos em lojas pequenas.

» Nunca leve dinheiro ou cartão de crédito no bolso traseiro ou em lugares que sejam alvo fácil para ladrões.

» Guarde dinheiro e traveller's cheques no cofre *(coffre-fort)* do hotel até precisar deles.

» Verifique as taxas de câmbio para dinheiro vivo e traveller's cheques oferecidas nas agências do correio e nos bancos. Estes últimos nem sempre oferecem as melhores taxas.

» Na França, o cartão MasterCard é às vezes conhecido como Eurocard, e o Visa, como Carte Bleue.

» Alguns hotéis menores e hospedarias não aceitam cartões de crédito. Verifique isso antes do check-in.

PREÇOS DE ITENS DO COTIDIANO EM PARIS		
Sanduíche para viagem		€2,20-€3,20
Garrafa de água mineral	(em loja, 0,5 litro)	€0,20-€0,40
Xícara de café	(num café, expresso)	€1-€1,85
	(com creme e leite, xícara maior)	€1,85-€2,25
Cerveja	(*un demi*, meio litro)	€1,85-€2,60
Taça de vinho da casa		€1,85-€2,15
Jornal francês		€1-€1,20
Jornal estrangeiro		€1,50-€2,30
Litro de combustível (gasolina)	(98 sem chumbo)	€1,03
	(diesel)	€0,81
Bilhete de metrô	(só ida)	€1,30
	(por bilhete, num carnê)	€1
Filme de câmera fotográfica	(36 poses)	€7-€8
20 cigarros	(em média)	€3,50

SAÚDE

ANTES DE VIAJAR

» Cidadãos da UE têm direito a tratamento de saúde a baixo custo na França, se tiverem o cartão de seguro-saúde europeu (EHIC).

» Para brasileiros, o seguro-saúde de valor indeterminado para cobertura de assistência médica, hospitalar e repatriamento é obrigatório.

» Verifique se está em dia com a vacina antitetânica. Traga os remédios de que vai precisar e um kit de primeiros socorros. No verão, não esqueça o protetor solar.

TRATAMENTOS

» O sistema de saúde francês é complexo. Qualquer cidadão francês assalariado que pagar pelo tratamento de um médico ou hospital público pode ser reembolsado em até 70%. O mesmo vale para cidadãos da UE com cartão EHIC válido.

» Cidadãos de países fora da UE devem ter um seguro-saúde total.

» Se tiver de passar uma noite num hospital público, você terá de pagar 25% dos custos do tratamento e uma taxa por dia *(forfait journalier)*, que não são reembolsáveis. Para esse tipo de eventualidade, a melhor opção é ter um seguro-saúde.

TELEFONES ÚTEIS

Emergência médica/ambulância
15
Outras emergências
112
Polícia
17
Incêndio (bombeiros)
18
Centro Antiveneno em Paris
01 40 05 48 48
FACTS (Dicas sobre AIDS em inglês; Seg-sex 11h-2h)
01 44 93 16 16
SOS Help (linha direta de informações e ajuda em inglês
Diariam 15h-23h)
01 46 21 46 46

» Se você for hospitalizado e tiver seguro, converse com a *assistante sociale* para providenciar o reemboolso das despesas diretamente de sua seguradora.

» Numa emergência, tecle 15 para chamar uma ambulância do Service d'Aide Médicale d'Urgence (SAMU). O serviço trabalha com unidades hospitalares de emergência e tem uma equipe médica experiente. Em alguns casos, porém, pode ser mais prático recorrer aos Sapeurs Pompiers (bombeiros - tel. 18 ou 112), que também têm ambulâncias para atendimento. Essa opção é mais indicada em áreas rurais, onde em geral a sede dos bombeiros está mais próxima do que o hospital da cidade vizinha. Os paramédicos são chamados de *secouristes*.

» Se puder chegar sozinho ao hospital, escolha um que tenha serviço de emergências *(urgences)*.

» Caso você tenha algum problema de saúde, como diabetes ou epilepsia, além de níveis extremos de alergia, é importante levar uma identificação (como uma pulseira) que informe sobre essa condição para a eventualidade de um atendimento de urgência. Se tiver de levar um remédio para aplicação durante o voo, peça uma declaração do médico e mantenha-a junto com o medicamento.

COMO ACHAR UM MÉDICO

» Você pode encontrar um médico *(médecin)* perguntando numa farmácia ou no seu hotel. As consultas em geral são marcadas, mas poucos médicos se recusariam a atender a uma emergência.

» Uma consulta de emergência em casa pode ser conseguida em Paris pelo telefone 24 horas da SOS Médecins (tel 08 20 33 24 24). Senão, ligue 15 para uma ambulância ou SOS Help (tel 01 46 21 46 46) para ajuda em inglês.

COMO ACHAR UM HOSPITAL

» Os hospitais estão na lista telefônica como *Hôpitaux*, e os serviços de emergência 24 horas são chamados *urgences*.

» Os hospitais particulares são mais caros que os públicos, mas o tratamento nem sempre é melhor. Se escolher um hospital particular, veja se as despesas estão cobertas pelo seguro.

» Quem fala inglês talvez prefira The American Hospital (63 Boulevard Victor Hugo, 92200, Neuilly; 01 46 41 25 25) ou The Hertford British Hospital (3 Rue Barbès, 92300 Levallois-Perret; 01 46 39 22 22). Ambos são particulares.

TRATAMENTO DENTÁRIO

» Cidadãos da UE têm custos reduzidos no tratamento dentário

com o EHIC, mas o seguro--saúde ainda é aconselhável. O procedimento é o mesmo do tratamento médico.

» Outros visitantes devem verificar se seu seguro cobre tratamentos dentários. Convém fazer um check-up dentário antes de viajar.

FARMÁCIAS

» Toda farmácia *(pharmacie)* tem o símbolo de uma cruz verde iluminada. A maioria abre seg-sáb 9h-19h ou 20h, mas em geral colocam na porta qual farmácia está de plantão (*pharmacie de garde)* até mais tarde.

» Os farmacêuticos são qualificados para um primeiro atendimento e medicação (alguns remédios só são vendidos com receita, ou *ordonnance*). Mas, como não podem fornecer remédios receitados por médicos fora do sistema francês de saúde, traga um suprimento suficiente dos seus remédios.

» Alguns farmacêuticos falam inglês e podem indicar especialistas.

» As farmácias vendem vários itens relacionados à saúde, mas produtos como sabonetes, escovas de dentes ou lâminas de barbear são mais baratos nos supermercados.

» Alguns produtos vendidos em supermercados em outros países (como remédios para resfriado) na França só são vendidos em farmácias.

ÁGUA DA TORNEIRA

» A água da torneira é segura para beber, e os restaurantes costumam oferecer uma jarra de água, mas a maioria dos franceses prefere água engarrafada.

» Nos locais públicos, procure a placa *eau potable* (água potável). Nunca beba *eau non potable.*

RISCOS DO VERÃO

» O sol pode ser forte em algumas regiões do país de maio a setembro. Por isso, leve um protetor solar de fator alto. Talvez você queira levar um repelente de insetos, embora as picadas de insetos na França sejam mais irritantes do que perigosas.

» Se pretende caminhar em altas altitudes, leve muita água, roupas quentes e veja a previsão do tempo antes de ir, porque podem ocorrer mudanças repentinas de tempo.

» Os últimos verões quentes e secos provocaram incêndios em florestas em algumas regiões do sul da França. Se estiver preocupado com isso, pergunte no centro de informações turísticas se a área que pretende visitar é de risco.

TRATAMENTO MÉDICO ALTERNATIVO

» Os remédios de medicinas alternativas, como a homeopatia, são vendidos em muitas farmácias.

» Os tratamentos alternativos estão disponíveis e em alta, mas a quiropraxia e a reflexologia não são muito frequentes. Alguns sites úteis são www.chiropratique.org (Association Française de Chiropratique), www.acupuncture-france.com (Association Française d'Acupuncture) e www.naturosante.com (site relacionado a tratamentos médicos de saúde e seus benefícios).

VOO SAUDÁVEL

» Se você chegar à França em voos transatlânticos, como os do Brasil, talvez fique preocupado com os efeitos do voo de longa distância sobre sua saúde. A maior preocupação costuma ser com a trombose de veia. Erroneamente chamada "síndrome da classe econômica", a trombose ocorre quando há formação de um coágulo nas veias profundas, particularmente das pernas. O coágulo pode percorrer a corrente sanguínea e ser fatal.

» As pessoas mais sujeitas a esse risco são idosos, mulheres grávidas ou que usam anticoncepcionais, fumantes e obesos. Se você está num grupo de risco, consulte seu médico antes de viajar. O voo aumenta a chance de trombose porque os passageiros ficam sentados num espaço limitado por longos períodos de tempo e podem ficar desidratados.

Para minimizar o risco:

Beba água (e não bebida alcóolica).

Não fique imóvel por horas seguidas.

Alongue-se e exercite as pernas periodicamente.

Use meias elásticas, que sustentam as veias e reduzem a chance de formação de um coágulo.

Outros problemas decorrentes do voo são as doenças transmitidas pelo ar e pelas bactérias disseminadas pelo sistema de ar-condicionado do avião. São problemas inevitáveis, mas, se tiver uma doença grave, procure um médico antes de decolar.

EXERCÍCIOS

1 Tornozelos
Levante o pé do chão. Desenhe círculos com os pés, movendo um no sentido horário e o outro no sentido anti-horário.

2 Panturrilhas
Mantenha o calcanhar no chão e levante a ponta do pé bem para cima. Depois erga o tornozelo, mantendo a ponta do pé no chão.

3 Joelhos
Levante a perna com o joelho dobrado, contraindo a coxa. Depois estique a perna, pressionando o pé esticado no chão.

ÓTICAS

É sempre uma boa ideia levar um par de óculos ou lentes de contato sobressalentes, assim como sua receita, para o caso de perdê-los ou quebrá-los.

NOME	SITE
Opticiens Krys	www.krys.com
Lissac Opticien	www.lissac.comAlain Afflelou www.alainafflelou.com
Optical Center	www.optical-center.com
Optic 2000	www.optic2000.fr

INDICAÇÕES ÚTEIS

ELETRICIDADE

» Na França a voltagem é de 220 volts. As tomadas têm dois pinos redondos. Se precisar de um adaptador, ele pode ser comprado até nos aeroportos. Aparelhos que usam voltagem de 110-120 volts vão precisar de adaptador e transformador. Os de voltagem dupla só necessitam de um adaptador.

LAVANDERIA

» Há duas opções se você precisar de serviço de lavanderia: a *laverie automatique* e a *pressing/nettoyage à sec* (lavanderia a seco). É mais fácil encontrar lavanderias a seco, mas elas são mais caras. Algumas têm serviço econômico, que não é recomendável para peças de seda, por exemplo.

MEDIDAS

» A França usa o sistema métrico. As distâncias são medidas em quilômetros, o combustível é vendido por litro e a comida é pesada em gramas e quilos.

BANHEIROS

» Hoje, os modernos toaletes públicos unisex representam uma grande melhoria. Operados por moedas e autolimpantes, eles são encontrados em Paris e na maioria das grandes cidades.

» Nas cidades menores, geralmente encontram-se toaletes públicos gratuitos na praça do mercado ou perto dos centros de informação turística, mas a limpeza varia.

» As duas opções mais confiáveis são os toaletes de museus e outras atrações turísticas (quase sempre de bom padrão), ou de restaurantes e cafés. Mas como é preciso ser cliente para usar, compre uma bebida.

» Pergunte por *les toilettes* ou WC.

ÁREAS PARA FUMANTES

» O fumo é proibido em lugares públicos como cinemas, ônibus, estações de metrô, bares e restaurantes.

» Alguns táxis podem exibir uma plaquinha pedindo para não fumar.

CRIANÇAS

» As rodovias francesas têm uma rede de estações de serviços, distribuídas aproximadamente a cada 40km, que vendem alimentos e possuem área de recreação. Mais ou menos a cada 10km há postos de descanso com toaletes e áreas de recreação, mas que não vendem alimentos nem combustível.

» Na maioria dos restaurantes as crianças são bem-vindas, mas cadeiras altas e cardápios infantis não são comuns fora do roteiro específico para famílias. Por isso, é melhor escolher bistrôs de estilo familiar, onde as comodidades são maiores e a equipe mais prestativa.

» Se você precisar de berço no seu hotel ou cadeirinha infantil no carro alugado, reserve com antecedência.

» Nos toaletes de lojas de departamento e nos museus maiores, talvez você encontre fraldários.

» Os supermercados e as farmácias vendem fraldas e alimentos para bebês. Como os supermercados costumam fechar aos domingos, convém manter um estoque.

» Crianças pequenas em geral não pagam entrada nos museus.

» Se precisar de uma babá, tente www.babysittingservices.com. O Inter-Service Parents (tel 01 44 93 44 93) dá informações sobre agências de babás e atividades para crianças em Paris.

PORTADORES DE DEFICIÊNCIA

» Nos últimos anos, a França fez grandes avanços em termos de acesso e instalações para portadores de deficiência. Todos os edifícios novos devem levar em conta as necessidades de pessoas com deficiência, e, quando possível, edifícios antigos devem ser adaptados com rampas e portas automáticas.

» No entanto, alguns museus e restaurantes instalados em edifícios históricos ainda não têm acessibilidade adequada. Antes de ir a um restaurante, convém telefonar para obter uma mesa mais acessível.

» A Association des Paralysés de France (13 Place de Rungis, 75013 Paris; 01 53 80 92 97; www.apf.asso.fr) oferece informações sobre acesso para cadeiras de rodas. Para outras organizações que dão apoio a portadores de deficiência, ▷ 66.

ALUGUEL DE CARRO

» O carro é um bom meio para explorar as vilas e cidades do interior da França, mas não é recomendável dirigir em Paris.

» Convém reservar um carro com antecedência, verificando se seu pacote inclui seguro total. Também é possível alugar um carro através de agências de viagem no momento da compra do pacote.

» Para informações sobre como circular de carro, ▷ 51-5.

LOCAIS DE CULTO

» Alguns dos magníficos edifícios da França são as catedrais góticas das grandes cidades, mas também há pequenas igrejas paroquiais e capelas encontradas em vilas e cidades menores. Elas se tornaram tão populares como locais turísticos que é fácil esquecer que elas continuam sendo locais de oração e, como tais, precisam ser respeitados com silêncio e vestimenta adequada. Os homens devem usar calças em lugar de shorts, evitar camisetas sem mangas e tirar o chapéu ao entrar na igreja. As mulheres devem manter joelhos e ombros cobertos.

» Só tire fotos se for permitido e não se esqueça de desligar o celular.

COSTUMES LOCAIS

» Os cumprimentos são bastante formais na França. Estenda a mão para um cumprimento quando for apresentado a alguém e use *vous* em vez de *tu*. Convém usar *monsieur, madame* e *mademoiselle* ao falar com pessoas que você não conhece. Com mulheres jovens e adolescentes, use *mademoiselle*; nos demais casos, use *madame*.

» O beijo no rosto é uma forma comum de comprimento entre amigos, e o número de beijos varia de uma região para outra.

» Use *monsieur, madame* ou *mademoiselle* para atrair a atenção de um funcionário de atendimento.

» É sempre melhor se comunicar em francês, mesmo que você só saiba dizer *bonjour, s'il vous plaît* e *merci*. Os franceses defendem fortemente sua língua e saberão valorizar seu esforço. Se seu conhecimento de francês for limitado, use o infalível *Parlez-vous anglais?* e espere que a resposta seja *oui*. Veja também Palavras e Frases ▷ 447-51.

» Lembre que na França a tradição manda cumprimentar os presentes ao entrar numa loja, bar ou café, principalmente em pequenas cidades e vilas, e que você deve cunmprimentar não só o proprietário, mas também os clientes. Para um grupo de pessoas, um *Bonjour, messieurs, dames* é adequado. Quando chegar sua vez de ser atendido, cumprimente quem o atender com *Bonjour, madame* or *Bonjour, monsieur* e não se esqueça de dizer *Merci* e *Au revoir* ou *Bonne journée* quando partir.

EMPRESAS DE LOCAÇÃO DE AUTOMÓVEIS

NOME	TELEFONE	SITE
Avis	08 20 05 05 05	www.avis.fr
Easycar	08 71 05 00 44	www.easycar.com
Europcar	08 25 358 358	www.europcar.fr
Hertz	08 25 86 18 61	www.hertz.fr
Rent-a-Car	08 91 70 02 00	www.rentacar.fr
Sixt	08 20 00 74 98	www.sixt.com

TABELA DE CONVERSÃO

De	Para	Multiplicar por
Polegadas	Centímetros	2,54
Centímetros	Polegadas	0,3937
Pés	Metros	0,3048
Metros	Pés	3,2810
Jardas	Metros	0,9144
Metros	Jardas	1,0940
Milhas	Quilômetros	1,6090
Quilômetros	Metros	0,6214
Ares	Hectares	0,4047
Hectares	Ares	2,4710
Galões	Litros	4,5460
Litros	Galões	0,2200
Onças	Gramas	28,35
Gramas	Onças	0,0353
Libras	Gramas	453,6
Gramas	Libras	0,0022
Libras	Quilos	0,4536
Quilos	Libras	2,205
Toneladas	Ton. métrica	1,0160

COMUNICAÇÕES

TELEFONES

Números na França

Na França todos os números de telefone têm dez dígitos. O país é dividido em cinco zonas, indicadas pelos primeiros dois números do telefone (▷ 425). Você precisa teclar esses dois números mesmo em chamadas dentro da mesma zona.

Chamadas internacionais

Ao ligar para a França do Brasil, disque 00 + código da operadora + 33 e pule o primeiro zero do número de dez dígitos. Ao ligar para o Brasil da França, digite 00 55 e tire o primeiro zero do código de área. Para fazer ligações a cobrar para o Brasil, disque 0800 99 00 55 e então o código de área e o número de telefone.

Chamadas locais

Para ligações dentro da França, o período de pico é das 8h às 19h, de segunda a sexta. As ligações fora desses horários ficam mais baratas. Os números que começam com 08 têm tarifas especiais. Para os números 0800 as ligações são gratuitas. Os números 081 e 086 pagam a tarifa local. Outros números 08 custam mais que uma chamada nacional. Os prefixos 0893, 0898 e 0899 são particularmente caros.

TELEFONES DE EMERGÊNCIA	
Emergências gerais	112
Ambulância	15
Polícia	17
Bombeiros	18

TELEFONES PÚBLICOS

» Quase todos os telefones públicos na França usam cartão *(télécarte)* de 50 ou 120 unidades. Você pode comprá-los nas agências dos correios, tabacarias e lojas da France Télécom. Alguns telefones também aceitam cartões de crédito, mas as chamadas ficam mais caras. Você não paga se estiver ligando para um número de emergência.

» O operador dá instruções em várias línguas –aperte o botão com sua bandeira. Se o telefone tiver uma placa com um sino azul, pode receber ligações.

» Os telefones públicos de cafés e restaurantes usam cartões, moedas ou precisam ser ligados pela equipe de serviço, e você paga a chamada depois de falar. Eles costumam ser mais caros. Verifique as tarifas para chamadas do hotel, que costumam ser bem mais altas que as públicas.

CELULARES

Geralmente, você poderá usar seu celular, mas verifique alguns pontos antes de viajar:

» Entre em contato com sua operadora para saber se existem restrições a chamadas feitas da França.

» Verifique se vai precisar de um código para acessar sua caixa postal.

» Cheque se os números na agenda de seu celular estão no formato internacional.

» Pesquise as tarifas, que podem subir muito em chamadas do exterior.

TELEFONES ÚTEIS	
Auxílio à lista (nacional)	118008
(internacional)	www.pagesjaunes.fr/annuairedumonde

CÓDIGO DOS PAÍSES	
Alemanha	00 49
Austrália	00 61
Brasil	00 55
Canadá	00 1
Espanha	00 34
EUA	00 1
Holanda	00 31
Irlanda	00 353
Itália	00 39
Mônaco	00 377
Nova Zelândia	00 64
Reino Unido	00 44
Suécia	00 46

PREFIXOS	
00	Internacional
01	Paris e Île de France
02	Noroeste
03	Nordeste
04	Sudeste
05	Sudoeste
06	Números de telefone celular
0800	Ligação gratuita
08	Números com tarifa especial

ENVIAR UMA CARTA

» Você pode comprar selos *(timbres)* para uma carta *(lettre)* ou um cartão-postal *(carte postale)* nas agências de correio e tabacarias. Escreva *Par avion* no envelope ou cartão.

» Se quiser uma carta registrada, peça no correio que a carta seja enviada *recommandé*. Para pacotes *(colis)*, pode-se escolher *prioritaire* ou *économique*, que é mais barato, mas mais lento.

» As caixas de correio são amarelas. Em Paris, algumas têm duas partes, uma para a própria cidade e subúrbios *(Paris-Banlieue)* e outra para destinos nacionais e internacionais *(autres départements/étranger)*. Uma carta enviada da França costuma chegar entre dois e cinco dias, ou mais.

CORREIOS

» As agências de correio *(bureaux de poste)* são bem sinalizadas. O serviço postal é conhecido como La Poste.

» As agências em geral funcionam de segunda a sexta, 8h-17h ou 18h, sábado 8h-12h. Algumas agências ficam abertas mais tempo. Filas costumam se formar na hora do almoço, no fim da tarde e em dia de feira.

» As agências costumam ter cabine telefônica, xerox, fax *(télécopieur)* e acesso às listas Minitel. Um serviço de *poste restante* está disponível por uma taxa.

» Pode-se enviar dinheiro através da Western Union (▷ 418) na maioria das agências do correio, que também enviam ordens de pagamento internacionais (mediante pagamento de uma taxa). Muitas agências têm serviço de câmbio nas seguintes moedas: dólar (americano, canadense e australiano), iene, libra esterlina, franco suíço, coroa sueca, coroa dinamarquesa e coroa norueguesa.

ACESSO À INTERNET

» Os cibercafés são populares em Paris e nas principais cidades, mas o acesso é bastante caro. Alguns hotéis e livrarias têm terminais, assim como muitas agências do correio. Em algumas cidades rurais, o acesso gratuito está se tornando comum.

LAPTOPS

» A maioria dos hotéis a partir de duas-estrelas oferece pontos de acesso. Você pode se conectar à internet se o serviço estiver disponível por seu provedor. Aplicam-se as tarifas telefônicas locais. Lembre que você pode precisar de um adaptador (▷ 422).

» Um número cada vez maior de hotéis, em particular nas cidades, oferecem conexão sem fio.

TARIFAS POSTAIS	
Dentro da França	€0,55
Para a Europa Ocidental	€0,65
Para o resto do mundo	€0,85

DICAS

» Quando reservar ingressos para espetáculos por telefone ou ligar para o serviço de informações turísticas, lembre que o número chamado pode ter tarifa alta. Isso em geral é indicado pelo prefixo 089.

TARIFAS TELEFÔNICAS

Tipo de chamada	Tarifa inicial	Cada minuto extra
Local, horário de pico	€0,091 (1 min)	€0,033
Local, fora do horário de pico	€0,091 (1 min)	€0,018
Nacional, horário de pico	€0,112 (39 seg)	€0,091
Nacional, fora do horário de pico	€0,112 (39 seg)	€0,061
Para o RU, fora do horário de pico	€0,11 (15 seg)	€0,12
Para os EUA, fora do horário de pico	€0,11 (27 seg)	€0,15

AJUDA

As visitas à França costumam transcorrer sem problemas, mas convém ter um seguro que cubra qualquer emergência de saúde, roubos ou custos legais que possam surgir (▷ 417). Se você for vítima de um crime, provavelmente será como alvo de um batedor de carteiras. Por isso, mantenha dinheiro e celular em lugar seguro.

SEGURANÇA PESSOAL

» Anote os números de seus traveller's cheques e guarde-os separados dos cheques, para poder fazer uma reclamação em caso de perda.

» Não leve carteira ou celular nos bolsos traseiros das calças ou em lugares acessíveis aos ladrões. Bolsinhas de dinheiro usadas ao redor da cintura são alvos dos ladrões, que sabem que elas devem conter algo de valor. Fique de olho em sua bolsa em restaurantes, bares e no metrô, e segure a bolsa a tiracolo perto do corpo quando caminhar pelas ruas.

» Ladrões e batedores de carteiras frequentam especialmente trens de metrô lotados, aeroportos, a estação de metrô da Gare du Nord em Paris, feiras, pontos turísticos e a costa sul, particularmente a Côte d'Azur. Fique alerta se alguém trombar com você –pode ser um truque para distraí-lo enquanto outra pessoa rouba seu dinheiro.

» Se você for vítima de roubo, deve informar uma delegacia de polícia *(gendarmerie)* para poder usar seu seguro. Guarde o boletim de ocorrência que a polícia lhe entregar. Se o cartão de crédito for roubado, entre em contato o mais rápido possível com sua empresa de cartões.

» Guarde coisas de valor no cofre *(coffre-fort)* do seu hotel.

» Furtos em carros ou roubos de veículo são problemas graves na França, mesmo na zona rural. Quando estacionar, não deixe nada de valor dentro do carro. É arriscado deixar à vista qualquer coisa que possa atrair um ladrão. Carregue o número de seu passaporte com você ou deixe-o no hotel.

» Nos trens, tente manter sua bagagem onde possa vê-la.

PERDA DE PASSAPORTE

» Guarde sempre o número de seu passaporte e uma xerox da página de informações, para caso de perda ou roubo. Você também pode escanear as páginas mais importantes de seu passaporte e enviá-las por e-mail para uma conta que você psssa acessar de qualquer lugar (como www.hotmail.com).

» Se perder seu passaporte ou ele for roubado, informe a delegacia de polícia e depois entre em contato com sua embaixada ou consulado.

POLÍCIA

» Há vários tipos de polícia na França. As duas principais forças policiais são a Police Nationale, subordinada às prefeituras, e a Gendarmerie Nationale, que você vê nos aeroportos.

» Você provavelmente só verá a polícia armada CRS se houver um tumulto público.

» Em Paris, cada *arrondissement* tem várias delegacias de polícia.

» Na França, a polícia tem amplos poderes para deter e revistar. Convém você carregar seu passaporte caso um policial lhe solicite uma identificação.

BOMBEIROS

» O departamento de combate ao fogo atende a várias emergências além dos incêndios, de gatos abandonados a acidentes de trânsito e vazamentos de gás.Os bombeiros são treinados para prestar primeiros socorros.

EMERGÊNCIAS DE SAÚDE

▷ 420-1.

EMBAIXADAS E CONSULADOS DO BRASIL NA FRANÇA

Cidade	Endereço	Site / E-mail
Paris - Embaixada	34 Cours Albert 1er, 75008, Paris Tel 01 45 61 63 00	www.bresil.org
Paris - Consulado-Geral	65 Avenue Franklin Roosevelt, 75008, Paris Fax 01 45 61 19 82	www.consulat-bresil.org E-mail: consulat@cgbresil.org
Bordeaux - Consulado	8 Place Quinconces, 33000, Bordeaux Tel 05 56 81 12 00	E-mail: jpparis@alum.mit.edu
Estrasburgo - Consulado	8 Rue de la Chaîne, 67140, Andlau Tel 03 88 08 17 32	E-mail: consul.bresil.alsace@wanadoo.fr
Lyon - Consulado	68 ter Rue Chazière, 69004, Lyon Tel 04 78 39 43 29	E-mail: consulat.bresil.lyon@orange.fr
Mônaco - Consulado	14 Quai Antoine 1er, 98000, Mônaco Tel 377 97 98 70 99	E-mail: consulbresilmonaco@monaco.mc

MEIOS DE COMUNICAÇÃO

TELEVISÃO

» A França tem cinco TVs a cabo: a emissora nacional opera os canais 2 e 3; a emissora privada, os canais 1 e 6; e a Franco-German ARTE, o canal 5. Quase todos os programas são em francês Há anúncios em todos os canais, exceto no ARTE.

» A TF1 exibe noticiários, filmes recentes, seriados e shows.

» France 2 tem noticiários, filmes recentes franceses e estrangeiros, seriados, shows e documentários.

» France 3 tem noticiários, shows regionais, documentários, filmes franceses e, uma vez por semana, um filme na língua original.

» ARTE é um canal franco-alemão que apresenta todas as noites, a partir de 19h, programas em francês e alemão. Filmes estrangeiros são exibidos na língua original e também há documentários.

» O canal ARTE oferece programas culturais em francês e alemão.

» M6 exibe filmes de baixo orçamento e séries americanas antigas. Há também alguns documentários interessantes.

» A TV digital (TNT) oferece mais de cem canais por satélite ou a cabo.

» Se a programação de TV menciona VO *(version originale)*, o programa ou filme será exibido na língua original com legendas em francês (O Channel 3 costuma exibir um filme em versão original todos os domingos à meia-noite).

» Os canais franceses nem sempre obedecem rigorosamente o horário.

» A maioria dos hotéis tem TV a cabo, que às vezes oferecem versões multilíngue de alguns programas. Pergunte em seu hotel como usar esta opção.

RÁDIO

» As estações de rádio francesas estão disponíveis principalmente em FM, com algumas poucas estações internacionais em AM. Todas as estações FM transmitem em francês. Algumas delas (frequências de Paris) são:

» Chérie FM: 91,3 FM; música pop francesa, noticiários e reportagens.

» France Infos: 105,5 FM; boletins de notícias a cada 15 minutos.

» France Musique: 91,7 FM; música clássica e jazz, concertos e óperas.

» NRJ: 100,3 FM; música pop francesa e internacional, techno, rap, R'n'B.

» Radio Classique: 101,1 FM; música clássica.

» Skyrock: 96 FM; hip-hop, R'n'B.

» BBC Radio 4: 198 kHz MW; notícias, assuntos atuais, teatro.

» BBC Five Live: 909 kHz MW; notícias e esportes.

» BBC World Service: 648 kHz LW.

JORNAIS E REVISTAS

» Nos locais turísticos, é possível comprar os principais diários ingleses, em geral um dia depois.

» *The Economist, USA Today* e *The Wall Street Journal* são encontrados nas bancas das cidades, ao lado de *The European*, que apresenta uma perspectiva pan-europeia em inglês, e *International Herald Tribune*, com notícias internacionais.

» Você talvez só encontre uma edição internacional de seu jornal preferido.

» A maioria das regiões e cidades francesas tem seu próprio jornal, como *Le Progrès* em Lyon, *Breton Ouest-France* na Bretanha e *Le Populaire* na Região Central.

» As principais cidades publicam a programação de espetáculos, exposições e cinema. Na capital é editado o *Pariscope*, Lyon tem o *Lyon Poche* e em Nantes, *Les Mois Nantais*. Folhetos com a programação podem ser apanhados nos centros de turismo.

» Algumas das revistas semanais são *Le Nouvel Observateur, Le Point* e *L'Express*.

» Para moda feminina, há *Elle, Vogue* e *Marie Claire*.

» Para fofocas sobre celebridades, compre *Paris Match, Voici* ou *Gala*.

JORNAIS
Os jornais diários franceses têm claras tendências políticas.
Le Monde Este tradicional jornal de centro-esquerda se recusa a publicar fotos e usa ilustrações.
Libération Este jornal dedicado à juventude é mais claramente de esquerda.
L'Humanité Jornal de esquerda.
Le Figaro Jornal conservador.
Le Parisien Este tabloide é escrito num nível de francês que facilita a leitura de leitores não franceses.
Journal du Dimanche Jornal de domingo.

TV A CABO

Dependendo do pacote oferecido por seu hotel, você pode contar com alguns dos seguintes canais:

BBC Prime	Mistura de programas da BBC, antigos e novos
Canal+	Exibe filmes recentes (alguns na língua original)
MTV	Canal de música contemporânea
MCM	Versão francesa da MTV
Eurosport ou Infosport	Eventos esportivos importantes
Planète	Documentários sobre natureza e ciência
RAI Uno	Canal italiano
TVE 1	Canal espanhol
Euronews	Canal europeu de notícias
LCI	Notícias em francês
Canal Jimmy	Exibe programas ingleses e americanos como *Friends* e *NYPD Blue* em inglês ou versões multilíngue
Paris Première	Canal de cultura com alguns filmes em inglês
Canal J	Programas infantis até 20h
Téva	Canal feminino com alguns programas em inglês, como *Sex and the City*

FILMES E LIVROS

FILMES

» Assistir a um filme francês é uma boa maneira de se familiarizar com o país antes de viajar.

» Entre os clássicos, experimente *O Boulevard do Crime* (1945), dirigido por Marcel Carné. Entre os filmes *nouvelle vague*, geralmente rodados com uma câmera na mão, uma opção é *Jules e Jim* (1962), dirigido por François Truffaut e estrelado por Jeanne Moreau, ou *Acossado* (1959), de Jean-Luc Godard. O surreal *A Bela da Tarde* (1967), estrelado por Catherine Deneuve, causou escândalo na época pelo tema erótico. O lacrimoso *Adeus, Meninos*, de 1987, conta a história de um menino judeu na França ocupada durante a Segunda Guerra Mundial.

» Nenhuma referência ao cinema francês estaria completa sem menção a Gérard Depardieu, ator que conquistou a França e depois Hollywood. Seus filmes mais famosos são *Cyrano de Bergerac* (1990) e *Jean de Florette* (1986). A continuação deste, *Manon des sources* (1986), é estrelado por Emmanuelle Béart, uma das principais atrizes francesas.

» *Delicatessen* (1991), de Jean-Pierre Jeunet, transforma o tema controverso do canibalismo em comédia de humor negro.

» Dois filmes de Luc Besson de clima francês e orçamento hollywoodiano são *O Quinto Elemento* (1997) e *O Profissional* (1994), famoso pela sutil interpretação de Jean Reno.

» O sucesso *O Fabuloso Destino de Amélie Poulain* (2001) passa-se em Montmartre. *Rios Vermelhos*, de 2000, dirigido por Matthieu Kassovitz, o ator de *Amélie*, é um filme de ação rodado nos Alpes que, além do cenário, tem dois dos melhores atores franceses do momento: Jean Reno e Vincent Cassel.

» Para ver belas paisagens, *Surpresas do Coração* (1995), com Meg Ryan, é um bom começo. Outro filme de língua inglesa ambientado na França é *Chocolate* (2000), estrelado por Juliette Binoche.

» Em maio, Cannes organiza o mais prestigiado festival de cinema europeu. Ele atrai os mais famosos atores, diretores e produtores internacionais, além de centenas de candidatas a estrelas cujos gestos de autopromoção contribuem para o clima do evento. Negócios de milhões de euros são fechados durante os 12 dias do festival. Para mais detalhes, visite www.festival-cannes.fr.

LIVROS

» Para os que preferem encontrar o ambiente francês nas páginas dos livros, as ofertas são muitas.

» Livros escritos de uma perspectiva estrangeira vão da visão sobre a Revolução Francesa de Charles

Dickens em *Um Conto de Duas Cidades* (1859) às experiências vividas por Peter Mayle no sudeste da França em *Um Ano na Provence* (1989). A atriz inglesa Carol Drinkwater narra suas experiências provençais em *The Olive Farm* (2001) e *The Olive Season* (2003).

» Da literatura clássica ambientada em Paris há *O Corcunda de Notre-Dame* (1831), de Victor Hugo, e *Na Pior em Paris e Londres* (1933), de George Orwell, que descreve a dificuldade de sobreviver sem dinheiro na capital nos anos 1930. O ensaio de Adam Gopnik *Paris to the Moon* (2000) oferece uma visão do modo de vida americano na capital francesa do século 21. *Paris é uma Festa*, de Ernest Hemingway (publicado em 1964), e *A Autobiografia de Alice B. Toklas* (1933), de Gertrude Stein, descrevem os românticos anos 1920, quando um jovem casal vivia com 5 francos por dia e um colecionador de arte podia obter obras de Picasso e Matisse em troca de uma canção.

GUIAS

Se a sua viagem se concentra na capital francesa, você pode usar o *Guia de Passeios Paris* (Publifolha). Para passeios de carro, é possível consultar *As Melhores Viagens de Carro: França* (Publifolha).

HORÁRIOS E INGRESSOS

INGRESSOS

» Os centros de informações turísticas nas cidades francesas vendem um passe que dá desconto nas principais atrações. O Lyon City Card, por exemplo, dá descontos em 21 museus, *city tours*, passeios de barco, concertos clássicos na hora de almoço, transporte público dentro da cidade e 10% de desconto em compras nas Galeries Lafayette. Vale a pena investir em um deles se você planeja passar alguns dias em uma cidade.

» Para informações sobre bilhetes de transporte, ▷ 56-66.

» Estudantes com carteira internacional de estudante (ISIC) e idosos têm descontos em alguns museus.

» Para informações sobre ingressos de espetáculos e concertos, ▷ 435.

FERIADOS NACIONAIS

A França tem 11 feriados nacionais *(jours fériés)*, quando os serviços de trem e ônibus são reduzidos e bancos e muitos museus fecham. Os principais são 1º de janeiro, 1º de maio, 1º de novembro, 11 de novembro e 25 de dezembro. Se você estiver na França num feriado nacional convém telefonar com antecedência para verificar se o lugar que você quer visitar está aberto.

1º de janeiro	Ano-Novo
março/abr	Segunda de Páscoa
1º de maio	Dia do Trabalho
8 de maio	Dia da Vitória
uma quinta de maio	Dia da Ascensão
maio/junho	Pentecostes
14 de julho	Queda da Bastilha
15 de agosto	Dia da Assunção
1º de novembro	Todos os Santos
11 de novembro	Dia da Lembrança
25 de dezembro	Natal

HORÁRIOS DE FUNCIONAMENTO

Bancos	Em geral funcionam de segunda a sexta 9h-12h, 14h-17h, mas os horários podem variar.	Os bancos fecham às 12 horas no dia anterior aos feriados nacionais e no próprio feriado.
Lojas	Lojas de produtos alimentícios abrem de terça a sexta de 7h ou 8h-18h30 ou 19h30.	Algumas fecham o dia inteiro de segunda-feira ou abrem só à tarde. Aos sábados e domingos podem abrir só de manhã. Lojas menores costumam fechar para almoço de 12h-14h. Padarias *(boulangeries)* abrem domingo de manhã, e supermercados e hipermercados funcionam seis dias por semana, em horários mais estendidos, de cerca de 9h até 21h ou 22h, mas fecham aos domingos. Alguns permanecem fechados na segunda de manhã.
Museus	Em Paris, a maioria dos museus nacionais fecha às terças –o Musée d'Orsay é uma exceção e fecha às segundas. Os museus municipais em Paris em geral também fecham às terças.	Em alguns museus a entrada é livre no primeiro domingo do mês, o que pode gerar aglomerações. Se você planeja fazer uma viagem para conhecer um determinado museu, ligue antes para confirmar os horários (alguns fecham em feriados e outros não, e existe a possibilidade de estar em reformas).
Restaurantes	O almoço em geral é servido de 12h-14h ou 14h30, e o jantar, de 19h30-22h ou 23h.	As brasseries costumam servir comida o dia todo. Em Paris, alguns restaurantes fecham todo o mês de agosto para as férias anuais dos funcionários. Alguns restaurantes no litoral fecham de novembro até a Páscoa.
Correio	As agências em geral funcionam de segunda a sexta 8h-17h, 18h ou 19h e 8h-12h aos sábados	Agências menores podem fechar para almoço.
Farmácias	A maioria abre de segunda a sábado 9h-19h ou 20h.	Todas exibem uma lista das farmácias que ficam abertas até mais tarde.

CENTROS DE INFORMAÇÃO TURÍSTICA

EM PARIS

» O centro de informação turística de Paris (www.parisinfo.com), na Rue des Pyramides, é uma fonte acessível de informações, de atrações e hospedagem a exposições e atividades para crianças. Aqui você pode comprar o Paris Museum Pass, o passe de ônibus e metrô Paris Visite e o Paris City Passport.

» No verão há quiosques de informações espalhados pela cidade.

» O Comité Régional du Tourisme Paris Île-de-France tem escritórios no Carrousel du Louvre e no Disneyland® Resort Paris. Abrange toda a região de Île de France, inclusive Versailles e Fontainebleau.

CENTROS DE INFORMAÇÃO TURÍSTICA

BORDEAUX

✉ 12 Cours du 30 Juillet, 33080 ☎ 05 56 00 66 00 🕒 Mai, jun, set, out seg-sáb 9h-19h, dom e feriados 9h30-18h30; jul, ago seg-sáb 9h-19h30, dom e feriados 9h30-18h30; resto do ano seg-sáb 9h-18h30, dom e feriados 9h45-16h30; fechado 25 dez e 1º jan

DIJON

✉ Place Darcy e 11 Rue des Forges, 21000 ☎ 08 92 70 05 58 🕒 Place Darcy: mai-fim out seg-sáb 9h-12h30, 14h30-18h, dom 14h-18h; nov-fim abr seg-sáb 10h-12h30, 14h30-18h. Rue des Forges: seg-sáb 9h-12h, 14h-18h

ESTRASBURGO

✉ 17 Place de la Cathédrale, 67082 ☎ 03 88 52 28 28 🕒 Diariam 9h-19h

LILLE

✉ Palais Rihour, Place Rihour, 59002 ☎ 03 59 57 94 00 🕒 Seg-sáb 9h30-18h30, dom 10h-12h, 14h-17h

LYON

✉ Place Bellecour, 69002 ☎ 04 72 77 69 69 🕒 Diariam 9h-18h

MARSELHA

✉ 4 La Canebière, 13001 ☎ 04 91 13 89 00 🕒 Seg-sáb 9h-19h, dom 10h-17h. Horários mais estendidos na alta estação

MÔNACO

✉ 2a Boulevard des Moulins ☎ 92 16 61 16 (código do país 377) 🕒 Seg-sáb 9h-19h, dom 10h-12h

NICE

✉ 5 Promenade des Anglais, 06000 ☎ 0892 707 407 🕒 Verão seg-sáb 8h-20h, dom 9h-19h; resto do ano seg-sáb 9h-18h

PARIS

www.paris-touristoffice.com
✉ 25-27 Rue des Pyramides, 75001
☎ 0892 683 000 (€0,34 por minuto)
🕒 Jun-fim out diariam 9h-20h; resto do ano 10h-19h; fechado 1º mai, 25 dez
🚇 Pyramides

REIMS

✉ 2 Rue Guillaume de Machault, 51100 ☎ 03 26 77 45 00 🕒 Meados abr-meados out seg-sáb 9h-19h, dom 10h-18h; resto do ano seg-sáb 10h-17h, dom 11h-16h

RENNES

✉ 11Rue St.-Yves, 35064 ☎ 02 99 67 11 11 🕒 Jun-fim set seg-sáb 9h-19h, dom 11h-13h, 14h-18h; resto do ano seg 13h-18h, ter-sáb 10h-18h, dom 11h-13h, 14h-18h

ROUEN

✉ 25 Place de la Cathédrale, BP 666, 76008 ☎ 02 32 08 32 40 🕒 Mai-fim set seg-sáb 9h-19h, dom e feriados 9h30-12h30, 14h-18h; out-fim abr seg-sáb 9h-18h, dom e feriados 10h-13h

TOULOUSE

✉ Donjon du Capitole, 31080 ☎ 05 61 11 02 22 🕒 Jun-fim set seg-sáb 9h-19h, dom 10h30-17h15; resto do ano seg-sex 9h-18h, sáb 9h-12h30, 14h-18h, dom 10h-12h30, 14h-17h

CENTROS DE TURISMO DA FRANÇA NO EXTERIOR

O centro de turismo francês, a Maison de la France, tem um site útil: www.franceguide.com. Alguns escritórios estão listados abaixo.

ALEMANHA

✉ Zeppelinallee 37, D-60325 Frankfurt am Main ☎ 0900 157 0025 (€0,49 por min); e-mail: info.de@franceguide.com

AUSTRÁLIA

✉ Level 20, 25 Bligh Street, Sydney, NSW 2000 ☎ (02) 9231 5244; e-mail: info.au@franceguide.com

BRASIL

✉ Av. Paulista, 509, 10º andar 01311-100; São Paulo
☎ 11 3284-1633
http://br.franceguide.com

CANADÁ

✉ 1800 Avenue McGill College, Suite 1010, Montréal, H3A 2W9 ☎ (514) 876 9881; e-mail: canada@franceguide.com

ESPANHA

✉ Plaza de España 18, Torre de Madrid 8a Pl. Of. 5, 28008 Madri
☎ 807 11 71 81 (€0,31 por min); e-mail: es@franceguide.com

EUA (NOVA YORK)

✉ 825 Third Avenue, 29th floor, Nova York, NY 100022 ☎ 514/288-1904; e-mail: info.us@franceguide.com

IRLANDA

✉ 30 Merrion Street Upper, Dublin
☎ 15 60 235 235; e-mail: info.ie@franceguide.com

ITÁLIA

✉ Via Tiziano 32, 20145 Milão
☎ 899 199 072 (€0,52 por min); e-mail: info.it@franceguide.com

REINO UNIDO

✉ Lincoln House, 300 High Holborn, Londres W1V 7JH
☎ 09068 244123 (60 *pence* por min); e-mail: info.uk@franceguide.com

SITES

www.aeroport.fr
Informações sobre todos os aeroportos da França (em francês).

www.fodors.com
Um abrangente site de planejamento de viagens que permite a você pesquisar preços, reservar passagens aéreas e fazer perguntas a outros visitantes (em inglês).

www.franceguide.com
Conselhos práticos do Centro de Turismo Francês que abrangem da chegada ao país até a compra de uma propriedade. O site também traz informações sobre férias e atrações (em francês, inglês, alemão, espanhol, italiano, holandês e português).

www.francetourism.com
O site oficial do centro oficial de turismo do governo francês (em inglês).

www.intermusees.com
Site da organização que administra o passe Carte Musées-Monuments de Paris (francês e inglês).

www.lemonde.fr
Informe-se sobre eventos no site do jornal *Le Monde* (em francês).

www.meteofrance.com
Previsões do tempo para a França (em francês, inglês e espanhol).

www.monum.fr
Descubra mais sobre alguns dos monumentos históricos da França no site do Centre des Monuments Nationaux (em francês e inglês).

www.parisdigest.com
Um site independente que guia você pelo melhor que Paris tem a oferecer, sejam atrações turísticas, lojas ou restaurantes (em inglês).

www.pagesjaunes.fr
A lista telefônica da França on-line (em francês e inglês).

www.parisinfo.com
O site do Centro de Turismo de Paris está cheio de informações sobre atrações, restaurantes, lojas, hotéis, transporte e eventos. Também tem links úteis para outros sites (em francês e inglês).

www.radio-france.fr
Notícias, música e esportes (em francês).

www.ratp.fr
Site do metrô de Paris e do operador do serviço de ônibus, com muitas informações sobre como circular em Paris (em francês e inglês).

www.skifrance.fr
Procure uma estação de esqui, informe-se sobre as condições atuais de neve e veja as pistas em tempo real via webcam (em inglês e francês).

www.theAA.com
O site da AA contém planejador de rotas, muito útil se você estiver viajando de carro na França. Você também pode encomendar mapas do país (em inglês).

www.tourist-office.org
Traz informações sobre todos os centros de informação turística na França (em francês).

Outros sites estão relacionados, junto com as principais atrações, na seção Como circular (▷ 45-66).

GUIA RÁPIDO DOS PRINCIPAIS SITES

ATRAÇÃO/CIDADE	SITE	PÁGINA
Aix-en-Provence	www.aixenprovencetourism.com	297
Arles	www.tourisme.ville-arles.fr	298
Avignon	www.ot-avignon.fr	299
Bordeaux	www.bordeaux-tourisme.com	356-359
Caen	www.ville-caen.fr	129
Campos de Batalha da Picardia	www.somme-tourisme.com	185
Colmar	www.ot-colmar.fr	190
Córsega	www.corsica.net	400-414
Dijon	www.ot-dijon.fr	264-265
Disneyland® Resort Paris	www.disneylandparis.com	81
Estrasburgo	www.ot-strasbourg.fr	204-205
Lille	www.lilletourism.com	194-197
Lyon	www.lyon-france.com	266-269
Marselha	www.marseille-tourisme.com	310-313
Mônaco	www.visitmonaco.com	314-315
Mont-St.-Michel	www.monum.fr	140-143
Montpellier	www.ot-montpellier.fr	309
Musée d'Orsay	www.musee-orsay.fr	93
Musée du Louvre	www.louvre.fr	90-91
Nice	www.nice.fr	316
Reims	www.tourisme.fr/reims	200-201
Rennes	www.tourisme-rennes.com	146-147
Rouen	www.rouen.fr	148-149
St.-Malo	www.saint-malo-tourisme.com	154
Toulouse	www.ot-toulouse.fr	372-375
Torre Eiffel	www.tour-eiffel.fr	100-101
Versailles	www.châteauversailles.fr	102-103

COMPRAS

Comprar é uma das alegrias numa visita à França. Os franceses são consumidores exigentes e informados, tanto quando compram o pão de cada dia quanto um vestido de alta costura. A França é famosa por sua culinária, seus vinhos, sua porcelana e seus cristais. Os preços em geral são tão altos quanto em outros países, mas os visitantes de fora da UE podem solicitar reembolso do imposto sobre o consumo de certos produtos.

COMIDA

Não admira que no país que nos oferece foie gras, champanhe e haute cuisine a comida seja levada muito a sério, com a qualidade e o frescor no topo da lista de prioridades de qualquer consumidor.

As lojas de produtos alimentícios (além dos supermercados) são especializadas e em geral só vendem um tipo de produto. Você provavelmente vai encontrar uma *boulangerie* (padaria), *pâtisserie* (confeitaria), *fromagerie* (loja de queijos), *boucherie* (açougue), *charcuterie* (loja de frios), *poissonnerie* (peixaria) e *caviste* (loja de vinhos).

BUTIQUES

A predominância das lojas especializadas também existe em outros setores. A França tem visto o aparecimento de menos cadeias de lojas do que em outros países. Por isso, há butiques que vendem moda (*prêt-à-porter*), lingerie, sapatos e produtos como porcelanas e artigos de cozinha. Nas cidades maiores, a loja de departamentos *(grand magasin)* reúne todas essas lojas especializadas sob o mesmo teto.

FEIRAS E MERCADOS

O *marché* (feira) é uma instituição francesa. As grandes cidades realizam no mínimo uma feira diária, e as cidades menores, uma feira semanal. Elas começam por volta de 7h e vão até 12h. Ali você encontra produtos sazonais frescos, como frutas e verduras, alimentos e queijos regionais, além de outros produtos, da cestaria à cerâmica.

Outras feiras são anunciadas na imprensa local ou em cartazes. As *foires artisanales* reúnem ceramistas, escultores e outros artistas e são realizadas uma ou duas vezes por ano em locais históricos como castelos medievais.

Os *marchés aux puces* (mercado de pulgas) ocorrem em algumas cidades maiores. *Brocante* são feiras de artigos usados, uma mescla de antiguidades genuínas e bricabraque, que vão de móveis a porcelanas. Na *vide grenier*, os expositores são pessoas comuns, e não profissionais.

LOJAS MODERNAS

No subúrbio de toda cidade grande disseminaram-se os *supermarchés* e *hypermarchés* ou *grandes-surfaces*, como Carrefour, Auchan, Champion e E. Leclerc. Aqui você encontra as casas especializadas, como *boulangerie*, *boucherie* e *charcuterie*, sob o mesmo teto. Muitas vezes, os *hypermarchés* são cercados por outras lojas, como de esportes, dentro de um *centre commercial*.

MODA

Paris é o centro da *mode française*, mas o melhor dela também se encontra longe da capital, nos balneários e estações de inverno: Nice ou Cannes no sudeste, Biarritz no sudoeste, La Baule no noroeste e Chamonix nos Alpes.

VINHOS E OUTRAS BEBIDAS

Os *hypermarchés* vendem uma boa seleção de vinhos franceses e outras bebidas, mas é mais divertido comprá-los diretamente nos vinhedos *(domaines)*. Você pode degustar o vinho recém-engarrafado dos melhores produtores em Bordeaux, na Borgonha ou na Champagne, mas espera-se que você compre ao menos uma garrafa. Se você não puder pagar pelos melhores vinhos, há cooperativas onde se pode provar e comprar os vinhos AOC *(Appellation d'Origine Contrôlée)* ou *vins de pays* (vinhos regionais) por menos.

COMPRAS REGIONAIS

Com os modernos meios de transporte e de comércio, os produtos famosos das diversas regiões, antes obtidos apenas diretamente dos produtores, hoje podem ser adquiridos em qualquer parte do país. Entretanto, é um prazer comprar suvenires em seu local de origem e procurar, entre os produtores locais, alimentos e vinhos para levar para casa como lembrança do sabor da França.

REGIÃO NOROESTE E LOIRE

A Bretanha é famosa por suas rendas, mas as variedades feitas à mão são raras e caras. A cerâmica é muito mais comum, e a melhor é a de Quimper, apesar das imitações que lotam as lojas da região. No noroeste, os produtos locais são queijo camembert, mel e sal das planíceis costeiras de Guérande. Entre as bebidas, há excelentes sidras, calvados e vinho muscadet, do qual o melhor é produzido *sur lie* –o vinho recém-fermentado permanece em contato com a borra. As cidades de Auray e Honfleur são enclaves de artistas.

REGIÕES NORTE E NORDESTE E ÎLE DE FRANCE

A principal atração do norte é o champanhe produzido ao redor de Reims, mas a Alsácia-Lorena tem vinhos brancos interessantes em Riesling e Gewürtztraminer. O norte também é uma região de cerveja. O suave e cremoso brie é o principal queijo da região, produzido na Île de France, a leste de Paris. A mostarda de Meaux é outra compra excelente.

REGIÃO CENTRAL E OS ALPES

Produtos naturais feitos à mão com matérias-primas da região estão na moda: facas de osso, bengalas de madeira, artigos feitos de ardósia e de pele –todos estes produtos são fabricados aqui há séculos.

Na região também se encontram roupas e equipamentos de esportes de verão e inverno, de *snowboards* a mountain bikes.

Alimentos em conserva, como geleias e *charcuterie* (frios) também são excelente opções de compras.

A fama da Borgonha se equipara à de Bordeaux como produtora de vinhos, com sublimes tintos e brancos, dos quais os melhores são produzidos ao longo da Côte d'Or, perto de Beaune. *Eau-de-vie* (aguardente) e *marc* (brandy local), produzidos a partir de cascas de uvas destiladas, são os principais *after-dinner*. Dijon é sinônimo de mostarda.

Descendo o vale do Saône através dos vinhedos de Beaujolais chega-se a Lyon, que tem séculos de experiência na produção de seda. Hoje pode-se comprar artigos de seda feitos à mão. Ao sul de Lyon encontra-se o vale do Reno, com vinhos mundialmente famosos.

Thiers é o principal produtor de cutelaria há séculos, e alguns produtos ainda são fabricados à mão aqui.

REGIÃO SUDOESTE

Entre os deliciosos produtos da região estão trufas, cèpes (cogumelos marrons comestíveis) e foie gras.

Bordeaux dispensa apresentação como produtor de vinho, e alguns dos maiores nomes do ramo têm *châteaux* na região, inclusive Margaux e Pomerol. Ao redor de Cognac e na região de Armagnac, pode-se degustar e comprar alguns dos melhores brandies franceses.

A porcelana de Limoges tem fama secular, enquanto Aubusson fornece tapetes aos castelos da França desde a Idade Média.

REGIÃO SUDESTE E A CÓRSEGA

Entre os produtos alimentícios da região estão ervas silvestres secas, azeite de oliva virgem (os melhores são dos arredores de Nyons) e réstias de alho. Em Castelnaudary encontra-se o autêntico cassoulet, ensopado de feijão-branco e várias carnes, que se pode levar para casa em lata, mas Toulouse também reivindica sua criação.

Além do cheiro das ervas silvestres, o ar do sul é carregado do perfume das flores, particularmente ao redor de Grasse, famosa por seus perfumes. O *savon* (sabonete) de Marselha é famoso por sua qualidade, e outros sabonetes da região são produzidos à base de azeite de oliva. Nada da oliveira se perde: a madeira é esculpida em artigos como saladeiras e barcos. A cerâmica de terracota também se difundiu.

Na Córsega, escolha queijos e vinhos locais, cerâmicas e esculturas de madeira feitas à mão.

DIVERSÃO E VIDA NOTURNA

A França tem uma rica tradição nas artes cênicas. Paris oferece a maior seleção de espetáculos, mas a cada ano mais de 300 festivais de música são realizados ao redor do país, além da abundância de espetáculos apresentados nas Maisons de la Culture ou Maisons d'Animation Culturelle nas províncias. As revistas de programação são a melhor fonte de informação. A vida noturna apresenta grandes contrastes. Diversos locais do interior são como desertos para quem procura vida noturna, que se resume a um jantar ao ar livre seguido de uma leitura. Nas grandes cidades, naturalmente, o cenário é diferente. Paris tem fama internacional como cidade de festas. Em Lyon, Marselha, Nantes, Toulouse, Montpellier e outras cidades a vida noturna prospera, e o público jovem de muitas cidades universitárias garante um ambiente de animação. Além da demarcação geográfica, há uma divisão sazonal. As estações de inverno dos Alpes ficam lotadas durante a temporada de esqui, mas fecham no verão. É nessa época do ano que ocorre um êxodo das cidades para o litoral, e as casas noturnas da Côte d'Azur atingem seu pleno potencial.

BALÉ E DANÇA CONTEMPORÂNEA

A Opéra National de Paris (Palais Garnier, 8 Rue Scribe, 75009, Paris; tel 08 92 89 90 90; www.operadeparis.fr) tem mais de 300 anos, e sua fama atingiu o auge sob a direção do bailarino russo Rudolf Nureyev, no fim da década de 1980.

Várias outras cidades importantes têm companhia de balé própria. Entre elas, as mais conhecidas são as de Lyon (www.opera-lyon.com), Biarritz (www.balletbiarritz.com) e Monte Carlo (www.balletsdemontecarlo.com).

A dança moderna e a dança contemporânea são populares. Em Paris, o Centre Georges Pompidou (www.centrepompidou.fr) é o principal local de apresentação de companhias francesas e internacionais. O Centre Chorégraphique National (www.mathildemonnier.com) de Montpellier é considerado um centro de excelência da dança contemporânea.

MÚSICA CLÁSSICA

Paris não tem uma orquestra de fama internacional, e os concertos de música clássica aqui são menos populares que em outras capitais da Europa. Entretanto, a Orchestre de Paris (www. orchestredeparis.com) tem uma programação anual, e o outono é a temporada da música clássica na cidade.

Os recitais de música erudita em monumentos históricos fazem parte do calendário artístico da França. Dois deles são as Grandes Eaux Musicales de Versailles (www.chateauversaillesspectacles.fr) e o International Organ Festival na catedral de Chartres (http://orgues.chartres.free.fr).

JAZZ

Paris é uma das principais sedes do jazz da Europa, com uma abundância de pequenos clubes, entre eles Le New Morning (▷ 111), que recebem uma legião de aficionados. O jazz é também tema de muitos festivais, entre eles o Festival du Jazz de Paris no outono, os festivais realizados em Nice, Antibes e no anfiteatro romano de Vienne em julho, e o festival de Grenoble em março.

ÓPERA

Um dos mais belos exemplos da arquitetura moderna da capital, a Opéra Bastille, inaugurada em 1989 (www.operadeparis.fr), tem uma programação regular. Há 12 companhias de ópera espalhadas pelo país, entre elas a de Lyon (www.opera-lyon.com) e Toulouse (www.theatre-du-capitole.org).

TEATRO

A fundação da Comédie Française (www.comedie-francaise.fr) em 1680 deu início ao amor do país pelo teatro. Paris apresenta uma variedade de peças clássicas e de vanguarda. A Comédie, que se apresenta em geral no Palais Royal em Paris, ainda se concentra nos clássicos, e os grandes dramaturgos franceses (Molière, Racine, Victor Hugo) são revisitados a cada temporada.

Todas as maiores cidades francesas têm um teatro. Quase todas as produções são em francês, mas, com algum conhecimento da língua, é possível desfrutar de uma peça de teatro. Na maioria dos auditórios da França é proibido fumar.

RESERVA DE INGRESSOS

Além de vender ingressos para seus espetáculos, a maioria dos teatros aceita reservas por telefone com pagamento com cartão de crédito. As lojas FNAC (www.fnac.com) são agentes de ingressos; para concertos de rock, pop ou jazz, tente a Virgin Megastore (www.virginmega.fr), e, para festivais de artes em vários teatros, procure o centro de turismo.

As matinês em geral são mais baratas que as sessões noturnas, e às vezes estão disponíveis ingressos a preços reduzidos.

Em Paris, o Kiosque Théâtre vende ingressos com descontos para o espetáculo do dia na maioria dos teatros de Paris. Há postos de venda no nº 15 da Place de la Madeleine e na Gare Montparnasse.

SAIBA O QUE VESTIR

Concertos de orquestras, espetáculos de ópera e de teatro requerem uma roupa mais formal, mas sem rigidez. Para outros tipos de espetáculos, uma maneira de vestir casual é perfeitamente aceitável.

CABARÉ

As revistas são uma forma de entretenimento tipicamente parisiense, e embora Toulouse-Lautrec talvez se decepcionasse, os shows ainda exibem o belo físico das dançarinas.

O Moulin Rouge (▷ 111) é a *grande dame* do gênero, e seus espetáculos de cem artistas em ricos figurinos continuam a entusiasmar as novas plateias, em particular depois do sucesso do filme de 2001. Para um show mais intimista e talvez mais excitante, experimente o Crazy Horse (▷ 110).

CAFÉ-BAR

O café-bar é a força vital da vida noturna francesa. Até a vila mais humilde tem pelo menos um lugar onde saborear uns drinques. Nas áreas rurais, os bares franceses têm múltipla personalidade: neles os adolescentes se reúnem ao redor de uma mesa de bilhar e os fazendeiros discutem a última controvérsia da produção agrícola. Nas cidades, especialmente nos centros turísticos, os bares são mais sofisticados, onde as pessoas tomam um aperitivo antes do jantar ou um café e um *digestif* depois. Qualquer bar que se preze terá mesas ao ar livre no verão, e os mais procurados são aqueles onde a clientela pode observar o mundo passar enquanto a noite cai.

Um bar PMU é o que funciona como agência de apostas e onde se pode assistir às corridas de cavalo ao vivo pela tevê. No entanto, costumam ser enfumaçados e nem sempre acolhem bem os turistas.

Nas cidades, os bares podem abrir às 7h para o café da manhã e permanecer abertos até de madrugada. Fora da temporada e das principais cidades, podem fechar às 21h. Crianças desacompanhadas e menores de 16 não têm permissão para frequentar bares, e a idade legal para beber é 16 anos.

CASSINOS

Mesmo que você não seja do tipo James Bond, é possível se divertir em um cassino tanto jogando como apenas assistindo às apostas –desde que você não perca o controle, claro.

Você vai encontrar cassinos em todos os resorts da Belle Époque e spas, mas o mais famoso é o de Monte Carlo (www.casinomontecarlo. com). Os *grands casinos* são modelos de elegância, e você terá que seguir a regra se quiser passar pelos porteiros. As mesas de jogo funcionam de 22h até cerca de 4h.

CASAS NOTURNAS

Todas as cidades têm boates animadas, particularmente nas cidades universitárias. Folhetos nos centros de turismo, lojas de discos e cafés da moda vão indicar a você aonde ir. As boates abrem por volta de 21h, mas a noite só começa de fato por volta de 23h e segue até a madrugada.

GAYS E LÉSBICAS

Paris é um excelente destino, particularmente o distrito do Marais, que tem uma abundância de hotéis, bares, boates e lojas gay. No sul, outros lugares frequentados por gays são St.-Tropez e a Côte d'Azur.

Para mais informações, consulte as revistas regionais de programação.

ESPORTES E ATIVIDADES

Em todas as estações há uma programação completa de esportes na França, e, surpreendentemente, muitos dos eventos mais importantes são gratuitos. Com suas magníficas paisagens –picos alpinos cobertos de neve, encostas enfeitadas de flores, rios esplêndidos e a costa do Atlântico, do Canal da Mancha e do Mediterrâneo– era de se esperar que os franceses apreciassem as atividades ao ar livre. Mas "apreciar" talvez seja uma palavra demasiado fraca: eles têm verdadeira paixão por esportes e tiveram uma influência crucial no desenvolvimento do esporte moderno. Basta lembrar o que significaram os irmãos Montgolfier para o balonismo, Blériot para a aviação e Jacques Cousteau para o mergulho. Se houver onde escalar, saltar, cavalgar, esquiar, velejar ou nadar, os franceses estão presentes –e há uma associação destinada a organizar e divulgar as atividades.

INFORMAÇÕES GERAIS

Todos os distritos da França contam com alguma instalação esportiva, seja uma simples pista de boules, um ginásio esportivo, piscina, quadra de tênis ou campo de golfe. Informações sobre essas instalações aparecem nas publicações turísticas como *loisirs* (atividades de lazer). A maioria dos centros regionais de turismo publica folhetos sobre as atividades.

As várias associações (ver abaixo) fornecem informações sobre o esporte em questão. E o departamento de turismo do governo francês (⊳ 430) também produz publicações sobre lazer e esporte.

ESPORTES AÉREOS

A maioria das regiões da França tem no mínimo um aeródromo onde os clubes se encontram para praticar voo *(vol)*, voo livre *(vol à voile)* ou paraquedismo *(parachutisme)*. São estes clubes privados que costumam aceitar estrangeiros. Também oferecem o batismo *(baptême)* dos iniciantes no esporte, a preços que vão de €50 por um voo, €300 por treinamento de paraquedismo e €220 por um salto de paraquedas com instrutor.
Fédération Française de Vol Libre: www.ffvl.fr
Fédération Française de Vol à Voile: www.ffvv.org

CICLISMO/MOUNTAIN BIKE

O ciclismo *(cyclisme)*, dentro ou fora de estrada, é um passatempo popular, além de um esporte sério. É fácil alugar bicicletas nas cidades e em mais de 200 estações de trem (cerca de €14 por dia). Algumas cidades têm programas de estímulo ao ciclismo, com aluguel a baixos preços destinados a reduzir o número de veículos a motor. Para iniciantes, as planícies de Landes, na Aquitânia, são ideais. Ciclistas experientes em mountain bike *(vélo touts terrain, VTT)* optam pelos Alpes ou o Maciço Central.
Fédération Française de Cyclisme: www.ffc.fr

A Volta da França talvez seja o mais importante evento esportivo da França. Disputada durante três semanas de julho, a corrida atravessa o país, com o último e dramático estágio em Paris, nos Champs-Élysées.

Você não precisa de ingresso para assistir à Volta da França. Basta encontrar um lugar ao longo do trajeto. É preciso chegar cedo, porque as estradas são fechadas umas duas horas antes da passagem dos competidores. www.letour.fr

ALPINISMO

Os Alpes apresentam algumas das escaladas mais desafiadoras do mundo, e o Mont Blanc é a montanha mais alta da Europa. Também é possível escalar os Pireneus e o Maciço Central.

O Club Alpin Français (www.clubalpin.com) tem informações sobre escolas de alpinismo e aluguel de equipamentos para alpinistas experientes. O preço por um guia parte de €310 por dia, ou €310 por pessoa para escaladas de dois dias em grupo.

ESQUI

A temporada europeia de esqui começa com o torneio masculino Premier Neige, realizado no primeiro domingo de dezembro em Val d'Isère, nos Alpes. Uma multidão se reúne na área de chegada em La Daille para saudar seu esquiador preferido e beber vinho quente *(vin chaud)*. Você também não precisa de ingresso.

O centro de turismo de Val d'Isère tem informações sobre as datas das corridas: B.P. 228, 73155 Val d'Isère (tel 04 79 06 06 60; www.valdisere.com).

PESCA

Os 240.000km de rios, 120.000ha de lagos e 4.800km de costa são perfeitos para a pesca. Mas, em rios e lagos, alguns dos quais particulares, você vai precisar de uma licença de pesca (visite www.encyclopeche.com para informações sobre a Federation de Pêche mais próxima).

ABERTO DE TÊNIS DA FRANÇA

O segundo torneio *grand slam* da temporada é disputado nas quadras de saibro de Roland-Garros em Paris no fim de maio/início de junho.

Você precisa reservar seu ingresso no fim de fevereiro. Para a reserva, entre m contato com a FFT, Billeterie, 2 Avenue Gordon Bennett, 75016 Paris, tel 08 26 65 00 00 (www.rolandgarros.fr).

Os ingressos excedentes são postos à venda no estádio dias antes do início do torneio. Os preços variam entre €14 e €77.

KART

Você pode correr em pistas especialmente construídas para a prática do kartismo em todo o país. Todo o equipamento é fornecido, além de uma introdução ao esporte, se necessária. Os preços partem de €14 por 10 minutos na pista. Na épocas de maior movimento, o tempo é limitado.

GOLFE

Embora tenha ficado para trás à medida que a mania do golfe varreu o Reino Unido e os EUA, a França está recuperando terreno rapidamente com o surgimento de novos campos. Alguns dos melhores estão ligados a consagrados resorts franceses –Dinan, Nice e Vichy, para citar apenas três–, onde um campo de golfe é visto como uma extensão de um spa ou cassino. Você pode usar o campo por cerca de €40 por partida.
Fédération Française de Golf: www.ffg.org

TURFE

As corridas de cavalos são populares na França, e a mais famosa, tanto para proprietários de cavalos quanto para apostadores, ocorre em outubro em Longchamps, no Bois de Boulogne, fora de Paris. O Prix de l'Arc de Triomphe é um evento em que as damas têm a oportunidade de exibir seus chapéus, beber champanhe e torcer por seu cavalo. Hippodrome de Longchamps: Route des Tribunes, Bois du Boulogne, 75116 Paris (tel 01 44 30 75 00; www.prixdetriomphe.com).

CAVALGADAS

A *équitation/randonnée équestre*, assim como aulas de equitação, está disponível em toda a França, mas concentra-se mais nos locais de férias e nos meses de verão. Algumas das rotas mais espetaculares, mas pouco exigentes, são as das planícies pantanosas do Camargue no sudeste, os *marais salants* (salinas) no noroeste e as florestas de pinheiros de Landes, no sudoeste. Uma cavalgada de um dia com guia e piquenique custa por volta de €75. O preço da hora começa em €12.
Fédération Française d'Équitation: www.ffe.com

CAIAQUE

Os rios e canais da França oferecem ótimas oportunidades para um passeio de caiaque. É o caso dos rios Lot e Dordogne e das gargantas do Ardèche. Pode-se alugar equipamento por hora, dia ou período maior. Um passeio em grupo custa cerca de €30.
Fédération Française de Canöe-Kayak: www.ffck.org

AUTOMOBILISMO

O primeiro evento de destaque no calendário do automobilismo é a corrida 24 Horas de Le Mans, quando os carros testam sua resistência nesse circuito. A entrada custa €62, e um *pit walk* sai por €460. *Billetterie:* Circuit des 24 Heures du Mans, 72019 Le Mans Cedex 2 (tel 08 92 69 72 24; www.lemans.org).

A etapa mais glamourosa da Fórmula 1 é a corrida de Monte Carlo, em que os carros correm pelas ruas estreitas do principado. Graças à presença do *jet set*, a corrida de Mônaco é muito mais do que um *grand prix*, mas, se você só quer assistir à corrida, os preços vão de €90 a €500 (www.grand-prix-monaco.com).

O Grand Prix da França propriamente dito é disputado no circuito de Magny Cour, onde os ingressos vão de €63 a €310 (www.magnyf1.com).

PARAPENTE

O parapente é uma mistura de paraquedas e asa-delta. Um salto

de um local alto lança o praticante no ar. Surgido na França, hoje é um esporte popular. Evidentemente, as regiões montanhosas, como os Alpes, o Maciço Central e os Pireneus, são os melhores lugares para a prática do parapente. Cursos de treinamento custam cerca de €360, e um voo com instrutor, €120. Fédération Française de Vol Libre: www.ffvl.fr

RÚGBI

Há um grande público fã de rúgbi na França, e o ponto alto da temporada (set-fim mai) é o Six Nations Tournament. As partidas são no Stade de France: ZAC du Cornillon Nord, 93216 St.-Denis La Plaine Cedex (tel 01 55 93 00 00; ticketline 0892 700 900; www.stadefrance.fr).

ESQUI/SNOWBOARD

O esqui e o *snowboard* são os principais esportes de inverno. As muitas estações de esqui, tantas quantas são os dias de neve por ano, oferecem opções para iniciantes, intermediários e experientes. Você pode se juntar às celebridades nas elegantes estações de Courchevel ou Chamonix, ou esquiar fora das pistas em Argentière.

Há boas possibilidades de esqui nos Pireneus e em Le Mont-Dore, no Maciço Central. Você vai precisar comprar um passe de esqui (até €42 por dia em Val d'Isère) e alugar equipamento por cerca de €120 por semana. Há aulas em grupo (a partir de €120 por 10 horas) ou individuais (€40 a €60 por hora). Contate a École du Ski Français: www.esf.net ou o Club Alpin Français: www.ffcam.fr

FUTEBOL

O futebol é o primeiro esporte da França. Os ingressos para os jogos mais importantes da temporada (ago-fim mai) são como ouro em pó. Entre os grandes clubes estão o Olympique Lyonnais: Siège de l'Olympique Lyonnais, 350 Avenue Jean Jaurès, 69361, Lyon (fone 3969; www.olympiquelyonnais.com) e A.S. Monaco: Stade Louis II, Avenue des Castelans, 9814 Mônaco (tel 00 377 92 05 40 00; www.asm-foot.mc).

CAMINHADAS

A França tem mais de 30.000km de trilhas, com uma série de *grandes randonnées* (trilhas de longa distância) e *petites randonnées*, que constam dos mapas publicados pelo Institut Géographique National (IGN, Éspace IGN, Rue La Boétie, 75008 Paris; www.ign.fr). As *grandes randonnées* principais são a GR34, na costa da Bretanha, e a GR20, no interior da Córsega. Elas são percorridas em cerca de duas semanas, dependendo do preparo físico e do clima. Completando essa rede, todo *département* e todas as *communes* têm trilhas sinalizadas ao redor de lagos, ao longo das margens dos rios ou ligando monumentos históricos. A maioria dos centros de turismo tem informações sobre trilhas na sua região, e as prefeituras costumam fornecer mapas gratuitos.

WINDSURFE

As condições para o windsurfe em geral são ótimas na costa sudoste, de Biarritz a Arcachon, em Landes, e na costa do Atlântico, no Loire. Também encontram-se escolas e pranchas para alugar em toda a costa da França e nos principais lagos. O aluguel parte de €20 por hora.

SAÚDE E BELEZA

O que o resto do mundo descobriu na última década os franceses já sabiam há séculos: que um pouco de paparicação não faz mal a ninguém.

SPAS

A França é repleta de fontes termais, que com o tempo se transformaram em spas terapêuticos. No século 18 os spas se tornaram locais de prazer, e não só de tratamento de saúde, dos quais Vichy foi o pioneiro. Nos últimos anos do século 19, balneários como Dinard e Biarritz adotaram o mesmo sistema. Hoje, os spas franceses estão entre os melhores do mundo, com altos padrões de eficiência e limpeza. As cidades-spas também costumam oferecer compras e restaurantes de alto nível para completar a diversão.

TALASSOTERAPIA

Os franceses inventaram a talassoterapia: uso da água do mar para fins terapêuticos. Os centros de talassoterapia, quase sempre ligados a spas, espalham-se ao longo do litoral da França, distribuídos quase igualmente entre a costa mediterrânea, a costa atlântica e as costas do norte. Tratamentos também estão disponíveis em spas espalhados pelo país, inclusive Paris e Aix-les-Bains.

PARA CRIANÇAS

Embora a França tenha uma abundância de atrações culturais –museus, castelos, galerias de arte e afins–, você sempre estará perto de algum lugar que as crianças vão adorar. Qualquer centro de informação turística lhe indicará as atrações e atividades, e quase sempre é possível encontrar um programa para toda a família.

PRAIAS

São muitas as praias ao longo dos 4.800km de costa da França. E nelas as crianças podem brincar por horas.

FESTIVAIS E FEIRAS

Realizados em toda a França no verão, são perfeitos para divertir as crianças.

ESPORTES

A França conta com uma grande variedade de esportes. Como o nível de treinamento e supervisão é em geral muito alto, as crianças podem experimentar um novo esporte ou praticar algum em que já tenham experiência –de equitação a ciclismo, windsurfe ou snowboard.

PARQUES TEMÁTICOS

O Disneyland® Resort Paris (⊳ 81) dispensa apresentação. Outros parques temáticos são o Parc Astérix (⊳ 198, 220) e o parque de safári Planète Sauvage (⊳ 250). Futuroscope (⊳ 361) e Vulcania (⊳ 271) são opções de alta tecnologia.

FESTIVAIS E EVENTOS

A qualquer hora e em qualquer lugar onde haja celebrações, uma coisa é certa: você não sentirá fome ou sede. Mesmo nas cidades o ambiente é mais de festa famíliar que de evento público. Seja qual for o tema, copos e pratos são abastecidos continuamente, e os visitantes conseguem perceber a verdadeira identidade de uma cidade ou vila, reflexo da história e das tradições da região e da França como um todo. Para os feriados na França, ⊳ 429.

RELIGIOSOS

No leste, os desfiles de são Nicolau percorrem as cidades no dia 6 de dezembro, distribuindo guloseimas às crianças. A Provença se concentra em cenas natalinas: os artesãos fazem estatuetas de santos e os pastores conduzem seus rebanhos à igreja na noite de Natal. Na Córsega, há procissões de penitentes na Páscoa. As festas dos santos vão das bacanais da Borgonha, para celebrar são Vicente, patrono das vinhas, à benção dos barcos na Bretanha.

ARTES

O Festival de Cinema de Cannes, em maio, é o mais badalado, mas as noites de verão se enchem do som de sopranos quando incontáveis óperas ao ar livre se espalham pela Provença. São eventos caros, mas Avignon tem um festival alternativo em que você pode assistir a espetáculos não convencionais a baixo preço. Eventos culturais que você pode encontrar acidentalmente são os concertos de música clássica nas igrejas. O jazz foi adotado pela França, onde artistas famosos se apresentam em ambientes improváveis, como as plantações de maçãs da Normandia.

COMIDA E BEBIDA

Em outubro, o país celebra uma semana de festivais e concursos culinários e feiras de rua. Mas a comilança dura o ano todo na França. As regiões vinícolas realizam festas combinadas, nas quais castanhas torradas, assadas ou em purê são acompanhadas de vinhos do Reno, e figos, azeitonas e queijo de cabra são servidos com o *vin primeur* (vinho novo) no Languedoc em novembro. No norte, as iguarias são a sidra, os crepes e as tortas de maçã.

TRADICIONAIS

Tradicional é às vezes um eufemismo para uma festa não convencional. Com origem nas brumas dos tempos, eventos como o desfile de Soufflaculs em Nontron, na Aquitânia, é daquelas festas que é preciso ver para crer. Os moradores caminham pela cidade em camisolas de dormir, soprando um fole sob a roupa dos outros para espantar os maus espíritos. Algumas cidades celebram o Dia do Asno em lugar das festas da Queda da Bastilha, em 14 de julho.

ONDE COMER

A França adora sua comida – e valoriza seus grandes chefs tanto quanto seus artistas e músicos. Até um restaurante de empresa se orgulha da qualidade da comida que serve, e qualquer cidadão francês com um guardanapo no colo e um garfo na mão conta com bons ingredientes e um preparo cuidadoso. A culinária regional é vista como um reflexo de cada canto do país, e, enquanto Paris tem grandes nomes e os consumidores mais ricos e exigentes, jantar numa cidade de província pode superar um banquete na capital.

Os chefs celebridades, como Alain Senderens, Paul Bocuse e Joel Robuchon, são representantes da *haute cuisine*. Eles e seus colegas Alain Ducasse e Jacques e Laurent Pourcel ditam a moda culinária de amanhã. Premiados com rosetas Michelin e *toques* Gault et Millau (maiores prêmios culinários da França), eles introduziram no país novos conceitos de cozinha e pratos *fusion*. Nos últimos anos, a tendência de pratos mais leves e técnicas mais simples tem reconhecido, mesmo que tardiamente, o gosto vegetariano, embora o conceito francês de comida vegetariana seja um tanto confuso e às vezes inclua carne, frango e bacon.

Também há muitos, e baratos, restaurantes norte-africanos, libaneses e vietnamitas na maioria das grandes cidades.

Lembre que fast-food não é uma criação francesa. Prepare-se para uma refeição demorada. A boa comida é um modo de vida, e a refeição deve ser desfrutada sem pressa.

RESTAURANTES

Toda grande cidade conta com restaurantes conceituados, bem diferentes dos bistrôs e brasseries. Neles você vai encontrar um ambiente mais refinado, com toalhas de linho, cristais e talheres de prata, e um clima de calma reverência pelos presentes gastronômicos que virão. Aqui, as famílias celebram aniversários e casamentos, promessas são sussurradas e negócios são fechados com algo mais importante que um aperto de mãos. Lembre-se de se vestir bem e reservar uma mesa com antecedência. Você vai encontrar comida de qualidade nas salas de jantar dos hotéis Logis de France (▷ 446), e há estabelecimentos com estrelas Michelin espalhados por todo o país, como os de Paul Bocuse em Lyon, dos irmãos Pourcel em Montpellier e o legado de Bernard Loiseau na Borgonha. O *menu dégustation*, encontrado apenas nos melhores restaurantes, é um cardápio que oferece uma amostra dos melhores pratos, acompanhados de uma seleção de vinhos apropriados. Opções boas e baratas são os menus a preço fixo oferecidos no almoço, possibilitando uma refeição no estabelecimento mais estrelado a preços realistas.

BRASSERIES E BISTRÔS

Antigamente, brasseries eram cervejarias que serviam refeições. Hoje, são restaurantes informais que ficam abertos por longas horas. Saboreie as especialidades locais, como o filé com fritas e chucrute. Os bistrôs são em geral restaurantes pequenos, independentes ou de administração familiar que servem pratos tradicionais e têm uma modesta carta de vinhos. Em Paris e em toda a França, os melhores chefs estão abrindo bistrôs anexos a seus restaurantes. O Jardin des Sens dos irmãos Pourcel em Montpellier tem filiais espalhadas por outras cidades, como Avignon.

CAFÉS E BARES

Cafés e bares servem café, refrigerantes, bebidas alcoólicas e petiscos, e quase sempre chás de ervas e tradicionais. Abrem da hora do café da manhã até tarde da noite, e você pode pagar um pouco mais por seu drinque se preferir sentar-se a uma mesa ou no terraço. Você vai notar que os moradores preferem ficar de pé no balcão. Os bares costumam ter jornais, e você pode se demorar numa xícara de café observando quem passa.

REFEIÇÕES ECONÔMICAS

Se estiver com pouco dinheiro, faça sua principal refeição na hora do almoço, quando muitos restaurantes servem um *menu du jour* (menu do dia) de dois ou três pratos com uma taça de vinho por cerca de metade do preço da noite. Muitos têm menus a preço fixo também à noite, com três, quatro ou mais pratos, dos quais os melhores constituem o *menu gastronomique*.

HORÁRIOS DE FUNCIONAMENTO

A maioria dos restaurantes e bistrôs tem horários restritos. Os restaurantes abrem às 12h, fecham às 14h30 e reabrem às 19h30. Exceto no centro das grandes cidades, os restaurantes param de aceitar pedidos entre 22h e 23h. Muitos restaurantes fecham sábados e segundas no almoço e nas noites de domingo. Alguns restaurantes parisienses podem fechar em julho e agosto, e os do litoral quase sempre fecham completamente entre novembro e a Páscoa.

ETIQUETA

A maioria dos restaurantes inclui o serviço no preço dos pratos, o que indicam com a expressão *service compris* ou s.c. Se o serviço não estiver incluído, você pode deixar uma gorjeta. Embora só os restaurantes *top* tenham um código de vestir, convém vestir-se mais formalmente num restaurante elegante. Dirija-se ao pessoal de serviço como *monsieur*, *madame* ou *mademoiselle*. Por lei, é proibido fumar em todos os restaurantes.

CARDÁPIO

MEDITERRÂNEO

... **à la languedocienne:** com tomate, aubergine (berinjela), cèpes (cogumelos) e alho.

... **à la niçoise:** com azeite de oliva, alho, tomate, cebola, ervas, azeitonas, alcaparras, anchovas e estragão.

... **à la provençale:** com azeite de oliva, alho, tomate, cebola e ervas.

Bouillabaisse: peixe ensopado servido com aïoli (maionese temperada com alho) ou rouille (chili e maionese de alho).

Brandade de morue: patê de bacalhau misturado com leite, alho e azeite de oliva.

Cagoularde: caracóis cozidos no vinho.

Cassoulet: cozido de feijão-branco com carnes e liguiça de porco.

Daube: carne cozida no vinho.

Foie gras à la toulousaine: fígado de ganso em massa folhada.

Pistou: molho feito de alho moído, manjericão e queijo com azeite.

Ratatouille: tomates, cebolas, courgettes (abobrinhas) e berinjelas cozidas lentamente com alho e azeite de oliva.

Salade niçoise: tomates, ervilhas, anchovas, azeitonas, pimenta e ovos cozidos.

Soupe de poisson: sopa de peixes.

OS PIRENEUS E A REGIÃO SUDOESTE

...**à la basquaise:** carne servida com presunto Bayonne, cogumelos cèpe e batatas.

...**à la bordelaise:** com molho de vinho tinto e legumes.

...**à la landaise:** pratos cozidos na gordura de ganso com alho.

...**à la périgourdine:** acompanhado de molho de trufas e foie gras ou recheado de trufas ou foie gras.

Confit de canard: pedaços de pato salgados, cozidos e conservados na própria gordura.

Foie gras: fígado de ganso ou de pato estufado, cozido e servido em fatias quentes ou frias.

Lièvre à la royale: lebre desossada e recheada com bacon, cozida no vinho e servida com molho de trufas.

Magret de canard: peito de pato desossado, grelhado ou frito.

BRETANHA, NORMANDIA E O LOIRE

Agneau des prés-salés: carneiro criado em pântano salgado.

Beurre blanc: manteiga batida com vinagre de vinho branco e cebolinha branca.

Châteaubriand: filé-mignon alto com molho de cebolinha, ervas e vinho branco.

Coquille St.-Jacques: vieiras num molho cremoso servidas quentes na concha e cobertas com queijo derretido ou migalhas torradas.

Cotriade: cozido de peixe.

Crêpes ou galettes: panquecas com recheio doce ou salgado.

Far: torta doce com ameixas-pretas, semelhante a um pudim.

Homard à l'armoricaine: lagosta flambada com creme e molho de vinho.

Moules marinière: mexilhões ao molho de vinho branco, cebolinhas e salsa.

Noisette de porc aux pruneaux: lombo de porco com ameixas-pretas.

Plat (ou assiette) de fruits de mer: bandeja de frutos do mar como lagostins (langouste), ostras (huîtres), camarões (crevettes), mexilhões (moules), caranguejos (crabes) servidos no gelo.

Sauce normande: feito de sidra e creme.

Tarte tatin: torta de maçã.

REGIÃO NORTE E ALSÁCIA-LORENA

Bäeckeoffe: cozido de carne no vinho com batata e cebola.

Carbonnade flamande: carne cozida lentamente na cerveja com especiarias.

Choucroute garnie: repolho cozido no vinho com porco, linguiça e

presunto defumado servido com batatas cozidas.
Chou rouge à la flamande: repolho roxo cozido com maçãs, vinagre e açúcar.
Jambon en croûte: torta de presunto.
Quiche Lorraine: massa de torta com bacon, cebola e ervas.
Salade de cervelas: salsichão frio ao molho vinagrete.
Waterzooi: sopa cremosa de origem belga feita com frango ou peixe e vegetais.

O JURA E OS ALPES
Diots: linguiça de porco.
Fondue: há dois tipos: au fromage, cubos de pão mergulhados em queijo derretido com vinho (e às vezes kirsch); ou bourguignonne: cubos de carne cozidos em óleo e depois mergulhados em molhos.
Gratin dauphinois: fatias de batata assadas no leite com noz-moscada.
Gratin savoyard: fatias de batata com queijo.

BORGONHA E NORTE DO RENO
Andouille: dobradinha e linguiça de porco servidas frias.
Andouillette: dobradinha e linguiça de porco servidas quentes.
Boeuf bourguignon: carne cozida lentamente com cebola e cogumelos em vinho tinto.
Boudin: morcela.
Coq au vin: frango com cogumelos e cebola cozido em vinho tinto (tradicionalmente o vinho chambertin).
Escargots à la bourguignonne: escargots em manteiga de alho e salsinha.
Jambon persillé: terrina de presunto.
Pommes à la lyonnaise: batatas fritas com cebola.
Poulet de Bresse: frango de Bourg en Bresse (considerado o melhor da França).
Poulet (ou jau) au sang: frango cozido no próprio sangue (galinha ao molho pardo).
Quenelles de brochet: Musses individuais de peixe com molho cremoso.
Saladier à la lyonnaise: pé de ovelha ou de porco, língua de boi e cabeça de vitelo servidos com molho vinagrette.

CÓRSEGA
Aziminu: uma espécie de bouillabaisse (⊳442).
Brocciu: queijo de ovelha feito na Córsega.
Fiadone: torta de queijo de cabra.
Fritelles de brocciu: bolinhos de queijo fritos e farofa de castanha.
Oursins: ouriços-do-mar, uma iguaria local.
Piverunta: carneiro cozido com pimentas vermelhas.
Raffia: espeto de miúdos de carneiro assados.
Sanglier: javali.
Tianu di fave: cozido de porco com feijão-branco.

MOLHOS
Béchamel: molho clássico feito de farinha, manteiga e leite, base de outros molhos, como o mornay, molho de queijo.
Béarnaise: molho feito com gema de ovo, vinagre, manteiga, vinho branco, cebolinha e estragão.
Chasseur: à caçadora, com vinho, cogumelos, cebolinhas e ervas.
Demi-glace: molho de carne com xerez ou vinho madeira.
Diane: molho cremoso apimentado.
...à la meunière: modo de servir peixe frito na manteiga e servido com suco de limão, manteiga e salsinha.

COMO PEDIR CARNE
Os franceses preferem a carne ligeiramente assada ou frita. O carneiro será servido automaticamente malpassado (a menos que você peça de outra maneira). Se pedir bife, o garçom lhe perguntará como o prefere. As opções são:
Bleu: malpassado, tostado por fora e cru no meio.
Saignant: sangrando; assado ou frito até começar a sangrar, meio cru no meio.
À point: no ponto; assado ou frito até parar de sangrar. Muitos restaurantes servem o filé *à point* com algum sangue no centro. Se você quiser um centro rosado, mas sem sangue, peça o filé *plus à point*. Não é um termo regular em francês, mas bons restaurantes atenderão ao pedido.
Bien cuit: bem passado, servido só com um pequeno miolo rosado. Se não quiser nenhum tom rosado, peça *bien bien cuit*, mas o garçom pode não se impressionar.

COMIDA E BEBIDA

Quase tanto quanto apreciam consumir boas comidas e bebidas, os franceses também adoram falar do assunto. Se você quiser iniciar uma conversa na França, peça a alguém que lhe fale sobre os produtos de seu *terroir* (região). Expresse algum interesse por um prato colocado à sua frente e o garçom ou o gerente provavelmente lhe contarão sua origem, como os ingredientes foram escolhidos e o método de preparo usado.

A comida é muito mais que um meio de subsistência; não é exagero dizer que ela é uma parte importante da identidade nacional. Quando o presidente Sarkozy propôs que o soufflé, o foie gras e outras iguarias francesas fossem considerados patrimônios da humanidade da Unesco da mesma forma que a abadia do Mont-St.-Michel, pode ter provocado gargalhadas no exterior, mas seus conterrâneos entenderam muito bem o que ele quis dizer.

Para o estrangeiro que chega à França, a reverência demonstrada ao ato de comer e beber pode ser desconcertante ou fascinante; mas não se pode negar que um almoço de três pratos preparados e servidos com requinte no meio de um dia de visitas turísticas pode ser tão memorável quanto uma manhã no Louvre. E uma excursão pelos vinhedos da Champagne ou de Bordeaux pode ser uma boa maneira de conhecer a cultura de uma região no seu sentido mais amplo.

PRODUTOS REGIONAIS

Falar de "cozinha francesa" como se ela fosse uma só é um erro. Relacionar as comidas e os vinhos região por região pode ser simplista, mas com certeza é uma maneira de apreciar a complexidade do assunto. A cozinha provençal caracteriza-se pelo uso abundante de azeite de oliva, tomate e ervas, e a culinária da Gasconha, pela utilização de patos e gansos.

Seria muito mais preciso identificar as fontes específicas, e o legado culinário que a França deu ao mundo com certeza foi a *appelation d'origine controllée* (AOC), garantia com força de lei de que um produto foi produzido numa área delimitada de acordo com certos padrões. A denominação AOC é mais usada para vinhos, mas há 43 queijos classificados, assim como carnes, moluscos, manteiga, frutas e azeites.

COMIDA VEGETARIANA

Há muito poucos vegetarianos na França, e geralmente só se encontram restaurantes vegetarianos nas cidades grandes e naquelas habitadas por artesãos. Os *restaurateurs* raramente pensam em incluir pratos sem carne ou peixe em seus cardápios. A melhor opção é pedir uma salada e estar preparado para retirar dela qualquer pedaço de carne ou peixe. Se você é vegetariano, precisará planejar sua viagem e telefonar para o restaurante antes de ir até lá e descobrir se a comida se adapta às suas necessidades.

COZINHAS EXÓTICAS

Até mesmo os franceses de vez em quanto desejam algo diferente. O cardápio alternativo da França remonta ao passado colonial do país e à origem de seus imigrantes recentes. Todas as cidade maiores, e algumas menores, têm restaurantes que servem comida vietnamita e cuscuz dos países do Maghreb. A fast-food no estilo americano é tão popular aqui quanto no resto do mundo, mas às vezes é adaptada ao gosto francês, com mais ingredientes frescos.

VINHO

A produção de vinho remonta à época da ocupação romana, e, embora alguns vinicultores estejam convencidos de que pouca coisa mudou deste então, a indústria evoluiu. Os franceses consomem menos vinho a cada ano –em parte devido à lei que proíbe beber e dirigir–, o que, aliado à crescente competitividade global, tem causado crises em regiões que se acostumaram à produção de vinhos de mesa baratos. Mas, enquanto alguns vinhedos deixam de produzir, novos são plantados em outro lugar, e as tradicionais regiões vinícolas que priorizam a qualidade sobre a quantidade resistem.

A indústria francesa do vinho se divide em 13 regiõess, algumas altamente regulamentadas e com subdivisões famosas por si sós; outras foram criadas recentemente para promover tipos de vinhos menos conhecidos. As regiões e seus sites oficiais são:

Alsácia www.vinsalsace.com
Beaujolais www.beaujolais.com
Bordeaux www.bordeaux.com
Borgonha (Bourgogne)
www.bourgogne-wines.com
Champagne www.champagne.com
Charentes www.pineau.fr
Córsega (Corse)
www.vinsdecorse.com
Jura-Savoia www.jura-vins.com
Languedoc Roussillon
www.languedoc-wines.com,
www.vins-du-roussillon.com,
www.vindepaysdoc.com
Provença
www.cotes-de-provence.fr
Região Sudoeste (Sud-Ouest)
www.vins-du-sud-ouest.com
Vale do Loire
www.vins-valdeloire.com
Vale do Reno
www.vins-rhone.com

OUTRAS BEBIDAS

O aperitivo preferido dos franceses é o pastis, um licor aromatizado à base de anis misturado com água para produzir um drinque longo e turvo. Um aperitivo mais elegante é o kir, mistura de vinho branco e creme de cassis. O conhaque e o armagnac são brandies apreciados pelos conhecedores. O calvados e o benedictine são licores produzidos em diferentes partes da Normandia, e o chartreuse é produzido perto do mosteiro em que foi criado. O norte da França –Lille e a Alsácia– produz excelentes cervejas, e a sidra é fabricada na Bretanha.

ONDE FICAR

De palácios a estábulos, a escolha da hospedagem na França vai depender tanto do seu gosto quanto do seu orçamento. As redes internacionais de hotéis de alta qualidade são encontradas em toda parte, mas talvez a opção mais "francesa" de hospedagem seja um camping, uma *gîte* ou um albergue de administração familiar.

Os hotéis são inspecionados regularmente e classificados em seis categorias: sem estrelas e com 1*, 2*, 3*, 4* e 4*L (de luxo). Eles devem exibir suas tarifas (impostos incluídos) na fachada e nos quartos, e cobrar por quarto, e não por pessoa. Você provavelmente terá que pagar o café da manhã separadamente, assim como a cama adicional no quarto.

Há duas maneiras de conseguir um hotel que está além das possibilidades do seu orçamento: em Paris e nas principais cidades, fechar um pacote com uma grande agência de turismo pode lhe permitir hospedar-se num hotel superior ao que você poderia pagar. A outra maneira, em várias cidades (mas não em Paris), é a promoção Bon Weekend en Ville, que oferece duas noites pelo preço de uma em vários hotéis, além de outros descontos. Esta opção está disponível apenas nos centros de turismo ou através do site www.bon-week-end-en-villes.com.

O número de tarifas aéreas baratas da Inglaterra e de outras cidades europeias para os aeroportos franceses ampliou as posibilidades de você organizar seu próprio pacote de viagem.

HOTÉIS DE LUXO

Se você deseja um hotel de luxo, a França é o lugar certo. Os tradicionais refúgios de ricos e famosos incluem hotéis Belle Époque na Riviera e o brilho do Ritz Paris. A estes vieram se juntar novos design hotéis como o Hi-Hotel em Nice, onde os quartos incluem piscinas na rocha e telas de plasma de alta tecnologia. Menores, mas não menos caros, são os hotéis-butique, que têm no máximo uma dezena de quartos mobiliados por gurus da decoração. Para um luxo legítimo (verdadeiramente francês), hospede-se num dos muitos castelos no campo –antigas residências da aristocracia e da realeza que hoje oferecem aos hóspedes a experiência de outra época. Visite o site Relais et Châteaux (www.relaischateaux.com).

A maioria dos hotéis de luxo oferecem tratamentos de saúde e beleza em spas modernos.

HOTÉIS ECONÔMICOS

Hotéis econômicos podem ser um luxo. Hotéis independentes podem ser surpreendentemente elegantes, mas outros podem estar decadentes. Hotéis e motéis de redes internacionais são a opção mais fácil, e, embora possam ser úteis para uma noite de parada em viagens longas, há opções bem mais interessantes por preços similares. Os melhores são os hotéis Logis de France –o departamento de turismo francês (⊳ 430) tem uma lista completa. São hospedarias e hotéis pequenos de administração familiar que vão dos básicos e confortáveis aos diferentes e charmosos. A maioria tem restaurante próprio, que oferece pratos regionais de alta qualidade. Todos são inspecionados regularmente e estão relacionados no site www.logis-de-france.com. Alguns promovem esportes de inverno, pesca ou caminhadas. Alguns hotéis, particularmente nas regiões mais remotas, incluem na diária o jantar ou todas as refeições. Verifique se a diária inclui o café da manhã. Em muitas cidades não vale a pena pagar €8 por um café com croissant, quando o café da esquina oferece o mesmo por menos.

BED AND BREAKFAST

Na França, *chambre d'hôte* é a resposta aos tradicionais bed and breakfast, e os centros de informação turística relacionam famílias que alugam quartos. Entretanto, as melhores *chambres d'hôtes* são filiadas à organização Gîtes de France (ver abaixo). Classificadas de uma a quatro espigas de milho *(épis)*, dependendo do conforto, as opções de cada região são publicadas em brochura. Geralmente instaladas em casas de fazenda ou fábricas restauradas, oferecem um pedaço da vida francesa. O café da manhã em geral inclui croissants e geleias feitos em casa. Como muitas são administradas por esposas de fazendeiros ou proprietários de vinícolas, vale a pena optar pela *table d'hôte* e fazer as refeições com a família. Em Paris, B&B em casas particulares estão disponíveis em www.bed-and-breakfast-in-paris.com.

Uma opção de luxo é o bed and breakfast com a nobreza. Príncipes e condessas oferecem quartos em seus castelos no Loire e no oeste da França. Publicações estão disponíveis em Bienvenue au Château (Centre d'Affaires Les Alizés, La Rigourdiène, 35510 Cesson Sevigue; www.bienvenueauchateau.com).

OUTRAS ACOMODAÇÕES

Uma boa alternativa aos pacotes para acampamentos de férias vendidos por agências de turismo é alugar uma *gîte*. São chalés, casas e apartamentos, quase sempre com piscina, em cidades pequenas e áreas rurais, em geral oferecidos através da Gîtes de France ou da Clévacances (www.clevacances.com). Você pode alugar por semana ou quinzena, e as acomodações em geral são simples e decentes (traga ou alugue sua roupa de cama), mas com um charme rústico. De simples a muito confortáveis, as propriedades estão listadas nos guias regionais e nacionais, e também podem ser encontradas através dos centros de turismo. Para *gîtes* autorizadas, ver www.gites-de-france.fr.

CAMPING

Mais de 9 mil campings totalmente equipados, classificados oficialmente de 0 a 4*, e 2.300 acampamentos em fazendas são inspecionados regularmente e classificados como os hotéis. A maioria tem instalações exce-

lentes, com trailer e barracas prontas para ocupação. Visitantes com trailer ou barraca próprios podem encontrar campings baratos com eletricidade, chuveiros e banheiros. Na alta estação (no norte, de maio a setembro, e no sul, de abril a outubro) é importante fazer reserva; talvez você não possa estacionar seu trailer ou montar sua barraca à beira do mar ou da rodovia. As delegacias de polícia têm endereços de campings locais para uma emergência.

Você pode entrar em contato com a Federação Nacional de Campings pelo fone 01 42 72 84 08 ou www.campingfrance.com.

DICAS

» O balcão da Loisirs Acceuil nos centros de turismo promovem férias temáticas em hotéis, *gîtes* e *chambres d'hôtes*. Podem incluir extras como pesca ou coleta de cogumelos com seus anfitriões, aulas de culinária na fazenda e oficinas de artesanato.

» Os hotéis de Paris costumam ter tarifas mais baixas durante julho e agosto, e os hotéis do interior e do litoral podem reduzir seus preços depois de meados de setembro.

» Se você está planejando férias com esportes de inverno, depois do Natal os hotéis oferecem descontos durante o período de aulas escolares.

» Por um pequeno extra, os hotéis costumam colocar mais uma cama no quarto –uma opção para famílias com baixo orçamento.

» Se você está planejando uma caminhada pela região, pode pedir que sua bagagem seja transportada entre os hotéis Logis de France. Em algumas regiões, o hotel pode ter burros para transportar suas malas.

PALAVRAS E FRASES

Mesmo que você esteja longe de ser fluente, é sempre bom tentar falar algumas palavras em francês enquanto estiver em Paris. As palavras e frases nas páginas a seguir devem ajudar você com o básico, desde pedir um prato até lidar com emergências.

CONVERSAÇÃO

Que horas são?
Quelle heure est-il?
A que horas abre/fecha?
A quelle heure ouvrez/fermez-vous?
Eu não falo francês.
Je ne parle pas français.
Você fala inglês?
Parlez-vous anglais?
Não entendi.
Je ne comprends pas.
Poderia repetir, por favor?
Pouvez-vous répéter (s'il vous plaît)?
Por favor, fale mais devagar.
Pouvez-vous parler plus lentement, s'il vous plaît?
O que isso significa?
Qu'est-ce que ça veut dire?
Por favor, você pode escrever para mim?
Pouvez-vous me l'écrire, s'il vous plaît?
Por favor, você pode soletrar?
Pouvez-vous me l'épeler, s'il vous plaît?
Eu vou procurar (no dicionário).
Je vais le chercher (dans le dictionnaire).
Meu nome é...
Je m'appelle...
Qual é o seu nome?
Comment vous appelez-vous?
Esta é minha esposa/ Este é meu marido.
Voici ma femme/mon mari.
Esta é minha filha/ Este é meu filho.
Voici ma fille/mon fils.
Este é meu amigo(a).
Voici mon ami(e).
Olá, prazer em conhecê-lo(a).
Bonjour, enchanté(e).
Eu sou do...
Je viens de...
Estou de férias.
Je suis en vacances.
Eu moro no...
J'habite à...
Onde você mora?
Où habitez-vous?
Bom-dia.
Bonjour.
Boa-noite (início da noite).
Bonsoir.
Boa-noite (fim da noite).
Bonne nuit.
Até logo.
Au revoir.
Vejo você mais tarde.
A plus tard.
Quanto custa isto?
C'est combien?
Eu poderia?
Est-ce que je peux?
Eu não sei.
Je ne sais pas.
De nada.
Je vous en prie.
Como vai?
Comment allez-vous?
Desculpe.
Je suis désolé(e).
Com licença.
Excusez-moi.
De nada.
De rien.

PALAVRAS ÚTEIS

Sim
Oui
Não
Non
Lá
Là-bas
Aqui
Ici
Onde
Où
Quem
Qui
Quando
Quand
Porque
Pourquoi
Como
Comment
Mais tarde
Plus tard
Agora
Maintenant
Aberto
Ouvert
Fechado
Fermé
Por favor
S'il vous plaît
Obrigado
Merci

COMPRAS

Poderia me ajudar, por favor?
(Est-ce que) vous pouvez m'aider, s'il vous plaît?
Quanto custa isto?
C'est combien?/Ça coûte combien?
Estou procurando...
Je cherche...
A que horas a loja abre/fecha?
A quelle heure ouvre/ferme le magasin?
Estou só olhando, obrigado.
Je regarde, merci.
Não é isto o que eu quero.
Ce n'est pas ce que je veux.
Este é o tamanho certo.
C'est la bonne taille.
Tem algo menos caro/menor/ maior?
(Est-ce que) vous avez quelque chose de moins cher/plus petit/plus grand?
Vou levar este.
Je prends ceci.
Poderia me arrumar uma sacola, por favor?
(Est-ce que) je peux avoir un sac, s'il vous plaît?

Aceita cartões de crédito?
(Est-ce que) vous acceptez les cartes de crédit?
Eu queria...gramas, por favor.
Je voudrais...grammes, s'il vous plaît.
Eu quero um quilo de ...
Je voudrais un kilo de...
Quais são os ingredientes?
Quels sont les ingrédients?/ Qu'est-ce qu'il y a dedans?
Eu queria...fatias.
J'en voudrais...tranches.
Padaria
Boulangerie
Livraria
Librairie
Farmácia
Pharmacie
Supermercado
Supermarché
Mercado
Marché
Liquidação
Soldes

NÚMEROS

1 ... un
2 ... deux
3 ... trois
4 ... quatre
5 ... cinq
6 ... six
7 ... sept
8 ... huit
9 ... neuf
10 ... dix
11 ... onze
12 ... douze
13 ... treize
14 ... quatorze
15 ... quinze
16 ... seize
17 ... dix-sept
18 ... dix-huit
19 ... dix-neuf
20 ... vingt
21 ... vingt et un
30 ... trente
40 ... quarante
50 ... cinquante
60 ... soixante
70 ... soixante-dix
80 ... quatre-vingts
90 ... quatre-vingt-dix
100 ... cent
1000 ... mille

CORREIO E TELEFONE

Onde fica o correio/a caixa de correio mais próximo(a)?
Où se trouve la poste/la boîte aux lettres la plus proche?
Quanto custa o envio para...?
A combien faut-il affranchir pour...?
Gostaria de mandar isso por via aérea/registrado.
Je voudrais envoyer ceci par avion/ en recommandé.
Pode me indicar o telefone público mais próximo?
Pouvez-vous m'indiquer la cabine téléphonique la plus proche?
Qual o número do auxílio à lista?
Quel est le numéro pour les renseignements?
Onde encontro uma lista?
Où est-ce que je peux trouver un annuaire?
Onde posso comprar um cartão telefônico?
Où est-ce que je peux acheter une télécarte?
Por favor, me transfira para...
Pouvez-vous me passer..., s'il vous plaît?
Posso ligar direto para...?
Est-ce que je peux appeler directement en...?
Preciso discar primeiro zero?
Est-ce qu'il faut composer le zéro (d'abord)?
Qual a tarifa por minuto?
Quel est le tarif à la minute?
Alguém ligou para mim?
Est-ce que j'ai eu des appels téléphoniques?
Alô, aqui é...
Allô, c'est... (à l'appareil)
Quem fala, por favor...?
Qui est à l'appareil, s'il vous plaît?
Gostaria de falar com...
Je voudrais parler à...

DIAS, MESES, FERIADOS

segunda ... lundi
terça ... mardi
quarta ... mercredi
quinta ... jeudi
sexta ... vendredi
sábado ... samedi
domingo ... dimanche
janeiro ... janvier
fevereiro ... février
março ... mars
abril ... avril
maio ... mai
junho ... juin
julho ... juillet
agosto ... août
setembro ... septembre
outubro ... octobre
novembro ... novembre
dezembro ... décembre
primavera ... printemps
verão ... été
outono ... automne
inverno ... hiver
férias ... vacances
Páscoa ... Pâques
Natal ... Noël
manhã ... matin
tarde ... après-midi
noite (início) ... soir
noite ... nuit
hoje ... aujourd'hui
ontem ... hier
amanhã ... demain
o dia ... le jour
o mês ... le mois
o ano ... l'année

HOTÉIS

Tem um quarto?
(Est-ce que) vous avez une chambre?
Tenho uma reserva para... noites.
J'ai réservé pour...nuits.
Quanto é por noite?
C'est combien par nuit?
Quarto de casal.
Une chambre pour deux personnes/ double.
Um quarto com duas camas.
Une chambre à deux lits/ avec lits jumeaux.
Um quarto de solteiro.
Une chambre à un lit/pour une personne.
Com banheiro/ducha/privada.
Avec salle de bain/ douche/WC.
Tem ar-condicionado/ aquecimento?
(Est-ce que) la chambre est climatisée/chauffée?
O café da manhã/almoço/ jantar está incluído no preço?
(Est-ce que) le petit déjeuner/le déjeuner/le dîner est compris dans le prix?

Tem elevador no hotel?
(Est-ce qu')il y a un ascenseur à l'hôtel?
Tem serviço de quarto?
(Est-ce qu')il y a le service en chambre?
A que horas é o café da manhã?
À quelle heure servez-vous le petit déjeuner?
Posso tomar o café da manhã no quarto?
(Est-ce que) je peux prendre le petit déjeuner dans ma chambre?
Serve refeição à noite?
(Est-ce que) vous servez le repas du soir/le dîner?
Gostaria de ser acordado(a) às...
Je voudrais être réveillé(e) à... heures.
Queria um cobertor/travesseiro adicional.
Je voudrais une couverture/ un oreiller supplémentaire, s'il vous plaît.
Posso ficar com a chave do quarto?
(Est-ce que) je peux avoir la clé de ma chambre?
Pode tomar conta da minha bagagem até eu sair?
Pouvez-vous garder mes bagages jusqu'à mon départ?
Tem estacionamento?
(Est-ce qu') il y a un parking?
Onde posso estacionar o carro?
Où est-ce que je peux garer ma voiture?
Tem babás?
(Est-ce que) vous avez un service de babysitting/garde d'enfants?
Quando trocam a roupa de cama?
Quand changez-vous les draps?
O quarto é muito quente/frio.
Il fait trop chaud/froid dans la chambre.
Posso pegar outro quarto?
(Est-ce que) je pourrais avoir une autre chambre?
Eu saio esta manhã.
Je pars ce matin.
A que horas devemos sair do quarto?
A quelle heure devons-nous libérer la chambre?
Posso pagar a conta?
(Est-ce que) je peux régler ma note, s'il vous plaît?
Posso ver o quarto?
(Est-ce que) je peux voir la chambre?
Obrigado(a) pela hospitalidade.
Merci pour votre hospitalité.
Piscina.
Piscine.
Não fumante.
Non fumeur.

COMO CIRCULAR

Onde é o balcão de informações?
Où est le bureau des renseignements?
Onde ficam os horários?
Où sont les horaires?
Este trem/ônibus vai para...?
Ce train/bus va à...?
Você tem um mapa de ônibus/ metrô?
Avez-vous un plan du Métro/des lignes de bus?
Eu quero um bilhete de ida e volta para...
Je voudrais un aller simple/ un aller-retour pour..., s'il vous plaît.
Eu queria alugar um carro.
Je voudrais louer une voiture.
Onde estamos?
Où sommes-nous?
Estou perdido.
Je me suis perdu(e).
É este o caminho para...?
C'est bien par ici pour aller à...?
Estou com pressa.
Je suis pressé(e).
Onde posso achar um táxi?
Où est-ce que je peux trouver un taxi?
Quanto é a corrida?
Combien coûte la course?
Siga em frente.
Allez tout droit.
Vire à esquerda.
Tournez à gauche.
Vire à direita.
Tournez à droite.
Atravesse.
Traversez.
Semáforo.
Les feux.
Cruzamento.
Carrefour.
Esquina.
Coin.
Não estacione.
Interdiction de stationner.
Estação de trem/ônibus/metrô.
La gare SNCF/routière/ la station de Métro.
Você vende passes de viagem?
Avez-vous des cartes d'abonnement?
É aqui que eu tenho de descer?
(Est-ce qu') il faut que je descende ici?
Onde posso comprar um bilhete?
Où est-ce que je peux acheter un billet/ticket?
Onde posso reservar um lugar?
Où est-ce que je peux réserver une place?
Este lugar está vago?
(Est-ce que) cette place est libre?
Onde posso achar um táxi?
Où est-ce que je peux trouver un taxi?

DINHEIRO

Tem um banco/agência de câmbio perto daqui?
(Est-ce qu') il y a une banque/un bureau de change près d'ici?
Posso descontar isto aqui?
(Est-ce que) je peux encaisser ça ici?
Gostaria de trocar dólares por euros.
Je voudrais changer des dollars en euros.
Posso usar meu cartão de crédito para sacar dinheiro?
(Est-ce que) je peux utiliser ma carte de crédit pour retirer de l'argent?
Qual é a taxa de câmbio para hoje?
Quel est le taux de change aujourd'hui?

CORES

marrom .... marron/brun
preto .... noir(e)
vermelho .... rouge
azul .... bleu(e)
verde .... vert(e)
amarelo .... jaune

RESTAURANTES

Eu queria reservar uma mesa para... pessoas às...
Je voudrais réserver une table pour...personnes à ...heures, s'il vous plaît.
Uma mesa para..., por favor.
Une table pour..., s'il vous plaît.
Nós reservamos/não reservamos.
Nous avons/n'avons pas réservé.
A que horas abre o restaurante?
A quelle heure ouvre le restaurant?

Vamos esperar uma mesa.
Nous aimerions attendre qu'une table se libère.
Podemos sentar aqui?
(Est-ce que) nous pouvons nous asseoir ici?
Esta mesa está ocupada?
(Est-ce que) cette table est libre?
Tem mesas lá fora?
(Est-ce qu') il y a des tables dehors/à la terrasse?
Onde fica o banheiro?
Où sont les toilettes?
Pode esquentar isso pra mim?
(Est-ce que) vous pouvez me faire réchauffer ceci/ça, s'il vous plaît?
Tem lugar para trocar o bebê?
(Est-ce qu') il y a une pièce pour changer les bébés?
Gostaríamos de beber algo.
Nous voudrions quelque chose à boire.
Podemos ver o cardápio/a carta de vinhos?
(Est-ce que) nous pouvons voir le menu/la carte des vins, s'il vous plaît?
Tem o prato do dia?
(Est-ce qu') il y a un plat du jour?
O que você recomenda?
Qu'est-ce que vous nous conseillez?
Não foi isto que eu pedi.
Ce n'est pas ce que j'ai commandé.
Não posso comer trigo/açúcar/sal/carne de porco/carne/laticínios.
Je ne peux pas manger de blé/sucre/sel/porc/bœuf/ produits laitiers.
Sou vegetariano(a).
Je suis végétarien(ne).
Eu gostaria...
Je voudrais...
Pode trazer mais pão?
(Est-ce que) vous pouvez nous apporter un peu plus de pain, s'il vous plaît?
Quanto custa este prato?
Combien coûte ce plat?
O serviço está incluído?
(Est-ce que) le service est compris?
Pode trazer o sal e a pimenta?
(Est-ce que) vous pouvez nous apporter du sel et du poivre, s'il vous plaît?
Poderia trazer uma garrafa de água sem gás/com gás?
(Est-ce que) je peux avoir une bouteille d'eau minérale/ gazeuse, s'il vous plaît?
A carne está muito crua/cozida demais.
La viande est trop saignante/trop cuite.
A comida está fria.
La nourriture est froide.
Pode trazer a conta, por favor?
(Est-ce que) je peux avoir l'addition, s'il vous plaît?
Há um erro na conta.
Il y a une erreur sur l'addition.
Nós não pedimos isto.
Nous n'avons pas commandé ça.
Gostaria de falar com o gerente, por favor.
Je voudrais parler au directeur, s'il vous plaît.
A comida estava excelente.
La nourriture était excellente.

COMIDA E BEBIDA

Café da manhã .... Petit déjeuner
Almoço .... Déjeuner
Jantar .... Dîner
Café .... Café
Chá .... Thé
Suco de laranja .... Jus d'orange
Suco de maçã .... Jus de pomme
Leite .... Lait
Cerveja .... Bière
Vinho tinto .... Vin rouge
Vinho branco .... Vin blanc
Pãozinho .... Petit pain
Pão .... Pain
Açúcar .... Sucre
Carta de vinhos .. Carte/liste des vins
Prato principal .... Le plat principal
Sobremesa .... Dessert
Sal/pimenta .... Sel/poivre
Queijo .... Fromage
Faca/garfo/colher .... Couteau/fourchette/cuillère
Sopas .... Soupes/potages
Sopa de legumes . Soupe de légumes
Canja .... Soupe au poulet
Sopa de lentilhas .... Soupe aux lentilles
Sopa de cogumelo .... Soupe aux champignons
Sanduíche/de presunto ... Sandwich/au jambon
Prato do dia .... Plat du jour
Pratos de peixe .... Les poissons
Camarões .. Crevettes roses/bouquet
Ostras .... Huîtres
Salmão .... Saumon
Hadoque .... Églefin
Lula .... Calmar
Carnes .... Viandes
Frango assado .... Poulet rotî
Casserole .... Plat en cocotte
Carneiro assado .... Gigot
Frios sortidos .... L'assiette de charcuterie
Batatas .... Pommes de terre
Couve-flor .... Chou-fleur
Feijão-verde .... Haricots verts
Ervilhas .... Petits pois
Cenoura .... Carotte
Espinafre .... Épinard
Cebola .... Oignon
Alface .... Laitue
Abóbora .... Concombre
Tomate .... Tomate
Frutas .... Les fruits
Maçã .... Pomme
Morangos .... Fraises
Pêssego .... Pêche
Pera .... Poire
Torta de frutas .... Tarte aux fruits
Doces .... Pâtisserie
Bolo de chocolate .... Gâteau au chocolat
Creme .... Crème
Sorvete .... Glace
Musse de chocolate ...... Mousse au chocolat

INFORMAÇÃO TURÍSTICA

Onde fica o escritório de informação turística, por favor?
Où se trouve l'office de tourisme, s'il vous plaît?
Você tem um mapa da cidade?
Avez-vous un plan de la ville?
Onde fica o museu?
Où est le musée?
Poderia me dar informações sobre...?
Pouvez-vous me donner des renseignements sur...?
Quais são os principais locais de interesse daqui?
Quels sont les principaux sites touristiques ici?
Por favor, poderia apontá-los no mapa?
Pouvez-vous me les indiquer sur la carte, s'il vous plaît?
Que atrações/hotéis/restaurantes você recomenda?
Quels sites/hôtels/restaurants nous recommandez-vous?

Nós vamos ficar aqui um dia.
Nous sommes ici pour une journée.
Eu estou interessado em...
Je suis intéressé(e) par...
O guia fala inglês?
Est-ce qu'il y a un guide qui parle anglais?
Você sugere algum passeio?
Avez-vous des suggestions de promenades?
Tem passeios guiados?
Est-ce qu'il y a des visites guidées?
Tem excursões organizadas?
Est-ce qu'il y a des excursions organisées?
Podemos fazer reservas aqui?
Est-ce que nous pouvons réserver ici?
A que horas abre/fecha?
Ça ouvre/ferme à quelle heure?
Qual é o preço da entrada?
Quel est le prix d'entrée?
Tem desconto para idosos/ estudantes?
Est-ce qu'il y a des réductions pour les personnes âgées/les étudiants?
Tem um folheto em inglês?
Avez-vous un dépliant en anglais?
O que está passando no cinema?
Qu'est-ce qu'il y a au cinéma?
Onde posso encontrar uma boa casa noturna?
Où est-ce que je peux trouver une bonne boîte de nuit?
Tem uma programação de teatro/ ópera?
Est-ce que vous avez un programme de théâtre/ d'opéra?
Tem de ir vestido a rigor?
Est-ce qu'il faut mettre une tenue de soirée?
A que horas começa o espetáculo?
A quelle heure commence le spectacle?
Como posso reservar um lugar?
Comment fait-on pour réserver une place?
Pode me reservar ingressos?
Pouvez-vous me réserver des billets?

DOENÇAS E EMERGÊNCIAS

Não estou me sentindo bem.
Je ne me sens pas bien.
Poderia chamar um médico, por favor?
(Est-ce que) vous pouvez appeler un médecin/un docteur, s'il vous plaît?
Tem algum médico/farmácia de plantão?
(Est-ce qu') il y a un médecin/ docteur/une pharmacie de garde?
Estou enjoado.
J'ai envie de vomir.
Preciso de médico/dentista.
Il faut que je voie un médecin/ docteur/un dentiste.
Por favor, você pode me indicar o caminho para o hospital?
(Est-ce que) vous pouvez m'indiquer le chemin pour aller à l'hôpital, s'il vous plaît?
Estou com dor de cabeça.
J'ai mal à la tête.
Fui picado(a) por uma vespa/ abelha.
J'ai été piqué(e) par une guêpe/ abeille.
Tenho um problema cardíaco.
J'ai un problème cardiaque.
Sou diabético(a).
Je suis diabétique.
Sou asmático(a).
Je suis asmathique.
Estou em dieta especial.
Je suis en régime spécial.
Estou tomando remédios.
Je prends des médicaments.
Deixei meus remédios em casa.
J'ai laissé mes médicaments chez moi.
Preciso de atendimento de urgência.
Je dois prendre rendez-vous d'urgence.
Estou com dor de dente.
J'ai mal aux dents.
Não quero tomar injeção.
Je ne veux pas de piqûre.
Socorro!
Au secours!
Perdi meu passaporte/ carteira/bolsa/sacola.
J'ai perdu mon passeport/portefeuille/ porte-monnaie/sac à main.
Tive um acidente.
J'ai eu un accident.
Meu carro foi roubado.
On m'a volé ma voiture.
Eu fui roubado(a).
J'ai été volé(e).

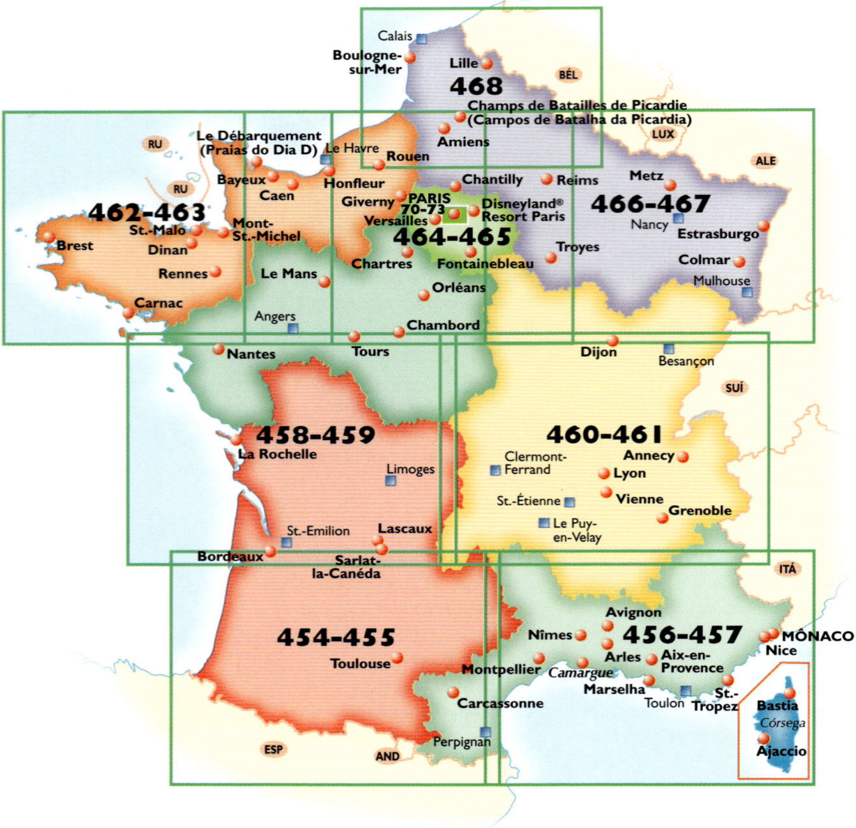

454-468	0 — 20 km

457	0 — 25 km

- Rodovia com pedágio
- Rodovia expressa
- Intersecção de rodovias com e sem número
- Estrada nacional
- Outra estrada
- Ferrovia
- Fronteira internacional
- Divisa regional
- Cidade
- Área construída
- Parque Nacional
- Local de interesse
- Aeroporto
- Porto / rota de ferryboat
- 621 Altura em metros
- Passo de montanha

MAPAS

As referências dos mapas indicadas nas atrações turísticas remetem às páginas desta seção ou aos mapas de determinada cidade dentro de sua região. Por exemplo: Toulouse tem a referência A455 H13, que indica a página em que o mapa se encontra (455) e as coordenadas de localização na cidade (H13).

458
D
E
F
11
12
13
14
15
Arès
D106
Andernos-les-Bains
Pierroton
Branne
Dordogne
D936
D708
Bassin d'Arcachon
Arcachon
Gujan-Mestras
Cap Ferret
Dune de Pilat
A660
E05
N250
N10
Saucats
La Brède
Cadillac
Sauveterre-de-Guyenne
Pellegrue
Duras
Eymet
Miramont-de-Guyenne
La Réole
Le Barp
Salles
Langon
St-Macaire
Sauternes
D3
Villandraut
Garonne
Marmande
La Grave
E72
Biscarrosse-Plage
St-Symphorien
Le Muret
Préchac
Ciron
Grignols
N113
A62
Parentis-en-Born
AQUITAINE
Casteljaloux
Aiguillon
Les Landes
Mimizan-Plage
Mimizan
Labouheyre
D626
Lavardac
Bias
Sabres
D655
D665
D933
Morcenx
Roquefort
Gabarret
Fourcès
N134
D932
Mont-de-Marsan
Montréal
Condom
Gondrin
Léon
Castets
D947
D934
Villeneuve-de-Marsan
Eauze
Vieux-Boucau-les-Bains
N124
D30
D931
Soustons
Magescq
Adour
D6
Vic-Fezensac
Hossegor
Capbreton
Dax
Mugron
D933s
Aire-sur-l'Adour
D935
Hagetmau
Riscle
Amou
Sarron
Tarnos
N117
A641
Montesquiou
Anglet
Biarritz
Bayonne
Biarritz-Anglet-Bayonne
E80
Orthez
Arzacq-Arraziguet
Marciac
Bidart
Salies-de-Béarn
D28
D936
Ciboure
St-Jean-de-Luz
Hasparren
Lacq
Pau-Pyrénées
N21
Mielan
San Sebastián
D918
Sauveterre-de-Béarn
Montfort
Morlaàs
Sare
Cambo-les-Bains
D14
St-Palais
A64
Rabastens-de-Bigorre
E5 A8
Ainhoa
Pau
Pays Basque
D2
Soumoulou
Pouyastruc
Nive
Mauléon-Licharre
Oloron-Ste-Marie
Tarbes
Tournay
A15
Col d'Osquich
Tarbes-Ossun-Lourdes
St-Jean-Pied-de-Port
Aramits
D937
N1219
D26
Arudy
Lourdes
D938
Bagnères-de-Bigorre
D20
Larrau
E07
Col d'Aubisque
Argelès-Gazost
Campan
Accous
Arrens-Marsous
D921
N240
D920
La Mongie
Urdos
Cauterets
Pamplona/Iruña
Parc National des Pyrénées Occidentales
Col du Pourtalet
D929
N330
E7
Gavarnie
Tafalla
Jaca
N121
Huesca

459
460
456
G
H
J
11
12
13
14
15
Bergerac
Roumanière
La Roque-Gageac
Domme
Rocamadour
Mur-de-Barrez
Belvès
Gourdon
Lacapelle-Marival
Laguiole
Castillonnès
Salviac
Labastide-Murat
Cazals
Figeac
Monflanquin
Catus
Decazeville
Espalion
Rostassac
Cabrerets
Condat
Puy-l'Evêque
Montbazens
Marcillac-Vallon
Bias
Villeneuve-sur-Lot
Tournon-d'Agenais
Cahors
St-Cirq-Lapopie
Villeneuve
Rignac
Rodez-Marcillac
Aveyron
Laissac
Montaigu-de-Quercy
Villefranche-de-Rouergue
Rodez
Lauzerte
Baraqueville
Agen
Molières
Najac
Agen-La Garenne
Lafrançaise
Caussade
MIDI-PYRÉNÉES
Valence
Laplume
Astaffort
Tarn
Castelsarrasin
Montauban
Bruniquel
Cordes-sur-Ciel
Réquista
Gers
Lectoure
Beaumont-de-Lomagne
Castelnau-de-Montmiral
Albi
Villefranche-d'Albigeois
Alban
Camarès
Grisolles
Réalmont
Grenade
Graulhet
Auch
L'Isle-Jourdain
Toulouse-Blagnac
TOULOUSE
Castres
Parc Naturel Régional du Haut Languedoc
Agout
La Salvetat-sur-Agout
Olargues
Samatan
Caraman
Castres-Mazamet
Mazamet
Montgiscard
Panassac
Rieumes
Muret
Vernet
Saissac
Languedoc
L'Isle-en-Dodon
Auterive
Castelnaudary
Caunes-Minervois
Boulogne-sur-Gesse
Cintegabelle
Homps
Canal du Midi
Aude
Rieux
Carcassonne-Salvaza
Carcassonne
Aurignac
Saverdun
Narbonne
Boussens
Pamiers
Montréal
Ariège
Lagrasse
Abbaye de Fontfroide
Garonne
Aspet
St-Bertrand de Comminges
St-Lizier
Varilhes
Limoux
Chalabre
Foix
Lavelanet
Couiza
Corbières
Audressein
Tuchan
Quillan
Massat
Montségur
Tarascon-sur-Ariège
Maury
Grotte de Niaux
Rivesaltes
Estagel
Agly
Perpignan
Ax-les-Thermes
Vinça
Olette
St-Martin de Canigou
AND
ANDORRA LA VELLA
E
Mont-Louis
Saillagouse
Prats-de-Mollo-la-Preste
Céret
Argelès-sur-Mer
Col du Perthus
Fluvià
A20
A61
A62
A64
A66
A68
E9
E09
E72
E80
E15
N20
N21
N88
N112
N113
N124
N126
N140
N116
N145
N260
N152
N9
D911
D999
D117
D118
D622
D629
D623
C62

460
455
K
L
M
11
12
13
14
15
Aumont-Aubrac
Châteauneuf-de-Randon
Pradelles
Langogne
La Bastide-Puylaurent
Ardèche
Thueyts
Aubenas
Vals-les-Bains
Privas
Baix
Loriol-sur-Drôme
Drôme
Die
Cruas
Montélimar
Largentière
La Motte-Chalancon
Marvejols
Mende
Bagnols-les-Bains
Joyeuse
Viviers
Lot
Villefort
Parc National des Cévennes
Les Vans
Vallon-Pont-d'Arc
Ste-Enimie
Tarn
Causse Méjean
Florac
Génolhac
Gorges de l'Ardèche
St-Martin-d'Ardèche
Nyons
Rémuzat
Buis-les-Baronnies
La Malène
Gorges du Tarn
Barre-des-Cévennes
La Grand-Combe
Bollène
Vaison-la-Romaine
Ouvèze
Malaucène
Mont Ventoux
Le Rozier
Meyrueis
1567
Mont Aigoual
Alès
Lussan
Bagnols-sur-Cèze
Orange
Millau
Millau Viaduct
Nant
Cévennes
Châteauneuf-du-Pape
Carpentras
La Cavalerie
Le Vigan
Uzès
Gardon
Avignon
Fontaine-de-Vaucluse
L'Isle-sur-la-Sorgue
Gordes
Roquefort-sur-Soulzon
Alzon
Quissac
Pont du Gard
Roussillon
Nîmes
Cavaillon
Le Caylar
Hérault
Sommières
Beaucaire
St-Rémy-de-Provence
Camarès
Bellegarde
Les Baux-de-Provence
Nîmes-Arles-Camargue
Chaîne de Alpilles
Lodève
Vauvert
Arles
Salon-de-Provence
Castries
Lunel
Parc Naturel Régional du Haut Languedoc
Gignac
Clermont-l'Hérault
Montpellier-Méditerranée
Montpellier
Aigues-Mortes
Petit Rhône
Villeneuve
Miramas
Étang de Vaccarès
Istres
Étang de Berre
Berre-l'Étang
LANGUEDOC-ROUSSILLON
Olargues
Palavas-les-Flots
Parc Naturel Régional de Camargue
Grand Rhône
Montagnac
Pézenas
Stes-Maries-de-la-Mer
Martigues
Languedoc
Mèze
Sète
Port-de-Bouc
Béziers
Capestang
MARSEILLE
Midi
Vias
Marseillan-Plage
Agde
Le Cap-d'Agde
Aude
Valras-Plage
Narbonne
Fleury
St-Pierre-sur-Mer
Narbonne-Plage
Gruissan
Gruissan-Plage
Sigean
Golfe du Lion
Agly
Perpignan-Rivesaltes
Canet-Plage
Perpignan
Collioure
Argelès-sur-Mer
Col du Perthus
Carbère
Figueres/Figueras
E11
E15
E80
E714
A55
N9
N88
N102
N104
N106
N110
N113
N112
N300
N7
N86
N93
N100
N570
N572
N568
N580
N11
D921
D911
D992
D999
D7
D908
D5
D62
D66
D979
D570
D986
D904
D981
D6
D104
D290
D541
D94
D538
D976
D938
D942
D31
D22
D2
D973
D572
D69
D10
D970
D99
D617
D618
D627
D83
D164
D93
D104
D107

461
N
P
Q
11
12
13
14
15
16
R
S
PROVENCE-ALPES-CÔTE D'AZUR
MONACO
CORSE
Nice
Toulon
Marseille
Sisteron
Gap
Digne-les-Bains
Aix-en-Provence
Grasse
Cannes
Antibes
Fréjus
St-Tropez
Hyères
Menton
Monte Carlo
Èze
Cuneo
Sanremo
Bastia
Ajaccio
Corte
Calvi
Porto
Bonifacio
Porto-Vecchio
Sartène
Propriano
Filitosa
St-Florent
Gorges du Verdon
Fondation Maeght
Parc National du Mercantour
Parc Naturel Régional du Lubéron
Parc Naturel Régional la Corse
Alpes Maritimes
Côte d'Azur
Îles d'Hyères
Île de Porquerolles
Îles de Lérins
Îles Sanguinaires
Îles Lavezzi
Ísola di Capráia (Italy)

Locmaria
462
Le Croisic
Batz-sur-Mer
La Baule
St-Nazaire
Mindin
La Loire
Ancenis
Maine
463
Champtoceaux
Chalonnes-sur-Loire
Brissac-Quincé
Thouarcé
NANTES
Nantes-Atlantique
Beaupréau
Vallet
Chemillé
Vihiers
Pornic
Lac de Grand-Lieu
Viais
Clisson
Aigrefeuille-sur-Maine
Île de Noirmoutier
Noirmoutier-en-l'Île
Cholet
Sèvre Nantaise
Maulévrier
Mortagne-sur-Sèvre
Argenton-Château
Beauvoir-sur-Mer
Rocheservière
Mauléon
Legé
Challans
Les Herbiers
Les Epesses
Bressuire
Port-Joinville
L'Île-d'Yeu
Belleville-sur-Vie
Aizenay
Vendée
La Roche-sur-Yon
La Châtaigneraie
Les Sables-d'Olonne
Fontenay-le-Comte
Luçon
Parc Naturel Régional du Marais Poitevin Val de Sèvre et Vendée
Maillezais
La Trenche-sur-Mer
Marans
Coulon
Niort
Ars-en-Ré
Plage-en-Ré
La Rochelle-Île de Ré
La Rochelle
Île de Ré
Rivedoux-Plage
Mauzé-sur-le-Mignon
Surgères
St-Denis-d'Oléron
Rochefort
Tonnay-Charente
St-Jean-d'Angely
Île d'Oléron
Marennes
La Tremblade
Burie
Saintes
Charente
Saujon
Royan
Meschers-sur-Gironde
Pons
Gironde
Montalivet-les-Bains
Lesparre-Médoc
Montendre
Hourtin-Plage
Pauillac
Le Pontet
Blaye
Carcans
Bourg
Lacanau-Océan
Lacanau
Carbon-Blanc
Lormont
Mérignac
BORDEAUX
Arès
Andernos
454
Bassin d'Arcachon
7
8
9
10
11
D
E

464
460
455
G
H
J
7
8
9
10
11
Tours
Luynes
Vouvray
Pontlevoy
Fresnes
Villandry
Chenonceaux
Montrichard
E604
Romorantin-Lanthenay
Le Chapelle-d'Angillon
Bourgueil
Langeais
Bléré
A85
Saumur
Azay-le-Rideau
Cormery
Villefranche-sur-Cher
Vierzon
Château Ussé
Cher
Fontevraud-l'Abbaye
Parc Naturel Régional Loire Anjou
Malicorne
Montrésor
Valençay
Graçay
Chinon
Loches
Vatan
Reuilly
Vienne
Loudun
Ligueil
Thouars
Descartes
Châtillon-sur-Indre
Issoudun
St-Florent
Le Grand-Pressigny
Indre
Preuilly-sur-Claise
Airvault
Lencloître
Azay-le-Ferron
Châteauroux
Mirebeau
Châtellerault
Pleumartin
Ardentes
Lignières
Futuroscope de Poitiers
Parthenay
Le Blanc
Poitiers-Biard
Poitiers
Creuse
Vic
La Châtre
Argenton-sur-Creuse
Châteaumeillant
St-Savin
Bélâbre
E05
Clain
Lussac-les-Châteaux
Lezay
Couhé
L'Isle-Jourdain
La Souterraine
Melle
Chaunay
Le Dorat
Glénic
Montluçon-Guéret
Brioux-sur-Boutonne
Civray
Charroux
Availles-Limouzine
Bellac
Bessines-sur-Gartempe
Le Grand-Bourg
Guéret
Jarnages
Gouzon
POITOU-CHARENTES
Chénérailles
Charente
Confolens
Nantiat
Aubusson
Bourganeuf
Mansle
Limoges
Royère-de-Vassivière
Felletin
Rochechouart
Lac de Vassivière
Aixe-sur-Vienne
Eymoutiers
Hiersac
Ruelle-sur-Touvre
Montbron
Angoulême
Nexon
La Courtine
Segonzac
LIMOUSIN
La Coquille
Treignac
Ussel
Meymac
Nontron
Barbezieux-St-Hilaire
Mareuil
Isle
Lubersac
E70
Brantôme
Neuvic
Chevanceaux
Aubeterre-sur-Dronne
Corrèze
Montlieu-la-Garde
Dronne
Tulle
Ribérac
Donzenac
Dordogne
Périgueux-Bassilac
La Roche-Chalais
Périgueux
Brive-la-Gaillarde
Thenon
Le Lardin-St-Lazare
Larche
Collonges-la-Rouge
Argentat
Mussidan
Montignac
Lascaux
Vergt
Cressensac
Meyssac
Beaulieu-sur-Dordogne
A89
Villefranche-de-Lonchat
Les Eyzies-de-Tayac-Sireuil
Vézère
Martel
Libourne
Le Bugue
Sarlat-la-Canéda
Souillac
Bretenoux
St-Émilion
Bergerac
Beynac-et-Cazenac
Montfort
Siorac-en-Périgord
Branne
Dordogne
Bergerac Roumanière
La Roque-Gageac
Domme
Belvès
Rocamadour
Sauveterre-de-Guyenne
Pellegrue
Gourdon
Lacapelle-Marival

465
466
459
455
456
J
K
L
7
8
9
10
11
Le Chapelle-d'Angillon
Henrichemont
Donzy
Corbigny
Parc Naturel Régional du Morvan
Saulieu
Sombernon
Pouilly-en-Auxois
Montsauche-les-Settons
BOURGOGNE
Arnay-le-Duc
Bligny-sur-Ouche
Les Aix-d'Angillon
La Charité-sur-Loire
Prémery
Sancergues
Bourges
Guérigny
Châtillon-en-Bazois
Château Chinon
Nérondes
Nevers
Moulins-Engilbert
Autun
Levet
Chagny
Couches
Le Creusot
Dun-sur-Auron
Sancoins
St-Pierre-le-Moûtier
Fours
Luzy
Lignières
St-Amand-Montrond
Toulon-sur-Arroux
Montceau-les-Mines
Buxy
Bourbon-Lancy
Bourbon-l'Archambault
Gueugnon
Culan
Moulins
Vallon-en-Sully
Dompierre-sur-Besbre
Digoin
Paray-le-Monial
Charolles
Cluny
Jaligny-sur-Besbre
Montluçon
Le Donjon
Montmarault
Chantelle
Lapalisse
La Clayette
Crêches-sur-Saône
Montluçon-Guéret
Néris-les-Bains
Chauffailles
Beaujolais
Gouzon
Chambon-sur-Voueize
Evaux-les-Bains
Cusset
La Pacaudière
Les Echarmeaux
Charlieu
Menat
Vichy
Gannat
Roanne-Renaison
Roanne
Thizy
Villefranche-sur-Saône
Auzances
Randan
Amplepuis
Aubusson
Combronde
Châtelguyon
Maringues
Tarare
Anse
Volvic
Riom
Chabreloche
Balbigny
Crocq
Clermont-Ferrand
Lezoux
Thiers
L'Arbresle
Pontgibaud
Noirétable
Herment
Puy de Dôme
Lempdes
Courpière
Feurs
Boën
La Courtine
Billom
Les Halles
Eygurande
Bourg-Lastic
Olliergues
AUVERGNE
Laqueuille
Col de la Croix Morand
Montbrison
Ussel
Le Mont-Dore
Tauves
Sauxillanges
Ambert
Saint-Etienne-Bouthéon
Issoire
Andrézieux-Bouthéon
Parc Naturel Régional du Livradois Forez
ST-ÉTIENNE
Firminy
Arlanc
Bort-les-Orgues
Parc Naturel Régional des Volcans d'Auvergne
Bourg-Argental
Neuvic
La Chaise-Dieu
Monistrol-sur-Loire
Riom-ès-Montagnes
Allanche
Massiac
Massif Central
Vorey
Yssingeaux
Langeac
Lavoûte-sur-Loire
Lalouvesc
Murat
Ussel
Pinols
Le Puy-en-Velay
St-Agrève
St-Flour
Lac du Barrage de Grandval
Vic-sur-Cère
Lamastre
Aurillac
Pierrefort
Mur-de-Barrez
Fournels
Mézilhac
Pradelles
Privas
Langogne
Aumont-Aubrac
Dordogne
Loire
Allier
Cher
E11
E62
E70
A77
N7
N9
N76
N151
N144
N209
N89
N82
N88
N102
N122
N141
D978
D976
D973
D979
D996
D906

467
457
M
N
P
7
8
9
10
11
FRANCHE-COMTÉ
RHÔNE-ALPES
CH
I
BERN
Dijon
Besançon
Dole
Genlis
Seurre
Pontailler-sur-Saône
Pesmes
Marnay
Marchaux
Baume-les-Dames
Dampierre
Quingey
Mouchard
Levier
Pontarlier
Morteau
Villers-le-Lac
Montbenoît
Verrières-de-Joux
Jougne
Biel/Bienne
Lac de Neuchâtel
Jura
Doubs
Chaussin
Navilly
Pierre-de-Bresse
Chaumergy
Mervans
Champagnole
Lons-le-Saunier
Beaurepaire-en-Bresse
Louhans
Doucier
Bonlieu
Clairvaux-les-Lacs
Morez
La Cure
Tournus
Montpont-en-Bresse
Cuiseaux
Moirans-en-Montagne
Pont-de-Vaux
Coligny
St-Claude
Mijoux
Gex
Dortan
Lausanne
Lac Léman
Yvoire
Thonon-les-Bains
Evian-les-Bains
Châtel
Geneva
Boëge
Morzine
Annemasse
Reignier
Samoëns
Bourg-en-Bresse
Ceyzériat
Oyonnax
Echallon
La Cluse
Nantua
Bellegarde-sur-Valserine
Châtillon-sur-Chalaronne
Villars-les-Dombes
Chalamont
Pont-d'Ain
Ambérieu-en-Bugey
Pérouges
Frangy
La Roche-sur-Foron
Cluses
Vallorcine
Flaine
Sallanches
Chamonix-Mont-Blanc
Annecy
Col des Aravis
Lac d'Annecy
Les Houches
Megève
Mont Blanc 4807
Les Contamines-Montjoie
Aosta/Aoste
Ruffieux
Duingt
Faverges
Lac du Bourget
Belley
Crémieu
Lyon Saint-Exupéry
Yenne
Chambéry-Aix-les-Bains
Aix-les-Bains
Le Châtelard
Albertville
Col du Petit St-Bernard
Chambéry
Montmélian
Aiguebelle
Aime
Les Arcs
La Tour-du-Pin
Bourgoin-Jallieu
Les Abrets
Le Pont-de-Beauvoisin
Vienne
Moûtiers
Bozel
Tignes
Val d'Isère
Champier
Virieu
Les Echelles
La Rochette
Pontcharra
Valmorel
Courchevel
Col de l'Iseran
Charavines
Massif de la Chartreuse
Allevard
Goncelin
Méribel
Bonneval-sur-Arc
Lanslebourg-Mont-Cenis
Col de Mont-Cenis
Grenoble-Saint-Geoirs
Tullins
Voiron
Hauterives
Palais Idéal
Roybon
Modane
Tunnel de Frejus
Grenoble
Isère
Romans-sur-Isère
Tain-l'Hermitage
Vizille
La Grave
Col du Lautaret
Col de Montgenèvre
Villard-de-Lans
La Chapelle-en-Vercors
Valbonnais
Massif des Écrins
Briançon
Valence
Chabeuil
Parc Naturel Régional du Vercors
Ailefroide
Col d'Izoard
Parc National des Écrins
Parc Naturel Régional du Queyras
Corps
L'Echalp
Drac
Col de la Croix Haute
Die
Drôme
Loriol-sur-Drôme
Orcières
Guillestre
Lus-la-Croix-Haute
Alpes
Dauphiné
Rhône
Ain

Les Sept Îles
Côte de Granit Rose
Île de Bréhat
Point de l'Arcouest
Perros-Guirec
Ploumanac'h
Trégastel
Lannion-Servel, Côte de Granit Rose
Tréguier
Paimpol
Trébeurden
Lannion
Roscoff
Plougasnou
St-Pol-de-Léon
Plouescat
Carantec
Lanmeur
Locquirec
Pontrieux
Lannilis
Lanhouarneau
Château de Kerjean
Morlaix
Plouha
St-Quay-Portrieux
Lanvollon
Binic
Île d'Ouessant
Parc Nat. Rég. d'Armorique
Île de Molène
Ploudalmézeau
Plabennec
Landivisiau
St-Thégonnec
Plouigneau
Guingamp
Lampaul-Plouarzel
Brest
Elorn
Landerneau
St-Brieuc
Le Conquet
La Trinité
Plougastel-Daoulas
Monts d'Arrée
Bourbriac
Callac
Huelgoat
Rade de Brest
Parc Naturel Régional d'Armorique
Camaret
Landévennec
Le Faou
Crozon
Moncontour
Carhaix-Plouguer
Péninsule de Crozon
Pleyben
Châteaulin
Rostrenen
Uzel
Finistère
Pentrez-Plage
Pointe du Raz
Douarnenez
Locronan
Lac do Guerlédan
Plouray
Île de Sein
Audierne
Pont-Croix
Odet
Coray
Loudéac
Quimper
Quimper-Cornouaille
Scaër
Le Faouët
Pontivy
Rohan
Rosporden
Bubry
Pont-l'Abbé
Fouesnant
Concarneau
Pont-Aven
Plouay
Quimperlé
St-Guénolé
Bénodet
Beg-Meil
Guilvinec
Port-Manech
Blavet
Locminé
Morbihan
Le Pouldu
Lorient
Lorient Lann-Bihoué
Port-Louis
Pluvigner
Îles de Glénan
Île de Groix
Groix
Auray
Vannes
Elven
Carnac
La Trinité
Locmariaquer
Port-Navalo
Sarzeau
Quiberon
Île d'Houat
Sauzon
Le Palais
Belle-Île
Bangor
Les Aiguilles de Port-Coton
Locmaria
Le Croisic
Batz-sur-Mer
GBG
A
B
C
3
4
5
6
7

D
E
F
3
4
5
6
7
Alderney/
Aurigny
Cap de la Hague
Auderville
Nez de Jobourg
Cherbourg
Pointe de Barfleur
Barfleur
Cherbourg Maupertus
St-Vaast-la-Hougue
Les Pieux
Valognes
Quineville
Peter-Port
Sark/
Sercq
Péninsule de Cotentin
Barneville-Carteret
Carteret
Ste-Mère-Église
Grandcamp-Maisy
Le Débarquement
(D-Day Beaches)
Baie de la Seine
LE HAVRE
Côte d'Albâtre
Etretat
Beaumesnil
Cauville
Havre-Octeville
Honfleur
Deauville St-Gatien
Trouville
Deauville
Channel Islands
Îles Normandes
Jersey
St-Helier
GBJ
Portbail
Parc Naturel Régional
des Marais du Cotentin et
du Bessin
Isigny-sur-Mer
St-Laurent
Arromanches-les-Bains
Bayeux
Courseulles-sur-Mer
St-Aubin-sur-Mer
Riva-Bella
Ouistreham
Côte Fleurie
Dives-sur-Mer
Caen
Caen-Carpiquet
Troarn
Lisieux
Pirou-Plage
St-Lô
Golfe de St-Malo
Agon-Coutainville
Coutances
Tessy-sur-Vire
Aunay-sur-Odon
Calvados
BASSE-NORMANDIE
Thury-Harcourt
Livarot
Pays d'Auge
Îles Chausey
Percy
Villedieu-les-Poêles
Vire
Clécy
La Suisse Normande
Falaise
Granville
Malicorne
Condé-sur-Noireau
Côte d'Émeraude
Cap Fréhal
Jullouville
Sourdeval
Tinchebray
Flers
Aubusson
Putanges-Pont-Ecrepin
Argentan
Exmes
Le Pin-au-Haras
Pointe du Grouin
Rothéneuf
Cancale
Genêts
Avranches
St-Lunaire
St-Malo
Baie du Mont-St-Michel
Le Mont-St-Michel
Erquy
St-Cast-le-Guildo
Dinard
Dinard-Pleurtuit
Dol-de-Bretagne
Sains
Pontorson
St-Hilaire-du-Harcouët
Barenton
Domfront
La Ferté-Macé
Bagnoles-de-l'Orne
Carrouges
Sées
Plancoët
Lamballe
Dinan
Combourg
Landivy
Couterne
Parc Naturel Régional Normandie-Maine
Couptrain
Pré-en-Pail
417
Mont des Avaloirs
Alençon
Jugon-les-Lacs
Broons
Bécherel
Hédé
Fougères
Gorron
464
St-Aubin-du-Cormier
Ernée
Mayenne
La Hutte
Fresnay-sur-Sarthe
St-Méen
Bédée
Beaumont-sur-Sarthe
Gaël
Mauron
RENNES
Mordelles
Vilaine
Vitré
Montsûrs
Evron
Châteaugiron
Rennes-St-Jacques
Argentré
Laval
Vaiges
Bernay
Montreuil
Le Mans
Ploërmel
Plélan-le-Grand
Janzé
La Guerche-de-Bretagne
Cossé-le-Vivien
Brûlon
Guer
Retiers
Laubrières
Malestroit
Lohéac
Sablé-sur-Sarthe
Pipriac
Craon
Grez-en-Bouère
La Gacilly
Rochefort-en-Terre
Langon
Rougé
Châteaubriant
Pouancé
Segré
La Flèche
Redon
Péaule
Guémené-Penfao
Châteauneuf-sur-Sarthe
Durtal
PAYS DE LA LOIRE
Anjou
La Roche-Bernard
Nozay
Seiches-sur-le-Loir
Baugé
Château-la-
Blain
Pontchâteau
Canal de Brest-Nantes
Nort-sur-Erdre
Angers
Les Ponts-de-Cé
Château de Montgeoffroy
458
St-Nazaire
La Loire
Ancenis
Champtoceaux
Maine
Chalonnes-sur-Loire
Brissac-Quincé
Cunault
La Baule

F
G
H
3
4
5
6
7
Pointe de Barfleur
Barfleur
Maupertus
St-Vaast-la-Hougue
Quineville
Le Débarquement (D-Day Beaches)
Baie de la Seine
Grandcamp-Maisy
Isigny-sur-Mer
St-Laurent
Arromanches-les-Bains
Bayeux
Courseulles-sur-Mer
St-Aubin-sur-Mer
Côte Fleurie
Riva-Bella
Ouistreham
Dives-sur-Mer
Caen
Caen-Carpiquet
St-Lô
Troarn
Calvados
BASSE-NORMANDIE
Pays d'Auge
Tessy-sur-Vire
Aunay-sur-Odon
Thury-Harcourt
Clécy
La Suisse-Normande
Falaise
Vire
Villedieu-les-Poêles
Condé-sur-Noireau
Aubusson
Sourdeval
Tinchebray
Flers
Putanges-Pont-Ecrepin
Argentan
Orne
Egrenne
463
Barenton
Domfront
Varenne
La Ferté-Macé
Bagnoles-de-l'Orne
Carrouges
Parc Naturel Régional Normandie-Maine
Couterne
Couptrain
Pré-en-Pail
417 Mont des Avaloirs
Alençon
Landivy
Gorron
Fougères
Ernée
Mayenne
Vitré
Montsûrs
Evron
Argentré
Laval
Vaiges
Cossé-le-Vivien
Laubrières
Craon
Grez-en-Bouère
Segré
Châteauneuf-sur-Sarthe
PAYS DE LA LOIRE
Seiches-sur-le-Loir
Angers
Les Ponts-de-Cé
Château de Montgeoffroy
Brissac-Quincé
Chalonnes-sur-Loire
458
Maine
Cunault
Côte d'Albâtre
St-Valery-en-Caux
Veulettes-sur-Mer
Fécamp
Yport
Etretat
Beaumesnil
Cauville
Havre-Octeville
Harfleur
LE HAVRE
Honfleur
Pont de Normandie
Tancarville
Deauville St-Gatien
Trouville
Villerville
Deauville
Pont l'Evêque
Lisieux
Lieurey
Le Bec-Hellouin
Brionne
Thiberville
Bernay
Livarot
Vimoutiers
Touques
Exmes
Le Pin-au-Haras
Courtomer
Sées
Bazoches-sur-Hoëne
Mamers
La Hutte
Fresnay-sur-Sarthe
Beaumont-sur-Sarthe
Sarthe
Ballon
Bernay
Montreuil
Brûlon
Sablé-sur-Sarthe
Le Mans
La Flèche
Loir
Durtal
Anjou
Baugé
Château-la-Vallière
Vaas
Château-du-Loir
La Chatre-sur-la-Loir
Tours-Val-de-Loire
Tours
Luynes
Villandry
Dieppe
Fontaine-le-Dun
Neufchâtel-en-Bray
Tôtes
Bellencombre
Yvetot
Pavilly
Clères
Barentin
Duclair
Jumièges
Rouen
Bourneville
Risle
Elbeuf
HAUTE-NORMANDIE
Louviers
Seine
Gaillon
Vernon
Harcourt
Le Neubourg
Evreux
Eure
Courteilles
Breteuil
Grandvilliers
Ivry-la-Bataille
Iton
L'Aigle
Nonancourt
Dreux
Verneuil-sur-Avre
La Ferté-Vidame
Senonches
Montagne-au-Perche
La Loupe
Chartres
Thivars
Bellême
Nogent-le-Rotrou
Illiers-Combray
La Ferté-Bernard
Bonnétable
Brou
La Bazoche-Gouet
Montmirail
Connerré
Châteaudun
Mondoubleau
Monplaisir
Ouzouer-le-Marché
Savigny-sur-Braye
Fréteval
Oucquest
Trôo
Vendôme
Lavardin
Château-Renault
Blois
Bracieux
Chaumont-sur-Loire
Amboise
Vouvray
Pontlevoy
Fresnes
Chenonceaux
Montrichard
Chambord
Cour-Cheverny
E05
E44
E46
E50
E60
E401
E402
E501
E502
A13
A28
A84
A150
A151

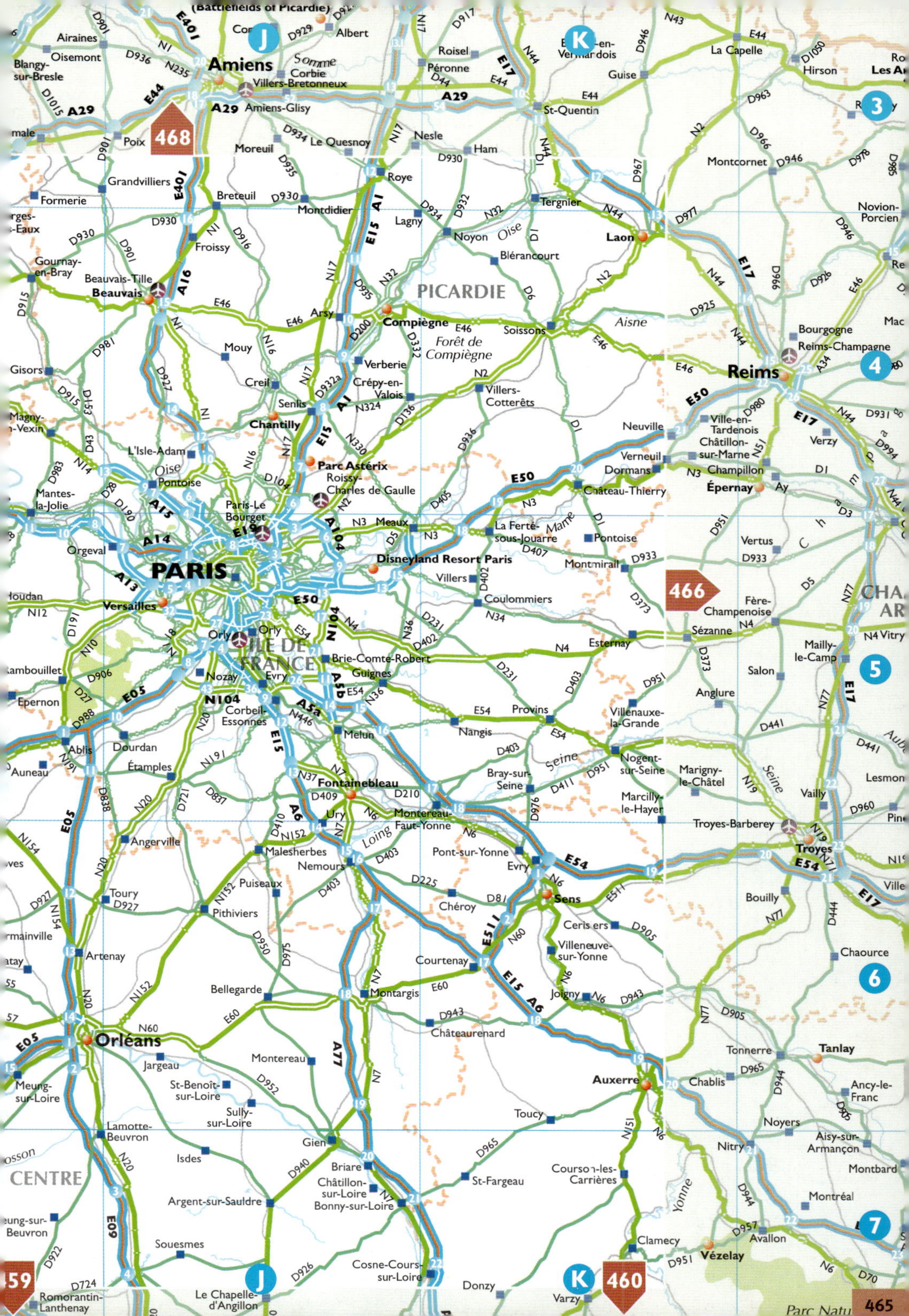

Amiens
Albert
Airaines
Oisemont
Blangy-sur-Bresle
Villers-Bretonneux
Corbie
Somme
Amiens-Glisy
Poix
Moreuil
Le Quesnoy
Péronne
Roisel
Nesle
Ham
St-Quentin
Guise
La Capelle
Hirson
Montcornet
Roye
Grandvilliers
Formerie
Breteuil
Montdidier
Lagny
Noyon
Oise
Tergnier
Laon
Blérancourt
Froissy
Gournay-en-Bray
Beauvais-Tille
Beauvais
PICARDIE
Arsy
Compiègne
Forêt de Compiègne
Soissons
Aisne
Mouy
Verberie
Gisors
Creil
Senlis
Crépy-en-Valois
Villers-Cotterêts
Chantilly
Bourgogne
Reims-Champagne
Reims
Ville-en-Tardenois
Châtillon-sur-Marne
Champillon
Épernay
Ay
Verzy
Neuville
Verneuil
Dormans
Château-Thierry
L'Isle-Adam
Pontoise
Parc Astérix
Roissy-Charles de Gaulle
Mantes-la-Jolie
Paris-Le Bourget
Meaux
La Ferté-sous-Jouarre
Marne
Orgeval
PARIS
Disneyland Resort Paris
Villers
Montmirail
Vertus
Versailles
Coulommiers
Fère-Champenoise
Sézanne
Orly
ÎLE DE FRANCE
Brie-Comte-Robert
Esternay
Mailly-le-Camp
Rambouillet
Nozay
Evry
Guignes
Salon
Epernon
Corbeil-Essonnes
Provins
Anglure
Villenauxe-la-Grande
Nangis
Melun
Ablis
Dourdan
Auneau
Étampes
Bray-sur-Seine
Seine
Nogent-sur-Seine
Marigny-le-Châtel
Fontainebleau
Montereau-Faut-Yonne
Ury
Marcilly-le-Hayer
Troyes-Barberey
Troyes
Vailly
Angerville
Malesherbes
Nemours
Loing
Pont-sur-Yonne
Evry
Sens
Puiseaux
Toury
Pithiviers
Chéroy
Bouilly
Artenay
Cerisiers
Villeneuve-sur-Yonne
Chaource
Courtenay
Bellegarde
Montargis
Joigny
Orléans
Châteaurenard
Montereau
Jargeau
Tonnerre
Tanlay
St-Benoît-sur-Loire
Sully-sur-Loire
Auxerre
Chablis
Ancy-le-Franc
Meung-sur-Loire
Toucy
Lamotte-Beuvron
Noyers
Gien
Nitry
Aisy-sur-Armançon
CENTRE
Isdes
Briare
Châtillon-sur-Loire
St-Fargeau
Courson-les-Carrières
Montbard
Argent-sur-Sauldre
Bonny-sur-Loire
Yonne
Montréal
Souesmes
Clamecy
Avallon
Vézelay
Cosne-Cours-sur-Loire
Donzy
Varzy
Romorantin-Lanthenay
Le Chapelle-d'Angillon
468
466
460

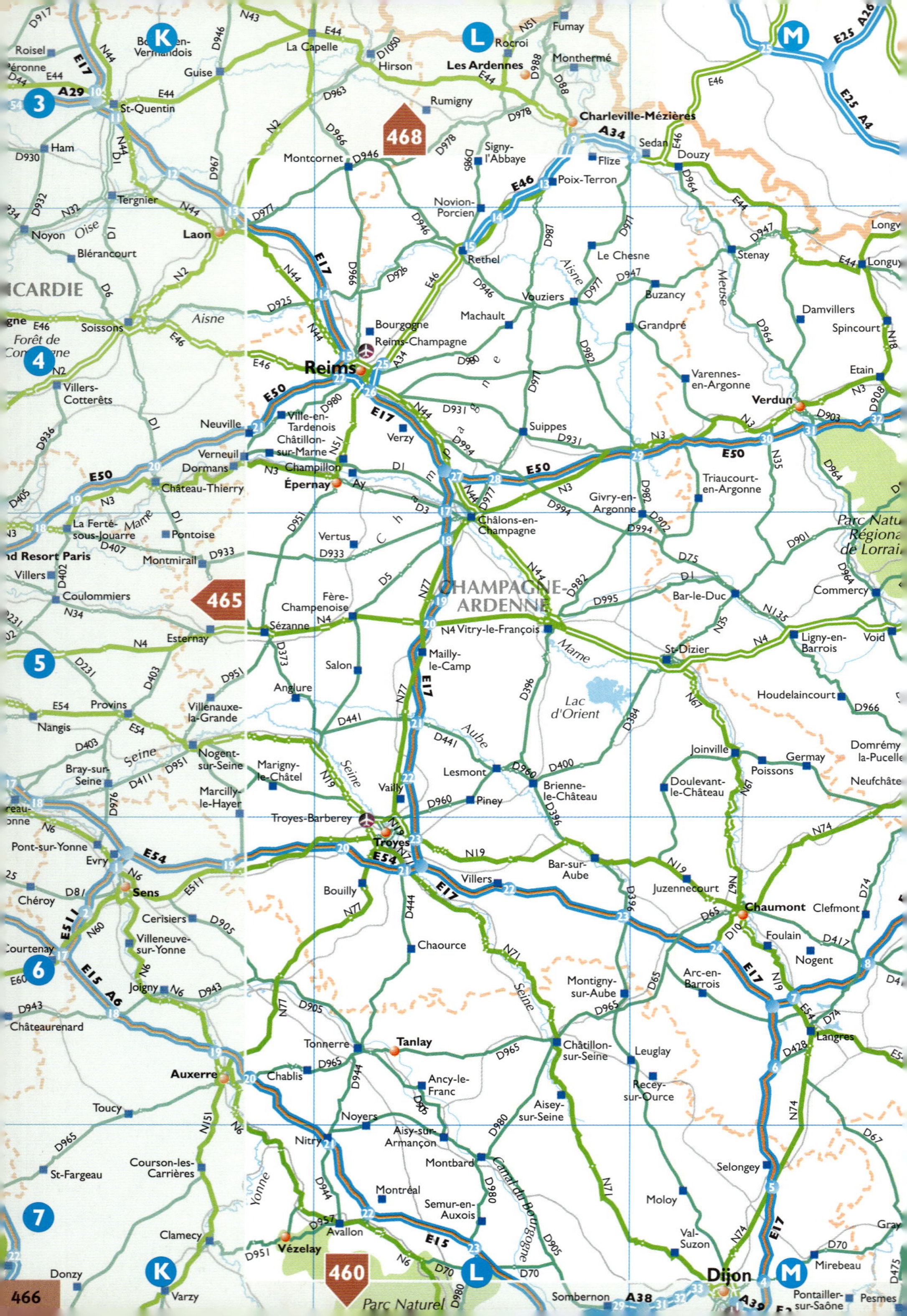

CHAMPAGNE-ARDENNE
Reims
Épernay
Châlons-en-Champagne
Troyes
Chaumont
Langres
Dijon
Verdun
Charleville-Mézières
Sedan
Laon
Soissons
St-Quentin
Auxerre
Sens
Vézelay
Tanlay
Les Ardennes
Vitry-le-François
St-Dizier
Bar-le-Duc
Rethel
Vouziers
Sézanne
Château-Thierry
Provins
Nogent-sur-Seine
Tonnerre
Chablis
Avallon
Montbard
Châtillon-sur-Seine
Bar-sur-Aube
Joinville
Lac d'Orient
Parc Naturel Régional de Lorraine
Parc Naturel
468
465
460

N
P
Q
L
D
LUXEMBOURG
Trier
Worms
Maanheim
Ludwigshafen
Hettange-Grande
Thionville
Metzervisse
Uckange
Auboué
Orne
Saarbrücken
Creutzwald
Forbach
Carling
Metz
St-Avold
Farébersviller
Sarreguemines
Wissembourg
Château du Fleckenstein
Lembach
Hunspach
Karlsruhe
Lauterbourg
Lauter
Chambley-Bussières
Moselle
Metz-Nancy-Lorraine
Sarralbe
Lorentzen
Pont-à-Mousson
Nomeny
Ingwiller
La Petite-Pierre
Bouxwiller
Haguenau
Drusenheim
Dieulouard
Pierrefort
Château-Salins
Parc Naturel Régional de Lorraine
Saverne
Sarrebourg
Truchtersheim
La Wantzenau
Pompey
Arracourt
Nancy
LORRAINE
Nancy-Essey
Hèming
Dabo
Marlenheim
Wasselonne
Abreschviller
Toul
Meurthe
Lunéville
Strasbourg
STRASBOURG
Offenburg
Badonviller
Erstein
Vézelise
Colombey-les-Belles
Baccarat
Le Hohwald
Barr
Senones
Benfeld
Raon-l'Etape
ALSACE
Rhinau
Rambervillers
Rouvres-en-Xaintois
Mirecourt
St-Dié
Sélestat
Haut Kœnigsbourg
Rhin
Vittel
Dompaire
Fraize
Riquewihr
Contrexéville
Épinal
Orbey
Les Trois-Epis
Colmar-Houssen
Col de la Schlucht
Colmar
Darney
Gérardmer
1362 Hohneck
Freiburg im Breisgau
Lamarche
Bains-les-Bains
Remiremont
Parc Naturel Régional des Ballons des Vosges
Neuf-Brisach
Bourbonne-les-Bains
Le Markstein
Vauvillers
Ensisheim
Le Thillot
Bussang
Cernay
Thann
Amance
Jussey
Mélisey
Mulhouse
Ronchamp
Giromagny
Sierentz
Port-sur-Saône
Combeaufontaine
Belfort
Dannemarie
Altkirch
Lure
Basel
Vesoul
Héricourt
Basel-Mulhouse
Saône
Villersexel
Montbéliard
Delle
Ferrette
Rougemont
L'Isle-sur-le-Doubs
Mathay
Pont-de-Roide
Le Puy
Baume-les-Dames
Marchaux
E25
E29
E44
E50
E52
E54
E55
E60
E422
E21
E23
E35
E27
A1
A2
A3
A4
A5
A6
A8
A13
A30
A31
A33
A35
A36
A48
A62
A63
A65
A620
A352

461

BRUSSEL/
BRUXELLES
LILLE
Amiens
Rouen
NORD-PAS-
DE-CALAIS
PICARDIE
Parc Naturel Régional
du Nord pas de Calais
Champs de Batailles de Picardie
(Battlefields of Picardie)
Côte d'Opale
Cap Gris
Nez
Les Ardennes
Dunkerque
Malo-les-Bains
Calais
Blériot-Plage
Wissant
Wimereux
Boulogne-sur-Mer
Hardelot-Plage
Le Touquet-Paris-Plage
Touquet
Etaples
Berck-
Plage
Rue
Neuville
La Bassée
Le Crotoy
St-Valery-sur-Somme
Ault
Le Tréport
Mesnil-
Val
Eu
Dieppe
Fontaine-
le-Dun
Tôtes
Pavilly
Barentin
Duclair
Jumièges
Clères
Bellencombre
Neufchâtel-
en-Bray
Forges-
les-Eaux
Gournay-
en-Bray
Beauvais-Tille
Beauvais
Aumale
Blangy-
sur-Bresle
Oisemont
Airaines
Abbeville
Nouvion
Crécy-en-
Ponthieu
Vron
Valloires
Montreuil
Hesdin
Fruges
Marquise
Guînes
Nordausques
Lumbres
Wizernes
St-Omer
Thérouanne
Bergues
Wormhout
Cassel
Steenvoorde
Hazebrouck
Bailleul
Nieppe
Armentières
Lillers
Béthune
La Bassée
Seclin
Lomme
Lille-Lesquin
Tourcoing
Roubaix
Kortrijk
(Courtrai)
Tournai
(Doornik)
Brugge
(Bruges)
(Ostende)
Gent
(Gand)
Mechelen
(Malines)
Mons
(Bergen)
Charleroi
Namur
(Namen)
Jeumont
Maubeuge
Lens
Houdain
St-Pol-sur-
Ternoise
Vimy Ridge
Arras
Douai
Valenciennes
Denain
Aniche
Hordain
Le Quesnoy
Cambrai
Caudry
Le Cateau-Cambrésis
Avesnes-
sur-Helpe
Frévent
Auxi-le-
Château
St-Riquier
Doullens
Pas-en-
Artois
Bucquoy
Thiepval
Bapaume
Albert
Contay
Corbie
Somme
Villers-Bretonneux
Amiens-Glisy
Poix
Moreuil
Le Quesnoy
Breteuil
Grandvilliers
Formerie
Froissy
Montdidier
Roye
Lagny
Noyon
Oise
Blérancourt
Compiègne
Nesle
Ham
Péronne
Roisel
Bohain-en-
Vermandois
St-Quentin
Tergnier
Laon
Guise
La Capelle
Hirson
Montcornet
Rumigny
Rocroi
Fumay
Givet
Ham
Monthermé
Charleville-
Mézières
Sedan
Flize
Terron
Signy-
l'Abbaye
Novion-
Porcien
Rethel
Aisne
Le Chesne
Vouziers
Buzancy
Canche
Authie
464
465
466
B
A1
A2
A4
A8
A10
A12
A14
A15
A16
A17
A18
A19
A21
A23
A26
A29
A34
A150
A151
E15
E17
E19
E40
E42
E44
E46
E401
E402
E411
N1
N2
N5
N17
N25
N39
N43
N44
D916
D934

MAPAS ÍNDICE DOS MAPAS

CRÉDITOS

A Automobile Association gostaria de agradecer aos seguintes fotógrafos, empresas e arquivos fotográficos pela ajuda na preparação deste guia.
As abreviações para os créditos de imagens são as seguintes:
(a) alto;
(b) embaixo;
(c) centro;
(e) esquerda;
(d) direita;
(AA) AA World Travel Library.

4 AA/T Souter;
5 AA/R Moss;
6 AA/B Toms;
7 AA/M Short;
8be AA/P Kenward;
8bd AA/C Sawyer;
9 AA;
10 AA/I Dawson;
11tl AA/R Moore;
11tr AA/R Strange;
12t AA/K Paterson;
12b AA/T Teegan;
13 AA/C Sawyer;
14 AA/I Dawson;
15be Photolibrary Group;
15ad AA/A Baker;
16 Patrick Kovarik/AFP/Getty Images;
17be Thomas Coex/AFP/Getty Images;
17bd AA/B Smith;
18 AA/K Paterson;
19ad AA/R Day;
19be AA/R Strange;
20 AA/J Tims;
21ad AA/J Tims;
21cd AA/J Edmanson;
21be AA/C Sawyer;
22 AA/B Smith;
23be AA/N Setchfield;
23bd AA/R Moore;
24 CRT des Pays de la Loire;
25t AA/D Noble;
25b AA/M Jourdan;
26 Action Press/Rex Features;
27be Sipa Press/Rex Features;
27bd Haymarket Publishing;
28ae Sipa Press/Rex Features;
28ad AA/C Sawyer;
29 AA/B Smith;
30 AA/C Sawyer;
31a AA/A Baker;
31b AA/R Strange;
32 AA;
33a AA/D Robertson;
33be AA/J Edmanson;
33bd AA;
34 AA/R Moore;
35a Louvre, Paris, France, Giraudon / The Bridgeman Art Library;
35b AA/C Sawyer;
36 AA/B Rieger;
37a Chateau de Versailles, France, Lauros / Giraudon / The Bridgeman Art Library;
37b Mary Evans Picture Library;
38 AA/D Noble;
39be AA/M Jourdan;
39bd AA;
40 AA/A Baker;
41a AA/C Sawyer;
41b Bibliothèque-Musée Forney, Paris, France, Archives Charmet / The Bridgeman Art Library;
42 Action Press/Rex Features;
43be AA;
43bd AA/R Moore;
44 Digitalvision;
45 AA/J Wyand;
46 AA/N Setchfield;
48 AA/C Sawyer;
49 AA/C Sawyer;
50 AA/R Strange;
52 AA/P Kenward;
53(i) K Glendenning;
53(ii) AA/J Wyand;
53(iii) AA/A Baker;
53(iv) AA/R Strange;
53(v) AA/N Setchfield;
53(vi) AA/R Moore;
53(vii) AA/C Sawyer;
53(viii) K Glendenning;
53(ix) AA/A Baker;
55 AA/S Day;
57 AA/P Bennett;
58 AA/C Sawyer;
59 AA/K Paterson;
60 AA/C Sawyer;
61 AA/C Sawyer;
62 AA/M Jourdan;
63 AA/C Sawyer;
64 Photolibrary Group;
65 AA/A Baker;
67 AA/J Edmanson;
68 AA/M Jourdan;
76 Photolibrary Group;
77 Photolibrary Group;
78 AA/M Jourdan;
79 AA/M Jourdan;
80 AA/T Souter;
81 © Disney;
82 K Glendenning;
83 AA/K Paterson;
84 AA/K Paterson;
85ae AA/M Jourdan;
85ad AA/T Souter;
86 AA/M Jourdan;
87 AA/M Jourdan;
88 AA/M Jourdan;
89 AA/K Paterson;
90 AA/J Tims;
91be AA/M Jourdan;
91bd Louvre, Paris, France, Giraudon / The Bridgeman Art Library;
92 AA/K Paterson;
93 AA/P Enticknap;
94ae AA/M Jourdan;
94ad AA/M Jourdan;
95 AA/M Jourdan;
96 AA/M Jourdan;
97 AA/M Jourdan;
99 AA/T Souter;
100 AA/T Souter;
101be AA/J Tims;
101bd AA/J Tims;
102 AA/M Jourdan;
103 AA/D Noble;
104 AA/T Souter;
106 AA/D Noble;
107 AA/J Tims;
108 AA/C Sawyer;
110 AA/P Enticknap;
112 AA;
113 Photodisc;
114 AA/C Sawyer;
117 AA/C Sawyer;
118 AA/C Sawyer;
120 AA/C Sawyer;
122 AA/R Strange;
124 AA/R Moore;
125 AA/I Dawson;
126 AA;
127 AA/A Kouprianoff;
128be Office du Tourisme de Belle-Ile/Benjamin Azouze;
128bd AA/R Victor;
129 AA/I Dawson;
130 AA/J Tims;
131 AA/I Dawson;
132 AA/I Dawson;
133 AA/I Dawson;
134 AA/S Day;
135a AA/A Baker;
135b AA/R Moore;
136 AA/R Moore;
137 AA/I Dawson;
138 AA/I Dawson;
139 AA/I Dawson;

140 AA/C Sawyer;
141 AA/I Dawson;
142 AA/C Sawyer;
143 AA/I Dawson;
144 AA/P Kenward;
145ae AA/R Strange;
145ad AA/R Strange;
146a AA/B Smith;
146b AA/A Kouprianoff;
147 AA/A Kouprianoff;
148 AA/R Moore;
149be AA/I Dawson;
149bd AA/R Moore;
150ael AA/I Dawson;
150ad AA/R Moore;
152be AA/A Baker;
152bd AA/R Victor;
153ae AA/S Day;
153ad AA/R Strange;
154 AA/S Day;
155 AA/S Day;
156t AA/S Day;
156b AA/S Day;
157 AA/S Day;
158 AA/P Bennett;
159 AA/P Bennett;
160 AA/I Dawson;
161 AA/I Dawson;
162 AA/I Dawson;
163ae AA/R Moore;
163ad AA/C Sawyer;
163b AA/I Dawson;
164 AA/S Day;
165be AA/R Victor;
165bd AA/S Day;
166a A/R Moore;
166b AA/I Dawson;
167 AA/I Dawson;
168 AA/I Dawson;
172 AA/A Baker;
175 AA/C Sawyer;
178 Stockbyte Royalty Free;
181 AA/J Tims;
182 AA/T Oliver;
184 AA/R Day;
185 AA/R Day;
186be A/R Day;
186bd AA/R Day;
187 AA/D Robertson;
188 AA/R Day;
189 AA/D Noble;
190 AA/B Smith;
191 AA/R Day;
192 AA/R Day;
193 Photolibrary Group;
194 AA/R Day;
195 World Pictures/Photoshot;
196a World Pictures/Photoshot;
196b AA/R Day;
197 World Pictures/Photoshot;
198tl AA;
198ad AA/R Day;
199 Photolibrary Group;
200 Photolibrary Group;
201be AA/R Day;
202 World Pictures/Photoshot;
203 World Pictures/Photoshot;
204 World Pictures/Photoshot;
205a World Pictures/Photoshot;
205b World Pictures/Photoshot;
206 C Follett;
207 Photolibrary Group;
208 Photolibrary Group;
209 AA/D Robertson;
210 C Follett;
211 Photothèque Office du Tourisme de Gerardmer;
212 Photothèque Office du Tourisme de Gerardmer;
213 AA;
214 AA/R Day;
215 AA/R Day;
216 World Pictures/Photoshot;
217 AA/R Day;
218 AA;
221 Photolibrary Group;
222 AA/R Day;
224 World Pictures/Photoshot;
225 Stockbyte Royalty Free;
226 AA/A Baker;
228 Photolibrary Group;
229 AA/J Edmanson;
230 AA/D Noble;
231 Photolibrary Group;
232 Photolibrary Group;
233 AA/R Moore;
234 Château d'Usse;
235 AA/R Moore;
236 Photolibrary Group;
237 AA/R Moore;
238 AA/R Moore;
239 AA/R Moore;
240 AA/J Edmanson;
241 AA/J Edmanson;
242 AA/J Edmanson;
244 AA/J Edmanson;
245 AA/R Moore;
246 AA/J Edmanson;
247ae AA/J Edmanson;
247ad AA/J Edmanson;
248 AA/R Moore;
250 AA/N Setchfield;
252 Ingram;
254 Imagestate;
256 AA/T Oliver;
258 Buzz Pictures/Alamy;
259 AA/B Smith;
260 AA/M Short;
261be AA/R Strange;
261bd AA/R Strange;
262 AA/M Short;
263 AA/B Smith;
264a AA/J Wyand;
264b AA/M Short;
265 AA/J Wyand;
266 AA/J Wyand;
267 Photolibrary Group;
268 AA/J Wyand;
269 AA/J Wyand;
270 AA/J Wyand;
271 AA/T Oliver;
272 AA/M Short;
273 AA/J Wyand;
275 AA/M Short;
277 AA/J Lloyd;
278 AA/J Lloyd;
279a World Pictures/Photoshot;
279b World Pictures/Photoshot;
280 AA/R Moore;
281 Photolibrary Group;
282 AA/T Teegan;
283 AA/C Sawyer;
287 AA/C Sawyer;
290 AA/C Sawyer;
293 AA/J Wyand;
294 AA/C Sawyer;
296 AA/C Sawyer;
297 AA/R Strange;
298 AA/C Sawyer;
299 AA/C Sawyer;
300 AA/R Moore;
301 AA/C Sawyer;
302 AA/N Setchfield;
303ae AA/R Strange;
303ad Photolibrary Group;
304 Photolibrary Group;
305 AA/A Baker;
306 AA/R Strange;
307 AA/A Baker;
308ae AA/A Baker;
308ad AA/R Strange;
309 AA/N Setchfield;
310 AA/C Sawyer;
311 AA/A Baker;
312 AA/C Sawyer;
313 AA/C Sawyer;
314a AA/A Baker;
314b AA/R Strange;
315be AA/C Sawyer;
315bd AA/R Strange;
316 AA/R Moore;

317 AA/A Baker;
318ae World Pictures/Photoshot;
318ad AA/N Setchfield;
320 AA/A Baker;
321be AA/A Baker;
321bd AA/B Smith;
323 AA/N Setchfield;
324 AA/C Sawyer;
326a AA/C Sawyer;
326b AA/C Sawyer;
327a AA/C Sawyer;
327b AA/C Sawyer;
328 AA/C Sawyer;
329e AA/C Sawyer;
329d AA/C Sawyer;
330 AA/C Sawyer;
332 AA/A Baker;
333a AA/A Baker;
333b AA/A Baker;
334 AA/A Baker;
337 AA/C Sawyer;
338 AA/C Sawyer;
340 AA/C Sawyer;
343 AA/C Sawyer;
345 AA/J Tims;
346 AA/C Sawyer;
349 AA/C Sawyer;
350 Photolibrary Group;
352 Photolibrary Group;
353 AA/N Setchfield;
354ae AA/N Setchfield;
254ad AA/N Setchfield;
355 AA/N Setchfield;
356 AA/N Setchfield;
357 AA/N Setchfield;
358a AA/N Setchfield;
358b AA/N Setchfield;
359 AA/N Setchfield;
360be AA/T Oliver;
360bd Photolibrary Group;
361 AA/B Smith;
362 Photolibrary Group;
363 AA/A Baker;
364 Photolibrary Group;
365 AA/N Setchfield;
366 AA/B Smith;
367 AA/N Setchfield;
368 Photolibrary Group;
369 AA/N Setchfield;
370 AA;
371 Photolibrary Group;
372 Photolibrary Group;
373 AA/N Setchfield;
374 AA/N Setchfield;
375 Photolibrary Group;
376 AA/N Setchfield;
378 AA/N Setchfield;
379 AA/N Setchfield;
380 AA/P Bennett;
382 AA/D Halford;
383 AA/N Setchfield;
384 Photolibrary Group;
385 Photolibrary Group;
386 Photodisc;
389 AA/C Sawyer;
391 AA/N Setchfield;
392 AA/B Smith;
395 AA/R Strange;
396 AA/N Setchfield;
399 AA/J Holmes;
400 World Pictures/Photoshot;
402 Photolibrary Group;
403 World Pictures/Photoshot;
404 World Pictures/Photoshot;
405 AA/R Moore;
406be AA/B Toms;
406bd AA/B Toms;
407ae World Pictures/Photoshot;
407ad World Pictures/Photoshot;
408 Photolibrary Group;
409 Photolibrary Group;
410 AA/R Moore;
411 AA/R Moore;
412 AA/C Sawyer;
413 AA/R Moore;
415 AA/C Sawyer;
417 AA/P Kenward;
419 AA/J Tims;
420 AA/R Strange;
422 AA/C Sawyer;
424 AA/I Dawson;
425 AA/C Sawyer;
426 AA/N Setchfield;
428 © Miramax/Everett/Rex Features;
432 AA/C Sawyer;
433 AA/J Tims;
434 AA/B Rieger;
435 AA/T Souter;
436 AA/T Mackie;
438ae AA/T Teegan;
438ad AA/J Tims;
439 AA/M Jourdan;
440 AA/S Montgomery;
442be AA/R Moore;
442bd AA/B Smith;
443 AA/M Short;
445a AA/A Baker;
445b AA;
446a AA/R Moore;
446b AA/P Kenward

Foram feitos todos os esforços para localizar os detentores dos direitos autorais; em caso de erros involuntários, teremos prazer em corrigi-los na próxima edição desta publicação.

O "AA KeyGuide – France" foi publicado originalmente na Austrália em 2009 pela AA Publishing, Fanum House, Basing View, Basingstoke, RG21 4EA. Número de registro 06112600. A04493.

ISBN 978-85-7914-244-4

PUBLIFOLHA
Divisão de Publicações do Grupo Folha
Al. Barão de Limeira, 401, 6º andar, CEP 01202-900, São Paulo, SP
Tel.: (11) 3224-2186/2187/2197
www.publifolha.com.br

COORDENAÇÃO DO PROJETO
Publifolha
Editora-assistente Paula Marconi de Lima
Coordenadora de produção gráfica Soraia Scarpa
Produtora gráfica Mariana Metidieri

PRODUÇÃO EDITORIAL
Editora Página Viva
Edição Mariana Zanini
Tradução Eliana Rocha
Revisão Beatriz C. Nunes de Sousa e Shirley Gomes
Direção de arte Priscylla Cabral
Assistência de arte Bianca Galante

AA TRAVEL GUIDES
Editora Marie-Claire Jefferies
Edição do projeto Lodestone Publishing Ltd
Projeto gráfico Drew Jones, Pentacorbig, Nick Otway
Pesquisa iconográfica Lesley Grayson
Diagramação e retoque de imagens Steve Scarpitta, Michael Moody
Mapas Departamento de Cartografia da AA Publishing
Colaboradores principais Lindsay Bennett, Colin Follett, Kathryn Glendenning, David and June Halford, Cathy Hatley, Nicholas Inman, Isla Love, Michael Nation, Lyn Parry, Laurence Phillips, Alwyn Sambrook, Andrew Sanger, The Content Work
Atualizações Nicholas Inman
Índice Marie Lorimer
Produção Karen Gibson, Lyn Kirby

Impressão e acabamento: Leo Paper Products Ltd, China.

Foi feito o possível para garantir que as informações deste livro fossem as mais atualizadas disponíveis até o momento da impressão. No entanto, alguns dados como telefones, preços, horários de funcionamento e informações de viagem estão sujeitos a mudanças. Os editores não podem se responsabilizar por qualquer consequência do uso deste guia, nem garantir a validade das informações contidas nos sites indicados.

Os leitores interessados em fazer sugestões ou comunicar eventuais correções podem escrever para a Publifolha, Al. Barão de Limeira, 401, 6º andar, CEP 01202-900, São Paulo, SP, enviar um fax para: (11) 3224-2163 ou um e-mail para: atendimento@publifolha.com.br

Dados internacionais de Catalogação na Publicação (CIP)
(Câmara Brasileira do Livro, SP, Brasil)

AA Keyguide : França / AA Publishing ; [tradução Eliana Rocha]. –
São Paulo : Publifolha, 2011.

Título original: AA Keyguide : France.
ISBN 978-85-7914-244-4

1. França – Descrição e viagens – Guias
I. AA Publishing.

10-10190 CDD-914.4

Índices para catálogo sistemático:
1. França : Guias de viagem 914.4
2. Guias de viagem : França 914.4

A grafia deste livro segue as regras do Novo Acordo Ortográfico da Língua Portuguesa.

CRÉDITOS DAS IMAGENS DAS CAPAS
Capa: Castelo Cléron, no rio Loue; Hemis/Alamy
4a capa: Mauritius/Mauritius/Latinstock
Lombada: Amiens; AA/Roger Day